Schriftenreihe

POLITICA

Schriftenreihe zur politischen Wissenschaft

Band 102

ISSN 1435-6643

Verlag Dr. Kovač

Holger Kramer

Politische Entscheidungsfindung: Das Spiel mit der Wehrpflicht

Die Rationalität politischen Handelns

Verlag Dr. Kovač

Hamburg
2015

VERLAG DR. KOVAČ GMBH
FACHVERLAG FÜR WISSENSCHAFTLICHE LITERATUR

Leverkusenstr. 13 · 22761 Hamburg · Tel. 040 - 39 88 80-0 · Fax 040 - 39 88 80-55

E-Mail info@verlagdrkovac.de · Internet www.verlagdrkovac.de

Bibliografische Information der Deutschen Nationalbibliothek
Die Deutsche Nationalbibliothek verzeichnet diese Publikation
in der Deutschen Nationalbibliografie;
detaillierte bibliografische Daten sind im Internet
über http://dnb.d-nb.de abrufbar.

ISSN: 1435-6643
ISBN: 978-3-8300-8065-7

Zugl.: Dissertation, Hochschule Vechta, 2014

© VERLAG DR. KOVAČ GmbH, Hamburg 2015

Printed in Germany
Alle Rechte vorbehalten. Nachdruck, fotomechanische Wiedergabe, Aufnahme in Online-
Dienste und Internet sowie Vervielfältigung auf Datenträgern wie CD-ROM etc. nur nach
schriftlicher Zustimmung des Verlages.

Gedruckt auf holz-, chlor- und säurefreiem, alterungsbeständigem Papier. Archivbeständig
nach ANSI 3948 und ISO 9706.

Einige Träume reifen lange...

*Für meine Frau Anuschka und meinen Sohn Maximilian,
aber auch für Dietrich, Pauline und Karla.*

Inhaltsverzeichnis

I.	Danksagung	IX
II.	Vorwort	XI
III.	Einleitung	1
IV.	Forschungsstand	5
IV.1	Rational Choice und Public Choice	5
IV.2	Das wissenschaftliche Theorieverständnis	24
IV.3	Methodologischer Individualismus	39
IV.4	Rational Choice in den Politik- und Sozialwissenschaften	56
IV.5	Neue Erwartungstheorie	59
IV.6	Empirie und Rational Choice	63
V.	Die Deutsche Wehrpflicht: Entstehungsgeschichte	73
VI.	Der Staat: Politischer Entscheidungsträger	85
VII.	Die systemorientierte Betrachtung	111
VIII.	Finanz- und Wirtschaftskrise	121
IX.	Strategie- und Konfliktfeld: Gesellschaft versus Staat	139
X.	Strategie- und Konfliktfeld: Wehrpflichtiger versus Staat	161
XI.	Konflikt- und Strategiefeld: Wehrpflichtiger versus Wehrpflichtiger	187
XII.	Konflikt- und Strategiefeld: Parteimitglieder versus Parteimitglieder	227
XII.1	CDU	234
XII.2	CSU	238
XII.3	FDP	243
XIII.	Konflikt- und Strategiefeld: Partei versus Partei	249
XIV.	Konflikt- und Strategiefeld: Staat versus Staat	323
XV.	Konflikt- und Strategiefeld: Bundeswehr versus Freiwillig Wehrdienstleistender (FWDL)	349
XVI.	Fazit	359
XVII.	Abbildungsverzeichnis	377
XVIII.	Glossar	383
XIX.	Literatur- und Quellenverzeichnis	403
XX.	Innerparteiliche politische Aussagen	419
XXI.	Koalitionspolitische politische Aussagen	447

I. Danksagung

„Nicht alle Reformen kosten Geld, und nicht alles, was Geld kostet, ist deshalb schon eine Reform."

(Helmut Schmidt,
deutscher Politiker, *1918)

Eine konstruktive Auseinandersetzung mit dem Thema Wehrpflicht bzw. Bundeswehrreform aus dem Blickwinkel des Rational Choice hat zu dieser Arbeit geführt. Dabei bedanke ich mich insbesondere bei meinem Doktorvater, Prof. Dr. Peter Nitschke, und auch bei Prof. Dr. Karl-Heinz Breier, die es mir ermöglicht haben, am Institut für Sozialwissenschaften und Philosophie in Vechta im Fach Politik zu promovieren. Es hat mich gefreut zu sehen, dass am Institut für Sozialwissenschaften und Philosophie das Fach *Wirtschaft und Ethik: Social Business* eingeführt wurde. Ein exzellentes Beispiel für echte interdisziplinäre Forschung und Lehre von Sozial- und Wirtschaftswissenschaften. Auch die vorliegende Arbeit ist interdisziplinär zu verstehen und sollte ein Anstoß sein, weitere Dissertationen interdisziplinär zu schreiben – vielleicht sogar aufbauend auf dieser Dissertation. Mein Dank gilt auch Herrn Prof. Dr. Schnell, Generalleutnant a.D., von der Universität der Bundeswehr München, der mir erhellende Einblicke in eine Militärorganisation und deren ökonomische Effizienz gegeben hat. Spieltheoretisch hat mir Herr Prof. Dr. Diekmann von der ETH Zürich wertvolle Tipps gegeben und mir immer wieder seine Unterstützung angeboten. Dafür möchte ich mich herzlich bedanken.

Eine Dissertation ist ein aufwendiges und langwieriges Projekt mit Höhen und Tiefen. Ein wesentlicher Erfolgsfaktor ist die Motivation, freie Tage und Urlaub zu opfern, sich in das Thema einzulesen und Ideen zu entwickeln, wie die Theorie in die *neue* Anwendungswelt sinnvoll transferiert werden kann. Nicht nur die Erforschung und detaillierte Aufbereitung sind eine hohe Anforderung, sondern eben auch die Integration der Forschungsarbeit in den Alltag. Dabei hat mir meine Familie sehr geholfen, indem sie viel Verständnis für mein Vorhaben hatte und Verzicht übte. Ich bedanke mich bei meiner Frau Anuschka und meinem Sohn Maximilian sehr. Vielleicht ist es für meinen Sohn ein Anlass, in ferner Zukunft auch eine Dissertation zu verfassen. Denn neben der vielen Arbeit ist die Erstellung der Dissertation auch sehr lehrreich und erfüllend.

II. Vorwort

„Die Freiheit des Menschen liegt nicht darin,
dass er tun kann, was er will,
sondern dass er nicht tun muss,
was er nicht will."

(Jean-Jacques Rousseau,
Schriftsteller, Philosoph,
Naturforscher und Komponist, 1712–1778)

Viele Menschen erleben Freiheit als das größte Lebensglück: Die Freiheit, selbst entscheiden zu können, die Freiheit, das Leben so zu gestalten, wie man es selbst für richtig hält, die Freiheit, in dem Land zu leben, das den eigenen Wünschen nach Staatlichkeit am nächsten ist.[1]

Die freie Meinungsäußerung und freiheitliche Wahlen in Demokratien zählen zu den höchsten erstrebenswerten Zielen, nicht nur des Einzelnen, sondern ganzer Völker. Unzählige Konflikte und Kriege auf der ganzen Welt zeigen immer wieder das Streben der Menschen nach Freiheit und Demokratie. Für die Freiheit lohnt es sich zu kämpfen und Opfer auf sich zu nehmen. Dieser Wunsch nach Freiheit kann so weit gehen, dass der eigene Tod in Kauf genommen wird, um der nachfolgenden Generation die Freiheit zu ermöglichen, die man selbst nicht mehr erleben kann.

Die Geschichte zeigt, dass die Freiheit des Menschen ein nicht leicht zu erreichendes Gut ist – und das bis heute. Jüngste Aufstände in Ägypten, Libyen und Tunesien sind aktuelle Beispiele dafür, dass Menschen die Freiheit und eine demokratische Verfassung für äußerst erstrebenswert halten – weg von Monarchien, totalitären Regimen und Diktaturen.

Die Erlangung der Freiheit ist aber nicht kostenlos – sie muss erstritten und erkämpft werden. Herrschaftsstrukturen, Ständewesen und Eliten müssen in ihren Strukturen gebrochen werden. Hierbei stößt man naturgemäß auf den

---

[1] Die Freiheit wie es die Bundesrepublik Deutschland versteht, ist im Grundgesetz geregelt. Hierzu zählen die § 1 bis § 19 (Grundrechte). Vgl. Homann, Karl.: Demokratie und Freiheit. Vom Nutzen und Nachteil kollektiver Selbstbindungen im dritten Jahrtausend, in: Huttner, K.; Haneke, B. (Hrsg.): Konkrete Visionen. Gesellschaftliche Tendenzen und Perspektiven in Deutschland im 3. Jahrtausend, Landsberg am Lech, 1992, S. 51–S.69.

Widerstand der existierenden Eliten, die gesellschaftliche und politische Privilegien konservieren und verteidigen wollen: Ein Konflikt, der viel Mühe und Aufwand bedeutet. Persönliche Entbehrungen und die Angst des Scheiterns mit der darauffolgenden drohenden Bestrafung sind ständiger Begleiter.

Die Freiheit zu erlangen, die für erstrebenswert erachtet wird, ist neben den Entbehrungen und Ängsten ein langlaufender Prozess mit vielen kleinen Schritten, die es zu gehen gilt. Hier zeigt sich die Notwendigkeit von Ausdauer und Durchhaltevermögen, um die freiheitlichen Ziele letztendlich zu erreichen. Auch ist der Weg zur Erlangung von Freiheit kein gradliniger und sicherlich auch kein Weg ohne Hindernisse und Herausforderungen. Rückschläge und Niederlagen sind zu erwarten, wie es nicht nur die deutsche Geschichte deutlich zeigt.

Das Konfliktpotenzial, um Freiheit zu erlangen, liegt in der unterschiedlichen Betrachtungsweise von Freiheit und Demokratie und selbstverständlich in gegenwärtig existierenden Strukturen. Die Freiheit selbst bzw. die Definition derselben ist eben nicht eindeutig, sondern vielfältig und oft individuell, ja gefühlt. Herrscherfamilien im Nahen Osten, Diktatoren oder auch geschichtlich weiter zurückliegende Monarchien und Eliten sehen den Freiheitsbegriff anders und definieren ihre Freiheit in der gegenwärtig existierenden Situation. Durch die Einführung von Demokratien, durch Wahlen oder durch Zugeständnisse von bürgerlichen Rechten sehen diese die eigene, bisher gelebte Freiheit als gefährdet an. Somit ist auch diese Freiheit es wert, verteidigt zu werden. Die Freiheit des einen, der einen Gesellschaftsschicht, ist oft die Einschränkung der Freiheit des anderen, der anderen Gesellschaftsschicht.

Die geschichtliche und gegenwärtige Herausforderung ist es, die Koexistenz verschiedener Interessenlagen innerhalb eines Staates oder Volkes sicherzustellen und für gesellschaftliche und politische Stabilität zu sorgen. Stabilität bedeutet nicht die Gleichheit aller Bürger innerhalb eines Staates, sondern die Sicherstellung gleicher Möglichkeiten, um jedem Bürger für die Zukunft Chancengleichheit zu ermöglichen.

Aufgrund der fehlenden Definition von Freiheit und der unterschiedlichen Empfindungen von Freiheit ist es notwendig, objektive Maßstäbe und Bewertungen anzulegen, die es ermöglichen, objektiv von Freiheit und Demokratie zu sprechen. Ansonsten wäre jede mögliche gesellschaftliche und politische Situation per se demokratisch und freiheitlich – oder eben auch nicht. Die zugrundeliegenden Kriterien umfassen deshalb einen Spielraum in ihrer Ausprägung, also einen Gültigkeitsbereich.

Die einzelstaatliche Ausprägung objektiver Demokratiekriterien und Freiheitskriterien muss somit nicht einheitlich für alle Staaten und Nationen gelten. Denn das würde bedeuten, dass alle Demokratien gleich wären: gleich in der Wahl ihrer Volksvertreter, gleich im Wahlsystem, gleich in der Länge der Wahlperiode und auch gleich in der Mehrheitsfindung. Das einzig wahre Demokratiesystem kann und wird es nicht geben. Dies ist auch nicht notwendig. Jedes Volk, jede Nation, jeder Staat sollte sein adäquates demokratisches System finden, ausgestalten und etablieren. Indikatoren für ein instabiles oder nicht existierendes Demokratiesystem sind Aufstände, Unruhen, Revolten und Bürgerkriege innerhalb eines Landes und dessen gewaltsame Unterdrückung ohne Perspektive auf Änderung der existierenden Strukturen. Ebenso als Indikatoren zählen die offensichtliche Missachtung von Menschenrechten, die Unterdrückung der Pressefreiheit und das gewaltsame staatliche Eingreifen bei eher gering einzustufenden Vergehen, also das nach innen gerichtete Kontroll- und Justizsystem, das grundsätzlich überdurchschnittlich gewaltsam gegenüber seinen Staatsbürgern agiert.

Die einmal gewonnene Freiheit und Demokratie können und müssen ein verteidigungswertes Gut einer jeden Nation sein. Dies rechtfertigt die Existenz von Militär im Allgemeinen, um diese Werte auch im äußersten Notfall gewaltsam gegen äußere Einflüsse und Bedrohungen zu verteidigen. Wäre die Form der Verteidigung nicht legitim, könnten totalitäre Staaten und Diktaturen mit den ihnen zur Verfügung stehenden militärischen Mitteln ihre Ideologien sehr einfach über den Globus verbreiten.

Jede Nation benötigt für die Verteidigung ihrer Freiheit und Demokratie ein Militär, das diese Werte im äußersten Konfliktfall zu schützen weiß, ein Militär, das die technische und personelle Möglichkeit und die damit verbundene Verteidigungskraft besitzt.[2] Hierzu zählt insbesondere auch die Rekrutierung von Soldaten, die ein elementarer Bestandteil des Verteidigungspotenzials sind. Wenn sich die Rekrutierung von Soldaten auf Bürger bezieht, die sich grundsätzlich dem militärischen Dienst bei gleichzeitiger nationaler Notwendigkeit

---

[2] Island ist hierbei auch keine Ausnahme. Island hat zwar keine eigenen Streitkräfte, aber ist 1949 der NATO beigetreten. Island versucht, durch Kooperation und Partnerschaften die außenpolitische Sicherheit zu gewährleisten.

zur Erreichung der Verteidigungskraft versagen, ist die persönliche Freiheit des betroffenen Bürgers tangiert.

Dieser Fall, dass die Verteidigungsnotwendigkeit der übergeordneten, gesellschaftlichen Freiheit und Demokratie mit der persönlichen Freiheit, militärischen Dienst zu leisten oder nicht, kollidiert, ist eine große Herausforderung heutiger demokratischer Regierungen. Das Verständnis von Freiheit ist einerseits sehr individuell und auf der anderen Seite ein öffentliches, gesamtgesellschaftliches Gut, das unter bestimmten Umständen mit der – vielleicht nur temporären – Einschränkung der individuellen Freiheit – wie diese auch immer ausgestaltet sein mag – einhergeht: ein zunächst anmutendes Paradoxon oder auch Dilemma, aber vielleicht auch (nur) der individuelle Preis für das Erreichen des übergeordneten, die gesamte Bevölkerung eines Staates betreffenden Ziels, eben die Freiheit und Demokratie aller Bürger – nicht nur temporär, sondern dauerhaft.

III. Einleitung

Wenn Rational Choice[3] auf das Anwendungsgebiet der Politik trifft, ist ein Bündel von Herausforderungen ganz sicher: Die komplexe reale Politikwelt den vereinfachten, aber analytisch wertvollen Theoriemodellen anzupassen. Die Beherrschbarkeit dieser Komplexität ist aus der Sicht des Verfassers nur durch die Fokussierung auf wesentliche Entscheidungsparameter zu erreichen. Aber da liegt bereits die erste Herausforderung, nämlich die Identifikation der wesentlichen Entscheidungsparameter. Durch getroffene Annahmen werden Theoriemodelle zunächst vereinfacht. Dabei ist darauf zu achten, dass eine allgemeine Aussagekraft des Modells nicht verloren geht, was zum Beispiel durch zu viele einschränkende Annahmen passieren kann.

Die allgemeine Wehrpflicht in der Bundesrepublik Deutschland bezeichnet die Pflicht eines Staatsbürgers, seinem Land militärisch für einen definierten Zeitraum zu dienen.[4] Der Staat verlangt somit von seinem Bürger eine Dienstleistung, um einen Teil seiner staatlichen Aufgaben zu erfüllen, nämlich die Aufgabe der staatlichen Sicherheit und der Verteidigungsbereitschaft. Wie schon aus dem Wort Wehrpflicht hervorgeht, handelt es sich hierbei um eine Pflichterfüllung seitens des Staatsbürgers gegenüber seinem Staat und nicht etwa um eine freiwillige Leistung seinerseits.[5]

Hieraus ergibt sich eine potenzielle Konfliktsituation zwischen dem wehrpflichtigen Staatsbürger und seinem Staat: einerseits der wehrpflichtige Staatsbürger, der nicht bereit ist, freiwillig zu dienen, obwohl sein Staat dies grundsätzlich von ihm verlangt, und andererseits der Staat, der zur Erfüllung seiner sicherheitspolitischen Aufgaben den Staatsbürger für den militärischen Dienst benötigt. Das staatliche Abverlangen einer Dienstleistung von seinem Staatsbürger greift in dessen persönlichen Freiheitsraum ein, den er für den Zeitraum der militärischen Dienstleistung nicht selbst gestalten kann.

Die vorliegende Arbeit möchte die reale politische Entscheidung zur Wehrpflicht mit der Theorie des Rational-Choice Ansatzes abbilden und analysieren. Welche rationalen Überlegungen kann der wehrpflichtige Staatsbürger

---

[3] Als Synonyme werden auch die Begriffe Spiel- und Entscheidungstheorie verwendet. Zum Theorieverständnis werden detaillierte Erläuterungen folgen. Spezielle Begrifflichkeiten des Rational Choice werden im Glossar erläutert (siehe Kapitel XVIII).
[4] Vgl. Ahammer, Andreas / Nachtigall, Stephan: 5 plus 1 Wehrpflicht der Zukunft im Gesellschaftsdienst, Baden-Baden, 2009, S. 25 ff. Siehe dazu auch das Glossar in Kapitel XVIII.
[5] Vgl. Karst, Heinz: Die Bundeswehr in der Krise, München, 1997.

anstellen und welche der staatliche Entscheidungsträger? Im Zentrum der Betrachtungen dieser Arbeit stehen die Ausarbeitung der Handlungsalternativen des wehrpflichtigen Staatsbürgers und die des staatlichen Entscheidungsträgers und ihre sozialen Wechselwirkungen.

Nach einer Theorieeinführung wird in einem historischen Überblick zur Wehrpflicht die Motivation zur Einführung der Wehrpflicht von den geschichtlichen Wurzeln her aufgezeigt. Auch anhand dieser Historie soll vergleichend die Wehrpflicht in der heutigen Zeit bewertet werden.

In der Arbeit werden verschiedene modelltheoretische Ansätze bezogen auf die deutsche Wehrpflicht simuliert. Dabei geht die Betrachtung über die eigentliche Analyse der Wehrpflicht hinaus, so dass wichtige Aspekte der gesamten Bundeswehrreform betrachtet werden.

Die Analyse mithilfe des Rational Choice wird in dieser Arbeit über verschiedene Strategie- und Konfliktfelder vorgenommen. Denn derartige Konflikt-Konstellationen sozialer Interaktionen sind strategisch relevant und lösungsspezifisch zu untersuchen. Das charakterisiert auch Rational Choice: ein Problemfeld auf mögliche Konflikte und entgegengesetzter Interessen zu untersuchen, um dann kollektiv bestmögliche Lösungen aufzuzeigen. Rational Choice zeigt aber auch, wohin individuell rationales Verhalten führen kann – nämlich zu einer für alle beteiligten Akteure schlechtesten Lösung.[6]

Eine Herausforderung ist es also, die potentiellen Strategie- und Konfliktfelder überhaupt zu identifizieren. Hierzu ist es notwendig das Problemfeld gedanklich zu zerlegen und die Akteure und deren mögliche Beziehung herauszuarbeiten. Bei der Frage zur Wehrpflicht gibt es einige Akteure, die eine Entscheidungsbefugnis zur Wehrpflichtfrage haben und solche Akteure, die als Betroffene reagieren können (müssen).

Orientiert an den Zielvorgaben zur Bundeswehrreform, wird auch eine intensive ökonomische und nationalübergreifende Betrachtung der Kooperation in den Bündnissen durchgeführt. Die Wehrpflicht ist ein wichtiger innenpolitischer Baustein der Bundeswehr, aber die Reform geht weit über die Frage der Aussetzung oder Abschaffung der Wehrpflicht hinaus. Zukünftig ist eine neue Gesamtstruktur der Bundeswehr gefordert, die durch Kooperation mit und In-

---

[6] Die "schlechteste Lösung" ist auf den individuellen Nutzen bezogen. Zum Nutzen und zur Nutzentheorie später mehr.

tegration in den Bündnissen ihren Auftrag erfüllt und dabei im Vergleich zu heute ökonomisch effizienter sein muss.

IV. Forschungsstand

IV.1 Rational Choice und Public Choice

Zahlreiche Arbeiten, Publikationen, Schriften und Arbeitspapiere beschäftigen sich mit dem Thema der Wehrpflicht, insbesondere auch der deutschen Wehrpflicht, unter dem Aspekt einer zu schaffenden Wehrpflichtarmee oder einer Freiwilligenstreitkraft. Der Schwerpunkt der Arbeiten liegt insbesondere auf verfassungsrechtlichem, sicherheits- und gesellschaftspolitischem, militärischem und auch ökonomischem Gebiet.

Die Betrachtung politischen Handelns aus entscheidungstheoretischer Sicht ist weitaus weniger anzutreffen. Während der Literaturrecherche zur Wehrpflichtdebatte in Deutschland sind dem Verfasser keine Publikationen aufgefallen, die das Thema Wehrpflicht unter dem Aspekt des Rational Choice untersuchen.

Politisches Handeln und politische Entscheidungen von Staaten bzw. Regierungen bestimmen das private und das öffentliche Leben der Staatsbürger. In der Regel werden Entscheidungen aus einer vorhandenen Menge von Handlungsalternativen, dem Handlungsspielraum, getroffen. Die Menge der Handlungsalternativen ist beschränkt und damit endlich. Entscheidungen des Staates beeinflussen den Handlungsspielraum des Staatsbürgers. Wird dem wehrpflichtigen Staatsbürger vom Gesetz her eine Wehrpflicht auferlegt, aber auch beispielsweise die Möglichkeit der Verweigerung in Form der Ableistung eines Ersatzdienstes geboten, hat er die Möglichkeit, in diesem (vor-) definierten Handlungsraum seine Entscheidung zu treffen. Eine Entscheidung für eine andere Handlungsalternative als die aus dem Handlungsspielraum vorgegebene (z.B. Totalverweigerung) kann gegebenenfalls zu Strafen oder persönlichen Nachteilen führen. Die gesetzliche Vorgabe einer Wehrpflicht beeinflusst den Staatsbürger sowohl in seinem privaten als auch in seinem öffentlichen Lebensbereich. Privat hat er für die Ableistung der Wehrpflicht Lebenszeit aufzubringen. Die Lebenszeit mag er gerne aufbringen oder nicht. Die Entscheidung, einer Wehrpflicht nachzukommen, ist individuell und kann die unterschiedlichsten Ursachen und Beweggründe haben. Gründe zur Ableistung der Wehrpflicht können Stolz, Vaterlandsliebe, Pflichtbewusstsein, aber auch familiärer Art sein. Der Vater könnte eine militärische Karriere vorgelebt haben und Einfluss auf den Sohn nehmen, den militärischen Dienst in Form der Wehrpflicht zu leisten oder aber auch eine Karriere beim Militär zu suchen. Gründe gegen eine Ableistung der Wehrpflicht sind ebenfalls vielfältig und unterschiedlich. Hierbei können Gründe wie die Abneigung gegen alles Militärische oder insbesondere die Sinnlosigkeit von Kriegen und militärischen Auseinandersetzungen eine Rolle spielen. Entscheidungsbestimmend kann aber auch die Tatsache sein, dass Freunde und Bekannte, die den militärischen Dienst verweigern, als Vorbild dienen. Die Motive, aus verschiedenen endlichen Handlungsalternativen zu wählen, können also sehr vielfältig sein. Die Liste der Motivation ist oft länger als die Liste der Handlungsalternativen.

Dies gilt nicht nur für den Staatsbürger. Der staatliche Entscheidungsträger hat ebenfalls seine Gründe und Motive, Entscheidungen zu treffen. Was motiviert einen staatlichen Entscheidungsträger, sich für die eine und nicht für die andere Handlungsalternative zu entscheiden? Wie ist der politische Entscheidungsprozess und welche Institutionen sind betroffen? Ein Staatsbürger in einer Demokratie kann sich als Individuum für die Ableistung der Wehrpflicht entscheiden, unabhängig von der Tatsache, welche Faktoren ihn beeinflussen oder welche Faktoren er selbst zur Entscheidung zulässt. Ein staatlicher Entscheidungsträger ist normalerweise kein Individuum – auf jeden Fall nicht nach einem Demokratieverständnis, wie es in der Bundesrepublik herrscht. In Diktaturen und totalitären Staaten ist die Sachlage eine andere. Ein staatlicher Entscheidungsträger in einer Demokratie ist Gesetzen, Regeln und Verfahren (Entscheidungswegen) unterworfen, die einzuhalten sind. So spielen in Deutschland nicht nur Mehrheiten in Regierungskoalitionen eine Rolle, sondern aufgrund des Föderalismus auch die Vertretung der Länder im Bundesrat.

Die Sinnhaftigkeit der Rational-Choice-Modelle besteht in einer Abstrahierung, einer Vereinfachung der Beschreibung der Realität, um das Entscheiden in einer komplexen Entscheidungsumgebung zu erleichtern. Rational Choice erhebt nicht den (normativen) Anspruch einer Bewertung. Es ist somit nicht fälschlicher Weise zu schlussfolgern, dass ein Handeln nach der Rational-Choice-Theorie gut oder empfehlenswert wäre. Ein Handeln nach Rational Choice ist aber auch nicht schlecht oder als irrelevant (nicht notwendig) zu beurteilen. Ein Handeln nach Rational Choice ist als logisch oder als in sich schlüssig (konsequent) zu verstehen.

Verhandlungen auf nationaler wie auch auf internationaler Ebene, Konfliktlösung und Entscheidungsfindung können mit Modellen des Rational Choice sehr gut erklärt und plausibel dargestellt werden. Im Interesse des Gemeinwohls ist es grundsätzlich anzustreben, die bestmögliche Strategie im Sinne der Rationalität der involvierten Akteure herauszufinden.

Die Rational-Choice-Theorie basiert auf der unbedingten Annahme, dass ein Individuum rational handelt und seinen Nutzen, ein Unternehmen (beispielsweise) seinen Gewinn und der Staat (beispielsweise) im Sinne seiner Staatsbürger die Wohlfahrt maximiert.[7] Die Maximierung erfolgt immer unter bestimmten Einschränkungen, wie zum Beispiel der Budgetbeschränkung bei Individuen oder der Kostenfunktion bei Unternehmen. Es können aber auch andere Beschränkungen auftreten, die restriktiv wirken wie Zeit, Information (Wissen) oder auch Fähigkeiten. Das ist immer auf den speziellen Fall hin zu untersuchen.[8]

Es gibt kritische Stimmen, die die Transformation von Entscheidungen in der Realität in die Welt der mathematischen Lösungstheorie in Frage stellen.[9] Die wesentlichen Kritikpunkte sind die unzureichende Abbildung der Komplexität der Wirklichkeit und die Voraussetzung, dass der Entscheider als homo oeconomicus stets seinen Nutzen kennt und diesen bei seinen Entscheidungen zu maximieren gewillt ist. Sicherlich sind Vereinfachungen in der Modellierung eine wichtige und notwendige Voraussetzung, um eine (sinnvolle und effiziente) Analyse durchführen zu können.[10]

Die gesamte Komplexität der realen Situation muss nicht abgebildet werden, um die Auswirkung der Entscheidungen zu analysieren. Ebenso ist nicht die Kenntnis des genauen Nutzens in absoluten Werten Voraussetzung für eine richtige Analyse. Die Tatsache, dass das Gefangenendilemma des Rational Choice mit verschiedenen Absolutwerten gespielt werden kann, zeigt dies deutlich.

Die Rationalität soll hier als die Wahl von Alternativmöglichkeiten eines Individuums oder einer Institution verstanden werden, welche zuvor bewertet wurden oder hätten bewertet werden können. Der Rationalitätsbegriff an sich ist in

---

[7] Hierzu später mehr; insbesondere bei der Diskussion um Modellierungsansätze.
[8] Vgl. Mueller, Dennis C.: Public Choice III, New York, 2009, S. 659.
[9] Vgl. Neuner, Judith: Gemeinsame Entscheidungsfindung: Perspektiven, Ansatzpunkte und blinde Flecken, Arbeitspapier, München, 2009 und vgl. Zintl, Reinhard: Der Homo Oeconomicus: Ausnahmeerscheinung in jeder Situation oder Jedermann in Ausnahmesituationen?, in: Analyse und Kritik 11 (1989), S. 52–69, Opladen,1989, S. 52–S. 69.
[10] Vgl. Gigerenzer, Gerd: Risiko, Wie man die richtigen Entscheidungen trifft, München, 2013, S.162–S. 166 und S. 234–S. 240.

der Entscheidungstheorie verankert und sollte dort auch wie definiert bestehen bleiben.[11] Eine bloße Begriffsänderung hätte keinen Wert und würde den Theorieansatz über die Spieltheorie sicherlich nicht aufwerten. Die richtige Betrachtungsweise ist wohl, dass der Mensch als Individuum oder als institutionelle Vertretung die Möglichkeit hat, rational zu handeln.

Die Rational-Choice-Theorie hat nicht den Anspruch, alles erklären zu können. Die Vereinfachung der Realität, die idealtypische zugeschnittene Welt, soll Erkenntnisse schaffen, die dann für eine reale Entscheidung herangezogen werden können. Kritiker bringen immer wieder an, dass Menschen als Akteure nicht rational handeln. Wegen seiner kognitiven Begrenzung[12] und der hohen Komplexität der Realität stünden dem Menschen nur beschränkte Entscheidungsressourcen zur Verfügung.[13]

Diese Erklärung verleitet zu der Schlussfolgerung, dass jeder Ansatz des rationalen Handelns zum Scheitern verurteilt wäre: Die komplexe Welt ist nicht abbildbar, also wäre es vergebene Liebesmüh es zu versuchen. Aber ist es nicht so, dass Entscheidungen – auch wenn diese zunächst komplex erscheinen – auf wenige, wichtige Parameter zurückzuführen sind, welche die Entscheidung wirklich beeinflussen? Diese Parameter gilt es zu identifizieren, zu bewerten und in die Entscheidungsfindung einfließen zu lassen. Rational Choice zeigt Aspekte auf, die bei einer Entscheidungsfindung Berücksichtigung finden können. Rational Choice als solche sollte trotz verschiedener Kritiken nicht in Frage gestellt werden.[14] Rational Choice kann wertvolle Beiträge zu der Erklärung menschlicher Entscheidung liefern. Eine Nichtberücksichtigung würde zu einer unvollständigen Analyse menschlichen Entscheidungshandelns führen.

Zustimmend kann gesagt werden, dass sich nicht jede Entscheidungssituation eignet, mithilfe der Rational-Choice-Theorie analysiert zu werden. Das wäre nicht effizient und nicht zielführend. Die in der Literatur angeführten Beispiele zur Rational-Choice-Theorie sind oft relativ einfach illustrativ dargestellt, was aber nicht heißen soll, dass diese nicht in der Realität Anwendung finden können. Die politische Entscheidungsfindung zur deutschen Wehrpflicht ist so be-

---

[11] Vgl. Behnke Joachim, Thomas Bräuninger, Susumu Shikano: Jahrbuch für Handlungs- und Entscheidungstheorie, Band 6: Schwerpunkt Neuere Entwicklungen des Konzepts der Rationalität und ihre Anwendungen, Wiesbaden, 2010, S. 21.
[12] Vgl ebd.: S. 39.
[13] Vgl. ebd.: S. 38.
[14] Vgl. ebd.: S. 41.

deutend, dass es sich lohnt, sie näher (auf Rationalität) zu analysieren. Andere Betrachtungsweisen neben der Rational-Choice-Theorie für die Analyse der Entscheidungsfindung zur deutschen Wehrpflicht sind wichtig und werden auch durch diese Untersuchung in keiner Weise in Frage gestellt.

Strategisches Handeln ist allgegenwärtig. Unternehmen sprechen von Marketingstrategien oder Marktstrategien, private Haushalte beschäftigen sich vielleicht mit Anlagestrategien oder Finanzstrategien ihrer Vermögenswerte. In der Politik wird von Wahlkampfstrategien und Krisenstrategien gesprochen.

Rational Choice erklärt mit Hilfe verschiedener Modelle das strategische Handeln von Akteuren, deren Handlungen bzw. Interaktionen sich gegenseitig beeinflussen. Über die Modelle und deren zugrundeliegenden mathematischen Formalismus ist es möglich, interdisziplinär, zwischen Ökonomie, Sozialwissenschaften und Politikwissenschaften detailliert und innerhalb eines Duktus zu kommunizieren.[15]

„Die Spieltheorie verhilft dazu, Interaktionsstrukturen zu analysieren und Bedingungen für die Geltung der Hypothesen herauszuarbeiten. Insofern ist die Spieltheorie ein wichtiges Instrument der Theorieentwicklung in den Sozialwissenschaften."[16]

Die analytischen Instrumente des Rational Choice dienen dazu, die Feinheiten des sozialen Verhaltes herauszuarbeiten. Sicherlich werden Akteure in der Wirklichkeit nicht immer rein rational handeln. Das will und kann die Spieltheorie auch nicht aussagen. Die unterstellte Rationalität ist als Messpunkt zu verstehen, der das in der Wirklichkeit beobachtete soziale Verhalten in Relation setzt, um Abweichungen zu erklären oder Lösungen bei sogenannten „sozialen Fallen" aufzuzeigen. Würde die Rationalität nicht definiert, könnte auch das Irrationale nicht erklärt werden.[17]

Rationalität bedeutet die konsequente Handlung nach den gegebenen individuellen Präferenzen, die einer Ordnung (Vollständigkeit, Reflexivität, Transitivität, Stetigkeit) genügen.[18] Die Präferenzen werden gewichtet, geordnet und

---

[15] Vgl. Diekmann, Andreas: Spieltheorie Einführung, Beispiele, Experimente, Reinbek bei Hamburg, August 2010, S. 7.
[16] Siehe ebd.: S. 11.
[17] Vgl. ebd.: S. 12–S. 15.
Vgl. McCain, Roger A.: Game Theory and Public Policy, Northampton, 2009, S. 11–S. 16.
[18] In diesem Sinne wäre das individuelle Handeln als egoistisch zu werten, weil es sich lediglich an den eigenen Präferenzen orientiert. Das wäre aber nur auf den ersten Blick als egoistisch zu beurteilen, weil Altruismus in den individuellen Präferenzen bzw. in der Nutzenfunk-

über die Nutzenfunktion transferiert. Der Akteur handelt nach diesen Vorgaben nutzenmaximierend. Beim Gefangenendilemma ist beispielsweise zu beachten, dass keine absoluten Nutzenwerte in der Auszahlungsfunktion angegeben sind, sondern die Auswirkungen auf den individuellen Nutzen. Die Auswirkungen (Gefängnisstrafe, Kronzeugenregelung) werden von einem Dritten – dem Staat – vorgegeben. Das Gefangenendilemma gilt grundsätzlich für die *dahinter liegenden* Nutzenfunktionen eines Individuums. Als Bedingung aus dem Gefangenendilemma ist abzuleiten, dass eine Gefängnisstrafe sich negativ auf den Nutzen des Individuums auswirkt.[19] In der Realität mag es – aus welchen Gründen auch immer – situativ anders sein. Eine beispielsweise positive Auswirkung einer Gefängnisstrafe auf den Nutzen eines Akteurs in diesem Beispiel würde nicht zum Gefangenendilemma führen.[20]

Beim Rational Choice geht es unter anderem um die Messbarkeit des Nutzens. Der Nutzen ist auf verschiedenen Wegen zu messen, aber jeder Weg ist auch kritikanfällig. Ist die Höhe der Differenz zweier Nutzenwerte von Gütern messbar bzw. von Interesse, dann handelt es sich um die kardinale Nutzenmessung. Sind Differenzen aber nicht von Bedeutung, also lediglich die Aussage, ob ein Gut besser ist als das andere oder die höhere Anzahl eines Gutes höheren Nutzen stiftet als das gleiche Gut in einer geringeren Anzahl, dann spricht man von ordinalen Nutzenwerten. Die Nutzenwerte bzw. die Präferenzen stehen dann in einer Nutzenbeziehung zueinander, wobei die konkrete Nutzendifferenz keine Rolle spielt.

Darüber hinaus gibt es das (Erwartungs-) Nutzenkonzept von Neumann und Morgenstern[21], welches den zu erwartenden Nutzen berechnet und diesen zur Entscheidung heranzieht. Es gilt dann also für den Erwartungsnutzen eines Akteurs i bei n-vielen Gütern, der gegebenen Nutzenfunktion U und den Wahrscheinlichkeiten p_j:

---

tion abgebildet werden kann. Die Orientierung eines Individuums an den individuellen Präferenzen (Rationalität) ist damit nicht per se mit Egoismus gleichzusetzen. Es ist als subjektiv oder fallweise als „allgemein objektiv anerkannt" zu kennzeichnen. Vgl. Zintl, Reinhard: Der Homo Oeconomicus: Ausnahmeerscheinung in jeder Situation oder Jedermann in Ausnahmesituationen?, in: Analyse und Kritik 11 (1989), S. 52–S. 69, Opladen,1989, S. 53.
[19] Das mag bei einer Gefängnisstrafe allgemein anerkannt und plausibel zu sein. In anderen Fällen ist die Wirkung auf die Nutzenfunktion nicht offensichtlich und daher erklärungsbedürftig.
[20] Dazu später mehr.
[21] Vgl. Neumann, John von, Morgenstern Oskar: Theory of Games and Economic Behavior, 1944.

$$E_i(U) = p_1 U(X_1) + p_2 U(X_2) + \ldots + p_n U(X_n), \text{ wobei gilt:}$$

$$\sum_{j=1}^{n} p_j = 1$$

Im Fall des erwarteten Nutzens wird das Konzept auf das Risikoverhalten des Akteurs erweitert. Der Akteur kann risikoavers, risikoneutral oder risikofreudig sein. Dies ist dann der Fall, wenn der Akteur alternative Möglichkeiten zur Auswahl hat, die er dann miteinander vergleicht. Ein kleines Beispiel mag dieses verdeutlichen. Nehmen wir an, dass ein Akteur die Möglichkeit hat,

a) sicher 5 Euro zu bekommen oder

b) mit einer Wahrscheinlichkeit von 50 Prozent 4 Euro und mit 50 Prozent 6 Euro.

Entscheidet er sich für die sichere Variante, ist er risikoavers, entscheidet er sich für die zweite Möglichkeit, ist er bereit ein Risiko einzugehen, um die 6 Euro zu bekommen. Es kann aber auch sein, dass er lediglich die 4 Euro bekommt. Er wäre in diesem Fall dann risikofreudig. Ist der Akteur weder risikofreudig noch risikoavers, dann ist er indifferent zwischen den beiden Möglichkeiten und als risikoneutral zu bezeichnen. Bei beiden Möglichkeiten ist der Erwartungswert jeweils derselbe.[22] Mit Hilfe des Erwartungswertes – welcher „nur" die Eintrittswahrscheinlich berücksichtigt – kann also keine Entscheidung getroffen werden. Der Akteur muss also entscheiden, welcher Nutzen ihm mehr wert ist, der des sicheren Ereignisses (risikoavers), des unsicheren Ereignisses (risikofreudig) oder gleich viel (risikoneutral, indifferent, Orientierung am Erwartungswert).

Bei reinen Strategien – ohne Berücksichtigung von Unsicherheit oder Risiko – ist die ordinale Nutzenmessung ausreichend. Bei gemischten Strategien, Strategien, die mit Wahrscheinlichkeiten belegt sind, ist eine kardinale Nutzenmessung notwendig.[23]

---

[22] Indifferent wäre er, wenn er sich nur nach dem Erwartungswert orientiert. Bei beiden Alternativen ist der Erwartungswert gleich, nämlich 5. Vgl. Rieck, Christian: Spieltheorie Eine Einführung, 10. Auflage, Eschborn, 2010, S. 185 ff.
[23] Vgl. ebd.: S. 86.
Vgl. Rieck, Christian: Spieltheorie Einführung für Wirtschafts- und Sozialwissenschaftler, Wiesbaden, 1993, S. 122 ff.

Darüber hinaus gilt ein abnehmender Grenznutzen bei steigendem Konsum von Gütern. Mehr von einem Gut zu haben ist zwar immer besser, aber mit sinkendem Grenznutzen, d.h. dass jede weitere Einheit des Gutes zwar den Nutzen absolut steigert, aber mit immer kleiner werdendem Beitrag.[24]

Bei Rational Choice gibt es verschiedene Darstellungsformen eines strategischen Spiels. Eine häufig anzutreffende Variante ist die der strategischen Normalform. Es ist eine Tabelle, in der die Nutzenwerte der beteiligten Akteure bei möglichen Strategievarianten aufgeführt sind. Die Spalten der Tabelle zeigen die Strategievarianten des einen Akteurs, die Zeilen der Tabelle die des anderen Akteurs. Der Kreuzpunkt einer Zeile und einer Spalte führt zu einer möglichen Strategiekombination der beteiligten Akteure. Die erste Zahl innerhalb der Strategiekombination wird dem Akteur, der den Zeilen zugeordnet ist, zugewiesen, die zweite Zahl entsprechend dem Akteur, der den Spalten zugeordnet ist. Eine größere Zahl zeigt die höher priorisierte Präferenz an. Somit besteht ein Spiel in strategischer Normalform aus den Akteuren, den akteursbezogenen Strategievarianten und die daraus resultierenden Strategievarianten, welche mit den Auszahlungen – basierend auf der Präferenzordnung bzw. den Nutzenwerten – verbunden sind.[25]

Soll die zeitliche Komponente bei der Auswahl von Strategiemöglichkeiten abgebildet werden, dann wird das über die sogenannte Extensivform in Rational Choice gemacht. Diese Form der Darstellung eines strategischen Spiels zeigt den asynchronen, sequentiellen Entscheidungsverlauf. Ein strategisches Spiel in Extensivform besteht aus den Akteuren, einem Entscheidungsbaum zur sequentiellen Abbildung der Entscheidungen und den dazugehörigen Auszahlungen an den *Blättern* des Entscheidungsbaums. Die sogenannten Knoten des Entscheidungsbaums symbolisieren den Entscheidungspunkt, die dazugehörigen Kanten zeigen die Strategiemöglichkeiten zum Entscheidungspunkt (Knoten). Die *Wurzel* des Baumes ist der oberste Knoten, der eindeutig ist und den Beginn des Entscheidungsverlaufs darstellt. Der Entscheidungsverlauf beginnt am obersten Knoten (Wurzel) und endet bei den *Blättern* mit entsprechenden Auszahlungen. Der Spieler, welcher den ersten Zug durchführen

---

[24] Mathematisch bedeutet das, dass die erste Ableitung der Nutzenfunktion positiv (>= 0; Steigerung des Nutzens bei vermehrtem Konsum des Gutes) und die zweite Ableitung kleiner gleich Null (abnehmender Grenznutzen) ist. Man spricht auch von konkaven Nutzenfunktionen. Falls die zweite Ableitung größer gleich Null ist, dann ist die Funktion konvex. Wenn die zweite Ableitung genau Null ist, dann spricht man auch von schwach konkav bzw. schwach konvex. Vgl. ebd.: S. 187.
[25] Vgl. Diekmann, Andreas: Spieltheorie Einführung, August 2010, S. 22–23.

kann, hat einen Vorteil unter der Voraussetzung vollständiger und perfekter Information.[26]

Die bisherigen Ausführungen gelten auch für die Public-Choice-Theorie, wobei die Public-Choice-Theorie zwei Sichtweisen vereint. Die Sicht aus der Politikwissenschaft, dass ein Individuum das gemeinschaftliche Interesse verfolgt, und die Sicht aus der Ökonomie, dass die Individuen sich nur am eigenen Interesse orientieren. Es ist die Anwendung der Ökonomie auf die Betrachtungsfelder der Politik.[27] Hinzu kommt die Betrachtung von öffentlich bereit gestellten Gütern, die sich von privaten Gütern dadurch unterscheiden, dass sie in der Regel dem ganzen Kollektiv zur Verfügung stehen.[28]

Das englische Wort *public* führt in seiner Bedeutung „öffentlich" zur Diskussion und Analyse der Bereitstellung von öffentlichen Gütern. Öffentliche Güter sind Güter, die der gesamten Staatsgemeinschaft zur Verfügung stehen. Beispielsweise die staatliche Bereitstellung der öffentlichen Ordnung durch die Polizei oder die Bereitstellung der Sicherheit bzw. der Verteidigungsbereitschaft des Landes durch die Bundeswehr. Die staatliche Gemeinschaft sorgt auch für die Finanzierung dieser Art von Gütern, sei es durch Steuerzahlungen oder durch die Ableistung von Dienstleistungen wie dem militärischen Dienst. Es gibt öffentliche Güter, welche der gesamten staatlichen Gemeinschaft oder auch nur einem Teil dieser Gemeinschaft zur Verfügung stehen. Die Verteidigungsbereitschaft des Landes steht jedem Staatsbürger zu gleichen Teilen zur Verfügung. Museumsbesuche nur beschränkt, denn sobald eine private Zahlung verlangt wird, können Staatsbürger, die nicht bezahlen, ausgeschlossen werden. Die öffentlichen Güter müssen vom Staat in ihrer optimalen Menge (effiziente Allokation) bereitgestellt und in bestimmten Fällen umverteilt werden.[29] Die Umverteilung verfolgt den Zweck, dass eine bestimmte, wie auch immer benachteiligte Gruppierung einen Ausgleich im Sinne einer wohlfahrtsorientierten Gerechtigkeit erfährt. Ein öffentliches Gut ist nicht immer ein physikalisches Gut wie beispielsweise die Autobahn oder eine Brücke, sondern auch die staatliche Bereitstellung von Sicherheitsleistung, die oft als gefühlt wahrgenommen wird. Im Fall der Bereitstellung staatlicher Sicherheit durch Polizei oder Militär handelt es sich bei übergeordneter Betrachtung um ein Po-

---

[26] Vgl. ebd.: S. 46–S. 50 und vgl. McCain, Roger A.: Game Theory and Public Policy, Northampton, 2009, S. 10.
[27] Vgl. Mueller, Dennis C.: Public Choice III, 2009, S.1.
[28] Eine nähere Betrachtung der öffentlichen Güter folgt.
[29] Vgl. ebd.:, S. 675.

sitiv-Summen-Spiel.[30] Ein relativ kleiner Einsatz an Steuergeldern oder militärischer Leistung eines Einzelnen führt zu der Bereitstellung der Sicherheit eines ganzen Landes. Das Problem des Trittbrettfahrens bzw. der individuellen Opferung seien dabei ausgeblendet.

Das politische Betrachtungsfeld ist in dieser Untersuchung die deutsche Wehrpflicht. Die Wehrpflicht ist der Eingriff des Staates in die individuellen Freiheitsräume seiner Staatsbürger, um einen Teil seiner Staatsaufgaben zu leisten, nämlich die Gewährleistung und Bereitstellung der Verteidigungsbereitschaft des Gesamtstaates. Aus theoretischer Sicht könnte die Frage aufgeworfen werden, ob die Bereitstellung der Verteidigungsleistung, also die damit verbundene notwendige Allokation der Ressourcen – hier die Wehrpflichtigen – über einen Markt zur Verfügung gestellt werden könnten. In diesem Markt würde es ein Angebot und eine Nachfrage geben, welche durch den Preis gesteuert würde. Das Angebot bestünde aus Staatsbürgern, die freiwillig bereit wären, militärischen Dienst abzuleisten. Die Nachfrage wäre die Nachfrage des Staates nach diesen freiwillig Dienenden, um seiner Aufgabe – der Verteidigungsbereitschaft des Landes – zu genügen. Der Preis, der die Nachfrage und das Angebot zusammenführt, wäre dann die Entlohnung des militärisch dienenden Staatsbürgers. Falls es diesen Markt geben würde, wäre das Eingreifen des Staates durch die Anwendung der Wehrpflicht aus markttheoretischer Sicht nicht notwendig. Ein Staat muss oder sollte grundsätzlich dann eingreifen, wenn ein Markt aus sich selbst keine optimale Regulierung schafft, also lediglich eine nicht optimale Allokation erreichen kann. Dies ist dann der Fall, wenn das Erreichen eines Pareto-Optimums fehlschlägt.[31]

Bei der Betrachtung der Wehrpflichtdebatte muss zwischen der Wehrpflicht selbst und der durch die Wehrpflicht erreichbaren Verteidigungsfähigkeit unterschieden werden. Die Wehrpflicht selbst stellt eine Maßnahme des Staates dar, welche zur Erreichung des Ziels der Verteidigungsfähigkeit dient. Die Wehrpflicht ist kein öffentliches Gut nach den Kriterien des Rational Choice.[32]

Die Verteidigungsfähigkeit des Staates, wie immer diese nun bestimmt wird, ist ein öffentliches Gut.[33] Ein öffentliches Gut wird zum einen dadurch gekenn-

---

[30] Vgl. ebd.: S.678.
[31] Vgl. ebd.: S. 3.
[32] Vgl. Glossar.
[33] Vgl. ebd.: S. 10.

zeichnet, dass es der Gesamtheit des Staates, also allen Staatsbürgern, zur Verfügung steht und dadurch, dass niemand explizit von der Nutzung dieses Gutes ausschließbar ist, entweder weil es von der Sache her nicht möglich ist oder weil es sehr ineffizient wäre.[34] Dies ist bei der Bereitstellung der Verteidigungsfähigkeit sehr einfach nachvollziehbar. Die Bundeswehr und somit die Verteidigungsfähigkeit des Staates dient jedem Staatsbürger – selbst denen, die gegen die Bundeswehr eingestellt sind. Es kann kein Unterschied gemacht werden zwischen arm oder reich, jung oder alt. Jeder wird gleich gut (oder schlecht) verteidigt. Der Staat kann niemanden explizit bei der Bereitstellung der Verteidigungsbereitschaft ausschließen. Bei diesem öffentlichen Gut ist das Ausschließen eines Einzelnen oder einer Gruppe schlichtweg nicht möglich.[35]

Bei der Wehrpflicht aber greift das Kriterium des Nichtausschließens nicht. Gerade bei der Musterung oder auch der Möglichkeit des Verweigerns wird das Ausschließen deutlich. Die Bundeswehr kann durch die Festlegung der Musterkriterien den Auswahlprozess aus der zur Verfügung stehen Erhebungsmasse beliebig gestalten. Es kann bestimmt werden, ob jemand überhaupt zum militärischen Dienst auserwählt wird, oder aber auch welche Tätigkeiten beim Militär für eine bestimmte Person geeignet wären und welche eben nicht.

Die Wehrpflicht steht auch nicht allen Staatsbürgern zur Nutzung zur Verfügung. Wie soll man sich dieses auch vorstellen?[36] Es ist eben die aus der militärischen Dienstleistung resultierende Verteidigungsfähigkeit, die von jedem Staatsbürger konsumiert wird. Die Verteidigungsbereitschaft wird nicht nur durch die Wehrpflichtigen, sondern durch alle Soldaten, also auch die freiwillig länger Dienenden und die Zeit- und Berufssolden bereitgestellt. Dazu kommen viele andere Faktoren wie die Ausbildung der Soldaten, das zur Verfügung stehende Material und nicht zuletzt die strategisch und taktischen Vorgaben der militärischen Elite.

---

[34] Vgl. ebd.: S. 11.
[35] Im Gegensatz dazu stehen zum Beispiel private Sicherheitsdienste. Hier können Individuen ausgeschlossen werden, die nicht bereit sind dafür zu zahlen oder nicht dafür bezahlen wollen (können). Die Sicherheitsleistung beschränkt sich dann auf die zahlenden Teilnehmer.
[36] Insbesondere existiert das „Trittbrettfahrerproblem" bei der Wehrpflicht nicht. Diese Eigenschaft des möglichen „Trittbrettfahrens" bei einem öffentlichen Gute ist das wesentliche Charakteristikum nach Rational Choice. Die Wehrpflicht ist ein (Zwangs-) Instrumentarium. Insbesondere wird von der deutschen Wehrpflicht gesprochen in ihren bisherigen Ausprägungen.

Es obliegt grundsätzlich dem Staat, wie er die Notwendigkeit der Verteidigungsbereitschaft einschätzt, wie diese Größe gemessen wird und wie er für die notwendige Bereitstellung sorgt. Eine Steuerungsgröße ist unter anderem der staatliche Zwang in Form der Wehrpflicht. Diesen Zwang sollte der Staat dann ausüben, wenn die Bereitstellung der als notwendig erachteten Verteidigungsbereitschaft allein durch die Rekrutierung von Freiwilligen nicht möglich ist.[37]

Ähnlich der Kritik an der reinen Lehre der Rationalität gibt es ebenso kritische Stimmen an der Public-Choice-Theorie. Diese sollen an dieser Stelle nicht unerwähnt bleiben. Wie in der reinen Rational-Choice-Theorie wird auch in der Public-Choice-Theorie vom rationalen Individuum im Sinne der Nutzenmaximierung ausgegangen. Bei der Nutzenmaximierung spielt aber die Berücksichtigung des Konsums von öffentlichen Gütern eine Rolle wie auch die Bereitschaft, diese bereitzustellen. Oft wird innerhalb der Public-Choice-Theorie der staatliche Akteur (Staat als Entscheidungsträger) so modelliert, dass dieser die gesamtstaatliche Wohlfahrt maximiert (oder maximieren sollte). Zusätzlich wird das rein rational denkende Individuum um die Denkweise des gemeinwohlorientierten Wesens erweitert, eines Individuums, das die Bereitstellung von öffentlichen Gütern wertschätzt und entsprechend bewertet.

Die Kritiker sagen zur Anwendung der Rationalitätstheorie auf die Politik, dass die empirische Evidenz fehle und die Modelle sehr einschränkenden und damit unrealistischen Bedingungen unterlägen. Die Rationalitätstheorie auf die Politik angewandt schaffe es lediglich, bereits vorhandenes Wissen in die Begrifflichkeiten seiner Theorie zu transformieren – und zwar ohne neuen Erkenntnisgewinn.[38]

Diese Meinung wird vom Verfasser nicht geteilt. Trotz einschränkender Bedingungen können mit Hilfe der Rationalitätstheorie wichtige politische Erkenntnisse gewonnen werden. Dies wird unter anderem in der vorliegenden Arbeit zu zeigen sein. Zudem wäre auch die Frage nach alternativen Theoriemodellen zu stellen, die nicht vereinfachende Annahmen voraussetzen und die gesamte Komplexität der Realität abbilden. Eine solche Theorie ist dem Verfasser nicht bekannt und würde auch deren Handhabbarkeit und Aussagefähig-

---

[37] Es können selbstverständlich auch andere Gründe als die ausreichend mengenmäßige Bereitstellung eine Rolle spielen. Beispielsweise kann die gesellschaftliche Verzahnung mit dem Militär über die Wehrpflicht eine Rolle spielen.
[38] Vgl. ebd.: S. 658.

keit in Frage stellen. Eine zu komplexe Annahmemenge hätte zur Folge, dass das Modell (sehr) eingeschränkt ist und nur einen kleinen Gültigkeitsbereich hat. Ein Theoriemodell ist dann gut, wenn es unter wenigen Bedingungen Voraussagen oder Aussagen trifft, die entweder leicht zu verifizieren oder zu falsifizieren sind.[39] Das klassische Gefangenendilemma ist dafür ein gutes Beispiel.

Wichtig dabei ist zu verstehen, dass die Rational Choice keine empirische Kraft aus sich heraus hat, sondern als Heuristik zu verstehen ist. Das bedeutet zugleich Stärke und Schwäche des Modells und hat selbstverständlich einschränkende Wirkung auf die Analyse.

Die Anwendung der Rational-Choice-Theorie mit ihren Annahmen der Rationalität ist zweifelsfrei eine der umstrittensten und meist diskutierten Ansätze in der Politikwissenschaft. Neben sachbezogenen Argumenten wird die Diskussion des Rational Choice Ansatzes oft auch sehr emotional geführt.[40] Andererseits wird aber auch in der wissenschaftlichen Diskussion von „the second best thing that ever happened to social science."[41] gesprochen. Oder auch von einer treibenden Kraft für die Sozialwissenschaften und ihren Verhaltensforschungen: „We think more sophisticatedly today about optimizing political actors, the organizations of which they are a part, and most recently the role of information in retrospective assessment, systematic foresight, and strategic calculation more generally – that is, we think more sophisticatedly about political purposes, beliefs, opinions, and behavior."[42]

Das von Anthony Downs[43] verfasste Buch "Ökonomische Theorie der Demokratie" wird in Wissenschaftskreisen als ein Buch mit dem größten Einfluss auf politische Wissenschaftler bezeichnet, welches einer der am häufigsten zitierten Werke eines Autors in der Politikwissenschaft ist. Ebenso ein vielzitierter

---

[39] Vgl. ebd.: S. 661.
[40] Vg. Cohn, Jonathan: Revenge of the nerds: irrational exuberance, The New Republic, 25.10.1999, p.2. und vgl. Hedström, Peter and Stern, Charlotta: Rational Choice and Sciology, in: Durlauf, Steven/Bllume, Lawrence (Hg.): The New Palgrave Dictionary of Economics (2. Aufl.), 2006 und vgl. Monroe, Kirsten R.: Paradigm Shift: From Rational Choice to Perspective, International Political Science Review 22(2), p. 156.
[41] Siehe Lindberg, Siegwart: an assessment of the new political economy: Its potential for the social scienes and for sociology in particular, Sociological Theory 3(1), 1985, p. 99.
[42] Siehe Shepsle, Kenneth A.: Rational Choice Institutionalism, in: The Oxford Handbook of Political Institutions, p. 23, 2006.
[43] Anthony Downs ist US-amerikanischer Politikwissenschaftler und Ökonom.

Autor in den Politikwissenschaften in Bezug auf Rational Choice (bzw. Spieltheorie) ist William Harrison Riker.[44]

Nicht nur Downs und Riker waren Verfechter der ökonomischen Ideen in den Sozial- und Politikwissenschaften; in den 1980er und 1990er Jahren war der ökonomische Ansatz, vertreten durch viele andere Wissenschaftler, in den Sozial- und Politikwissenschaften in den USA überhaupt auf dem Vormarsch.[45] Selbst Kritiker dieses Ansatzes in den USA haben ihm eine Kraft des Wandels im Denksystem der Sozial- und Politikwissenschaften zugesprochen.[46]

In Europa hat der ökonomische Ansatz in den Sozial- und Politikwissenschaften nicht diese Bedeutung. Noch heute wird er skeptisch betrachtet. Europäische Wissenschaftler der Sozial- und Politikwissenschaft stehen dem Ansatz skeptisch gegenüber. Andererseits wird die Theorie des Rational Choice als ein Ansatz gewertet, der hilfreich und erkenntnisgewinnend eingesetzt werden kann.[47] Trotz bestehender Skepsis sind aber auch die Übernahme und die Verarbeitung von durch die Rational Choice geprägten Begrifflichkeiten in der europäischen Politikwissenschaft zu erkennen[48], wenn man nicht darüber hinaus sogar sagen kann, dass Rational Choice sich in der Politikwissenschaft als Denkmuster ausgebreitet und bereits etabliert hat.[49] In Deutschland hat sich insbesondere der Bonner Volkswirt und Mathematiker Reinhard Selten einen Namen gemacht. Für seine Forschungsarbeiten auf dem Gebiet der Spieltheorie ist er 1994 mit dem Nobelpreis – bisher als einziger Deutscher –

---

[44] William Harrison Riker war US-amerikanischer Politikwissenschaftler, unter anderem mit der Spezialisierung auf Spieltheorie. Vgl. http://www.nap.edu/html/biomems/wriker.html gelesen am 26.12.2012 und vgl. Maske, Kellie and Durden, Garey: The contributions and impact of Professor William H. Riker, Public Choice 117 (1-2), p. 191.
[45] Vgl. Mansbridge, Jane J : The Rise and Fall of Self-Interest in the Explanation of Political Life, in: Mansbridge, Jane J. (Hg.): Beyond Self-Interest, Chicago, London, 1990, p. 311.
[46] Vgl. Monroe, Kirsten R.: Paradigm Shift: From Rational Choice to Perspective, International Political Science Review 22(2), p. 151 and 166, 2001.Vgl. Lowi, Theodore J: The State in Political Science: How We Become What We Study", The American Political Science Review 86,1992.
[47] Vgl. Aretz, Hans-Jürgen: Ökonomischer Imperialismus? Homo Oeconomicus und soziologische Theorie, Zeitschrift für Soziologie 26(2), S. 79–S. 95. Vgl. Riklin, Alois: Gemeinwohl und Volkssouveränität, in: Koslowski, Peter (Hg.): Das Gemeinwohl zwischen Universalismus und Partikularismus, Stuttgart/Bad Cannstadt, S. 84 ff., 1999.
[48] Vgl. Diekmann, Andreas, Voss, Thomas: Die Theorie rationalen Handelns. Stand und Perspektiven, in: Diekmann, Andreas, Voss, Thomas (Hg.): Rational-Choice-Theorie in den Sozialwissenschaften, München, S. 13, 2004.
[49] Vgl. Grofman, Bernard: Reflections on public choices, Public Choice 118(1), p. 35, 2004.

für Wirtschaftswissenschaften ausgezeichnet worden.[50] Die Online-Ausgabe FAZ schreibt im Februar 2008:

„Es [Anm.: Nachdem er das Buch „Spieltheorie und ökonomisches Verhalten" von John von Neumann und Oskar Morgenstern gelesen hatte] eröffnete ihm eine völlig neue Welt, das systematische Nachdenken über strategische Interaktion. Das hat viele Facetten: Im Kalten Krieg interessierten sich die Militärs dafür, wie sich atomar hochgerüstete Blöcke verhalten. Ein typisches ökonomisches Problem lautet: Was werden Anbieter in einem oligopolistischen Markt machen? Beginnen sie einen Preiskrieg, oder bilden sie ein Kartell?"[51]

Selten äußert sich zu dem Einwand, dass Individuen nicht rational sind und daher die Theorie des Rational Choice von falschen Annahmen ausgeht, wie folgt in der Online-Ausgabe der FAZ:

„"Wir müssen schauen, wie man von der Figur des ‚Homo oeconomicus' wegkommt zu einer realistischeren Theorie", sagt Selten. Durchaus ironisch ist, dass Seltens Theorie des "teilspielperfekten Gleichgewichts", für die er den Nobelpreis erhielt, von überaus rationalen Akteuren ausgeht. Er sei aber nicht schizophren, nur eben ein "methodischer Dualist", versichert Selten."[52]

In einem anderen Bericht, der Online-Ausgabe der Wirtschaftswoche vom 30.10.2011 mit dem Titel „Verhandlungs-Tipps vom Nobelpreisträger" wird auch die praktische Bedeutung des Rational Choice von Selten aufgezeigt, eine Theorie, die einen Bezug zum Alltag hat und dort ihren Einsatz finden kann:

„‚„Die Spieltheorie schärft den Blick für die Interaktion und das Handeln der anderen", sagt Selten. Das sei in allen Bereichen des täglichen Lebens zu beobachten. Beispiel Lohnverhandlungen: Wenn Arbeitnehmer eine bessere Bezahlung durchsetzen wollen, müssen sie die Position ihres Chefs und dessen mögliche Handlungsoptionen schon vorher in ihre Verhandlungsstrategie einbeziehen."[53]

Auch ist bei den (europäischen) Kritikern des Rational Choice, um darauf zurück zu kommen, eine gewisse Bereitschaft auszumachen, die Ansätze und Ergebnisse aus den Rational Choice Analysen anzuerkennen, was sich unter

---

[50] Zusammen mit John Harsanyi und John Forbes Nash jr. Reinhard Selten entwickelte das Konzept des teilspielperfekten Gleichgewichts und des trembling-hand-perfekten Gleichgewichts.
[51] Vgl. http://www.faz.net/aktuell/beruf-chance/mein-weg/reinhard-selten-suechtig-nach-wissenschaft-1513608.html, gelesen am 02.01.2013.
[52] Vgl. ebd.
[53] Siehe http://www.wiwo.de/politik/konjunktur/reinhard-selten-verhandlungs-tipps-vom-nobelpreistraeger/5775230.html, gelesen am 02.01.2013.

anderem dadurch bemerkbar macht, dass die Ursprünge der Begrifflichkeiten schon gar nicht mehr bekannt sind, die Begrifflichkeiten des Rational Choice bereits in den Sprachgebrauch der entsprechenden Wissenschaftsrichtung als selbstverständlich übergegangen sind oder teilweise als ein „Eigengewächs" interpretiert werden. So heißt es: „Auch ist die Ausweitung der wirtschaftstheoretischen Analyse auf das Phänomen der Politik von der „Republic of Science" akzeptiert und honoriert worden, wie die Nobelpreise an Hayek, Arrow, Becker, Coase und Buchanan zeigen."[54]

An dieser Stelle sollen trotzdem wichtige Kritikpunkte am Rational Choice einmal im gedrängten Überblick angesprochen werden, unabhängig davon, ob sie im Verlauf dieser Arbeit nochmals aufgenommen und unter verschiedenen Ansätzen diskutiert werden.

Ein Kritikpunkt bezieht sich auf die Begriffsvielfalt des Rational Choice. Es gibt nicht nur eine Unmenge von Begrifflichkeiten, sondern es ist oft unklar, was denn mit den Begrifflichkeiten gemeint ist. Sind es Theorien, Modelle, Instrumentarien, ist es eine Methodologie oder ein Paradigma[55]? In Schriften, Aufsätzen und wissenschaftlichen Abhandlungen werden diese Begrifflichkeiten selten definiert oder wenigstens erklärt. Häufig werden sie sogar synonym verwendet. Das trifft auch auf Begriffe zu wie Präferenzen, Motive, Interessen oder Ziele, die oft als selbstverständlich gegeben betrachtet werden, sodass deren Bedeutung nicht erklärungsbedürftig erscheint.[56] Diese Problematik scheint von den Anfängen des Rational Choice an zu herrschen und sich bis heute fortzusetzen, wobei auch keine Lösungsansätze in Sicht sind.[57] Eine Folge dessen ist, dass sich in gegenwärtigen Untersuchungen eben diese diffuse Begriffswelt fortpflanzt, wobei sich die Klärung dieser Begriffsvielfalt im Rahmen dieser Arbeit kaum bis gar nicht bewältigen lässt.[58]

Einer der schärfsten Kritikpunkte ist die Unterstellung der Rationalität des Handelnden, des Entscheiders. Hierbei wird angeführt, dass Individuen sehr unterschiedlich sind und aus sich heraus selten oder gar nicht rational han-

---

[54] Siehe Kirsch, Guy: Neue Politische Ökonomie, 5. Auflage, Stuttgart, 2004, S. 2.
[55] Paradigma im Sinne einer Weltanschauung.
[56] Siehe dazu weitere Ausführungen unter Kapitel IV.2.
[57] Vgl. Downs, Antony: An Economic Theory of Democracy, New York, 1957 oder Down, Antony: Ökonomische Theorie der Demokratie, Tübingen, 1968.
[58] Das sind bereits Erfahrungen des Verfassers in dieser Arbeit. Nichtsdestotrotz hat der Verfasser sich bemüht, es in den Griff zu bekommen.

deln. Dies stimmt und kann (soll) auch nicht bestritten werden.[59] Dabei ist aber festzuhalten, dass der Rational Choice von sich aus keinem empirischen Anspruch oder einem keinem Naturgesetz genügt, sondern ein heuristischer Ansatz, im Wesentlichen ein logisches Gedankenspiel ist. Das soll aber nicht heißen, dass die Gedankenspiele ohne wissenschaftliche Relevanz sind.[60] Modelle des Rational Choice können beispielsweise einen prognostizierenden Charakter haben und einen wertvollen Beitrag zum wissenschaftlichen Erkenntnisgewinn liefern.[61]

Über Zusatzannahmen und Zielsysteme werden empirisch überprüfbare Hypothesen erzeugt, die dann gegebenenfalls falsifizierbar sind.[62] Zudem sollte der Ansatz des Rational Choice gegebenenfalls als Handlungsempfehlung oder als Benchmark verstanden werden, also als ein Messpunkt, um Entscheidungen bewerten zu können.

Hypothesenbildung des Rational Choice und die (empirische) Überprüfung der Hypothesen sind im Fokus kritischer wissenschaftlicher Diskussionen.[63] Die überwiegende Anzahl von Untersuchungen, die auf Rational Choice basieren, sind modelltheoretisch und damit (zunächst) logische Gedankenspiele, die nicht ad hoc empirisch falsifiziert (oder verifiziert) werden können. Diese Unausgewogenheit ist den Wissenschaftlern des Rational Choice durchaus be-

---

[59] Das logische Gegenteil von „Alle Individuen handeln immer rational" ist: Es gibt (mindestens) ein Individuum das (mindestens) einmal nicht rational handelt. Das logische Gegenteil ist somit nicht: „Kein Individuen handelt immer rational:" oder „Alle Individuen handeln immer nicht rational." Vgl. http://fstolzenburg.hs-harz.de/logik/material/skript.pdf, S. 9 (Logik für Informatiker), gelesen am 06.01.2013. Allein aus dieser Logik heraus würde es absurd wirken zu behaupten, dass „alle Individuen immer rational handeln". Zudem kann dies allein für die Zukunft nicht behauptet werden. In der Realität gilt offensichtlich (auch wohl unabhängig vom Zeitfenster der Betrachtungen), dass Individuen nicht immer rational handeln. Das bedeutet aber nicht, dass Individuen gegebenenfalls nicht unter bestimmten Entscheidungssituationen rational (nach Rational Choice) handeln sollten (Empfehlung/Hinweis). Ein Individuum ist letztendlich verantwortlich für seine Entscheidungen (für sich und gegebenenfalls für andere) und ihm obliegt es, rational zu handeln oder für die Entscheidungsfindung eine Rationalitätsuntersuchung vorzunehmen. Dazu noch ein logisches Gedankenspiel: Wenn Rational Choice wirklich behaupten würde bzw. davon ausgehen würde, dass „Alle Individuen immer rational handeln", dann könnte durch eine einfach nicht rationale Handlung/Entscheidung eines Einzelnen (z.B. eine Entscheidung vom Verfasser) die Theorie widerlegt werden. Es sollte auch bedacht werden, dass ein Individuum absichtlich nicht rational handeln kann (darf) – aus welchen Gründen auch immer.
[60] Kunz, Volker: Rational Choice, Frankfurt am Main, 2004, S.136.
[61] Vgl. King, Gary; Keohane, Robert O.; Verba, Sidney: Designing Social Inquiry: Scientific Inference in Qualitative Research, Princeton, 1994, p. 106.
[62] Weitere Ausführungen erfolgen unter 0.
[63] Vgl. Bartolini, Stefano: Collusion, Competition and Democracy, Journal of Theoretical Politics 11(4), p. 437, 1999.

wusst, akzeptieren dies aber zu Gunsten der Analysekraft der heuristischen Modelle des Rational Choice bzw. sehen die Unausgewogenheit als gegeben an.[64] Viele Vorwürfe an diesem Ansatz des Rational Choice sind mittlerweile kaum noch haltbar, da realitätsangepasste Formulierungen aufgenommen und Missverständnisse ausgeräumt wurden, wie die Gleichsetzung des rational Handelnden mit einem skrupellos agierenden Akteur, der nur seine Interessen im Blick hat und dann wie ein rechnergesteuerter Roboter danach handelt.[65] Aber das heißt nicht, dass die angesprochene Kritik nicht weiter aufrechterhalten und in zahlreichen aktuellen wissenschaftlichen Veröffentlichungen publiziert wird.[66]

In den Kontext der aufgeführten Kritik gehört auch der Vorwurf der geringen Erklärungsfähigkeit des Rational Choice, d.h., dass Annahmen zu stark vereinfacht, also übersimplifiziert sind. Diese führen dann zu falschen Modellierungen, entbehren jeglicher empirischer Grundlage und produzieren letztendlich Ergebnisse, die nicht bzw. kaum zu überprüfen sind. Green und Shapiro sind hier die schärfsten Kritiker.[67]

„What has this Literature [Anm.: Gemeint ist Literatur zu Rational Choice] contributed to our understanding about politics? To date, a large proportion of theoretical conjectures of rational choice theorists have not been tested empirically. ... Those tests that have been undertaken ... can only be characterized as banal: they do little more than restate existing knowledge in rational choice terminology."[68]

---

[64] Cox, Gary: The Empirical Content of Rational Choice Theory. A Reply to Green and Shapiro, Journal of Theoretical Politics 11(2), p.163, 1999 and Snidal, Duncan: Rational Choice and International Relations, in: Carlsanaes, Walter; Risse; Thomas; Simmons; Beth A. (Hg.): Handbook of International Relations, London, Thousand Oaks, New Dehli, p. 74 and 79, 2002.
[65] Vgl. Diekmann, Andreas, Voss, Thomas: Die Theorie rationalen Handelns. Stand und Perspektiven, in: Diekmann, Andreas, Voss, Thomas (Hg.): Rational-Choice-Theorie in den Sozialwissenschaften, München, S. 13–29, 2004 und Vgl. Kiser, Edgar; Bauldry, Shawn: The Contribution of Rational Choice Theory to Political Sociology, in: Janoski, Thomas; Alford, Robert; Hicks, Alexander; Schwartz, Mildred (Hg.): Handbook of Political Sociology, Cambridge, p. 172–186, 2005.
[66] Vgl. Frohlich, Norman; Oppenheimer, Joe: Skating on Thin Ice Cracks in the Public Choice Foundation, Journal of Theoretical Politics 18(3), p. 237 oder Vgl. Landra, Dimitri: Debating Conceptions of Rational Choice, Journal of Theoretical Politics 18(4), p. 379–383.
[67] Vgl. Green, Donald P.; Shapiro, Ian: Pathologies of Rational Choice Theory, New Haven, Yale University Press, 1994. Siehe zu der Kritik auch: Green, Donald; Shapiro, Ian: Rational Choice. Eine Kritik am Beispiel von Anwendungen in der Politikwissenschaft, München, 1999.
[68] Siehe ebd. p. 6.

Diese sehr starke und umfassende Kritik soll an dieser Stelle ein wenig entkräftet werden, denn Erkenntnisse beispielsweise aus dem Gefangenendilemma, dem Arrow Paradoxon sind nicht als banal und als nicht erkenntnisgewinnend zu postulieren. Das Gefangenendilemma dient beispielsweise bei der Kartellgesetzgebung als Umsetzungsvorlage, um Kooperation unter Fusionswilligen zu erschweren. Ein ganzer Zweig des Rational Choice (Spieltheorie) beschäftigt sich mit dem Konstruieren von Spielen, um in der Wirklichkeit bestimmte Ergebnisse gezielt zu erzeugen. Dieser Zweig nennt sich Mechanismusdesign.[69] Ein weiteres Beispiel zum Erkenntnisgewinn des Rational Choice und der Projektion auf die Wirklichkeit findet sich in der Online Ausgabe der Wirtschaftswoche vom 30.11.2011:

„Das berühmte Dilemma [Anm.: Gemeint ist das Gefangenendilemma] lässt sich auf eine Vielzahl ökonomischer Situationen anwenden. Ein gutes Beispiel ist die Regulierung der Ölpreise anhand der geförderten Mengen. Angenommen, der Ölmarkt besteht aus zwei Unternehmen, die vereinbart haben, jeweils nur geringe Mengen Öl zu fördern, um künstlich die Preise in die Höhe zu treiben. Auf diese Weise könnten sie jeweils mit einem Umsatz von 15 Milliarden Euro rechnen. Allerdings ist es für beide Unternehmen reizvoll, von der Vereinbarung abzuweichen und mehr zu verkaufen, sie stehen vor einem Dilemma. Fördert nur eine Firma eine höhere Menge Öl, könnte sie dem Mitbewerber Marktanteile abnehmen und den eigenen Umsatz auf 20 Milliarden Euro steigern, wohingegen der Gegner nur noch fünf Milliarden Euro abbekäme. Die Folge: Beide Unternehmen tendieren dazu, mehr Öl zu fördern, sobald nur der leise Verdacht besteht, die Konkurrenz könnte ihre Fördermenge erhöhen. Am Ende produzieren beide zu viel – und müssen sich mit einem Umsatz von zehn Milliarden Euro begnügen. Damit ist das aus Sicht beider Unternehmen schlechteste Ergebnis das wahrscheinlichste."[70]

Der hohe Formalisierungsgrad des Rational Choice führt dazu, dass Politikwissenschaftler Modelle des Rational Choice nicht akzeptieren oder sich schwer tun mit der Akzeptanz. Deswegen ist es natürlich aus der Sicht des Rational Choice schwierig, sich in dieser Wissenschaft Zugang zu verschaffen und sich zu etablieren.[71]

---

[69] Vgl. Rieck, Christian: Spieltheorie Eine Einführung, 10. Auflage, Eschborn, 2010, S. 52–53.
[70] Vgl. http://www.wiwo.de/politik/konjunktur/reinhard-selten-verhandlungs-tipps-vom-nobelpreistraeger/5775230.html, Wirtschaftswoche 30.10.2011.
[71] Vgl. Pedriana, Nicholas: Rational Choice, Increasing Returns and Structural Context: A Strategy for Analytic Narrative in Historical Sociology, Sociological Methods and Research 33(3), p. 354, 2005.

„Some of the inaccessibility arises from the use of more sophisticated mathematics, but an equally serious barrier is the tendency for many formal theorists to prevent their ideas in an overly complex and impenetrable manner."[72]

Eine Lösung der Problematik könnte darin bestehen, dass sich Politikwissenschaftler intensiver mit der in Rational Choice verwendeten Mathematik beschäftigen, denn dann kann die analytische Kraft der heuristischen Modelle erkannt werden.[73] Aber auch die Rational Choice Theoretiker sollten sich in Zukunft mehr mit der Gedankenwelt und der Herangehensweise der Politikwissenschaftler beschäftigen, um die Akzeptanz der von ihnen vertretenen Theorie zu erhöhen. Nur wenn beide Seiten sich aufeinander zu bewegen, kann eine für die (gesamte) Wissenschaft gewinnbringende Beziehung entstehen.

Es soll keineswegs behauptet werden, dass die Rationalitätstheorie die einzig richtige Methode ist. Sie ist eine Möglichkeit der Analyse und der Schlussfolgerungen.[74] Andere Aspekte sollen nicht herab gewertet werden. Eine Entscheidung kann sehr schnell und einfach sein, aber auch komplex und langwierig. Bei Entscheidungen mit großer Wirkung – und die Abschaffung der Wehrplicht ist unbestritten eine solche – müssen viele Aspekte berücksichtigt und eine genaue Analyse vorgenommen werden. Die Rationalitätstheorie soll hierbei helfen, die richtige Entscheidung zu finden. Sie stellt nicht den Anspruch, andere Entscheidungsmethoden zu ignorieren. Dem Entscheider bleibt die Qual der Bewertung seiner Entscheidungskriterien und letztendlich die Entscheidung selbst.

IV.2 Das wissenschaftliche Theorieverständnis

Entscheidungen im Kontext dieser Arbeit werden immer von Individuen, von Menschen getroffen. Eine Partei, eine Koalition oder eine Instanz (Entscheidungsinstanz) trifft als Einheit aus sich heraus keine Entscheidungen. Hierzu wird die Rationalität des Individuums als Erklärung herangezogen, wobei ein

---

[72] Walt, Stephan: Rigor or Rigor Mortis?: Rational Choice and Security Studies, International Security 23(4), p. 20, 1999.
[73] Vgl. Büthe, Tim: Taking Temporality Seriously: Modeling History and the Use of Narratives as Evidence, American Political Science Review 96(3), p. 482, 2002.
[74] Vgl. Mearsheimer, John J.: Conversations in International Relations: Interview with John J. Mearsheimer (Part I), International Relations 20(1), p. 110.

Akteur seine Entscheidung zielorientiert ausrichtet und die Zielorientierung dann als eine Ursache seiner Entscheidung definiert wird.[75]

Um ein weitgehendes Verständnis der Rational Choice Begrifflichkeiten zu bekommen, ist es notwendig, im Vorfeld tiefergehende Erläuterungen vorzunehmen. Folgende Abbildung wird seitens des Verfassers zum Theorieverständnis und zum Verständnis der vorliegenden Arbeit vorgeschlagen:

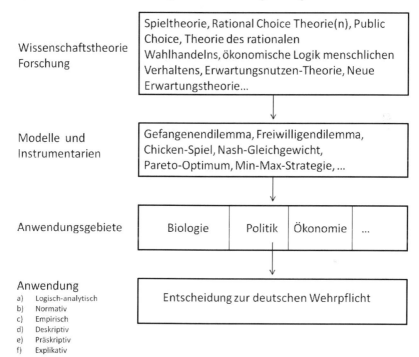

Abbildung 1: Ordnung der Begriffsvielfalt und Theorieverständnis.

Dem Verfasser ist bewusst, dass die obige Ordnung diskutierbar und nicht vollständig ist. Die Ordnung hilft aber, um das Verständnis der vorliegenden Arbeit zu erhöhen und eine Problematik der Rational-Choice-Theorien aufzu-

---

[75] Hierzu später weitere, detaillierte Ausführungen.

zeigen, nämlich die Begriffsvielfalt und deren Beziehung untereinander im wissenschaftlichen Sinne.[76]

Die Wissenschaftstheorie (Forschung) meint ein Forschungsprogramm nach der Vorstellung von Lakatos.[77] Nach Lakatos müssen keine Aussagen von Theorien verworfen werden, wenn diese über Experimente oder Empirie falsifiziert werden. Diese Art des Vorgehens bezeichnet Lakatos als naive Falsifikation. Neben den beobachteten Ergebnissen, den geschlussfolgerten Aussagen müssen bei der Betrachtung inkonsistenter Aussagen die Datenlage, die Theorie als solche als auch die ceteris paribus Klausel zur Beurteilung herangezogen werden. In der wissenschaftlichen Praxis wird auch nicht nach der reinen Lehre der methodologischen Falsifikation vorgegangen. Nach Lakatos existieren keine Aussagen, die nur aus der schlichten Beobachtung entstehen. Beobachtungen sind nur möglich, weil Theorien dahinter stehen. Verschiedene Theorien stehen im Wettbewerb und im Wissenschaftsstreit, nicht die reine Beobachtung.

„Das Programm besteht aus methodologischen Regeln. Einige dieser Regeln beschreiben Forschungswege, die man vermeiden soll (negative Heuristik); andere geben Wege an, denen man folgen soll (positive Heuristik)".[78]

Eine Theorie besteht damit aus einem Basiskern von Annahmen (Theorie-Nukleus, Axiomen), die als wahr gesetzt sind und nicht widerlegt werden können.

Die Wurzeln des Rational Choice als Wissenschaftstheorie liegen in den Annahmen, wie sie der klassischen als auch der neoklassischen Ökonomie als Basis dienen, und nicht zuletzt in der Mathematik.[79] Hierbei steht das Individuum im Mittelpunkt seiner Entscheidungen, die es nach dem Kriterium der Nutzenmaximierung fällt. Es geht um die Allokation von knappen Ressourcen, die

---

[76] Nach der Diskussion der Wissenschaftstheorie wird vereinfachend von Rational Choice gesprochen. Dieser Begriff ist nach Meinung des Verfassers sehr aussagekräftig und eignet sich zur allgemeinen Beschreibung der Theorie. Andere Begrifflichkeiten weisen auf das zu untersuchende Problemfeld (Politik, Ökonomie) hin, betonen die Ursprünglichkeit (Ökonomie, Mathematik) dieser Wissenschaftstheorie oder fokussieren eine bestimmte Problematik (z.B. Public Choice im Sinne der Bereitstellung öffentlicher Güter).
[77] Imre Lakatos, ungarischer Mathematiker, Physiker und Wissenschaftstheoretiker.
[78] Lakatos, Imre: „Falsifikation und die Methodologie wissenschaftlicher Forschungsprogramme", in Lakatos, Imre und Musgrave, Alan (Hg.): Kritik und Erkenntnisfortschritt, Braunschweig, 1974, S.129. Das Programm meint die Wissenschaftstheorie bzw. die Forschung, das Forschungsprogramm.
[79] Vgl. Kahnemann, Daniel: Schnelles Denken, Langsames Denken, München, 2012, S. 333.

im Tauschprozess mit anderen Individuen zu Handel führen und um tatsächlich anfallende Produktionskosten wie auch Kosten durch nicht genutzte Möglichkeiten, also nicht durchgeführten Handlungsalternativen (Opportunitätskosten).[80] In dieser Arbeit werden die Begriffe Rational Choice, Rational-Choice-Theorie(n), Spieltheorie als Synonyme verwendet. Der Begriff Politische Ökonomie meint die Anwendung der Rational-Choice-Theorien, Modelle und Instrumentarien auf das Anwendungsgebiet der Politik.

Die Anwendung der Theoriewelt des Rational Choice kann auf unterschiedlichen Wegen erfolgen. Ein Weg ist der logisch-analytische, welcher nicht die Realität betrachtet und nicht den Anspruch hat, empirisch-überprüfbare Hypothesen aufzustellen. Die logisch-analytische Herangehensweise wird auf Annahmen und logischen Argumenten aufgebaut. Eine Widerlegung der gefolgerten Schlüsse kann somit auch nur auf logischer Ebene erfolgen und nicht über den Weg der Empirie oder über den Weg normativer Maßstäbe.

Wird die empirische Untersuchung des Problemfeldes zugrunde gelegt, wird die politische und gesellschaftliche Wirklichkeit als Untersuchungsgegenstand gewählt. Die gewählten Hypothesen und Schlussfolgerungen können dann über die Wirklichkeit, über das Beobachtbare verifiziert oder falsifiziert werden.

Legt der Wissenschaftler die normative Bewertung zugrunde, spielen Wertevorstellungen der Untersuchungsobjekte und Untersuchungssubjekte eine Rolle und diese werden für Schlussfolgerungen und abgeleiteten Aussagen herangezogen. Die Wertevorgabe definiert dann das Ziel oder den Zielkorridor, um Schlussfolgerungen und Ergebnisse zu ziehen bzw. zu bewerten.

Alle Vorgehen haben ihre Vorteile, aber auch ihre Nachteile. Der analytisch-logische (deduktive) Ansatz kann von der Idee her völlig losgelöst sein von der Realität, wobei der Wissenschaftler verantwortlich und sinnvollerweise den Bezug zur Realität nicht gänzlich ablegt, um die Anerkennung seiner Ergebnisse nicht aufs Spiel zu setzen. Wenn der logisch-analytische Ansatz verantwortungsvoll und konsequent in einer wissenschaftlichen Arbeit verfolgt wird, werden Ergebnisse und gar Erkenntnisse produziert, die trotz der angreifbaren Herleitung Anerkennung finden. Der offensichtliche Vorteil dieser Herangehensweise ist die Unabhängigkeit von einer erhobenen Datenlage.

---

[80] Adam Smith ist hier als einer der bekanntesten Vertreter der klassischen Ökonomie zu nennen.

Der Erfolg einer empirischen Vorgehensweise hängt in Abhängigkeit der getätigten Hypothesen von der Anzahl der Zustände und Beziehungen der realen Wirklichkeit ab, die mit den getroffenen Hypothesen nicht übereinstimmen. Zu weit gefasste, generische Hypothesen sind schwach in der Aussagekraft. Zu eng gefasste Hypothesen mögen für einen speziellen Fall zutreffen, lassen aber eine „brauchbare Anwendung" für allgemeine Schlussfolgerungen nicht zu. Es mag intuitiv klar sein, dass die Ergebnisse qualitativ von der erhobenen Datenlage (qualitativ und quantitativ) abhängen. Die Wirklichkeit ist hier der Maßstab (Benchmark), um Verifikationen oder Falsifikationen durchzuführen. Die Problematik zeigt sich beispielsweise bei der Erhebung von Stichproben, deren Größe maßgeblich für die Aussagekraft von Ergebnissen ist. So konnte in Experimenten gezeigt werden, dass, wenn Forscher die Größe der Stichprobe als nicht von Belang einstuften, aus einer derartigen Stichprobe Schlüsse gezogen wurden, die zu einer Überinterpretation der erzielten Ergebnisse und deren Reproduzierbarkeit führten.[81]

Bei der normativen Vorgehensweise liegen der Erfolg und die Aussagekraft der gewonnenen Erkenntnisse bereits in der Auswahl der Norm, der ausgewählten Werte. Die gefundenen Ergebnisse können somit auch nicht mithilfe der Wirklichkeit, der Empirie, auf Verifikation oder Falsifikation überprüft, sondern lediglich über den Benchmark der Empirie als begründet oder als nicht begründet angenommen werden.[82]

Eine Folge der Begriffsvielfalt des Rational Choice und der konkreten Anwendung des Rational Choice auf Problem- und Fragestellungen in der Praxis ist, dass die analytisch-logische, die empirische und die normative Herangehensweise häufig nicht klar zu erkennen ist. Das wiederum führt zu Verwirrungen und Unklarheiten in der wissenschaftlichen Diskussion (Diskurs). Diese Charakteristik der unklaren Trennung des Rational Choice überträgt sich dann logischer- und konsequenterweise auf die durchzuführenden Untersuchungen in der Praxis, wobei aus der Praxis, der praktisch angewandten Politik selbst heraus, eine klare Trennung analytischer, empirischer und normativer Probleme nicht immer zu erkennen ist. Aus diesem Grund wird diese Charakerisik auch zukünftig die praktische Vorgehensweise der Analyse mithilfe des Ratio-

---

[81] Vgl. Kahnemann, Daniel: Schnelles Denken, Langsames Denken, München, 2012, S. 527.
[82] Vgl. Kirsch, Guy: Neue Politische Ökonomie, 2004, S. 10 ff.

nal Choice bestimmen.[83] Ein Beispiel wird diese Analyse zur deutschen Wehrpflichtfrage sein.

Die Rational-Choice-Theorien verwenden im Wesentlichen die wissenschaftliche Vorgehensweise der Deduktion.[84] Über die deduktive Vorgehensweise ist es möglich, dass nicht die Wahrheit der getroffenen Hypothesen, sondern gegebenenfalls die Falschheit der Hypothesen aufgezeigt werden kann. Diese Vorgehensweise wird auch in den Naturwissenschaften angewandt. Ergebnisse werden aus einem Axiomensystem[85] abgeleitet. Die Theoreme einer Wissenschaftstheorie werden mithilfe der Kalküle[86] logisch abgeleitet. Somit wird eine Theorie – nach diesem Verständnis aus seinen Axiomen und den Theoremen zusammengesetzt – gebildet.

Die Rationalitätsannahme eines Individuums ist ein Axiom. Der methodologische Individualismus ein zweites Axiom der Rational-Choice-Theorie. Daneben gilt, dass die Bewertung der Handlungsalternativen einer Ordnung unterliegt, der sogenannten Präferenzordnung. Es gelten für die Präferenzordnung die Regeln (Kalkül) der Vollständigkeit, Reflexivität, Transitivität und Stetigkeit und dass die Präferenzordnung nicht zyklisch ist.[87] Jede Nutzenfunktion wird grundsätzlich darüber hinaus als positiv steigende Funktion mit abnehmendem Grenznutzen angenommen.[88] Die nachfolgende Abbildung verdeutlicht das Gesagte.

---

[83] Vgl. ebd.: S. 12 ff.
[84] Vgl. Opp, Karl-Dieter: Methodologie der Sozialwissenschaften, Opladen, 1995, S. 45 ff. Es gibt auch die deskriptive und die experimentelle Rational Choice. Später mehr.
[85] Ein Axiomensystem ist ein System, eine Menge von Axiomen. Ein Axiom ist eine grundlegende Aussage, welche als wahr angenommen wird.
[86] Ein Kalkül ist ein System von Regeln mit dem sich aus gegebenen Axiomen weitere Axiome herleiten lassen.
[87] Das Problem zyklischer Präferenzen zeigt sich beim Condorcet-Paradoxon (zyklische Mehrheiten). Das Problem (Paradoxon) zeigt sich darin, dass die individuellen Präferenzen (der Wähler) nicht zyklisch sind, aber durch ein Wahlverfahren kollektive Präferenz zyklisch sein kann. Das Paradoxon wurde nach Marie Jean Antoine Nicolas Caritat, Marquis de Condorcet (1743–1794) benannt.
[88] Vgl. ebd., S. 176 ff. Eine Funktion mit dieser Eigenschaft wird auch in der Mathematik als konkav bezeichnet.

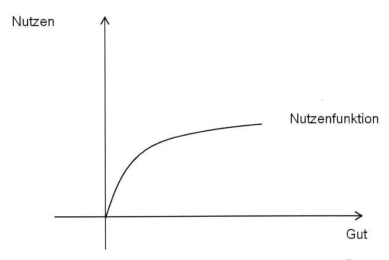

Abbildung 2: Graphische Darstellung einer fiktiven Nutzenfunktion.[89]

Die Bezeichnung Gut steht für eine Variable zur beliebigen Besetzung wie Freizeit, Einkommen, Haus, oder auch Auto. Die Besetzung oder Konkretisierung der Variablen hängt vom betrachteten Problemfeld ab. Von links nach rechts (horizontale Achse) wird ein höherer Konsum des entsprechenden Gutes angezeigt. Von unten nach oben (vertikale Achse) wird der erreichte Nutzen für ein Individuum durch den Konsum des Gutes abgebildet.

Neben dem Konzept der Nutzenfunktion ist das Verständnis für Indifferenzen wichtig. Eine Indifferenz bedeutet, dass ein Individuum weder die eine noch die andere Alternative (Handlungsalternative) bevorzugt. Beide, oder auch mehrere Alternativen, sind für das Individuum gleichwertig, haben also nach der Definition den gleichen Nutzen. Folgende Abbildung zeigt drei verschiedene Indifferenzkurven bei zwei Gütern.

---

[89] Diese Abbildung ist in ähnlicher Form in jedem Lehrbuch zu finden.

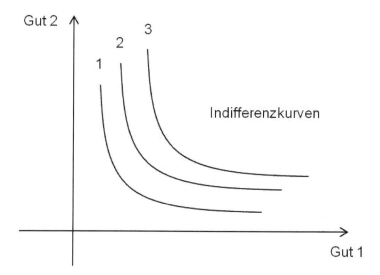

Abbildung 3: Graphische Darstellung fiktiver Indifferenzkurven.[90]

Die Indifferenzkurven der obigen Abbildung zeigen eine beliebige Kombination von zwei Gütern, wobei unterschiedliche Kombinationen auf einer Kurve, beispielsweise Kurve 1, gleichwertig für das Individuum sind. Die Indifferenzkurven untereinander zeigen jeweils unterschiedliche Nutzenniveaus. In dem Beispiel gilt, dass die Indifferenzkurve 1 das niedrigste Nutzenniveau anzeigt und Indifferenzkurve 3 das höchste Nutzenniveau.[91]

Um die wissenschaftlich logisch-analytische Vorgehensweise konkret werden zu lassen, soll die Vorgehensweise am Beispiel des bekanntesten Spiels des Rational Choice, nämlich dem 2-Personen Gefangenendilemma, erläutert werden.

Die Situation ist die, dass die Polizei zwei einer schweren Straftat Verdächtige gefasst hat. Da zu wenig eindeutige Spuren, Beweise, am Tatort gefunden wurden, ist die vollständige Überführung der Verdächtigen, die ganze Aufklärung der schweren Straftat, nur durch Geständnisse möglich. Die Spuren am Tatort deuten darauf hin, dass die Verdächtigen die Tat begangen haben, aber

---

[90] Diese Abbildung ist in ähnlicher Form in jedem Lehrbuch zu finden.
[91] Bildlich kann man sich die Indifferenzkurven am besten wie Höhenlinien auf einer Wetterkarte vorstellen, die unterschiedliche Höhen in der Natur darstellen. Hier sind es unterschiedliche Nutzenniveaus bei gegebenem Güterbündel.

mit absoluter Sicherheit kann das nicht nachgewiesen werden. Die gefundenen Spuren reichen trotz der Schwere der Tat nur für eine relativ geringe Gefängnisstrafe.

Neben den genannten Axiomen des Rational Choice gilt die weitere Annahme einer Kronzeugenregelung, die besagt, dass die ausstehende Gefängnisstrafe für den Verdächtigen entfällt, der redet und die Tat zugibt (Geständnis). Dabei wird aber der andere Verdächtige durch diese Aussage belastet, so dass er zu der höchsten Gefängnisstrafe in dieser Situation verurteilt wird (15 Jahre). Derjenige, der das Geständnis ablegt, geht straffrei aus und muss keine Gefängnisstrafe (0 Jahre) antreten.

Wenn aber beide Verdächtigen reden und die Tat gegenüber der Polizei zugeben, gilt diese Kronzeugenregelung nicht, und beide Anfangsverdächtige werden zu einer hohen Gefängnisstrafe verurteilt (10 Jahre). Wenn beide schweigen, und keine Geständnisse abgegeben werden, wird eine geringe Gefängnisstrafe verhängt, weil die Beweise für eine höhere Strafe nicht ausreichen (2 Jahre).

Darüber hinaus wird unterstellt, dass für beide Verdächtigen eine geringe Gefängnisstrafe besser ist als eine hohe (Präferenzordnung).

Annahme: Axiome des Rational Choice gelten

Zusatzannahme: Es gilt eine staatliche Kronzeugenregelung wie beschrieben

Information: vollständig

Spielart: einmalig, symmetrisch, synchron

Zielsystem der Verdächtigen: Vermeidung einer Gefängnisstrafe bzw. die Minimierung dieser in der genannten Situation.

Die Nutzenfunktion gilt für beide Verdächtige gleich:
$U(x) = x$, wobei x Element aus $\{0,-2,-10,-15\}$ (Wertebereich), $U: \mathbb{IN} \rightarrow \mathbb{IN}$

Für das Kalkül, die Regeln, „besser als", „schlechter als", „gleich" soll gelten:
„besser als" bedeutet: $U(x)$ ist besser als $U(x')$, wenn $x < x'$
„schlechter als" bedeutet: $U(x)$ ist schlechter als $U(x')$, wenn $x' < x$
„gleich" bedeutet: $U(x)$ ist gleich $U(x')$, wenn $x = x'$. Bei vorliegender Gleichheit ist ein Individuum indifferent.

$<, >$ und $=$ sind mathematische Vergleichsoperatoren.

Somit gilt bei Anwendung des Kalküls:

1) Vollständigkeit bedeutet in diesem Fall, dass die potentiellen Gefängnisstrafen 0 Jahre (x=0), 2 Jahre (x=-2), 10 Jahre (x=-10) und 15 Jahre (x=-15) alle Möglichkeiten der Strafe abbilden, um die vorliegende Situation abzubilden (Wertebereich) und jedes x über die Nutzenfunktion in Nutzen transferiert werden kann. U(x) ist also an keiner Stelle undefiniert. Jeder Verdächtige kann jeder möglichen Gefängnisstrafe einen Nutzen zuordnen.

2) Reflexiv bedeutet, dass jeder Nutzen einer Gefängnisstrafe mit sich selbst in Relation stehen kann. Es gilt U(x) „gleich" U(x). Dies ist wichtig, um gleiche Nutzenwerte in der Entscheidungsmatrix verwenden zu können. Das scheint intuitiv trivial und offensichtlich zu sein, muss aber von der Theorie her definiert werden.

3) Transitivität

Wenn U(x) „besser als" U(x') und U(x') „besser als" U(x'') gilt, dann gilt auch U(x) „besser als" U(x'').
Analog gilt dies für „schlechter als" und „gleich"

4) Stetigkeit

Hier sei auf die mathematische Überprüfbarkeit von Stetigkeit von Funktionen verwiesen. Anschaulich bedeutet dass, dass keine „Sprünge" in einer Nutzenfunktion vorkommen. In diesem Beispiel liegen diskrete Funktionswerte vor, so dass an dieser Stelle davon abstrahiert wird. Es kann aber auf die Nutzenfunktion, die diesem Beispiel zugrunde liegt, aufgrund der gegebenen diskreten Werte geschlossen werden, nämlich U(x) = x. Diese Funktion ist stetig.

Der Einfachheit wegen wird zunächst die Gefängnisstrafe in Jahren (x) als lineare Transformation in die Nutzenfunktion U(x) abgebildet. Weiterhin wird die Nutzenfunktion dahingehend vereinfacht, dass diese nur die Gefängnisstrafen berücksichtigt und keine anderen nutzenstiftenden Güter.

Die geschilderte Situation führt zu folgender Entscheidungsmatrix, folgendem Spiel, wobei der Verdächtige 1 (V1) der Zeilenspieler und der Verdächtige 2 (V2) der Spaltenspieler ist:[92]

V1 \ V2	schweigen	Geständnis ablegen
schweigen	A (-2,-2)	B (-15,0)
Geständnis ablegen	C (0,-15)	D (-10,-10)

Abbildung 4: Gefangenendilemma mit numerischen Werten.

Am klassischen Beispiel des Gefangenendilemmas lässt sich auch ablesen, dass nicht die absoluten Nutzenwerte der beteiligten Akteure entscheidend sind, sondern die Abbildung der in Relation stehenden Nutzenwerte.[93] Dies verdeutlicht die allgemeine Darstellung des Gefangenendilemmas:

Spieler A(nton) \ Spielerin B(erta)	c	d
c	A (r,r)	B (s,t)
d	C (t,s)	D (p,p)

Abbildung 5: Allgemeine Darstellung des Gefangenendilemmas.[94]

Es gilt: $s < p < r < t$ und $2r > s + t$ für alle natürlichen und reellen Zahlen. Spielerin B(erta) ist Spaltenspieler, Spieler A(nton) ist Zeilenspieler.

In obiger Matrix beutet c Kooperieren (Schweigen) und d Abweichen im Sinne des Abweichens von der Kooperation.[95]

„Die Bedingung $s < p < r < t$ für die Auszahlungen in der allgemeinen Gefangenendilemma-Matrix sorgt dafür, dass tatsächlich ein soziales Dilemma vorliegt. Die Bedingung $2r > s + t$ ist nicht unbedingt erforderlich, aber sinnvoll. Falls sie nicht erfüllt ist, besteht die eigentliche kooperative Lösung darin, dass einer der Spieler c spielt und der andere d, um dann den gemeinsamen Gewinn

---

[92] Für die Zuordnung der Auszahlungen der Auszahlungsmatrix an die Spieler vgl. Glossar XVIII unter Punkt Entscheidungen / Entscheidungsmatrix.
[93] Es werden immer Nutzenwerte (Payoffs) in den Entscheidungstabellen dargestellt.
[94] Siehe Rieck, Christian: Spieltheorie Eine Einführung, 10. Auflage, Eschborn, 2010, S. 48.
[95] Vgl. ebd.: S. 48

in Höhe von s + t unter den beiden aufzuteilen (sofern sich die beiden Spieler gegenseitig ihre Gewinne übertragen können, sogenannte Seitenzahlungen)."[96]

Um noch die Bedeutung der Nutzenfunktion und die Vorgehensweise des Rational Choice hervorzuheben, soll das gleiche Beispiel abstrahiert werden.

Nehmen wir einfach vier Gestände an: Vase, Ball, Tisch und Telefon. Jeder kann sich unter diesen Begrifflichkeiten was vorstellen, dessen Bedeutung an dieser Stelle aber umdefiniert werden soll. Zunächst Um jetzt schon einen Bezug (Semantik) zum Beispiel herzustellen, fehlt an dieser Stelle vielleicht noch die Phantasie. Eine erste Bewertung wird durch die Nutzenfunktion erreicht.

$U(0)$ = Vase

$U(-2)$ = Ball

$U(-10)$ = Tisch

$U(-15)$ = Telefon

Nun ist eine erste Zuordnung vorgenommen worden. Der Gefängnisstrafe in Höhe von 0 Jahren (Freispruch) ist der Begriff Vase zugeordnet. Der Gefängnisstrafe in Höhe von 2 Jahren (-2) ist der Begriff Ball zugeordnet und so weiter. Noch ist die ganze Sinnhaftigkeit nicht zu erkennen. Über das Kalkül wird eine weitere Bedeutung hinzugefügt. Ordnen wir auch den Relationen abstrakte Namen zu. Es sollen drei Relationen gelten: „abc", „def" und „ghi".

„abc" bedeutet: $U(x)$ ist „abc" zu $U(x')$, wenn x gegenüber x' bevorzugt gewählt wird.

„def" bedeutet: $U(x)$ ist „def" zu $U(x')$, wenn x gegenüber x' nicht präferiert wird.

„ghi" bedeutet: $U(x)$ ist „ghi" $U(x')$, wenn x gegenüber x' nicht präferiert wird und wenn x' gegenüber x nicht präferiert wird. Oder auch: wenn x gegenüber x' bevorzugt gewählt wird und wenn x' gegenüber x bevorzugt gewählt wird. Bei vorliegender Gleichheit ist ein Individuum indifferent.

Es soll gelten: Vase „abc" Ball „abc" Tisch „abc" Telefon.

---

[96] Siehe ebd.: S.48.

Weil im klassischen Gefangenendilemma die Bedingung „keine Seitenzahlungen" erfüllt sein muss, um es korrekt abzubilden, ist es notwendig, eine Regel für diese Bedingung zu konstruieren:

„&" bedeutet: U(x) ist „&" zu U(x'), wenn für x + x' auch U(x+x') gilt. Der numerische Operator + ist als Addition auf der „Ebene Gefängnisstrafe (x)" definiert.

Somit gilt dann:

(Ball „&" Ball) „abc" (Telefon „&" Vase)[97]; keine Seitenzahlungen (siehe oben).

Es gilt wie zuvor auch die Vollständigkeit, Reflexivität und Transitivität.

Das konstruiert Beispiel führt zu folgender Auszahlungsmatrix:

V1 \ V2	schweigen	Geständnis ablegen
schweigen	A (Ball,Ball)	B (Telefon,Vase)
Geständnis ablegen	C (Vase,Telefon)	D (Tisch,Tisch)

Abbildung 6: Gefangenendilemma mit ordinalen Nutzenwerten.

Das konstruierte Beispiel ist wesentlich schwieriger zu lesen als das vorangegangene, zeigt aber sehr deutlich die Bedeutung der Nutzenfunktion und die Vorgehensweise des Rational Choice. Vase, Ball, Tisch und Telefon sind in diesem Beispiel zunächst reine (allgemeinbekannte) Gegenstände, die über die Transformation der Nutzenfunktion eine Wertigkeit bekommen und über die Regeln untereinander *verglichen* werden können. Die Bedingung des sozialen Dilemmas und die Bedingung, dass keine Seitenzahlungen möglich sind, führen zu der Notwendigkeit der Vergleichbarkeit auf der Nutzenebene. Eine kardinale Nutzenmessung ist dabei nicht notwendig gewesen, d.h. es wurde lediglich bestimmt, was besser ist (Vase „abc" Ball „abc" Tisch „abc" Telefon und (Ball „&" Ball) „abc" (Telefon „&" Vase)), aber nicht um wie viel es besser ist.

Um heuristische Ansätze im Rational Choice für den Betrachter lesbarer zu machen, werden in der Regel Zahlenwerte in die Entscheidungsmatrizen ge-

---

[97] Wenn man ganz genau ist, müsste man die Klammern bei (Ball „&" Ball) ebenfalls definieren. Davon wird aber abgesehen.

schrieben, die numerisch vergleichbar sind und eine Wertigkeit implizieren. Eine numerische Darstellung bedeutet aber noch nicht, dass die Nutzenwerte kardinal sind, auch wenn es intuitiv dazu verleitet, das zu glauben. Eine Kardinalität der Nutzenwerte bedeutet immer, dass ein „um wie viel besser oder schlechter" über die Nutzenfunktion bestimmt, berechnet werden kann. Wie im Beispiel des Gefangenendilemmas werden viele allgemeingültige Annahmen nicht explizit angesprochen bzw. nicht definiert. So ist es allgemein akzeptiert, dass Gefängnisstrafen negativ sind und es diese zu vermeiden gilt.[98] Das hat den positiven Effekt, dass die Modelle des Rational Choice nicht überfrachtet sind mit (allgemein anerkannten) Informationen. Andererseits muss der Betrachter dieser Modelle sich dessen bewusst sein, um die Modelle vollständig zu verstehen. Denn von den unterstellten, allgemein gültigen, objektiven Annahmen mag es empirisch zu beobachtende Ausnahmen geben. So mag es Verdächtige geben, die „ins Gefängnis gehen" präferieren. Die Gründe mögen vielfältig sein: Weil sie bereits eine langjährige Gefängnisstrafe abgesessen und das Gefängnis als sozialen Ort mit befreundeten Mitinsassen kennengelernt haben. Es mag für sie keine Perspektive außerhalb des Gefängnisses geben (subjektive Wahrnehmung), da sie die Aussicht auf eine Resozialisierung mit Freunden und in einem Berufsleben als gering einschätzen. Oder sie sehen aus diversen anderen Gründen keine Perspektive mehr im „normalen Leben" und ziehen es jetzt vor „mal ins Gefängnis zu gehen, um zu sehen wie es ist". Es gibt aber auch das real existierende Phänomen, das freiwillige Stellvertreter für jemand anderes ins Gefängnis gehen und dafür von diesem Geld bekommen.[99]

All diese Ausnahmefälle sind beim heuristischen Ansatz des Gefangenendilemmas „nur" indirekt berücksichtigt. Denn auch ein derartiger Verdächtiger handelt nach seiner Präferenzstruktur rational. Trifft dieser aber auf die für das Gefangenendilemma beschriebene Situation, würde er nicht in dieses „Dilemma" geraten. Stellen wir uns die Situation vor, dass ein Verdächtiger (V1) die Gefängnisstrafe als subjektiv positiv nutzenbringend einschätzt und mehr Gefängnisstrafe für ihn besser ist (Präferenz-Anomalie). In der Matrix können für V1 die Nutzenwerte positiv „umgedreht" werden, um das Gesagte abzubilden. Daraus ergibt sich folgende Entscheidungsmatrix:

---

[98] Negativ bedeutet, sich negativ auf die individuelle Nutzenfunktion auswirkend.
[99] Vgl. http://talk.excite.de/freiwillig-ins-gefangnis-in-den-niederlanden-keine-seltenheit-N1679.html oder
http://www.merkur-online.de/aktuelles/welt/mann-geht-freiwillig-gefaengnis-2273035.html, gelesen am 09.06.2013.

V1 \ V2	schweigen	Geständnis ablegen
schweigen	A (2,-2)	**B (15,0)**
Geständnis ablegen	C (0,-15)	D (10,-10)

Abbildung 7: Simulierte Präferenz-Anomalie bei der Situation des Gefangenendilemmas.

Es ist schnell ersichtlich, dass sich ein anderes Nash-Gleichgewicht (Zelle B) einstellt und insbesondere kein Dilemma mehr vorliegt, sondern sich sogar eine bestmögliche Lösung für beide Gefangenen einstellt. Jeder Akteur erhält seinen in dieser Entscheidungssituation persönlich höchsten Nutzenwert in Zelle B, der logischerweise dann auch in dieser Entscheidungssituation die Wohlfahrt maximiert (15 + 0 = 15).

Kommen wir jetzt zu den Analyseergebnissen des Gefangenendilemmas in praxi als Prognose-Instrument. Falls die Polizei zwei Verdächtige festnimmt und diese beiden das Ziel haben, möglichst eine Gefängnisstrafe zu vermeiden, und danach handeln, dann würde eine Anwendung der Kronzeugenregelung dazu führen, dass beide gestehen (Erwartung, Prognose). Hierbei ist Voraussetzung, dass beide Verdächtige die Kronzeugenregelung verstehen und diese nur einmalig und synchron angewandt wird. Insbesondere wird die Möglichkeit des Kronzeugen beiden Verdächtigen angeboten. Synchron heißt, dass beide Verdächtige getrennt voneinander befragt werden (keine Absprache), welche Entscheidung sie treffen wollen. Ist die Entscheidung getroffen, gibt es keine zweite Chance für die Verdächtigen, wobei die Entscheidung des Anderen dann Berücksichtigung finden könnte. Die Aufklärung des Falls wäre damit gesichert. Eine explizite Berücksichtigung der Nutzenfunktion der Polizei respektive des Staates war nicht notwendig. Diese wurde dahingehend berücksichtigt, dass die Aufklärung des Falles als höchste Priorität unterstellt wurde. Andersherum bedeutet es auch, dass eine Kronzeugenregelung nicht gezielt zur Aufklärung des Falles führen muss, wenn sich die Verdächtigen nicht nach Vorgabe der Zielfunktion verhalten. Das Abringen beider Geständnisse durch die Kronzeugenregelung wäre dann nur rein zufällig möglich und insbesondere nicht vorhersagbar bzw. berechenbar.

Rational Choice kann sich auch der induktiven Vorgehensweise bedienen.[100] Dabei werden Beobachtungen aus der Wirklichkeit (beispielsweise aus der Ökonomie oder der Politik) bei der heuristischen Modellbildung berücksichtigt. Die Anzahl der Parameter in der Funktion, welche zunächst gebildet und dann optimiert (maximiert) wird, entspringt keinem Schema. Die Wahl der Parameter kann aus Erfahrungswerten resultieren oder einfach ein Ausprobieren sein. Bei Beobachtung der Wirklichkeit ist zunächst ein relativ einfaches Modell zu wählen, das unter Umständen reicht, um die empirischen Beobachtungen zu erklären, ohne tautologisch oder trivial zu sein. Sind die beobachteten Phänomene nicht zu erklären, ist es notwendig, die Modellierung schrittweise anzupassen. Dies erfolgt solange in Form weiterer Annahmen oder Restriktionen, bis die vorliegenden empirischen Beobachtungen erklärt werden können. Sobald gar ein besseres Lösungsmodell gefunden ist, welches das ursprüngliche in der Aussagekraft schlägt, ist es zu ersetzen. In welcher Intensität empirische Beobachtungen Berücksichtigung finden oder man auf diese ganz verzichtet, so dass „nur" bekannte Annahmen wie „Individuen maximieren ihren Nutzen" oder „Unternehmen maximieren ihren Gewinn" als Basis der Analyse angenommen werden, ist dem Geschmack des Wissenschaftlers überlassen. Bei der Abwägung der Vorgehensweise handelt sich es für den Wissenschaftler um ein Trade-off. Denn je generischer der Ansatz gewählt werden kann, desto allgemeingültiger können Schlussfolgerungen gezogen werden, die vielleicht keine kraftvollen Aussagen und Ergebnisse produzieren, aber die Eleganz und Klarheit des reduzierten Ansatzes haben. Werden relativ viele Annahmen und Beschränkungen vorgenommen, geht dies möglicherweise auf Kosten einer komplexen und komplizierten Analytik, und die erzeugten Ergebnisse sind weit weniger generisch, aber in der Regel dafür sehr gehaltvoll.[101]

IV.3 Methodologischer Individualismus

Kommen wir zum Kern des Rational Choice, der basistheoretischen Grundlage dieser Arbeit. Hierbei handelt es sich im Wesentlichen um zwei Vorausset-

---

[100] Experimente sind hier zu nennen, die nach den Aspekten des Rational Choice untersucht werden, z.B. Diktatorspiele: Vgl. Mueller, Dennis C.: Public Choice III, New York, 2009, p. 49.
[101] Vgl. ebd.: p. 672–673. Ein Verzicht auf empirische Elemente führt dann zum rein logisch-analytischen Ansatz.

zungen bzw. Annahmen. Einmal ist es der methodologische Individualismus und zum anderen die Rationalitätsannahme.[102]

Der methodologische Individualismus besagt, dass die Erklärung kollektiven Verhaltens immer mit der Betrachtung und Analyse des individuellen Verhaltens einhergehen sollte. Die Erkenntnis aus dieser Forderung ist, dass kollektives Verhalten (von Parteien, Regierungen, Staaten, ...) ohne die Betrachtung der Ebene des Individuums keine befriedigenden Ergebnisse hervorbringen wird.[103]

Das Individuum, das entscheidet, wird von vielen Faktoren, Parametern, beeinflusst. Das sind beispielsweise Bildung, Umwelteinflüsse wie Freunde und andere soziale Komponenten, wie die Vernetzung in der Berufswelt als auch das Engagement in Vereinen oder gemeinnützigen Einrichtungen. Die Bildung ermöglicht dem Entscheider auf ein Wissen zurückzugreifen, das er für die Entscheidungsfindung einsetzen kann. Seine Erfahrung kann zum Vergleich zur gegebenen Entscheidungssituation herangezogen werden, um Lösungsmuster aus vergangenen, ähnlichen Problemstellungen wiederzuverwenden und sich diese zu Nutze zu machen. Jedes Individuum lebt in einer Kultur, beispielsweise der deutschen Kultur, was bestimmte normative Vorgaben impliziert. Das Demokratieverständnis, das Verständnis von Rechtsstaatlichkeit und die soziale Marktwirtschaft prägen staatliche und gesellschaftliche Vorstellungen über das allgemeine Zusammenleben. Jedes Individuum kann sich diese Vorstellungen mehr oder weniger zu eigen machen und sich an ihnen orientieren oder eben auch nicht. Hinzukommen eigene, individuelle Wertvorstellungen, die die Beweggründe für unser Handeln beeinflussen. Nachfolgende Abbildung soll das veranschaulichen.

---

[102] Vgl. Ordeshook, Peter C.: Game Theory and Political Theory: An Introduction, Cambridge, 1986, p. 1.
[103] Vgl. Popper, Karl Raimund: Lesebuch. Ausgewählte Texte zu Erkenntnistheorie, Philosophie der Naturwissenschaften, Metaphysik, Sozialphilosophie, Tübingen, 2000, S. 348. Vgl. Elster, Jon: Marxism, Functionalism, and Game Theory: The Case for Methodological Individualism, Theory and Society 11, 1982, p. 453–482. Vgl. Buchanan, James M.: Politics without Romance, A Sketch of Public Choice Theory and its Normative Implications, in: Buchanan, James M. and Tollison, Robert D. (Hg.): The Theory of Public Choice-II, Michigan, page 13, 1984.

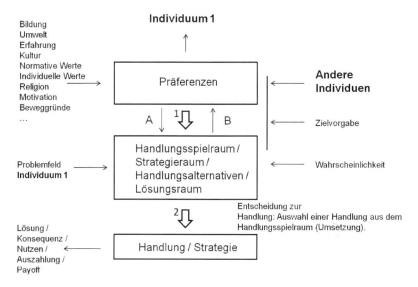

Abbildung 8: Individualistischer und interaktiver Ansatz aus Sicht von Individuum 1.

Individuum 1 steht synonym für ein beliebiges Individuum. Die in Abbildung 8 aufgeführten „Anderen Individuen" sind ebenfalls nach „diesem Schema" zu interpretieren. „Andere Individuen" steht für mögliche Individuen außer Individuum 1, die auf die Präferenzen und (oder) den Handlungsspielraum Einfluss nehmen. Die Entscheidung zur Handlung trifft Individuum 1 in obiger Abbildung.

Eine vollständige Aufzählung aller Parameter und deren Beeinflussung sind nicht möglich, da diese sehr individuell sind und zwar nicht nur in ihrer Anzahl, sondern insbesondere in ihrer (empfundenen) Wirkung. All diese Parameter sollen die individuelle Motivation, die Beweggründe und letztendlich die Präferenzen eines Individuums, eines Einzelakteurs bestimmen (definieren). Die Präferenzen oder sogar der Nutzen[104] einer Lösung für das Individuum 1 können durch andere Individuen direkt oder indirekt beeinflusst werden.[105]

---

[104] Nutzen könnte zunächst auch als Metapher betrachtet werden, der für etwas steht, was das Individuum für sich als positiv ansieht. Mehr Nutzen ist besser als weniger Nutzen. Vgl. Rieck, Christian: Spieltheorie Eine Einführung, 10. Auflage, 2010, S. 42. Rein von der Lehre des Rational Choice würde dieser Ansatz, die Definition des Nutzens als Metapher, ausreichen, um Spiele zu konstruieren und davon Ergebnisse abzuleiten. Um aber weitergehende Aussagen treffen zu können, die sich auf realitätsbezogene Entscheidungen beziehen, sollte

Jedes Problemfeld kann von den Möglichkeiten der endlichen Handlungsalternativen her betrachtet werden, die ursächlich auch durch das Problemfeld selbst zur Auswahl gestellt werden könnten. Ein Problemfeld ist dabei eine Sachlage, die es zu lösen gilt. Die Ursache des Problems ist davon unabhängig. Problemursachen können ebenso sehr vielfältig sein. Beispielsweise können es exogene Gründe sein, die schwer oder gar nicht vom Individuum zu beeinflussen, aber auch vom Individuum selbst provoziert oder einfach nur von ihm gewollt sind. Ein Problem erzeugt eine Sachlage und einen möglichen Rahmen für Handlungsalternativen. Die Handlungsalternativen können aber auch von den vom Problemfeld betroffenen Individuen gestaltet werden oder auch von außen, von anderen Individuen, vorgegeben sein (wie beim Gefangenendilemma). Der vertikale Balken in Abbildung 8 zeigt an, dass andere Individuen und die Zielvorgabe sowohl auf die Präferenzen als auch auf den Handlungsspielraum wirken können.

Neben den reinen Handlungsalternativen spielt die Interaktion von Individuen eine entscheidende Rolle für den Lösungsausgang einer gegebenen Sachlage. Denn die möglichen Interaktionen der individuellen Handlungsalternativen bilden den gesamten Lösungsraum.[106] Der Lösungsraum ist durch alle möglichen Handlungskombinationen der an der Lösung direkt beteiligten aktiven Individuen (Spieler) definiert. Das Individuum 1 stellt sich beispielsweise besser (schlechter), wenn ein anderes Individuum zum gleichen (synchron), früheren oder späteren (asynchron, sequenziell) Zeitpunkt auch eine Handlung in Bezug auf das betrachtete Problemfeld durchführt (direkter Einfluss). Dies definiert die soziale Interaktion der gegenseitigen direkten Beeinflussung der hier agierenden Individuen auf ihren erreichbaren Nutzen.[107] Um bereits an dieser

---

der Nutzen differenzierter bewertet und herausgearbeitet werden. Später in den Modellierungen dazu mehr.
[105] Hier spielen beispielsweise normative Werte eine Rolle. Eltern sagen dem Kind, was als gut oder als schlecht beurteilt wird, weil entsprechende Normen, Wertevorstellungen, zugrunde gelegt werden. Ein übergeordneter Staat könnte ebenso als normative Kraft auf ein Individuum wirken. Der Bundespräsident der Bundesrepublik Deutschland wird oft als höchste moralische Instanz bezeichnet, bzw. es wird von ihm verlangt als eine solche zu agieren und aufzutreten (Vgl. http://www.sueddeutsche.de/politik/kreditaffaere-um-bundespraesident-wulff-als-moralische-instanz-versagt-1.1233535 oder ein anderes Beispiel: http://www.tagesschau.de/ausland/frauenkairo100.html).
[106] Mathematisch spricht man von Kreuzprodukt. Es sind alle möglichen Kombinationen von Strategien der Akteure. Beim klassischen 2-Personen-Gefangenendilemma sind es vier mögliche Strategiekombinationen.
[107] Eine indirekte Beeinflussung meint das Wirken eines Individuums auf ein anderes, wobei das wirkende Individuum nicht handelnder Akteur bei einer Problembetrachtung (Problemlösung) ist. Im Folgenden ist bei Verwendung des Begriffes „soziale Interaktion" oder nur „In-

Stelle ein besseres Verständnis vom Nutzen aus der Sicht des Rational Choice zu bekommen, kann dieser auch als Lösungswert bezeichnet werden.[108] Jede erreichte Lösung einer gegebenen Sachlage hat eine Wertigkeit für ein betroffenes Individuum (direkt oder indirekt). Für ein nicht betroffenes (weder direkt noch indirekt) Individuum kann der Lösungswert als neutral gewertet werden, also als nicht auf seinen Nutzen wirkende Lösung (Wirkungslosigkeit).[109] Die Wertigkeit einer Lösung kann vom Individuum selber (subjektiv), oder von einer übergeordneten Instanz (objektiv) vorgenommen werden in dem Glauben, dass die von der Instanz zugrunde gelegte normative Objektivität eine entsprechende subjektive Lösungswirkung hat.[110]

Aus dem möglichen Handlungsspielraum sucht das Individuum rational nach Rational Choice unter Berücksichtigung seiner Präferenzen und seiner Zielvorgabe die für ihn beste, am Lösungswert orientierte, Handlungsalternative bei gegebenen Handlungen aller anderen direkt agierenden Akteure (Pfeil mit der Beschriftung 1 in Abbildung 8). Pfeil B in Abbildung 8 zeigt an, dass das Individuum den Lösungsraum rational beurteilt (beurteilen kann) und danach handelt. Im zweiten Schritt (Pfeil mit der Beschriftung 2 in Abbildung 8) wird

---

teraktion „die direkte Interaktion gemeint. Die indirekte Beeinflussung wird insofern berücksichtigt, indem dies in der Nutzendarstellung, der Nutzenbewertung bzw. Präferenz berücksichtigt ist.
[108] Im Rational Choice wird auch von Auszahlung oder Payoff gesprochen. Hierbei ist zu beachten, dass es immer bewertete Auszahlungen sind, denn ansonsten würde die Semantik, also die Bedeutung der Auszahlung für die Akteure des Spiels fehlen. Die Bewertung erfolgt durch die Präferenzen der beteiligten Akteure, auch im dem Fall, wenn die Auszahlungen von Individuen vorgenommen werden, die nicht agierende Akteure im Spiel sind. Die Folgerung für die Praxis ist, dass beim Rational Choice immer bewertete bzw. bewertbare Auszahlungen in den Entscheidungsmatrizen stehen. Der Einfachheit wegen, stehen in der Regel dort dann auch Zahlen in den Entscheidungsmatrizen, um für den Betrachter der Entscheidungsmatrizen eine leichte Lesbarkeit und Vergleichbarkeit zwischen den verschiedenen Kombinationen von Strategiewahlen zu gewährleisten. Ansonsten würden nämlich dort einfach nur „Zahlen" (es könnten auch Wörter ohne Semantik sein bzw. einfach nur Buchstabenkombinationen ohne Sinnzusammenhang; „Zahlen" wäre auch nur eine Form von Zeichen) in den Entscheidungsmatrizen stehen, die aus sich heraus keine Bedeutung hätten und der Betrachter müsste explizit die Präferenzstruktur der agierenden Akteure hinzuziehen. Das wäre ungleich komplizierter und umständlicher zu handhaben oder zu lesen.
[109] Auch ein von der Lösung betroffenes Individuum kann die Wirkung der Lösung auf seinen Nutzen als neutral bewerten (Wirkung). Diese Wirkungsbewertung entspricht der Wirkungslosigkeit der Lösung bei einem nicht betroffenen Individuum.
[110] Beim klassischen 2-Personen-Gefangenen-Dilemma werden die Lösungswerte (Gefängnisstrafe) beispielsweise von der übergeordneten Instanz Staat vorgenommen. Gefängnisstrafe wird in diesem Fall objektiv als negativ wirkend auf ein Individuum eingestuft und die unterschiedlichen Gefängnisstrafen bei den möglichen Handlungsalternativen bzw. dem Lösungsraum gesetzt.

die ausgewählte Handlung aus dem Handlungsspielraum ausgeführt (Umsetzung).

Die Handlung des Individuums 1 und die Summe aller Handlungen der an der Problemlösung beteiligten Individuen (Akteure) bestimmen den Lösungsausgang (Lösung), welcher dann in der Regel für alle an der Problemlösung beteiligten Individuen und möglicherweise darüber hinaus für weitere Individuen (Betroffene, wie bei der Entscheidung zur Wehrpflicht) gilt. Vorstellbar sind auch Spiel-Konstellationen, bei dem die Akteure eines Spiels nicht direkt vom Ausgang der Entscheidungssituation (Spiel) betroffen sind, sondern „nur im Interesse" anderer handeln.[111] Beim Gefangenendilemma zum Beispiel könnten auch die Entscheider der Anwendung der Kronzeugenregelung als Einzelpersonen betroffen sein, wenn diese in die gleiche Situation wie die Gefangenen im Spiel des Gefangenendilemmas geraten.[112]

Die Abbildung 8 gilt ebenso für Entscheidungen, die unter Unsicherheit gefällt werden. Das soll die dort erwähnte Wahrscheinlichkeit anzeigen. Eine Entscheidung unter Unsicherheit ist eine Situation, in der die handelnden Akteure nicht wissen, mit welcher Wahrscheinlichkeit ein anderer Akteur des Spiels seine Handlungen spielt oder selbst unsicher ist. D.h., ob die anderen Akteure aus irgendeinem Grund unsicher sind und nur mit einer Wahrscheinlichkeit < 100%, die so scheinbar sichere (zu 100%) Alternative spielen. In Abbildung 8 ist dieser Ansatz durch den Pfeil mit dem Begriff Wahrscheinlichkeit abgebildet. Die Unsicherheit der Auswahl seiner Handlungsalternative kann auch vom Individuum selbst bestimmt sein. Das Individuum kann somit nicht nur im Unklaren sein, mit welcher Wahrscheinlichkeit ein anderes Individuum aus den

---

[111] Ein Beispiel wäre, falls Politiker Entscheidungen zu Bundeswehreinsätzen fällen. Die Akteure der Entscheidung sind in der Regel davon nicht unmittelbar betroffen, weil sie nicht in den Einsatz geschickt würden. Eine mittelbare Betroffenheit mag vorliegen, weil beispielsweise durch den Einsatz die Sicherheit der gesamten Bevölkerung erhöht wird.
[112] Falls die Kronzeugenregelung als (allgemeingültige) Regel oder Gesetz implementiert wird. Falls die Kronzeugenregelung aber als (temporäre) Fallentscheidungshilfe implementiert wird, ist eine Anwendung der Kronzeugenregelung situationsspezifisch und möglicherweise zeitlich begrenzt gültig. Dann könnte es sein, dass die Entscheider bei der Entscheidung zur Kronzeugenregelung dies einkalkulieren und davon ausgehen, dass sie selber nicht von der Kronzeugenregelung betroffen wären, falls sie in eine ähnliche Situation kommen würden. Das könnten sie dann bei ihrer Entscheidung zur Kronzeugenregelung berücksichtigen.

Handlungsalternativen wählt, sondern auch unsicher sein, welche eigene Handlungsalternative denn zu wählen ist.[113]

Der Rational Choice Ansatz unterstellt, dass ein Individuum im Fall einer Entscheidung unter Unsicherheit eine rationale Bestimmung der Erwartungswerte vornimmt oder mindestens vornehmen kann.[114] Das würde konkret bedeuten, dass das Individuum den mathematisch bestimmbaren Erwartungswert zur Entscheidungsgrundlage hinzuzieht (hinzuziehen sollte) und danach die Auswahl seiner Handlungsalternative vornimmt. Dazu ein Beispiel:

Ein Münzwurf soll mit folgenden Ereignissen verknüpft sein:[115]

A) 100 Euro Gewinn, falls Kopf fällt. Kein Gewinn, wenn Zahl fällt.

B) 46 Euro sicherer Gewinn.

---

[113] Die Unsicherheit kann durch unvollständige Information hervorgerufen sein. Es sind leicht Situationen vorstellbar, in denen ein Individuum nur glaubt oder vermutet, wie die Präferenzen zu einer Sachlage bei den anderen Akteuren definiert sind. Eine Möglichkeit der Abbildung in eine spieltheoretische Situation wäre, dass die gleiche Präferenzstruktur wie die vom betrachteten Individuum abgebildet wird, aber die Handlungsalternativen der anderen Akteure dann mit subjektiven, den vom Individuum geglaubten oder vermuteten Wahrscheinlichkeiten belegt werden. Eine zweite Möglichkeit wäre, eine andere Präferenzstruktur als die eigene den anderen Akteuren zu unterstellen. Aufgrund der Unterstellung, also der Unsicherheit über die wahre Präferenzstruktur, werden die Handlungsalternativen der anderen Akteure mit Wahrscheinlichkeiten belegt.
[114] Der Erwartungswert der von einem Individuum erzielbare Lösungswert, den er bei Entscheidungen unter Unsicherheit erwarten kann. Der Erwartungswert berechnet sich mathematisch als der Lösungswert des Individuums mit der gegebenen Wahrscheinlichkeit gewichtet. Die gegebene Wahrscheinlichkeit kann eine subjektiv bestimmte, eine objektiv errechnete und allgemein anerkannte oder aus dem Problem heraus vorgegebene Wahrscheinlichkeit sein. Falls das Problem beispielsweise das einmalige Ziehen aus einer Urne mit 3 weißen und einer roten Kugel ist, dann ist die mathematische Wahrscheinlichkeit die rote Kugel zu ziehen 25% als objektiv richtig und rational zu bewerten. Die rationale Bestimmung des Erwartungswertes ist somit nach Rational Choice der mathematisch berechenbare Wert. Dieser muss dann durch die Berechenbarkeit noch nicht objektiv sein. Auch subjektive Wahrscheinlichkeiten können zunächst richtig nach der Mathematik berechnet sein. Die Unterscheidung von subjektiv und objektiv hängt somit nicht von der Richtigkeit der Berechnung ab. Anders herum aber, falls also eine vom Individuum angenommene oder vom Individuum berechnete Wahrscheinlichkeit nicht der mathematisch nachvollziehbaren, berechneten, Wahrscheinlichkeit entspricht, wird die Entscheidung des Individuums basierend auf seiner angenommenen oder berechneten Wahrscheinlichkeit als nicht rational bewertet. Eine subjektive Wahrscheinlichkeit heißt in diesem Zusammenhang, dass die Berechnung oder Einschätzung der Wahrscheinlichkeit vom Individuum selbst durchgeführt wurde (mathematisch oder stochastisch richtig oder falsch). Eine objektive Wahrscheinlichkeit bedeutet, dass eine übergeordnete, allgemein anerkannte Instanz, die Wahrscheinlichkeit bestimmt hat, ohne auf individuelle Schwächen, Einschätzungen oder Bedürfnisse Rücksicht genommen zu haben. In der Regel ist diese bestimmte, berechnete Wahrscheinlichkeit als mindestens mathematisch korrekt anzusehen.
[115] Vgl. Kahneman, Daniel: Schnelles Denken, Langsames Denken, München, 2012, S.333. Zu der Neuen Erwartungstheorie werden noch weitere Ausführungen gemacht.

Die Münze ist nicht manipuliert, so dass Kopf und Zahl mit der gleichen Wahrscheinlichkeit von 50% fallen. Dies entspricht einer objektiv richtigen Wahrscheinlichkeit. Die Frage, die sich daran anschließt ist, ob Individuen sich auf ein solches Spiel einlassen und rational nach Rational Choice handeln.

Der mathematische Erwartungswert des Münzwurfs ist schnell errechnet: 0,5 * 100 + 0,5 * 0 = 50 Euro Gewinn im Fall A) und im Fall B) ist der Erwartungswert 46 Euro. Nach der reinen Wahrscheinlichkeitsrechnung, der mathematischen Berechnung, liegt ein positiver Erwartungswert (Gewinn) im Fall A) vor, der größer als im Fall B) ist. Danach würde ein Individuum rational nach Rational Choice agieren (handeln), wenn es sich auf dieses Spiel einlässt und Variante A) wählt. Das Individuum wäre nicht rational nach Rational Choice, wenn es sich auf Variante B) einlässt, da der errechnete Erwartungswert kleiner als in A) ist.[116]

Bei diesem Experiment entschieden sich Individuen überwiegend für Variante B, der sicheren Varianten. Viele weitere dieser deskriptiven Experimente von Kahneman zeigten, dass Individuen sich in vielen Entscheidungsfällen nicht rational nach der Rational Choice verhalten, sondern entgegen der unbedingten Annahme des Rational Choice.[117]

Es ist aber auch abzulesen, dass die Größenrelation der Gewinn- bzw. Verlustwerte eine Rolle spielt. Falls man in Variante B) 46 Euro zu beispielsweise 2 Euro abändert, würde man ein anderes Ergebnis erwarten, ohne dies an dieser Stelle experimentell zu überprüfen. Es stellt sich damit die Frage nach der Grenze, also ab welchem Euro-Betrag wäre das Individuum zwischen Alternative A) und Alternative B) real, experimentell (empirisch) indifferent, also unentschieden? Die entscheidende Aussage ist zunächst an dieser Stelle, dass sich Individuen nicht immer rational, wie bei Rational Choice angenommen, verhalten. Aber auch, dass sich Individuen rational nach Rational Choice verhalten (entscheiden) könnten, wenn sie denn nur wollten.[118]

---

[116] Es ist unterstellt, dass ein Gewinn positiv und ein Verlust negativ auf den Nutzen des Individuums wirken.
[117] Vgl. ebd.: S. 333-335, S. 526.
[118] Hierzu werden später weitere Ausführungen gemacht. Dem Verfasser ist bewusst, dass es an dieser Stelle weiteren Klärungsbedarf gibt. Ein Einwand könnte sein, dass bestimmte Individuen gar nicht in der Lage sind rational nach Rational Choice zu handeln, weil die intellektuellen Voraussetzungen fehlen und schlichtweg den gegebenen Sachverhalt nicht nach

Pfeil A in Abbildung 8 soll die von Kahneman experimentell überprüfte (empirisch validierte) und mittlerweile auch in den Wissenschaften anerkannte Neue Erwartungstheorie aufzeigen, die unter anderem besagt, dass Individuen nicht immer streng nach Rational Choice rational handeln.[119] So können subjektive Einschätzungen von Wahrscheinlichkeiten oder – wie gezeigt – subjektive Erwartungshaltungen die Wahrnehmung des Handlungsspielraums und somit die Handlungen eines Individuums beeinflussen.[120] Ein einfaches Beispiel soll die Darstellung in Abbildung 8 veranschaulichen, ohne dabei jede genannte Komplexität an diesem Beispiel aufzuzeigen:

Betrachten wir eine Naturkatastrophe auf einer Insel, die eine Verwüstung hinterlässt und damit direkt eine Sachlage und indirekt Handlungsalternativen erzeugt. Die direkte Sachlage ist die Verwüstung, die einhergehende Zerstörung des Wohnraums der Bewohner. Indirekt wird dem Individuum die neue Sachlage als zu lösendes Problem auferlegt. Nehmen wir der Einfachheit halber an, dass zwei Individuen die Naturkatastrophe überlebt haben.

Der Handlungsspielraum wird in diesem Fall im letzten Schritt vom Individuum bestimmt, denn die Naturkatastrophe selbst ist dazu nicht in der Lage. Die Naturkatastrophe gibt dem Handlungsspielraum lediglich einen Rahmen, Einschränkungen, vor. Eine Einschränkung in diesem Beispiel wäre, dass das Individuum nicht die Handlungsalternative „Ich lebe wie bisher in meinem Haus" wählen kann. Dieses Haus existiert nicht mehr. Das Individuum ist aber gezwungen zu handeln (Entscheidungs- bzw. Handlungsdruck), weil der gegenwärtige Zustand der Verwüstung auf lange Sicht kein Überleben sichert.

Rational Choice verstehen oder beurteilen können. Zugleich kann das gegebene Beispiel weiter diskutiert werden. Denn das aufgeführte Beispiel ist ein Spezialfall einer Entscheidung unter Unsicherheit – denn es gibt eine sichere Alternative zur Auswahl. Durch die sichere Alternative B wird dem Entscheider ein Referenzpunkt gesetzt, nämlich 46 Euro, die er sicher hat. Der Verfasser würde in Bezug auf dieses Beispiel die Rationalitätsbetrachtung an dieser Stelle erweitern, um den Erwartungswert der Differenz. Denn wenn der Entscheider 46 Euro sicher hat, kann er durch die Wahl der Alternative A) zu 50% 4 Euro mehr gewinnen und zu 50% die sicheren 46 Euro wieder verlieren. Somit würde sich ein Erwartungswert der Differenzbetrachtung aus der sicheren Alternative heraus von (0,5*100 Euro - 46 Euro) + (0,5*0 Euro - 46 Euro) ergeben, also ein negativer Erwartungswert für die Differenzbetrachtung von - 42 Euro. Zieht man diese Betrachtung hinzu, wäre der Entscheider zwischen Alternative A) und B) indifferent, falls der Erwartungswert der Differenzbetrachtung der sicheren Summe aus Alternative B) ist. Falls die Alternative B) auf 50/3 Euro (gerundet 16,67 Euro) gesetzt würde, wäre der Entscheider, falls er den Erwartungswert der Differenzbetrachtung zu Rate zieht, indifferent.

[119] Nach den Aussagen von Kahneman selber. Vgl. Kahneman, S. 354.
[120] Vgl. Kahneman, S. 542.

Der Handlungsspielraum könnte vereinfacht sein: Wegziehen oder Wiederaufbau. Die Verfolgung jeder einzelnen Handlungsalternative hat Konsequenzen, die auf das Wohlbefinden des Individuums Auswirkung haben. Das Individuum wird abwägen, was das Beste für es selbst ist. Am Ende steht eine Entscheidung zur Durchführung einer Handlungsalternative (Handlung), die dann zur Lösung führt. Eine Lösung des Problems ist dann die aus der Handlung realisierte Konsequenz. Aus der Handlung „Wiederaufbau" würden dann die Lösung, die realisierte Konsequenz, der neue Wohnraum und ein Leben am gleichen Ort folgen.

Nun sind aber zwei Individuen da und beide haben eine eigene, individuelle Präferenzstruktur bezüglich des geschilderten Problems. Nehmen wir weiter an, dass beide Individuen den gleichen beschriebenen Handlungsspielraum sehen. Ein Wiederaufbau sei aber nur durch beide Individuen gemeinsam möglich.

Die Lösung des Problems der Naturkatastrophe für die beiden Überlebenden hängt von den Relationen ihrer Präferenzen untereinander ab. Falls ein Individuum Wegziehen vor Wiederaufbau und das andere Individuum den Wiederaufbau vor dem Wegziehen bevorzugt, dann wird nach dieser Voraussetzung auch das Individuum, welches den Wiederaufbau bevorzugt, wegziehen müssen.[121]

Nach diesen theoretischen und nicht politikbezogenen Betrachtungen soll wieder der Blickpunkt auf das politische Feld gerichtet werden. Bei (politischen) Entscheidungen spielen normalerweise viele Individuen eine Rolle. Diese sind in Gruppen wie Parteien, Gremien oder auch Ausschüssen organisiert. Im politischen Entscheidungsprozess geht es oft um die Bereitstellung öffentlicher Güter. Güter wie Bildung und Forschung, Gesundheit, Altersvorsorge (Rente) und Verteidigung, um nur einige zu nennen. Die Bereitstellung öffentlicher Güter erfordert den Einsatz finanzieller Mittel, die aus Steuereinnahmen, also Geldern des gesellschaftlichen Kollektivs stammen. Aus dieser Logik heraus soll dann auch das gesellschaftliche Kollektiv davon profitieren.[122]

---

[121] An dieser Stelle soll das Beispiel nicht weiter ausgeführt werden. Differenzierte Lösungsstrategien und Schlussfolgerungen erfolgen später an weiteren Beispielen. Hier soll zunächst nur ein Grundverständnis aufgebaut werden.
[122] Zum einen existiert das Problem der Bereitstellung öffentlicher Güter (Welche? In welcher Höhe und Güte?) und in diesem Zusammenhang der individuelle Beitrag (über Steuerzah-

Das Bereitstellen öffentlicher Güter resultiert auch aus der Tatsache, dass die private Bereitstellung einiger Güter nicht allokationseffizient oder distributionsoptimal kollektivbezogen durchgeführt werden kann (Marktversagen). In diesem Zusammenhang der öffentlichen (kollektiven) Güter und deren Bereitstellung wird die Frage aufgeworfen, wie eine Bereitstellung entschieden wird, denn die individuellen Präferenzen werden diesbezüglich nicht einheitlich und homogen sein – weder unter den Entscheidern noch innerhalb des gesamten Kollektivs. So impliziert in der Regel die Bereitstellung kollektiver Güter einen Zwang für alle die der Bereitstellung nicht zustimmen oder die Bereitstellung anders gestaltet hätten, denn sie werden sich nach der Entscheidung diesem Zwang unterwerfen (müssen) oder für sich individuelle Maßnahmen entscheiden (müssen), sich diesem Zwang zu entziehen.[123] Letzteres zu tun, ist zum einen eine Abwägung der individuellen Kosten, oder aber auch der Möglichkeit, der kollektiven Entscheidung (über Beeinflussung) entgegen zu wirken. Beim Entgegenwirken der kollektiven Entscheidung spielen nicht nur die Kosten der Beeinflussung eine Rolle, sondern ebenso die damit verbundenen Erfolgsaussichten.[124]

An dieser Stelle wird bereits ein Dilemma oder einfach ein Trade-Off sichtbar: Auf der einen Seite die Bereitstellung kollektiver Güter, die kollektiven Zwang implizieren, auf der anderen Seite der normative Individualismus, der in seiner vollendeten Ausprägung die individuelle Freiheit als höchsten Wert postuliert und keinen Zwang bzw. keine Unterwerfung unter einen Zwang zulässt.[125]

Diese Problematik lässt sich in die Welt der Präferenzen des Rational Choice übertragen. Hierbei geht es um die Frage der Aggregation von individuellen Präferenzen auf die Präferenzen eines Kollektivs. Präferenzen von Individuen sind –wie schon öfter gesagt – per se zunächst sehr unterschiedlich, selbst in freiwillig gebildeten Gruppen wie Parteien. Das ist beispielsweise bei Flügelkämpfen und kontroversen Diskussionen in politischen Parteien festzustellen. Hitzige Debatten und öffentlich ausgetragene Streitigkeiten zu politischen Themen innerhalb einer Partei sind Indizien für und Hinweise auf unterschiedliche Meinungen, differierende Sichtweisen und letztendlich nicht homogener,

---

lungen und (oder) direkten Dienstleistungen). Andererseits spielt das individuelle Nutznießen eines bereitgestellten öffentlichen Gutes eine Rolle (Alle, Einige?).
[123] Vgl. Kirsch, Guy: Neue Politische Ökonomie, 5. Auflage, Stuttgart, 2004, S. 55.
[124] Vgl. ebd.: S 58–59.
[125] Am Ende der Skala des individuell-freiheitlichen Gedankengutes steht als extreme Ausprägung die Anarchie.

individueller Präferenzen in einer öffentlich agierenden politischen Einheit. Im politischen Entscheidungsprozess ist es aber notwendig trotz individuell unterschiedlicher Präferenzen als einheitliche Entscheidungsinstanz aufzutreten, um überhaupt eine politische Entscheidung herbeizuführen. Es ist also nicht nur wünschenswert, sondern entscheidungspolitisch notwendig, eine kollektive Präferenz zu politischen Sachfragen herzustellen.[126] Unter dem Aspekt des Rational Choice tritt eine Gruppe, eine politische Partei, als Kollektivakteur auf und kann so in der Modellierung als einheitlicher Akteur, als Entscheider, erfasst werden. Hierbei sind folgende Fragen zu klären: Wie entstehen kollektive Präferenzen? Was bedeuten kollektive Präferenzen aus der Sicht des Rational Choice für die individuellen Präferenzen?

Zum ersten Aspekt der Entstehung kollektiver Präferenzen ist festzuhalten, dass diese nicht über eine (mathematische) Addition und/oder eine Durchschnittsberechnung entstehen (können / sollten). Dies würde voraussetzen, dass die Nutzenwerte unter den Individuen zum einen (immer) kardinal und inter-individuell in der Höhe (nominal, absolut) vergleichbar wären, also jeder individuellen Präferenzstruktur die gleiche Bewertungsvorschrift zugrunde läge. In Diktaturen und totalitären Regimes (Ein-Parteien-Herrschaft) wird die Bestimmung kollektiver Präferenzen „von oben" vorgenommen, die individuelle Präferenz des Staatsbürgers spielt (fast) keine Rolle zur Bestimmung der kollektiven Präferenz. Ganz im Gegenteil: Idealerweise – aus Sicht des herrschenden Regimes – wird die kollektive Präferenz dann zur individuellen Präferenz.[127] In einem freiheitlich-demokratischen Staat werden kollektive Präferenzen durch (direkte oder indirekte) Wahlen bestimmt. Unabhängig davon, ob die kollektiven Präferenzen durch direkte oder indirekte Wahlen bestimmt werden, werden die individuellen Präferenzen über die Wahlen dann durch Mehrheiten konsolidiert und aggregiert. Hier spielt das Wahlverfahren, also die Bestimmung von Mehrheiten, eine entscheidende Rolle dabei, wie sich individuelle Präferenzen in den kollektiven Präferenzen widerspiegeln. Hier reicht das Spektrum von der Bestimmung kollektiver Präferenzen über die Einstimmigkeit, die 2/3-Mehrheit, die einfache Mehrheit bis hin zur relativen Mehrheit. Festzuhalten ist, dass auch in freiheitlich-demokratischen Staaten individuelle

---

[126] Weitere politische Aspekte werden hierzu später behandelt. Zunächst steht der Ansatz des Rational Choice im Fokus.
[127] Wenn diese Transformation kollektiver Präferenzen auf die individuellen Präferenzen nicht nach den Vorstellungen von Diktaturen und totalitären Regimes passiert, werden entsprechende Maßnahmen der herrschenden Elite zur Vollstreckung veranlasst. Es kann sich natürlich nur auf die nach außen dargestellten (sichtbaren) Präferenzen beziehen.

Präferenzen von Staatsbürgern (normalerweise) im Ergebnis keine „Eins-zu-Eins"-Berücksichtigung finden können, sondern nur durch ein aggregiertes Ergebnis über Wahlen.[128]

Jede Wahlmethode ist als Transformation der individuellen Präferenzen in die kollektiven Präferenzen zu verstehen, wobei keine Wahlmethode die dominierende ist, sondern jede Wahlmethode mit Spezifika (Eigenschaften) belegt ist. Es lässt sich schwerlich (empirisch) feststellen, ob ein Wahlverfahren ein faires oder wahres Resultat im Sinne der Abbildung individueller Präferenzen (Wählerwillen) auf kollektive Präferenzen hervorgebracht hat.[129] Die durch die (Mehrheits-) Wahl hervorgebrachten politischen Entscheidungsträger und die von ihnen getroffenen Entscheidungen sollten als durch die Mehrheitswahl legitimiert betrachtet werden. Daher kann der Wählerwillen (Volkswillen) als die Möglichkeit angesehen werden, die politischen Entscheidungsträger zu wählen oder insbesondere abzuwählen. Über diesen Ansatz lassen sich letztendlich politische Entscheidungen über den Wählerwillen und über die in einer Mehrheitswahl gewählten Entscheidungsträgern ableiten und legitimieren. Da politische Entscheidungsträger im politischen Wettstreit stehen und wiedergewählt werden wollen, müssen sie in einer gewissen Form den Wählerwillen berücksichtigen oder den Wähler von der Richtigkeit der getroffenen politischen Entscheidung überzeugen.[130]

Die dargestellte Transformation der individuellen Präferenzen in kollektive Präferenzen ist in der Wirklichkeit mit Schwierigkeiten verbunden. Neben zyklischen Effekten bei der Transformation spielen instabile Mehrheiten eine Rolle.[131] Falls der Bürgerwille sich über Repräsentanten, die politischen Entscheidungsträger, auf politische Entscheidungen überträgt, sollten die politischen Entscheidungsträger eine Gruppe (Partei) bilden, die den Mehrheitswillen auch korrekt abbildet. Dabei könnten das Parteiprogramm, parteipolitische Richtlinien, später auch ein möglicher Koalitionsvertrag oder die Zusammensetzung der politischen Entscheidungsträger innerhalb dieser Gruppe (Partei)

---

[128] An diesem Punkt kann die Debatte des Bürgereinflusses, des Wählerwillens und im Großen das des Volkswillen geführt werden. Hierbei steht zur Diskussion, ob Wahlen oder politische Entscheidungen in der Realität Ausdruck des Wählerwillens, des Bürgereinflusses sind. Empirisch kann das kaum überprüft werden.
[129] Vgl. Riker, William H.: Liberalism against Populism: A Confrontation between the Theory of Democracy and the Theory of Social Choice, Long Grove/Illinois, 1982, p. 113.
[130] Vgl. Mueller, Dennis C.: Public Choice III, New York, 2009, p. 264.
[131] Vgl. Condorcet Paradoxon und Arrow's Unmöglichkeitstheorem. Dazu später noch etwas mehr.

den (Wähler-Mehrheitswillen) ausdrücken. Das Wahlprogramm einer Partei spiegelt die bevorzugten politischen Vorhaben (Ziele) einer Partei im Falle der Regierungsteilnahme, also bei Wahlgewinn, wider. Weil die Partei vor der Wahl mit ihrem Programm wirbt und argumentiert, könnte das Wahlprogramm der Partei im Falle des Wahlgewinns als vom Wähler legitimiertes Mandat betrachtet werden. Denn aus dieser Annahme heraus, haben sich Mehrheiten im Fall des Wahlgewinns dieser Partei für dieses Wahlprogramm entschieden.[132]

Die politische Wirklichkeit sieht aber anders aus. Schwindende Parteiidentifikation führt dazu, dass nicht über Parteien und Parteiprogramme als Ganzes abgestimmt (gewählt) wird, sondern über bestimmte (selektive) Streitthemen, die während des Wahlkampfes gezielt durch politische Akteure platziert werden (Issue-Voting).[133] Andere Wahlthemen, die nicht in den Vordergrund gestellt oder von den politischen Akteuren auf der politischen Bühne präsentiert werden, werden nicht vom Wähler in dieser Intensität wahrgenommen und sind damit für ihn auch nicht wahlentscheidend. Die Parteien können dann durch geschicktes Platzieren der von ihnen als wichtig (geglaubten) Themen eine Mehrheit der Wähler überzeugen, sie zu wählen, wobei die anderen, schwachplatzierten, politischen Themen von dieser Mehrheit mit gewählt werden. Das geschickte Platzieren der politischen Themen im Wahlkampf wird auch Issue-Management (Gestaltung der politischen Agenda) der Parteien genannt.[134] Dieses Vorgehen der Parteien führt zu Issue-bezogenen Mehrheiten, die zwar in einem politischen Wahlkampf zur Stimmenmaximierung beitragen, die sich aber bei Themenänderung in einem folgenden Wahlkampf wieder verflüchtigen können.[135]

Wenn man diesen Ausführungen folgt, ist die Rechtfertigung des politischen Mandats über ein Parteiprogramm und die Mehrheitswahl einer Partei zu hinterfragen. Die gesamte logische Herleitung, Ableitung, angefangen von den

---

[132] Allein die Tatsache, dass in einem freiheitlich-demokratischen Staat es in der Wirklichkeit kaum bis gar nicht zu einer absoluten Mehrheit einer Partei reicht, wird das Parteiprogramm in einer Regierungskoalition mehr oder weniger aufgeweicht und durch einen Koalitionsvertrag ersetzt. Hierbei spielen dann die politischen Stärken einer Regierungspartei eine Rolle, inwieweit sie ihre politischen Ziele gegenüber denen des Regierungspartners durchbringen können.
[133] Vgl. Lehner, Franz: Einführung in die Neue Politische Ökonomie, Königstein, 1981, S. 71.
[134] Vgl. Hindmoor, Andrew: Reading Downs: New Labor and an Economic Theory of Democracy, The British Journal of Politics and International Relations, p. 415 und vgl. Baumgartner, Frank R.: Political Agendas, in: Smelser, Niel J. and Baltes, Paul B. (Hg.): International Encyclopedia of Social and Behavioral Sciences: Political Science, New York, 288–290.
[135] Vgl. Satori, Giovanni: Demokratietheorie, Darmstadt, 1992, S. 92.

Wählerpräferenzen, dem implementierten Wahlverfahren, bis hin zu den kollektiven Präferenzen[136] und den den Wählerwillen manifestierenden Parteiprogrammen ist empirisch, also gemessen an der Wirklichkeit, kaum zu verifizieren. Um es mit den Worten Braun's zu sagen: „Jede demokratische Ordnung ist so in sich instabil."[137]

Das Ostrogorski-Paradoxon zeigt, dass es möglich ist, dass Parteien, die nach dem Prinzip des Issue-Voting wegen bestimmter Themen gewählt wurden, bei anderen Themen nur eine Minderheit (bezogen auf die gesamte Wählerbasis) hinter sich haben. Der Unterschied bzw. der Effekt wird dann sichtbar und deutlich, wenn analytisch den Wählern einzelne Themen zur Wahl gestellt werden oder das gesamte Paket an Themen als Parteiprogramm zur Auswahl steht.[138]

Auch wenn der themenorientierte Wahlkampf zu themenorientierten Mehrheiten in allen angesprochenen Themen für eine Partei führen kann[139], kann es aber auch zu dem Ostrogorski-Paradoxon führen, dass eine Partei, die bei einer einzelthematischen Abstimmung jeweils eine Mehrheit (also in jedem Thema eine Mehrheit erzielt) für sich verbuchen könnte, aufgrund des Abstimmungsmodus, über alle Themen gleichzeitig als Programmpaket abzustimmen, keine Mehrheit erringt. Das Wahlergebnis, als Ergebnis des Wahlverfahrens, würde in einem solchen Fall diametral zum Wählerwillen, den Präferenzen der Wähler, stehen.

Dieses Beispiel von Wahlanomalien, gemeint ist eine offensichtliche Widersprüchlichkeit von Wählerwillen und Wahlergebnis, wird auch von Dahl illustriert. Eine Wählermehrheit führt zu einem Wahlergebnis, welches nur den Präferenzen einer Wahlminderheit entspricht, also letztendlich beim Wahlausgang eine Minderheitenentscheidung ist.[140] Das Beispiel betrachtet zwei Kandidaten und drei politische Themen: Außenpolitik, Landwirtschaftspolitik und Steuerpolitik. Beide Kandidaten sind annahmegemäß zu den genannten politi-

---

[136] Kollektive Präferenzen können auch als Wohlfahrt interpretiert werden.
[137] Siehe Braun, Dietmar: Theorien rationalen Handelns in der Politikwissenschaft. Eine kritische Einführung, Opladen, 1999, S.5.
[138] Vgl. hierzu auch Offe, Claus: Politische Legitimation durch Mehrheitsentscheidung?, in: Guggenberger, Bernd und Offe, Claus (Hg.): An den Grenzen der Mehrheitsdemokratie, Opladen, 1984, S. 150–183 und vgl. Rae, Douglas W. / Daudt, Hans: The Ostrogorski Paradox: A Peculiarity of Compound Majority Decision, European Journal of Political Research 4, p. 391–398.
[139] Und eine Partei damit insgesamt die Mehrheit bekommt.
[140] Vgl. Dahl, Robert: Vorstufen zur Demokratie-Theorie, Tübingen, 1976, S. 121 ff.

schen Themen komplett unterschiedlicher Meinung. Falls aber die jeweiligen disjunkten Minderheiten zu einem Thema 25% der Wähler für einen Kandidaten entsprechen, wird eine Mehrheit von 75% der Wähler über alle drei „Minderheits-Themen" für diesen Kandidaten erreicht. Auch wenn dieses Beispiel einige Voraussetzungen einfordert, die gelten müssen, ist ersichtlich, dass in als demokratisch geltenden Wahlen, situativ zu einem Auseinanderdriften von majorisiertem Wählerwillen und faktischem Wahlergebnis kommen kann, welches die Präferenzen des Kollektivs darstellen sollen.

Es ist kritisch zu bemerken, dass die Entscheidung für das Wahlverfahren die Transformation der individuellen Präferenzen (Bürgerwillen, Volkswillen) auf die kollektiven Präferenzen, repräsentiert durch Regierungsparteien, Oppositionsparteien und Parlamentssitze, bestimmt.[141] Politisch stellt sich die Frage der Legitimation der Volksvertreter. Jede Wahl sollte nach Anomalien überprüft werden, um bestimmte Effekte eines Wahlverfahrens nicht wirksam werden zu lassen.[142] Die aufgeführten Beispiele sind nicht so zu verstehen, dass solche Anomalien bei Wahlen selbstverständlich auftreten, sie machen aber deutlich, dass es die Möglichkeit gibt, dass diese auftreten können.[143]

Wenn im Rational Choice eine Partei, ein Staat oder eine Instanz modelliert wird, dann ist das eine Aggregation individueller Präferenzen. Die Aggregation der individuellen Präferenzen ergibt sich dann aus Wahlen, Abstimmungen und Einigungen. Der Aggregationstiefe ist nach Rational Choice keine Grenze gesetzt. So sind beispielsweise die Individuen in Parteien organisiert, (Regierungs-)Parteien koalieren, die Koalition bildet die Regierung (Entscheidungsinstanz). Der Bundesrat ist ebenso eine Entscheidungsinstanz und ist beim Gesetzgebungsverfahren eingebunden.[144] Verschiedene Entscheidungsinstanzen bilden dann beispielsweise einen Akteur „Staat" (z.B. Bundesrepublik Deutschland), der wiederum als Akteur in internationale Entscheidungssituationen involviert ist. Eine Staatengemeinschaft oder Bündnisse können auch als Akteure (z.B. die EU, NATO) im Sinne des Rational Choice modelliert werden.

---

[141] Vgl. Schmid, Manfred G.: Demokratietheorien, Opladen, 2000, S. 275–281.
[142] Die notwendige Durchführung soll an dieser Stelle nicht diskutiert werden.
[143] Dabei können vielfältige Gründe eine Rolle spielen. Angefangen von Manipulation bis hin zur „falschen" (im Sinne von unbeabsichtigter Auswahl mangels Kenntnis) Auswahl des Wahlverfahrens für das betrachtete Problem.
[144] Vgl. Linn, Susanne, Sobolewski, Frank: So arbeitet der Deutsche Bundestag, S.137.

Abbildung 9 soll verschiedene Aggregationsmöglichkeiten verdeutlichen. Das ist nur ein Beispiel und nicht als Vorschrift zu verstehen. Beliebig sinnvolle Aggregationen sind nach Maßgabe der Problemstellung vorstellbar.

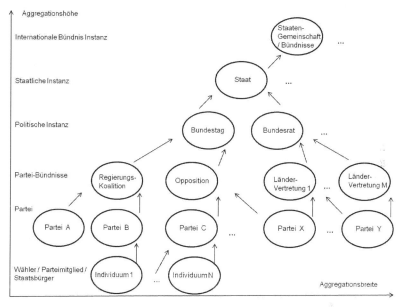

Abbildung 9: Beispiel Akteurs bezogener Aggregation.[145]

Nach obiger Abbildung wäre zu vermuten, dass die Aggregationshöhe für die Transformation individueller Präferenzen in kollektive Präferenzen eine Rolle spielt. Diese Logik ist aber nur bedingt richtig. Für einen „normalen" Wähler in obiger Abbildung mag das gelten, der nicht in einer Partei involviert ist. Ist das Individuum aber beispielsweise in einer Partei organisiert und nimmt dort noch eine Spitzenposition ein, dann ist sein Einfluss auf beispielsweise kollektive Parteiinteressen (Parteipräferenzen) größer als der Einfluss eines „normalen" Wählers. Die Aggregationsstufe hat somit keine allgemeingültige Aussage, ob individuelle Präferenzen „besser" oder „schlechter" in kollektive Präferenzen transferiert werden können. Der Referenzpunkt eines Individuums ist unter anderem für die Transformation wichtig, d.h. wo befindet sich das Individuum

---

[145] Es sind beliebige Aggregationsstufen in dieser Abbildung dargestellt. Die Darstellung ist dem allgemeinen Verständnis gewidmet und genügt keiner konkreten Entscheidungssituation. Entscheidungssituationen können auch völlig unpolitisch sein und trotzdem aggregierte Akteure modellieren.

beispielsweise in obiger Abbildung? Ist das Individuum Parteimitglied? Ist das Individuum Mitglied der Regierungskoalition? Ein anderer wichtiger Referenzpunkt ist der der Entscheidungssituation. Findet diese beispielsweise auf Parteiebene statt oder ist es eine Entscheidung auf der Ebene der staatlichen Instanz, ist die Entscheidungssituation vielleicht Ebenen-übergreifend? Ist ein Akteur direkt Betroffener bei der Umsetzung der Lösung?

Die Aggregationsstufen sind primär ein Abstraktionsmittel des Rational Choice, um den Blickwinkel auf die Entscheidungssituation zu richten, der für den modellierenden Wissenschaftler wichtig oder richtig scheint. So ist es in Modellierungen möglich und nach der Entscheidungssituation entsprechend sinnvoll und notwendig, Akteure verschiedener Aggregationsstufen in einem Entscheidungsmodell darzustellen.

IV.4 Rational Choice in den Politik- und Sozialwissenschaften

Die Anwendung des Rational Choice kann einen wertvollen Beitrag für die Politikwissenschaft und die Sozialwissenschaften beisteuern. Die heuristischen Annahmen und die daraus resultierenden Modellierungen liefern den Politik- und Sozialwissenschaften einen bedeutenden Beitrag zum Verständnis sozialen, Akteurs bezogenen, Verhaltens. Im Mittelpunkt steht das soziale, menschliche Verhalten unter dem Aspekt (Zielorientierung) der Kosten-Nutzen-Abwägung bei der Auswahl der Handlungsalternativen. Hierbei wird die Transformation der Kosten-Nutzen-Abwägung auf eine Nutzenfunktion des Akteurs vorgenommen. Mit der Analyse des individuellen Verhaltens können Phänomene und Beobachtungen von Kollektiven und kollektivem Verhalten erklärt und verstanden werden. Das klassische 2-Personen-Gefangenendilemma kann als Muster zwischenmenschlicher Interdependenzen und Aktionen auf Kollektive (Mehr-Personen-Gefangenendilemma oder Gruppen-Gefangenendilemma) erweitert werden. Hierbei spielen dann Lösungsstrategien wie Tit-for-Tat oder andere Lösungen eine Rolle, um nicht erwünschte soziale oder politische Situationen (Konstellationen) zu vermeiden oder auch wieder aufzulösen.

Ein ganz anderer wichtiger Aspekt ist die Implementierung von Anreizsystemen nach Zielvorgabe im Allgemeinen. Staatliche Anreizsysteme beispielsweise können zu einem erwünschten sozialem Ergebnis führen, das unter Berücksichtigung des staatlichen Zielsystems staatlicherseits gewünscht ist. Diese „harte" Implementierung eines staatlichen Anreizsystems steht dann einer

„weichen" Implementierung im Sinne eines Moralappels oder eines Gewissensappels an die Staatsbürger gegenüber. Aus dem Alltag heraus kennen wir die nicht seltene Tatsache, dass Menschen erst handeln, wenn sie es materiell bzw. monetär zu spüren bekommen (Entscheidungsdruck).

Das bekannte „Trittbrettfahren" oder „Schwarzfahren" ist aus dem Alltag bekannt. Dieses Verhaltensmuster existiert aber auch in sozialen Konstellationen, die nicht ganz so offensichtlich sind wie das der Nutzung öffentlicher Verkehrsmittel (z.B. „U-Bahnfahren"). Die Anwendung der Rational-Choice-Methoden können soziale Interdependenzen aufzeigen, die dieses Phänomen in sich tragen, und auf diese Problematik an einer bestimmten „sozialen Stelle" hinweisen.

Einzel-Akteure und Kollektive (z.B. Parteien, Koalitionen, Staat, Instanzen) können im Sinne des Rational Choice mit Hilfe von Aggregationsregeln und Zusatzannahmen modelliert werden. Hierbei wird die Mikroebene (Einzel-Akteur) mit der Makroebene (Kollektive) verbunden und zur fachübergreifenden (Politikwissenschaft, Psychologie, Soziologie, Ökonomie) Analyse bereitgestellt. Durch den reduzierten Ansatz des Rational-Choice, der unter anderem durch Annahmen[146] eine Problemstellung abbildet und mit Hilfe der Analyseinstrumente (Nash-Gleichgewicht, Min-Max-Regel, Pareto-Optimalität, etc.) untersucht, ist es praktisch machbar (bzw. angestrebt) mit möglichst wenig (Annahmen), möglichst viel auszusagen (Prognose, Ergebnisse, Erkenntnisse).[147]

Die Politikwissenschaft eignet sich sehr gut als Analysefeld des Rational Choice, da politische Entscheidungen für wissenschaftliche Fragestellungen der Politikwissenschaft von großem Interesse sind. Politische Entscheidungen haben in der Regel eine große Tragweite, insbesondere gesamtgesellschaftlich. Hierbei spielen Unsicherheit, Partei-taktische, individual-taktische als auch koalitionstaktische Überlegungen eine Rolle. Durch Restriktionen des Haushaltes, gesamtwirtschaftliche Umstände und ökonomische Aspekte im Allgemeinen unterliegen weitreichende politische Entscheidungen immer einer

---

[146] Neben der Annahme der Unterstellung von Rationalität werden beispielsweise die Parameter der Nutzenfunktion bestimmt (angenommen). Eine weitere mögliche Annahme ist die Annahme einer Budgetrestriktion. Jede Modellierung nach Rational Choice kann weitere und andere Annahmen enthalten.
[147] Vgl. Haug, Sonja: Anomalien in der Entscheidungstheorie. Empirische Evidenz und Konsequenzen, in Druwe, Ulrich und Kunz, Volker (Hg.): Anomalien in der Handlungs- und Entscheidungstheorie, Opladen, 1998, S.128.

Wirtschaftlichkeitsbetrachtung, denn im Fall einer falschen Entscheidung können erhebliche wirtschaftliche Kosten entstehen, die von der gesamten Gesellschaft zu tragen sind. Hierbei kann die politische Karriere von politischen Akteuren auf dem Spiel stehen. Daher ist eine Kosten-Nutzen-Abwägung, ein zielorientiertes Handeln, immer im Interesse des politischen Akteurs (der politischen Akteure) und der Gesamtgesellschaft.[148]

Betrachten wir noch einige weitere politische Fragestellungen, die mit Hilfe von Rational Choice analysiert werden können und auch die Stärke des Rational Choice zeigen oder einfach nur nach einer alternativen Lösung suchen, insbesondere im Hinblick auf empirische Beobachtungen. Es sind Fragestellungen u. a. nach der Auswahl von Wahlverfahren für die Bereitstellung öffentlicher Güter. Es sind diverse Wahlverfahren vorstellbar. Nur wann ist welches Wahlverfahren am besten und für wen? Eine Antwort aus der Empirie zu erwarten, scheint jedenfalls nicht (immer) möglich.

„This question [Anm.: Die Frage warum die einfache Mehrheitsregel so häufig bei Abstimmungen verwendet wird] obviously cannot be approached empirically, because there is little or no variation that one wishes to explain. The answer must be sought in a normative analysis of the simple majority rule."[149]

Zu Beantwortung dieser Frage hat Rational Choice bzw. Public Choice einige Antworten geliefert. Dabei ist als Ergebnis festzuhalten, dass zwischen einer Abstimmung über zwei Alternativen und einer Abstimmung über mehr als zwei Alternativen zu unterscheiden ist; denn bei einer Abstimmung über mehr als zwei Alternativen können Zyklen bei der einfachen Mehrheitsregel existieren.[150]

Das Arrow-Theorem oder auch Arrow's Unmöglichkeitstheorem besagt, dass sich aus mindestens zwei individuellen Präferenzordnungen mit mindestens drei Alternativen (vollständig und transitiv) keine vollständige und transitive Präferenzordnung der Gesellschaft (Wohlfahrtsfunktion) ableiten lässt, die gewisse Eigenschaften besitzt.[151] Die konkreten Eigenschaften der Wohlfahrts-

---

[148] Vgl. Keohane, Robert O.: Rational Choice theory and International Law. Insights and limitations, in: Allingham, Michael (Hg.): Rational Choice Theory. Critical Concepts in the Social Sciences, London and New York, 2006, page 350.
[149] Siehe Mueller, Dennis C.: Public Choice III, New York, 2009, S. 670.
[150] Vgl. Condorcet Paradoxon.
[151] Vgl. Kenneth J. Arrow: A Difficulty in the Concept of Social Welfare. In: The Journal of Political Economy. 58, No. 4, 1950, p. 328-346 und May's Theorem (1952) des Zusammenhangs der einfachen Mehrheitsregel bei der Wahl von zwei Alternativen und May's vier Axiomen.

funktion sollen an dieser Stelle nicht diskutiert werden. Hier soll nur festgehalten werden, dass über den rationalen Ansatz, die rationale Analyse, belegt werden kann, dass es keinen Mechanismus (keine Berechenbarkeit) gibt, aus den individuellen Präferenzen eine gesellschaftliche Präferenz abzuleiten – unter den genannten Voraussetzungen und der Einhaltung von Arrow's Axiomen, den Eigenschaften der gesellschaftlichen Wohlfahrtsfunktion. Aus dem Unmöglichkeitstheorem von Arrow kann bei jeder durchgeführten Wahl geschlossen werden, dass die Verletzung mindestens eines Arrow's Axioms vorliegt. Die konkreten Verletzungen der Arrow Axiome sind dann zu finden, um eine Wahl qualitativ beurteilen zu können. Hierbei soll insbesondere auf das Axiom des schwachen Pareto-Prinzips hingewiesen werden. Denn wenn eine Alternative auf individueller Ebene dominiert, von allen präferiert wird, sich diese Präferenz aber in der gesellschaftlichen Wohlfahrtsfunktion (Wahlergebnis, Ergebnis der Umsetzung der Wahlversprechen) nicht widerspiegelt, gibt es Anlass, nach den Gründen zu forschen.[152]

In der Summe stellt sich die Frage, wie Empfehlungen nach einem Wahlverfahren oder eine Beurteilung von gesellschaftlichen Wohlfahrtsfunktionen auszusprechen sind, wenn eine (objektive, unabhängige) analytische Untersuchung nicht stattgefunden hat. Werden aber analytisch Effekte herausgearbeitet und Zusammenhänge aufgedeckt, können diese bei Implementierung eines Wahlverfahrens oder der Beurteilung eines Wahlausgangs mit Hilfe individueller und gesellschaftlicher Präferenzanalyse berücksichtigt werden.

IV.5 Neue Erwartungstheorie

Die Neue Erwartungstheorie (prospect theory) greift die Ansätze der klassischen, ökonomischen Nutzentheorie an.[153] Die Ansätze der Psychologen Daniel Kahnemann und Amos Tversky stellen die kühle Rationalität des homo oeconomicus infrage und nähern sich der Nutzentheorie von der psychologischen Seite. Im Folgenden sollen die wesentlichen Angriffe der Neuen Erwartungstheorie anschaulich dargestellt werden, damit diese verstanden und auch für die spätere Analyse genutzt werden können.

---

[152] Vgl. Siehe Mueller, Dennis C.: Public Choice III, New York, 2009, S. 670–671.
[153] Siehe http://www.faz.net/aktuell/wirtschaft/wirtschaftswissen/volkswirtschaftslehre-angriff-auf-den-homo-oeconomicus-1923976.html, gelesen am 04.12.2012. Siehe auch: http://www.uni-graz.at/sor/Downloads/WS2008_09/BOP/ProspectTheoryAllgemein.pdf, gelesen am 04.12.2012.

In der klassischen Nutzentheorie hat der Nutzen eines Gutes einen abnehmenden Grenznutzen.[154] Für ein Individuum bedeutet „mehr" immer „besser", aber mit abnehmender Steigerung. Anschaulich gesprochen, bedeutet das, dass mehr Geld immer besser ist (mehr Nutzen stiftet), aber wenn man ganz viel Geld hat, dann steigt die Zufriedenheit, der Nutzen, nicht mehr wesentlich an. Ein armer Mann freut sich über 500 Euro wesentlich mehr als ein Millionär, dem 500 Euro im Zweifel egal sind. Genau dieses Verhalten soll die klassische Nutzenfunktion abbilden.

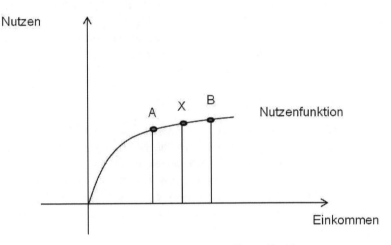

Abbildung 10: Fiktive Einkommens-Nutzen-Funktion.

Ein weiterer Effekt der klassischen Nutzentheorie ist abzulesen. Sucht man sich einen beliebigen Punkt auf der Einkommensachse (horizontale Achse), kann der Nutzenwert auf der vertikalen Achse abgelesen werden. Somit existiert für jedes Einkommen, für jede Einkommenshöhe ein Nutzenwert. Unberücksichtigt bleibt bei der Betrachtung, wie eine Einkommenshöhe erreicht wird. Bildlich gesprochen bedeutet diese Aussage in Bezug auf Abbildung 10, dass der Punkt X immer den gleichen Nutzen bringt, egal ob man von links, ausgehend von Punkt A, oder von rechts, ausgehend von Punkt B, diesen erreicht. Oder eben auch, wenn der Punkt X Ausgangspunkt ist.

Der Punkt A soll das Einkommen von 100.000 Euro repräsentieren, der Punkt B das von 200.000 Euro, der Punkt X ein Einkommen von 150.000 Euro. Falls

---

[154] Vgl. Kapitel IV.2.

ein Individuum also von einem Einkommen in Höhe von 200.000 Euro auf eine Einkommen von 150.000 Euro fällt, hat es den gleichen Nutzen, als wenn ein Individuum eine Einkommenssteigerung von 100.000 Euro auf 150.000 Euro realisiert. Die Zufriedenheit des Individuums im ersten Fall fällt augenscheinlich auf. Ebenso die Unzufriedenheit des Individuums im zweiten Fall. Daher ist der (psychologische) Nutzen für beide angenommenen Individuen nicht gleich im Punkt X. Dieser psychologische Effekt tritt unmittelbar zum Zeitpunkt der Einkommenssteigerung als auch Einkommensverminderung ein, aber auch schon wenn bereits die Erwartung über eine derartige Änderung beim Individuum existiert.[155]

Die nachfolgende Abbildung verdeutlicht diese Situation. Der Nutzen wird als psychologischer Wert angegeben und das Gut kann wiederum beliebig sein. Bei Kahneman sind es Geldeinheiten (Dollar).

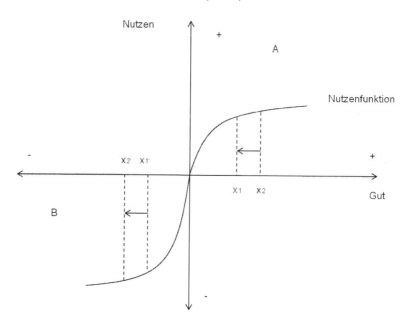

Abbildung 11: Nutzenverlauf nach Kahneman.[156]

---

[155] Vgl. Kahneman, Daniel: Schnelles Denken, Langsames Denken, München, 2012, S. 338.
[156] Vgl. ebd.: S. 348.

Der Bereich, welcher mit A bezeichnet ist, entspricht dem bekannten Nutzenverlauf aus der beschriebenen (klassischen) Nutzentheorie. Der Bereich B wird von Kahneman ergänzt, um den psychologischen Effekt von Verlust zu zeigen. Beide Bereiche der Nutzenfunktion charakterisieren sich durch einen abnehmenden Grenznutzen.[157] Es gilt $|x_1| = |x_{1'}|$ und $|x_2| = |x_{2'}|$. Im Referenzpunkt x_2 wechselt die Steigungseigenschaft des Graphen (Nutzenfunktion) für Verluste sehr stark. Falls ein Individuum einen Verlust erleidet, würde in der klassischen Nutzentheorie der Nutzen von Punkt x_2 auf den Nutzen von x_1 fallen. Nach Kahneman fällt der Nutzen aber in Wirklichkeit vom Nutzen in Punkt $x_{1'}$ auf den Nutzen in Punkt $x_{2'}$ und ist somit wesentlich stärker gefallen, da der Graph im Bereich B in den betrachteten Punkten eine höhere Steigung (bzw. stärkeres Gefälle) hat als im Bereich A. Die graphische Darstellung erklärt die Beobachtung aus den Experimenten von Kahneman, dass Individuen stärker emotional (psychologisch) auf Verluste reagieren als auf Gewinne.[158]

Zwei wesentliche Ergebnisse der Neuen Erwartungstheorie sollen an dieser Stelle herausgestellt werden. Bei Entscheidungen, in denen ein Verlust und ein Gewinn mit Wahrscheinlichkeit zur Auswahl stehen, führt der starke Verlusteffekt zu risikoscheuen Entscheidungen. Individuen wählen dann eher die Variante, einen Verlust möglichst zu vermeiden und sehen von der Durchführung eines solchen Spiels ab – auch wenn der mathematische Erwartungswert, das Spiel zu gewinnen, positiv ist. Der abnehmende Grenznutzen im Verlustbereich führt auch zu dem Verhalten, im Fall der Entscheidung entweder für einen sicheren kleinen Verlust oder aber einen wahrscheinlich hohen Verlust, die Entscheidung zu Gunsten des hohen, „nur wahrscheinlichen" Verlustes zu fällen, eben aus dem Grund, den sicheren Verlust zu vermeiden, auch wenn dieser relativ klein zum „nur" wahrscheinlichen großen Verlust ist. Selbst dann, wenn der mathematische Erwartungswert gegen diese Entscheidung spricht, also über dem des sicheren Verlustes liegt. In diesem Fall liegt Risikofreude vor, obwohl es dem Individuum wahrscheinlich nicht bewusst ist.[159] Das soll ein Beispiel illustrieren:

Steht ein Individuum vor der Entscheidung (zweier Übel)

---

[157] Kahneman bezeichnet dies als abnehmende Empfindlichkeit gegenüber Gewinnen und Verlusten.
[158] Vgl.: ebd.: S. 347 und siehe S. 349: „Die Verlustaversionsrate liegt, wie in mehreren Experimenten nachgewiesen wurde, zwischen 1,5 und 2,5.".
[159] Vgl. ebd.: S. 350.

A) 2 Euro sicher (100%) zu verlieren oder

B) zu 90% 100.000 Euro zu verlieren,

würde nach einer strengen und provokanten Interpretation von Kahneman das Individuum risikofreudig sein und die Variante B) bevorzugen, weil der Verlust bei Variante A) sicher ist. Bei Variante B) ist der mathematische Erwartungswert des Verlustes bei 90.000 Euro. Aber eben auch die Wahrscheinlichkeit von 10% nichts zu verlieren. Die Wahl der Alternative B) wäre auf jeden Fall nicht zu empfehlen, aber auch wohl den meisten Individuen bewusst, da es offensichtlich ist. Diese von Kahneman genannte „rückläufige Empfindlichkeit zu Risikofreude" wird durch die Größenordnungen (2 Euro und 100.000 Euro) relativiert.[160] Das bei Kahneman angeführte Beispiel ist selbst durch den von ihm identifizierten Framingeffekt behaftet, da die beiden genannten Beträge (der beiden Übel) dicht beieinander liegen. Seine getroffene Aussage: „bei schlechten Wahlmöglichkeiten, bei denen ein sicherer Verlust mit einem höheren Verlust, der lediglich wahrscheinlich ist, verglichen wird, führe rückläufige Empfindlichkeit zu Risikofreude"[161] ist aus Sicht des Verfassers nicht in jedem Fall so allgemeingültig wie dargestellt.[162]

IV.6 Empirie und Rational Choice

In der wissenschaftlichen Literatur zu Rational Choice wird überwiegend der Ansatz des Rational Choice als unwiderlegbare, empirisch leere Annahme betrachtet und das nicht nur auf ein bestimmtes Anwendungsgebiet bezogen, sondern bereits von seinen Wurzeln – der Ökonomie – her. Die heuristische oder apriorische Interpretation des Rational-Choice-Ansatzes ist davon unabhängig und ändert die Aussage nicht. Für Karl Popper ist die Theorie des Rational Choice weder eine empirisch erklärende Theorie, noch beinhaltet sie empirisch überprüfbare Hypothesen, und sie stellt auch kein a priori gültiges Prinzip dar.[163] Obwohl Popper der Rational-Choice-Theorie (dem Rationali-

---

[160] Siehe ebd.: S. 350.
[161] Siehe ebd.: S. 350.
[162] Es ist nicht so, dass Kahneman nicht auch die Neue Erwartungstheorie kritisiert oder Schwächen erkennt. Aber nicht speziell an dieser Stelle.
[163] Vgl. Popper, Karl Raimund: Lesebuch. Ausgewählte Texte zu Erkenntnistheorie, Philosophie der Naturwissenschaften, Metaphysik, Sozialphilosophie, Tübingen, 2000, S. 353–354. „Das Rationalitätsprinzip (...) ist ein Minimalprinzip (da es nicht mehr voraussetzt, als das unsere Handlungen unseren Problemsituationen, wie wir sie sehen, angemessen sind); es belebt alle, oder fast alle unsere erklärenden Situationsmodelle, und obwohl wir wissen, dass es nicht wahr ist, gibt es Gründe, es als eine gute Annäherung zu betrachten", ebd.: S. 359.

tätsprinzip) die Wahrheit aufgrund ihrer falschen Annahmen abspricht, spricht er sich für diese Theorie als eine gute Annäherung (an die Wahrheit) aus.[164] Weiter argumentiert Popper „...wenn wir es verwenden, reduzieren wir die Willkürlichkeit unserer Modelle beträchtlich; eine Willkürlichkeit, die wirklich kapriziös wird, wenn wir versuchen, ohne dieses Prinzip zu verfahren."[165] An dieser Stelle hebt Popper die Stärken des Rational Choice hervor, nämlich die Reduzierung und Klarheit, welche notwendig ist, um die so facettenreiche Realität zu beschreiben und letztendlich zu verstehen.[166] In die gleiche Denkrichtung führen die Aussagen von Jürg Niehaus, der richtigerweise erkennt, dass über die Instrumentarien des Rational-Choice-Modelle zur Analyse bereitgestellt werden. Die Modelle, insbesondere die Ergebnisse des Einsatzes der Rational-Choice-Instrumente, seien zwar nicht zu falsifizieren, würden aber den Scharfsinn des Wissenschaftlers ansprechen.[167] Der Wissenschaftler wird über die Methodik der analytischen Instrumente auf Effekte und Zusammenhänge hingewiesen, die er bei der komplexen Realität durch andere wissenschaftliche Vorgehensweisen vielleicht nicht oder erst viel später entdeckt hätte. Zintl erkennt zwei grundlegende Probleme bei der empirischen Verwendung des Rational Choice:

> „Die Ausblendung von Inhalten und Herkunft der Präferenzen einerseits und die Maximierungshypothese andererseits schaffen nun je spezifische Probleme für die empirische Verwendung des ökonomischen Rationalitätsprinzips: Ersteres schließt zu wenig aus, letzteres zu viel."[168]

Daher ist aus Sicht von Zintl folgende Schlussfolgerung für die empirische Verwendbarkeit des Rational Choice zu ziehen:

---

[164] Vgl.ebd.: S. 358.
[165] Siehe ebd.: S. 359
[166] Der Verfasser ist an dieser Stelle der Meinung, dass Popper genau den Kern des Rational Choice erkennt und zugleich den wissenschaftlichen Wert, den die Theorie bzw. das Prinzip zur Verfügung stellt, in den Vordergrund setz. Denn eines hat Popper klar erkannt: Wenn man die Realität in seiner Vielfältigkeit und Komplexität mehr oder weniger eins zu eins in erklärende Modelle „gießt", dann wird sich diese Willkürlichkeit von der er spricht, in den konstruierten Modellen widerspiegeln. Eine Folge davon ist dann die Kraftlosigkeit der Modellierungen, denn das „Chaos" der Realität ist dadurch lediglich beschrieben und modelliert worden. Zum Verständnis der Realität trägt das wenig bei. Diese Stärke des Rational Choice hat der Verfasser selbst bereits zuvor betont (Vgl. Kapitel IV.1).
[167] Vgl. Niehans, Jürg: Klassik als nationalökonomischer Mythos, Johann-Heinrich-von-Thünen-Vorlesung, Zeitschrift für Wirtschafts- und Sozialwissenschaften, 1989, S. 109. Scharfsinn soll hier im Sinne erkenntnistheoretischen Vermögens verstanden werden.
[168] Siehe Zintl, Reinhard: Der Homo Oeconomicus: Ausnahmeerscheinung in jeder Situation oder Jedermann in Ausnahmesituationen?, in: Analyse und Kritik 11 (1989), S. 52–69, Westdeutscher Verlag, Opladen,1989, S. 54.

„Man muß also nicht nur, wie zuvor festgestellt, gute Gründe haben, individuelle Unterschiede in Situationsdefinitionen als unplausibel oder wenigstens unerheblich zu behandeln, sondern man muß auch gute Gründe haben, Maximierung als taugliche Fiktion zu betrachten. Nur dann, wenn beides gegeben ist, sind Rationalitätsmodelle als auch empirisch fruchtbar anzusehen."[169]

Als Schlussfolgerung für empirisch gehaltvolle Modellierungen wird insgesamt von Zintl konstatiert, dass auf der Mehrebenen Betrachtung (Mikrofundierung) – also die Betrachtung kollektiven Verhaltens (Aggregation, Makrotheorie) in Abhängigkeit individuellen Verhaltens (Mikrofundierung) immer eine empirische Relevanz hat. Die erfolgreiche empirische Bewertung der Mikroebene (Einzelverhalten) ist nur dann gegeben, wenn der Entscheidungsdruck (Hochkostensituation) hinreichend groß ist.

„Mikrofundierung mit Hilfe des Rationalisierungskonzepts ist immer empirisch gehaltvoll, Mikrotheorie nur je nach Höhe des Kostendrucks."[170]

Hierbei wird aber nicht gesagt, was die Höhe des Kostendrucks genau bedeutet bzw. wie diese zu messen und zu bewerten ist. Es ist keine objektive Messgröße für die Höhe des Kostendrucks benannt, so dass in konkreten Situationen der „Kostendruck" als eine subjektive, individualistisch bewertete Größe erscheint. Die Schwierigkeit des Rational Choice – möglichst objektive Messgrößen zu konstatieren – wird auch an dieser Stelle deutlich.

Die Axiome des Rational Choice seien „keine empirische Behauptung", sondern ein „apriorisches theoretisches Konzept", argumentiert Karl Homann, wobei dieses Konzept „der empirischen Arbeit vorausliegt und sie erst ermöglicht und anleitet. Diese Annahme ist unbeschadet ihres apriorischen Charakters hypothetisch: Es kann sein, dass eine Erklärung von dieser Annahme her nicht überzeugend gelingt; aber die Annahme ist dann nicht falsch, sondern unzweckmäßig."[171] Der empirischen Überprüfung einer im Modell durch die Rational Choice gemachten (Zusatz-) Annahme würde laut Homann nichts entgegen stehen. Hierbei müsse aber bedacht werden, dass eine andere Erklärungsebene (eine andere Ebene der Logik) zur Argumentation herangezogen wird.[172] Zusammen mit Andreas Suchanek wird ein Verständnis des Rational

---

[169] Siehe ebd.: S. 55.
[170] Siehe ebd.: S. 65. Allgemein kann es auch die Aussicht auf einen hohen „Gewinn" im Sinne eines hohen Nutzens sein. Die „Hochkostensituation" wäre dann mit Opportunitätskosten zu bewerten, eben diesen hohen Gewinn entgehen zu lassen.
[171] Siehe Homann, Karl: Rationalität und Demokratie, Tübingen, 1988, S. 67.
[172] Vgl. ebd.: S. 67. Es ist zum einen die Ebene der logisch-analytischen Vorgehensweise mit ihren Instrumentarien und Modellen und zum anderen die empirische Ebene. Auch an dieser

Choice als Appell an die wissenschaftliche Forschung und den Wissenschaftler formuliert, „nicht eher zu ruhen, als bis er das beobachtbare Verhalten in einer Weise erklärt hat, die es als Reaktion auf die Anreizbedingungen ‚verständlich' werden, d.h. ‚rational' erscheinen, lässt."[173]

Ein weiterer Gedanke soll an dieser Stelle angeführt werden. Ergebnisse und Aussagen, die empirisch nicht widerlegt werden können, können als wahre Behauptungen über die Realität angenommen werden, weil ihre Überprüfbarkeit, die Verifikation, vom gegenwärtigen Forschungsstand abhängen. Es liegt somit eine temporäre, zeitlich abhängige Wahrheit vor, die bis zu ihrer Widerlegung als gültig (als wahr) zu betrachten möglich ist.[174]

Die bisherigen Ausführungen haben gemeinsam, dass Rational Choice als empirisch unwiderlegbares Annahmen-System einhergehend mit den heuristischen Modellen, erweitert um Zusatzannahmen, zu betrachten ist. Gleichzeitig wird Rational Choice auch als hilfreiches Analyseinstrumentarium betrachtet, welches Aussagen und Ergebnisse hervorbringen kann, die sich lohnen, empirisch überprüft zu werden. Die Tatsache, dass Theorien über Axiome definiert werden, die als schwer verrückbare, tragende Säulen des Theoriegebäudes gelten, ist kein exklusives Merkmal des Rational Choice.[175] Alle Wissenschaftstheorien enthalten mehr oder weniger apriorische Grundannahmen,

---

Stelle wird auf die nicht falsifizierbaren Rational Choice Modellannahmen hingewiesen. Denn würde empirisch etwas anderes festgestellt als über die Annahmen unterstellt, dann steht immer noch die „Wenn... dann..."- Behauptung des Rational Choice als nicht falsifiziert da, weil die Voraussetzung des Modells noch nicht gefunden ist, also empirisch unvollständig geforscht wurde. Die Annahmen des Rational Choice könnten sich somit zu einem späteren Zeitpunkt als wahr herausstellen oder aber auch als unwahr, wenn es denn gelingt, dies überzeugend aufzuzeigen (siehe Daniel Hahneman:2012). Die Rational Choice Theoretiker haben an dieser Stelle immer ein „As im Ärmel", weil sie die gesetzten Annahmen einfordern könnten, um gewisse Effekte und Zusammenhänge zu erzielen oder zu vermeiden. Wenn sich also ein gewisser Effekt nach Herleitung über Rational Choice einstellen soll, dann kann auf das zugrundegelegte Verhalten geschlossen werden (wie es sein soll), um dieses dann bei den Entscheidern oder Individuen einzufordern (normativ). Das ist sicherlich nicht in allen Entscheidungssituationen möglich, sinnvoll oder gar gewollt, aber es sind Entscheidungssituation in gewissen Größenordnungen und Tragweiten vorstellbar, die es nach Meinung des Verfassers wert sind rational nach Rational Choice betrachtet (analysiert) zu werden, um dann gegebenenfalls aus den Ergebnissen heraus ein rationales Verhalten der Akteure einzufordern oder zumindest in Betrachtung zu ziehen. Oder eben in einer Nachbetrachtung rational nach Rational Choice zu bewerten, um für zukünftige Entscheidungen Erkenntnisse zu gewinnen.

[173] Siehe Homan, Karl, Suchanek, Andreas: Ökonomik. Eine Einführung, Tübingen, 2000, S. 418 und 431.
[174] Vgl. Meyer, Wilhelm: Grundlagen des ökonomischen Denkens, Tübingen, 2002, S. 180.
[175] Vgl. ebd.: S. 32 und S. 180.

Voraussetzungen, von denen die Wissenschaftstheorie abgeleitet ist. Diese haben die Eigenschaft, den Charakter, empirisch nicht überprüfbar zu sein, also weder in die eine Richtung verifizierbar, noch in die andere Richtung falsifizierbar. Über die Sinnhaftigkeit und praktische Übertragbarkeit (in die Realität) mag es kontroverse wissenschaftliche Debatten geben.[176] Empirische Wissenschaft nimmt solche fundamentalen Annahmen auf und nährt sich daraus.[177] Einigkeit herrscht unter den Wissenschaftlern verschiedener Denkrichtungen, dass die Deduktion, der Erkenntnisgewinn aus den Ableitungen der axiomatisch getroffenen Annahmen, keine Beweise liefert; eben aus der Tatsache (Schwäche) heraus, dass die Annahmen nicht verifiziert, bewiesen sind. Aus (noch) nicht wahr oder (noch) nicht falsch, können keine Wahrheiten produziert werden, sondern „nur" Analyseergebnisse unter der Bedingung „falls die Annahmen wahr sind, dann ...". Durch die apriorisch gesetzten Fundamente, soll es dem Wissenschaftler ermöglicht werden, die theoretischen Probleme der Wissenschaftstheorie seiner Denkrichtung beherrschbar(er) zu machen.[178]

Die Wirklichkeit kann durch Theorien nur beschränkt und nicht in ihrer Vollständigkeit erfasst werden. Axiomatische Säulen der Theorien – nicht nur bei Verwendung des Rational Choice – und der vom Wissenschaftler bei seiner wissenschaftlichen Untersuchung gewählte Ausschnitt der Wirklichkeit bestimmen die Beschränktheit, die Grenzen des wissenschaftlichen Vorgehens und damit auch die Aussagekraft der gefundenen Ergebnisse und Erkenntnisse. Daraus kann gefolgert werden, dass Theorien nicht falsch oder richtig sind, sondern als für die wissenschaftliche Untersuchung geeignet oder nicht geeignet. Die Axiome des Rational Choice sind für den Wissenschaftler als ein analytisches System (Heuristik) für das Finden von Erklärungen zu betrachten. Der Begriff der Axiome und der Begriff der Heuristiken können insofern in einem Atemzug genannt werden, wenn die Axiome als Postulat der Theorie verstanden werden, die über keine Ableitung (Deduktion) herzuleiten sind, aber die Grundlage aller Ableitungen (Deduktionen) bilden.[179]

Wissenschaftler gegenteiliger Meinung beurteilen die Axiome des Rational Choice als empirisch überprüfbare Hypothesen, wobei die reine Fokussierung

---

[176] Vgl. Homann, Karl: Rationalität und Demokratie, Tübingen, 1988, S. 120.
[177] Vgl. ebd.: S. 31.
[178] Vgl. ebd.: S. 121.
[179] Vgl. Popper, Karl Raimund: Logik der Forschung, 10. Auflage, Tübingen, 2002, Abschnitte 16 und 17.

auf die Axiome durch die Tatsache des generischen Ansatzes schwierig ist. Werden die Zusatzannahmen, die Zielstruktur und die Restriktionen bei der empirischen Überprüfung hinzugezogen, könnte die empirische Überprüfung erfolgreich sein.[180] Dadurch wird die wissenschaftliche Angriffsfläche größer, und die Möglichkeit einer erfolgreichen Verifikation oder Falsifikation steigen, wobei nicht die Theorie als Ganzes infrage zu stellen ist, sondern dann das daraus abgeleitete heuristische Modell mit seinen zusätzlichen Annahmen und Restriktionen.

Die dargestellte Kontroverse, dass die axiomatischen Bedingungen des Rational Choice einerseits nicht deduktiv gewonnen werden können, sondern als Postulat des Theoriegebäudes gelten und im Gegensatz dazu die Möglichkeit der empirischen Überprüfbarkeit, könnte fälschlicherweise zu der Schlussfolgerung führen, dass die empirische Aussagekraft der unter Verwendung des Rational Choice gewonnenen Ergebnisse und Erkenntnisse als tautologisch oder bedeutungslos, als irrelevant, zu werten ist. Die unterschiedlichen Sichtweisen auf die Rational-Choice-Theorien können aber dann in Einklang gebracht werden, wenn das reine Postulat der Theorie, die axiomatischen Annahmen, als Heuristik und die Anreicherung dieses Postulats mit Zusatzannahmen, Restriktionen und Zielfunktion, die heuristische Modellierung – abgeleitet aus den Axiomen – , als empirische Rationalitätshypothese verstanden werden.[181]

Die Unterscheidung zwischen Rationalitätsprinzip und Rationalitätshypothese wird durch Victor Vanberg vorgeschlagen. Das Rationalitätsprinzip wird so verstanden, dass Individuen die für sie vorteilhafte Handlungsvariante auswählen, wobei die Präferenzen diese Entscheidung zum Zeitpunkt der Handlung bestimmen. Das Rationalitätsprinzip ist als zielorientiertes Handeln zu verstehen oder auch als Heuristik, wie in bestimmten Entscheidungssituationen zu agieren, zu handeln ist. Beide Varianten der Interpretation des Rationalitätsprinzips sind nicht für die Generierung von durch Empirie überprüfbaren Hypothesen geeignet, sondern können lediglich als „brauchbar" oder „nicht brauchbar" kategorisiert werden. Die Ergänzung des Rationalitätsprinzips

---

[180] Vgl. Kirchgässner, Gebhard: Homo Oeconomicus. Das ökonomische Modell individuellen Verhaltens und seine Anwendung in den Wirtschafts- und Sozialwissenschaften, 2. Auflage, Tübingen, 2000, S. 19.
[181] Das Postulat der Theorie als „reine" Heuristik zu bezeichnen ist nicht als abwertend oder als reduzierend zu betrachten, sondern es ist aus der Notwendigkeit heraus zu verstehen, ein Verständnis für das Theoriegebilde des Rational Choice und seinen daraus generierten Modellierungen aufzubauen.

durch modellspezifische Zusatzannahmen, Restriktionen und Zielfunktion führt zu einer Rationalitätshypothese, die empirisch untersucht werden kann.[182]

Um realexistierende Sachverhalte zu erklären, ist es unbestritten notwendig, dass eine an der Wirklichkeit zu testende Rationalitätshypothese notwendig ist. Weder das reine Postulat des Rational Choice mit den axiomatischen Annahmen, noch die Zusatzhypothesen mit Restriktionen und Zielfunktion, können jeweils für sich alleine der Forderung nach „an der Wirklichkeit zu testende Rationalitätshypothese" nachkommen. Somit müssen sich grundsätzlich empirisch orientierte Untersuchungen mit Hilfe des Rational Choice sowohl des Rationalitätsprinzips als auch der Zusatzannahmen, Restriktionen und Zielfunktionen bedienen, um eine Erklärung für das rationale Handeln zu suchen. Das Postulat der axiomatischen Annahmen bleibt aber von den Ergebnissen der durchgeführten empirischen Überprüfung befreit. Zum einen soll die Kontinuität der wissenschaftlichen Forschung (des Rational Choice) weiter gewährleistet sein[183] und zum anderen können die empirischen Beobachtungen selbst fehlerhaft sein, so dass bei einer Differenz zwischen Hypothese und einer empirisch festgestellten Tatsache nicht die Theorie als solche als falsch zu bewerten ist. Es handelt sich bei einer derartig gefundenen Differenz dann nicht um eine Falsifikation der gesamten Theorie, sondern allenfalls um eine Falsifikation des erzeugten Modells (die vom Wissenschaftler durchgeführte Modellierung). Darüber hinaus können empirische Befunde schwierig zu erheben sein, um das analytisch-logische Modell zu überprüfen. Aber aus seiner Logik heraus kann es als wahr (vermutet) angesehen werden und ohne empirische Verifikation Berücksichtigung in der Wirklichkeit finden.[184]

Aus der Sicht des Verfassers liegt die Stärke des Rational Choice in den Analyseergebnissen, die gegebenenfalls ein rationales Handeln in der Wirklichkeit

---

[182] Vgl. Vanberg, Victor: Rationalitätsprinzip und Rationalitätshypothese: Zum methodologischen Status der Theorie rationalen Handelns, Freiburger Diskussionspapiere zu Ordnungsökonomik, S. 6–8.
[183] Vgl. Lakatos, Imre: „Falsifikation und die Methodologie wissenschaftlicher Forschungsprogramme", in Lakatos, Imre und Musgrave, Alan (Hg.): Kritik und Erkenntnisfortschritt, Braunschweig, 1974, S. 115–118
[184] Vgl. ebd.: S. 97 und S. 167. Ein gutes Beispiel für „eine empirisch schwierig überprüfbare" Tatsache ist das Condorcet-Paradoxon. Das soziale (kollektive) Paradoxon ist „leicht" über eine simulierte individuelle Präferenzordnung und dem Wahlverfahren nachzustellen. In der Realität (Wirklichkeit) ist das Paradoxon aber schwierig zu überprüfen, weil viele Entscheidungsprozesse unübersichtlich sind. Vgl. McLean, Iain: William H. Riker and the invention of heresthetic(s), in: British Journal of Political Science 32, p 555. Vgl. Mueller, Dennis C.: Public Choice III, New York, 2009, p. 84–85 and p. 120–127.

einfordern, um erwünschte Ziele zu erreichen oder um nicht erwünschte Effekte zu vermeiden. Sicherlich macht dies unter Berücksichtigung des Aufwandes und einer möglichen mäßigen Tragweite von Entscheidungen nicht grundsätzlich für jede erdenkliche Entscheidung Sinn. Gewisse Entscheidungssituationen – nach Meinung des Verfasser ist die Entscheidung zur Wehrpflicht eine solche – sind es wert, analytisch betrachtet zu werden, um daraus Hinweise und Empfehlungen für die Entscheidungsträger abzuleiten. Um es an dieser Stelle noch einmal zu betonen: Für den Verfasser stellt sich nicht primär die Frage, ob Individuen von sich aus rational handeln, sondern er geht von der Tatsache aus, dass Rational Choice aufzeigt, welche Ergebnisse und Effekte auftreten, wenn Individuen rational handeln oder handeln würden. Vom Ergebnis her gesehen können dann Individuen in einer Entscheidungssituation auf diese Ergebnisse aufmerksam gemacht werden, um dann rational zu handeln oder eine rationale Handlung explizit zu vermeiden (suchen)[185], (siehe explizit Dilemma-Situationen). Daneben kann Rational Choice als Benchmark fungieren, um auch nachträglich Entscheidungssituationen zu beurteilen. Nicht in dem Sinne, dass die Ergebnisse des Rational Choice in einer Entscheidungssituation als die ultimativ zu erreichenden Ergebnisse anzusehen sind, aber um eine Referenzstruktur zu haben, um von dort aus vergleichende Beurteilungen vorzunehmen. Nach Meinung des Verfassers ist daher die Diskussion, ob Individuen von sich aus rational handeln oder nicht, nicht ergebnisfördernd. Eines ist wohl sicher: Es gibt nicht „das Individuum", welches auf Rationalität überprüft werden kann. Und: Es wird immer Individuen geben, die nicht rational nach Rational Choice handeln und/oder handeln werden/wollen. Eine Antwort auf die Frage, ob „Individuen" von sich aus im Allgemeinen (und immer) rational handeln, wird es nicht geben können, weil es das „Individuum" nicht gibt. Nach Meinung des Verfassers ist die Suche nach der Antwort deswegen vergeblich und wird auch vergeblich bleiben. Es sollte aber nicht fälschlicherweise zu der Meinung führen, dass Rational Choice deswegen eine nicht brauchbare wissenschaftliche Theorie ist. Andererseits kann der Verfasser auch mit der klaren Antwort „Nein", also mit der (allgemeinen) Schlussfolgerung, dass Individuen nicht rational handeln, deswegen seine Argumentation aufrechterhalten, weil die Sinnhaftigkeit des rationalen Handelns nach Rational Choice nach Meinung des Verfassers nicht darin liegt zu „beweisen", dass „Individuen" rational handeln, sondern darin liegt aufzuzeigen, was in bestimmten

---

[185] Hier sind verschiedene Lösungsszenarien angesprochen, die grundsätzlich zu realisieren wären. Ob diese umgesetzt werden können, hängt dann von mehreren Faktoren ab (One-Shot Game, ...).

Entscheidungssituationen passiert, wenn die Individuen denn rational nach Rational Choice handeln oder handeln würden.

Zusammenfassend kann gesagt werden, dass es nicht eine Rational-Choice-Theorie gibt, sondern Theorien des Rational Choice. Alle Theorien haben die gemeinsamen Wurzeln in der Mathematik und in der Ökonomie. Über zusätzliche Annahmen werden die Rational Choice Konzepte auf ein Anwendungsgebiet erweitert, um eine anwendungsspezifische Analyse durchführen zu können. In Bezug auf Erklärungs- und Prognoseversuche mithilfe des Rational Choice auf dem Gebiet politischer Sachverhalte, herrscht selbst bei dieser Anwendungsgebiet-Reduzierung eine gewisse Unübersichtlichkeit bzw. Verständnisproblematik. Der Oberbegriff „Public Choice" wird in der angelsächsischen Terminologie gebraucht, um politische Entscheidungsprozesse zu erklären und zu verstehen. Der Begriff „Public Choice" ist aber auch über die sogenannte „Mont Pelerin Society" um James McGill Buchanan ideologisch angehaucht, so dass einige Anhänger der Rational-Choice-Theorie die Verwendung dieser Begrifflichkeit vermeiden.[186] In der deutschen Literatur wird dieser Begriff ebenfalls verwendet, wobei synonyme Begrifflichkeiten wie „Neue Politische Ökonomie"[187] oder „Mathematische Theorie der Politik"[188] und auch „Ökonomische Theorie der Politik"[189] verwendet werden.

Das Wissenschaftsverständnis dieser Arbeit ist grundsätzlich das der instrumentalistischen Auffassung von Wissenschaft. Danach müssen die getroffenen Annahmen nicht empirisch richtig sein, sondern können explizit (empirisch) falsch sein.[190] Der wissenschaftliche Wert der abgeleiteten Aussagen liegt dann in der Lieferung von guten Prognosen und dem Aufzeigen von Effekten unter den getroffenen Annahmen. Dies bedeutet nicht, dass diese Arbeit lediglich empirisch ferne Annahmen trifft. In jedem Fall sollen die analytischen Ergebnisse in die Wirklichkeit „übertragbar" gemacht werden, sei es

---

[186] Vgl. Mensch, Kirsten: Die segmentierte Gültigkeit von Rational-Choice-Erklärungen. Warum Rational Choice-Modelle die Wahlbeteiligung nicht erklären können, 1999, S. 77. James M. Buchanan gilt als Pionier der Neuen Politischen Ökonomie. Er lehrte in Virginia und ist ein überzeugter Liberalist.
[187] Vgl. Kirsch, Guy: Neue Politische Ökonomie, 5. Auflage, Stuttgart, 2004
[188] Vgl. Taylor, Michael J.: Mathematical Political Theory, in: British Journal of Political Science 1(3), S. 339-382, 1971.
[189] Vgl. Kirchgässner, Gebhard: Homo Oeconomicus. Das ökonomische Modell individuellen Verhaltens und seine Anwendung in den Wirtschafts- und Sozialwissenschaften, 2. Auflage, Tübingen, 2000.
[190] So wird von Kritikern des Rational Choice die Annahme der Rationalität bei Individuen als falsch bezeichnet.

zum einen in der Beurteilung der politisch getroffenen Entscheidung zur Wehrpflichtfrage oder zum anderen für zukünftige Entscheidungssituationen zu dieser Frage. Wird sich in Zukunft eine Situation einstellen, die den Annahmen entspricht, können aus der Erkenntnis der erfolgten Modellierung, Maßnahmen unter Berücksichtigung der Zielvorgabe abgeleitet werden ohne eine explizite Analyse der Ist-Konstellation durchführen zu müssen.[191]

Die vorliegende Arbeit verwendet die Axiome des Rational Choice als unbedingte Annahme und reichert diese Annahmen durch Zusatzannahmen an, um heuristische Modellbildungen durchzuführen. Über unterschiedliche heuristische Modelle soll die Frage zur deutschen Wehrpflicht in diesem Sinne rational analysiert werden.

---

[191] Vgl. Friedmann, Milton: The Methodology of Positive Economics, in: Friedmann, Milton: Essays, Positive Economic, Chicago, 1953.

V. Die Deutsche Wehrpflicht: Entstehungsgeschichte

Am 15. Dezember 2010 wurde die Aussetzung der Wehrpflicht zum 1. Juli 2011 durch das Bundeskabinett beschlossen. Die letztmalige Einberufung wehrpflichtiger Soldaten erfolgte im Januar 2011. Diese Entscheidung hat eine der größten Bundeswehrreformen zur Folge. Um diese Reform anzugehen, setzte der Verteidigungsminister Karl-Theodor Freiherr zu Guttenberg (CSU) am 12. April 2010 eine Strukturkommission ein.[192] Der Ergebnisbericht der Strukturkommission wurde im Oktober 2010 dem Verteidigungsministerium vorgelegt.

Die allgemeine deutsche Wehrpflicht[193] fand ihre Wurzeln in den französischen Revolutionskriegen (1789–1802) Ende des 18. und Anfang des 19. Jahrhunderts. Die militärischen Erfolge des revolutionären Frankreichs wurden als Ergebnis der dort eingeführten Wehrpflicht gewertet.[194]

Durch das französische Rekrutierungssystem war es möglich, die erforderliche Heeresstärke zu erlangen, deren es bedurfte, um auf den verschiedenen Kriegsschauplätzen erfolgreich zu agieren. Die Anzahl der freiwillig dienenden Soldaten war viel zu gering für die schlagkräftige Durchsetzung der Revolutionsziele und zu schwach gegenüber den stehenden Heeren der absolutistischen Staaten. Die französische Bevölkerung hingegen war trotz massiver Werbungsversuche und trotz des Appels, den militärischen Dienst als Ehrendienst zu verstehen, nur schwer vom Soldatendienst zu überzeugen. Trotz dieses Widerstandes entstand in Frankreich das Massenheer durch massenhafte Aushebung (Levée en masse) junger Männer aus der Bevölkerung für den militärischen Dienst.

Es waren also zwei wesentliche Kräfte, die es notwendig erscheinen ließen, ein Rekrutierungssystem zu etablieren, das auf die Zwangsverpflichtung zum militärischen Dienst abstellte: die militärische Notlage gegenüber den stehen-

---

[192] Vgl. Bericht der Strukturkommission der Bundeswehr Oktober 2010 Vom Einsatz her denken Konzentration, Flexibilität, Effizienz, Berlin, Oktober 2010, S. 3.
[193] Zur Abgrenzung und Definition vergleiche Herz, Christian: Kein Frieden mit der Wehrpflicht, 2003, Münster, S. 22 ff. und auch Vgl. Händel, Heribert: Der Gedanke der allgemeinen Wehrpflicht in der Verfassung des Königreichs Preußen bis 1819, in: Zeitschrift für die Europäische Sicherheit, Verlag E.S. Mittler & Sohn GmbH, Frankfurt / Main, 1962, S.7–8.
[194] Vgl. Händel, Heribert: Der Gedanke der allgemeinen Wehrpflicht in der Verfassung des Königreichs Preußen bis 1819, in: Zeitschrift für die Europäische Sicherheit, Verlag E.S. Mittler & Sohn GmbH, Frankfurt / Main, 1962, S.67 ff.

den Heeren der absolutistischen Staaten und das Scheitern der freiwilligen Einberufung einer ausreichenden Zahl von Soldaten.

Vor dieser neuen Art der Rekrutierung wurden die Heere mit Söldnern besetzt. Deren Hauptinteresse war die entsprechende Entlohnung für ihre Dienste. Dadurch waren sie natürlich sehr anfällig gegen mögliche Abwerbungen und damit immer ein Unsicherheitsfaktor.

Aber auch die Rekrutierung aus dem eigenen Volk erwies sich als mühsam, da grundsätzlich eine Abneigung gegenüber dem militärischen Dienst bestand. Eine Zwangsverpflichtung zum Militärdienst musste ebenso durch ein Anreizsystem gestützt werden, das den Soldaten über einen längeren Zeitraum im militärischen Dienst binden sollte. Zur damaligen Zeit waren dies unter anderem Ruhm, Ehre und Heldentum, welche durch Siege und Beförderung innerhalb der militärischen Laufbahn erreicht werden konnten. Einige Soldaten hofften auch auf einen gewissen Wohlstand und gesellschaftlichen Aufstieg. Trotz dieser Anreize gab es eine hohe Anzahl von Deserteuren.

Weitere Probleme waren: die fehlende Meldepflicht und ein nicht funktionierendes Überwachungssystem. So war es fast unmöglich festzustellen, wer der Zwangsverpflichtung unterlag, die Wehrpflicht bereits abgeleistet hatte oder noch ableisten musste. Deswegen war es relativ einfach, sich dem Militärdienst zu entziehen.

Mit der Verpflichtung zum Wehrdienst ist die Frage der Wehrgerechtigkeit von Beginn an verknüpft. Privilegierten Gesellschaftsschichten war es erlaubt, einen Stellvertreter zu entsenden. Da dieser in der Regel Geld für die Stellvertretung verlangte, konnten sich ärmere Gesellschaftsschichten einen solchen Stellvertreter nicht leisten. Sie waren der Verpflichtung zum Kriegsdienst schutzlos ausgeliefert.

Die Niederlage der Preußen bei Jena und Auerstedt[195] im Oktober 1806 gegen das napoleonische Heer war der Anlass, über neue Rekrutierungsformen für das Militär noch intensiver nachzudenken, als man es bis dahin getan hatte. Denn einen wesentlichen Grund für den Sieg Napoleons sahen die Preußen in der Größe seines Heeres, die durch die Verpflichtung der Franzosen zum Militärdienst erzielt wurde, aber auch in bis dahin fehlenden Reformen, die durch

---

[195] Vgl. Herz, Christian: Kein Frieden mit der Wehrpflicht, 2003, Münster, S. 49.

den preußischen General Gerhard von Scharnhorst jetzt vorangetrieben werden sollten. Sein Idealbild war der *Staatsbürger in Waffen*.

Das preußische Heeressystem beruhte auf hartem Drill der Soldaten, strengen Strafen für kleine Vergehen als auch auf weitestgehend staatsbürgerlicher Rechtlosigkeit der einfachen Soldaten. Die hohen Militärfunktionäre genossen hingegen alle gesellschaftlichen Vorzüge und Privilegien. Die militärische Führung in Preußen hatte jeglichen Bezug zur militärischen Basis verloren. Das preußische Heer befand sich zu diesem Zeitpunkt in einem desolaten Zustand, und die Zahl der Deserteure war groß.[196]

Zu den anstehenden Reformen gehörte das sogenannte Krümpersystem, ein Vorläufersystem zur Wehrpflichtarmee. Dieses System sorgte für die Bildung einer Reserveeinheit, die die ausgeschiedenen Soldaten (Krümper) aufnahm. Die Reserveeinheit konnte im Bedarfsfall schnell aktiviert und damit im Kriegsfall eingesetzt werden. Die Beschränkung des stehenden Heeres auf 42.000 Soldaten, die mit dem Friedensvertrag von Tilsit Preußen diktiert wurde, konnte man so geschickt umgehen. Die offiziell rekrutierten Soldaten wurden nach einer kurzen Dienstzeit sehr schnell als Krümper entlassen. Der Aufbau eines Schattenheeres wurde dadurch leicht ermöglicht.

Nach einem langen Reformprozess entschied Friedrich Wilhelm III. am 27.01.1812, die notwendigen Vorbereitungen für die Einführung der allgemeinen Wehrpflicht zu beginnen.[197] Am 07.02.1813 wurde durch die ostpreußische Ständeversammlung die außerordentliche Landesbewaffnung beschlossen.[198] Die sogenannte Landwehr war dem stehenden Heer gleichberechtigt. Ständeübergreifend wurden Zwangsverpflichtungen ausgeübt. Wehrpflichtige zwischen 17 und 40 Jahren wurden eingezogen, die Stellvertretung – wie sie bisher möglich war – wurde nicht zugelassen. Ausnahmen zur Einberufung gab es wenige. Diese Form der Rekrutierung kam dem Wehrpflichtgedanken

---

[196] Vgl. Winter, Martin: Untertanengeist durch Militärpflicht?, Verlag für Regionalgeschichte, 2005, Bielefeld, S. 362–373.
[197] Vgl. Jany, Kurt: Geschichte der der Königlich Preußischen Armee. Die Königliche Preußische Armee und das Deutsche Reichsherr, 1807 bis 1914, Band IV, Berlin, 1933, S.77 und vgl. Kessel, Eberhard: Militärgeschichte und Kriegstheorie in neuerer Zeit, Duncker & Humboldt Verlag, Band 33, Kunisch, Johannes (Hrsg.), Berlin, 1987, S. 175 ff.
[198] Vgl. Herz, Christian: Kein Frieden mit der Wehrpflicht, 2003, Münster, S. 60 und vgl. Grundkurs deutsche Militärgeschichte, Band 1, Die Zeit bis 1914 Vom Kriegshaufen zum Massenheer, München, 2006, S. 198.

schon sehr nahe. Am 3. September 1814 wurden die allgemeine Wehrpflicht und die Landwehr im königlichen Preußen gesetzlich verankert.[199]

Die institutionelle Festsetzung der Wehrpflicht garantierte aber nicht die Verankerung des damit verbundenen Gedankenguts bei der militärischen Führung. Auch über dreißig Jahre später, 1848, ist es nicht gelungen das monarchische Königsheer in ein Volksheer umzuwandeln.[200] Die beabsichtigte Vereidigung des Militärs auf die preußische Verfassung und damit die Demokratisierung des Heeres sind bis zu diesem Zeitpunkt nicht umgesetzt.

Der Soldat in der deutschen Kaiserzeit (1871–1918) unterstand direkt dem Kaiser als oberstem Befehlshaber. Der Reichstag konnte keine direkte Befehlsgewalt ausüben, so dass eine parlamentarische Kontrolle nicht möglich war. Der Soldat als Wehrpflichtiger hatte weder besondere politische noch militärische Rechte. Das *Gesetz betreffend Änderung der Wehrpflicht* trat 1888 in Kraft und regelte das Reichskriegswesen neu. Grundsätzlich war jeder Deutsche wehrpflichtig und konnte sich auch nicht vertreten lassen (Artikel 57). Artikel 59 besagt weiter, dass jeder wehrfähige Deutsche, in der Regel im Alter zwischen 20 Jahren und 27 Jahren, 7 Jahre dem stehenden Heer angehörte. Die ersten 3 Jahre waren für den aktiven Dienst vorgesehen und die letzten 4 Jahre für den Reservedienst.[201]

Die Wehrpflichtdebatte wurde bereits im Kaiserreich öffentlich geführt und beschränkte sich nicht auf die politische und militärische Führung. Die kontroversen Debatten erstarben aber im Verlauf des Ersten Weltkrieges in dem Maße, wie sich die militärische Lage Deutschlands verschlechterte.

Im Versailler Vertrag 1919 wurde das Deutsche Reich allein für den Ausbruch des Ersten Weltkrieges verantwortlich gemacht. Neben Gebietsabtretungen und Reparationszahlungen wurde dem Verlierer die Abschaffung der Wehr-

---

[199] Vgl. Stübig, Heinz: Die Wehrverfassung Preußens in der Reformzeit. Wehrpflicht im Spannungsfeld von Restauration und Revolution 1815–1860, in Förster, Roland G.: Die Wehrpflicht: Entstehung, Erscheinungsformen und politisch-militärische Wirkung, S. 39 ff. und vgl. Händel, Heribert: Der Gedanke der allgemeinen Wehrpflicht in der Verfassung des Königreichs Preußen bis 1819, in: Zeitschrift für die Europäische Sicherheit, Verlag E.S. Mittler & Sohn GmbH, Frankfurt / Main, 1962, S. 39–43.
[200] Vgl. Herz, Christian: Kein Frieden mit der Wehrpflicht, 2003, Münster, S.71.
[201] Siehe Verfassung des Deutschen Reichs, Absatz XI. Reichskriegswesen.

pflicht auferlegt.[202] Diese Bestimmung wurde durch die Beschränkung der Dienstzeit und der Truppenstärke (100.000 Mann-Heer) verschärft.

Dadurch wollten die Siegermächte eine Wiederholung dieses ersten Weltkrieges verhindern. Die Nationalsozialisten nutzten den Versailler Vertrag (sie nannten ihn Diktat) geschickt für ihre Propaganda aus. Enttäuschung und Fassungslosigkeit über die bedingungslose Niederlage, die der Einzelne sich nur durch Verrat im Innern erklären konnte, trübe volkswirtschaftliche Start- und Entwicklungsbedingungen, berufliche Perspektivlosigkeit und wachsende Arbeitslosigkeit bildeten den Nährboden, auf dem sich die NSDAP und ihr Gedankengut entwickeln konnten.

Die Nationalsozialisten waren, wie viele andere Parteien auch, die unbedingten Befürworter der Wehrpflicht, um die militärische Stärke Deutschlands wiederherzustellen.[203] Mit dieser Einstellung war es angesichts der oben geschilderten Lage einfach, die Bevölkerung für sich zu gewinnen. Die Wehrpflicht stand für Großmacht und nationales Selbstbewusstsein.

Der Umgang mit der Wehrpflicht in Preußen und im Kaiserreich war den Nationalsozialisten ein Vorbild. Einerseits waren die kriegerischen Erfolge aus der damaligen Zeit vorbildlich, andererseits auch die dadurch erzielte militärische Durchdringung des Volkes, das dann auch leicht durch ergänzende Propaganda erreicht und manipuliert werden konnte. Die Wehrpflicht war ein gutes Trägermedium für die Platzierung nationalsozialistischer Ziele und Wertvorstellungen.[204] Niederlagen – wie die des Ersten Weltkrieges – wurden gekonnt uminterpretiert und die Ursachen in einer fehlerhaften Führung gesehen. Nicht das Volk selbst, sondern die Unfähigkeit der politischen und militärischen Führung im Ersten Weltkrieg wurde für die Niederlage verantwortlich gemacht.

Die Propaganda glorifizierte kriegerische Handlungen aus der Vergangenheit und appellierte an das Ehrgefühl des Soldaten, an den nationalen Stolz. Den Soldaten wurde bewusst gemacht, für welche Werte es sich lohne, in den Krieg zu ziehen: Die eigene Rasse und deren Reinheit in Verbindung mit dem

---

[202] Vgl. Versailler Vertrag, Teil V., Bestimmung über die Land-, See- und Luftstreitkräfte, Kapitel III, Artikel 173 und Artikel 174 (www.versailler-vertrag.de).
[203] Vgl. Wette, Wolfram: Ideologien, Propaganda und Innenpolitik als Voraussetzungen der Kriegspolitik des Dritten Reiches, in Ursachen und Voraussetzungen des Zweiten Weltkrieges von Deist, Wilhelm, Messerschmidt, Manfred, Volkmann, Hans-Erich und Wette, Wolfram (Hrsg.), 1991, S. 39.
[204] Vgl. Bergh, Max van den : Das Deutsche Herr vor dem Weltkriege. Eine Darstellung und Würdigung, Berlin, 1934, S. 55-56.

natürlichen Recht des starken Volkes, sich durchzusetzen und sich auszubreiten.[205] Widerstände gegen den Dienst an der Waffe wurden im Dritten Reich hart bestraft.

Am 16.03.1935 verkündet Hitler die Wiedereinführung der Wehrpflicht. Ausnahmen waren kaum vorgesehen, d.h. alle sozialen Schichten waren grundsätzlich betroffen und konnten eingezogen werden – außer den Bevölkerungsteilen nicht arischer Abstammung. Nicht Wehrpflichtige nach dem Gesetz – wie Frauen – wurden für militärische Hilfsarbeiten eingesetzt. Außenpolitisch wurde die Wiedereinführung der Wehrpflicht damit begründet, dass andere Nationen aufrüsteten und die Dienstzeit in ihrer Wehrpflichtarmee verlängerten. Zudem sei die Wehrpflicht ein friedenserhaltenes Mittel mit Blick auf die Geschichte des 19. Jahrhunderts und des Anfangs des 20. Jahrhunderts. Innenpolitisch wurde mit der schweren Bürde des Friedensabkommens von Versailles (des Versailler Diktates) argumentiert, das Unfreiheit über das deutsche Volk gebracht hatte. Ein Garant für die Wiedergewinnung der Freiheit sei die Wiedereinführung der Wehrpflicht.[206]

Ein wichtiger Aspekt der Wehrpflicht war ihre Dauer. Die hochgesteckten Ziele der Nationalsozialisten konnten nur durch eine enorme militärische Stärke erreicht werden. Diese konnte durch drei wesentliche Einflussgrößen gesteuert werden: Selektionskriterien, Kampfkraft des einzelnen Soldaten und Wehrdienstzeit. 1936 wurde die Dauer des Pflichtdienstes von 12 Monaten auf 24 Monate angehoben.[207]

Die Zurückhaltung des Auslandes gegenüber der Wiedereinführung der Wehrpflicht unterstützte die Absichten Hitlers, einen Zweiten Weltkrieg vorzubereiten.

Dieser mörderische Krieg endete mit der bedingungslosen Kapitulation des deutschen Militärs vom 7. bis 9. Mai 1945. Die Nationalsozialisten waren mit ihrem Vorhaben, die arische Rasse über die bestehenden Grenzen hinaus zu verbreiten und andere rassische Abstammungen und Ideologien zu vernich-

---

[205] Vgl. Wette, Wolfram: Ideologien, Propaganda und Innenpolitik als Voraussetzungen der Kriegspolitik des Dritten Reiches, in Ursachen und Voraussetzungen des Zweiten Weltkrieges von Deist, Wilhelm, Messerschmidt, Manfred, Volkmann, Hans-Erich und Wette, Wolfram (Hrsg.), 1991, S. 122.
[206] Vgl. Herz, Christian: Kein Frieden mit der Wehrpflicht, 2003, S.151.
[207] Vgl. Collenberg, Freiherr Ludwig Rüdt von: Die Erneuerung der allgemeinen Wehrpflicht, in: Militärwissenschaftlicher Rundschau, 1936, Heft 2, S. 145–152.

ten, gescheitert. Die Alliierten drangen bis Berlin vor und übernahmen die Kontrolle über das Schicksal der Deutschen. Wie im Versailler Vertrag war es Deutschland auferlegt, die Bedingungen der Siegermächte vollständig (eben bedingungslos) zu akzeptieren und dem Demokratisierungsprozess nach Vorgaben der Alliierten nachzukommen.[208] Wie bereits nach Ende des Ersten Weltkrieges wurde Deutschland (dieses Mal aber mit wesentlich mehr Recht) die Hauptschuld am Ausbruch des Zweiten Weltkrieges zugwiesen. Als Grundlage für die Vorgehensweise der Alliierten gegenüber dem besiegten Deutschland wurden die vier „D" festgelegt: Denazifizierung, Demilitarisierung, Dekartellisierung und Demokratisierung. Wichtig war zudem, nicht den Fehler aus der Zeit nach dem Ersten Weltkrieg zu wiederholen, nämlich die unzureichende Kontrolle politischer und militärischer Entwicklungen.[209]

Die Tatsache, dass sich die alliierten Siegermächte in zwei Blöcke – West und Ost – aufteilten, führte auch zu einer unterschiedlichen Umsetzung der zuvor genannten Vorgehensweise und zur Spaltung Deutschlands. Mitte 1945 entstand die sowjetische Besatzungszone (SBZ) und daraus die spätere DDR am 07. Oktober 1949. Kurze Zeit zuvor war die Gründung der Bundesrepublik Deutschland (BRD) am 23. Mai 1949 aus den Gebieten der westlichen Besatzungszonen proklamiert worden. Berlin wurde zur Viersektorenstadt mit unterschiedlichen Einflüssen aus West und Ost. Konsequenterweise entstanden später zwei deutsche militärische Einheiten: die westdeutsche Bundeswehr und die ostdeutsche Nationale Volksarmee (NVA).

Auf der Grundlage von Art. 12a Abs. 1 GG[210] können Männer zum militärischen Dienst verpflichtet werden.[211] Alternative Dienstformen, z.B. Dienst beim Bundesgrenzschutz, können verpflichtend gewählt werden. Nach Beendigung des Besatzungsstatus ist die BRD im Mai 1955 der NATO beigetreten. Als Antwort auf den NATO-Beitritt der BRD trat die DDR dem Warschauer Pakt bei.

Die Pariser Verträge schufen die Voraussetzung für die Wiedereinführung der Wehrpflicht in Deutschland, da mit diesen Verträgen die Möglichkeit der Wiederbewaffnung gegeben war. Deutschland hatte seine Souveränität zu großen

---

[208] Vgl. Grundkurs deutsche Militärgeschichte, Band 3, Die Zeit nach 1945 Armeen im Wandel, München, 2008, S. IX.
[209] Vgl. ebd.: S. XII.
[210] Siehe http://www.gesetze-im-internet.de/gg/art_12a.html, gelesen am 19.02.2011.
[211] Vgl. Herz, Christian: Kein Frieden mit der Wehrpflicht, 2003, S.182 und 183.

Teilen wieder zurückgewonnen. Am 5 Mai 1955 traten die Pariser Verträge in Kraft[212], das Wehrpflichtgesetz am 21.07.1955.[213]

Die Wehrpflicht wurde u.a. damit begründet, dass man den Bündnisverpflichtungen mit einer Freiwilligen-Armee nicht nachkommen könne, dass das westliche Bündnis gegenüber dem Ostblock gestärkt werden müsse und dass schließlich der wachsende Wohlstand der BRD schützenswert sei.[214] Das deutsche Wirtschaftswunder seit Ende der 1940er Jahre hatte zu dieser Haltung beigetragen Zudem zeigte die Blockbildung zwischen Ost und West immer schärfere Konturen[215] Die Zeit nach dem Zweiten Weltkrieg zeichnete sich durch den Ost-West-Konflikt aus, welcher als „Kalter Krieg" in die Geschichte einging.[216] Die Teilung der Weltmächte in einen westlichen und östlichen Block wurde insbesondere durch die Teilung Deutschlands und Berlins nicht nur politisch-ideologisch, sondern ebenso geographisch deutlich. Der Bau der Mauer in Berlin im Jahre 1961 war der optisch sichtbar gewordene Eiserne Vorhang.[217]

Bereits 1957 wird das Konzept der Inneren Führung vorangetrieben und in den folgenden Jahren an Bundeswehrschulen gelehrt. Dieses Konzept bricht mit der Tradition, den Soldaten als reinen Befehlsempfänger und Kämpfer zu betrachten. Demokratische Leitlinien und Gesinnungen sollen ihn in Zukunft prägen. Ein weiteres Ziel, das durch das Konzept der Inneren Führung erreicht werden sollte, ist die deutliche Abgrenzung zur Wehrmacht der Nationalsozialisten.[218] Dem Soldaten wurden weitreichende Rechte eingeräumt, wie z. B. das passive wie auch das aktive Wahlrecht. Es gab die Möglichkeit der Befehlsverweigerung, wenn ein Befehl gegen rechtsstaatliche Prinzipien, Gesetze und Verordnungen verstieß. Um seine Rechte und Pflichten zu kennen, hatte der gemeine Soldat Anspruch auf politische Bildung.[219]

---

[212] Vgl. ebd.: S. 191 und http://www.hdg.de/lemo/html/DasGeteilteDeutschland/ JahreDesAufbausInOstUndWest/ZweiStaatenZweiWege/pariserVertraege.html, gelesen am 19.02.2011.
[213] Vgl. http://www.gesetze-im-internet.de/bundesrecht/wehrpflg/gesamt.pdf, gelesen am 19.02.2011.
[214] Vgl. Herz, Christian: Kein Frieden mit der Wehrpflicht, 2003, S. 206.
[215] Vgl. Stöver, Bernd: Der Kalte Krieg, München, 2003, S. 17.
[216] Vgl. Grundkurs deutsche Militärgeschichte, 2008, S. 10.
[217] Vgl. ebd.: S. 16.
[218] Vgl. Herz, Christian: Kein Frieden mit der Wehrpflicht, 2003, S. 212 und 213.
[219] Vgl. Grundkurs deutsche Militärgeschichte, 2008, S. 80.

Ein absolutes Novum in der deutschen Geschichte war ab 1960 die Möglichkeit, den Kriegsdienst zu verweigern und einen zivilen Ersatzdienst zu leisten. Das Motiv der Verweigerung sollte aus dem Gewissen erwachsen und keine anderen Gründe zulassen. Die Anerkennung auf Kriegsdienstverweigerung sollte durch ein Verfahren festgestellt und nicht durch einen einfachen Antrag des Verweigerers anerkannt werden. Den ersten Verweigerern wurde die Verweigerung nicht leicht gemacht. Verachtung und gesellschaftliche Diskreditierung sollten dafür Sorge tragen, dass die Verweigerung keine Schule macht und eine breite Anhängerschaft bekommt.[220] Weiterhin wurden auch zahlreiche Ausnahmen zugelassen, die es erlaubten, keinen Wehrdienst zu leisten. Bis heute bekannte Ausnahmefälle sind der Polizeidienst oder der Dienst beim Bundesgrenzschutz, Dienste, die bereits Staatsdienste sind. Mit solchen Ausnahmeregelungen ist die Frage der Wehrgerechtigkeit eng verbunden.

Der Kalte Krieg zwischen den Supermächten USA und Sowjetunion und deren Verbündete waren in seiner ersten Phase durch Verhärtung beider Fronten und gegenseitiges Wettrüsten gekennzeichnet. Nicht nur die militärische Patt-Situation[221] war kennzeichnend, sondern ebenso die permanent herrschende Gefahr eines vernichtenden Krieges durch atomare Waffensysteme. Die Kuba-Krise im Jahre 1962 war typisch für diese Situation.[222]

Helmut Schmidt (SPD), Verteidigungsminister von 1969–1972, reformierte die Bundeswehr hinsichtlich der Ausbildung für Zeit- und Berufssoldaten. Wichtig hierbei war die Maßgabe, sich an zivile Standards, wie Prüfungen und Prüfungsordnungen, in den Schulen und Akademien zu halten, um die gesellschaftliche Verankerung zu verdeutlichen und voranzutreiben. Die Gründungen der Bundeswehr Universitäten Hamburg und München 1973 waren die Fortführung dieser militärischen Bildungsreform. Damit erhielten die Zeit- und Berufssoldaten eine Perspektive nach Beendigung der militärischen Laufbahn im zivilen Berufsleben:[223] Eine berufliche Anschlussmöglichkeit, die es vergleichbar in der deutschen Militärgeschichte zuvor nicht gegeben hat. Die auf Entspannung und Frieden orientierte Politik des Militärs veranlasste Helmut Schmidt, die Verkürzung des Grundwehrdienstes von 18 auf 15 Monate vorzunehmen.

---

[220] Vgl. Herz, Christian: Kein Frieden mit der Wehrpflicht, 2003, S. 227 bis 229.
[221] Vgl. Grundkurs deutsche Militärgeschichte, 2008, S. 16.
[222] Vgl. ebd.: S. 155.
[223] Vgl. ebd.: S. 85.

Die Reform, welche Helmut Schmidt angestoßen hatte, wurde durch seinen Nachfolger Georg Leber (SPD) nicht konsequent fortgeführt, so dass sich die Unschlüssigkeit in seinem Handeln in der gesellschaftlichen Diskussion mit den Begriffen Wehrgerechtigkeit und Wehrdienstverweigerung widerspiegelte.[224] Die Anträge auf Verweigerung des militärischen Dienstes sind bis 1977 auf ca. 70.000 gestiegen.[225] Das später geschaffene Bundesamt für Zivildient entschied ab 1984 über die Anträge zur Kriegsdienstverweigerung.[226]

Ab dem Jahre 1982 wurden von Verteidigungsminister Manfred Wörner unter der Regierung Helmut Kohl (CDU) wieder traditionelle Werte in den Mittelpunkt der Bundeswehr gestellt. Der Feind wurde wieder objektiviert – die Sowjetunion und der gesamte Warschauer Pakt. Auch die von Helmut Schmidt errungene Ausbildung und Bildung innerhalb der Bundeswehr, fortgeführt mit der Entstehung zivil-orientierter Bundeswehr-Universitäten, wurden ins Traditionalistische umgekehrt, indem die Universitäten der Bundeswehr zu Militärakademien verändert werden sollten. Das Studium sollte nicht weiterhin Voraussetzung für die Laufbahn des Berufsoffiziers sein.[227] So haben sich in den 1980er Jahren das Traditionalistische und die Zurückweisung des gesellschaftlichen Pluralismus im Militär offensichtlich durchgesetzt.

Die Wende, das Ende des Wettrüstens und das Ende des Ost-West-Konflikts – und damit das Ende des Kalten Krieges –, wurde durch das Treffen von Ronald Reagan und Michail Gorbatschow in Reykjavik (Island) 1986 eingeleitet.[228] Der NATO-Doppelbeschluss mit seiner vordergründigen Abrüstungsabsicht, aber der in Wahrheit zu verwirklichenden Modernisierung atomarer Waffensysteme, konnte nun durch den Abbau und die Vernichtung nuklearer Waffen und Raketen ausgesetzt werden.

Der Fall der Mauer in Berlin im November 1989 war der symbolische Niedergang des Eisernen Vorhangs und die Beendigung des Kalten Krieges. Ein über 40 Jahre schwelender Konflikt der Ideologien und des gegenseitigen Kräftemessens in Form von atomarer Aufrüstung geht zu Ende, eine Zeit permanenter gegenseitiger Bedrohung mit der ständigen Gefahr eines Kriegsausbruchs. Am Ende stand die Ohnmacht beider Seiten, weil die Stärke des

---

[224] Vgl. ebd.: S. 93.
[225] Vgl. ebd.: S. 94.
[226] Vgl. ebd.: S. 103.
[227] Vgl. ebd.: S. 114 und S. 117.
[228] Vgl. ebd.: S. 122.

anderen immer zu einem Gegenschlag ausreichen würde, um selbst im militärisch-atomaren Krieg Opfer zu sein. Erstschlag oder Zweitschlag – kein Vorteil, da ein Krieg immer die beiderseitige Vernichtung zur Folge gehabt hätte. Diese Erkenntnis brachte die Wende in der Politik des Aufrüstens, nämlich die Annäherung und der gegenseitige Verzicht auf die verheerend wirkenden Atomwaffen.

Am 3. Oktober 1990 ist Deutschland offiziell wiedervereinigt worden. Dieser Schritt der Wiederannäherung wurde bereits 1989 durch den Fall der Berliner Mauer eingeleitet. Im Jahre 1990 wurde die Bundeswehr auf ein Kontingent von 370.000 Soldaten festgelegt. Bei der Realisierung der Obergrenze 1995 ist die Gesamtzahl der Soldaten des vereinten Deutschlands – sowohl der westdeutsche Bundeswehr als auch der ostdeutschen NVA – nochmals auf 340.000 Soldaten gesenkt worden.[229] Spätestens jetzt war auch der Feind aus dem Osten nicht mehr existent. Mit der Wiedervereinigung wurde das Ende er NVA besiegelt. Die NVA ging vollständig in der Bundeswehr auf. Eine Mammut-Aufgabe stand nun bevor: Zwei grundsätzlich verschieden ausgerichtete Armeen mit ihren unterschiedlichen Blockzugehörigkeiten in eine gemeinsame Armee zu transformieren.

An der Wehrpflicht sollte grundsätzlich festgehalten werden. Im Zwei-plus-Vier-Vertrag vom 12.09.1990 ist die Begrenzung der Truppenstärke vereinbart und keine Vorgaben für die Rekrutierung gemacht worden.[230] Durch diesen historisch wichtigen Vertrag hat Deutschland seine 1945 verlorene Souveränität endgültig wieder zurück gewonnen.

Die strategische Beibehaltung der Wehrpflicht war das eine, die Akzeptanz in der Bevölkerung und insbesondere bei den betroffenen Rekruten das andere. Das mit der Wehrpflicht einhergehende Werteverständnis wie Treue, Gehorsam, Pflichterfüllung war nicht mehr zeitgemäß. Das fehlende Feindbild, der fehlende Ost-West-Konflikt, ja gerade die friedliche Wiedervereinigung stellten die Armee zumindest in ihrer bisherigen Form in Frage. Deutlich wird dies durch die Zahlen der Kriegsdienstverweigerer: 1990 gab es 74.309 Anträge auf Kriegsdienstverweigerung, 1991, also nur ein Jahr später, waren es bereits

---

[229] Vgl. ebd.: S. 126.
[230] Vgl. http://www.documentarchiv.de/brd/2p4.html, Zwei-plus-Vier Vertrag, Artikel 3, gelesen am 20.02.2011.

150.722. Die Zahlen der Kriegsdienstverweigerer pendelten sich danach auf einem hohen Level ein.[231]

Attraktivitätssteigerungen und Werbung sollten den potenziellen Wehrpflichtigen zum militärischen Dienst überzeugen. Der Auslandeinsatz sollte lediglich auf freiwilliger Basis und grundsätzlich den Zeit- und Berufssoldaten wie freiwillig länger Dienenden (FWDL) vorbehalten sein. Dies immer mit Blick auf die Verfassung, welche die Landes- und Heimatverteidigung und nicht den Einsatz im Ausland für die Wehrpflichtigen zulässt. Zusätzlich wurden Angebote für die psychologische Betreuung vor und nach Kriegseinsätzen gemacht.[232]

Neben der Diskussion der Ausgestaltung der Wehrpflicht und der steigenden Attraktivität der militärischen Pflichterfüllung, wurde immer wieder die Aussetzung oder Abschaffung der Wehrpflicht debattiert. Die neu entstandene Sicherheitslage Deutschlands durch den Wegfall des Ost-West-Konflikts und die Bündniszugehörigkeit zur NATO waren Argumente, die Wehrpflicht in Frage zu stellen. Im Gegensatz zu früheren Zeiten waren die Nachbarstaaten jetzt Freunde und Verbündete und nicht mehr Feinde oder Länder, die es zu erobern galt.

Die Bündniszugehörigkeit erweiterte die Einsatzmotivation und auch das territoriale Einsatzgebiet. Verteidigung ist nicht mehr allein die Verteidigung der eigenen geografischen Landesgrenzen, sondern der europaweite und sogar weltweite Einsatz für die Sicherstellung des Welthandels, für die Bewahrung des Weltfriedens und für die Bekämpfung des Terrorismus.[233]

Die dauerhaft geführte Diskussion um die Wehrpflicht und die Hinterfragung der Sinnhaftigkeit der Wehrpflicht an sich führte ab Mitte der 1990er Jahren zu der Wehrpflichtzeitreduzierung von 12 Monaten auf 10 Monate, ab 2002 zu einer Reduzierung auf nur noch 9 Monate und schließlich ab Mai 2010 zu einer Reduzierung auf 6 Monate. Dieser faktischen Quasi-Abschaffung folgt am 15. Dezember 2010 die Aussetzung der Wehrpflicht zum 1. Juli 2011 durch das Bundeskabinett.

---

[231] Vgl. Herz, Christian: Kein Frieden mit der Wehrpflicht, 2003, S. 292.
[232] Vgl. ebd.: S. 296 und 297.
[233] Vgl. ebd.: S. 305.

VI. Der Staat: Politischer Entscheidungsträger

In den vorliegenden Untersuchungen wird immer von einem demokratisch, über Wahlen legitimierten Staat als Akteur ausgegangen.[234] Das ermöglicht die Betrachtung generell existierender Handlungsalternativen auch für den Wehrpflichtigen, die grundsätzlich auch vom Wehrpflichtigen (juristisch) durchsetzbar sind.

In der Public-Choice-Literatur wird der staatliche Akteur (als Kollektiv-Akteur) in der Regel als Wohlfahrtsoptimierer angeführt.[235] Das bedeutet, dass der staatliche Akteur das staatliche Nationalinteresse priorisiert und bestrebt ist, dieses zu optimieren. Dieser Ansatz soll auch grundsätzlich für die hier durchzuführenden Untersuchungen gelten.

Auf Einzel-Akteur-Ebene werden auch individuelle Interessen modelliert, die nicht mit dem kollektiven Interesse des als Staat modellierten Kollektiv-Akteurs übereinstimmen müssen. Im Sinne des Rational Choice (Public Choice) werden die Politiker meist als Stimmenmaximierer betrachtet, die Wahlen gewinnen wollen.[236] Da ein Politiker nicht als unabhängiges Individuum agiert, sondern in der Regel einer Partei angehört, wird aufgrund dieser Abhängigkeit auch Stimmenmaximierung unterstellt, weil das im Sinne seiner Partei, im Sinne einer Wiederwahl seiner Partei, ist. Diese auch in der Wirklichkeit vermeintlich existierende Widersprüchlichkeit, einerseits die gesamtgesellschaftliche Wohlfahrtsmaximierung und andererseits die (individuelle) Stimmenmaximierung des politischen Entscheidungsträgers soll in dieser Analyse auch diskutiert werden.[237] Das Leugnen von partikularem Interesse von Politikern bezeichnet Fraenkel als Vorspiegelung falscher Tatsachen. Er fordert letztendlich

---

[234] Die Legitimation der Entscheidungsträger über Wahlen wird unter Kapitel IV diskutiert.
[235] Für den Begriff Wohlfahrt und Staat sei auf das Gloassar verwiesen. Vgl. auch Mueller, Dennis C.: Public Choice III, New York, 2009, p. 563 ff. Ein Kollektiv-Akteur setzt sich wiederum aus (vielen) Einzelakteuren zusammen.
[236] Vgl. Downs, Antony: Ökonomische Theorie der Demokratie, Tübingen, 1968, S. 35.
[237] An dieser Stelle könnten einige Einwände angeführt werden. Ein Einwand wäre, dass die Stimmenmaximierung nicht der Wohlfahrtsoptimierung entgegensteht. Bei Wahlen (oder kurz vor Wahlen) wird Stimmenmaximierung durch den Politiker betrieben, um Wahlen zu gewinnen, um danach bei erfolgreicher Wahl Wohlfahrtsoptimierung durchzuführen. An dieser Stelle soll betont werden, dass die Stimmenmaximierung die Verfolgung der eigenen Machtposition in der Politik bedeutet, die der Wohlfahrtsoptimierung entgegenstehen kann aber nicht muss. Bei Rational Choice Ansätzen wird aber das Konfliktpotential in den Vordergrund gesetzt, um die Lösung des potentiellen Konflikts aufzuzeigen oder überhaupt ein potentielles Problem herauszuarbeiten.

die Politik auf, sich zu diesem Eigeninteresse zu bekennen wie auch, sich zu der (notwendigen) Zusammenarbeit mit Interessengruppen aus verschiedenen anderen Bereichen klar zu positionieren.[238]

Mit Amtseinführung verpflichten sich Bundespräsident, Bundeskanzler und Bundesminister, dem „Wohl des deutschen Volkes" zu dienen.[239] In diesem Amtseid wird die grundsätzliche Ausrichtung politischen Handelns und die politische Verantwortung gesetzlich vorgeschrieben. Politische Akteure berufen sich auch gerne darauf, dass nationale Interesse zu vertreten, sich gemeinwohlorientiert zu verhalten. Jeder politische Akteur (als auch das Wahlvolk) wird aber auch feststellen, dass die politische Konkurrenz sich diesem Credo verschreibt, aber mit anderen Konzepten und anderen politischen Lösungen. So ist es in der Realität nicht nur so, dass das Bekenntnis der politischen Akteure zum Gemeinwohl ein gesetzesgetriebener Sollzustand zu sein hat, sondern die Rhetorik um das Gemeinwohl als strategische Waffe im Kampf um Wählerstimmen und Wählerstimmungen eingesetzt wird oder eben auch nur als inhaltsleerer Begriff fungiert, der als eine Art „Politikfloskel" verkümmert.[240]

Christian Welzel unterstellt, dass die Rhetorik über Gemeinwohl als Legitimation beliebiger politischer Ziele verwendet werden kann.

> „So geeignet also die Gemeinwohlrhetorik als Legitimationsformel für beliebige Ziele ist, so wenig scheint sie als empirisch-analytische Kategorie zu taugen, die man unparteiisch anwenden kann."[241]

Ein Problem zeigt sich hier, ähnlich wie auch an anderen Stellen, nämlich das Problem der (objektiven) Messbarkeit. Wäre eine objektive Messung des Gemeinwohls möglich, würde eine überparteiliche Zielfunktion existieren, die auch quantitativ und qualitativ bewertet werden könnte. Rational Choice Ansätze unterstellen so eine überparteiliche Wohlfahrtsfunktion, die sich nicht am Politischen ausrichtet, sondern an „einem" kollektiven Nutzen. Das bedeutet nicht, dass die Wohlfahrtsfunktion als einmal definiert festgelegt ist. Das wäre

---

[238] Fraenkel, Ernst: Deutschland und die westlichen Demokratien, Frankfurt / Main, 1991, S. 33 ff.
[239] Vgl. Artikel 56 des Grundgesetzes: http://www.bundestag.de/bundestag/aufgaben/rechtsgrundlagen/index.html.
[240] Vgl. Barlösius, Eva: Common Sense über Gemeinwohl – der Beitrag der Statistik, in: Schuppert, Gunnar F, Neidhart, Friedhelm (Hrsg.): Gemeinwohl – auf der Suche nach Substanz, WZB-Jahrbuch, Berlin, 2002, S. 219–238.
[241] Siehe Welzel, Christian: Gemeinwohl als Bürgerwohl: Die Perspektive der Humanentwicklung, in: Schuppert, Gunnar F., Neidhart, Friedhelm (Hrsg.): Gemeinwohl – Auf der Suche nach Substanz, Berlin, 2002, S. 110.

zu einschränkend. Auch soll dies nicht bedeuten, dass Rational Choice das kann, was in Wirklichkeit nicht möglich ist – das wiederum würde den Kritikern mit dem Argument der Realitätsferne von Rational Choice in die Hände spielen. Es soll lediglich gesagt werden, dass idealweise eine derartige Gemeinwohlfunktion berücksichtigt werden kann, um dann idealtypisch Schlussfolgerungen zu ziehen. Auch aus rein technischem Grund benötigt der Kollektiv-Akteur in der Rational-Choice-Theorie „etwas", was er maximieren bzw. optimieren kann. Aus diesem Grund und dem Grund der späteren Vergleichbarkeit von Analyseergebnissen, wird das Gemeinwohl oft (technisch) als die Summe der individuellen Nutzenfunktionen des gesellschaftlichen Kollektivs betrachtet.[242]

Die Gemeinwohlrhetorik der Politiker, insbesondere der Regierungspolitiker, vermittelt den Eindruck der Unabhängigkeit bei politischen Entscheidungen wie auch die Richtigkeit der Entscheidung, da diese im Sinne des gesellschaftlichen Kollektivs gefällt wird oder wurde, und das, obwohl die Begrifflichkeit des „Gemeinwohls", die „Wohlfahrt", das „Volksinteresse" oder das „Nationalinteresse" keiner objektiven Definition folgt. Aufgrund dieser Tatsache lassen sich individuelle oder parteigebundene Interessen sehr leicht unter dieser Begrifflichkeit verschleiern, da die Nachweisbarkeit der Verfolgung gesellschaftlich-kollektiver Interessen einfach nicht möglich ist. Diese Argumentation rechtfertigt sogar Wahlversprechen zu brechen, insbesondere mit dem Hinweis auf die geänderten Umstände. Selbst die (aktuellen) Wählerpräferenzen müssen so nicht verifiziert und berücksichtigt werden.[243] Unpopuläre Maßnahmen lassen sich durch die Argumentation über das Gemeinwohl relativ einfach und überzeugend an das Wahlvolk vermitteln. Gleichzeitig ist es aber auch die Möglichkeit für die Opposition die Regierung in ihrer Gemeinwohl Argumentation anzugreifen, denn unpopuläre Maßnahmen sind für die Opposition die Möglichkeit ein möglicherweise besseres Konzept im Sinne der Akzeptanz beim Wahlvolk zu präsentieren. Die Unbestimmtheit des Begriffs „Gemeinwohl" kann an dieser Stelle eben durch die Opposition genutzt werden für das eigene Gemeinwohlkonzept. In letzter Konsequenz kann das zukünftige Stimmenverluste oder gar der Verlust der Regierungsmacht bedeuten. Im Allgemeinen wird Handeln nach dem Gemeinwohl als positiv und vorbildlich an-

---

[242] In der Public Choice Literatur werden auch explizit Wohlfahrtsfunktionen angenommen und für Analysen verwendet. So zum Beispiel die Bergson-Samuelson social welfare function, siehe dazu: Mueller, Dennis C.: Public Choice III, New York, 2009, p. 563 ff.
[243] Vgl. Abromeit, Heidrun: Wozu braucht man Demokratie? Die postnationale Herausforderung der Demokratietheorie, Opladen, 2002, S. 133.

gesehen, und ein nach Eigeninteressen ausgerichtetes Handeln wird als moralisch verwerflich und nicht vorbildlich von der Allgemeinheit als schädlich bewertet.[244]

Für den Wähler ist es kostenminimierend (und wohl auch nutzenmaximierend) an die Rhetorik des Gemeinwohls zu glauben, da der Wähler dann keinen Aufwand hat, den Wahrheitsgehalt der politischen Aussagen zu überprüfen und zu hinterfragen. Denn objektiv müsste es ihm auch bewusst sein, dass sein (direkter) individueller Einfluss auf politische Entscheidungen und Entscheidungsfindungen nicht existent ist. Seine Einflussnahme beschränkt sich auf das Wählen und das damit verbundene Prinzip auf den Glauben, dass „alle Macht vom Volke ausgeht".[245] Insgesamt kann folgerichtig behauptet werden, dass die Gemeinwohlrhetorik politischer Akteure als politisch strategisches Instrument zur Stimmenmaximierung dient.

Politische Entscheidungsträger müssen täglich Entscheidungen treffen, die eine hohe Bedeutung für das Land und seine Staatsbürger haben. Die politischen Entscheidungen bestimmen Lenkungsgrößen, die Einfluss auf die staatliche Wohlfahrt haben. Die wohl bekannteste Lenkungsgröße ist die Steuer.[246] Durch die Erhebung von Steuern finanziert der Staat seine Ausgaben. Die Festsetzung der Steuern in Form und Höhe legt der Staat als politischer Entscheider selbst fest. Durch die Festsetzung der Steuern, der Steuersätze, wird gleichzeitig bestimmt, wie viel ein Staatsbürger von seinem persönlichen Einkommen der Allgemeinheit zur Verfügung stellen muss: Das ist ein direkter Eingriff des Staates in den persönlichen Freiheitsraum eines jeden einzelnen Staatsbürgers, denn das gezahlte Steuergeld könnte er für sich selbst ausgeben und damit direkt seinen individuellen Freiheitsraum gestalten. Durch die Teilnahme an staatlichen Leistungen profitiert der Staatsbürger allerdings wieder, denn die eingenommenen Steuergelder fließen beispielsweise in den Straßenbau, in die Bereitstellung von Polizei und Feuerwehr und in die Bundeswehr, deren Aufgabe die Sicherstellung der Verteidigungsfähigkeit des Landes ist. Bei der Verteidigung des Landes kann sich der Staat über die Erhebung von Steuern indirekt der militärischen Dienstleistung des Staatsbürgers bemächtigen: wiederum ein Eingriff in die Freiheitsräume des Staatsbür-

---

[244] Vgl. Smith, Adam: Theorie der ethischen Gefühle, Sonderausgabe, Hamburg, 2004, S. 503.
[245] Vgl. Satori, Giovanni: Demokratietheorie, Darmstadt, 1992, S. 44.
[246] Es wird an dieser Stelle keine Unterscheidung zwischen Bundes-, Landes- oder Gemeindesteuer gemacht und auch nicht zwischen direkter und indirekter Steuer.

gers, aber verbunden mit der staatlichen Gegenleistung der Gewährleistung der Verteidigung, von der jeder Staatsbürger (objektiv) einen Nutzen hat. Im Wehrpflichtgesetz wird unmissverständlich auf die Einschränkung der Grundrechte des Wehrpflichtigen hingewiesen.[247] Die Einschränkung bezieht sich auf die im Grundgesetz zugesicherten Rechte des deutschen Staatsbürgers wie die körperliche Unversehrtheit, die Freiheit der Person und deren Freizügigkeit.

Der politische Entscheidungsträger „Staat" in der Bundesrepublik Deutschland ist ein komplexes „Ökosystem" mit rechtlichen Rahmenbedingungen, institutionellen Ordnungen, Parteistrukturen und dem Volkssouverän als (idealisierten) Ausgangspunkt politischer Willensbildung und poltischer Herrschaft.[248] Die Staatsform drückt sich in Deutschland bereits im Staatsnamen aus: Bundesrepublik Deutschland. Die Staatsform der Republik kennzeichnet eine Herrschaftsform in der die Staatsgewalt vom Volke ausgeht und das Staatsvolk die Legitimation der Staatsgewalt ist.[249] Die Bundesrepublik Deutschland kennzeichnet sich besonders durch das föderale System der Bundesländer, wodurch die vertikale Gewaltenteilung über Bund, Länder und Gemeinden realisiert wird und sich durch den Bundesrat institutionalisiert.[250] Das bedeutet aber nicht, dass jede politische Entscheidung immer alle Ebenen (in gleicher Weise) durchläuft. Die Gewaltenteilung zeichnet sich unter anderem dadurch aus, dass Aufgaben den Ebenen zugeordnet sind.[251] So ist generell die Verteidigung des Landes eine Aufgabe des Bundes und politische Entscheidungen zur Verteidigung des Landes werden auf Bundesebene getroffen[252], wobei die Länder über den Bundesrat eine Möglichkeit der Mitbestimmung in Form eines Vetos und durch Änderungsanträge haben und gegebenenfalls Änderungen beispielsweise zur Wehrpflichtfrage verhindern können.[253] Hierbei ist die Machtverteilung in Form von Sitzverteilungen in Bundestag und Bundesrat

---

[247] Vgl. WPflG § 51, http://www.gesetze-im-internet.de/bundesrecht/wehrpflg/gesamt.pdf, gelesen am 23.03.2013.
[248] Vgl. Hesse, Joachim Jens, Ellwein Thomas: Das Regierungssystem der Bundesrepublik Deutschland, 10 Auflage, Nomos Verlagsgesellschaft, 2012, S. 224 u. 225.
[249] Eine Republik steht einer Monarchie oder einer Diktatur entgegen. Nicht immer ist der Name ein Hinweis auf die wahren Herrschaftsverhältnisse – wie zum Beispiel bei der DDR (Deutsche Demokratische Republik). Vgl. Artikel 20 GG, http://www.gesetze-im-internet.de/gg/art_20.html, gelesen am 25.03.2013.
[250] Vgl.: ebd. S. 44.
[251] Der Föderalismus der Bundesrepublik Deutschland fußt auf einer Aufteilung von Gesetzgebungskompetenzen und nicht auf einer realen Aufgabenteilung. Vgl.: ebd.: S. 166.
[252] Vgl. Artikel 73 Grundgesetz.
[253] Vgl. ebd.: S. 165 -167 und Grundgesetz, Artikel 73.

von entscheidender Bedeutung, wie „einfach" eine politische Entscheidung zu erreichen ist. Bei gewissen parteipolitischen Macht-Konstellationen von Bundestag und Bundesrat ist ein „Durch-Regieren" einer (Koalitions-) Regierung möglich, weil ein echter potentieller Vetospieler (Bundesrat) „aus dem Spiel der Gewaltenteilung" genommen werden könnte.[254] Es ist also möglich, dass ein demokratisches Paradoxon in einer Bundesrepublik mit vertikaler Gewaltenteilung (mit bundesstaatlicher Ordnung) existiert. Einerseits eine gewollte Gewaltenteilung, um Machtkonzentration und Machtmissbrauch zu vermeiden, und andererseits demokratische Wahlen, die den Wähler als Souverän operationalisieren und dazu führen können, dass die vertikale Gewaltenteilung – zeitweise – in ihrer reinsten (gewollten) Form außer Kraft setzen können. Eine existente Systemschwäche, die bei der Beurteilung von politischen Entscheidungen nicht unberücksichtigt bleiben sollte.[255]

Der Staat als politischer Entscheidungsträger hat eine Vielzahl von Möglichkeiten, die Rekrutierung seiner Soldaten vorzunehmen, um eine ausreichende Landesverteidigung bereitzustellen. Hierbei seien einige genannt:

- Zeitliche Dimension der Wehrpflicht
- Rekrutierungsverfahren / Einberufungskriterien
- Ausnahmebestände
- Aufgabenstellung / Einsatzgebiet des Rekrutierten

Es gibt verschiedene Arten für den staatlichen Entscheidungsträger, die Wehrpflicht – abgestimmt mit seinen definierten Zielen – festzusetzen:

- Allgemeine Wehrpflicht
- Selektive Wehrpflicht
- Allgemeine Dienstpflicht

---

[254] Inwieweit das im Fall der Wehrpflichtfrage war, wird später diskutiert.
[255] Es muss nicht zwangsweise von „Systemschwäche" gesprochen werden – es kann auch neutral von „Systemeigenheit" gesprochen werden. Dies als Hinweis, um auch zu postulieren, dass jedes (politische) System Schwächen hat und deswegen nicht gleich infrage zu stellen ist. Es sollte aber im Bewusstsein des Beurteilenden sein, solche „Eigenheiten" zu kennen und bei der Beurteilung zu berücksichtigen.

Zusätzlich kann der Entscheidungsträger auch folgende Handlungsalternativen in Erwägung ziehen:[256]

- Aussetzung der Wehrpflicht
- Abschaffung der Wehrpflicht
- Änderung der Wehrpflicht in der Ausprägung

Unter Rational Choice ist es entscheidend, Handlungsalternativen zu bewerten und in Beziehung zu setzen. Dazu ist es als erstes notwendig, die potenziellen Konfliktfelder und Akteure zu identifizieren. Die Frage zur Wehrpflicht berührt mehrere Konfliktfelder und Akteure, die zur Entscheidung der Wehrpflichtfrage herangezogen werden müssen.

Die Akteure Staat, Bundeswehr, Wehrpflichtiger, Partei und Gesellschaft stehen in der Diskussion um die Wehrpflicht in einer potentiellen (Konflikt-) Beziehung. Konfliktbeziehung meint das möglicherweise unterschiedliche Interesse an der Sachfrage „Wehrpflicht". Die Abbildung 12 zeigt die vom Verfasser identifizierten Strategie- und Konfliktfelder des politischen Entscheidungsträgers zur Frage der Wehrpflicht mit den dazu geordneten Akteuren.

---

[256] Vgl. Neuner, Judith: Gemeinsame Entscheidungsfindung: Perspektiven, Ansatzpunkte und blinde Flecken, S.4 ff., München, 2009. Diese verschiedenen Handlungsalternativen sind für den politischen Entscheidungsträger Strategiemöglichkeiten, die er auf sein Zielsystem abgestimmt wählen kann.

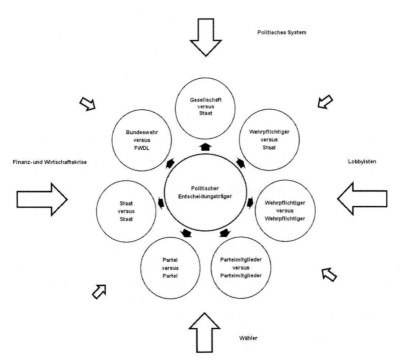

Abbildung 12: Identifizierte Strategie- und Konfliktfelder des politischen Entscheidungsträgers.

Die vom Verfasser identifizierten Strategie- und Konfliktfelder sind:[257]

- Gesellschaft versus Staat
- Wehrpflichtiger versus Staat
- Wehrpflichtiger versus Wehrpflichtiger
- Parteimitglieder versus Parteimitglieder
- Partei versus Partei
- Staat versus Staat
- Bundeswehr versus Freiwillig Wehrdienstleistender (FWDL)

Das Wort „versus" soll die mögliche, nicht übereinstimmende Interessenlage unter den Akteuren in jeweils einem Strategie- und Konfliktfeld darstellen. Unter Rational Choice Gesichtspunkten ist eine potentielle Konfliktsituation von Bedeutung, um Lösungen zu finden und/oder Problemmuster (strukturelle Probleme) aufzudecken. Soziale Interaktionen, die keiner expliziten Lösung bedürfen, sind weniger von Interesse. Die Akteure der Strategie- und Konfliktfelder können auch als gegenseitige mögliche Vetospieler verstanden werden,

---

[257] Die Bezeichnung Wehrpflichtiger versus Staat und Wehrpflichtiger versus Wehrpflichtiger könnte zu Missverständnissen führen. Diese Strategie- und Konfliktfeld könnten auch FWDL versus Staat und FWDL versus FWDL genannt werden. Einerseits sind mit dieser Bezeichnung die derzeitigen Wehrpflichtigen in der Bundesrepublik Deutschland gemeint – Wehrpflichtige, die nur auf freiwilliger Basis eingezogen werden. Andererseits wird in den betrachteten Untersuchungen sowohl eine Wehrpflichtarmee im ursprünglichen Sinn (Wehrpflichtige, die aufgrund der Wehrpflicht eingezogen werden und nicht auf freiwilliger Basis (Nicht-Verweigerer)) betrachtet und eine (echte) Freiwilligenarmee (ohne Wehrpflicht)). Der Verfasser hat sich entschieden, die Bezeichnung Wehrpflichtiger versus Staat und Wehrpflichtiger versus Wehrpflichtiger zu wählen, weil explizit betont werden soll, dass die identifizierte potentielle Konfliktsituation grundsätzlich unabhängig von der Armeeform ist (sein kann) und die explizite Bezeichnung FWDL in diesem Kontext eher zu Missverständnissen (im Sinn einer Beschränkung auf Freiwillige) nach Meinung des Verfassers führen kann. Beim Strategie- und Konfliktfeld Bundeswehr versus Freiwillig Wehrdienstleistender (FWDL) wird hingegen klar zu einer Wehrpflicht (unabhängig von der Benennung der Armeeform) unterschieden und das Konfliktpotential (Problem) zwischen einem freiwillig Dienenden und der Bundeswehr als Arbeitgeber nach Rational Choice Kriterien identifiziert. Um es noch deutlicher zu sagen: Der juristische Tatbestand, dass zur Zeit eine (passivierte) Wehrpflicht in der Bundesrepublik Deutschland (Aktivierung im Spannungs- und Verteidigungsfall) existiert, aber nur Freiwillige eingezogen werden, wird in dieser Analyse ausgeblendet, weil dieser Tatbestand für die Analyse (Fragestellung) nicht relevant ist – die Freiwilligkeit als solche und der Zwang (Verpflichtung) stehen im Fokus der Untersuchungen.

in dem Sinne dass jeweils Handlungsalternativen unterschiedlich präferiert (bewertet) werden.[258]

Das Strategie- und Konfliktfeld *Gesellschaft versus Staat* zeigt unter Rational Choice Gesichtspunkten die Bedeutung bzw. Konsequenz, falls die Gesellschaft – gemeint sind alle Staatsbürger – die Verteidigungsleistung des Landes aus sich heraus freiwillig, aber auf privater Basis, bereitstellt.[259] Die hier vorgenommene Modellierung ist als analytisch-logisch zu bezeichnen, wobei die Ergebnisse einen Hinweis-Charakter (präskriptiv) für den politischen Entscheidungsträger haben. Nach den Ideen des Rational Choice optimiert jeder einzelne Staatsbürger seinen definierten Nutzen. Der Nutzen soll in diesem Fall aus dem Konsum privat zur Verfügung gestellter Güter, die über einen Markt zur Verfügung gestellt werden und explizit aus dem Konsum bzw. der Bereitstellung des Gutes Verteidigungsleistung entstehen. Die Bereitstellung der Verteidigungsleistung orientiert sich rein nach der individuellen Nutzenmaximierung, so dass jeder wehrpflichtige Staatsbürger seine (subjektive) optimale Menge an Verteidigungsleistung bereitstellt. Es wird also davon ausgegangen, dass jeder Staatsbürger nur die eigene bereitzustellende Verteidigungsmenge beeinflussen kann und dies in seinem Sinne optimal durchführt.[260] Die Bereitstellung der gesamten Verteidigungsmenge, gemeint ist die Verteidigungsleistung aller Staatsbürger, wirkt sich zwar auf seinen Nutzen (positiv) aus, aber der einzelne Staatsbürger kann diese nur marginal über seine bereitgestellte Verteidigungsmenge beeinflussen. Seinen Nutzen kann er nach Voraussetzung in dieser Modellierung nur durch seine Verteidigungsleistung optimieren. In dieser Modellierung ist damit der Charakter des öffentlichen Gutes der Verteidigungsleistung explizit ausgeblendet.[261]

Über diesen Weg würde sich die Menge an Verteidigungsleistung ergeben, die wirklich freiwillig nach individuellen (Maximierungs-) Kriterien und ohne Berücksichtigung der Verteidigungsleistung als öffentliches Gut bereitgestellt

---

[258] Vgl. www.karl-rudolf-korte.de/data/vetospieler.doc, gelesen am 03.03.2013.
[259] Wie noch zu zeigen ist, unterscheidet sich die freiwillige private Bereitstellung von Verteidigungsleistung zu der Bereitstellung freiwilliger Verteidigungsleistung im Fall einer Freiwilligenarmee – allein durch das Kriterium der Bereitstellung.
[260] Diese Simulation in die Wirklichkeit transferiert würde bedeuten, dass jemand beispielsweise 5 Tage im Jahr seine Verteidigungsleistung bereitstellt, ein anderer vielleicht 100 Tage im Jahr.
[261] Denn dieser würde sich im Wesentlichen auch durch das Trittbrettfahrer-Problem charakterisieren. Hierzu mehr an anderer Stelle.

würde.[262] Diese Größe ist wichtig für die weitere Analyse und für den Vergleich, falls der Staat eine übergeordnete Optimierung der Verteidigungsleistung über alle Staatsbürger vornimmt. Denn der Staat könnte hypothetisch über alle Nutzenfunktionen[263] der Staatbürger eine Optimierung der Verteidigungsleistung vornehmen, um dann die berechnete Menge an Verteidigungsleistung einzufordern.[264] Beim Vergleich der Verteidigungsmengen aus individueller Maximierung und staatlich übergeordneter Maximierung können Effekte einer optimalen (mengenorientierten) Bereitstellung abgelesen werden. Um empirisch eine Evidenz aus dem Rational Choice Ansatz aufzuzeigen, werden publizierte Zahlen von Freiwilligen bzw. publizierte Zahlen zur der notwendigen Anzahl seitens des Verteidigungsministeriums von Freiwilligen herangezogen.

Das Strategie- und Konfliktfeld *Wehrpflichtiger versus Staat* zeigt auf und analysiert, welche Art von Anreizsystem im Falle einer Wehrpflicht zu wählen ist bzw. welche Effekte durch die Auswahl des Anreizsystems abzulesen sind. Die durchgeführte Modellierung ist stark logisch-analytisch, hat aber unter empirischer Berücksichtigung Empfehlungscharakter (präskriptiver Charakter). Zu unterscheiden ist zwischen einem negativen Anreizsystem (Strafe / Nachteile) und einem positiven Anreizsystem (Vergünstigungen / Vorteile). Es wird in dieser Modellierung davon ausgegangen, dass eine staatliche Wehrpflicht ohne Anreizsystem (positiv, negativ oder eine Mischform aus beiden) faktisch nicht funktioniert. Es handelt sich zwar aus der Sache heraus im Falle einer Wehrpflichtarmee um eine Pflicht gegenüber dem Staat, aber ein reiner Appell hätte möglicherweise den Effekt, dass lediglich nur auf Nichtverweigerer zugegriffen werden könnte.[265] Aus welchem Grund sollte ein (zunächst) gegen

---

[262] Zunächst als freiwillig individuell bereitgestellte Menge an Verteidigungsleistung – als die reine (maximale) Form der Freiwilligkeit nach Rational Choice zu interpretieren.
[263] Eine Optimierung über alle individuellen Nutzenfunktionen ist dann als Optimierung der Wohlfahrtsfunktion zu interpretieren. Später dazu mehr.
[264] Hierbei ist zu beachten, dass es zunächst nur um bereitgestellte Verteidigungsmengen geht, die verglichen werden können. Organisatorische Aspekte und darüber hinaus gehende Aspekte bleiben zunächst unberücksichtigt wie z.B. auch eine Orientierung der Verteidigungsmenge an einem politisch vorgegebenen Auftrag. Siehe auch Mueller, Dennis C.: Public Choice III, New York, 2009, p. 4: „The government is seen as an omniscient and benevolent institution dictating taxes, subsidies, and quantities so as to achieve a Pareto-optimal allocation of resources."
[265] Hier zeigt sich ein Charakteristikum des Rational Choice: Die Konzentration bei Maßnahmen liegt immer auf „harte Fakten". Harte Fakten sollen hier bedeuten, dass Maßnahmen in ihrer Wirkung bewertet werden und danach berücksichtigt werden. Im Gegensatz dazu stehen „weiche Fakten", die keiner (exakten) Bewertung unterliegen und in der Hoffnung der ausreichenden Wirkung gefällt werden. Hierzu soll der Appell zählen. Es wird damit nicht

die Wehrpflicht eingestellter Wehrpflichtige dienen, wenn er nichts zu befürchten hat bei nicht Befolgung der Verpflichtung (negativ) oder falls keine positive Stimulierung erfolgt, um den gegen die Wehrpflicht eingestellten Wehrpflichtigen umzustimmen? Ein reiner Appell hätte vielleicht keinen nachhaltigen Erfolg in dem Sinne, dass auch (zunächst) gegen die Wehrpflicht eingestellte Wehrpflichtige sich zum Wehrdienst melden würden.[266] Grundsätzlich wird bei diesem Ansatz davon ausgegangen, dass ein Staat, falls er die Wehrpflicht einführen möchte oder eingeführt hat, auch das Ziel hat, mindestens alle zur Sicherstellung der Verteidigungsleistung notwendigen Wehrpflichtigen einzuziehen.[267] Ansonsten könnte der Staat auf eine Wehrpflicht verzichten und eine reine Freiwilligenarmee installieren.[268]

Das Strategie- und Konfliktfeld *Wehrpflichtiger versus Wehrpflichtiger* versteht die Verteidigungsleistung primär als öffentliches Gut. Die Berücksichtigung der Verteidigungsleistung als öffentliches Gut wird in einer explizit entworfenen Nutzenfunktion des Wehrpflichtigen ausgedrückt. Es ist ein logisch-analytischer und explikativer Ansatz mit Berücksichtigung empirischer Problematiken (Wehrgerechtigkeit, ökonomische Effizienz, gesellschaftliche Verankerung), wobei eine Diskussion von Freiwilligenarmee und Wehrpflichtarmee stattfindet. Durch diese Modellierung soll nicht nur die typische Problematik des öffentlichen Gutes „Verteidigung" aufgezeigt werden, nämlich das „Trittbrettfahren", sondern insbesondere auch die Lenkungsmöglichkeiten des Staates bei Installation einer Wehrpflichtarmee und die Probleme bei der Installation einer Freiwilligenarmee. Insbesondere wird aufgezeigt, dass die Wehrgerechtigkeit und

---

gesagt, dass Appelle (als weicher Fakt) keine Wirkung haben und nicht durchzuführen sind. Wird ein Appell bewertet, dann würde er zu einem „harten Fakt". Weiche Fakten zeichnen sich dadurch aus, dass die Berechenbarkeit im Sinne des Rational Choice nicht existiert oder nicht durchgeführt wurde.

[266] Das wäre wohl wie mit einer Steuerhinterziehung, die nicht unter Strafe steht. Das würde nicht bedeuten, dass alle Staatsbürger Steuern hinterziehen würden, falls diese nicht unter Strafe stehen würde. Es wird auch nicht gesagt, dass es ohne Anreizsystem keine Wehrpflichtigen geben würde, die den militärischen Dienst antreten. Es wären eben „nur" die Nichtverweigerer, die bei einer Freiwilligenarmee den Freiwilligen entsprechen würde.

[267] Aspekte bei der Einführung einer Wehrpflicht wie die Wehrgerechtigkeit und die mögliche gesellschaftliche Integration können hierbei ebenso eine Rolle spielen. Auch dazu später mehr.

[268] Ob das wirklich so ist, dass alle Wehrpflichtigen auch eingezogen werden sollen/sollten, zeigt im weiteren Verlauf der Analyse. Aber in dieser Modellierung wird von dieser Grundannahme ausgegangen. Auf die Selektion über Tauglichkeitsgarde wird in dieser Modellierung auch verzichtet. Die Sinnhaftigkeit einer Wehrpflicht kann neben der reinen notwendigen Bereitstellung der Verteidigungsleistung auch andere Aspekte berücksichtigen wie die gesellschaftliche Verankerung des Militärs. Auch dazu werden später weitere Ausführungen erfolgen.

die gesellschaftliche Verankerung einer militärischen Einheit nicht zum Nulltarif zu haben sind. Bei der Modellierung ist der politische Auftrag einer Armee von erheblicher Bedeutung, denn der vom Parlament legitimierte Auftrag bestimmt die Größenordnung des benötigten militärischen (und zivilen) Personals, die sich wiederum auf die Wehrgerechtigkeit als auch auf die Kosten der gesellschaftlichen Verankerung einer militärischen Einheit auswirkt.

Das Strategie- und Konfliktfeld *Parteimitglieder versus Parteimitglieder* betrachtet die innerparteilichen kontroversen Diskussionen zur Frage der Wehrpflicht in Bezug auf Fortbestand, Aussetzung oder Abschaffung. Hierzu werden in zeitlich chronologischer Reihenfolge Medienberichte und Plenarprotokolle des Deutschen Bundestages herangezogen, um diese im späteren Verlauf zu bewerten und unter Gesichtspunkten des Rational Choice zu modellieren. Die Modellierung selbst wird dann unter dem Strategie- und Konfliktfeld *Partei versus Partei* vorgenommen, weil diese beiden Strategiefelder im politischen Entscheidungsprozess eng beieinander liegen. Insbesondere spielte der Akteur „Guttenberg" als Verteidigungsminister, als zukünftiger Parteichef der CSU (so wurde er damals in der Öffentlichkeit gehandelt) und darüber hinaus als Sympathieträger bei vielen Bürgern eine „spielentscheidende" Rolle. Diese Rolle ist spieltheoretisch von hoher Bedeutung, die sogar über die Parteigrenze der CSU hinaus ihre Wirkung hat. Die Modellierung ist auf der einen Seite deskriptiv, da die Beobachtung aus der Realität erfolgt (Guttenberg als Akteur zu modellieren und ihm diese Akteurs-Bedeutung zuzuschreiben) und andererseits analytisch-logisch, weil nach der Konstruktion der beobachteten Spielsituation[269] die Instrumentarien des Rational Choice angewandt werden. Es wird gezeigt, dass stark vertretene (geäußerte) individuelle Präferenzen sich auf das Partei-Kollektiv (Präferenzen des Partei-Kollektivs) auswirken (können) und dann zu einer politischen Entscheidung führen (können), die im politischen Kontext der Wehrpflichtdebatte als zeitlich kurz zu bewerten ist.[270] Bei dieser Modellierung wird eine Möglichkeit des methodologischen Indivi-

---

[269] Vom Verfasser festgestellt oder als mögliche Modellierungsvariante von diesem erkannt, um die Beobachtungen spieltheoretisch zu erklären.
[270] Nach Meinung des Verfassers: Gemessen an der Tragweite der Entscheidung als auch an den Diskussionen in vorangegangene Wahlperioden und gemessen an den Veränderungen der sicherheitspolitischen Lage.

dualismus in der Realität deutlich – und das modelltheoretisch an einer starken politischen Persönlichkeit.[271]

Das Strategie- und Konfliktfeld *Partei versus Partei* zeigt die durchaus emotional und mit hoher Intensität geführten Debatten der Parteien untereinander im Bundestag als auch in den Medien. Ähnlich wie beim Strategie- und Konfliktfeld *Parteimitglieder versus Parteimitglieder* liegt hier eine deskriptive und eine analytisch-logische Betrachtung vor. Die Wirklichkeit der Ereignisse in Form von politischen Reden, politischen Beschlüssen ebenso die von Fachkommissionen publizierten Ergebnissen können zu individuellen Präferenzänderungen führen, die letztendlich bis zu Änderungen der Präferenzen des Koalitions-Kollektivs durchschlagen.[272] Die hier durchgeführte Modellierung ist nicht auf ein bekanntes Modell des Rational Choice zurückzuführen, soll aber wie beim Strategie- und Konfliktfeld *Parteimitglieder versus Parteimitglieder* aufzeigen, durch welche „Umwelt-Mechanismen" individuelle und letztlich auch kollektive Präferenzen im politischen Entscheidungsprozess beeinflusst werden können, um dann am Ende eine (stabile/nicht stabile) politische Mehrheit zur Problemstellung zu erzeugen. Auch hier zeigt sich die tatsächliche (realistische) Wirkungsweise des methodologischen Individualismus in Wechselwirkung mit der Umwelt.

Das Strategie- und Konfliktfeld *Staat versus Staat* beleuchtet die Bündniskonstellation der Bundeswehr bzw. des politischen Entscheidungsträgers unter Rational Choice Gesichtspunkten. Im Fokus stehen Einsparungen, die aufgrund haushaltspolitischer Vorgaben und Restriktionen einzuhalten sind bzw. erreicht werden müssen. Militärische Kosten sind im Wesentlichen Personalkosten, die sich beispielsweise bei der Bundeswehr auf die verschiedenen Personalkategorien wie Zivilangestellte und militärisches Personal (Berufssoldaten, Zeitsoldaten, Wehrpflichtige) aufteilen lassen. Der jährliche Verteidigungshaushalt beträgt ca. 30 Mrd. Euro und davon sind ca. 50% Personalkosten. Der Verteidigungshaushalt entspricht ca. 10% des gesamten Bundes-

---

[271] Kritisch könnte angemerkt werden, dass diese Art der Entscheidungsfindung dem methodologischen Individualismus widerspricht und eher ein Top-down Entscheidungsansatz ist. Der Verfasser stuft die politische Entscheidung zur Wehrpflicht in dieser Modellierung mit dem methodologischen Individualismus als konform ein, weil eine innerparteiliche Mehrheitsbildung (auf Individualebene) notwendig ist. Ein Top-down-Ansatz steht nach Meinung des Verfassers nicht (grundsätzlich) im Widerspruch zum methodologischen Individualismus. Eine Diskussion, die an dieser Stelle aber nicht vertieft werden soll. Zu weiteren Ausführungen sei auf die eigentliche Modellierung verwiesen.
[272] Vgl. Kahneman, Daniel: Schnelles Denken, Langsames Denken, München, 2012, S. 331 ff. und S. 542.

haushaltes (Zahlen zum Bundeshaushalt 2012).[273] Die Diskussion um die Wehrpflicht wurde unter anderem im Hinblick auf erzielbare Kosteneinsparungen geführt, wobei die Verteidigungsleistung parteiübergreifend im Falle einer Aussetzung der Wehrpflicht als nicht gefährdet beurteilt wurde.[274] Die Diskussion der Wehrpflichtfrage muss darüber hinaus auf die Bündnisfrage und auf die Frage der Kosteneinsparungen im Bündnis ausgeweitet werden – denn die Bundeswehr ist nicht nur eine Parlamentsarmee, sondern auch eine Bündnisarmee. Die Aussetzung der Wehrpflicht berührt einerseits mögliche Kosteneinsparungen beim Personal (Wehrpflichtige), andererseits berühren mögliche Kosteneinsparungen das Fähigkeitsprofil der Bundeswehr, welche sich bündnispolitisch oder bündnismilitärisch auswirken können. Potentielle Kosteneinsparungen im Personalbereich sind aufgrund ihrer Auswirkungen bündnispolitisch und bündnismilitärisch zu betrachten und zu bewerten. Grundsätzlich soll die Verteidigungsfähigkeit des Bündnisses durch Kosteneinsparungen nicht gefährdet werden, andererseits muss aufgrund durchgeführter Personaländerung (in Stärke und Qualität) gegebenenfalls eine Neustrukturierung oder Neuorganisation auf Bündnisebene erfolgen, so dass mögliche Minderungen im Fähigkeitsprofil des Bündnisses ausgeglichen werden müssten.[275]

Um gemeinsame, also über das Bündnis erzielbare, Skaleneffekte im Kostenbereich zu erzielen, ist es entscheidend, eine gemeinsame Sparstrategie zu begründen.[276] Die Sparstrategie sollte auf einer erkennbaren Sparfunktion fußen, um individualstaatlich-taktisches Verhalten (idealerweise) zu identifizieren und offenzulegen, aber auch um die Sparpotentiale transparent zu machen, die durch kollektiv-rationales Verhalten erreicht werden könnten. Durch die Transparenz (Offenlegung) einer Sparfunktion, die individualstaatliches als auch kollektivstaatliches Verhalten berücksichtigt, kann das Bewusstsein für

---

[273] Vgl. http://www.bundeshaushalt-info.de/fileadmin/de.bundeshaushalt/content_de/dokumente/2012/Haushaltsplan-2012.pdf, S. 16 und S. 17, gelesen am 05.01.2013.
[274] Nicht von jeder Partei in gleicher Intensität und nicht am Anfang der Debatte, aber zu deren Ende hin. Sicherheitspolitisch gab es von keiner Partei bemerkenswerte Bedenken bei der Aussetzung (oder gar Abschaffung) der Wehrpflicht zum Ende der Debatte.
[275] Die Argumentation, Wehrpflichtige würden für einen militärischen Einsatz nicht berücksichtigt und sind daher bündnispolitisch und bündnismilitärisch nicht relevant, greift zu kurz. Denn die Aufgabenerfüllung der Wehrpflichtigen ermöglicht unter anderem den militärischen Einsatz von Berufs- und Zeitsoldaten (beispielsweise logistische und administrative Organisation des Nachschubs). Ansonsten müssten diese Aufgaben von den Berufs- und Zeitsoldaten selbst übernommen werden oder eben durch (ausreichend viele) Freiwillige im Falle einer Freiwilligenarmee.
[276] Es gibt neben den Einsparungen beim Personal weitere Kostenblöcke wie Liegenschaften oder auch Wartungskosten des militärischen Materials. Auf einer hohen Abstraktionsebene kann zwischen Wartungskosten und Investitionskosten unterschieden werden.

das Sparpotential geschärft werden. Eine realitätsnahe Sparfunktion zu erarbeiten würde den Umfang dieser Arbeit sprengen. Es sollen aber Effekte herausgearbeitet werden, die bei einer realen gemeinsamen Sparfunktion unter den Bündnispartnern zu berücksichtigen sind. Daher ist diese Modellierung als analytisch-logisch zu sehen, wobei aber der Bezug zur Realität angespannter Haushaltslagen und damit zu Kostenreduzierungen gegeben ist. Zudem sind die modellierten Sparfunktion modellhaft als Vorlage für die reale Sparfunktion zu verstehen, denn wichtig ist die Abhängigkeit der Sparfunktion von der Anzahl der staatlichen Akteure, die die gemeinsame Sparstrategie verfolgen, sich also in diesem Sinne kooperativ verhalten. Die modellierten Sparfunktionen beziehen sich auf die 27 EU Mitgliedstaaten[277], wobei sich das Konzept analog auf die NATO oder andere Bündnisformen übertragen lässt.[278] Die Modellierung der 27 EU Mitgliedstaaten ist auch vor dem Hintergrund der Debatte einer EU-Armee gewählt worden.[279] Eine EU-Armee, die alle Mitgliedstaaten einschließt, wäre dann in der Diskussion um die Sparpotentiale als höchste Ausbaustufe der Kooperation (Kooperation aller Mitgliedstaaten) zu verstehen.[280]

Das Strategie- und Konfliktfeld *Bundeswehr versus Freiwillig Wehrdienstleistender (FWDL)* legt seinen Rational Choice Untersuchungsschwerpunkt auf das Verhältnis des freiwillig Dienenden (Freiwilliger, FWDL einer Freiwilligenarmee) und des Arbeitgebers Bundeswehr im Falle der Freiwilligenarmee[281]. Die politische Entscheidung, die Wehrpflicht auszusetzen, führt dazu, dass nur noch Freiwillige zum militärischen Dienst eingezogen werden. Daraus folgt, dass das durch die Wehrpflicht bestehende Zwangsverhältnis zwischen Wehrpflichtigen und Bundeswehr durch ein „normales" arbeitsrechtliches Verhältnis ersetzt wird.[282] Der Freiwillig Wehrdienstleistende wird zum Arbeitnehmer der

---

[277] Ab dem 01.07.2013 sind es 28 Mitgliedstaaten. Kroatien wird zu diesem Zeitpunkt Mitgliedstaat der EU.
[278] Vgl. http://www.europarl.de/www.europarl.de/view/de/Europa/EU_Vorstellung/ Mitgliedstaaten_der_EU.html;jsessionid=2CB0880F30D78A5CBE5BB908026E506C, gelesen am 05.01.2013
[279] Vgl. http://deutsche-wirtschafts-nachrichten.de/2012/09/19/eu-aussenminister-diskutieren-ueber-eu-armee/, gelesen am 05.01.2013.
[280] Es gibt selbstverständlich andere Gründe, eine EU-Armee zu etablieren als reine Spargründe. In dieser Modellierung wird aber auf Kosteneinsparungen fokussiert.
[281] Oder eine ihr nahekommende Armeeform wie zurzeit in der Bundesrepublik Deutschland mit existierender, aber passivierter Wehrpflicht und der Einberufung auf Basis der Freiwilligkeit.
[282] Es wird schon nach der Probezeit von einer „freiwilligen Verpflichtung" gesprochen. Das Arbeitsverhältnis kann nach der Probezeit nicht so leicht gelöst werden. Derartige „Verpflichtungen" sind aber auch in der freien Wirtschaft nicht unüblich. Dort sind es lange Kündi-

Bundeswehr (Arbeitgeber). Das Arbeitsverhältnis charakterisiert sich dadurch, dass es am Anfang der Dienstzeit eine sechsmonatige Probezeit für beide Seiten, Arbeitgeber (Bundeswehr) und Arbeitnehmer (Freiwilliger, FWDL) gibt.

Die ersten drei Monate sind Grundausbildung. In den ersten sechs Monaten kann das Arbeitsverhältnis beidseitig problemlos auf schriftlichen Antrag gelöst werden. Bei einer Verpflichtung über 12 Monate oder mehr ist zudem eine weitere gesonderte Verpflichtungserklärung zur Teilnahme an bestimmten Auslandsverwendungen notwendig. Die Dauer des freiwilligen Wehrdienstes beträgt bis zu 23 Monate. Wie auch bei anderen zivilen Berufen wird zu Beginn ein Einstellungsgespräch geführt, um die Eignung des Bewerbers festzustellen.[283] Im Vergleich zu vielen anderen Unternehmen im zivilen Bereich, ist die Bundeswehr aufgrund ihres politischen Auftrags nicht gewinnorientiert, sondern als lösungsorientiert einzustufen. Das beinhaltet, dass die Bundeswehr sich auf ihre Einsatzfähigkeit und ihren Fähigkeitsportfolio konzentriert.[284] Hierzu bedarf es geeigneter Bewerber und eben auch freiwillig Wehrdienstleistender, die ihren Beitrag zum Fähigkeitsprofil der Bundeswehr leisten. Aus Sicht des Rational Choice liegt hier eine Situation des Prinzipal-Agent vor, wie es üblicherweise zwischen Arbeitgeber und Arbeitnehmer beim Rational Choice modelliert wird. Die Modellierung an dieser Stelle konzentriert sich auf das Bewerberverfahren und die möglichen Fähigkeiten des Bewerbers, wobei über die Fähigkeiten des Bewerbers annahmegemäß asymmetrische Informationen zwischen Arbeitgeber und Arbeitnehmer vorliegen.[285] Die Modellierung berücksichtigt das reale Bewerberverfahren bei der Bundeswehr für einen Freiwillig Wehrdienstleistenden und führt eine logisch-analytische Untersuchung nach Rational Choice durch.

---

gungsfristen, die einen Arbeitnehmer an das Unternehmen binden sollen und es unattraktiv machen sollen zu kündigen.
[283] Vgl. https://mil.bundeswehr-karriere.de/portal/a/milkarriere/!ut/p/c4/ 04_SB8K8xLLM9MSSzPy8xBz9CP3I5EyrpHK93Myc7MSioszUoIS9zlyiVDgnrTwIt0C_INtRE QCyVcdK/, Downloads 11_10_2011_Flyer_FWD.pdf und Freiwillig_Dienen.pdf, gelesen am 06.01.2013.
[284] Vgl. http://www.bmvg.de/portal/a/bmvg/!ut/p/c4/ DcrBDcMwCADAWboA_PvLFm0_CBJil6c4MrYjdfpG9z384M15WuJu1fnAF75Xe8oF8p0Jwt asLav1OOth3QrI8E3j0tzAdfCldp8-PMGsTkxiQT8QTc32XUmp4FmWxx9ScivN/, gelesen am 06.01.2013.
[285] Rational Choice konstruiert in den Modellierungen Konfliktpotentiale. Falls in der Realität situativ keine asymmetrische Information vorliegt, existiert das konstruierte Problem in der Situation real nicht.

Für das Verständnis politischer Entscheidungen – und das gilt allgemein – ist es wichtig, das eigentliche politische Problem von der politischen Entscheidungsebene zu trennen. In dieser Untersuchung ist das politische Problem die deutsche Wehrpflicht, und die Entscheidungsebene bilden die Politiker und Parteien in der Bundesrepublik Deutschland.[286] Ein politisches Problem kann gewisse Strukturprobleme in sich tragen, die von der politischen Entscheidungsebene berücksichtigt werden sollten, um Auswirkungen der Entscheidungen zu verstehen. Die sogenannten Strukturprobleme können auch nicht „weg diskutiert" werden. Das zeichnet eben ein Strukturproblem aus.[287] Bei der Wehrpflichtfrage ist das Strukturproblem beispielsweise die Charakteristik des öffentlichen Gutes Verteidigungsleistung als auch das damit verbundene Freiwilligendilemma.[288] Diese Charakteristik ist sozusagen Problem-immanent. Hierzu zählen alle vom Verfasser identifizierten Strategie- und Konfliktfelder außer den Strategie- und Konfliktfeldern Parteimitglieder versus Parteimitglieder als auch Partei versus Partei. Diese beiden Konflikt- und Strategiefelder sind auf der politischen Entscheidungsebene anzusiedeln.[289]

In der folgenden Untersuchung werden die genannten Strategie- und Konfliktfelder immer nach Aspekten Rational Choice untersucht. Die axiomatischen Bedingungen des Rational Choice sollen somit gelten, insbesondere heißt das, dass für alle modellierten Akteure Handlungsrationalität unterstellt wird. Daraus folgt, dass die Akteure als Maximierer oder zum besseren Verständnis als Optimierer agieren. Um als optimierender Akteur aufzutreten, muss es etwas zum Optimieren geben. Akteure können ganz unterschiedliche „Dinge" optimieren oder es wird ihnen modelltheoretisch unterstellt, dass sie dieses oder jenes optimieren.[290] Bei Unternehmen kann es der Gewinn sein, bei Einzel-Akteuren ein definierter und dedizierter Nutzen wie beispielsweise Freizeit und/oder Einkommen. Bei Politikern können es Wählerstimmen sein, die es zu maximieren gilt, um an der Macht zu bleiben, bei Bürokraten kann es das Budget sein, das zukünftig zur Verfügung steht, um Verwaltungsaufgaben zu

---

[286] Andere Entscheidungsinstanzen können hinzukommen. Es sind in der Regel Regierungsparteien und Politiker der Regierung gemeint. Dazu später mehr.
[287] Die Änderung der „Struktur" wäre eine (triviale, offensichtliche) Möglichkeit das Problem zu lösen. Aber durch die Änderung der „Struktur" kann ein neues „Strukturproblem" auftreten.
[288] In Analogie das Nicht-Verweigerungsdilemma bei einer Wehrpflichtarmee. Dazu folgen weitere detaillierte Ausführungen.
[289] Das soll nicht bedeuten, dass es auf der politischen Entscheidungsebene keine immanenten Strukturprobleme gibt. Diese sind aber von der eigentlichen politischen Problematik (Fragestellung) in der Regel losgelöst.
[290] Das kann aus Erkenntnissen der Wirklichkeit folgen oder nur vom modellierenden Wissenschaftler als sinnvoll unterstellt.

bestreiten (oder um den Verantwortungsbereich in Zukunft zu erweitern). Bei einer Modellierung nach Rational Choice ist als erster Schritt zu bestimmen, was ein Akteur in der Modellierung maximiert bzw. optimiert. Nach Dennis C. Mueller ist dies die *objective function,* eine allgemeine Metapher, um eine Beschreibungsform des Objektes, das zur Optimierung erwählt wurde, zu bestimmen. Das Objekt sollte selbstverständlich der zu untersuchenden Problemwelt entstammen.[291]

Der nächste Schritt ist die Bestimmung einer möglichen Beschränkung bei der Optimierung. Beschränkungen können ebenso vielfältig sein: Budgetbeschränkungen, Zeitbeschränkungen oder Informationsrestriktionen. Wenn sowohl die Objekt-Funktion mit ihren Parametern und die zugehörigen Restriktionen bestimmt sind, kann die Optimierung mathematisch durchgeführt werden.[292] Bei der Bestimmung der Parameter (in ihrer Anzahl und in ihrer Kohärenz innerhalb der Objekt-Funktion) ist der Kreativität des Wissenschaftlers keine Grenze gesetzt. Es ist auch nicht notwendig oder aus der Theorie des Rational Choice verlangt, zuvor verwendete Parameter in anderen (ähnlichen) Untersuchungen zu verwenden. Konkret heißt das, falls der Untersuchungsgegenstand eine Unternehmung der freien Wirtschaft ist, muss nicht Gewinnmaximierung bei der Untersuchung dieses Unternehmens unterstellt werden – es ist aber auch nicht falsch, das zu tun.[293] Dazu wird von Dennis C. Mueller ausgeführt:

„It would be wrong to argue, however, because Niskanen was the first to model bureaucrats behavior and he assumed that bureaucrats are budget maximizers, and because several other studies have made the same assumption, that the application of the methodology of rational choice requires that one assume that all bureaucrats maximize their budgets, and only their budgets."[294]

Für durchzuführende Untersuchungen soll nach Dennis C. Mueller im Allgemeinen und im Speziellen – und das ist auch die Auffassung des Verfassers – für das analytische Verständnis der vorliegenden Arbeit gelten:

„A good positive theory derives strong and refutable predictions from a relatively small set of assumptions."[295]

---

[291] Vgl. Mueller, Dennis C.: Public Choice III, New York, 2009, p. 659.
[292] Vgl. ebd.: p. 659.
[293] Vgl. ebd.: p. 661.
[294] Siehe ebd.: p. 661.
[295] Siehe ebd..: p. 661.

Die scharfen Kritiken von Green und Shapiro gegen diese Form der positiven Theorie, wobei diese Theorie auch von Down und Olson vertreten und praktiziert wird, gründen sich darauf, dass die erzielten Ergebnisse nicht aus empirisch gewonnenen Daten stammen:

> „G&S [Anm.: Gemeint sind Green und Shapiro] appear to want to reject both these theories and the rational choice approach to politics, because the theories' strong predictions are not born out by the data"[296]

An anderer Stelle ist bereits auf Kritiken und Kritiker des Rational Choice eingegangen worden, so dass eine intensive Diskussion an dieser Stelle verzichtbar ist. Die Vorgehensweise bei der Analyse der unterschiedlichen Strategie- und Konfliktfelder soll dem Rational Choice entsprechen und den Empfehlungen von Dennis C. Mueller bei der Modellierung der heuristischen Modelle folgen. Insbesondere soll dem Rat nachgekommen werden, fachbezogene Experten zu befragen oder entsprechende Literatur zu studieren, um die Indizien für eine mögliche Maximierungsabsicht des zu untersuchenden Objektes zu erhalten. Hierzu heißt es:

> „Most often the rational choice analyst chooses the arguments to go into the objective function by introspection or by simply using the objective function, which has become standard in the literature (firms maximize profits, workers maximize utility, which is a function of income and leisure). But she might also consult sociology or psychology to see what is a reasonable assumption to make about the particular group she is studying."[297]

Aus diesem Grund hat der Verfasser ein Interview mit Herrn Prof. Dr. Schnell, Generalleutnant a.D. von der Universität der Bundeswehr München, durchgeführt. Prof. Dr. Schnell hat dem Verfasser umfassende Erläuterungen zu einer Militärorganisation und der ökonomischen Effizienz in Bezug auf Militärorganisationen gegeben. Dies führte nicht nur aus Erklärungszwecken zum Kapitel VII, sondern immer wieder zu Verweisen auf die ökonomische Effizienz und

---

[296] Siehe. ebd.: p. 662.
[297] Sieh ebd.: p. 659. Auf Seite 661 heißt es weiter dazu: „What, for example, should the rational choice analyst assume goes into the objective function of a rational bureaucrat? To answer this question she can contemplate what goals she would pursue if she were a bureaucrat, she can consult sociology and psychology books dealing with bureaucracy, and so on. Niskanen (1971), having wored in the Defence Department, came to the conclusion that bureaucrats maximize the size of their budgets and developed a theory of bureaucrats based on this assumption. (...) But it may not explain the behavior of all bureaucrats in all settings. Perhaps if Niskanen had worked in a difference bureaucracy with different constraints and opportunities, he would have concluded that bureaucrats maximize leisure, or the probability of not being fired."

der Fähigkeitszentrierung einer Militärorganisation bei den durchgeführten modelltheoretischen Analysen.[298]

Es wird sich zeigen – und das ist auch üblich in der Vorgehensweise unter Rational Choice – dass nicht immer explizite Objektfunktionen in der Praxis der Modellierung genannt werden, sondern diese implizit in der Darstellung der Spielsituation (der Arena) in Extensivform oder in der Normalform Ausdruck finden.

Als exogene Größe bei der Entscheidung zur Aussetzung der Wehrpflicht wird die Finanz- und Wirtschaftskrise betrachtet (modelliert), denn die Entscheidung zur Wehrpflicht ist in einem Umfeld, einem Klima der Finanz- und Wirtschaftskrise erfolgt. Dieses Umfeld der Finanz- und Wirtschaftskrise als Entscheidungsparameter ist wichtig für die Entscheidungsfindung, sollte nach Meinung des Verfassers aber aufgrund der besonderen Stellung explizit aufgeführt werden. Aus diesem Grund ist die Finanz- und Wirtschaftskrise als exogene Größe modelliert. Durch die Modellierung als exogene Größe soll auf die Nicht-Beeinflussbarkeit dieses Entscheidungsparameters durch alle im Verlauf der Analyse modellierten Akteure hingewiesen werden.[299] Anders betrachtet würde dieser ohne Zweifel stark wirkende Entscheidungsparameter jedes modellierte heuristische (realitätsbezogene) Modell so beeinflussen, dass unter „der realen Last" der Finanz- und Wirtschaftskrise keine allgemeinen Aussagen aus den Modellen mehr möglich erscheinen, sondern eben dieser

---

[298] Selbstverständlich sind auch andere Quellen diesbezüglich studiert worden: Weizsäcker Kommission aus dem Jahr 2000, Weißbuch aus dem Jahr 2006, Strukturbericht von Oktober 2010, Verteidigungspolitischen Richtlinien (VPR) vom Mai 2011 oder auch Studien des Sozialwissenschaftlichen Instituts der Bundeswehr. Im Kapitel VII wird bestimmt und begründet, als welche Art von Maximierer die Bundeswehr (vom Verfasser) gesehen wird.

[299] Mit anderen Worten: Die Finanz- und Wirtschaftskrise wird als gegeben modelliert. Kein modellierter Akteur kann diesen Entscheidungsparameter nach Meinung des Verfassers so beeinflussen, dass dies zu seinen Gunsten erfolgt. Modelltheoretisch ist es nur sinnvoll, Entscheidungsparameter zu modellieren, die auch vom Akteur – nach welchen Kriterien auch immer – „zu steuern" sind. Im Sinne der Optimierung ist die Finanz- und Wirtschaftskrise als (mathematische, aus Sicht des Rational Choice) Konstante modelliert. Bekanntermaßen gesehen bleiben Konstanten bei der Optimierung „unberücksichtigt" – seien diese noch so groß. Beispiel:
$f(x) = x^2 + 700$ $g(x) = x^2$
$f'(x) = 2x$ $g'(x) = 2x$
$f''(x) = 2$ $g''(x) = 2$
Im Verlauf der Diskussion wird die Finanz- und Wirtschaftskrise natürlich berücksichtigt. Die durchgeführte Modellierung bedeutet nicht, dass die Finanz- und Wirtschaftskrise keinen Einfluss hat – ganz im Gegenteil. Deswegen wird diese auch explizit in einem Kapitel berücksichtigt und beschrieben. Darüber hinaus werden auch die Verteidigungshalte diskutiert.

Entscheidungsparameter die ultimative Antwort zur Wehrpflichtfrage darstellt. Das kann nicht die Absicht dieser Analyse sein. Die heuristischen Modelle sollen allgemeingültige Ergebnisse produzieren, die grundsätzlich zur Entscheidungsfindung berücksichtigt werden können.

Für die später folgende Analyse soll noch eine weitere Definition bzw. die Herausarbeitung des personellen Unterschieds zwischen einer Freiwilligenarmee und einer Wehrpflichtarmee vorgenommen werden. Die politische Ebene ist davon unabhängig.

Militärform	Personalkategorien der Militärform
Freiwilligenarmee	Freiwillig Wehrdienstleistende[300] (FWDL), Zeitsoldaten, Berufssoldaten, Zivilangestellte
Wehrpflichtarmee	Wehrpflichtige, FWDL[301], Zeitsoldaten, Berufssoldaten, Zivilangestellte

Abbildung 13: Personalkategorie verschiedener Militärformen.

In Hinsicht auf die Militärform, die Unterscheidung soll an dieser Stelle zwischen Freiwilligenarme und Wehrpflichtarmee vorgenommen werden, ist herauszustellen, dass bei der Militärform der Freiwilligenarmee alle Soldaten Freiwillige sind. In einer Wehrpflichtarmee gibt es wehrpflichtige Staatsbürger, die vom Gesetz grundsätzlich verpflichtet werden, militärischen Dienst zu leisten.[302] Wenn somit also ein wehrpflichtiger Staatsbürger dieser Verpflichtung nachkommt, dann ist das vom Grundsatz nicht freiwillig. Der wehrpflichtige Staatsbürger entzieht sich in diesem Fall nicht der verpflichtenden Einberufung zum Wehrdienst. Ob dieser wehrpflichtige Staatsbürger auch so gehandelt hätte, wenn es diese Verpflichtung nicht gegeben hätte, bleibt an dieser Stelle

---

[300] Es kann – juristisch gesehen – auch ein Wehrpflichtiger sein – wie zurzeit in Deutschland im Fall der Aussetzung der Wehrpflicht. Sicherlich eine besondere Situation.
[301] In einer Wehrpflichtarmee sind FWDL diejenigen, die eine freiwillige Verlängerung ihres Grundwehrdienstes (Wehrpflicht-Dienst) ableisten.
Vgl. http://www.gesetzesweb.de/WehrpfG.html, gelesen am 23.03.2013, Wehpflichtgesetz, § 6b. Durch die Verlängerung wird nicht der Status des Zeitsoldaten oder Berufssoldaten erreicht.
[302] In Deutschland ist besteht die besondere Situation, dass trotz Aussetzung der Wehrpflicht die Wehrpflicht noch juristisch (siehe Wehrpflichtgesetzt) besteht, aber faktisch nur auf Freiwillige zurückgegriffen wird. Es ist faktisch eine Freiwilligenarmee durch die Aussetzung der Wehrpflicht geworden, streng genommen sind die Freiwilligen aber Wehrpflichtige, was begrifflich zu der Annahme führen könnte, dass die Militärorganisation keine reine Freiwilligenarmee ist.

unbeantwortet. Hier zeigt sich dann auch deutlich der Unterschied zu einer Freiwilligenarmee. Hier entscheidet der (wehrpflichtige) Staatsbürger[303] von sich aus, (wirklich) freiwillig zu dienen. Eine weitere Schlussfolgerung daraus ist, dass es bei einer Freiwilligenarmee keine Verweigerer gibt, sondern Staatsbürger, die sich nicht dediziert für den militärischen Dienst entscheiden.

Die Wehrpflichtigen bzw. die (wehrpflichtigen) Staatsbürger können folgerichtig in drei unterschiedliche Kategorien – abhängig von der Militärform – eingeteilt werden wie folgende Abbildungen zeigen sollen.

Für die Wehrpflichtarmee soll folgende Kategorisierung für wehrpflichtige Staatsbürger gelten:

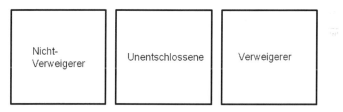

Abbildung 14: Kategorisierung wehrpflichtiger Staatsbürger bei einer Wehrpflichtarmee.

Für die Freiwilligenarmee soll folgende Kategorisierung für die (wehrpflichtigen) Staatsbürger gelten:

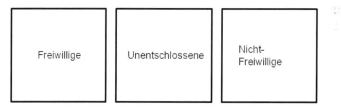

Abbildung 15: Kategorisierung (wehrpflichtiger) Staatsbürger bei einer Freiwilligenarmee.

Falls jemand bei der Implementierung einer Freiwilligenarmee nicht dient, soll dieser als Nicht-Freiwilliger bezeichnet werden; ein nicht freiwilliges (durch Zwang erzieltes) Dienen ist damit nicht gemeint. Zeit- und Berufssoldaten blei-

---

[303] Gemeint ist ein Staatsbürger, der nach Voraussetzung (Gesundheit, Alter, etc.) die Möglichkeit hat, den militärischen Dienst auszuüben. Bei der Aussetzung der Wehrpflicht in Deutschland ist die Wehrpflicht formal weiter existent, wird aber faktisch nicht ausgeübt. Dieser Zustand soll zu einer Freiwilligenarmee, die keine Wehrpflicht passiviert hat, als gleich betrachtet werden.

ben in den folgenden Untersuchungen grundsätzlich unberücksichtigt. Wenn von Freiwilligen gesprochen wird, dann sind das Freiwillig Wehrdienstleistende (FWDL) einer Freiwilligenarmee und nicht FWDL einer Wehrpflichtarmee. Im Fokus der Untersuchungen steht ein Wehrpflichtiger einer Wehrpflichtarmee, weil durch die Möglichkeit des Verweigerns ein potentieller Konflikt mit dem Staat entsteht und dies als Grundlage der Analyse nach Rational Choice dient.[304]

Für die Untersuchungen gilt weiter: Nicht-rationale Wehrpflichtige, unabhängig von Militärform und Kategorisierung, werden in den hier durchgeführten Untersuchungen nicht betrachtet. Denn Rational Choice setzt Rationalität der Akteure voraus.

Rationale Wehrpflichtige werden über die Modellierungen des Rational Choice in den hier vorliegenden Untersuchungen simuliert. Vor der Entscheidung gelten sie alle zunächst als Unentschlossene. Falls ein Wehrpflichtiger nach rationalen Überlegungen indifferent ist, wird vereinfachend unterstellt, dass seine Entscheidung zufallsgesteuert gefällt wird.

Unabhängig von der Militärform kann niemand auf Ewigkeit als Unentschlossener gelten. Es wird den Zeitpunkt geben, zu dem sich ein potentieller Wehrpflichtiger oder Freiwilliger entscheiden muss oder durch die Umstände entschieden wird.[305] Ein Unterschied zwischen einer Freiwilligenarmee und einer Wehrpflichtarmee in Bezug auf die Entscheidung, ob der Wehrpflichtige dient oder nicht, ist, dass der Wehrpflichtige im Falle einer Wehrpflichtarmee explizit eine Entscheidung zu treffen hat und sich mit der Frage des Wehrdienstes beschäftigen muss (um eine für sich abgewogene Entscheidung zu treffen).[306]

---

[304] Ein Wehrpflichtiger wie es ihn zurzeit in Deutschland trotz Aussetzung der Wehrpflicht gibt, ist nicht gemeint. Denn durch das Nicht-Einziehen entfällt der potentielle Konflikt mit dem Staat. In dieser besonderen Situation gilt der Wehrpflichtige als Staatsbürger, so wie unter dem Umstand einer Implementierung einer Freiwilligenarmee befindet, nämlich als Freiwilliger, Unentschlossener oder Nicht-Freiwilliger. Es kann gesagt werden, dass zurzeit in Deutschland durch diesen Umstand, dass es noch (juristisch) die Wehrpflicht gibt, keine (echte) Freiwilligenarmee implementiert ist. Es ist aber faktisch „mehr eine Freiwilligenarmee als eine Wehrpflichtarmee"- eine quasi Freiwilligenarmee. In den folgenden Untersuchungen soll dieser Zustand aber wie eine Implementierung einer Freiwilligenarmee behandelt werden.
[305] Umstände könnten zum Beispiel schlichtweg das definierte Zeitfenster der möglichen Einberufung (Alter des Wehrpflichtigen) sein.
[306] Um es mit anderen Worten zu sagen: ein Aussitzen der Entscheidung ist nicht möglich. Nach Zintl liegt hier eine „Hochkostensituation" vor, was bedeutet, dass auf dem Individuum (Akteur) ein „hoher Druck" lastet, sich zu entscheiden zu müssen, weil seine Entscheidung

Bei einer Freiwilligenarmee – im Gegensatz zu einer Wehrpflichtarmee – ist die Möglichkeit, dass die Entscheidung durch Umstände gefällt wird, gegeben. Der potentielle Freiwillige muss sich mit der Problematik des Militärdienstes nicht (unbedingt) beschäftigen, wenn er es denn nicht möchte – es herrscht zunächst kein Entscheidungsdruck.[307] Wenn die Entscheidung durch existierende Umstände und nicht von ihm selbst gefällt wird, soll der Wehrpflichtige als Nicht-Freiwilliger gelten. Falls ein potentieller Wehrpflichtiger oder potentielle Freiwillige seitens des Militärs abgelehnt und/oder ausgemustert wird, gilt er trotzdem als Nicht-Verweigerer bzw. als Freiwilliger.

„folgenschwer" ist. Vgl. Zintl, Reinhard: Der Homo Oeconomicus: Ausnahmeerscheinung in jeder Situation oder Jedermann in Ausnahmesituationen?, in: Analyse und Kritik 11 (1989), S. 52–69, Westdeutscher Verlag, Opladen,1989, S. 61–62.
[307] Bei näherer Betrachtung ist doch ein Entscheidungsdruck existent. Dieser unterscheidet sich aber deutlich vom Entscheidungsdruck im Falle einer Wehrpflichtarmee. Dazu folgen weitere Ausführungen.

VII. Die systemorientierte Betrachtung

Um ein militärisches System zu verstehen, soll an dieser Stelle eine systemorientierte Betrachtung vorgenommen werden wie es Schnell vorschlägt. Zunächst soll das Grundmodell einer solchen Organisation dargestellt werden, wie es beispielsweise für die Bundeswehr gilt. Die anschließende Abbildung zeigt ein generisches Grundmodell einer Militärorganisation.

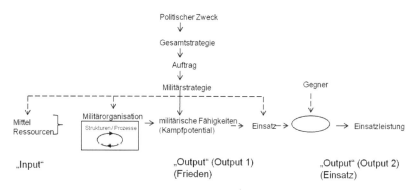

Abbildung 16: Grundmodell einer Militärorganisation (Beispielsweise Bundeswehr).[308]

Allen voran steht der politische Zweck einer Militärorganisation. Hierzu ist unter anderem festzulegen, ob es sich bei der Militärorganisation um eine Wehrpflichtarmee oder eine Freiwilligenarmee handelt. Die militärische Form ist somit eine politische und keine militärische Frage. Der politische Zweck könnte beispielsweise eine gesellschaftliche Integration der Armee sein oder aber auch eine angestrebte höhere Professionalisierung der Streitkräfte für Spezialeinsätze in Krisenfällen. Von einer politischen Gesamtstrategie leitet sich der Auftrag einer Militärorganisation ab. Der Auftrag umfasst die zu bedienenden Aufgabenfelder und die Definition der Einsätze nach Anzahl, Dauer und Intensität. Aus dem definierten Auftrag wird die Militärstrategie geformt, welche unter den gegebenen Parametern den militärischen Auftrag effektiv und effizient umsetzt.

Jede militärische Organisation definiert sich durch ihre Strukturen und Prozesse. Systemorient betrachtet werden der militärischen Organisation Mittel und

---

[308] Schnell, Jürgen: Vortrag Controlling als Steuerungselement in Militärorganisationen, Gehalten im Rahmen des Seminars „Steuerungsrelevante Informationen gewinnen – mit Controlling" für Führungskräfte der Bundeswehr vom 27.04.–29.04.09 an der Führungsakademie der Bundeswehr in Hamburg, S.12.

Ressourcen als Input zugeführt. Die Mittel bestehen primär aus Finanzierungsmitteln, wobei diese in die technische Ausrüstung beispielsweise für Fahrzeuge, Aufklärungsgerät und weitere Waffensysteme einfließen. Mit den Ressourcen sind primär das Know-how und die Ressource „Soldat" gemeint. Der Input Mittel und Ressourcen erzeugt zunächst als Output (Output 1) die militärischen Fähigkeiten einer militärischen Organisation. Die Militärorganisation wandelt also den gegebenen Input über ihre Strukturen und Prozesse in den Output der militärischen Fähigkeiten. Die Fähigkeiten bestimmen den Erfüllungsgrad der Aufgabenbewältigung.

Die Fähigkeitskategorien der Bundeswehr können wie folgt dargestellt werden:

	Personelle Fähigkeiten	Materielle Fähigkeiten	Infrastrukturelle Fähigkeiten	Strukturelle Fähigkeiten1)
Führungsfähigkeit				
Nachrichtengewinnung und Aufklärung				
Mobilität				
Wirksamkeit im Einsatz				
Unterstützung und Durchhaltefähigkeit				
Überlebensfähigkeit und Schutz				
1) Raum-zeitliche Verfügbarkeit				

Abbildung 17: Fähigkeitskategorien der Bundeswehr.[309]

Die militärische Strategie hat direkten Einfluss auf die militärischen Fähigkeiten, denn diese ist eine Determinante, welche die Entwicklung von Fähigkeiten bestimmt. Als Beispiel sei das Transportflugzeug A400M von Airbus genannt.[310] Der Airbus A400M gehört in die Fähigkeitskategorie Mobilität, zugeordnet den materiellen Fähigkeiten.

Der Output 1 ist die Erhaltung des Friedens, welcher durch die erzeugten militärischen Fähigkeiten sichergestellt werden kann. Kommt es im Krisenfall zu einem Einsatz, kann die Leistung dieses Einsatzes als Output betrachtet wer-

---

[309] Siehe Schnell, Jürgen: Vortrag Rationalisierungsstrategien in Streitkräften am Beispiel der Bundeswehr, gehalten am 25.09.2006 an der Polizei-Führungsakademie in Münster, Anlage 1, S. 25.
[310] Siehe http://www.airbusmilitary.com/A400M.aspx, gelesen am 11.09.2011.

den (Output 2). Die Leistung des Einsatzes wird wesentlich durch die gegnerische Einflussnahme bestimmt. Die Einsatzleistung kann ökonomisch bewertet werden, indem der eingesetzte Input (Personal, Material) bewertet und dem bewerteten Output (Frieden, Stabilisierung) gegenüber gestellt wird. Eine Bewertung an dieser Stelle ist nicht trivial und führt zu der Problematik der anzuwendenden Methodik, also des Wirtschaftlichkeitsprinzips (Maximalprinzip, Minimalprinzip oder Extremumprinzip).[311] Wenn die Abstraktion der Militärorganisation aus Abbildung 16 weiter transparent gemacht wird, ergibt sich folgendes Bild eines dreidimensionalen Würfels:

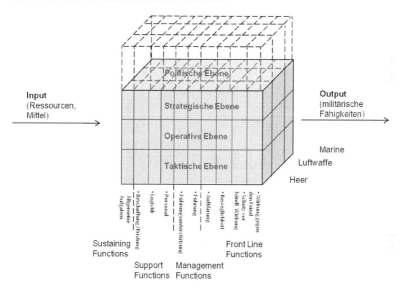

Abbildung 18: Funktionale Aufgabenbereiche in Streitkräften.[312]

Der Würfel zeigt die funktionalen Aufgabenbereiche einer militärischen Organisation, wobei eine Zuordnung auf die verschiedenen Ebenen erfolgt und eine Unterscheidung zwischen den verschiedenen Streitkräften vorgenommen wird. Die funktionalen Aufgabenbereiche werden unterschieden in Sustaining Functions (Allgemeine Aufgaben), Support Functions (Unterstützungsaufgaben), Management Functions (Führungsfunktionen) und Front Line Functions

---

[311] Vgl. Schnell, Jürgen: Vortrag Controlling als Steuerungselement in Militärorganisationen, S. 42–43.
[312] Siehe Schnell, Jürgen: Europäische Streitkräfte in ökonomischer Perspektive, München, 2005, S. 17.

(Kampfpotenzial). Diese sind auf der Vertikalen des dreidimensionalen Würfels aufgetragen, wobei eine weitere Verfeinerung in Abbildung 18 aufgezeigt wird.

Die Horizontale beschreibt die in der Militärorganisation vorhandenen Ebenen, eine taktische, eine operationale und eine strategische Ebene. In allen militärischen Ebenen finden sich die funktionalen Aufgabenbereiche wieder. Als Beispiel sei innerhalb der Front Line Functions die Beweglichkeit genannt. Auf der strategischen Ebene wird beispielsweise die Notwendigkeit einer höheren Beweglichkeit festgestellt, die Notwendig von Truppenverlagerungen von einem Standort zu einem anderen innerhalb eines festgelegten Zeitraums. Bei einer Bedarfsermittlung kann dies zu der Entscheidung des Kaufs eines Transportflugzeuges wie das des Airbus A400M führen. Innerhalb des Einsatzes wird taktisch über den Einsatz eines solchen Transportflugzeuges entschieden und die Entscheidung operativ umgesetzt. Erweitert auf die dritte Dimension – die Tiefe des Würfels – ist das Transportflugzeug A400M der Streitkraft Luftwaffe zugeordnet.

Der oben abgebildete Würfel besteht quasi aus kleinen einzelnen Würfeln, die es zu besetzen gilt. Überlappungen sind möglich und müssen dann durch Optimierung gelöst werden. Als Output des gesamten Würfels stehen die militärischen Fähigkeiten, die zur Friedenserhaltung oder für militärische Einsätze zur Verfügung stehen. Über diese Vorgehensweise wird die Bewertung (Quantifizierung) und Messbarkeit von Input und Output grundsätzlich ermöglicht, wobei die Frage nach der Messmethode im konkreten Fall zu beantworten ist.

Die politische Ebene ist der Vollständigkeit halber bei der Darstellung des Würfels mit aufgeführt worden. An dieser Stelle wird aber darauf nicht weiter eingegangen.

Als letzter Betrachtungspunkt sollen die erweiterten Einflussfaktoren auf eine Militärorganisation genannt werden. Hierbei sind die Umweltfaktoren der eigenen Gesellschaft, die begrenzt beeinflussbaren Umweltfaktoren und die sicherheitspolitische Umwelt zu nennen. Die folgende Abbildung gibt eine Übersicht über die wichtigsten Umweltfaktoren:

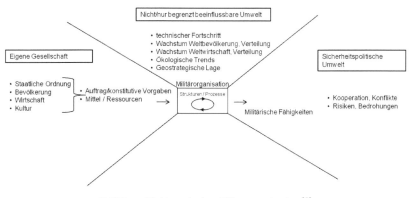

Abbildung 19: Umwelt einer Militärorganisation.[313]

Der Auftrag an die Militärorganisation und die dazu gehörigen Mittel und Ressourcen bestimmen sich aus unterschiedlichen Parametern wie staatliche Ordnung, Bevölkerung, Wirtschaft und Kultur. Die staatliche Ordnung hat einen entscheidenden Einfluss auf die Militärorganisation. Hierdurch wird nicht nur generell die Ausprägung der militärischen Organisation (Freiwilligenarmee, Wehrpflichtarmee) bestimmt, sondern auch ihr Auftrag. Es ist leicht vorstellbar, dass die militärische Organisationform als auch der festgelegte Auftrag sich zwischen demokratischen Staaten und diktatorischen Systemen deutlich unterscheiden. Die Kultur und die Bevölkerung nehmen Einfluss auf die Militärorganisation. Die Aufwuchsfähigkeit[314] einer militärischen Organisation wird primär aus der eigenen Bevölkerung bestimmt, unabhängig von dem eingesetzten Rekrutierungsinstrument. Im Falle nationaler Identität kann die eigene Bevölkerung Antrieb für einen möglichen militärischen Einsatz sein. Im Falle einer Söldnerarmee kann die nationale Identität fehlen, und der Einsatz wird durch andere Motive (z.B. durch die Entlohnung) bestimmt. Oft werden die Söldner abhängig vom jeweiligen Einsatz angeworben, um eine militärische Lösung, oft auch gegen das eigene Volk, zu erringen.[315]

Die identitätsbildenden kulturellen Werte und Vorstellungen in der Bevölkerung determinieren die politischen Vorgaben zum einen durch Wahlen. Da

---

[313] Siehe Schnell, Jürgen: Vortrag Controlling als Steuerungselement in Militärorganisationen, 29.04.09, S.13.
[314] Das ist ein aus dem militärischen Sprachgebrauch entlehnter Begriff. Aufwuchsfähigkeit meint die Möglichkeit (Fähigkeit) den militärischen Nachwuchs zu rekrutieren.
[315] Vgl. http://www.spiegel.de/politik/ausland/0,1518,747121,00.html, gelesen am 11.09.2011.

durch Wahlen Präferenzen der Bürger geäußert werden und Parteien mit dem größten Zuspruch die Geschicke des Landes bestimmen, wirken sich kulturelle Werte aus. Eine Partei hat grundsätzlich das Ziel der Wiederwahl und wird sich an den Präferenzen der Wähler orientieren (müssen). Hierbei spielen historische Gesichtspunkte ebenso eine Rolle. Eine Ausprägung ist zum Beispiel eine parlamentarische Kontrolle des Militärs, um Verselbständigungen der militärischen Kraft zu vermeiden. Konstitutive Vorgaben legen zum Beispiel die Befehlsgewalt fest, wobei exemplarisch zwischen der Befehlsgewalt in Friedenszeiten und der Befehlsgewalt im Verteidigungsfall unterschieden werden kann. Da die Haushaltsmittel für den Betrieb, den Ausbau und der Modernisierung einer Militärorganisation entscheidend sind, wirken sich diese direkt auf die Machbarkeit von Vorgaben und Zielerreichung aus. Die Haushaltsmittel wiederum bestimmen sich wesentlich aus der wirtschaftlichen Kraft der Bevölkerung (BIP). In Zeiten von Wirtschaftskrisen und Rezessionen werden durch politische Vorgaben Haushaltskürzungen vorgenommen, die sich in der Regel vorrangig negativ auf die militärischen Investitionen auswirken und eine Modernisierung der militärischen Organisation erschweren oder hemmen.

Es gibt Einflussfaktoren der Umwelt, welche kaum oder gar nicht durch Einzelstaaten oder durch Staatengemeinschaften zu beeinflussen sind. Forschungen und Entwicklung treiben beispielsweise technische Neuerungen voran. Diese Entwicklungen sind nicht aufzuhalten und teilweise nicht exakt vorhersagbar. Unbemannte Drohnen bestimmen heutzutage schon kriegerische Auseinandersetzungen mit Terroristen. Die Drohnen werden über tausende von Kilometern über einen Joystick und einen Monitor ferngesteuert und können so ihr Ziel zu einem Bruchteil der herkömmlichen Kosten beobachten und exakt bekämpfen.[316]

Die ungleiche Verteilung von Ressourcen und Wohlstand auf unserem Globus wird immer zu Unzufriedenheit und einem Empfinden von Ungerechtigkeit unter den Menschen führen. Ein ungleiches Wachstum der Weltbevölkerung kann Verschiebungen in der Verteilung mit sich bringen und Ursache für zukünftige Konflikte und Krisen sein. Demografische Entwicklungen haben oft soziale und ökonomische Probleme zur Folge, die im Zweifelsfall militärische Auseinandersetzungen provozieren.

---

[316] Siehe hierzu auch http://www.sueddeutsche.de/politik/getoeteter-terrorchef-osama-bin-laden-im-visier-der-tarnkappen-drohnen-1.1098873, gelesen am 11.09.2011.

„Die ökonomische Perspektive Europas ist in eine Reihe von allgemeinen Entwicklungstendenzen im internationalen System eingefügt. Dazu zählen zunächst das anhaltende Wachstum der Weltbevölkerung und die Dynamik demografischer Entwicklungen. Gegenwärtig leben etwa 6,4 Milliarden Menschen auf der Welt. Diese Zahl wird voraussichtlich bis 2025 auf 7,9 Milliarden, bis 2050 auf über 9 Milliarden ansteigen. Infolge der regional sehr unterschiedlichen Geburtenrate werden sich die regionalen Anteile an der Weltbevölkerung erheblich verschieben. Der Anteil der Europäer (EU-Staaten), der zurzeit bei 7,2 Prozent liegt, wird in den kommenden Dekaden auf etwa 5 Prozent sinken. Weit mehr als die Hälfte der Weltbevölkerung wird in Asien leben. Wichtige Einzeltendenzen sind regional gegenläufige Verschiebungen im Altersaufbau sowie die global zunehmende Verstädterung. Während der Anteil der über 60-Jährigen in den europäischen Industrieländern erheblich steigt, wächst in anderen Regionen und insbesondere in den Entwicklungsländern der Anteil der jüngeren Altersgruppen. In Afrika, Asien und Lateinamerika werden absehbar mehr als 1 Milliarde Menschen zusätzliche Arbeitsplätze suchen. Der Trend zu Megastädten mit mehr als 10 Millionen Einwohnern hält an, wobei diese Städte weit überwiegend im küstennahen Bereich liegen."[317]

Der Welthandel ist global sehr vernetzt und wächst ungleichmäßig über die Kontinente. Kennzeichnend dabei sind die immer schneller werdenden ökonomischen Transaktionen über Zeit- und Raumgrenzen. Durch den intensiven wirtschaftlichen Handel sind Staaten untereinander verflochten und dementsprechend sensibel bei Störungen innerhalb dieses ökonomischen Systems. Aber die Verflechtung beschränkt sich nicht nur auf den realwirtschaftlichen Handel, sondern besteht darüber hinaus auch auf den Finanzmärkten. Die Finanzkrise im Jahre 2008 hat die Verflechtungen mit allen Auswirkungen sozusagen an das Tageslicht befördert und jedem bewusst gemacht. Nicht nur Deutschland als Einzelstaat ist von Importen wichtiger Rohstoffe abhängig, sondern der gesamte europäische Wirtschaftsraum.[318]

„Es gehört daher zu den elementaren ökonomischen Interessen der Europäer, die Weltmärkte offen zu halten und den Zufluß strategisch wichtiger Rohstoffe zu sichern. Für eine positive ökonomische Perspektive Europas ist dies eine wesentliche Voraussetzung, die nur über eine hinreichende Stabilität im internationalen System erreicht werden kann, in deren Rahmen sich der rasche Strukturwandel der Weltwirtschaft vollzieht."[319]

Nicht nur ökonomisch, sondern auch ökologisch ist die Welt untereinander verbunden. Knappe natürliche Ressourcen wie Erdöl, Wasser und Gas müssen künftig bei einer wachsenden Weltbevölkerung unter den Menschen auf-

---

[317] Siehe Schnell, Jürgen: Europäische Streitkräfte in ökonomischer Perspektive, 2005, S. 1.
[318] Vgl. ebd.: S. 2–3.
[319] Siehe ebd.: S. 3.

geteilt werden. Dies hat konsequenterweise eine Verknappung der natürlichen Ressourcen zur Folge, wobei Verteilungsansprüche zu Krisen und militärischer geopolitischer Auseinandersetzung führen können.[320]

Außen- und sicherheitspolitisch wird sich Europa auf diese Herausforderungen einstellen müssen und sich generell global aufzustellen haben. Nur durch Kooperation der europäischen Staaten sind die ökonomischen und ökologischen Ansprüche aufrechtzuerhalten und der Einfluss auf die Verteilung durchsetzbar zu gestalten. Die militärischen Fähigkeiten sind danach auszurichten, sowohl innerhalb der nationalen Streitkräfte als auch bündnisorientiert.[321]

„Dies bedeutet, dass europäische Streitkräfte in wesentlichen Teilen als Interventionsstreitkräfte auszulegen sind. Neben einer angemessenen Größenordnung erfordert dies vor allem eine weitreichende Führungs- und Aufklärungsfähigkeit, strategische Mobilität sowie rasch verfügbare und durchhaltefähige Einsatzkräfte.
(...)
Weit stärker als bisher ist deshalb die Analyse ökonomischer Zusammenhänge und Gefährdungspotentiale in die sicherheitspolitische Lagebeurteilung einzubeziehen.
(...)
Die intensive Einbeziehung ökonomischer Kompetenz ist deshalb ein zwingendes Gebot sicherheitspolitischer Rationalität.
Insgesamt erfordert die ökonomische Perspektive Europas eine global ausgerichtete Gesamtstrategie, die politische, ökonomische und militärische Einzelstrategien konsistent verbindet und dies auch institutionell verankert."[322]

Die Herausforderung besteht insgesamt in der Messbarkeit der Zielerreichung politischer Vorgaben wie Sicherheit und Stabilität oder auch Konfliktverhütung und Krisenbewältigung. Eine Lösung wäre, zwei Verfahren zu kombinieren. In Demokratien bestimmen die Bürger, respektive die Wähler, den *Wert* der militärischen Fähigkeiten (Output) indem das von ihnen gewählte Parlament und die Regierung Entscheidungen zu den Streitkräften fällen. Der *Wert* der Streitkräfte bestimmt sich daher durch die Entscheidungen der gewählten Volksvertreter. Die andere Möglichkeit bestimmt den *Wert* der Streitkräfte über angegebene Größen im Auftrag. Hierzu geben beispielsweise die Weizsäcker Kommission Auskunft oder aber auch die Verteidigungspolitischen Richtlinien (VPR) vom Mai 2011. Dabei wird auf das Fähigkeitsprofil als zu messende

---

[320] Vgl. ebd.: S. 4.
[321] Vgl. ebd.: S. 5.
[322] Siehe ebd.: S. 5–6.

Größe verwiesen. Auf der Input-Seite bestehen ebenso Herausforderungen an die Bewertung, die es zu lösen gilt.[323]

Aufgrund der Erkenntnisse dieses Kapitels und des Interviews mit Prof Dr. Schnell liegt die Annahme nahe, die Bundeswehr als Fähigkeitsmaximierer bei den durchzuführenden Analysen zu betrachten. Diese Annahme soll deswegen für die weitere Betrachtung der heuristischen Modelle grundsätzlich gelten.[324]

---

[323] Vgl. ebd.: S. 7.
[324] Vgl. Mueller, Dennis C.: Public Choice III, New York, 2009, p. 659 and 661. Der Fähigkeitsmaximierung liegt das Maximal-, Minimalprinzip oder Extremumprinzip nach der Input-Outputanalyse zugrunde. Die Erkenntnis, dass die Bundeswehr als Fähigkeitsmaximierer modelliert werden kann, erschließt sich nach Meinung des Verfassers auch aus den Berichten der Weizsäcker Kommission aus dem Jahr 2000, dem Weißbuch aus dem Jahr 2006, dem Strukturbericht von Oktober 2010 und nicht zuletzt aus den Verteidigungspolitischen Richtlinien (VPR) vom Mai 2011. Aus diesem Grund – nach Meinung des Verfassers – ist die Annahme der Bundeswehr als Fähigkeitsmaximierer auch realitätsnah und entspringt nicht einer Phantasie oder dem Vorlieben des Verfassers für die Maximierung der Fähigkeiten bei der Bundeswehr.

VIII. Finanz- und Wirtschaftskrise

Die Finanz- und Wirtschaftskrise wird hier kurz dargestellt, da diese ein wichtiger Entscheidungsparameter ist, aber durch die betrachteten Akteure (objektiv) nicht wesentlich (zu ihren Gunsten) beeinflusst werden kann, somit als exogene und als konstante Größe modelliert wird.[325]

In der 17. Wahlperiode, unter Bundeskanzlerin Angela Merkel, ist die Aussetzung der Wehrpflicht beschlossen worden.[326] Um Entscheidungen besser zu verstehen, ist es von wesentlicher Bedeutung, das Umfeld, d.h. die politischen und wirtschaftlichen Verhältnisse, zu kennen. Weitreichende, historische Entscheidungen sind häufig komplex und müssen im Kontext verstanden werden. Zum Verständnis einer solchen Entscheidung sind nicht nur die direkten Entscheidungsparameter von Bedeutung, sondern auch die Umgebungsparameter.

Die Regierung Merkel befindet sich im Jahr 2009 in ihrer zweiten Amtsperiode. Bereits in der Amtsperiode davor– ab 2007 – werden die ersten Anzeichen einer Finanzkrise deutlich. Es beginnt mit der Immobilienkrise in den USA im Frühjahr 2007. Die Krise hatte ihre Wurzel in kreditfinanzierten Spekulationen, welche zu einem Wirtschaftswachstum ohne reale Grundlagen führten. Was trügerischer Weise in Form von Verlusten und einzelnen Insolvenzen klein begann, steigerte sich zum September des Jahres 2008 zu einem Zusammenbruch der amerikanischen Großbank Lehman Brothers. Die Krise weitete sich über den Finanzsektor auf die Realwirtschaft aus und führte nicht nur zu weiteren Insolvenzen außerhalb des Finanzsektors, sondern auch zu staatlichem Eingreifen. Finanzinstitute und Finanzdienstleister mussten durch Steuergelder gestützt werden, um sie vor dem Zusammenbruch zu bewahren. Die Commerzbank in Frankfurt ist durch eine staatliche Hilfe im Milliardenbereich subventioniert worden.

---

[325] Die Modellierung als konstante Größe bedeutete nicht, dass die Finanz- und Wirtschaftskrise als solche keinen Veränderungen unterliegt. Aus Sicht der Akteure soll dies aber (realitätsnah) derart modelliert werden.
In einem übertragenen Beispiel der Ökonomie kann die Finanz- und Wirtschaftskrise als eine Art von „Fixkosten" betrachtet werden, die über Maximierungsansätze (des Ration Choice) durch die modellierten Akteure nicht optimiert werden können.
[326] Am 15. Dezember 2010 wurde die Aussetzung der Wehrpflicht zum 1. Juli 2011 durch das Bundekabinett beschlossen. Die letztmalige Einberufung wehrpflichtiger Soldaten erfolgt im Januar 2011. Diese Entscheidung hat eine der größten Bundeswehrreformen zur Folge.

„Die Commerzbank vereinbarte mit dem von der Bundesregierung eingerichteten Sonderfonds Finanzmarktstabilisierung (SoFFin) eine Kapitalspritze in Form einer "stillen Einlage" über 8,2 Milliarden Euro. Das teilte das Institut am Montag mit. Damit erhöht die Privatbank ihre Kernkapitalquote von 7,6 auf 11,2 Prozent."[327]

Die Welt wächst politisch, ökologisch und ökonomisch immer weiter zusammen. Diese Entwicklung ist nicht aufzuhalten und bringt Vorteile mit sich. Die Vorteile für die Exportnation Deutschland liegen auf der Hand: Offene Handelswege und der weltweite Handel machen es möglich, in allen Regionen dieser Welt Handel mit deutschen Produkten zu treiben. Absatzmärkte für deutsche Spitzenprodukte aus der Automobilindustrie als auch aus Branchen für Hochleistungstechnologie werden vom deutschen Export bedient und sichern so den Wohlstand in Deutschland.

Die Verflechtung auf den verschiedenen Ebenen ist aber sensibel für Störgrößen. Zunächst als nicht bedeutsam und unscheinbar eingestufte Signale für eine sich anbahnende weltweite Rezession können bei unterbewerteter Beachtung oder Ignoranz aufgrund der weltweiten Verzahnung der Wirtschaftsdomänen zu verheerenden Auswirkungen auf den Märkten der Finanzwirtschaft und der Realwirtschaft führen.

Die USA ist zwar geografisch eine entfernte Nation, aber über militärische Bündnisse und wirtschaftliche Kooperationen und den Handel auf diversen Märkten sehr stark mit Europa und insbesondere mit Deutschland verbunden. Darüber hinaus gehende Partnerschaften auf verschiedenen Ebenen führen dazu, dass räumliche und zeitliche Limitationen sich auflösen. Der technologische Fortschritt ermöglicht Transaktionen und Kommunikation in Echtzeit ohne auf räumliche Barrieren zu stoßen. Der weltweite Computerhandel von Aktien und Wertpapieren ist realexistierend. Die Kommunikation über Twitter, Email und andere elektronische Systeme ermöglicht den Austausch von Daten und Informationen ohne eine Limitierung in Raum und Zeit.

Diese anscheinend *grenzenlose* Welt birgt also ihre Gefahren und Risiken, die sich dann mit derselben Geschwindigkeit weltweit bemerkbar machen. Angefangen als Immobilienkrise in Amerika führen weltweit durchgeführte Transaktionen zu Verlusten von Arbeitsplätzen in Deutschland. Die weltweit handeln-

---

[327] Siehe http://www.capital.de/unternehmen/100016416.html, gelesen am 02.08.2011. Weitere deutsche Banken, die stark in den Strudel der Finanzkrise gesogen wurden sind BayerLB, Hypo Real Estate, WestLB und HSH Nordbank.

den Nationen sind nicht nur über verschiedene Märkte miteinander verbunden, sondern die Märkte weisen unter sich Abhängigkeiten auf. Eine Krise auf dem amerikanischen Immobilienmarkt verharrt nicht in Amerika und ist auch nicht monolithisch auf den Immobilienmarkt beschränkt. Staaten sind nicht miteinander nur in einer Dimension und in eine Richtung verzahnt und nicht nur paarweise, sondern multinational, multi-direktional und auf multi-Ebenen. Dies macht die Transparenz der Zusammenhänge schwierig und äußerst anfällig für Störungen, da Störungen sich auf unterschiedlichen Wegen ausbreiten, aber auch einen unterschiedlichen Startpunkt haben können.

Große Krisen und Rezessionen passieren nicht plötzlich, sondern haben ihren zeitlichen Verlauf und ihren Anfang mehr oder weniger weit in der Vergangenheit. Die Immobilienkrise oder auch Hypothekenkrise in Amerika ist bis auf das Jahr 2002 zurückzuführen.[328] Zu diesem Zeitpunkt herrschte in Amerika ein niedriges Zinsniveau, welches eine hohe Liquidität im Markt begünstigt. Niedrige Zinsen bedeuten, dass eine Geldanlage wenig Ertrag abwirft und Alternativen wirtschaftlich rentabler wären. Eine solche Alternative bietet dann zum Beispiel der Immobilienmarkt, der gepaart mit einer positiven Erwartung der Immobilienpreise, also steigenden Immobilienpreise in der Zukunft, für eine Finanzanlage attraktiv wird. Dabei kommen weitere begünstigende Umstände hinzu. Die Banken in den USA hatten die Bonitätsanforderungen an den Kreditnehmer gelockert, so dass es relativ leicht war, Kredite zu bekommen. Zusätzliche staatliche Förderungen wie die Möglichkeit, Kreditzinsen von der Steuer abzusetzen, haben dann in der Summe für viele Amerikaner ein anscheinend attraktives Gesamtpaket bedeutet. Diese Konstellation hat einerseits einen Boom auf dem Immobilienmarkt in Amerika ausgelöst, andererseits aber auch Kreditnehmer geschaffen, die nicht in der Lage waren, die Tilgungen des Kredites aufzubringen, sondern nur die Zinsen aus dem Kredit bedienen konnten. Die Möglichkeit der Verbriefung der Hypothekenkredite hat dazu geführt, dass diese Forderungen unter den Banken international gehandelt und damit global verteilt wurden.[329]

Die Tatsache, dass die Hypothekenkredite überwiegend als variabel verzinste Kredite vergeben wurden, führte dann in den Jahren 2005 und 2006 bei Anhebung des Leitzinses der FED in den USA dazu, dass viele amerikanische Kre-

---

[328] Vgl. Zobler Marlen, Bölscher Jens: Chronologie, Ursachen und Auswirkungen der Finanzkrise, Vom amerikanischen Immobilienboom zum globalen Bankencrash, 1. Auflage, Norderstedt, 2009, S. 12.
[329] Vgl. ebd.: S. 13.

ditnehmer ihre Tilgungsraten und Zinszahlungen nicht mehr begleichen konnten. Die Folgen waren Zahlungsausfälle für die Banken und Zwangsversteigerungen auf dem Immobilienmarkt, dessen Boom merklich abkühlte. Da zusätzlich eine Transparenz fehlte, welche Bank welche Qualität an verbrieften Forderungen hatte, war die Unsicherheit unter den Banken in Bezug auf die Kreditwürdigkeit einer anderen Institution groß. Fehlendes Vertrauen führte dazu, dass unter den Banken die Geldflüsse abgeschnürt wurden und dies bei den Banken zu Liquiditätsengpässen führte. Dies ließ die Zentralbanken in den USA, Europa und Japan agieren, welche mit Zinssenkungen oder einem Verzicht einer weiteren Anhebung der Leitzinsen und zugeführter Liquidität aushalfen.[330]

Das Eingreifen der Zentralbanken beruhigte zwar das Marktgeschehen, aber dieses währte nur von kurzer Dauer, weil die Auswirkungen der vorgenommenen Zinsanpassungen für viele Kredite erst 2008 sichtbar wurden. Der Effekt war wie der zuvor beschriebene, dass viele Schuldner ihre Kreditbelastungen nicht ausreichend bedienen konnten und der Immobilienmarkt weiter einbrach. Die Unsicherheit im Markt veranlasste die Banken, mit neuen Kreditvergaben sehr vorsichtig zu sein. Die im Zusammenhang mit der Immobilienfinanzierung stehenden Finanzprodukte wurden von Ratingagenturen herabgestuft, und folglich verloren die Aktienkurse der Banken an den Börsen an Wert. Ende 2008 drohte mit der Insolvenz der amerikanischen Investmentbank Lehman Brothers ein Zusammenbrechen des gesamten Finanzsystems. Die Zentralbanken der großen Wirtschaftsräume mussten erneut eingreifen, konnten aber das Vertrauen in den Markt nicht zurückbringen, und es herrschte weiterhin ein nicht unerhebliches Liquiditätsproblem. Die Krise 2008 war wesentlich größer als die aus dem Jahre 2007. Unglaubliche Summen mussten von den Banken weltweit abgeschrieben werden, was zu historischen Verlusten führte. Teilverstaatlichung und Verstaatlichung von Banken wie die isländische Kaupthing Bank wurden durchgeführt, um das Finanzsystem vor dem Kollaps und den daraus resultierenden Folgen zu retten.[331]

Liquiditätsverknappung bedeutet, dass die Banken kaum noch bereit waren, Kredite an Unternehmen oder auch Private zu vergeben, so dass die Investitionen und der auf Kredit beruhende Konsum zurückgingen. Durch diese Zusammenhänge hat die Hypothekenkrise die Realwirtschaft erreicht und sich

---

[330] Vgl. ebd.: S. 14–16.
[331] Vgl. ebd.: S. 20–24.

bei den Menschen, die zunächst nichts mit der Hypothekenkrise in Amerika zu tun hatten, bemerkbar gemacht. Dies führte bis zu Arbeitsplatzverlusten im europäischen Wirtschaftsraum und zu individuellen Schicksalsschlägen. Regierungen der G7-Staaten beschlossen ein gemeinsames Vorgehen, um weiteres Unheil zu vermeiden. So wurde auf Basis der EU-Richtlinie „Leitlinie für nationale Rettungsmaßnahmen" in Deutschland im Oktober 2008 das Finanzmarktstabilisierungsgesetz verabschiedet.[332] Welche dramatischen Auswirkungen diese Krise hatte, zeigen folgende Zahle aus dem Jahre 2008:

> „Allein die kumulierten weltweiten Wertberichtigungen beliefen sich bis Juni 2008 auf insgesamt 395,5 Mrd. US-Dollar. Davon entfielen 12,6 Prozent auf Deutschland. Insgesamt kostete die Hypothekenkrise die Weltwirtschaft bislang 2,8 Billionen US-Dollar."[333]

Die 27 europäischen Mitgliedstaaten bilden einen wichtigen Absatzmarkt für die Exportnation Deutschland. In Zahlen bedeutet das, dass Deutschland in den EU-Wirtschaftsraum 64,8 Prozent seines Exportvolumens liefert. Die erste Welle der Finanzkrise 2007 führte zu einem merklichen Rückgang der Güternachfrage bei den EU-Mitgliedstaaten. Besonders die von der Finanzkrise betroffenen Länder wie Frankreich, Irland, Italien, Spanien und das Vereinigte Königreich importierten Waren und Dienstleistungen mit Zurückhaltung. Außerhalb des EU-Raums waren es insbesondere die USA und Japan.[334]

In Deutschland hat die Auswirkung der amerikanischen Immobilien- und Hypothekenkrise die Landesbanken empfindlich getroffen. Die bayrische Landesbank hat 2008 einen Verlust von ca. 1 Mrd. Euro ausgewiesen, die HSH Nordbank hat Wertberichtigungen in Höhe von 720 Millionen Euro durchgeführt.[335]

> „Insgesamt mussten innerhalb der Gruppe der Landesbanken bis Mai 2008 Abschreibungen in Höhe von 21 Mrd. US-Dollar vorgenommen werden."[336]

Damit hatten die Landesbanken etwa 43 Prozent der Abschreibungen des gesamten Bankensektors zu tragen. Von ehemals zwölf Landesbanken, waren Ende 2007 nur noch sieben Landesbanken als selbstständige Institute am Markt. Die zu diesem Zeitpunkt noch geltende Gewährträgerhaftung hatte zur Folge, dass der Staat für die Verluste und Wertberichtigungen der Landesban-

---

[332] Vgl. ebd.: S. 28–31.
[333] Siehe ebd.: S. 31–32.
[334] Vgl. ebd.: S. 73 und 76.
[335] Vgl. ebd.: S. 26.
[336] Siehe ebd.: S. 27.

ken bürgt. Somit wird der Steuerzahler am Ende für die Verluste der Landesbanken zahlen. Das ist mit „Sozialisierung von Verlusten" gemeint, wie es der Volksmund ausformuliert.[337]

Wie wichtig Banken im volkswirtschaftlichen Kreislauf sind, wird deutlich, wenn man die Zusammenhänge verständlich macht. Der Finanzsektor versorgt Unternehmen und Private mit Krediten, damit sie investieren oder konsumieren. Eine Investition bedeutet eine Ausweitung oder Modernisierung von Anlagen und Maschinen, um wettbewerbsfähig und effizienter zu sein. Private investieren und konsumieren ebenso und treten auf den Märkten als Nachfrager auf. Sie fragen die von den Unternehmen erzeugten Produkte nach, was wiederum den Gewinn der Unternehmen beeinflusst und die Steuern bestimmt. Wenn dieser Kreislauf unterbrochen wird, kann es zu verheerenden Effekten, sogenannten Dominoeffekten, kommen. Sicherlich ist der volkswirtschaftliche Kreislauf wesentlich komplexer, aber diese vereinfachte Darstellung zeigt deutlich die Interdependenzen zwischen den Akteuren und Institutionen auf. Über diesen Kreislauf – wenn er denn funktioniert – wird Wohlstand und Fortschritt generiert.[338]

Neben dem starken Euro führte die schwächelnde Weltkonjunktur zur Abnahme der deutschen Exporte: eine Abschwächung, die direkt auch mit der sinkenden Nachfrage aus den USA als starkem Handelspartner korrelierte. Als weiterer Katalysator des Abschwungs wirkte bis Mitte 2008 eine hohe Inflationsrate in Deutschland, die Halbfertigerzeugnisse und Rohstoffe wesentlich verteuerte. Diese Preiserhöhung auf der Inputseite wurde an die Konsumenten (Outputseite) weitergegeben. Damit verringerten sich die Exportnachfrage und die Binnennachfrage weiter.[339]

Auf die sich abschwächende Weltkonjunktur mit all ihren Folgen reagierten die Akteure mit ihnen zur Verfügung stehenden Mitteln. Die Unternehmen verzichteten auf eine verteuerte Kreditaufnahme für Investitionen und konzentrierten sich auf Kosteneinsparungen, was immer auch Personalabbau zur Folge hat. Durch die gestiegene Inflationsrate auf die Konsumgüter, verzichteten die Menschen auf den verteuerten Konsum, denn eine Inflation hat eine reale Kaufkraftentwertung zur Folge. Die wirtschaftlichen Prognosen und die Erwar-

---

[337] Vgl. ebd.: S. 67.
[338] Vgl. ebd.: S. 66–72.
[339] Vgl. ebd.: S. 75.

tungshaltungen aus Sicht des Jahres 2008 waren negativ. Eine Rezession stand bevor.[340]

Der deutsche Staat griff regulierend ein, um den weiteren Abwärtstrend mindestens zu stoppen oder gar umzukehren. Sogenannte Konjunkturpakte und Maßnahmenpakete wurden beschlossen und auf den Weg gebracht. Das verabschiedete Konjunkturprogramm „Zur Beschäftigungssicherung und Wachstumsstärkung (Konjunkturpaket I)" Ende 2008 hatte ein Volumen von etwa 32 Mrd. Euro – somit etwa die Höhe des Verteidigungshaushalt eines Jahres.[341]

> „Merkel sagte, sie fürchte, dass 2009 ein Jahr schlechter Nachrichten werde. „Wir haben die Finanzmärkte durch das Maßnahmenpaket für die Banken stabilisiert, allerdings muss das Vertrauen noch zurückkehren, der sogenannte Interbankenmarkt wieder voll funktionsfähig werden", sagte Merkel. Deshalb solle mit dem Konjunkturpaket der Bundesregierung den Bürgern und Unternehmen eine Brücke gebaut werden, damit es 2010 wieder aufwärtsgehe.
>
> In dem EU-Konjunkturpaket sieht die Kanzlerin aber zugleich eine Chance: „Wir sollten die gegenwärtige Situation nutzen, um Europa zukunftsfähiger zu machen, insbesondere da, wo wir technologisch nicht voll auf der Höhe der Zeit sind", sagte Merkel der Zeitung „Welt am Sonntag" laut Vorabbericht. Investiert werden solle in Internet-Breitbandanschlüsse besonders in dünn besiedelten Gebieten, Klimaschutz und Energieeffizienz."[342]

Das zweite Konjunkturpaket „Gesetz zur Sicherung von Beschäftigung und Stabilität in Deutschland", Anfang 2009 verabschiedet, war noch wesentlich größer und ist mit etwa 50 Mrd. Euro bewertet.[343]

Der Titel des Sachverständigenrats für das Jahresgutachten der Jahre 2009 und 2010 zeigt die Bedrücktheit der wirtschaftlichen Lage: Die Zukunft nicht aufs Spiel setzen. Hierzu ruft der Sachverständigenrat die Politik auf, entsprechende Konzepte und Strategien zu entwickeln, um aus der Krise zu kommen. Aus der Vogelperspektive betrachtet, ist eine Stabilisierung der Wirtschaftslage bis Mitte 2009 zu verzeichnen. Davor waren vier Quartale des Abschwungs, d.h. die rückläufige Entwicklung des Bruttoinlandprodukts kenn-

---

[340] Vgl. ebd.: S. 77–81.
[341] Vgl. auch http://www.bundesregierung.de/nsc_true/Content/DE/Publikation/Bestellservice/__Anlagen/2009-02-25-flyer-krise-meistern,property=publicationFile.pdf/2009-02-25-flyer-krise-meistern und http://www.konjunkturpaket.de/Webs/KP/DE/BuergschaftenKredite/buergschaften-kredite.html , gelesen am 18.09.2011.
[342] Siehe http://www.rp-online.de/wirtschaft/news/boerse/finanzkrise/Merkel-2009-wird-ein-duesteres-Jahr_aid_641509.html, gelesen am 18.09.2011.
[343] Vgl. http://www.zeit.de/online/2009/03/konjunkturpaket-entscheidung, gelesen am 18.09.2011.

zeichnend, wobei der Rückgang im Jahre 2009 etwa 5 Prozent betrug.[344] Ende 2009 befindet sich die deutsche Volkswirtschaft in einer tiefen Rezession mit einem leicht positiven Blick in das Jahr 2010, aber versehen mit einer großen Unsicherheit und einer wahrscheinlichen Instabilität hinsichtlich des zukünftigen konjunkturellen Verlaufs.

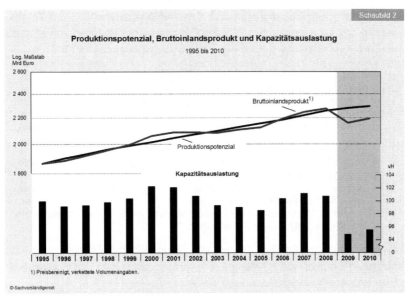

Abbildung 20: Produktionspotenzial, Bruttoinlandsprodukt und Kapazitätsauslastung bis 2010.[345]

Bei der obigen Abbildung sind die eingezeichneten Säulen sehr aussagekräftig, es zeigt den Kapazitätsauslastungsgrad, den Quotienten aus tatsächlichem und potenziellem Bruttoinlandsprodukt. Im Jahre 2009 ist der niedrigste Wert der vergangenen 15 Jahre zu verzeichnen. Hierin drückt sich das Brachliegen des deutschen wirtschaftlichen Potenzials aus, also eine Unterauslastung. Eine zu vermutende hohe Arbeitslosigkeit blieb aus, weil Unternehmen die Möglichkeiten des Abbaus von Arbeitszeitkonten und Kurzarbeit wahrgenommen haben. Aus dem Blick des Jahres 2009 wäre aber eine Erhöhung der Arbeitslosenzahlen im Jahre 2010 folgerichtig zu prognostizieren, da die ge-

---

[344] Vgl. Sachverständigenrat zur Begutachtung der gesamtwirtschaftlichen Entwicklung, Die Zukunft nicht aufs Spiel setzen, Jahresgutachten 2009/10, Wiesbaden, 2009, S. 3.
[345] Siehe ebd.: S. 5.

troffenen Maßnahmen nicht dauerhaft eingesetzt und damit ihre Wirkung nicht entsprechend entfalten würden.[346]

Insgesamt hat die große Koalition viele Steuergelder zur Bekämpfung der Wirtschafts- und Finanzkrise aufgewendet, so dass infolge dessen eine hohe Staatsverschuldung zu verzeichnen ist. Um die öffentlichen Haushalte künftig zu konsolidieren und die Neuverschuldung einzuschränken, ist die sogenannte Schuldenbremse gesetzlich verabschiedet worden. Diese reglementiert Bund und Länder über Verschuldungsregeln, künftig sehr begrenzt auf Kreditaufnahmen für die Schuldentilgung und Haushaltskonsolidierung zurückzugreifen.[347]

Die weltweite Wirtschaftskrise hat Deutschland aus Sicht des Jahres 2010 überwiegend positiv bewältigt, wobei mehrere Perspektiven für das Gesamtbild anzunehmen sind. So ist dann grundsätzlich auch der Titel des Sachverständigengutachtens für 2010/2011 zu verstehen: Chancen für einen stabilen Aufschwung. Die Zunahme des Bruttoinlandsproduktes liegt Ende 2010 bei etwa bei 3,7 Prozent, welche sowohl durch einen erhöhten Export als auch durch eine erhöhte Binnennachfrage gespeist wurde. Die Arbeitslosenzahl hat den niedrigsten Stand der letzten 18 Jahre. Im Vergleich „zum Rest von Europa" steht Deutschland hervorragend da, dessen Anstieg des Bruttoinlandsprodukts knapp unter 1 Prozent liegt und das eine Arbeitslosenquote von ca. 11 Prozent ausweist. Hierbei ist zu berücksichtigen, dass Deutschland „aus dem Tal der Tränen" kam, also vor dem Hintergrund des konjunkturellen Einbruchs aus dem Jahr 2009.[348]

Einerseits hat die Weltwirtschaftskrise den deutschen Export sehr stark betroffen, andererseits aber ist der Aufschwung vom Export getragen. Das liegt zum einen an der Wettbewerbsfähigkeit der deutschen Exportindustrie, welche durch Innovationen und Rationalisierungsstrategien bereits vor der Krise gut positioniert war, aber auch an der Tatsache, dass diese an ihren Fachkräften in der Krise festhielt, um nach der Krise nicht den mühsamen Weg der Wiedereinstellung und die daraus resultierende Zeitverzögerung des sich Rüstens zu gehen.[349]

---

[346] Vgl. ebd.: S. 5–6.
[347] Vgl. ebd.: S. 10.
[348] Vgl. ebd.: S. 1.
[349] Vgl. ebd.: S. 1–2.

Die Aktivierung der Konjunkturpakete hat zum Aufschwung beigetragen wie auch die bereits durch Vorgängerregierungen veranlassten Reformen auf dem Arbeitsmarkt und auf dem Gebiet der Unternehmensbesteuerung. Die im Jahre 2011 in Kraft tretende „Schuldenbremse" hat bereits im Jahre 2010 ihre adaptive Wirkung. Nichtsdestoweniger gibt es bei detaillierten Ausformulierungen noch Meinungsverschiedenheiten, die es künftig politisch zu lösen gilt. Grundsätzlich ist der leichte Aufschwung nicht eindimensional, sondern stützt sich im Wesentlichen auf eine belebte Binnennachfrage und auf eine stabile Exportnachfrage, die es nachhaltig auszubauen gilt.[350]

Die nachfolgende Abbildung zeigt die prognostizierte Wirtschaftsentwicklung Deutschlands aus dem Jahr 2010 für das Jahr 2011:

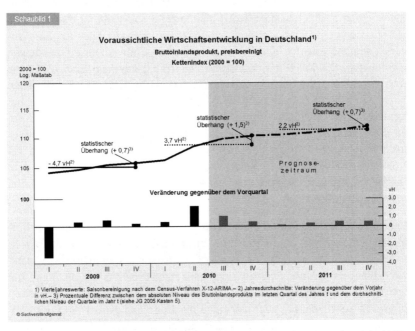

Abbildung 21: Voraussichtliche Wirtschaftsentwicklung in Deutschland aus dem Jahr 2010 heraus.[351]

Es ist selbstverständlich zu beachten, dass diese Prognose mit Unsicherheit behaftet ist und Risiken birgt. Ein erneutes Aufflammen einer weltweiten Wirt-

---

[350] Vgl. ebd.: S. 2–7.
[351] Siehe ebd.: S. 8.

schaftskrise ist nicht ausgeschlossen, die dann den deutschen Export massiv beeinträchtigt. Eine solche Krise muss nicht dieselben Ursachen haben, kann aber ähnlich massiv wirken. Zudem ist zu berücksichtigen, dass andere Länder vor Beendigung der fiskalischen Maßnahmen stehen und andere Nationen die Krise nicht so gut bewältigen konnten wie Deutschland und somit auf dem Weltmarkt als Nachfrager ausbleiben. Darüber hinaus gibt es noch auf dem Finanzsektor Banken, die nicht unerhebliche Positionen abzuschreiben haben.[352]

Zum Vergleich und zum Verständnis des Ausmaßes der Finanzkrise ist zu vermerken, dass das BIP zur Mitte des Jahres 2010 dem des BIP Ende 2006 bzw. Anfang 2007 entspricht. Der Sachverständigenrat erwartet den Ausgleich der durch die Finanzkrise entstandenen Produktionsausfälle zum Ende des Jahres 2011. Die deutsche Wirtschaft brauchte folgerichtig etwa drei Jahre, um das Niveau des BIP vor der Krise zu erreichen.[353]

Die nachfolgende Abbildung zeigt das Produktionspotenzial, das Bruttoinlandsprodukt und die Kapazitätsauslastung der Jahre 1995 bis 2011:

---

[352] Vgl. ebd.: S. 3–8.
[353] Vgl. ebd.: S. 9.

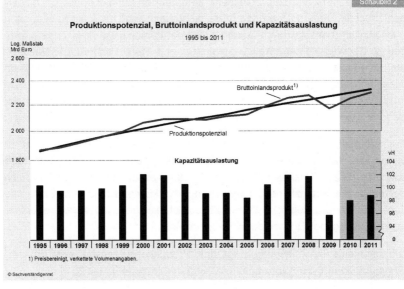

Abbildung 22: Produktionspotenzial, Bruttoinlandsprodukt und Kapazitätsauslastung bis 2011.[354]

Es ist ersichtlich, dass das Bruttoinlandprodukt noch unter dem Produktionspotenzial liegt, wobei die Potenzial-Lücke oder Output-Lücke Ende 2011 prognostiziert geschlossen sein wird.[355]

Im Jahre 2011 ist die Wirtschaftskrise nicht ausgestanden.[356] Erhebliche Verschuldungsvolumen haben sich bei den Staaten des Euro-Raums angehäuft wie auch im Vereinigten Königreich, in Japan und den USA. Es wird offen über eine geordnete Insolvenz Griechenlands gesprochen und deren Folgen für den Euro. Heftig geführte Debatten beschäftigen sich mit der EU als Währungsunion. Die für Griechenland aufgespannten „Rettungsschirme" stehen in der Kritik und führen zu der Diskussion, dass die Währungsunion zu einer Schuldenunion oder auch Haftungsunion verkommt.[357] Weitere Bürgschaften für Griechenland stehen auf dem Prüfstand – entgegen den grundsätzlichen Vereinbarungen aus dem EU-Vertrag. In Griechenland selbst gehen die Men-

---

[354] Siehe ebd.
[355] Vgl. ebd.
[356] Aus der Perspektive des Septembers 2011.
[357] Vgl. http://www.tagesschau.de/wirtschaft/eurorettungsschirm106.html, gelesen am 24.09.2011.

schen auf die Straße, um gegen die verhängten Sparauflagen infolge der EU-Kredite und EU-Garantien zu protestieren.[358] Noch im Herbst 2011 erfordern die Finanzkrise und ihre Folgen die volle Aufmerksamkeit der Politiker. Würde die Insolvenz Griechenlands öffentlich beschlossen, würden weitere Herausforderungen folgen. Denn die Verflechtung der Staaten untereinander mit den dahinterstehenden Investoren – Banken und Versicherungen – könnte eine nächste hässliche Schockwelle auslösen, wobei der Euro als Währung auf dem Spiel steht.[359]

Eine der rationalsten Entscheidungsgründe ist die Betrachtung der Kostenkomponente bzw. der ökonomischen Effizienz. Diese Größe ist eine messbare Größe und kann entsprechend quantifiziert und zum Vergleich herangezogen werden. Es wird betont, dass die ökonomische Betrachtung eine Entscheidungskomponente ist und andere Kriterien zur Entscheidungsfindung dadurch nicht gering geschätzt werden. In der Presse und in den Medien wird immer wieder der Kostenaspekt bei der Reform der Bundeswehr diskutiert. Die Effizienzbetrachtung geht aber über den Kostenaspekt hinaus und betrachtet die Relation Kosten zu dem erzielten Nutzen. An dieser Stelle sind die Definition der ökonomischen Effizienz wichtig und der Bezug auf die Messgrößen.

> „Kennzeichnend für die ökonomische Effizienz einer Militärorganisation ist in einer generalisierenden Formulierung das Verhältnis zwischen dem Ausmaß der Auftrags- und Aufgabenerfüllung einerseits („Output") und den aufgewendeten und eingesetzten Mittel und Ressourcen („Input") andererseits."[360]

Dies ist grundsätzlich leicht nachzuvollziehen. Hierbei ergibt sich aber eine weitere Herausforderung, nämlich die Frage nach der Messbarkeit bzw. der Messgröße. Leider ist „dieses Messproblem nicht so einfach" wie in der Physik zu lösen, indem beispielsweise Flüssigkeitsmengen in Liter und Gewichtsangaben in Gramm oder Kilogramm gemessen werden. Durch diese Nicht-Eindeutigkeit ist jeder Ansatz des Messens angreifbar, wobei aber nicht die Schlussfolgerung gezogen werden sollte, die Messung als solche nicht durchzuführen. Die Messung ist entsprechend der gewählten Messparameter zu interpretieren und gegebenenfalls durch weitere Messungen zu ergänzen.

---

[358] Vgl. http://www.tagesschau.de/wirtschaft/griechenlandstreik112.html, gelesen am 24.09.2011.
[359] Vgl. http://www.tagesschau.de/wirtschaft/italien466.html und http://www.tagesschau.de/wirtschaft/eu276.html, gelesen am 24.09.2011.
[360] Schnell, Jürgen: Neue Entscheidung zur allgemeinen Wehrpflicht sowie Umwandlung der Bundeswehr in eine Freiwilligen-Bundeswehr, 02.02.2010, S. 13.

„Bei den vom Verfasser vorgenommenen Untersuchungen wurden auf der Output-Seite Messgrößen genutzt, die Fähigkeiten erfassen. Auf der Input-Seite wurde mit fiskalischen Kosten gerechnet. Diese setzen sich bei der Wehrpflicht-Bundeswehr aus den Verteidigungsausgaben (Einzelplan 14), den Ausgaben für den Zivildienst und den durch die Wehrpflicht verursachten Mindereinnahmen der öffentlichen Haushalte zusammen."[361]

Um Vergleiche sinnvoll zu gestalten, ist es hilfreich, einen Parameter als fest oder als gegeben zu nehmen. So ist ein Vergleich des Outputs bei gleichem Input unter einerseits der Konstellation der Freiwilligenarmee oder andererseits der Wehrpflichtarmee möglich.

Bei Konstanz des Outputs, also der gleichen Bereitstellung an Fähigkeiten in Qualität (oder Menge), liegt der Input der Wehrpflichtarmee etwa bei 252.500 Soldatinnen und Soldaten und bei einer Freiwilligenarmee etwa bei 232.000 Soldatinnen und Soldaten. Eine Differenz der Anzahl der Soldatinnen und Soldaten von ca. 20.000 würde eine fiskalische Ersparnis von 1 bis 2 Mrd. Euro erbringen.[362]

Bei Konstanz des Inputs, also der kostenneutralen Varianten, würde die Berufsarmee etwa 235.000 bis 245.000 Soldatinnen und Soldaten umfassen. Das Fähigkeitsprofil der Freiwilligenarmee wäre qualitativ über die Zeit aber besser.[363]

Ein weiterer Betrachtungspunkt können die Opportunitätskosten aus volkswirtschaftlicher Sicht sein. Ein Wehrpflichtiger könnte alternativ auf dem freien Arbeitsmarkt tätig sein und so seinen Beitrag zum Bruttoinlandsprodukt leisten und Einkommenssteuern zahlen. Dieser Effekt ist volkswirtschaftlich nicht unerheblich und muss zu den fiskalischen Kosten und dem Verteidigungshaushalt hinzugerechnet werden. Dabei wird eine große Bandbreite an Opportunitätskosten angegeben, die in Abhängigkeit der Annahmen und der verwendeten Verfahren variiert. Die durchgeführten Untersuchungen von Prof. Dr. Jürgen Schnell von der Universität der Bundeswehr geben einen Bereich von 2,5 bis 5 Mrd. Euro an.[364]

Ein Wehrpflichtiger könnte aber auch in die Arbeitslosigkeit geraten sein, so dass er an dieser Stelle staatliche Kosten verursacht hätte, ohne eine Gegen-

---

[361] Siehe ebd.
[362] Vgl. ebd.
[363] Vgl. ebd. S. 14.
[364] Vgl. ebd. S. 15.

leistung an den Staat zu liefern. Durch die Ableistung der Wehrpflicht wäre dann die Ersparnis des Arbeitslosengeldes zu verzeichnen und darüber hinaus die Ableistung einer Dienstleistung beim Militär zu nicht marktgerechtem Preis. Den Opportunitätskosten müssen die volkswirtschaftlichen Erträge wie die Erzielung von staatlicher Sicherheit und die Bereitstellung militärischer Dienstleistung zu nicht marktorientierten Preisen gegenüber gestellt werden.[365]

Ein anderer Betrachtungspunkt wären die direkten Opportunitätskosten des Wehrpflichtigen. Anstatt zur Bundeswehr zu gehen, wäre es ihm möglich, einen zivilen Beruf zu erlernen. Im Fall einer höheren Ausbildungsvergütung wäre die Differenz zu einem Sold bei der Bundeswehr als Opportunitätskosten zu verstehen. Eine andere Betrachtung berücksichtigt, dass eine Militärzeit die zivile Berufszeit verkürzt und die Zeit des militärischen Dienstes der Zeit des höheren erreichbaren Einkommens im zivilen Beruf gegenübersteht. Eine mögliche dritte Variante berücksichtigt das gesellschaftliche Umfeld. Vorstellbar wäre, dass die Berufschancen bei Ableistung eines militärischen Dienstes erhöht wären, da der Dienst in der Armee gesellschaftlich hoch und anerkennend bewertet wird. Im Extremfall wäre der militärische Dienst Voraussetzung für den beruflichen Werdegang im zivilen Bereich.

Neben den Aussagen, dass die Einsätze mit höchster Wahrscheinlichkeit das Fähigkeitsprofil und den Umfang der Streitkräfte bestimmen, ist ein europäischer Vergleich der Streitkräfteumfänge sinnvoll, um die Größe der Bundeswehr einzuordnen. Auch hier stellt sich die Frage der Mess- und Bezugsgröße. Die Bevölkerungsgröße und die Relation der Verteidigungsausgaben an der inländischen Wirtschaftskraft (BIP) sind Bezugsgrößen, um den Streitkräfteumfang zu bemessen.

Wird Deutschland mit den Staaten Frankreich, England oder Italien verglichen, so würde der Umfang einer Freiwilligenarmee von 270.000 Freiwilligen angemessen sein. Überlegungen, deutsche Streitkräfte in Form einer Freiwilligenarmee mit einem deutlich geringeren Personalumfang zu planen, führen zu einer Schwächung Deutschlands innerhalb der EU und der NATO unter dem Aspekt der Lastverteilung bei militärischen Operationen und damit auch der

---

[365] Ein marktgerechter Preis stellt sich bei der Freiwilligenarmee ein. Der Sold bei einer Wehrpflichtarmee ist für die Wehrpflichtigen als gegeben hinzunehmen und nicht zu verhandeln. Bei einer Freiwilligenarmee könnte beim Scheitern an der Frage des Soldes eine alternative Berufswahl stehen und der Freiwillige kann sich so möglicherweise handlungsalternativ besserstellen.

Möglichkeit, die internationale Rolle und Verantwortung auszubauen. Deutschland ist bereits vor dem Umbau der Bundeswehr im unteren Drittel des Rankings aller Mitgliedstaaten. Eine weitere Verkleinerung der Bundeswehr verschärft den Effekt.[366]

> „Im Ergebnis ist die ökonomische Effizienz einer 200.000-Freiwilligen-Bundeswehr – sofern als Bezugsgröße der gegenwärtige Verteidigungshaushalt zugrunde gelegt wird – deutlich geringer als die der gegenwärtigen 252.500-Wehrpflichtigen-Bundeswehr.
> (…)
> Bei einem Abwägen der Vor- und Nachteile dieses Vorschlages überwiegen daher insgesamt die erheblichen Nachteile, so dass nicht empfohlen werden kann, diesem Vorschlag zu folgen."[367]

Jede Militärorganisation verursacht unabhängig von ihrer Ausprägung – Freiwilligenarmee oder Wehrpflichtarmee – Kosten, die staatlicherseits aufzubringen sind. In einem Klima der Finanz- und Wirtschaftskrise und der Haushaltskonsolidierung ist es naheliegend die Entscheidung zur Ausprägung der Bundeswehr auf den Kostenaspekt zu fokussieren und diesen Aspekt stark zu gewichten.

> „Unter fiskalischen und volkswirtschaftlichen Aspekten ist – wie der Verfasser [Anm.: Prof. Dr. Schnell] bereits in früheren Veröffentlichungen darlegte – die Wehrpflicht-Bundeswehr im Vergleich mit einer etwa gleich leistungsfähigen Freiwilligen-Bundeswehr in der heutigen sicherheitspolitischen Umwelt grundsätzlich die teurere Armee. Dabei können die durch die Wehrpflicht verursachten Mehrkosten als Preis für die als positiv bewerteten gesellschaftspolitischen Wirkungen der Wehrpflicht interpretiert werden. Durch die Verkürzung der Grundwehrdienstdauer wird aus ökonomischer Sicht dieser Preis nun höher und es ist die Sache aller Bürger und der Politik zu entscheiden, ob dieser Preis auch in der weiteren Zukunft gerechtfertigt ist."[368]

In der oben zitierten Aussage ist herauszustellen, dass die Freiwilligenarmee unter der Voraussetzung der heutigen sicherheitspolitischen Umwelt die fiskalisch und volkswirtschaftlich günstigere Armee ist. Eine bedingungslose Antwort ist kaum möglich, da neben den fiskalischen und volkswirtschaftlichen Kosten andere Faktoren – weiche Faktoren – wie die gesellschaftliche Verankerung des Militärs eine Rolle spielen. Der Wert der gesellschaftlichen Wirkung durch eine Wehrpflichtarmee ist sicherlich schwierig zu bewerten und kann dadurch stark variieren. Ein Vergleich der wesentlichen Gesamtkosten

---

[366] Vgl. Schnell, Jürgen: Neue Entscheidung zur allgemeinen Wehrpflicht, 02.02.2010, S. 18.
[367] Siehe ebd.: S. 17 und S. 18.
[368] Siehe ebd.: S. 12.

beider Armeeformen muss den Parameter der gesellschaftlichen Wirkung aber auf beiden Seiten berücksichtigen, d.h. dass dieser Parameter ebenso bei der Kostenbetrachtung der Freiwilligenarmee in Betracht gezogen werden muss. Ob dieser nun weniger positiv oder sogar negativ bewertet wird, ist grundsätzlich einer Untersuchung oder eben einer Einschätzung des Entscheidungsträgers geschuldet.

Bei der Umstellung der Bundeswehr von einer Wehrpflichtarmee auf eine Freiwilligenarmee ist ein wesentlicher Kostenpunkt die Anschubfinanzierung. Keine Institution, ob privat oder öffentlich, kann eine derartig tiefgreifende organisatorische und strukturelle Änderung aus sich heraus, ohne zusätzliche finanzielle Mittel, bewältigen. Über einen längeren Zeitraum wird sich eine Anschubfinanzierung amortisieren, wenn die Reform die notwendigen und geglaubten Einsparungen erzielt. Die Bereitstellung der finanziellen Mittel für die Anschubfinanzierung ist unabdingbar. Eine weitere nicht zu vernachlässigende Größe für die Finanzierung sind Kosten aus resultierenden langfristigen Verpflichtungen, die auch bei rechtzeitiger Beendigung oder Kündigung, Kosten über die Restlaufzeit verursachen, sogenannte Remanenzkosten.[369]

Werden die Kosten der staatlichen Verteidigungsfähigkeit lediglich über das Budget des Verteidigungshaushaltes definiert, also ohne die Kosten des Zivildienstes und ohne die volkswirtschaftlichen Nutzenentgangskosten infolge der Tatsache, dass der Wehrdienstleistende in der Zeit seines Wehrdienstes keinen Beitrag zum Bruttoinlandsprodukt beiträgt, dann würden die Betriebsausgaben der Bundeswehr steigen. Dies wohl mit dem Effekt, dass die Investitionen in die Verteidigungsleistung gekürzt werden. Das wiederum bedeutet konkret, dass die Streitkräfte mit veraltetem Material und veralteter Ausrüstung militärische Aufgaben zu lösen haben. Ein Verzicht auf eine separat ausgewiesene Anschubfinanzierung verstärkt den Effekt. Eine Alternative, die mehr finanzielle Mittel für Investitionen freisetzt, hätte eine Kürzung im Personalbestand der Streitkräfte zur Folge. In jedem Fall würde die ökonomische Effizienz negativ beeinflusst. Durch ein Absenken des Verteidigungshaushaltes werden die beschriebenen Auswirkungen offensichtlich verstärkt.[370]

Die Festsetzung des zukünftigen Verteidigungshaushaltes im Fall der Umwandlung der Bundeswehr in eine Freiwilligenarmee zum Zeitpunkt t sollte bei

---

[369] Siehe ebd.: S. 14.
[370] Siehe ebd.: S. 16.

Berücksichtigung der ökonomischen Effizienz die gesamten fiskalischen Kosten berücksichtigen, die sich wie folgt ergeben:

Fiskalische Kosten $_t$ =
Verteidigungshaushalt (Einzelplan 14 des Bundeshaushaltes) $_t$ +
Kosten für den Zivildienst $_t$ +
Volkswirtschaftliche Nutzenentgangskosten (Opportunitätskosten) $_t$ +
Anschubfinanzierung $_t$.

Eine Anschubfinanzierung ist zu Beginn der Umwandlung zur Freiwilligenarmee zusätzlich bereitzustellen, um zukünftig die ökonomischen Einsparungen einer Freiwilligenarmee zu realisieren.[371]

---

[371] Vgl. ebd.: S. 17.

IX. Strategie- und Konfliktfeld: Gesellschaft versus Staat

Die folgende Analyse betrifft das identifizierte Konflikt- bzw. Strategiefeld *Gesellschaft versus Staat*.

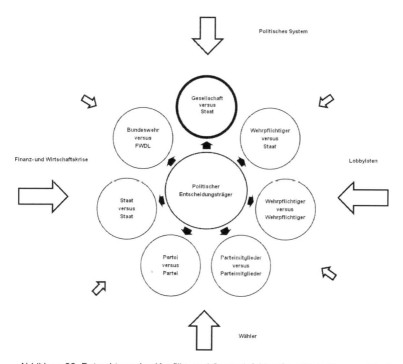

Abbildung 23: Betrachtung des Konflikt- und Strategiefeldes Gesellschaft versus Staat.

Das identifizierte Konflikt- bzw. Strategiefeld ist in Abbildung 23 hervorgehoben. Die Untersuchung vergleicht die alleinige (und private) Bereitstellung der Landesverteidigung durch den nutzenmaximierenden Staatsbürger gegenüber der Bereitstellung der Landesverteidigung durch den wohlfahrtsmaximierenden Staat.[372] Die Messgröße ist die bereitgestellte Menge an Verteidigungsleistung, wobei der nutzenmaximierende Staatsbürger die bereitzustellende Menge an Verteidigungsleistung annahmegemäß wie ein privates Gut konsumiert bzw. bereitstellt. Es ist zu vermuten, dass der Akteur Staat die Menge

---

[372] Die konkreten Objektfunktionen für diese Untersuchung werden gleich hergeleitet.

der bereitzustellenden Verteidigungsleistung besser bereitstellen kann, und zwar im Sinne einer ausreichendenden und somit für die gesamte Gesellschaft wohlfahrtsoptimierenden Menge. Andere Aspekte wie z.B. eine Organisation und Sicherstellung der Verteidigungsleistung über einen nicht endlichen Zeitverlauf durch eine nicht-staatliche Bereitstellung werden dabei nicht berücksichtigt.

Die weitere Untersuchung soll zusätzliche Erkenntnisse über die Betrachtungsweise der Verteidigungsbereitschaft als öffentliches Gut hervorbringen, und zwar für den Fall, dass der Staat sich nicht um die Verteidigung des Landes kümmern müsste, sondern diese durch die Staatsbürger selbst organisiert und freiwillig bereitgestellt würde. Grundsätzlich gilt, dass je mehr Freiwillige sich melden, desto besser das Land verteidigt werden kann. Jeder Staatsbürger kann (oder auch nicht) seinen Beitrag leisten.[373]

Der wehrpflichtige Staatsbürger kann grundsätzlich sein Einkommen für private Güter ausgeben oder für die Bereitstellung des öffentlichen Gutes der Verteidigung in Form von militärischer Dienstleistung oder in Form einer Geldzahlung, die für Verteidigungszwecke eingesetzt wird. Hierbei ist dann in allen Fällen, ob Dienstleistung oder Geldzahlung, der Preis für das öffentliche Gut der Landesverteidigung gemeint.

Jeder wehrpflichtige und rationale Staatsbürger wird seine Nutzenfunktion U_i in Abhängigkeit von den privaten Gütern und seiner privaten Bereitstellung der Landesverteidigung gemäß Rational Choice maximieren. Durch diesen Ansatz wird der rationale wehrpflichtige Staatsbürger zum Freiwilligen in „seiner reinsten Form". Reinste Form deswegen, weil er selbst durch seine individuelle Nutzenmaximierung die für ihn beste Verteidigungsmenge bestimmen kann, ohne Beschränkungen wie Vorgaben von Verpflichtungszeiten oder ähnlichem. Die einzige Beschränkung ist sein zur Verfügung stehendes Budget, das seine Wertschätzung für seine individuell bereitzustellende Verteidigungsmenge abbildet. Deswegen soll von rationaler Freiwilligkeit in „seiner

---

[373] Vgl. Mueller, Dennis C.: Public Choice III, 2009, S.18.

reinsten Form" gesprochen werden.[374] In der Modellierung soll jetzt zunächst von Freiwilligen der Gesellschaft[375] geredet werden.

Dazu werden der Grenznutzen der privaten Güter und der Grenznutzen des öffentlichen Guts bestimmt. Werden diese beiden Grenznutzen ins Verhältnis gesetzt, so ergibt sich der Quotient aus den Preisen der privaten Güter und des öffentlichen Gutes. Dies soll im Folgenden analytisch veranschaulicht werden:[376]

Die Gesamtmenge des öffentlichen Gutes der Verteidigungsfähigkeit, welche durch alle Freiwilligen der Gesellschaft bereitgestellt wird, sei folgendermaßen definiert:

$$V = v_1 + v_2 + \ldots + v_n = \sum_{i=1}^{n} v_i$$

i – 1, ... ,n.

Dabei ist v_i die Menge der bereitgestellten militärischen Dienstleistung des einzelnen Freiwilligen der Gesellschaft nach seiner persönlich durchgeführten Optimierung und n die Anzahl aller Freiwilligen in der Gesellschaft.[377] Wie bereits einleitend gesagt, würde dies in der Realität bedeuten (beispielsweise durch eine Umfrage), dass jeder Befragte angibt, wie viele Tage oder Monate ein Freiwilliger der Gesellschaft für sein Land dienen würde. Wie der Freiwillige der Gesellschaft aus Rational Choice Sicht seine optimale Verteidigungsmenge bestimmt (oder bestimmen sollte) wird in den nächsten Schritten hergeleitet.

Die Nutzenfunktion des Freiwilligen der Gesellschaft i wird durch seine konsumierte Menge an privaten Gütern X_i und die Bereitstellung der gesamtstaatlichen Verteidigungsfähigkeit des Landes V bestimmt.[378] X_i sind in der Realität

---

[374] Später werden hierzu noch Äußerungen gemacht und auf die ‚mögliche Vorgaben (Beschränkungen) eingegangen.
[375] Ganz genau: Es sind die rational Unentschlossenen in dieser Modellierung, die über diese Modellierung abwägen zu dienen oder nicht zu dienen, also ihre persönlich bereitzustellende Verteidigungsmenge bestimmen. Vgl. Abbildung 14 und Abbildung 15.
[376] Vgl. ebd.:, S.18–20.
[377] Die Herleitung von vi erfolgt in den kommenden Schritten.
[378] Die Bereitstellung der gesamten Verteidigungsleistung beeinflusst seinen Nutzen. Bei der Optimierung seiner Nutzenfunktion kann der Freiwillige der Gesellschaft annahmegemäß nur seine Verteidigungsleistung berücksichtigen. Der Effekt im Sinne eines öffentlichen Gutes, insbesondere das Trittbrettfahren, ist an dieser Stelle noch unberücksichtigt.

beispielsweise Güter wie Autos, Häuser oder auch Urlaub oder andere mögliche Dienstleistungen. Das Güterbündel X als Summe Xi eines einzelnen Freiwilligen einer Gesellschaft kann im Vergleich zu einem anderen Freiwilligen einer Gesellschaft sehr unterschiedlich ausfallen. Diese Tatsache wirkt aber nicht einschränkend oder beschränkend auf die durchzuführende Optimierung. Denn am Ende steht die zu bestimmende Verteidigungsmenge eines einzelnen Freiwilligen der Gesellschaft. Durch diesen generischen Ansatz wird ein Teil des gesellschaftlichen Pluralismus abgebildet.

Die Nutzenfunktion des einzelnen rationalen Freiwilligen[379] der Gesellschaft i ist somit folgendermaßen konstruiert:[380]

$$U_i(X_i, V)$$

Jede Nutzenfunktion sei abhängig von dem privaten Güterbündel des Freiwilligen der Gesellschaft und der insgesamt von allen Freiwilligen der Gesellschaft bereitgestellten Verteidigungsleistung.[381]

Um der Anforderung des Rational Choice gerecht zu werden, liegt dem Konsum von Gütern (ob privat oder öffentlich) ein Sättigungsansatz zugrunde.[382] Dieser Sättigungsansatz besagt, dass der Konsum eines Gutes mit steigendem Konsum immer weniger nutzenstiftend ist. Der Nutzen nähert sich damit tangential einem individuell geltenden maximalen Nutzen des Gutes. Daher gelten folgende Bedingungen:

$$\frac{\partial U_i}{\partial X_i} > 0 \quad , \frac{\partial U_i}{\partial V} > 0$$

und

$$\frac{\partial^2 U_i}{\partial^2 X_i} < 0 \quad , \frac{\partial^2 U_i}{\partial^2 V} < 0$$

---

[379] Es kann auch ein rationaler Wehrpflichtiger sein, der sich nach dem Maximierungskriterium entscheidet, ob er verweigert oder nicht. Beispielsweise würde dieser dann verweigern, wenn seine freiwillig bereitgestellte Verteidigungsleistung nicht der Verpflichtungsdauer entspricht.
[380] Über diesen generischen Ansatz wird der Anforderung nach Abbildung des in der Realität existierenden Pluralismus entsprochen. X_i symbolisiert ein beliebiges Güterbündel an privaten Gütern.
[381] Alle anderen möglichen öffentlichen Güter unterliegen in dieser Modellierung der ceteris paribus Klausel.
[382] Vergleich hierzu Abbildung 2.

Der Grenznutzen beim Konsum der privaten Güter wie auch der Konsum der bereit gestellten Landesverteidigung ist positiv, aber mit abnehmendem Grad der konsumierten Menge.

Als nächster Schritt wird eine Restriktion für alle Freiwilligen der Gesellschaft modelltheoretisch eingeführt, nämlich die Budgetbeschränkung. Jeder Freiwillige der Gesellschaft hat sein Budget, welches ihn in seiner Kaufkraft beschränkt. Die Einkommens- bzw. Budgetbeschränkung des einzelnen Freiwilligen der Gesellschaft ist wie folgt definiert.

$$Y_i = P_x X_i + P_v v_i \quad i = 1, ..., n$$

Y_i ist das zur Verfügung stehende Einkommen des einzelnen Freiwilligen der Gesellschaft. Die Budgetbeschränkungen der einzelnen Freiwilligen der Gesellschaft sind in der Realität sehr unterschiedlich.

Px: Marktpreis der privaten Güter.

Pv: Preis bzw. Wert der bereitgestellten gesamtstaatlichen Landesverteidigung.[383]

Xi: Menge der privaten Güter, die i konsumiert.

vi: Menge bzw. Beitrag an persönlich bereit gestellter militärischer Dienstleistung von i.

P_x ist der Preis für die privaten Güter und P_v der Wert (Preis), den ein Freiwilliger der Gesellschaft bereit wäre, für die Bereitstellung der Landesverteidigung zu bezahlen.[384] P_v kann als Ausdruck des einzelnen Freiwilligen der Gesellschaft für seine Präferenz für eine Einheit Verteidigungsmenge interpretiert werden.

Wie vorausgesetzt, gibt es keine staatliche Institution, welche die Bereitstellung der Landesverteidigung bestimmt oder koordiniert. Jeder wehrpflichtige Staatsbürger muss für sich die optimale Menge v_i der militärischen Dienstleistung bestimmen, die er bereit ist zu stellen: also das v_i, das seine Nutzenfunk-

---

[383] Vom Staat bzw. der Gesellschaft bestimmt, beispielsweise durch den einheitlichen Sold. Unabhängig von Koordination und Bereitstellung. Vereinfacht könnte man den Preis für eine Einheit der Landeverteidigung auch in diesem Modell als von Gott gegeben betrachten – es gibt den Preis einfach.
[384] Entweder in Form einer Steuer oder in Form der Ableistung der persönlichen militärischen Dienstleistung, dann bewertet in Geldeinheiten. Im Folgenden geht das Beispiel von der Bereitstellung in Form von persönlich bereitgestellter militärischer Dienstleistung aus.

tion U_i unter Berücksichtigung seiner Budgetrestriktion maximiert. Daher ergibt sich für die Objektfunktion des zu maximierenden individuellen Nutzens unter Budgetbeschränkung für den einzelnen Freiwilligen der Gesellschaft:[385]

$$U_i(X_i, V) + \lambda_i(Y_i - P_x X_i - P_v v_i) \quad i = 1, \ldots, n$$

Nach v_i und X_i maximiert ergibt dies folgende Gleichung:[386]

$$\frac{\partial U_i / \partial v_i}{\partial U_i / \partial X_i} = \frac{Pv}{Px}$$

Durch die Optimierung wird für jeden einzelnen Freiwilligen der Gesellschaft seine optimale Menge an Verteidigungsmenge bestimmt. Diese soll mit v_i^* [387] bezeichnet werden. Die Summe aller v_i^* führt dann zu der Menge V^*, also der gesamtgesellschaftlich rational freiwillig zur Verfügung gestellten Verteidigungsmenge, ohne staatliche Vorgaben von Verpflichtungszeiten.[388]

Die Anzahl der Rekrutierten aus der idealtypischen Verteidigungsmenge V^* resultierenden Freiwilligen ist mindestens so groß wie die Anzahl der faktisch Rekrutierten[389] aus dieser Verteidigungsmenge V^* – tendenziell größer, denn

---

[385] λi ist der Lagrange Multiplikator. Bemerkung: In Mueller, Dennis C.: Public Choice III, 2009, S. 18, muss es Gi heißen und nicht G. Der Lagrange Multiplikator dient dazu eine Optimierungsproblem mit Nebenbedingungen umzuformulieren. Vereinfacht gesagt, wird das aus einem Optimierungsproblem mit Nebenbedingung ein Optimierungsproblem ohne Nebenbedingungen.
[386] Für den interessierten Leser hier die Umformung: Nach vi maximiert ergibt:
∂Ui / ∂Vi - λi Pv = 0
∂Ui / ∂Vi = λi Pv
Dieser Optimierungsschritt optimiert nach der individuellen Verteidigungsmenge. Da dieser Ansatz generisch ist (der konkrete Verlauf der Nutzenfunktion ist nicht bekannt) wird hier auch von den Gründen, warum diese Verteidigungsmenge bereit gestellt wird, abstrahiert. Diese können sehr vielfältig sein: Ehre, Tradition, Vaterlandliebe und viele weitere. Somit wird auch an dieser Stelle dem in der Realität existierenden Pluralismus entsprochen, nämlich durch Abstraktion. Nach Xi maximiert ergibt:
∂Ui / ∂Xi - λi Px = 0
∂Ui / ∂Xi = λi Px
[387] Eine Bereitstellung von 0 (welche Einheit auch immer: Stunden, Tage, Monate, ...) wird als Nicht-Freiwilliger der Gesellschaft interpretiert.
[388] Aufgrund der Kategorisierung in Abbildung 15 müssen die dort angeführten Freiwilligen noch dazu genommen werden, die nicht nach rationalen Kriterien militärischen Dienst leisten.
[389] Mit den faktisch Rekrutierten sind nicht die empirisch messbaren Rekrutierten gemeint. Faktisch Rekrutierte sind in diesem Fall rational Wehrpflichtige, die ihre bereitzustellende Verteidigungsmenge nicht nur nach Rational Choice optimiert haben, sondern den Wehrdienst auch wirklich antreten (werden). Die empirische Betrachtung kommt in einem weiteren Schritt der Analyse.

durch die grundsätzliche Beschränkung über die Mindestverpflichtungszeit, werden diejenigen, die freiwillig weniger als die Mindestverpflichtungszeit, gedient hätten, zur Ableistung des militärischen Dienstes ausselektiert. Diese Art der Selektion hat sicherlich ihre Berechtigung, da ein im Sinne eines effizienten Einsatzes[390] ein Mindestvolumen an militärischer Dienstzeit sinnvoll ist. Unter dieser Betrachtungsweise werden auch bei einer Freiwilligenarmee nicht alle Freiwilligen zum militärischen Einsatz eingezogen.[391] Logischerweise müssen auch diejenigen, die mehr Verpflichtungszeit als die Höchstverpflichtungsdauer hätten dienen wollen, raus gerechnet werden – vermutlich eher wenige.[392] Alle rational Freiwilligen, deren optimierte Verteidigungsmenge unter oder oberhalb dieser vom Staat gesetzten Verpflichtungszeiten (Verteidigungsmengen) liegt, wären dann faktisch Nicht-Freiwillige. Hinzu würden diejenigen kommen, die innerhalb der Probezeit[393] ihren militärischen Dienst von sich aus frühzeitig quittieren. Aber Rational Choice und auch die Neue Erwartungstheorie bilden Entscheidungen nicht ab, die man bereut.[394] Die Freiwilligen, die ihre Entscheidung im Nachhinein bereuen, bleiben nach Rational Choice somit unberücksichtigt bzw. werden trotzdem als Freiwillige[395] gezählt.

Um tatsächliche Zahlen zu den Freiwilligen des militärischen Wehrdienstes zu bekommen, sollen zwei Quellen herangezogen werden, die hierzu Aussagen treffen:

„Mit mindestens 5000 Freiwilligen plant Verteidigungsminister Thomas de Maizière (CDU) seine neue Bundeswehr.

Diese Marke hat er schon erreicht: Zum zweiten Einstellungstermin im Oktober haben 4437 Männer und 152 Frauen ihren freiwilligen Wehrdienst angetreten. Damit haben sich seit Aussetzung der Wehrpflicht mehr als 7000 Kandidaten

---

[390] Sicherlich auch in Bezug auf die ökonomische Effizienz. Militärische Einsatzeffizienz ist ein wichtiges Argument. Ein Freiwilliger, der nach seiner Optimierung beispielsweise nur einen Tag dienen würde, wäre wohl in keiner Weise effizient einsetzbar.
[391] Durch die Aussetzung der Wehrpflicht in Deutschland ist die Mindestverpflichtung als freiwillig Wehrdienstleistender 7 Monate und höchstens 23 Monate. Dann gibt es andere Formen des Dienens: Zeit- oder Berufssoldat. Nicht alle, die freiwillig dienen wollen, werden auch von der Bundeswehr auserkoren. Dieser Aspekt spielt bei diesem Ansatz aber keine Rolle – hier steht die Verteidigungsmenge im Fokus der Betrachtung. Dazu werden weitere Ausführungen folgen.
[392] Diese könnten dann eventuell Zeit- oder Berufssoldaten werden. Diese werden hier aber nicht betrachtet.
[393] Diese beträgt zum Zeitpunkt Juli 2013 6 Monate in der Bundesrepublik Deutschland.
[394] Vgl. Kahneman, Daniel: Schnelles Denken, Langsames Denken, Siedler Verlag, München, 2012, S. 353.
[395] Oder als Nicht-Verweigerer. Der Fall der nachträglichen Verweigerung sei dabei ausgeblendet. Die genaue Betrachtung dieses Falles ist aber für die Analyse nicht entscheidend.

ohne Zwang für die Streitkräfte entschieden. Für ein Halbjahr sei diese Zahl ziemlich gut, sagt de Maizière – "angesichts der Tatsache, dass wir erst spät wussten, wie es weitergeht".
(...)
Problematisch ist aber die Zahl derer, die schnell wieder abspringen. Im Juli waren 3459 Freiwillige angetreten. Von ihnen sind mehr als 780 schon wieder ausgeschieden. Gut jeder Fünfte brach den Dienst ab, weil er andere Vorstellungen, ein anderes Angebot oder auch zu wenig Ausdauer hatte."[396]

Die Online Ausgabe der Westdeutschen Zeitung schreibt am 02.01.2013:

„Bei der Bundeswehr brechen immer mehr Freiwillige ihren Wehrdienst frühzeitig ab. Inzwischen scheidet mit 30,4 Prozent fast jeder Dritte in der sechsmonatigen Probezeit aus der Truppe aus, wie das Verteidigungsministerium mitteilte. Der überwiegende Teil davon schmiss selbst hin, einige Freiwillige wurden aber auch von der Bundeswehr entlassen. Vor einem Jahr hatte die Abbrecherquote noch bei 27 Prozent gelegen. Trotzdem liegt die Bundeswehr bei der Anwerbung von Freiwilligen noch im Soll: Im Dezember absolvierten 11 150 der rund 192 000 Bundeswehrsoldaten den freiwilligen Wehrdienst, der 7 bis 23 Monate dauert – im Durchschnitt sind es 13 Monate. Verteidigungsminister Thomas de Maizière hatte mit dem Aussetzen der Wehrpflicht im Juli 2011 als Ziel 5000 bis 15 000 Freiwillige ausgegeben. Die Untergrenze hat er deutlich übertroffen, aber weiterhin bleiben tausende Plätze unbesetzt."[397]

Betrachtet man diese Zahlen aus den oben zitierten Aussagen, sind im ersten halben Jahr (zweite Jahreshälfte 2011) ca. 7.000 Freiwillige und im Folgejahr 2012 ca. 11.000 Freiwillige zur Bundeswehr gegangen. Im Betrachtungszeitraum von 1,5 Jahren sind das ca. 12.000 Freiwillige/Jahr im Durchschnitt.[398] Bei durchschnittlich 13 Monaten Wehrdienstzeit pro Dienstleistenden sind das insgesamt durchschnittlich 156.000 Monate freiwilliger Wehrdienstzeit in einem Jahr.[399] Um diese Zahl mit dem Maximierungsansatz des Rational Choice dieser Modellierung „in Einklang zu bringen", würde das bedeuten, dass $V^* =$ 156.000 Monate freiwilliger Wehrdienst aller Freiwilligen (im Jahresdurchschnitt) der Gesellschaft wäre.[400]

---

[396] Vgl. http://www.welt.de/politik/deutschland/article13647841/Zehn-Sekunden-zum-Antreten-auf-dem-Kasernenhof.html vom 08.10.2011, gelesen am 13.01.2013.
[397] Siehe http://www.wz-newsline.de/home/politik/inland/bundeswehr-jeder-dritte-freiwillige-steigt-in-der-probezeit-aus-1.1195642 vom 02.01.2013, gelesen am 13.01.2013. Die Zahlen 5.000 bzw. 15.000 Freiwillige sind als Jahresgröße zu betrachten.
[398] Eine größere Datenbasis liegt zurzeit nicht vor. 18.000 in 1,5 Jahren entspricht 12.000 pro Jahr.
[399] Ohne mögliche Abbrecher des freiwilligen Wehrdiensts. Bereuen wird also auch hier nicht berücksichtigt.
[400] Es wird jetzt unterstellt, dass diese Zahl aus rationalen Erwägungen der Wehrdienstleistenden entstanden ist. Demnach haben alle Freiwilligen rational gehandelt.

Diese Herangehensweise nach Rational Choice würde bedeuten, dass in der Realität ein Nash-Gleichgewicht gefunden wäre.[401] Die Allokation der Ressourcen für die Landesverteidigung ist durch die individuelle Maximierung der Nutzenfunktionen nach Rational Choice aber nicht pareto-effizient. Um eine pareto-effiziente Lösung zu bekommen, müsste nach Rational Choice die gesamtstaatliche Wohlfahrtsfunktion betrachtet und maximiert werden. Dies soll im Folgenden geschehen.

Bei der folgenden Betrachtung wird nicht die Nutzenfunktion eines jeden Freiwilligen einzeln betrachtet sondern die Wohlfahrtsfunktion als gewichtete Summe der Nutzenfunktionen aller Freiwilligen. Das Einkommen wird als Staatseinkommen gesehen, also als Summe aller Einkommen, die für die Beschaffung von privaten und öffentlichen Gütern genutzt werden kann. Die gesamtstaatliche Wohlfahrtfunktion soll nun modelltheoretisch folgendermaßen definiert sein:[402]

Nochmals: Ohne Zeit- und Berufssoldaten. Von der Theorie her sind das echte Freiwillige – niemand ist durch irgendetwas gezwungen worden. Weil in der Realität eine Vorgabe gemacht wurde (Mindest- und Höchstwehrdienstdauer), wären bei dieser Zahl alle Freiwilligen, die weniger als die Mindestwehrdienstdauer und mehr als die Höchstdienstdauer gedient hätten, nicht enthalten.

Die Entscheidung zum freiwilligen Wehrdienst – so nun unterstellt – ist nach Abwägung (praktischer) Optimierung erfolgt. An dieser Stelle wird die Realität gleich der Idealisierung gesetzt um einerseits zu zeigen wie gemäß Rational Choice die Zahl interpretierbar wäre und andererseits, um an späterer Stelle eine weitere Aussage treffen zu können. Um das idealtypische V* real berechnen zu können, müssten die Nutzenfunktionen aller Freiwilligen der Gesellschaft vorliegen. Das wäre in der Praxis nicht durchführbar. Eine realitätsnahe Annäherung wäre wohl dies über eine Art Warenkorb zu machen, wie es auch bei der GFK gemacht wird, um Kaufverhalten zu analysieren und auch zu prognostizieren. Festzuhalten bleibt, dass V* in jedem Fall (immer) eine Annäherung in der Realität sein wird. Hier wird der umgekehrte Weg eingeschlagen und nicht V* näherungsweise bestimmt, sondern die reale Zahl als V* gesetzt und nach der Theorie interpretiert.

[401] Unterstellt ist, dass die Freiwilligen sich optimiert haben und sich somit niemand besser stellen kann.

[402] An dieser Stelle der Hinweis, dass noch keine Berücksichtigung der sicherheitspolitischen notwendigen Verteidigungsmenge erfolgt ist. Der Ansatz hat die modelltheoretischen Nutzenfunktionen der Freiwilligen einer Gesellschaft zum Ansatz. Es wird lediglich berücksichtigt, dass die Freiwilligen der Gesellschaft ihre Nutzenfunktion aus individueller Sicht optimieren – ob mit oder ohne Kenntnis der sicherheitspolitischen Lage und ob diese gegebenenfalls bei der Optimierung berücksichtigt wird. Eine gegebenenfalls falsche Einschätzung der Sicherheitslage kann (selbstverständlich) auch vorkommen. Damit ist auch die Summe der einzelnen Nutzenfunktion als Wohlfahrtsfunktion ebenso mit dieser „Lücke (Schwäche)" ausgestattet. Es ist anzunehmen, dass eine korrekte Einschätzung der Sicherheitslage von den Freiwilligen kaum jemand wirklich (objektiv) beurteilen kann. Das liegt insbesondere an der asymmetrischen Informationsverteilung über die (wirkliche) Sicherheitslage zwischen den Freiwilligen und dem staatlichen Entscheidungsträger (später mehr). Daher wird dieser Aspekt in dieser Modellierung als (quasi) nicht existent behandelt. Jeder Freiwillige maximiert

$$W = \sum_{i=1}^{n} \gamma_i \, U_i$$

U_i ist die Nutzenfunktion des Freiwilligen mit γ_i gewichtet, $\gamma_i > 0$. Und die Nutzenfunktion eines einzelnen Freiwilligen der Gesellschaft U_i ist wie bereits zuvor als $U_i(X_i, V)$ definiert.[403]

Das gesamte Staatseinkommen wird als Summe aller Einzeleinkommen der Freiwilligen definiert. Durch diesen Ansatz werden die Bedingungen der individuellen Maximierung und der staatlichen Maximierung gleich gesetzt, um die Optimierung unter gleichen Voraussetzungen durchzuführen und eine entsprechend valide allgemeingültige Aussage treffen zu können.[404] Dem staatlichen Entscheidungsträger stehen zum einen bekanntermaßen in der Wirklichkeit „nur" die Steuergelder, also ein Bruchteil der Einkommen effektiv zur Verfügung, zum anderen ist es dem staatlichen Entscheidungsträger nicht (direkt) möglich, über die privaten Güter seiner Staatsbürger zu optimieren.[405] Obwohl dieser Ansatz nicht den realen Bedingungen entspricht, ist es sinnvoll diesen Ansatz auf diese Art durchzuführen, um auf der Grundlage der gleichen Optimierungsvoraussetzungen eine allgemeingültige Aussage zu erhalten. Für das Verständnis ist es wichtig, dass das Ziel eines solchen Ansatzes und Vergleichs das Aufzeigen von Effekten ist und nicht eine nominale Bestimmung der (einer echten) Verteidigungsmenge.[406] Die Summe aller Einkommen der Freiwilligen der Gesellschaft ist damit für diesen Ansatz:

---

lediglich nach seiner subjektiven Einschätzung. In dieser Modellierung ist es eine Abwägung zwischen dem Konsum privater Güter oder des öffentlichen Guts Verteidigungsleistung.

[403] Die Gewichtung der Nutzenfunktion generalisiert den Ansatz weiter. Würde diese Gewichtung nicht vorgenommen, dann wären alle Nutzenfunktionen gleich gewichtet (mit Eins). Die Gleichgewichtung ist aber ein Spezialfall der generischen Gewichtung mit Parameter. In Rational Choice ist die Intention, einen so generischen Ansatz zu wählen wie möglich, um allgemeine Aussagen treffen zu können. Die Obergrenze der generischen Ansätze ist dann festzustellen, wenn die daraus gewonnenen Aussagen tautologisch werden, als keine Aussagekraft mehr haben.

[404] Am Ende besteht die Veränderung im Vergleich zu der individuellen Optimierung „nur" darin, eine Summenbildung über die individuellen Nutzenfunktionen und eine Summenbildung über das Budget durchzuführen, um dann übergeordnet eine Optimierung durchzuführen.

[405] Nicht in dieser direkten Weise wie bei diesem Ansatz unterstellt wird. Der staatliche Entscheidungsträger kann sicherlich über das Setzen von Rahmenbedingungen und der Etablierung von Normen das Optimierungs-Verhalten des einzelnen Staatsbürgers beeinflussen.

[406] Am Ende der Optimierung wird ein „Realitätscheck" – so weit möglich – durchgeführt.

$$\sum_{i=1}^{n} Y_i = P_X \sum_{i=1}^{n} X_i + P_V V$$

als Budgetrestriktion modelliert.

Eine Vereinfachung ist an dieser Stelle noch durchgeführt worden, nämlich die Bildung eines Warenkorbpreises P_x über alle Waren X_i. Das erleichtert die spätere Optimierung, hat aber sonst keinen weiteren Einfluss.

Somit ergibt sich für den Optimierungsansatz dieser Modellierung die zu maximierende gesamtstaatliche Wohlfahrt mit Budgetbeschränkung wie folgt:[407]

$$\sum_{i=1}^{n} \gamma_i U_i + \lambda \, (\sum_{i=1}^{n} \gamma_i - P_x \sum_{i=1}^{n} X_i - P_V V)$$

Nach V und X_i maximiert (nach dem gleichen Muster wier zuvor bei der individuellen Maximierung) und Umstellung der mathematischen Terme folgt:[408]

$$\sum_{i=1}^{n} \frac{\partial U_i / \partial V}{\partial U_i / \partial X_i} = \frac{P_V}{P_X} \quad [409]$$

Der Quotient aus dem Wert (Preis) für die Landesverteidigung und dem Preis für die privaten Güter ist gleich der Summe über den Quotienten des individuellen Grenznutzens der Landesverteidigung und des individuellen Grenznutzens der privaten Güter. Zur Erinnerung: Bei der individuellen Nutzenmaximierung war der Wert für die Landesverteidigung und der Preis für die privaten Güter gleich dem Quotienten des individuellen Grenznutzens der Landesverteidigung und des Grenznutzens der privaten Güter.

---

[407] λi ist wieder der Lagrange Multiplikator.

[408] Das ist die Verteidigungsmenge für die der Staat sorgen müsste, wenn die gesamtstaatliche Wohlfahrt maximiert wird. Dazu könnte er das Instrument der Wehrpflicht einsetzen. Diese Menge an Verteidigungsleistung ist zu der sicherheitspolitisch notwendigen Verteidigungsmenge zu unterscheiden. Dazu später mehr.

[409] Wird die Formel weiter umgestellt, führt das zu:

$$\frac{\partial U_i / \partial V}{\partial U_i / \partial X_i} + \sum_{j \neq i}^{n} \frac{\partial U_i / \partial V}{\partial U_j / \partial X_j} = \frac{P_V}{P_X}$$

$$\frac{\partial U_i / \partial V}{\partial U_i / \partial X_i} + \sum_{j \neq i}^{n} \frac{\partial U_i / \partial V}{\partial U_j / \partial X_j} = \frac{P_V}{P_X}$$

und weiter zu:

$$\frac{\partial U_i / \partial V}{\partial U_i / \partial X_i} = \frac{P_V}{P_X} - \sum_{j \neq i}^{n} \frac{\partial U_i / \partial V}{\partial U_j / \partial X_j}$$

Werden die Grenznutzen der beiden Fälle individueller Nutzenmaximierung und der gesamtstaatlichen Wohlfahrtsmaximierung gegenüber gestellt, ergibt sich Folgendes:

$$\frac{\partial U_i / \partial V_i}{\partial U_i / \partial X_i} = \frac{Pv}{Px} > \frac{Pv}{Px} - \sum_{j \neq i}^{n} \frac{\partial U_j / \partial V}{\partial U_j / \partial X_j} = \frac{\partial U_i / \partial V}{\partial U_i / \partial X_i}$$

An dieser Stelle kann ein Vergleich der Verteidigungsmenge, einmal durch die Bereitstellung über die individuelle Maximierung und zum anderen über die optimierte Bereitstellung staatlicherseits, vorgenommen werden. Die Substitution bestimmt das Tauschverhältnis zwischen dem Konsum des öffentlichen Gutes der Landesverteidigung und dem Konsum von privaten Gütern.

Somit wird bei der gesamtstaatlichen Wohlfahrtsmaximierung eine höhere Gesamtmenge an Verteidigungsfähigkeit bereitgestellt, als dies bei individueller Nutzenmaximierung der Fall wäre.[410] Dies führt zu einer pareto-effizienten Allokation der Ressourcen für die Verteidigungsmenge des Landes. Bei individueller Nutzenmaximierung werden mehr private Güter konsumiert.[411]

In einem ersten Schritt wurde die Zahl von (bis zu) 15.000 Freiwilligen vom Verteidigungsministerium genannt.

> „Die Einrichtung eines freiwilligen militärischen Dienstes in der Bundeswehr mit einem Dienstpostenumfang von bis zu 15.000 Stellen. Die Dauer ist so zu bemessen, dass Ausbildung und Qualifikation eine Teilnahme an Auslandseinsätzen ermöglichen. Dies entspricht einer Dienstzeit von mindestens 15 Monaten."[412]

---

[410] Vgl. Mueller, Dennis C.: Public Choice III, 2009, S. 20. Die marginale Rate der Substitution des öffentlichen Gutes für ein privates Gut ist kleiner als bei der individuellen Nutzenmaximierung. Somit steigt die Präferenz das öffentliche Gut bereitzustellen. Wenn das Verhältnis des Grenznutzens von öffentlichen zu privaten Gütern kleiner wird, steigt anders ausgesprochen der Preis für die privaten Güter, welche dann eher durch das öffentliche Gut substituiert werden. Die über die gesamtstaatliche Wohlfahrtsmaximierung bereitgestellte Menge entspricht idealerweise N* in Kapitel XI. Idealerweise meint, dass die Menge an bereitgestellter Verteidigungsleistung über den Weg der gesamtstaatlichen Wohlfahrtsmaximierung dem der sicherheitspolitischen notwendigen Menge an Verteidigungsleistung entspricht. Denn der Aspekt der sicherheitspolitisch notwendigen Menge an Verteidigungsleistung wird an dieser Stelle nicht berücksichtigt.
[411] Nochmals: Die sicherheitspolitische Einordnung und Bewertung wird an späterer Stelle modelltheoretisch durchgeführt.
[412] Siehe Strukturkommission der Bundeswehr: Bericht der Strukturkommission der Bundeswehr Oktober 2010 Vom Einsatz her denken Konzentration, Flexibilität, Effizienz, Berlin, Oktober 2010, S. 28. Vgl. auch Wohlgethan, Achim: Schwarzbuch der Bundeswehr Überfordert,

Unterstellt man nach Rational Choice, dass diese Zahl aus der Maximierung der Wohlfahrt entstand, würde sich wohlfahrtsorientiert eine (geforderte, berechnete Größe) von $V^*_{Wohlfahrt}$ = 225.000 Monaten an freiwilliger Wehrdienstleistung im Jahr ergeben, die pareto-optimal wäre.[413]

Die Größen aus der Realität V^* = 156.000 Monate[414] und $V^*_{Wohlfahrt}$ = 225.000 Monate (bei 15.000 Freiwilligen und (minimaler!) 15 Monaten Dienstzeit) indizieren, dass die Aussage aus Rational Choice sich in der Realität zu bestätigen scheint, nämlich dass über die individuelle Optimierung[415] eine geringere (nicht pareto-effiziente) Verteidigungsmenge als über die wohlfahrtsorientierte Maximierung bereit gestellt wird.[416]

Demoralisiert, im Stich gelassen, Wilhelm Goldmann Verlag, 1. Auflage, München, 2012, S. 46 ff. Vgl. http://www.mmnews.de/index.php/etc/7382-bundeswehr-kaum-freiwillige vom 01.03.2011, gelesen am 01.03.2013.
[413] Für den Vergleich ergibt sich 15 Monate*15.000 Freiwillige = 225.000 Monate Dienstzeit. Bei dem Vergleich der beiden Zahlen „15.000 (erwartete) Wehrpflichtige" und $V^*_{Wohlfahrt}$ gibt es eine weitere Unschärfe zwischen Modelltheorie und Realität festzustellen. Wie bereits geäußert, bilden die Nutzenfunktion und damit insbesondere auch die Wohlfahrtsfunktion modelltheoretisch diesen Aspekt „Sicherheitslage" nicht objektiv ab. Die vom Verteidigungsministerium geäußerten Zahlen werden den Aspekt Sicherheitslage (und weitere) (objektiv) berücksichtigen. Damit ist eine Gleichsetzung von dem hergeleiteten $V^*_{Wohlfahrt}$ mit den Zahlen der Realität nicht ganz korrekt. Die modelltheoretische Wohlfahrtsfunktion müsste damit eine andere sein, als die Summe der individuellen Nutzenfunktionen. Für die theoretische Aussagekraft des Modells ist das aber nicht entscheidend, weil das Modell keine nominalen Werte bestimmt, sondern Aussagen in Bezug auf die Relation von individuell und staatlicherseits bereitgestellter Verteidigungsmenge tätigt. Es ist wie ein idealisierter Laborversuch zu verstehen, in dem zwei Seiten (Freiwillige und Staat) ihre modelltheoretisch unterstellten Aufgaben (Nutzenmaximierung/Wohlfahrtsmaximierung) bei sonst gleichen (klinischen) Bedingungen durchführen. Die Aussage des Modells ist, falls unter diesen (klinischen) Bedingungen ein bestimmtes Ergebnis erzielt wird, dieses Ergebnis im Wesentlichen auch in der Realität (mit nicht klinischen Bedingungen) auftreten bzw. es muss damit gerechnet werden, dass dieses Ergebnis in der Realität so auftritt.
[414] Hier ist noch eine Unschärfe zur Theorie enthalten, nämlich alle Freiwilligen, die auch nicht rational freiwillig dienen.
[415] Auch wenn diese nicht mathematisch genau durchgeführt wurde oder auch nicht durchgeführt werden kann.
[415] Aus Sicht des Rational Choice wird unterstellt, dass alle Akteure bei dieser Betrachtung rational handeln würden bzw. handeln könnten, da sie grundsätzlich die Möglichkeit haben, sich zu optimieren und das dann auch machen.
[416] Grundsätzlich gibt es verschiedene Interpretationsmöglichkeiten der beiden Zahlen 156.000 Monate und 225.000 Monate: Zum einen kann man das als Zufallsergebnis interpretiert werden, dass diese Zahlen in der Relation zueinander liegen wie es nach Rational Choice „vorhergesagt (berechnet)" wurde. Das ist die einfachste Lösung dieses Ergebnis zu kritisieren und weiter nicht zu beachten. Eine andere Interpretation könnte sein, dass doch mehr potentielle Freiwillige sich rational entscheiden (entschieden haben) als „man" glaubt und die Zahl 156.000 Monate Dienstzeit der faktisch rationalen Verteidigungsmenge nach Rational Choice Ansatz (nahezu) entspricht. Eine dazu entgegengesetzte Interpretation könnte sein,

Und das, obwohl im theoretischen Modell nur die Menge der rational orientieren Freiwilligen „berechnet" werden. Die reale Größe 156.000 Monate enthält auch alle aus nicht rationalen Gründen freiwillig Dienenden, und trotzdem ist die Zahl deutlich kleiner als die „reale Zahl der Wohlfahrtsoptimierung". Dies wird auch durch die Aussage „…aber weiterhin bleiben tausende Plätze unbesetzt."[417] bestätigt.

Da diese Zahlen nur aus der Beobachtung stammen, kann streng genommen keine Aussage in Bezug auf Rationalität getroffen werden, weil niemand sagen kann, ob die 156.000 Monate aus rationalen oder aus nicht rationalen Gründen freiwillig geleistet wurden (werden).[418] Hierzu führt Zintl an:

„Das bedeutet aber: Wir können an einem bestimmten Verhalten, das wir beobachten, nicht einfach ablesen, ob es rational genannt werden kann oder nicht."[419]

Eine Lösung wäre „… Vermutungen bzw. Behauptungen über die handlungsbeeinflussenden Eigenschaften von Handlungskontexten („Situationslogik"; das ist der ergiebigere Weg)"[420] anzustellen. Daher soll aus Gründen der Interpretation hinzugefügt werden, dass vermutet wird, dass in einem freiheitlich demokratischen Umfeld[421] einerseits als auch andrerseits in einem Umfeld,

---

dass die Menge von 156.000 Monate (fast) nur durch nicht rationale Wehrpflichtige bereit gestellt wurde und über Rational Choice „nichts bewiesen" ist. Eine Überprüfung in der Realität wäre sehr aufwendig (wenn möglich). Denn es müssten alle potentiellen Freiwilligen nach ihrer Nutzenfunktion und Präferenzen befragt werden, um ihr Verhalten daraufhin zu untersuchen, ob die gefällte Entscheidung rational war oder nicht. Noch schwieriger würde es sein, die reale Pareto-Effizienz festzustellen. Es bleibt auffällig, dass die „Vorhersage" aus Rational Choice nicht entgegen der Realität – der realen Zahlenverhältnisse – zu sein scheint.

[417] Siehe http://www.wz-newsline.de/home/politik/inland/bundeswehr-jeder-dritte-freiwillige-steigt-in-der-probezeit-aus-1.1195642 vom 02.01.2013, gelesen am 13.01.2013. Weitere Quellenangaben mit der im Wesentlichen gleichen Aussage – das es eben zu wenige Freiwillige gibt – sind bereits angeführt worden oder werden in der weiteren Analyse angeführt.

[418] Das ist auch nicht die Absicht der Theorie. Rational Choice will Effekte aufzeigen – und dieses scheint am Beispiel der Bereitstellung der Verteidigungsleistung zu gelingen.

[419] Siehe Zintl, Reinhard: Rationalitäten und Rationalitätsprobleme des Marktes, in: A. Maurer, U. Schimank (Hrsg.): Die Rationalitäten des Sozialen, VS Verlag für Sozialwissenschaften, Springer Fachmedien Wiesbaden GmbH, 2011, S. 102.

[420] Siehe ebd., S. 102. Green und Shapiro würden diese Art der Veränderung bzw. Erweiterung der Modellierung scharf kritisieren und als post hoc theoriesierend abwerten und dies als Beleg für die empirische Unzulänglichkeit des Rational Choice betrachten. Vgl. dazu Mueller, Dennis C.: Public Choice III, New York, 2009, p. 660 und Kapitel IV.2. Die Meinung von Green und Shapiro vertritt der Verfasser nicht.

[421] Dies eröffnet die Möglichkeit, freiwillig zu dienen und abzuwägen. Angereichert durch Rational Choice und einer verschärften Auslegung, würde das dann bedeuten, dass wenn es

das sich in vielen Bereichen (zivil-beruflich wie privat) durch ökonomische, abwägende Verhaltensweisen auszeichnet, sich auf die Entscheidung junger Menschen, freiwillig militärischen Dienst zu leisten, eben durch das von ihnen in anderen Bereichen beobachtete (selbst ausgeübte oder vorgelebte) Verhalten auswirkt. Aus welchen Gründen soll die Entscheidung, militärischen Dienst zu leisten, anders als in anderen Bereichen gefällt werden?[422] Insgesamt missfällt der Mehrheit der Bevölkerung der Zwangscharakter der Wehrpflicht.[423] Dass insgesamt abgewogen wird, zeigt auch die Umfrage des sozialwissenschaftlichen Instituts der Bundeswehr aus dem Jahr 2010. Durch die differenziert ausgestaltete Meinung wird deutlich, dass zwischen Vor- und Nachteilen bei den (freiwillig) Wehrdienstleistenden und in der gesamten Gesellschaft abgewogen wird (Trade-off).

„Sowohl Befürworter als auch Gegner eines Erhalts der Wehrpflicht als Zwangsdienst bilden sich ihre Meinung also durch differenzierte und plausible Überlegungen über den Nutzen der Wehrpflicht sowohl für die Wehrdienstleistenden selbst als auch für die gesamte Gesellschaft."[424]

Wenn diese Zusatzannahme gemacht wird, wäre die reale Größe 156.000 Monate als eine „im Wesentlichen aus der Rationalität" entstandene Größe zu betrachten. Analoge Überlegungen gelten für den staatlichen Entscheidungsträger, welcher über Haushaltsrestriktionen, Finanz- und Eurokrise Abwägungen und eine Optimierung durchführen muss (sollte), um alle staatlichen Aufgaben bestmöglich zu erfüllen. Unter dieser Annahme wäre auch $V^*_{Wohlfahrt}$ aus einer Ratio entstanden.[425]

Angewandte, experimentelle Spieltheorie weist auf die Tatsache hin, dass in industrialisierten Nationen eine Tendenz zum individualistischen Verhalten –

---

die Möglichkeit gibt frei und unabhängig zu entscheiden, sich zu optimieren, diese Möglichkeit auch genutzt wird.
[422] Werte wie Tradition, Vaterlandsliebe, etc. können dabei weiterhin eine Rolle spielen. Aber nach Annahme eben „überwiegend" rational.
[423] Vgl. Bulmahn, Thomas; Fiebig, Rüdiger; Hilpert, Carolin: Sicherheits- und verteidigungspolitisches Meinungsklima in der Bundesrepublik Deutschland, Ergebnisse der Bevölkerungsbefragung 2010 des Sozialwissenschaftlichen Instituts der Bundeswehr, Forschungsbericht 94, Strausberg, Mai 2010, S.23.
[424] Siehe Bulmahn, Thomas; Fiebig, Rüdiger; Hilpert, Carolin: Sicherheits- und verteidigungspolitisches Meinungsklima in der Bundesrepublik Deutschland, Ergebnisse der Bevölkerungsbefragung 2010 des Sozialwissenschaftlichen Instituts der Bundeswehr, Forschungsbericht 94, Strausberg, Mai 2010, S.23.
[425] Wenn auch aus einer anderen Ratio als der modelltheoretisch angenommenen. Hierzu sind bereits Ausführungen gemacht worden, dass dies unter dem Aspekt gleicher Voraussetzungen gemacht wurde.

eben einem nicht-kollektiven (kooperativen) Verhalten – zu erkennen ist; eine kollektiv-optimale Lösung ist daher aus sich heraus nicht zu erwarten.

„There is evidence to suggest that industrialization and the division of labour tend to transform a culture, in the terminology of the nineteenth-century German sociologist Ferdinand Tönnies, from Gemeinschaft (community) to Gesellschaft (society), which implies a decline in cooperative and collectivistic behavior and an increase in individualistic behavior."[426]

Allein aus dem Grund der modelltheoretischen Indikation ist das Setzen nur einer freiwilligen Wehrpflichtzeit (z.B. neun Monate) bei einer Freiwilligenarmee nicht sinnvoll. Durch mehrere Optionen zur Wehrpflichtzeit kann auf wesentlich mehr „individuell optimierte Verteidigungsmengen" der Freiwilligen staatlicherseits zugegriffen werden. Daher ist das staatliche Angebot an die Freiwilligen in der Bundesrepublik Deutschland, unter siebzehn verschiedenen Verpflichtungszeiten (7 Monate bis zu 23 Monate) auswählen zu können, einerseits als „staatlich vorausschauend"[427] als auch „als unabdingbar" zu beurteilen, da sich ansonsten das Problem, Freiwillige zu rekrutieren, sehr verschärfen würde. Auch die zeitlich eng beieinander liegenden Alternativen wirken begünstigend auf den Zugriff der freiwilligen Verteidigungsmengen. Bei einer Wehrpflichtarmee ist eine derartige Ausgestaltung der unterschiedlichen Wehrpflichtzeiten nicht notwendig (aber möglich). Denn bei einer Wehrpflichtarmee greift das Instrumentarium des negativen Anreizes (Durchsetzung der Verpflichtung).[428] Die Festsetzung auf eine derartig hohe Anzahl von verschiedenen freiwilligen Verpflichtungszeiten hat es nicht von Anfang in den Überlegungen der politischen Entscheider gegeben, insbesondere nicht mit der Möglichkeit, wenige Monate zu dienen. Zum freiwilligen Militärdienst sagt die Weise Kommission[429] im Jahre 2010, in dem Jahr, in dem entschieden wurde,

---

[426] Siehe Colman, Andrew M.: Game Theory & its Applications in the social and biological science, Routledge, East Sussex, 2003, p. 152.
[427] Aus welchen Gründen die Einführung der verschiedenen Dienstzeitoptionen (real) gemacht wurde, kann der Verfasser nicht sagen. Es ist lediglich eine rationale Argumentation aufgrund der Ergebnisse der Modellierung.
[428] Vgl. Kapitel X. Auch ein positiver Anreiz ist denkbar – aber ein positiver Anreiz ist auch bei einer Freiwilligenarmee umsetzbar (ein negatives Anreizsystem bei einer Freiwilligenarmee grundsätzlich eben nicht aus der Logik heraus – Ausnahmen können anzusprechende „weiche Faktoren" wie eine staatlich kommunizierte „gesellschaftliche Verachtung im Fall des Nicht-Dienens" sein).
[429] Verteidigungsminister Karl-Theodor zu Guttenberg hat die Strukturkommission am 12. April 2010 zur grundlegenden Erneuerung der Bundeswehr eingesetzt. Die Kommission wird auch nach ihrem Vorsitzenden Frank-Jürgen Weise, Vorsitzender des Vorstandes der Bundesagentur für Arbeit zu diesem Zeitpunkt, auch als „Weise-Kommission" bezeichnet.

dass die Wehrpflicht ausgesetzt wird, lediglich: „Dies entspricht einer Dienstzeit von mindestens 15 Monaten."[430]

Ein Vergleich der Dienstzeit von mindestens 15 Monaten und der realen Freiwilligenzahl mit durchschnittlich 13 Monaten Wehrpflichtzeit zeigt, dass die Verteidigungsmenge noch dramatischer verfehlt worden wäre, wenn die 15 Monate staatlicherseits als Mindestgrenze gesetzt worden wären.

Eine weitere Analyse wird noch weitere Erkenntnisse aus der modelltheoretischen Betrachtung bringen. Bisher war der Nutzen als $U_i(X_i, V)$ definiert bzw. angenommen. Das ist ein sehr generischer Ansatz, der mit der folgenden Spezifizierung weiter konkretisiert wird, aber trotzdem noch generisch bleibt, aber doch neue Ergebnisse zu den bisherigen liefert. Hierzu soll $U_i(X_i, V)$ wie folgt definiert werden:

$$U_i(X_i, V) = X_i^\alpha V^\beta, \text{ wobei } 0 < \alpha, \beta < 1$$

Diese sogenannte Cobb-Douglas-Funktion[431] wird gerne zur Veranschaulichung in der Ökonomie herangezogen, weil diese noch relativ generisch ist und damit noch allgemeine Aussagen zulässt. Xi sind wieder die Güterbündel eines Freiwilligen und V die gesamte zur Verfügung gestellte Verteidigungsmenge. Die Exponenten Alpha und Beta zeigen die Sättigung der konsumierten Güter an. Aus diesem Grund liegen Alpha und Beta zwischen 0 und 1.[432] Der gesamte Optimierungsprozess soll an dieser Stelle nicht aufgezeigt werden. Nach Maximierung und Umstellungen und dann aufgelöst nach der individuell bereit gestellten Menge des Gutes der Verteidigung vi folgt:

$$V_i = -\frac{\alpha}{\alpha + \beta} \sum_{j \neq i}^{n} V_j + \frac{\beta}{\alpha + \beta} \frac{Y_i}{P_V}$$

---

[430] Siehe Strukturkommission der Bundeswehr: Bericht der Strukturkommission der Bundeswehr Oktober 2010 Vom Einsatz her denken Konzentration, Flexibilität, Effizienz, Berlin, Oktober 2010, S. 28
[431] Es kann grundsätzlich jede beliebige Nutzenfunktion zur Veranschaulichung genommen werden. Die Cobb-Douglas-Nutzenfunktion (siehe Lehrbücher) eignet sich gut aufgrund ihrer Einfachheit und der parametrisierten Exponenten Alpha und Beta. Das Problem ist einfach, dass es keine „realen" Nutzenfunktionen gibt, die herangezogen werden können. Aber selbst bei der Existenz von realen Nutzenfunktion bliebe die Frage nach der generischen Aussagekraft, weil jede gewonnene Aussage sich dann genau auf diese realen Nutzenfunktionen beziehen würde und nicht generisch zu verwenden wäre.
[432] Vgl. Abbildung 2.

Die Interpretation der Gleichung ist relativ einfach.[433] Der rechte Teil der Gleichung besteht aus zwei Komponenten. Zunächst ein Term der mit einen Minuszeichen, anzeigt, dass dieser die individuelle Verteidigungsmenge (vi) verringert. Diese Komponente enthält zudem die Verteidigungsmenge aller anderen Freiwilligen (vj). Der andere Term mit dem Plus-Zeichen wirkt positiv auf die bereitgestellte Verteidigungsmenge.

Aus dem Optimierungsansatz folgt zunächst, dass die bereitgestellte individuelle Verteidigungsmenge von der Bereitstellung der Verteidigungsmenge aller anderen Freiwilligen abhängt – und zwar negativ.[434] Daher die folgende Interpretation: Ein Staatsbürger, welcher freiwillig seinen Beitrag zur Landesverteidigung nach dieser Modellierung bestimmen kann, wird seinen Beitrag zur Landesverteidigung umso kleiner halten wollen, wie er glaubt, dass die anderen dann umso mehr für die Landesverteidigung beitragen würden.[435] Mit anderen Worten: Falls ein Staatsbürger beabsichtigt, sich von seiner freiwilligen Leistung zurückzuziehen und der Meinung ist, die anderen würden seinen Anteil übernehmen, wird er sich maximal zurückziehen – bis die anderen seinen Anteil nicht mehr bereit sind zu übernehmen. Denn in diesem Fall ist die linke Komponente der rechten Seite der Gleichung genauso groß (in absoluten Zahlen) wie die rechte Komponente der rechten Seite der Gleichung. Denn die rechte Komponente der rechten Seite der Gleichung zeigt den Anteil an Verteidigungsmenge an, der durch den Anteil des Einkommens bereitgestellt wird und die linke Komponente der rechten Seite der Gleichung gibt den Anteil an Verteidigungsmenge an, die aufgrund des Bereitstellung durch die anderen (alle anderen) individuell nicht bereitgestellt wird. Anders ausgedrückt: Wenn alle anderen den Teil der freiwilligen Verteidigungsmenge bereitstellen, den ein Freiwilliger nach seinem Anteil des Einkommens bereit wäre bereitzustellen, dann würde der Freiwillige keine Verteidigungsmenge bereitstellen.

---

[433] Auffällig ist, dass keine Abhängigkeit vom privaten Gut festzustellen ist. Der geneigte Leser mag nachvollziehen, dass dies mathematisch über die Umformung der Budgetrestriktion erfolgt.
[434] Nochmals zur Erinnerung. Diese Überlegung stellt kein Freiwilliger (oder Nicht-Verweigerer) an wie unter Abbildung 15 beschrieben. Denn der dort kategorisierte Freiwillige leistet auf jeden Fall militärischen Dienst (aus welchen Gründen auch immer: Ehre, Tradition, Vaterlandsliebe, etc.). Der hier beschriebene Freiwillige ist ein Unentschlossener, der anhand dieser Modellierung rational entscheidet, ob und wenn ja, wie viel Verteidigungsmenge er freiwillig nach individuellen Nutzenkriterien bereitstellen will. Ein nicht rationaler Freiwilliger macht seine Entscheidung möglicherweise gar nicht von der Verteidigungsmenge der anderen abhängig.
[435] Vgl. Mueller, Dennis C.: Public Choice III, 2009, S.20.

Falls alle anderen wehrpflichtigen Staatsbürger keine militärische Leistung erbringen würden, also $V_j = 0$ (der linke Term auf der rechten Seite entfällt dann) für alle j ungleich i, dann wäre die vom wehrpflichtigen Staatsbürger i die individuell maximal bereitgestellt Menge

$$V_i = \frac{\beta}{\alpha + \beta} \frac{Y_i}{P_V}$$

Dieser würde auch dann nicht sein gesamt mögliches Einkommen für seine persönliche militärische Leistung bereitstellen. Das wäre nämlich dann der Fall, falls gelten würde:

$$V_i = \frac{Y_i}{P_V}$$

Weil aber

$$\frac{\beta}{\alpha + \beta} < 1 \quad mit \quad 0 < \alpha, \beta < 1$$

gilt, gibt er nur diesen Bruchteil seines Gesamteinkommens für die Bereitstellung der Landesverteidigung aus. Ist Beta nahe Null, dann hat die Landesverteidigung keinen hohen Nutzen für den wehrpflichtigen Staatsbürger i (siehe Nutzenfunktion), und er ist dann auch kaum bereit, persönliche militärische Leistung zu erbringen. Ist Beta nahe Eins und Alpha nahe Null, dann hat der wehrpflichtige Staatsbürger i ein hohes Interesse an der Landesverteidigung und niedriges Interesse an dem Konsum der privaten Güter und ist dann nahezu bereit sein gesamtes Einkommen für die Bereitstellung der Landesverteidigung auszugeben, obwohl (oder gerade weil) die anderen wehrpflichtigen Staatsbürger sich verweigern.

Im Fall, dass alle Staatsbürger gleich verdienen, wird v_i dann zu,

$$v_i = -\frac{\alpha}{\alpha + \beta}(n-1)V_j + \frac{\beta}{\alpha + \beta}\frac{Y}{P_V}$$

weil in diesem speziellen Fall

$$V_1 = V_2 = \ldots = V_n$$

$$V = V_1 + V_2 + \ldots + V_n = \sum_{i=1}^{n} V_i = n V_i$$

gilt.[436]

Jeder wehrpflichtige Staatsbürger würde mit der gleichen Nutzenfunktion und dem gleichen Einkommen gleich viel an militärischer Dienstleistung bereitstellen.

Nach V_i aufgelöst, erreicht man

$$V_{CN} = nV_i = \frac{n\beta}{n\alpha + \beta} \frac{Y}{P_V}$$

Somit folgt:

$$V = nV_i = \frac{n\beta}{n\alpha + \beta} \frac{Y}{P_V}$$

V_{CN} ist die gesamte bereit gestellte Menge an militärischer Leistung und somit die militärische Leistungsfähigkeit des Landes unter den gegebenen Voraussetzungen der Maximierung der individuellen Nutzenfunktion des einzelnen Staatsbürgers. Damit ist V_{CN} die im Cournot-Nash-Gleichgewicht bereitgestellte Menge an militärischer Leistung.

Betrachten wir wieder den Fall der gesamtstaatlichen Wohlfahrtsmaximierung. Aus der zuvor allgemein gewonnen Funktion

$$\sum_{i=1}^{n} \frac{\partial U_i / \partial V}{\partial U_i / \partial X_i} = \frac{P_V}{P_X}$$

wird wieder unter der Voraussetzung, dass alle Staatsbürger die gleiche Cobb-Douglas-Nutzenfunktion und das gleiche Einkommen besitzen, folgende Gleichung.

$$n \frac{\beta X_i^\alpha V^{\beta-1}}{\alpha X_i^{\alpha-1} V^\beta} = \frac{P_V}{P_X}$$

Die Budgetbeschränkung ist dann folgende:

---

[436] Der Fall, dass alle Vi gleich sind entspricht dem Fall einer Wehrpflicht, dass alle Wehrpflichtigen grundsätzlich die gleiche Wehrpflichtzeit ableisten müssen.

$$n\,Y_i = Y = n\,P_X\,X_i + P_V\,V$$

Daraus folgt dann nach V_i aufgelöst:

$$V_i = \frac{\beta}{\alpha + \beta} \frac{Y}{P_V}$$

und für alle Staatsbürger n folgt somit

$$V_{po} = n\,V_i = \frac{n\beta}{\alpha + \beta} \frac{Y}{P_V}$$

V_{po} ist die gesamte bereit gestellte Menge an militärischer Leistung und somit die militärische Leistungsfähigkeit des Landes unter den gegebenen Voraussetzungen der Maximierung der staatlichen Wohlfahrtsfunktion. V_{po} ist die pareto-optimale Menge.

Setzt man die beiden Größen in Relation, folgt nach Termen-Kürzung:

$$\frac{V_{CN}}{V_{po}} = \frac{\alpha + \beta}{n\alpha + \beta}$$

$$V_{cn} = \frac{\alpha + \beta}{n\alpha + \beta}\,V_{po}$$

Da n die Anzahl der wehrpflichtigen Staatsbürger ist, folgt bei einer großen Anzahl der wehrpflichtigen Staatsbürger dass die Relation nahe Null geht. Dies wiederum bedeutet, dass bei individueller Nutzenmaximierung die Menge der gesamtstaatlich bereit gestellten militärischen Dienstleistung mit steigernder Anzahl wehrpflichtiger Staatsbürger sich immer weiter vom Pareto-Optimum entfernt.[437] Im theoretischen Fall von n = 1 (es gibt also genau einen wehrpflichtigen Staatsbürger) ist die Menge der militärischen Leistung im Cournot-Nash-Gleichgewicht gleich der Menge der militärischen Leistung im Pareto-Optimum. Um das gesamtstaatliche Pareto-Optimum zu erreichen, muss daher eine staatliche Institution die Allokation vornehmen (Legitimation des Staates über den Maximierungsansatz).[438] Der Staat kann nach dieser

---

[437] Vgl. ebd.: S. 21 und S. 24.
[438] Vgl. ebd.: S. 22.

Betrachtung bei der optimalen Bereitstellung der Verteidigungsfähigkeit des Landes nicht ersetzt werden.[439]

---

[439] Vgl. Hesse, Joachim Jens, Ellwein Thomas: Das Regierungssystem der Bundesrepublik Deutschland, 10 Auflage, Baden-Baden, 2012, S. 243–S. 244.

X. Strategie- und Konfliktfeld: Wehrpflichtiger versus Staat

Die folgende Analyse betrifft das identifizierte Konflikt- bzw. Strategiefeld *Wehrpflichtiger versus Staat*.

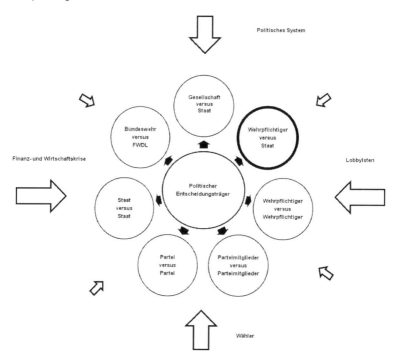

Abbildung 24: Strategie- und Konfliktfeld Wehrpflichtiger versus Staat.

Das identifizierte Konflikt- bzw. Strategiefeld ist in Abbildung 24 hervorgehoben. Hierbei wird der nutzenmaximierende Wehrpflichtige[440] als Einzelkämpfer gegen den Staat modelliert, der für die Sicherstellung der Bereitstellung seiner Landesverteidigung die Wehrpflicht als Instrument verwendet.

Der Wehrpflichtige hat die Möglichkeit, zu dienen oder aber auch zu verweigern, wobei er individuell nach seinen Präferenzen abwägt.[441] Der Staat hat

---

[440] Wie der Nutzen an dieser Stelle definiert sein soll, wird gleich gesagt.
[441] Trotz einer Verpflichtung (Wehrpflicht) ist in der Realität festzustellen, dass (legal) verweigert wird (siehe Verweigerungszahlen in Deutschland).

die Möglichkeit, seinen Zwang durchzusetzen, entweder in Form von positiven oder negativen Anreizen. Der staatliche Maßstab der Optimierung soll in dieser Modellierung die zu maximierende Wohlfahrt sein.[442] Der Staat sollte das richtige Anreizsystem wählen im Sinne der wohlfahrtsoptimierten Ausgestaltung.

Die staatlichen Entscheidungsträger setzten die Rahmenbedingungen für das gesellschaftliche Zusammenleben eines Volkes. Die Staatsform und die verfassungsrechtlichen Voraussetzungen bestimmen den Gestaltungsspielraum des Entscheidungsträgers. Eine repräsentative Demokratie, eine direkte oder indirekte Demokratie, eine Diktatur oder andere totalitäre Staatsformen sind verschiedene Regierungsformen mit unterschiedlicher Gestaltungsmöglichkeit in der Ergreifung von politischen Maßnahmen und deren Umsetzungsmöglichkeiten. Nehmen wir den gesetzten Fall der Wehrpflicht. Eine Durchsetzung der Wehrpflicht mit drakonischen Strafen im Fall der Nichtbefolgung, ist in Diktaturen und totalitären Staaten *einfacher* als in demokratischen Staaten mit Verweigerungsmöglichkeit und Möglichkeiten des juristischen Beistands. Der Staat kann neben der Rekrutierungsform[443] viele weitere Parameter bestimmen, um die Verteidigungsfähigkeit des Landes zu garantieren.

Betrachtet sei folgendes Beispiel:

Eine Regierung überlegt, die Wehrpflicht als Rekrutierungsform auf sechs oder neun Monate festzulegen.[444] Der Wehrpflichtige W kann sich grundsätzlich

---

[442] Die Wohlfahrt ist in dieser Untersuchung ist jeweils die Summe der Auszahlungswerte einer Strategiekombination in der Auszahlungsmatrix (Summe in den einzelnen Zellen).
[443] Diese werden später betrachtet.
[444] Die Abstraktion kann auf verschieden reale Situationen übertragen werden. Auf den ersten Blick mag dieser Ansatz realitätsfremd wirken, weil – bezogen auf die Bundesrepublik Deutschland – der Staat dem Wehrpflichtigen nicht die Wahl zwischen zwei verschiedenen Wehrpflichtzeiten lässt. Zunächst liegt ein Denkmodell vor, welches den staatlichen Entscheidungsträger helfen soll, die Frage nach dem Anreizsystem zu beantworten. Soll dieses eher positiv oder eher negativ ausgestaltet sein, um die staatlichen Ziele – Wohlfahrtsmaximierung im weiteste Sinne und das Ziel, die Rekrutierung über den Stand von überzeugten „Nicht-Verweigerern" zu heben? Durch die Betrachtung des möglichen Anreizsystems wird implizit unterstellt, dass ein Anreizsystem benötigt wird, um unentschlossene (rationale) Wehrpflichtige zum militärischen Dienst zu bewegen. Es wird von der Annahme ausgegangen, dass ein reiner Appell nicht ausreichen wird, die Rekrutierung von Wehrpflichtigen über den reinen Stand von überzeugten Nicht-Verweigerern zu heben – es wäre der (fast) gleiche Rekrutierungsstand wie bei Implementierung einer Freiwilligenarmee an freiwillig dienenden Wehrpflichtigen (langfristig) zu vermuten. Diese Vermutung belegen auch hohe (relative wie absolute) Verweigerungszahlen in der Bundesrepublik Deutschland: Vgl. http://www.google.de/url?sa=t&rct=j&q=offizielle%20verweigerungszahlen%20wehrdienst%20deutschland&source=web&cd=8&ved=0CFAQFjAH&url=http%3A%2F%2Fwww.sowi.bunde

entscheiden, ob er militärischen Dienst leisten möchte oder ob er verweigert.[445] Andere Ersatzdienste werden in diese Modellierung explizit nicht betrachtet. Beide Parteien, Wehrpflichtiger und Staat, kennen die Auszahlungsmatrix und handeln rational. Beide Parteien entscheiden in einer ersten Betrachtung synchron und nicht in einer zeitlichen Abfolge.[446] Die Auszahlungsmatrix und die verschiedenen Strategiekombinationen seien in der folgenden Tabelle exemplarisch dargestellt und als Ausgangslage definiert.[447]

---

swehr.de%2Fresource%2Fresource%2FMzEzNTM4MmUzMzMyMmUzMTM1MzMyZTM2Mz
EzMDMwMzAzMDMwMzAzMDY3NjgzNjc5NzMzMTY4NjEyMDIwMjAyMDIw%2FAp_049.pdf
&ei=_NTqUOzDLIvD0AW_z4CIAw&usg=AFQjCNFmFq3kMSIsqDeLgGVWwsbflegO1Sg,
gelesen am 07.01.2013. Die Notwendigkeit eines Anreizsystems belegt die Tatsache, dass eine grundlose Nichtbefolgung der Wehrpflicht oder eine versäumte Befreiung vom Wehrdienst (z.B. über Verweigerungsantrag) aber auch Nichtbefolgung der Wehrpflicht bei abgelehntem Verweigerungsantrag unter Strafe in Deutschland stand. Selbst seit Aussetzung der Wehrpflicht in Deutschland gelten mögliche Strafen (Bußgelder) für die Wehrpflichtigen – denn grundsätzlich gilt die Wehrpflicht weiterhin und damit auch das Wehrpflichtgesetz (WPflG): Vgl. http://www.gesetze-im-internet.de/bundesrecht/wehrpflg/gesamt.pdf, gelesen am 07.01.2013. Die modellierte Situation ist auch aus dem Grund realitätsbezogen, weil der erste Blick, dass der Staat dem Wehrpflichtigen nicht die Wahl zwischen zwei (oder mehren) verschiedenen Wehrpflichtzeiten lässt, nicht ganz richtig ist: Vgl. dazu (WPflG), §6, dort heißt es: „Wehrpflichtige können im Anschluss an den Grundwehrdienst freiwilligen zusätzlichen Wehrdienst leisten. Der freiwillige zusätzliche Wehrdienst dauert mindestens einen, längstens 17 Monate. Und vgl. § 54, denn dort heißt es: „Der Wehrdienst nach Satz 1 besteht aus sechs Monaten freiwilligem Wehrdienst als Probezeit und bis zu 17 Monaten anschließendem freiwilligem zusätzlichem Wehrdienst." Hieraus folgt, dass der Wehrpflichte die Möglichkeit hat, 7 Monate, 8 Monate, ..., 23 Monate freiwillig zu dienen; es sind 17 Möglichkeiten der Ausgestaltung der Wehrdienstzeit für den Freiwilligen. Zu Zeiten vor der Aussetzung der Wehrpflicht in der Bundesrepublik Deutschland waren auch weitergehende (aber freiwillige) Verpflichtungen – über die Länge des Grundwehrdienstes hinaus seitens des Wehrpflichtigen möglich. Vgl. http://www.gesetzesweb.de/WehrpfG.html, § 6b, gelesen am 19.03.2013.

[445] Im Falle einer Wehrpflichtarmee ist es die Verweigerung und im Falle einer Freiwilligenarmee das „einfache nicht dienen". Dass auch bei einer Wehrpflichtarmee die Möglichkeit des Verweigerns besteht, zeigt dass Normen, in diesem Fall die Pflichterfüllung, „nicht um ihrer selbst willen durch rationale Akteure befolgt werden." Vgl. Zintl, Reinhard: Rationalitäten und Rationalitätsprobleme des Marktes, in: A. Maurer, U. Schimank (Hrsg.): Die Rationalitäten des Sozialen, Wiesbaden, 2011, S. 102.

[446] Die Betrachtung der zeitlichen Abfolge erfolgt später.

[447] Wie die Werte in der Auszahlungsmatrix zu lesen sind, siehe Glossar unter Entscheidung / Entscheidungsmatrix. Die Auszahlungswerte sollen im ganzzahligen Bereich liegen. Beispielsweise ist der nächsthöhere Nutzenwert von 5 die 6. Zu beachten ist, dass in der Auszahlungsmatrix Nutzenwerte (Auszahlungen) stehen, also Bewertungen nach einer Transformation von Lebenszeit in Nutzenwerte. In jedem Fall liegen keine Zählungen oder Ähnliches vor, sondern Bewertungen – wie es aus Rational Choice heraus verlangt wird. Die Nutzen-Transformation ist analog der beim Gefangenendilemma, nämlich $f(x) = x$, Eine Nutzeneinheit ist hier äquivalent zu einem Monat Wehrdienst. Das ändert sich bei der weiterführenden Betrachtung / Analyse. Zur Erinnerung: Beim Gefangenendilemma wird häufig ein Jahr (oder ein Monat) Gefängniszeit mit einer Nutzeneinheit äquivalent gesetzt.

W Staat	6 Monate	9 Monate
Dient nicht	A (6,-6)	B (9,-9)
Dient	C (-6,6)	D (-9,9)

Abbildung 25: Normalform bei der Entscheidungsfindung zur Wehrpflicht 6 oder 9 Monate als Nullsummenspiel.

Der Wehrpflichtige muss im Fall des Wehrdienstes von 6 Monaten, 6 Monate seiner Lebenszeit auf den militärischen Dienst verwenden (entsprechend 9 Monate bei einer Wehrpflichtzeit von 9 Monaten). Der Wehrsold wird in dieser Modellierung so bewertet, dass er keine (Entscheidungs-) Rolle spielt.[448] Der Wehrpflichtige ist individuell rational und betrachtet lediglich seinen erreichbaren Nutzen.

Es soll modelltheoretisch zwischen eigenbestimmter und fremdbestimmter Lebenszeit des Wehrpflichtigen unterschieden werden.[449] Dies ist eine modelltheoretische Reduzierung der Realität, die konkrete Motivationen (Intentionen) des Akteurs „Wehrpflichtiger" ausblendet, um eine standardisierte und wiederholbare Handlungssituation zu beschreiben (explikativer Ansatz). Es ist unerheblich aus welchen einzelnen, möglicherweise sehr individuellen, Gründen sich ein Wehrpflichtiger für „Dient" oder „Dient nicht" in dieser Modellierung entscheidet. Für eine ausreichende Verteidigungsleistung ist (objektiv) entscheidend, wie ein Wehrpflichtiger das „Dienen" oder das „Nicht-Dienen" bewertet und sich dementsprechend faktisch für das „Dienen" oder das „Nicht-Dienen" entscheidet. Für eine ausreichende Landesverteidigung ist es von sekundärem Interesse warum er „dient" oder warum er „nicht dient". Durch diese Modellierung soll nicht gesagt werden, dass Gründe (die Frage nach dem Warum) zur Entscheidung des Wehrdienstes immer als nicht berücksichtigenswert einzustufen sind. Ganz im Gegenteil: Für die konkrete Ausgestaltung ei-

---

[448] Der reine Wehrsold kann ein einfacher (trivialer) Anreiz sein. Deswegen wird diese Möglichkeit ausgeblendet.
[449] Hier wird der Freiheitsgedanke aus dem Einführungskapitel II in Form der Unterscheidung zwischen eigen- und fremdbestimmter Lebenszeit aufgenommen. In dieser Modellierung ist fremdbestimmte Lebenszeit die zu absolvierende Wehrpflichtzeit. Mit eigenbestimmter Lebenszeit ist die Länge der Wehrdienstzeit gemeint, die aber aufgrund einer möglichen Verweigerung selbstbestimmt ist. Fremdbestimmt beinhaltet insbesondere die Einschränkung der Grundrechte nach § 51 des Wehrpflichtgesetzes. Bei Ableistung der Wehrpflicht ist es insbesondere die „körperliche Unversehrtheit", die „Freiheit der Person" und die „Freizügigkeit", die im Grundgesetz für alle Deutschen geregelt ist. Die Unterscheidung zwischen selbstbestimmter und fremdbestimmter Lebenszeit ist ein rein modelltheoretischer Ansatz, um generische Ergebnisse nach Rational Choice zu erhalten.

nes Anreizsystems sind die Gründe wichtig und erfolgsentscheidend.[450] In dieser Modellierung soll aber vom Pluralismus der individuellen Beweggründe abstrahiert werden (Neutralisierung für die Fragestellung nach dem „richtigen" Anreizsystem).[451] Weiter wird hierbei eine „Hochkostensituation" auf Mikroebene identifiziert, wie von Zintl gefordert, um eine empirisch gehaltvolle Theorie-Modellierung zu erhalten.[452] Die „Hochkostensituation" ergibt sich durch die „drohende einzusetzende Lebenszeit" des Wehrpflichtigen bei Ableistung der Wehrpflicht. Diese „Hochkostensituation" wiegt umso schwerer (Kostendruck / Entscheidungsdruck) je höher die eingesetzte Lebenszeit für die Wehrpflichtzeit ist, da die Dauer der Wehrpflichtzeit dann eine umso stärkere Auswirkung auf die individuelle, eigenbestimmte, Lebensplanung hat.[453] Ein weiterer Parameter der „Hochkostensituation" ist die (objektive) Einschränkung der Grundrechte bei Ableistung der Wehrpflicht in der Bundesrepublik Deutschland.[454] Aber nicht nur die Höhe der Wehrpflichtzeit und die Beschneidung der Grundrechte spielen eine Rolle, sondern auch, ob die Situation eines Spannungs- oder Verteidigungsfalles vorliegt. Denn dann steht möglicherweise das eigene Leben – hier im wahrsten Sinne des Wortes – „auf dem Spiel" oder

---

[450] Später weitere Ausführungen dazu.
[451] Vgl. Zintl, Reinhard: Der Homo Oeconomicus: Ausnahmeerscheinung in jeder Situation oder Jedermann in Ausnahmesituationen?, in: Analyse und Kritik 11 (1989), S. 52–69, Opladen,1989, S. 55.
Nochmal genauer: Die Ausgestaltung (Ausprägung) des Anreizsystems ist bei der durchzuführenden Untersuchung nicht im Fokus der Fragestellung, sondern die Auswahl des Anreizsystems. Zur Auswahl des Anreizsystens stehen grundsätzlich zwei „Reinformen des Anreizes" zur Auswahl: ein auf positive Anreize ausgerichtetes System und ein auf negative Anreize ausgerichtetes Systems. In der Realität können selbstverständlich dann Mischformen aus beiden grundsätzlichen Anreizsystemen existieren.
[452] Die „Hochkostensituation" ist hier eine Form des Ausdrucks, dass eine Entscheidung getroffen werden muss. Die Wehrpflicht setzt den Wehrpflichtigen bei einer Wehrpflichtarmee „unter Druck" entscheiden zu müssen. Das kann objektiv behauptet werden, wobei der sogenannte Entscheidungsdruck auf Mikroebene subjektiv unterschiedlich empfunden werden kann. Der Entscheidungsdruck liegt bei einer Freiwilligenarmee scheinbar nicht vor, auch wenn hier auf Mikroebene einzelne Individuen abwägen und sich vielleicht schwer tun mit der Entscheidung, freiwillig zu dienen oder nicht. Bei einer Freiwilligenarmee entsteht eine mögliche „Hochkostensituation" in der Situation der nicht ausreichend bereitgestellten Verteidigungsmenge, weil dann die Sicherheitslage des Landes gefährdet sein könnte. Eine explizite Modellierung unter Berücksichtigung der Sicherheitslage wird im Kapitel XI vorgenommen. Die Wehrpflichtarmee unterscheidet sich objektiv bezüglich des Entscheidungsdrucks von der Freiwilligenarmee, weil der Entscheidungsdruck unabhängig von der Sicherheitslage existiert (unbedingt versus bedingt).
[453] Vgl. ebd.: S.65. Auch im Sinne von Opportunitätskosten – eine Kostenbewertung resultierend aus „verpassenden Chancen". So kann auch das „Nicht-Dienen" mit der dann „verpassten Chance" des Dienens bewertet werden.
[454] Vgl. WPflG § 51, http://www.gesetze-im-internet.de/bundesrecht/wehrpflg/gesamt.pdf, gelesen am 23.03.2013.

eben eine mögliche militärische Niederlage mit ihren (persönlichen, individuellen) Folgen.[455] In Analogie gilt das für den Staat, der die Landesverteidigung sicherzustellen hat und auf ein Mindestkontingent zurückgreifen muss, um seine Aufgabe der Verteidigung zu erfüllen. Eine mögliche militärische Niederlage – verursacht durch eine zu gering bereitgestellte Verteidigungsleistung – könnte den Machtverlust (der politischen Entscheider) und in einem extremen Fall sogar die Auslöschung des Staates als solches bedeuten. Andererseits müssen seitens des politischen Entscheidungsträgers ökonomische Kosten (Effizienz, Einsparmöglichkeiten) und vielleicht auch Gründe der Wehrgerechtigkeit und der gewollten gesellschaftlichen Integration des Militärs berücksichtigt werden.[456]

Die „Hochkostensituation" bedingt ein Handeln des Akteurs „Wehrpflichtiger" und des Akteurs „Staat" nach der für ihn besten Lösung zu suchen bzw. abzuwägen (Trade-Off), also ein Optimierungsverhalten (Maximierungsverhalten) zu wählen. Die Maximierungsannahme ist daher plausibel und zudem nicht post hoc als eine solche identifiziert und dadurch nicht nachgelagert definiert.[457]

Für die Bewertung dieser zwei modellierten unterschiedlichen Lebenszeiten gibt es aus der Sicht des Wehrpflichtigen genau drei Relationen:[458]

---

[455] Die Wehrpflicht wurde in der Bundesrepublik Deutschland nur für den Friedensfall ausgesetzt. Im Spannungs- oder Verteidigungsfall gilt das nicht. In so einem Fall ist der „Kostendruck" ungleich höher als im Friedensfall für den Wehrpflichtigen. Im Friedensfall verliert er vielleicht Lebenszeit, im Spannungs- und Verteidigungsfall eventuell sein ganzes (restliche) Leben. Vgl. http://www.gesetze-im-internet.de/bundesrecht/wehrpflg/gesamt.pdf, § 2 und Abschnitt 7.
[456] Viele weitere Gründe der Abwägung können eine Rolle spielen: Verankerung des Militärs in der Gesellschaft, eine werte orientierte Politik der traditionellen Wehrpflicht, etc.
[457] Die nachgelagerte Maximierungsunterstellung wird den Theoretikern bzw. dem modellierenden Wissenschaftler von den Rational Choice Kritikern häufig vorgeworfen. In diesem Fall wäre eher zu fragen, warum ein Wehrpflichtiger sich mit einer zweitbesten Lösung für sich zufrieden geben sollte.
[458] Mehr Möglichkeiten der Relationen gibt es nicht. Die Bewertung (Ausprägung) kann aber sehr unterschiedlich in ihrer Intensität ausfallen – dadurch sind theoretisch unendlich viele Möglichkeiten gegeben. Für die zu untersuchende Fragestellung nach dem Anreizsystem sind aber zunächst „nur" die drei herausgestellten Relationen wichtig. Aus welchen Gründen (Motivationen) der Wehrpflichtige die eigenbestimmte höher/gleich/niedriger bewertet als die fremdbestimmte Lebenszeit ist aus Sicht der Rationalität bei dieser Modellierung nicht wichtig. Vgl dazu Zintl, Reinhard: Rationalitäten und Rationalitätsprobleme des Marktes, in: A. Maurer, U. Schimank (Hrsg.): Die Rationalitäten des Sozialen, VS Verlag für Sozialwissenschaften, Springer Fachmedien Wiesbaden GmbH, 2011, S. 102. Dort heißt es: „Über die Herkunft und Inhalte einer Präferenzordnung ist unter Rationalitätsgesichtspunkten nichts zu sagen ...". Für die Bewertungen der einzusetzenden Lebenszeit können Ehre, Patriotismus,

1) Eigenbestimmte Lebenszeit wird von Wehrpflichtigen höher bewertet als fremdbestimmte Lebenszeit.

2) Eigenbestimmte Lebenszeit wird von Wehrpflichtigen gleich bewertet wie fremdbestimmte Lebenszeit.

3) Eigenbestimmte Lebenszeit wird von Wehrpflichtigen niedriger bewertet als fremdbestimmte Lebenszeit.[459]

In diesen Fällen 1) bis 3) ist eine konstante Bewertung der Lebenszeit des Wehrpflichtigen seitens des Staates gemäß Ausgangslage unterstellt, wobei zu Beginn der Untersuchung eine Gleichbewertung der Lebenszeit des Wehrpflichtigen beider Akteure (Nullsummenspiel) angenommen wird.[460]

Weitere Möglichkeiten kommen hinzu, wenn die Relation der Bewertungen unter den Akteuren „Wehrpflichtige" und „Staat" berücksichtigt werden. Es ist also nicht nur die Bewertung der Lebenszeit des Wehrpflichtigen durch ihn selbst zu betrachten, sondern die Relation der Bewertungen im Vergleich zu denen des staatlichen Entscheidungsträgers. Es folgt für den vierten und fünften Fall, wobei 1) annahmegemäß gelten soll:[461]

4) Eingesetzte Lebenszeit des Wehrpflichtigen wird vom Wehrpflichtigen höher bewertet als vom staatlichen Entscheidungsträger.

5) Eingesetzte Lebenszeit des Wehrpflichtigen wird vom staatlichen Entscheidungsträger höher bewertet als vom Wehrpflichtigen.

Zunächst soll der erste Fall betrachtet werden: Eigenbestimmte Lebenszeit ist dem Wehrpflichtigen wichtiger, also höher bewertet im Nutzen, als fremdbe-

---

Tradition, Sold, usw. eine Rolle spielen. Insgesamt sollen Fallbeispiele konstruiert werden, in denen das Konfliktpotential hoch erscheint, um Effekte herauszuarbeiten, die dann über ein Anreizsystem (Überbau) ausgeglichen werden sollen.

[459] In diesem Fall gilt der Wehrpflichtige als Freiwilliger oder Nicht-Verweigerer. Dieser Fall ist aus Sicht des Konfliktpotentials zwischen Staat und Wehrpflichtigen als irrelevant einzustufen.

[460] Bei derartigen Untersuchen ist es ratsam, eine Modellgröße konstant zu halten um Effekte zu extrahieren. Werden zwei oder sogar mehrere Größen gleichzeitig geändert, ist es schwierig bis unmöglich festzustellen, woraus sich ein Effekt gespeist hat. Der staatliche Entscheidungsträger ist weiterhin annahmegemäß gewillt, die Wohlfahrt wie definiert zu optimieren und den Wehrpflichtigen zur Ableistung des militärischen Dienstes „zu motivieren/zu veranlassen".

[461] Wegen des Konfliktpotentials. Es wird auch deshalb von eingesetzter Lebenszeit gesprochen. Mit dieser Bezeichnung ist eigenbestimmte und fremdbestimmte Lebenszeit gemeint; immer aus Sicht des Wehrpflichtigen.

stimmte Lebenszeit.[462] Um das Spiel im ersten Fall genau zu beschreiben, soll zunächst noch eine Voraussetzung gelten: nämlich die, dass der Staat und der Wehrpflichtige die einzusetzende Lebenszeit[463] des Wehrpflichtigen zunächst als gleich (wertvoll) bewerten. Dadurch wird ein Nullsummenspiel konstruiert.[464]

Aus diesem Beispiel sind trotz einschränkender Bedingungen bereits einige Erkenntnisse zu gewinnen. Die zur Verfügung stehende Lebenszeit von 6 oder 9 Monaten kann entweder vom Wehrpflichtigen individuell genutzt werden oder eben in Form der Ableistung des staatlichen Wehrdienstes. Am Beispiel der Zelle A ist zu erkennen, dass bei Ablehnung des sechsmonatigen Wehrdienstes die 6 Monate dem Wehrpflichtigen zur freien Verwendung zu Verfügung stehen. Der Staat kann in diesem Fall nicht auf diese sechs Monate militärischer Leistung zurückgreifen. Nur ein Akteur, Wehrpflichtiger oder Staat, kann über den betrachteten Lebenszeitraum in dieser Modellierung verfügen, beide gleichzeitig eben nicht.[465]

---

[462] Ausgehend von dieser Annahme sind die betrachteten Wehrpflichtigen schon Verweigerer (Nicht-Freiwillige im Fall der Freiwilligenarmee). Um diese rational zum Dienen zu bewegen ist es eine triviale Lösung, die Bewertung der fremdbestimmten Lebenszeit durch den staatlichen Entscheidungsträger höher zu setzen (durch Sold, durch ideelle Anreize, durch Anreize jeglicher Art). Die Untersuchung soll die Wirkung negativer und positiver Anreize auf die Wohlfahrt und das Momentum des First Movers im Fokus haben. Wehrpflichtige, die die eigenbestimmte Lebenszeit mit der fremdbestimmten Lebenszeit gleich hoch bewerten sind indifferent. Dazu später mehr.
[463] Analog beim Fall der Freiwilligenarmee.
[464] Vgl. Rieck, Christian: Spieltheorie Eine Einführung, 10. Auflage, 2010, S. 307 ff. Und vgl. Berninghaus, Siegfried K., Güth, Werner und Ehrhart, Karl-Martin: Strategische Spiele: Eine Einführung in die Spieltheorie, 2010, S.19, Beispiel 2.2 Battle of the Bismarck Sea. An dieser Stelle wird wieder deutlich wie wichtig es ist, dass Konzept des Nutzens (der Nutzenfunktion) zu verstehen. Würden beide Akteure die eingesetzte Lebenszeit unterschiedlich bewerten, dann würde kein Nullsummenspiel vorliegen. Das wird später betrachtet.
Es mag vielleicht verwundern, dass man etwas bewertet was man nicht hat oder noch nicht hat. Das ist aber schon plausibel zu begründen. Ein Staat, welcher eine Wehrpflicht einführt, ist nach Voraussetzung auch bestrebt diese zu realisieren. Plausibel ist auch unterstellt, dass der Staat eine Zielverfolgung mit der Wehrpflicht verfolgt – z.B. die Sicherstellung der Landesverteidigung. Wenn der Staat aber nicht auf die notwendigen Kapazitäten zurückgreifen kann, ist möglicherweise die Landesverteidigung nicht gesichert und kann somit negativ in der Bewertung berücksichtigt werden. Bei dieser Betrachtungsweise wird mit dem Konzept der Opportunitätskosten im Sinne der nicht ausreichenden Landesverteidigung und den möglichen Folgen argumentiert.
[465] Eine notwendige Bedingung für ein Nullsummenspiel, aber nicht hinreichend. Erst die (gleiche) Bewertung komplettiert die zweite notwendige Bedingung für ein Nullsummenspiel. Zusammen bilden beide notwendigen Bedingungen die hinreichende Voraussetzung für ein Nullsummenspiel.

Der wehrpflichtige Staatsbürger hat eine dominante Strategie: In jedem Fall nicht dienen (6 ist besser als -6 und 9 ist besser als -9). Der Staat hat keine dominante Strategie (-9 ist schlechter als -6 und 9 ist besser als 6). Da der Wehrpflichtige die dominante Strategie hat, nicht zu dienen, wählt der Staat die 6 Monate Wehrpflichtzeit, da diese mit -6 bewertet ist.

Es ist noch ein Effekt abzulesen: Der Wehrpflichtige würde sich besser stellen, wenn er eine neunmonatige Wehrpflichtzeit statt einer sechsmonatigen ablehnt. Der Staat hingegen würde bei der Strategie *dient nicht* des Wehrpflichtigen eine Einführung einer Wehrpflichtzeit von sechs Monaten einer Wehrpflichtzeit von neun Monaten vorziehen. Der Wehrpflichtige würde sich bei der Ablehnung einer längeren Wehrpflichtzeit besser stellen als bei Ablehnung einer kürzeren Wehrpflichtzeit, weil seine gewonnene – eigen bestimmte – Lebenszeit dann größer ist. Weiter ist zu bedenken, dass ein höherer Aufwand für eine Ablehnung im Fall der längeren Wehrpflichtzeit durch den Wehrpflichtigen in Kauf genommen würde, weil der Netto-Nutzen bei höherem Verweigerungsaufwand (noch) positiv sein kann im Vergleich zu einer kürzeren Wehrpflichtzeit. Anders ausgedrückt: Ein rational denkender Wehrpflichtiger würde sich in diesem Fall der Modellierung länger und intensiver gegen eine Einberufung stellen. Der Staat hingegen würde seine Verluste bei der Einberufung – gerechnet in entgangener Lebenszeit des Wehrpflichtigen – bei einer kürzeren Wehrpflichtzeit reduzieren. Zudem kann der Staat damit rechnen, dass der Widerstand zur Einberufung bei kürzeren Wehrpflichtzeiten geringer ist.

In dieser modellierten Konstellation braucht der Staat eine Wehrdienstzeitverlängerung nicht in Erwägung zu ziehen, da auch diese immer abgelehnt würde. Anreize wären teuer, um den Wehrpflichtigen doch zu motivieren, militärischen Dienst abzuleisten. Kompensationszahlungen[466] könnten beispielsweise durch einen entsprechenden Sold oder andere Vorteile, wie eine Anerkennung der Wehrdienstzeit auf die Rentenzahlung oder aber eine bessere Berufsperspektive nach der Militärzeit, für den Wehrpflichtigen geschehen. Das erreichte Ergebnis der Zelle A ist ein Nash-Gleichgewicht.[467]

Wenn das gleiche Beispiel in extensiver Form betrachtet wird, dann wird der zeitliche Verlauf der Entscheidung abgebildet. Bei der Entscheidung zur Wehrplicht hat der Staat die Möglichkeit, den ersten Spielzug auszuführen.

---

[466] Wie hoch die Kompensationszahlungen ausfallen müssen, wird im weiteren Verlauf untersucht.
[467] Es ist auch teilspiel-perfekt.

Anders herum würde es in diesem Fall auch keinen Sinn machen, denn derjenige, der zuerst entscheiden kann, ist normalerweise auch im Vorteil.

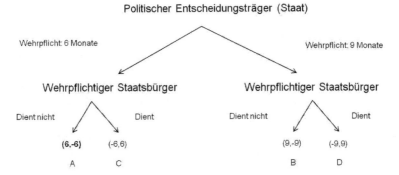

Abbildung 26: Extensivform bei der Entscheidungsfindung zur Wehrpflicht 6 oder 9 Monate.

Die erste Zahl von links im Auszahlungsvektor ist der Nutzenwert für den Wehrpflichtigen und die zweite Zahl im Auszahlungsvektor ist der erreichte Nutzenwert für den politischen Entscheidungsträger. Durch Rückwärtsinduktion[468] wird das gleiche Nash-Gleichgewicht wie in der synchronen Betrachtung erreicht. Der politische Entscheidungsträger versucht, seine maximale Auszahlung zu erreichen, also den Nutzenwert 9. Wenn er diesen Nutzenwert erreichen möchte, dann muss er die Wehrpflichtzeit zum Zeitpunkt T = 1 auf 9 Monate festlegen. Der maximale Nutzenwert würde aber nur dann erreicht, wenn der wehrpflichtige Staatsbürger sich zum Zeitpunkt T = 2 für die Alternative „Dienen" entscheiden würde. Das würde er aber aus seinen rationalen Überlegungen nicht so entscheiden, da dieser beim Vergleich der Nutzenwerte von -9 und 9, sich für 9 entscheiden würde. Folglich kann der politische Entscheidungsträger seinen maximalen Wert nicht erreichen, obwohl er zuerst seine Entscheidung treffen kann. Somit kann der politische Entscheidungsträger auf diesem Entscheidungspfad lediglich die Auszahlung -9 erwarten.

---

[468] Diese Vorgehensweise ist eine Methode in der Rational Choice Theorie. Vgl. Colman, Andrew M.: Game Theory & its Applications in the social and biological science, Routledge, East Sussex, 2003, p. 63 and pp.187–191. Vgl. Rieck, Christian: Spieltheorie Eine Einführung, 10. Auflage, Eschborn, 2010, S. 239 ff. Die notwendigen und hinreichenden Bedingungen an das Spiel für die Anwendbarkeit der Rückwärtsinduktion sind: Das Spiel ist endlich (endliche Anzahl von Spielzügen), die Spieler agieren sequentiell, das Spiel ist in Extensivform darstellbar, die Spieler handeln unter der Annahme von rationalem Verhalten und die Spieler haben gegenseitiges Wissen, dass der jeweils andere Spieler rational handelt (Common Knowledge). Alle Voraussetzungen liegen nach Annahme in der Modellierung vor.

In analoger Betrachtungsweise analysiert der politische Entscheidungsträger den zweiten Entscheidungspfad und kommt zum Ergebnis, dass er hier eine Auszahlung von -6 zu erwarten hat. Da er nun beide Ergebnisse der Rückwärtsinduktion miteinander vergleicht, wird er sich rational für die Wehrpflicht von 6 Monaten entscheiden. Obwohl der politische Entscheidungsträger die Möglichkeit der Erstentscheidung hat, kann er in dieser Situation seinen maximalen Nutzenwert nicht erreichen. Die dominante Strategie des Wehrpflichtigen, nicht zu dienen, setzt sich durch.

Jetzt kann der politische Entscheidungsträger überlegen, wie er seine maximale Auszahlung erreichen kann, also wie er es schaffen kann, dass der wehrpflichtige Staatsbürger motiviert ist, über einen Lebenszeitraum von 9 Monaten zu dienen. Der politische Entscheidungsträger muss etwas tun. Es gibt zwei Möglichkeiten: ein negatives oder ein positives Anreizsystem.[469]

Betrachten wir zuerst das negative Anreizsystem: Dies kann eine Strafe sein, falls der wehrpflichtige Staatsbürger nicht bereit ist zu dienen. Dies kann eine Geldstrafe oder gar eine Gefängnisstrafe sein. Sicherlich ist der Vielfalt der Möglichkeiten keine Grenze gesetzt. Die notwendige Maßnahme muss den Nutzenwert von -9 des wehrpflichtigen Staatsbürgers im Fall des Dienens und der Festlegung auf eine neunmonatige Wehrpflichtzeit übertreffen. Falls die Strafe mit einem Nutzenwert von -10 angenommen wird, ergibt sich folgende Abbildung:

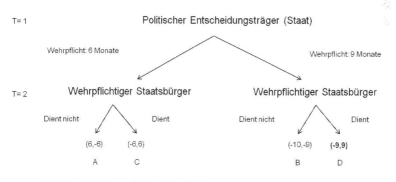

Abbildung 27: Der politische Entscheidungsträger gibt einen negativen Anreiz.

---

[469] Es ist nicht nur die Anreizhöhe von Bedeutung. Diese kann relativ leicht bestimmt werden und ist lediglich eine triviale Betrachtung. Insbesondere sind die Kosten und die Wirkungen auf die (Netto-) Wohlfahrt zu bestimmen – und immer unter der Voraussetzung, dass der staatliche Entscheidungsträger seinen maximalen Nutzenwert erreichen gewillt ist.

Der politische Entscheidungsträger kann nun durch die getroffene Maßnahme seinen maximalen Auszahlungswert erreichen. Der wehrpflichtige Staatsbürger würde sich bei der Analyse des Entscheidungspfades durch Rückwärtsinduktion für die Alternative „Dient" entscheiden.

Der Vollständigkeit wegen sei nun das positive Anreizsystem betrachtet. Die Möglichkeiten sind auch hier vielfältig. Eine Maßnahme könnte die Anerkennung seiner Wehrdienstzeit auf die spätere Rentenzahlung sein oder aber auch die Möglichkeit einer hervorragenden Berufsaussicht im öffentlichen Bereich. Der staatliche Entscheidungsträger könnte eine mögliche berufliche Karriere im öffentlichen Bereich an die Ableistung der Wehrpflicht koppeln. Das gewählte Anreizsystem muss den Nutzenwert von 9 des staatlichen Wehrpflichtigen im Fall der Verweigerung übertreffen. Falls die positive Maßnahme mit einem Nutzenwert von 10 angenommen wird, ergibt sich folgende Abbildung:

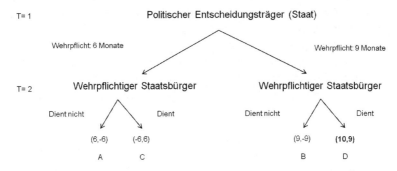

Abbildung 28: Der politische Entscheidungsträger gibt einen positiven Anreiz.

Auch kann der politische Entscheidungsträger durch die getroffene positive Maßnahme seinen maximalen Auszahlungswert erreichen. Der wehrpflichtige Staatsbürger würde sich nun bei der Analyse des Entscheidungspfades durch Rückwärtsinduktion für die Alternative „Dient" entscheiden.

Eine übergreifende Überlegung zu den beiden getroffenen Maßnahmen ergibt, dass die positive Maßnahme zu empfehlen wäre, da dadurch die gesamtstaatliche Wohlfahrt maximiert würde. Die gesamtstaatliche Wohlfahrt[470] der negativen Maßnahme kommt zu einem Ergebnis von 0 in der Addition der Auszah-

---

[470] Die Wohlfahrt als Summe der Auszahlungen an beide Akteure.

lungswerte (-9,9). Die gesamtstaatliche Wohlfahrt der positiven Maßnahme kommt zu einem Ergebnis von 19 in der Addition der Auszahlungswerte(10,9). Beide Maßnahmen müssen den Nutzenwert des wehrpflichtigen Staatsbürgers um über 18 Nutzen-Einheiten im Absolutwert korrigieren. Daraus kann man schließen, dass beide Maßnahmen in dieser Modellierung gleich teuer für den Staat sind und somit dieser aus Kostengründen[471] bei der Auswahl des Anreizsystems indifferent wäre.[472] Es ist für die Betrachtung der gesamtstaatlichen Wohlfahrt nicht unerheblich, welche Maßnahme gewählt wird, obwohl für den Staat als modellierter Spieler in beiden Fällen der Nutzenwert 9 erreicht wird. Aus wohlfahrtsorientierten Erwägungen (Summe des Nutzens des Wehrpflichtigen und des Nutzens des Staates in dieser Modellierung) sollte der omnipotente Staat gutherzig sein und sich für die positive Maßnahme entscheiden.

Der politische Entscheidungsträger kann auch von seinem Maximalziel (neun Monate Wehrpflicht) abweichen und sich für eine sechsmonatige Mehrpflicht entscheiden. Es gelten die analogen Überlegungen wie aus dem ersten betrachteten Entscheidungspfad. In diesem Fall müssen beide Maßnahmen den Nutzenwert des wehrpflichtigen Staatsbürgers um über 12 Einheiten im Absolutwert korrigieren.

Betrachtet sei jetzt der 2. Fall, dass der Wehrpflichtige die eigenbestimmte und fremdbestimmte Lebenszeit als gleich hoch bewertet.

W Staat	6 Monate	9 Monate
Dient nicht	A (6,-6)	B (9,-9)
Dient	C (6,6)	D (9,9)

Abbildung 29: Gleichbewertung von eigen- und fremdbestimmter Lebenszeit durch den Wehrpflichtigen.

Der staatliche Entscheidungsträger muss trotz des Vorteils als First Mover auch bei der Gleichbewertung der eigen- und fremdbestimmten Lebenszeit durch den Wehrpflichtigen Anreize bieten, um ein eindeutiges Ergebnis zu er-

---

[471] Immer im Sinne des „Nutzenausgleichs". Es sind nicht nur ökonomische Kosten gemeint.
[472] Dies ist natürlich vereinfacht. In der Realität kann es sein, dass durch positive Maßnahmen schneller ein Umdenken des wehrpflichtigen Staatsbürgers erfolgt – so natürlich auch im Fall negativer Maßnahmen, die sich androhen.

zielen, um nicht abhängig von der Zufallswahl des Wehrpflichtigen zu sein.[473] Der Anreiz fällt in seiner Intensität (wesentlich) geringer aus als im Vergleich mit der Situationskonstellation in der Ausgangslage.[474]

Betrachten wir jetzt noch den 4. Fall[475], dass der Wehrpflichtige seine einzusetzende Lebenszeit höher bewertet als der Staat. Es soll folgende Auszahlungsfunktion und Entscheidungsmatrix gelten:[476]

W Staat	6 Monate	9 Monate
Dient nicht	A (7,-6)	B (10,-9)
Dient	C (-7,6)	D (-10,9)

Abbildung 30: Präferenzänderung des rational Wehrpflichtigen.

Es ist zu ersehen, dass diesmal die Kosten für beide Anreizsysteme steigen. Für das negative wie positive Anreizsystem ergeben sich Kosten in Höhe -21, wobei die Wohlfahrt im Falle des positiven Anreizsystems die Höhe 20 erreicht und im Fall des negativen Anreizsystems die Höhe -1 erreicht.[477]

Bei der Betrachtung weiterer Datenreihen nach diesem Schema (siehe Spalte C und D in Abbildung 31) ist zu erkennen, dass die Netto-Wohlfahrt im Fall des positiven Anreizsystems der Schrittfolge -1 (siehe Zeile 6, Abbildung 31) und im Fall des negativen Anreizsystem der Schrittfolge -3 (siehe Zeile 7, Abbildung 31) folgt, falls der Wehrpflichtige die Bewertung seiner Lebenszeit um eine absolute Einheit pro modelltheoretisch angenommenem Block der Wehrpflichtzeit[478] erhöht, wobei der Ausgangspunkt (Startunkt, Spalte A) die

---

[473] In dieser Situation ist der Wehrpflichtige indifferent zwischen der Handlungsalternative „Dient" und „Dient nicht". Weil ein Wehrpflichtiger aber nicht als „immer Unentschlossener" gelten kann, entscheidet sozusagen der Zufall, welche konkrete Handlungsalternative der Wehrpflichtige faktisch wählt.
[474] Da nach Annahme nur in ganzzahligen Nutzeneinheiten gerechnet wird, ist der negative wie der positive Anreiz mit einer Nutzeneinheit gleich teuer.
[475] Der dritte Fall steht wie in der Einführung erläutert nicht zur Diskussion.
[476] Diese Bewertung der Wehrpflichtzeit seitens des Wehrpflichtigen entspricht der Datenreihe aus Abbildung 31, Spalte B.
[477] Aus dieser Tatsache heraus und mit Blick des Rational Choice auf Konfliktpotential ist es sinnvoll an dieser Stelle die Untersuchung zu vertiefen. Dies soll anhand weiterer, analoger Bewertungen durchgeführt werden.
[478] Es wird jeweils die Wehrpflichtzeit von 6 Monaten als auch die Wehrpflichtzeit von 9 Monaten um 1 Einheit erhöht. Dadurch folgt, dass relativ gesehen unterschiedlich gewichtet wird. Die 6 Monate Wehrpflicht werden relativ zu den 9 Monaten Wehrpflicht stärker gewichtet. Für eine relativ gleiche Gleichgewichtung müsste jeweils prozentual gleich erhöht wer-

Gleichbewertung beider Akteure für die Lebenszeit des Wehrpflichtigen ist (Nullsummenspiel).[479] In der Abbildung 31 ist die Spalte A der Ausgangspunkt und die angesprochene Änderung (Erhöhung) der Bewertung der Lebenszeit durch den Wehrpflichtigen die Veränderung von Spalte A (6, (-6) und (9, (-9))) nach Spalte B (7, (-7) und (10, (-10))), von Spalte B nach Spalte C (8, (-8) und (11, (-11))) und von Spalte C nach Spalte D (9, (-9) und (12, (-12))).[480]

---

den, z.B. 10%. Da annahmegemäß die Nutzeneinheiten nur ganzzahlig sind, soll von dieser Unschärfe abstrahiert werden – die Modellierung soll im Wesentlichen einen Effekt aufzeigen. Daher wird vereinfachend die nächst höhere Einheit gewählt. In der Realität muss die Präferenzsteigung auch nicht relativ gleich sein. Eine Möglichkeit wäre auch mit Faktoren zu rechnen (Mal 2 oder Mal 3, etc.). Der genannte Effekt tritt bei beiden Anreizsystemen gleichsam auf, so dass dieser beim Vergleich der Anreizsysteme keine Rolle spielt. Das ist auch dadurch erkennbar, dass in Bezug auf das Anreizsystem nur in einem Teilbaum gespielt wird und die Tatsache, dass die Kosten bei beiden Anreizsystemen gleich bleiben (der absolute Wert ändert sich natürlich).

[479] Die Gleichbewertung kann auch mit anderen Absolutwerten bewertet werden. Vom Effekt her ändert sich nichts, nur die absoluten Größen ändern sich. Pro Monat eine Nutzeneinheit ist leicht zu modellieren und leicht zu interpretieren.

[480] In der folgenden Abbildung sind lediglich die Nutzenwerte des Wehrpflichtigen dargestellt. Der Nutzen des Spielers „Staat" ist für diese Betrachtung nicht notwendig wie bereits erläutert.

Zeilen Nr.	Beschreibung	A	B	C	D
1	Nutzen des Wehrpflichtigen im Fall 6 Monate Wehrpflicht Dient nicht (Dient)	6 (-6)	7 (-7)	8 (-8)	9 (-9)
2	Nutzen des Wehrpflichtigen im Fall 9 Monate Wehrpflicht Dient nicht (Dient)	9 (-9)	10 (-10)	11 (-11)	12 (-12)
3	Kosten Anreizsysteme[481]	-19[482]	-21	-23	-25
4	Brutto-Wohlfahrt (positives Anreizsystem)	19[483]	20	21	22
5	Brutto-Wohlfahrt (negatives Anreizsystem)	0[484]	-1	-2	-3
6	Netto-Wohlfahrt (positives Anreizsystem)[485]	0	-1	-2	-3
7	Netto-Wohlfahrt (negatives Anreizsystem)[486]	-19	-22	-25	-28

Abbildung 31: Datenbasis zum Wohlfahrtsvergleich des 4. Falls.

---

[481] Es müssen wie bereits beschrieben nicht nur reine ökonomische Größen eine Rolle spielen. Mit Kosten ist gemeint, dass „Aufwände" entstehen. Selbst nur ein Appell hat neben ökonomischen Kosten beispielsweise zeitliche Aufwände (Vorbereitung der Ansprache, Planung der Kampagne). Aber diese könnten auch in wirtschaftliche Größen umgerechnet werden. In der Abbildung sind die Kosten (als auch die Wohlfahrt) in Nutzeneinheiten angegeben.
[482] Siehe vorangegangene Ausführungen im Text nach Abbildung 28. Weil – wie ausgeführt – der Nutzenwert des Wehrpflichtigen über 18 Einheiten korrigiert werden muss (um ihn zum Dienen nach Rational Choice zu bewegen) und in ganzen Zahlen gerechnet wird, ist hier die nächst höhere Zahl mit 19 angegeben. Die Kosten und die Wohlfahrt der Spalten B bis D sind analog zu Spalte A (Zeile 3, 4 und 5) hergeleitet worden.
[483] Vgl. Abbildung 28.
[484] Vgl. Abbildung 27.
[485] Summe aus Zeile 3 und 4 pro Spalte.
[486] Summe aus Zeile 3 und 5 pro Spalte.

Die schrittweise Erhöhung der Bewertung der eigenbestimmten Lebenszeit des Wehrpflichtigen[487] in der Modellierung kann in der Realität als stärker werdende Tendenz einer Gesellschaft zur Freiheitsliebe interpretiert werden.[488] Die Grundlagen dazu sind im Grundgesetz, Artikel 2, verankert.[489] Offene Grenzen in Europa, Reisefreiheit und ein einheitlicher europäischer Binnenmarkt sind von der Politik gewollte, vorgelebte und in die Realität umgesetzte freiheitliche Komponenten. Diese Realpolitik fördert den Freiheitswillen der Gesellschaft, und die Gesellschaft fördert und fordert eine freiheitliche Realpolitik. Das freiheitlich geprägte Gedankengut ist insbesondere in der Bundesrepublik Deutschland ausgeprägt, wie es sich auch in verschiedenen anderen Bereichen zeigt. Der Abbau der Grenzen ist nicht nur auf Landesgrenzen bezogen, sondern spiegelt sich auch in Toleranz und Offenheit wider. Somit fördert und fordert die Politik die individuelle Wertschätzung der Freiheit im Sinne einer selbstbestimmten, in eigener Freiheit ausgestalteten Lebenszeit.[490]

Aus der vorliegenden Datenbasis zum 4. Fall ergibt sich folgende graphische Darstellung:

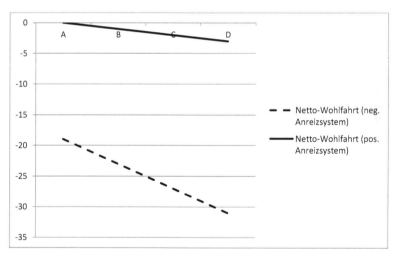

Abbildung 32: Vergleich der Netto-Wohlfahrt im Fall negativer und positiver Anreizsysteme zum 4. Fall.

---

[487] Gleichzeitig die schrittweise geringere Bewertung der fremdbestimmten Lebenszeit.
[488] Vgl. Kapitel III.
[489] Vgl. http://www.bundestag.de/bundestag/aufgaben/rechtsgrundlagen/grundgesetz/gg_01.html, gelesen am 17.01.2013.
[490] Egoismus und Anarchie sind als extreme Ausprägungen nicht gemeint.

Der Schereneffekt[491] und die absolute Differenz beim Vergleich der Netto-Wohlfahrt des positiven und negativen Anreizsystems sind aus obiger Abbildung für den 4. Fall klar zu erkennen.

Betrachten wir abschließend den 5. Fall bei dieser Untersuchung, dass der Staat die einzusetzende Lebenszeit des Wehrpflichtigen höher bewertet als der Wehrpflichtige. Die 6 Monate Lebenszeit des Wehrpflichtigen werden jetzt staatlicherseits mit 7 und die 9 Monate Lebenszeit mit 10 bewertet. Die höhere Bewertung könnte sich durch einen anbahnenden Spannungs- oder Verteidigungsfall ergeben, weil sich ein höherer Personalbedarf anbahnt und jede Verteidigungskraft einen dadurch höheren (kollektiven) Wert besitzt. Der Wehrpflichtige bleibt bei der Bewertung gemäß Ausgangslage. Es soll folgende Auszahlungsfunktion und Entscheidungsmatrix gelten:

W Staat	6 Monate	9 Monate
Dient nicht	A (6,-7)	B (9,-10)
Dient	C (-6,7)	D (-9,10)

Abbildung 33: Präferenzänderung des staatlichen Entscheidungsträgers.

Der Staat kann wieder durch Rückwärtsinduktion analysieren, wie das positive oder negative Anreizsystem auszugestalten ist bzw. welche Kosten dazu anfallen würden und welche Auswirkungen das auf die staatliche Wohlfahrt hat. Es ist schnell ersichtlich, dass die höhere Bewertung der Lebenszeit des Wehrpflichtigen durch den Staat keine kostenseitigen Auswirkungen auf das Anreizsystem, welches zuvor in der Ausgangs-Analyse festgestellt wurde, hat. Dieser Effekt tritt deshalb auf, weil die Präferenzänderung der Lebenszeit durch den staatlichen Entscheidungsträger den Referenzpunkt für die Rückwärtsinduktion unverändert lässt und sich die Anreizsysteme an den Präferenzen (Auszahlungswerte) des Wehrpflichtigen orientieren (müssen).

Im Vergleich zu einer Freiwilligenarmee können grundsätzlich bei einer Wehrpflichtarmee explizit (harte) negative Anreize gesetzt werden.[492] Der staatliche

---

[491] (Netto-Wohlfahrts-)abstand zwischen positiven und negativen Anreizsystem wächst in absoluten (Netto-Wohlfahrts-)Größen. Hierzu kann die Differenz zwischen den Netto-Wohlfahrtsnettogrößen gebildet werden. Für vorliegende Datenbasis folgt für die Differenzbildung: -19, -21, -23, -25.
[492] Bei einer Freiwilligenarmee könnten auch implizit negative Anreize verankert sein wie zum Beispiel die gesellschaftliche Diskreditierung im Falle des nicht (freiwillig) Dienens (normativ).

Entscheidungsträger sollte sich sehr bewusst sein, dass diese im Vergleich zu einem positiven Anreizsystem in einer freiheitlich orientierten (erzogenen) Gesellschaft[493] relativ kostspielig sind.[494] Andererseits ist eine Wehrpflichtarme mit wenigen oder schwachen negativen Anreizen in der Realität tendenziell einer Freiwilligenarmee gleichzusetzen, da sich jemand, der abwägt, die Wehrpflicht zu verweigern, sich dann möglicherweise nicht abschrecken lässt, das auch wirklich zu tun. Denn positive Anreize könnten ihn auch bei einer Freiwilligenarmee überzeugen (oder nicht).

Aus wohlfahrtsorientierten Aspekten sind positive Anreizsysteme bei einer Wehrpflichtarmee negativen Anreizsystemen vorzuziehen, auch wenn (oder gerade wenn) die Wehrpflichtigen ihre eigene – selbstbestimmte – Lebenszeit relativ stark im Vergleich zu der staatlichen (kollektiven) Bewertung gewichten. Mit ausschließlichem Blick auf Anreizsysteme liegt der wesentliche Unterschied zwischen einer Wehrpflichtarmee und einer Freiwilligenarmee in der Stärke der Ausgestaltung (der Möglichkeit der Ausgestaltung) des negativen Anreizsystems. Trotz „First Mover Vorteil" wird es dem staatlichen Entscheidungsträger nicht erspart bleiben, sich über Ausgestaltung von Anreizsystemen Gedanken zu machen – ob im Fall der Wehrpflichtarmee oder im Fall der Freiwilligenarmee, wenn die Größe der Nicht-Verweigerer oder Freiwilligen für die Landesverteidigung nicht ausreichend erscheint.[495]

Aufgrund der dargestellten modelltheoretischen Effekte einerseits und die Kraft der individuellen Freiheit in der Realität, kann stark vermutet werden, dass im Falle einer Wiedereinführung einer Wehrpflichtarmee in Deutschland es zu einer (kostspieligen) Kraftprobe kommt. Eine Wiedereinführung impliziert mit hoher Wahrscheinlichkeit, dass es zu wenige Freiwillige gibt, um die verteidigungspolitischen und sicherheitspolitischen Aufgaben zu erfüllen.[496] Daher

---

[493] Dies ist der 4. untersuchte Fall. Auf die Wehrpflichtfrage bezogen wäre dies die „Kehrseite" (Gegenkraft) des freiheitlich orientierten Verhaltens (in Bezug auf eine Zwangsverpflichtung), welches sich unter anderem bei einer Wiedereinführung der Wehrpflicht höchstwahrscheinlich bemerkbar machen würde. Dieses nach Freiheit (freie Entfaltung der Persönlichkeit) orientierte (individuelle) Verhalten ist im Sinne einer nach Demokratie, Rechtsstaatlichkeit und insbesondere auch nach Freiheit strebenden Gesellschaft auch von der Politik (staatliche Herrschaft) in der Bundesrepublik Deutschland grundsätzlich auch so gewollt. Wie bereits angeführt, wird die Freiheit des Menschen im Grundgesetz, Artikel 2, explizit verankert.
[494] Dabei wird vom Fall der faktischen Umsetzung gesprochen.
[495] Andere Probleme/Herausforderungen wie Wehrgerechtigkeit bei einer Wehrpflichtarmee werden in späteren Untersuchungen betrachtet.
[496] Eine andere Argumentation ist schwer vorstellbar. Eine Argumentation in Richtung gesellschaftlicher Integrationstiefe der militärischen Einheit würde wohl kaum überzeugen.

müssen in einem solchen Fall junge Menschen wohl tendenziell negativ überzeugt werden, militärischen Dienst zu leisten, die es eigentlich nicht wollen (Prognose). Denn eine positive Überzeugung würde nach der gezeigten Logik auch bei einer Freiwilligenarmee reichen.

In der Realität ist es jetzt die Aufgabe des staatlichen Entscheidungsträgers herauszufinden, welche Beweggründe ein Wehrpflichtiger hat, den Dienst zu verweigern, um dann das positive Anreizsystem (darauf hin) auszugestalten. Dass nicht nur Appelle reichen werden, sondern „harte Argumente" gesetzt werden müssen, zeigt auch das folgende Zitat des Bundesvorsitzenden des Deutschen Bundeswehrverbandes, Oberst Ulrich Kirsch vom 18.05.2011:

> „Tatsächlich seien gesellschaftliche Anerkennung sowie das Gefühl, einen Ehrendienst zu versehen, wichtige Motive. Sie allein reichten aber nicht aus. Verteidigungsminister de Maizière muss jetzt die ideellen Anreize um spürbare materielle für alle Soldatinnen und Soldaten und Zivilbeschäftigten ergänzen. Hier hat der Deutsche Bundeswehrverband seine Hausaufgaben gemacht, unsere Vorschläge liegen auf dem Tisch. Jetzt ist die Bundesregierung am Zug!"[497]

Dies gilt grundsätzlich für die Wehrpflichtarmee als auch für die Freiwilligenarmee. Für die weitere Analyse soll die empirische Datenerhebung des sozialwissenschaftlichen Instituts vom Mai 2010 betrachtet werden.[498]

Ausgangspunkt für die Erhebung des möglichen Potentials für ein positives Anreizsystem soll folgende Befragung sein:

---

[497] Siehe http://www.presseportal.de/pm/12472/2047203/kirsch-ideelle-anreize-reichen-nicht-aus-um-den-dienst-in-der-bundeswehr-hinreichend-attraktiv-zu, gelesen am 08.01.2013.
[498] Hierbei ist zu beachten, dass eine Bevölkerungsumfrage gemacht wurde und nicht Wehrpflichtige interviewt wurden, die verweigerten und beabsichtigen zu verweigern oder eben nicht freiwillig Dienst leisten wollen. Siehe Thomas Bulmahn, Rüdiger Fiebig, Carolin Hilpert: Sicherheits- und verteidigungspolitisches Meinungsklima in der Bundesrepublik Deutschland, Ergebnisse der Bevölkerungsbefragung 2010 des Sozialwissenschaftlichen Instituts der Bundeswehr, Forschungsbericht 94, Strausberg, Mai 2010.

Frage: „Wären Sie bereit, freiwillig Wehrdienst in der Bundeswehr zu leisten?" (Befragte bis einschließlich 29 Jahre, n=218, Angaben in Prozent)	Ja	Nein	Weiß nicht/ k.A.
Insgesamt	**25**	**72**	**3**
Geschlecht**			
Männer	31	66	3
Frauen	17	80	3
Bildungsniveau***			
Hochschul- bzw. Fachholschulreife	23	76	1
Realschulabschluss	27	63	10
Hauptschulabschluss bzw. kein Schulabschluss	26	69	5
Anmerkungen: Frage wurde nur Personen im Alter zwischen 16 und 29 Jahren gestellt; **: Signifikanz ≦ ,01; ***: Signifikanz (Chi-Quadrat) = ,000.			

Abbildung 34: : Bereitschaft zur Leistung des Freiwilligen Wehrdienstes (16-29 Jahre). Angaben in Prozent.[499]

Aus der zuvor durchgeführten theoretischen Betrachtung ist das Potential von Unentschlossenen 3%, wobei davon (streng genommen) nur die Rationalen unter dem Aspekt des Rational Choice betrachtet werden dürften.[500] Wenn die Umfrage die Wahrheit darstellt, dann haben sich 97% „klar" entschieden und werden durch ein Anreizsystem (möglicherweise) nicht umgestimmt. Die Praxis sieht in der Regel anders aus, so dass von der Kategorie der Nicht-Freiwilligen sicherlich einige über ein Anreizsystem umzustimmen sind. Es werden aber auch wohl nicht alle Wehrdienstleistenden, die mit „Ja" geantwortet haben, wirklich dienen. Festzustellen bleibt, dass die Mehrheit junger Menschen (72%) sich gegen die freiwillige Ableistung von Wehrdienst nach der Meinungsumfrage positioniert hat und ein Anreizsystem vermutlich nur relativ wenige junge Menschen anspricht bzw. umstimmen kann.[501] Dies bestätigt

---

[499] Siehe ebd.: S. 26.
[500] Keine Angaben werden als unentschlossen interpretiert.
[501] Auch hieran mag der Entscheidungsträger die Kosten bestimmen, die er bereit ist auszugeben, um einen relativ kleinen Teil der Zielgruppe umzustimmen bzw. Unentschlossene in Richtung der Ableistung des militärischen Dienstes zu bewegen. Die Bewertung muss aber

auch ein Bericht des Handelsblatt vom 21.04.2011 mit der Überschrift: „Bundeswehr findet kaum Freiwillige":[502]

> „Verheerende Freiwilligen-Zahlen der Kreiswehrersatzämter rütteln die Planer im Verteidigungsministerium auf: Nach Informationen des Handelsblatts zeigen nur etwa 0,6 Prozent der von den Kreiswehrersatzämtern angeschriebenen jungen Männern Interesse am Freiwilligen Wehrdienst bei der Bundeswehr. Die Kreiswehrersatzämter hatten in den vergangenen Monaten 514.000 Männer im wehrtauglichen Alter angeschrieben und nach dem Interesse an einem Freiwilligen Wehrdienst gefragt. Von diesen antworteten lediglich 5.900. Von diesen wiederum zeigten nur 3.200 ein konkretes Interesse. Bisher hat die Bundeswehr bei ihren Planungen 15.000 Freiwillige Wehrdienstleistende pro Jahr einkalkuliert, um überhaupt einen geregelten Dienst aufrecht erhalten zu können."[503]

Dagegen steht die Einschätzung der Bevölkerung (35%), dass es genügend Freiwillige geben wird. Dazu sei folgende Abbildung betrachtet:

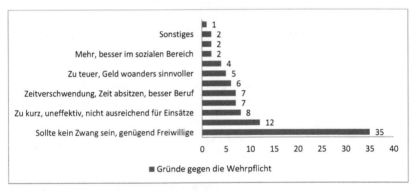

Abbildung 35: Gründe gegen die Wehrpflicht. Angaben in Prozent.[504]

12 % der Befragten erkennen keine sicherheitspolitische Bedrohung und sehen daher die Wehrpflicht als überflüssig an. Diese Meinung resultiert aus dem Tatbestand, dass der Kalte Krieg längst Vergangenheit ist und keine Gefahr

---

nicht an der absoluten Größe, sondern kann auch an der relativen Größe festgemacht werden, die wiederum die Zielgröße berücksichtigt.
[502] Vgl. http://www.handelsblatt.com/politik/deutschland/bundeswehrreform-bundeswehr-findet-kaum-freiwillige/4088132.html, gelesen am 08.01.2013.
[503] Siehe ebd.
[504] Siehe Thomas Bulmahn, Rüdiger Fiebig, Carolin Hilpert: Sicherheits- und verteidigungspolitisches Meinungsklima in der Bundesrepublik Deutschland, Ergebnisse der Bevölkerungsbefragung 2010 des Sozialwissenschaftlichen Instituts der Bundeswehr, Forschungsbericht 94, Strausberg, Mai 2010, S. 23.

mehr darstellt bzw. deswegen keine Bedrohung mehr existiert.[505] An dieser Stelle könnte Aufklärung helfen, um aufzuzeigen, dass wohl anders geartete, aber real existierende, Gefahrenpotentiale drohen (weltweiter Terrorismus, zerfallende Staaten), die deswegen die Notwendigkeit eines militärischen Dienstes bedingen (ob als Freiwilliger in einer Freiwilligenarmee oder als Nicht-Verweigerer in einer Wehrpflichtarmee). Die potentielle Gefährdung bzw. Bedrohung sei an zwei Zitaten aus dem Handelsblatt vom 21.04.2011 aufgezeigt:

> „Das Blatt [Anm.: Gemeint ist die „Bild"-Zeitung] berichtet unter Berufung auf ein internes Eckpunktepapier des Ministeriums [Anm.: Gemeint ist das Verteidigungsministerium] über die möglichen Folgen der Bundeswehrreform. Darin heißt es demnach wörtlich: „Die ins Auge gefassten Einschnitte werden die Fähigkeit Deutschlands mit militärischen Mitteln zur nationalen und internationalen Sicherheitsvorsorge beizutragen, erheblich einschränken. Der deutsche Militärbeitrag wird weder der Rolle Deutschlands im Bündnis entsprechen, noch den nationalen Sicherheitsinteressen genügen. Diese Einschränkungen werden auf mittlere Sicht nicht reversibel sein."[506]

Und weiter heißt es:

> „Das Ministerium [Anm.: Gemeint ist das Verteidigungsministerium] sehe auch die nationale Sicherheit gefährdet. "Mit der Verringerung des Umfangs wird die für den Heimatschutz verfügbare Truppe deutlich verkleinert. Der Verzicht auf ganze Fähigkeitsbereiche (…) führt zu einem Kompetenzverlust, der im Falle einer sich verschlechternden Sicherheitslage in absehbarer Zeit nicht wird kompensiert werden können", heiße es in dem Bericht."[507]

Durch Aufklärung (eine Komponente des positiven Anreizsystems) könnten junge Menschen zum militärischen Dienst bewegt werden.[508]

Es ist weiter festzustellen, dass lediglich nur 8% einen Grund in der Wehrpflicht sehen, etwas für das eigene Land (Deutschland) zu tun. Das reine Pflichtbewusstsein scheint aus der Bevölkerungssicht kein Motiv zu sein, den militärischen Dienst zu absolvieren.

---

[505] Vgl. ebd. S. 22.
[506] Siehe http://www.handelsblatt.com/politik/deutschland/bundeswehrreform-bundeswehr-findet-kaum-freiwillige/4088132.html, gelesen am 08.01.2013.
[507] Siehe ebd.
[508] Es ist aber auch anzumerken, dass eine vermeldete Gefahrenlage genau zum Gegenteil führen kann. Vgl. dazu http://www.taz.de/!74873/ vom 20.07.2011, gelesen am 12.01.2013. Dort heißt es: „Andere stellen fest, dass ihnen das Soldatenleben nicht passt, ihnen das Militärische nicht liegt – oder die Wahrscheinlichkeit eines Einsatzes zu hoch ist."

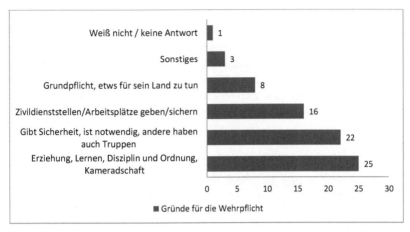

Abbildung 36: Gründe für den Erhalt der Wehrpflicht. Angaben in Prozent.[509]

Das wird dann auch wohl konsequenterweise in ähnlicher Weise für 8% der Fall bei der Implementierung einer Freiwilligenarmee so sein, weil bei einer Überzeugung, dass dies eine Grundpflicht im Falle der Wehrpflichtarmee sein sollte, dies als „freiwillige Pflichterfüllung" im Fall der Freiwilligenarmee interpretiert werden kann. In beiden Fällen geht es um eine Pflichterfüllung bzw. um das Pflichtbewusstsein.

Es gibt zwei unterschiedliche Interpretationsmöglichkeiten dieser Zahl in Bezug auf ein positives Anreizsystem: Den Appell an das Pflichtbewusstsein zu erhöhen, da diesbezüglich ein hohes Potential vorhanden zu sein scheint, oder die Zahl so zu interpretieren, dass dies keinen Sinn macht, weil das Verständnis in der Bevölkerung dafür nicht existent und es vergebene Liebesmüh ist, an das Pflichtbewusstsein zu appellieren. In jedem Fall ist die zweite Variante sehr aufwendig, nämlich den Komplementär von 92% davon zu überzeugen, dass die die Ableistung der Wehrpflicht aus dem Grund der Pflichterfüllung doch richtig wäre. Die endgültige Interpretation der Zahlen bleibt dem Entscheidungsträger zur Ausgestaltung des positiven Anreizsystems überlassen.

---

[509] Siehe Thomas Bulmahn, Rüdiger Fiebig, Carolin Hilpert: Sicherheits- und verteidigungspolitisches Meinungsklima in der Bundesrepublik Deutschland, Ergebnisse der Bevölkerungsbefragung 2010 des Sozialwissenschaftlichen Instituts der Bundeswehr, Forschungsbericht 94, Strausberg, Mai 2010, S. 22.

Auffällig ist, dass nicht sicherheitspolitische Gründe (22 Prozent) an erster Stelle stehen, sondern der Gedanke der Sozialisation, nämlich Erziehung, Ordnung und Kameradschaft mit 25 Prozent Anteil der Befürworter der Wehrpflicht. Ein Aspekt, der wohl auch individuell bezogen interpretiert werden kann und dem Einzelnen einen Mehrwert (Nutzen) erbringt.[510] Dies führt mithin zu der Argumentation, dass das positive Anreizsystem vor allem den individuellen (direkten) Vorteil ansprechen sollte – und das ganz konkret auch mit Geld oder Geldwerten-Vorteilen, wie es ebenso der Bundesvorsitzende des Deutschen Bundeswehrverbandes, Oberst Ulrich Kirsch, einfordert.[511] Hierzu wird auch bereits Einiges von der Bundeswehr getan, aber aufgrund der bisherigen Freiwilligenzahlen und der Verweildauer von Freiwilligen in der Bundeswehr wohl noch zu wenig.[512]

---

[510] Davon unabhängig ist auch dem Kollektiv ein Mehrwert zuzuschreiben.
[511] Vgl. vorangegangenes Zitat.
[512] Zu den positiven Anreizen der Bundeswehr vgl. https://mil.bundeswehr-karriere.de/portal/a/milkarriere/!ut/p/c4/04_SB8K8xLLM9MSSzPy8xBz9CP3I5EyrpHK93Myc7MSioszUolS9zlyiVDgnrTwlt0C_INtREQCyVcdK/, Downloads 11_10_2011_Flyer_FWD.pdf und Freiwillig_Dienen.pdf, gelesen am 06.01.2013.
Zu der Verweildauer von Freiwilligen vgl. http://www.taz.de/!74873/ vom 20.07.2011, gelesen am 12.01.2013. Hierin heißt es: „Der Hessische Rundfunk berichtete von einer hesssischen Kaserne, in der bis Mitte Juli 20 von 70 Rekruten gekündigt hätten, der NDR hat von Abbruchquoten von bis zu 25 Prozent an einzelnen Standorten erfahren."

XI. Konflikt- und Strategiefeld: Wehrpflichtiger versus Wehrpflichtiger

Die folgende Analyse betrifft das identifizierte Konflikt- bzw. Strategiefeld *Wehrpflichtiger versus Wehrpflichtiger*.

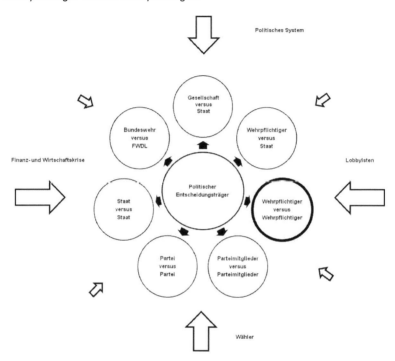

Abbildung 37: Konflikt- und Strategiefeld Wehrpflichtiger versus Wehrpflichtiger.

Das Konflikt- bzw. Strategiefeld *Wehrpflichtiger versus Wehrpflichtiger* ist in Abbildung 37 hervorgehoben. Die Modellierung des Wehrpflichtigen erfolgt im Sinne der Public Choice als political man, der dem Gut Landesverteidigung eine Wertschätzung beimisst, sich aber dennoch nach seinen Präferenzen orientiert und sich nach der Theorie nutzenmaximierend verhält. Die Bereitstellung der Landesverteidigung erfolgt als Kollektivgut. Es ist zu vermuten, dass ab dem Punkt der sichergestellten Landesverteidigung[513] die Rekrutierung von

---

[513] In der Realität ist zwischen objektiver festgestellter und subjektiv empfundener sichergestellter Landesverteidigung zu unterscheiden.

Wehrpflichtigen[514] schwieriger wird, weil der mögliche Nutzen eines Wehrpflichtigen aus dem Konsum der Landessicherheit (objektiv) nicht mehr gesteigert werden kann.[515] Falls der Staat über die optimale Anzahl von Wehrpflichtigen hinaus rekrutiert, z.B. aus Gründen der Wehrgerechtigkeit, reduziert sich die Wirtschaftlichkeit der militärischen Organisation. Hierbei ist dann staatlicherseits zwischen Sicherstellung der Landesverteidigung und Wirtschaftlichkeit staatlicherseits abzuwägen.

Übertragen wir zunächst Überlegungen zur Wehrpflicht auf die spieltheoretische Situation des Gefangenendilemmas auf die Mikroebene. Nehmen wir einen Staat an, der die Wehrpflicht eingeführt hat. Der Einfachheit halber gibt es zwei Wehrpflichtige in diesem Staat, die zum militärischen Dienst eingezogen werden können. Die Wehrpflicht beträgt 15 Monate. Die beiden Wehrpflichtigen sind der Annahme nach dem Rationalen verfallen. Jeder Wehrpflichtige versucht, den militärischen Dienst zu vermeiden, und würde diesen gern anderen überlassen. Die Verteidigung des Landes hat für jeden Wehrpflichtigen auch keinen großen Wert. Die politische Situation wird von den wehrpflichtigen Staatsbürgern als stabil eingestuft, und der militärische Dienst an sich wird als unnötig bewertet. Verweigern, also nicht dienen, wird anstelle der Ableistung des militärischen Dienstes bevorzugt gewählt. Für die Gewährleistung der Landesverteidigung muss mindesten ein wehrpflichtiger Staatsbürger dienen.

W1	W2	Dient nicht	Dient
Dient nicht		A (-2,-2)	B (-15,0)
Dient		C (0,-15)	D (-10,-10)

Abbildung 38: Das Gefangenendilemma zweier Wehrpflichtiger.

Falls ein Wehrpflichtiger dient, hat es eine negative Wirkung auf seinen Nutzen, weil er seine Lebenszeit zum Zwecke des militärischen Diensts einsetzen muss, was er eigentlich nicht möchte und seiner Überzeugung widerspricht. Die negative Wirkung auf seinen Nutzen ist sehr hoch: -10 (Zelle D).

Dient der potenzielle Wehrpflichte nicht, hat er annahmegemäß schlechte Berufsaussichten und muss vielleicht einen weniger gut bezahlten Beruf ausüben

---

[514] Das gilt in Analogie auch für den Freiwilligen. Vgl. Kapitel VI und auch das Glossar.
[515] Der Grenznutzen aus der Landesverteidigung ist Null bezogen auf jeden über die sichergestellte Landesverteidigung rekrutierten Wehrpflichtigen / Freiwilligen. Persönliche bzw. private Nutzenerwägungen des militärischen Dienstes sind davon unabhängig.

oder aber auch mit längerer Arbeitslosigkeit leben. Die negative Reputation auf seine Persönlichkeit hat einen negativen Effekt: -2 (Zelle A). Der negative Effekt ist nicht so hoch, weil das Nichtdienen für den Wehrpflichtigen mehr bedeutet als die mögliche negative Reputation. Da in diesem Fall die Landesverteidigung nicht gewährleistet ist, aber keine Bereitschaft zum militärischen Wehrpflichtdienst im eigenen Volk existent ist, ist es dem Staat nicht möglich, weitere Strafen und Repressalien zu verhängen, da er diese auf alle sich verweigernden Wehrpflichtigen anwenden müsste und dies zu einer nationalen Flucht der Wehrpflichtigen führen könnte. In diesem Fall müsste sich der Staat außerhalb seiner Bevölkerung um geeignete Ressourcen kümmern, also um so genannte Söldner.

Die Landesverteidigung muss staatlicherseits unbedingt gewährleistet werden und annahmegemäß soll der Einsatz von Söldnern vermieden werden. Daher wird von den Verantwortlichen der Regierung über Medien und Öffentlichkeitsarbeit das Dienen gegenüber der Verweigerung als sehr ehrenvoll und gesellschaftlich erstrebenswert dargestellt. Durch diese staatlicherseits erzeugte Dichotomie in „gute dienende Wehrpflichtige" und „weniger gute verweigernde Wehrpflichtige", erreicht der Staat annahmegemäß eine nutzensteigernde Wirkung beim dienenden Wehrpflichtigen, denn der dienende Wehrpflichtige „ist an seiner Ehre gepackt" und ist sich nun seiner gesellschaftlichen Verantwortung bewusst, besonders, weil er sich dann von den nicht dienenden Wehrpflichtigen deutlich positiv abgrenzt nach Aussagen der politischen Elite, denen er Glauben schenkt.[516]

Die Nutzensteigerung durch die staatlich erzeugte Dichotomie und die (ursprünglichen) Nachteile des Dienens addieren sich annahmegemäß in der Summe zu Null für den Dienenden, falls eben der andere Wehrpflichtige nicht dient (Zelle B und C). Im Fall, dass beide Wehrpflichtige dienen, verpufft der Effekt der Dichotomie, weil sich der dienende Wehrpflichtige nicht klar (und gesellschaftlich positiv) von den Verweigerern (annahmegemäß es gibt ja keine) abhebt.

Dem Verweigerer drohen in diesem Fall (Zelle B und C) weitere staatliche Repressalien, da die Landesverteidigung (durch ihn) nicht maximal gewährleistet werden kann. Neben den schlechten Berufsaussichten droht ihm eine hohe

---

[516] Diese beschriebene Situation ist auf eine Gruppe von „Dienenden" und einer Gruppen von „nicht Dienenden" übertragbar.

Geldstrafe (negatives Anreizsystem).[517] Da er in diesem Situations-Beispiel der einzige Verweigerer ist, wirkt sich dies gesellschaftlich besonders negativ aus. Er hat die maximale negative Wirkung auf seine Nutzenfunktion: -15.

Aus den Erkenntnissen des Gefangenendilemmas wird die Gesamtsituation schnell klar, dass die Zelle D das Nash-Gleichgewicht darstellt, das stabil ist. Beide Wehrpflichtigen dienen, obwohl sich beide durch eine gemeinsame (!) Verweigerung besser stellen könnten.

Die Wehrpflichtigen erkennen, dass eine (verlässliche) Absprache in der Realität untereinander zu der Lösung in Zelle A führen könnte.[518] Ein Pareto-Optimum, das aber von sich aus nicht stabil ist. Bei dieser Konstellation müsste der Staat gegebenenfalls Absprachen unter den Wehrpflichtigen verhindern. Bei einer Vielzahl von Wehrpflichtigen wäre die Absprache grundsätzlich schwieriger, aber auch erst dann staatlicherseits ein Eingreifen notwendiger. Der Austausch von Informationen über Internet und speziellen Foren ist aber heutzutage sehr einfach und schnell möglich. Dieses Medium sollte machtpolitisch nicht unterschätzt werden.[519]

Um ein weiterreichendes Verständnis zu bekommen, sollen anfänglich folgende Überlegungen durchgeführt werden:[520] Nehmen wir einen Staat an, der seine Verteidigungsbereitschaft durch die Rekrutierung von Wehrpflichtigen vornimmt, weil ansonsten die Verteidigungsbereitschaft nicht gewährleistet werden kann. Nehmen wir weiter an, dass es Wehrpflichtige gibt, die sich grundsätzlich nicht freiwillig zum militärischen Dienst anbieten würden. Die Wehrpflichtigen können sich entscheiden, den militärischen Dienst auszuüben

---

[517] In dieser Untersuchung steht nicht die Wirkung des gewählten Anreizsystems (vgl. Kapitel X) im Fokus, sondern die Lösung des konkreten Problems zu viele Verweigerer im Staat zu haben.
[518] Nach den Voraussetzungen des Gefangenendilemmas ist eine Absprache nicht erlaubt bzw. vorausgesetzt. In der Realität kann eine Absprache zur (instabilen) Lösung der Zelle A führen – theoretisch aber eben nicht. Vgl. dazu Rieck, Christian: Spieltheorie Eine Einführung, 10. Auflage, Eschborn, 2010, S. 52. Eine kooperative Lösung (nicht die Lösung im Sinne der Kooperation des klassischen Gefangenendilemmas) kann nach Theorie durch zu realisierende Seitenzahlungen erfolgen, wobei die mögliche Aufteilung der erzielten Gewinne Voraussetzung ist. Beim klassischen 2-Personen-Gefangenendilemma ist keine Seitenzahlung möglich. (vgl. ebd.: S. 48). Eine andere Möglichkeit ist die Strafe im Fall der Abweichung von der Kooperation (wiederholtes Spiel mit beispielsweise Tit-for-Tat-Strategie). Dazu folgen weitere Ausführungen.
[519] Die Aufstände in Ägypten zu Beginn des Jahres 2011 sollen durch das Internet erst möglich gemacht worden sein. Über das Internet konnten derartige Massen mobilisiert werden, dass die Kraft des Aufstandes so mächtig war.
[520] Vgl. Mueller, Dennis C.: Public Choice III, 2009, S.16–18.

oder eben zu verweigern. Ein Ersatzdienst sei in dieser Betrachtung ausgeschlossen. Nehmen wir eine Wehrpflichtzeit von 6 Monaten an. Beschränken wir die Anzahl der Wehrpflichtigen auf zwei. Es sind der Wehrpflichtige W1 und der Wehrpflichtige W2.

Da beide Wehrpflichtigen grundsätzlich rational denken, ist die individuelle Wehrpflichtzeit der Preis des einzelnen Wehrpflichtigen für die Bereitstellung der Verteidigungsleistung, wenn er denn dient. Nehmen wir diese mit 10.000 Euro bewertet an. Der Sold des Soldaten ist weit unter diesem Wert. Der Sold dient lediglich einer Grundversorgung. Beide Wehrpflichtigen könnten auf dem freien Arbeitsmarkt mehr verdienen, bzw. früher ins Berufsleben einsteigen und damit über den individuellen Lebenszeitraum mehr Geld verdienen. Der Soldatensold ist mit 1.000 Euro im Monat angenommen. Weiterhin ist beiden die Landesverteidigung mehr wert als keine Landesverteidigung, auch wenn die Landesverteidigung nur durch eine Person geleistet würde.

Falls beide sich für die Wehrpflicht entscheiden, erreicht der Staat die maximale Verteidigungsfähigkeit. Auch profitieren beide Wehrpflichtigen davon, weil die höchste Verteidigungsfähigkeit des Landes erreicht wird. Verweigern beide, dann wird der niedrigste Wohlfahrtswert erreicht, da die Landesverteidigung nicht gesichert ist.

In der folgenden Tabelle sind die Nutzenwerte für W1 (Zeile) und W2 (Spalte) exemplarisch aufgeführt.

W1 W2	Dient	Dient nicht
Dient	A (5,5)	B (3,6)
Dient nicht	C (6,3)	D (1,1)

Abbildung 39: Zwei Nash-Gleichgewichte im Fall zweier Wehrpflichtiger W1 und W2.

Falls kein Wehrpflichtiger dient, haben die Wehrpflichtigen einen Nutzenwert von Eins. Beide profitieren davon, dass sie nicht dienen müssen, weil sie über die Wehrdienstzeit frei verfügen können, dies aber auf Kosten der Verteidigungsfähigkeit des Landes. Das heißt, es ist eine Situation, die nicht befriedigend ist, da ein hohes Risiko der Niederlage im Verteidigungsfall existiert.

Falls ein Wehrpflichtiger dient, gibt es annahmegemäß eine Verteidigungsbereitschaft des Staates, die aber nicht maximal ist – sie ist aber ausreichend.

Zudem ist es so, dass der, der dient, die gleiche Verteidigungsfähigkeit des Staates konsumieren kann wie der andere, mit dem Unterschied, dass er mit seiner Wehrdienstzeit (Lebenszeit) dafür bezahlt. Den höchsten Nutzen erreicht also ein wehrpflichtiger Staatsbürger, wenn die Landesverteidigung gesichert (nicht maximal) ist, er aber nichts dafür bezahlen muss (in Form seiner Wehrpflichtzeit).

Falls beide Wehrpflichtigen dienen und den Nutzenwert fünf erreichen, kann niemand von beiden besser gestellt werden, ohne den anderen schlechter zu stellen. Diese Strategiekombination ist also pareto-effizient, aber kein Gleichgewicht. Jeder Wehrpflichtige hat einen Anreiz abzuweichen. Es gibt in obiger Entscheidungsmatrix zwei Gleichgewichte: Ein Wehrpflichtiger dient und der andere nicht. Das liegt daran, dass sich auch jeder besserstellt, falls er allein dient, im Vergleich dazu, dass er nicht dienen würde (Nutzenwert 3 versus Nutzenwert 1).

Außer bei der Strategiekombination (Dient nicht, Dient nicht) wird eine Bereitstellung der Landesverteidigung durch den Staat ermöglicht. Die anderen Strategiekombinationen unterscheiden sich lediglich dadurch, wer durch die Ableistung der Wehrpflicht die Landesverteidigung bezahlt; eben durch seine bereit gestellte Lebenszeit.[521]

Betrachten wir die Nutzenwerte des Wehrpflichtigen W1 und die dazu gehörigen Zahlungen. Die Betrachtung für W2 wäre aufgrund der angenommenen Symmetrien analog.[522]

W1	Nutzenwert	Zahlung / Investition	Verteidigungsfähigkeit des Staates	Zelle
	3	4.000 Euro	mittel	B
	5	4.000 Euro	maximal	A
	6	0	mittel	C
	1	0	keine	D

Abbildung 40: Nutzenwerte des Wehrpflichtigen W1. W1 und W2 dienen jeweils 6 Monate.

---

[521] Die bereitgestellte Lebenszeit ist nach Voraussetzung höher bewertet als der Sold des Wehrpflichtigen. Durch diese Annahme wird der Wehrpflichtige seine Wehrpflichtzeit bezahlen, um die Verteidigungsfähigkeit seines Landes sicherzustellen.
[522] Vgl. Mueller, Dennis C., Public Choice III, New York, 2009, p. 16–18.

Da der Wehrpflichtige W1 in der Wehrdienstzeit über 6 Monate 10.000 Euro in seinem zivilen Beruf verdienen könnte, aber im Fall des Dienens nur 6.000 Euro bekommt (1.000 Euro pro Monat), ist die Differenz als seine individuelle Investition zu interpretieren.

Ausgehend von Zelle A (instabiles Pareto-Optimum) ist die Minderung des Nutzenwertes nach Zelle B zwei Einheiten und der Nutzenzuwachs nach Zelle C lediglich eine Einheit. Die Einkommensverhältnisse von W1 im Vergleich der Zellen A und B ändern sich nicht. Der Vergleich der Einkommensverhältnisse zwischen Zelle A und C ergibt, dass W1 für den Nutzenzuwachs von einer Einheit 4.000 Euro mehr Einkommen in Zelle C hat.

Die Tatsache, dass durch die Investition in die Wehrpflichtzeit ein hoher Nutzenwert (3 oder 5) erreicht werden kann im Vergleich zur Nichtinvestition (Nutzenwert 1) und der Tatsache, dass – ausgehend vom Pareto-Optimum – durch das Sparen der 4.000 Euro nur eine Nutzeneinheit zu gewinnen wäre, würde ein gemeinsames Dienen individuell sinnvoll und gemeinschaftlich vorteilsbringend sein.

Wenn beide dienen und die gleichen Kosten tragen, wäre dies wohlfahrtsmaximierend, da der höchste Gesamtnutzen erreicht würde (5+5 = 10). Keine Zelle würde diesen Gesamtnutzen steigern können. Zudem wäre diese Situation gerecht im Sinne der Gleichbehandlung.

Eine ergänzende Überlegung soll dazu angestellt werden. Nehmen wir an, dass der Staat 6 Monate einen Soldaten benötigt, um das Land zu verteidigen. Nun würden 6 Monate zur Verteilung anstehen. Im theoretischen Modell könnten sich die Wehrpflichtigen diese Zeit teilen, so dass jeder 3 Monate dienen würde.

W1	Nutzenwert	Zahlung / Investition	Verteidigungsfähigkeit des Staates	Zelle
	3	4.000 Euro	Konstant	B
	5	2.000 Euro	Konstant	A
	6	0	Konstant	C
	1	0	Keine	D

Abbildung 41: Nutzenwerte des Wehrpflichtigen W1. Gesamt-Wehrpflichtzeit 6 Monate.

Bei dieser Betrachtung wird ein Effekt noch deutlicher: Durch die (mögliche) Kostenteilung und den daraus resultierenden sinkenden marginalen Nutzen des Einkommens wird der wohlfahrtsmaximierende Effekt prägnanter, denn eine weitere Steigerung des Einkommens ist weniger nutzbringend als eine Investition in die Landesverteidigung.

Betrachtet werden wieder die Zahlungen des W1 vom Ausgangspunkt des Pareto-Optimums ausgehend von Zelle A. Aus dieser Situation heraus könnte er folgende Überlegung anstellen: Würde ich allein dienen (Zelle B), dann würde ich eine weitere Investition von 2.000 Euro vornehmen, wobei ich auf einen Nutzenwert von 3 komme, also einen um zwei niedrigeren Wert. Ich könnte 2.000 Euro sparen in der Hoffnung, den Nutzenwert 6 zu erreichen, also nur einen um eins höheren Wert. Es geht beide mal um ein Investition von 2.000 Euro.

W1	Nutzenwert	Zahlung / Investition	Einkommen	Zelle
	3	4.000 Euro	- 4.000 Euro	B
	5	2.000 Euro	- 2.000 Euro	A
	6	0	unverändert	C

Abbildung 42: Einkommensveränderung des Wehrpflichtigen W1. Gesamt-Wehrpflichtzeit 6 Monate.

Das Einkommen des Wehrpflichtigen W1 steigt also von Zelle B nach Zelle A und schließlich von Zelle A nach Zelle C. Beim ersten Schritt, von Zelle B nach A, ist sein Einkommen um 2.000 Euro gestiegen und sein Nutzenwert um 2 Einheiten. Im zweiten Schritt von Zelle A nach Zelle B steigt sein Einkommen wieder um 2.000 Euro, aber der Nutzenwert nur noch um eine Einheit. Diese Tatsache zeigt die abnehmende Steigerung des Nutzens mit steigendem Einkommen. Zelle A ist wieder wohlfahrtsmaximierend, aber sie stellt kein Gleichgewicht dar.

Der abnehmende Grenznutzen bei steigendem Einkommen könnte dazu führen, dass die Wehrpflichtzeit durch den Staat ohne Probleme verlängert werden könnte, wenn beide dienen und sich somit die Kosten teilen, denn dann kann eine höhere Verteidigungsfähigkeit erreicht werden, ohne auf hohe Nutzenwerte zu verzichten. Die Kosten zu teilen, ist so zu verstehen, dass bei gegebenem Verteidigungsbedarf das anfallende Dienstleistungsvolumen durch –

in diesem Fall – beide Wehrpflichtige abzuleisten ist. Ansonsten müsste ein Wehrpflichtiger die gesamte militärische Dienstleistung erbringen.

Der Gedanke des abnehmenden Grenznutzens bei steigendem Einkommen und des individuellen Vorteils bei der Bereitstellung des öffentlichen Gutes „Verteidigungsfähigkeit", führt zu weiteren Überlegungen. Wehrpflichtige Staatsbürger mit relativ niedrigem Einkommen haben bei der Möglichkeit der Steigerung ihres Einkommens einen relativ hohen erreichbaren Grenznutzen. Für ein Anreizsystem des Staates heißt das, dass niedrige Einkommensgruppen leicht durch eine entsprechende Besoldung zum militärischen Dienst motiviert werden können. Anders als hohe Einkommensgruppen, denn allein durch ein Angebot eines höheren Einkommens wären diese kaum zu motivieren militärischen Dienst zu leisten. Hier müssen andere Maßnahmen ergriffen werden. Zum einen könnte es Überzeugungsarbeit sein, militärischen Dienst aus der Notwendigkeit der Landesverteidigung zu leisten. Aber auch andere Wertvorstellungen könnten eine Rolle spielen: Ehre, Ruhm oder auch gesellschaftliche Anerkennung.

Der Staat sollte in diesem Beispiel Maßnahmen ergreifen, die zur Erreichung der Auszahlung in Zelle A führen, da das erreichbare Ergebnis gerecht und wohlfahrtsmaximierend ist. Eine Maßnahme könnte die Vermeidung von Ausnahmeregelungen bei der Rekrutierung sein, aber auch die entsprechende Festlegung von Selektionskriterien, die eine Ausmusterung erschweren.

Im Vergleich zu den Ergebnissen aus dem Gefangenendilemma wird in diesem Fall ein anderes Ergebnis erreicht. Das Gefangenendilemma erzeugt ein Nash-Gleichgewicht. Hier sind es zwei mögliche Nash-Gleichgewichte. Gemeinsam ist, dass es (mindestens) ein nicht stabiles Pareto-Optimum gibt. Der wesentliche Grund liegt darin, dass in diesem Beispiel die Verteidigungsfähigkeit des Landes jedem Wehrpflichtigen mehr wert ist, als die Situation der möglichen Nichtverteidigungsfähigkeit des eigenen Landes.

Das (instabile) Pareto-Optimum könnte durch eine gemeinsame – verbindliche – Absprache (Vertrag) in der Realität erreicht werden.[523] Falls die Anzahl der

---

[523] Oder durch implementierte Strategien wie Tit-for-Tat. Dabei sind aber durchaus (zeitweise) Abweichungen vom Pareto-Optimum bei iterativer Spielweise zu erwarten.
Ein Vertrag kann bei einer übergeordneten Instanz eingeklagt werden. Das setzt die Legitimität des Vertrages voraus. Die Gefangenen in einem Gefangenendilemma können keinen Vertrag machen, um sich aus ihrer Situation möglichst (gemeinsam) vorteilhaft zu entziehen.

Beteiligten hierbei steigt, steigt die Wahrscheinlichkeit, dass ein derartiger Vertrag benötigt wird.[524] Da es in der Realität keine Verträge unter den wehrpflichtigen Staatsbürgen geben wird und realistisch auch keine Strategie wie Tit-for-Tat unter den wehrpflichtigen Staatsbürgen etabliert werden kann, zeigt dies die Notwendigkeit einer staatlichen Institution, die das Pareto-Optimum herbeiführt.[525] Die Erreichung des Pareto-Optimums kann entsprechende Zwangsmaßnahmen nach sich ziehen.[526]

Hat die vergangene Betrachtung die Mikroebene analysiert, soll die folgende Analyse die Makroebene, aber mit Mikrofundierung, beleuchten.[527] Wir sehen jetzt den Wehrpflichtigen nicht als Einzelkämpfer gegen den Staat bzw. direkt gegen andere Wehrpflichtige, sondern als Akteur in einem Kollektiv für die Bereitstellung des Kollektivgutes „Verteidigungsleistung des Staates". Der Staat wird dabei die Rolle einnehmen, welcher die Rahmenbedingungen zur Rekrutierung von Wehrpflichtigen festlegt. Es wird ebenso die mögliche Zwangsverpflichtung zum militärischen Dienst betrachtet.

Die Verteidigungsleistung eines Staates kann nur durch den Beitrag vieler Soldaten – ob freiwillig oder zwangsverpflichtet – erbracht werden.[528] Der Beitrag eines einzelnen Soldaten zu der gesamten Verteidigungsleistung des Staates ist marginal und tendiert gegen Null. Trotzdem ist festzustellen, dass es Freiwillige bzw. Nicht-Verweigerer gibt, die den militärischen Dienst ableisten. Die Gründe können sehr unterschiedlich sein, seien es die Einsichten, dass es ohne Freiwillige nicht geht, eine fortzuführende Familientradition, die sinnvoll erscheinende Überbrückung bis zum Studienbeginn oder schlichtweg auch die Angst bzw. Sorge, (gewaltsam) gezwungen zu werden.

Vgl. Axelrod, Robert: The Evolution of Cooperation, New York: Basic Books, 1984, Axelrod, Robert (ed.): Structure of Decision, Princeton, NJ: Princeton University Press, 1976 und Axelrod, Robert and Dion Douglas: "The Further Evolution of Cooperation", Science 242 (9 December1988), pp. 1385-1390, Axelrod, Robert: "Launching the Evolution of Cooperation'", 2012, in Journal of Theoretical Biology 299 (2012), pp. 21–24.

[524] Vertrag im weitesten Sinne; dies kann ein Gesetz, eine Regelung oder ähnliches sein.
[525] Vgl. Mueller, Dennis C.: Public Choice III, 2009, S.18.
[526] Es können positive wie auch negative Maßnahmen implementiert werden; eine neutrale Maßnahme könnte das Angebot eines Ersatzdienstes sein. Erst durch eine Totalverweigerung könnten dann negative Maßnahmen ergriffen werden.
[527] Vgl. Zintl, Reinhard: Der Homo Oeconomicus: Ausnahmeerscheinung in jeder Situation oder Jedermann in Ausnahmesituationen?, in: Analyse und Kritik 11 (1989), S. 52–69, Opladen,1989,
[528] Die anschließende Modellierung geht daher von n-vielen Wehrpflichtigen aus. Durch die Parametrisierung mit n erfährt die Modellierung eine Allgemeingültigkeit für eine beliebige Anzahl an (potentiellen) Wehrpflichtigen.

Es ist falsch zu glauben, dass ein Kollektivgut überhaupt bereitgestellt wird oder auch nur in ausreichendem Maße und ausreichender Güte, falls nur ein gemeinsames Interesse aller Individuen des Staates oder der Akteure an der Bereitstellung des Kollektivgutes besteht. Letztendlich ist es die Summe individuellen Handelns, die eine Bereitstellung des Kollektivgutes Landessicherheit garantieren kann.[529] Dazu wird möglicherweise ein Anreiz benötigt, der ein Individuum dazu bewegt zu handeln. Im Vorfeld (ex ante) kann nicht vorhergesagt werden, ob das Kollektivgut bereitgestellt wird oder nicht.[530] Diese Tatsache bedingt, dass zur Sicherstellung des Kollektivgutes Landesverteidigung, ein Zwang (Wehrpflicht) staatlicherseits ausgeübt werden könnte (oder müsste). Den Fall, dass die Landesverteidigung nicht (ausreichend) bereitgestellt wird, darf es (über einen längeren Zeitraum) nicht geben. Der Sold sei in der folgenden Betrachtung als Grundsicherung angenommen, so dass dieser nicht wirklich ein Motivationsgrund ist, militärischen Dienst zu leisten. Die Wahrscheinlichkeit, dass der Beitrag des einzelnen Individuums zur Deckung der geforderten Verteidigungsleistung entscheidend ist, ist auch gering und tendiert ebenso gegen Null.

Objektiv betrachtet wird es eine optimale Menge an Verteidigungsleistung geben, welche die notwendige (durch den Auftrag bestimmte) Landesverteidigung sicherstellt.[531] Wenn dieser Punkt erreicht ist, ist es objektiv nicht möglich, weiteren Nutzen in Bezug auf Landessicherheit bei steigender Menge an Verteidigungsleistung zu erreichen. Subjektiv mag das anders empfunden werden. In der Analyse werden zwei nutzenstiftende Faktoren beim Wehrpflichtigen modelliert: Der eine Faktor ist der Nutzen, den er bei persönlicher Ableistung des Wehrdienstes erzielen kann, und der andere Faktor ist die erreichbare (nutzenstiftende) Sicherheit des Landes, die in Abhängigkeit der dienenden Wehrpflichtigen modelliert ist. Die Modellierung hat die Absicht, den Charakter des öffentlichen Guts Verteidigungsleistung aufzuzeigen. Einzelne Beweggründe für die Ableistung der Wehrpflicht oder die Verweigerung kön-

---

[529] Zu der Bereitstellung des Öffentlichen Guts Verteidigung folgen noch Ausführungen.
[530] http://www.wiwi.uni-muenster.de/ciw/forschen/downloads/DP-CIW_03_2011.html, gelesen am 17.08.2011.
Möller, Marie: Gefangen im Dilemma? Ein strategischer Ansatz der Wahl- und Revolutionsteilnahme Diskussionspapier, Westfälische Wilhelms-Universität Münster, 2011, S. 5.
[531] Dieser Punkt wird im Folgenden mit N* bezeichnet – ein Referenzpunkt oder Ankerpunkt im Sinne eines Ausgangspunkts, der objektiv (theoretisch, rechnerisch) existiert. In diesem Fall ist es kein (psychologischer) Referenz- oder Ankerpunkt wie es Kahneman versteht. Vgl. Kahneman, Daniel: Schnelles Denken, Langsames Denken, München, 2012, S. 152 ff und S. 338 ff.

nen dabei ausgeblendet werden, weil nur das „Dienen" oder „Nicht-Dienen" auf Makroebene von Bedeutung für die ausreichende Bereitstellung der Landesverteidigung ist und nicht die Motivationsgründe eines einzelnen Wehrpflichtigen auf der Mikroebene. Es liegt also eine Modellierung vor, die die Makroebene mithilfe der Mikroebene erklärt bzw. erklären will (Mikrofundierung).[532]

Auf Mikroebene existiert im Fall der Wehrpflichtarmee wie auch in Kapitel X eine entsprechende „Hochkostensituation" für den Wehrpflichtigen – entsprechend der Dauer der Wehrdienstzeit und der Einschränkung der Bürgerrechte beispielsweise als auch entsprechend der Abhängigkeit von der Situation des Friedens-, Spannungs- oder Verteidigungsfalls. Grundsätzlich rechtfertigt dies einen Maximierungsansatz, so dass der Wehrpflichtige plausibel die für ihn beste Handlungsalternative wählt.[533]

Im Fall der Freiwilligenarmee wird eine „Hochkostensituation" durch die Verteidigungslage des Landes auf Mikroebene kreiert. In der Modellierung wird das in der Nutzenfunktion unter Berücksichtigung der Stabilität bzw. der Instabilität der Sicherheitslage abgebildet. Zu wenig Freiwillige können die Sicherheitslage des Landes gefährden.[534] Erst ab dem Punkt der ausreichenden Bereitstellung von Freiwilligen (ausreichende Verteidigungsfähigkeit) ist die „Hochkostensituation" bei einer Freiwilligenarmee für den FWDL entschärft.[535] Ab diesem Zeitpunkt spielen objektiv gesehen nur noch persönliche Gründe eine Rolle zu „dienen" oder „nicht zu dienen".[536] Für den staatlichen Entschei-

---

[532] Vgl. Siehe Zintl, Reinhard: Der Homo Oeconomicus: Ausnahmeerscheinung in jeder Situation oder Jedermann in Ausnahmesituationen?, in: Analyse und Kritik 11 (1989), S. 52–69, Westdeutscher Verlag, Opladen,1989, S. 65.
[533] Vgl. auch die Ausführungen zum Wehrpflichtigen im Kapitel Glossar.
[534] Vgl. auch die Ausführungen zum Freiwillig Wehrdienstleistenden im Kapitel Glossar.
[535] Bei einer Wehrpflichtarmee ist die Hochkostensituation für den Wehrpflichtigen mit einer ausreichenden Bereitstellung der Landesverteidigung nicht „automatisch" entschärft. Andere Gründe staatlicherseits können zu einer über die reine Landessicherheit hinausgehende – mithilfe von Zwang – ausgeübte Rekrutierung führen (beispielsweise Wehrgerechtigkeit oder gesellschaftliche Verankerung der Militärs).
[536] Insbesondere ist die Modellierung nicht dahingehend reduzierend zu interpretieren, dass der Nutzen bei Nicht-Erreichen von N* steigt, falls der Wehrpflichtige dient und ab N* eben nicht mehr. Die Analyse legt den Punkt N* als Punkt offen, an dem das Spiel „kippen kann" und zum Chicken-Spiel wird. Der Wehrpflichtige kann seinen maximalen Nutzen erreichen oder eben „nur" seinen "satisfied" Nutzen. Durch diese Modellierung wird sowohl das „Nicht-Dienen" als auch das „Dienen" als nicht dominant gesetzt. Die tatsächliche Problematik liegt darin, dass unterhalb von N* Verantwortungsdiffusion gemäß „reiner Theorie" des Freiwilligendilemmas nach Rational Choice vorliegt Die Modellierung repräsentiert eine mögliche (problemorientierte) Sicht auf die Situation, um durch die Analyse ein mögliches Problem zu

dungsträger ergibt sich die „Hochkostensituation" aus der Notwendigkeit der Bereitstellung einer ausreichenden Landesverteidigung unter Budgetrestriktion. Die Maximierungsannahme ist somit sinnvoll für beide Militärformen und den beteiligten Akteuren Wehrpflichtiger, Freiwilliger und staatlicher Entscheidungsträger auch für diese Modellierung ex ante identifiziert.

Der (Netto-) Nutzen eines rationalen Wehrpflichtigen[537] i setzt sich annahmegemäß wie folgt in dieser Modellierung zusammen:[538]

$$U_i^{netto} = U_i^{brutto} - C_i - p_{SI} * SI + (1 - p_{SI}) * S$$

wobei gilt:

$U_i^{netto} = U_i^{max}$, falls $\quad N_D \geq N^*$, wenn i nicht dient.

$U_i^{netto} = U_i^{satisfied}$, falls $\quad N_D \geq N^*$, wenn i dient.

Der individuelle (persönliche) (Netto-) Nutzen setzt sich in dieser Modellierung aus zwei Grundkomponenten zusammen.[539] Die erste Grundkomponente ist der privat erzielbare Nutzen (z.B. sinnvolle Überbrückungszeit bis zum Studienbeginn, bessere Berufsaussicht)[540] und die zweite Grundkomponente ist

---

extrahieren. Dazu später mehr. Siehe auch Chris Rieck, Christian: Spieltheorie Eine Einführung, 10. Auflage, Eschborn, 2010, S. 102: „Wir müssen uns daher im Klaren sein, dass die spieltheoretische Analyse realer Situationen häufig eine Frage ist, wie der betreffende Forscher den Sachverhalt wahrnimmt, und nicht, wie der Sachverhalt objektiv ist." Auch zur Frage der Objektivität kommen weitere Ausführungen.
[537] Nochmals: unabhängig von der Militärform wird hier von Wehrpflichtigem gesprochen. Vgl. Kapitel VI.
[538] Kapitel IX zum Vergleich spielt bei dieser Betrachtung die Auswirkung einer sicherheitspolitischen Lage eine explizite Rolle. In Kapitel IX wird primär eine mengenorientierte Betrachtung der Verteidigungsleistung vorgenommen. Die sicherheitspolitische Lage kann dort als eingepreist betrachtet werden. Entscheidend ist, dass in Kapitel IX rein vom individuellen Nutzen ausgegangen wird – auch bei der dort modellierten Wohlfahrtsmaximierung. Die individuelle Nutzenmaximierung als auch die dort modellierte Wohlfahrtsmaximierung können sicherheitspolitisch aber zum falschen Ergebnis führen. Ein weiterer Unterschied zu Kapitel IX ist, dass bei dieser Betrachtung die Eigenschaft des öffentlichen Gutes Verteidigungsfähigkeit in Form der sicherheitspolitischen Stabilität zum Ausdruck kommt, insbesondere auch die Sättigung bei N*. Denn ab diesem Punkt wäre theoretisch der Preis für einen wehrpflichtigen Staatsbürger, der bis dahin (noch) nicht dient, für den Konsum der bereitgestellten, gesamtstaatlichen, Verteidigungsleistung Null (Trittbrettfahrer). Unter Kapitel IX gibt es das Trittbrettfahrer-Problem nicht.
[539] Es wird nur der Nutzen in Bezug auf den Wehrdienst bzw. der Sicherheitslage betrachtet. Alle anderen möglicherweise nutzenstiftenden Güter, Sachleistungen, etc. sind ausgeblendet bzw. als konstant in dieser Modellierung angenommen.
[540] Es sind aber auch negative Bewertungen denkbar wie: sinnlose Zeitverschwendung, Schikane oder Demütigung durch stupide Befehlsausführung.

der aus der öffentlichen Bereitstellung erzielbare Nutzen (Teilkomponente gesicherte Landesverteidigung und Teilkomponente nicht gesicherte Landesverteidigung). Die erste Grundkomponente wird durch $U_i^{brutto} - C_i$ dargestellt und die zweite Grundkomponente wird durch $-p_{SI} * SI + (1 - p_{SI}) * S$ abgebildet.[541]

Die Parameter sind wie folgt definiert:

U_i^{brutto}: Persönlicher Brutto-Nutzen des Wehrpflichtigen i bei Ableistung des militärischen Diensts.

U_i^{netto}: Persönlicher Netto-Nutzen des Wehrpflichtigen i bei Ableistung des militärischen Diensts.

U_i^{max}: Maximal erreichbarer Nutzen des Wehrpflichtigen i. Bedingt im Wesentlichen durch die erreichte Fähigkeit zur Landesverteidigung, ohne dass er persönliche Kosten C_i trägt.

$U_i^{satisfied}$: Befriedigender Nutzen des Wehrpflichtigen i, weil die Landesverteidigung gesichert ist, aber er selbst die potentiellen Kosten C_i seines persönlichen Dienens trägt.

C_i : Opportunitätskosten des Wehrpflichtigen i durch die 6 monatige Militärzeit und / oder andere Kosten. Abhängig von der Bewertungsmethodik. Gemessen in Nutzeneinheiten.

p_{SI} : Wahrscheinlichkeit der sicherheitspolitischen Instabilität.

SI: Ausmaß der sicherheitspolitischen Instabilität (äußere Bedrohung). Gemessen in Nutzeneinheiten.

S: Ausmaß der sicherheitspolitischen Stabilität (äußere Stabilität). Gemessen in Nutzeneinheiten.

N_D: Anzahl der Wehrpflichtigen, die dienen.

N*: Optimale Anzahl an Wehrpflichtigen, die sicherheitspolitisch mindestens notwendig sind (beispielsweise durch Vorgabe des Auftrags bzw. Mandats, insbesondere über Bündnisse) und die nach der sicherheitspolitischen Vorgabe ökonomisch maximiert ist.

---

[541] SI und S sind nicht unbedingt komplementär. Die Modellierung soll sowohl äußere Bedrohungen (z.B.: drohende Instabilität von Staaten) als auch äußere Stabilität (z.B. Demokratisierung und andere Maßnahmen von Staaten) abbilden. Die hier abgebildete mögliche Instabilität als auch die abgebildete Stabilität können sich aus verschiedenen Quellen speisen und sind damit grundsätzlich untereinander unabhängig. Die Modellierung könnte (gedanklich) so erweitert werden, dass verschiedene Konfliktherde oder auch Friedensmaßnahmen im Einzelnen bewertet werden und damit entsprechend viele SI und S mit zugehöriger Wahrscheinlichkeit existieren.

Persönlicher Nutzen aus dem militärischen Dienst entsteht nach der Bevölkerungsumfrage des sozialwissenschaftlichen Instituts der Bundeswehr 2010 aus Disziplin, Kameradschaft und der besseren Berufsaussicht.

„Ein Viertel derjenigen, die für einen Erhalt plädieren, sehen die Wehrpflicht vor allem aufgrund ihrer Erziehungsfunktion im Hinblick auf Disziplin, Ordnung und Kameradschaft als wertvoll an. 22 Prozent weisen auf die Notwendigkeit der Wehrpflicht als Garant für die Sicherheit des Landes hin. 16 Prozent sehen vor allem positive Berufschancen und Vorteile für den Arbeitsmarkt als entscheidend an."[542]

Dass für die Menschen die sicherheitspolitische Stabilität insgesamt eine große Rolle in Deutschland spielt, zeigt die Bevölkerungsumfrage des sozialwissenschaftlichen Instituts der Bundeswehr aus dem Jahr 2010:

„Eine Bedrohung durch Terroranschläge wird dagegen von wesentlich weniger Menschen in Deutschland wahrgenommen. Bemerkenswert ist jedoch die Relevanz: Wenn sich jemand von Terroranschlägen bedroht fühlt, dann wirkt sich das deutlich auf das persönliche Sicherheitsgefühl aus. Die Beeinträchtigung ist etwa ebenso stark wie die durch eine drohende Kürzung von Sozialleistungen oder die Angst vor unzureichender finanzieller Absicherung im Alter."[543] Das persönliche Sicherheitsgefühl soll in dieser Modellierung ein Teil der Nutzenfunktion sein und die Wirkung über S bzw. SI erfolgen. Dieser Ansatz der Modellierung entspricht grundsätzlich der von Dennis C. Müller empfohlenen Vorgehensweise.[544]

Für die Wahrscheinlichkeit der Wirkung auf den Nutzen des Wehrpflichtigen einer sicherheitspolitischen Instabilität beispielsweise gilt:[545]

$$p_{SI} = \begin{cases} 0, & N_D \geq N^* \\ \left(1 - \frac{N_D}{N^*}\right), & N_D < N^* \end{cases}$$

In diesem Modell werden der Auftrag bzw. das Mandat aus Sicht der Bundeswehr als gegeben betrachtet. Mathematisch werden dann die Fähigkeiten der Bundeswehr unter der Nebenbedingung des Auftrags und des Verteidigungshaushaltes maximiert. Die Fähigkeiten der Bundeswehr hängen vom Material,

---

[542] Siehe Bulmahn, Thomas; Fiebig, Rüdiger; Hilpert, Carolin: Sicherheits- und verteidigungspolitisches Meinungsklima in der Bundesrepublik Deutschland, Ergebnisse der Bevölkerungsbefragung 2010 des Sozialwissenschaftlichen Instituts der Bundeswehr, Forschungsbericht 94, Strausberg, Mai 2010, S. 21. Diese Meinung lässt sich allgemein auf den militärischen Dienst projizieren und ist primär nicht abhängig von der Wehrpflicht.
[543] Siehe ebd.: S. 94.
[544] Vgl. Mueller, Dennis C.: Public Choice III, New York, 2009, p. 659 ff.
[545] Dies ist nur ein Beispiel für eine Wahrscheinlichkeitsfunktion. Andere Funktionen sind denkbar.

dem Wissen (Know-how) und der Personalzahl, hier Anzahl der Wehrpflichtige, ab:[546]

$$F(M, IM, W, BZ)$$

M: materielle Menge.

IM: immaterielle Menge (Wissen).

W: Menge an Wehrpflichtigen.

BZ: Menge an Beruf- und Zeitsoldaten.

Mit der Eigenschaft

$$\frac{\partial F}{\partial M} > 0 \;,\; \frac{\partial F}{\partial IM} > 0 \;,\; \frac{\partial F}{\partial W} > 0 \;,\; \frac{\partial F}{\partial BZ} > 0$$

und[547]

$$\frac{\partial^2 F}{\partial^2 M} < 0 \;,\; \frac{\partial^2 F}{\partial^2 IM} < 0 \;,\; \frac{\partial^2 F}{\partial^2 W} < 0 \;,\; \frac{\partial^2 F}{\partial^2 BZ} < 0$$

Die Nebenbedingung des durch den Auftrag vorgegebenen Verteidigungshaushaltes V würde wie folgt dargestellt:[548]

$$V(M, IM, W, BZ) = P_M M + P_{IM} IM + P_W W + P_{BZ} BZ$$

P_M: Preis für das Material.

P_{IM}: Preis für die immaterielle Menge.

---

[546] Hier werden nur die Wehrpflichtigen betrachtet. Die Fähigkeitsfunktion für alle Soldaten sieht analog aus.

[547] Die Sättigung beim Wissen kann in der Realität an der endlichen Aufnahmefähigkeit und der machbaren Umsetzung des Wissens gesehen werden. Beim Material kann die Sättigung an der Handhabbarkeit beispielsweise durch eine Person fest gemacht werden. Niemand kann beispielsweise zwei Panzer gleichzeitig fahren und damit die Fähigkeit steigern (Grenzfähigkeit).

[548] Hier wird der Optimierungsansatz angewendet. Der Auftrag geht in diesem Ansatz im Verteidigungsbudget und in der Fähigkeitsfunktion F auf. Genau betrachtet müssen dann noch die Gewichtungen und Verhältnisse der Parameter bei der Fähigkeitsfunktion F abgebildet werden – also F konkret bestimmt werden. Das Minimalprinzip wäre ebenso denkbar. Dann würden beispielsweise über den Auftrag die bereitzustellenden Mengen vorgegeben, die dann mit minimalen Kosten zu beschaffen und einzusetzen wären. Das Maximalprinzip würden nach dem gegebenen Input (Verteidigungshaushalt) die Fähigkeiten bestimmen und maximieren – vergleichbar mit einer Verteidigung nach Kassenlage. Eine Verteidigungspolitik, die grundsätzlich nicht zu befürworten ist.

P_W: Preis (Sold) für den Wehrpflichtigen.

P_{BZ}: Preis (Sold) für Beruf- und Zeitsoldaten.

M: Menge an Material.

IM: Immaterielle Menge (Know-how).[549]

W: Menge an Wehrpflichtigen.

BZ: Menge an Beruf- und Zeitsoldaten.

Nach Maximierung führt dies zu:[550]

$$\frac{\partial F}{\partial M} / \frac{\partial F}{\partial IM} / \frac{\partial F}{\partial W} / \frac{\partial F}{\partial BZ} = P_M / P_{IM} / P_W / P_{BZ},$$

der sicherheitspolitisch und ökonomisch optimierten Menge an Material, der immateriell optimierten Menge, der optimalen Anzahl an Wehrpflichtigen (N*) und der optimalen Menge an Berufs- und Zeitsoldaten.

Der persönliche Nutzen U_i^{brutto} des Wehrpflichtigen ist objektiv ab N* sehr klein, da er keinen echten eigenen (privaten) Mehrwert aus der Landesverteidigung erzielen kann.[551] Es ist für den Wehrpflichtigen aufgrund der Tatsache, dass genügend Wehrpflichtige staatlicherseits rekrutiert werden konnten oder können (Sättigung), schwierig die persönlich erwünschte Position beim Militär zu bekommen. Das ist dem Wehrpflichtigen auch bewusst, so dass er seinen persönlichen militärischen Dienst selbst für sich niedrig bewertet. Daher würde das Dienen ab N* mit $U_i^{brutto} < C_i$ bewertet; im persönlichen Extremfall liegt annahmegemäß $U_i^{brutto} = 0$ vor, so dass die persönlichen Kosten C_i in voller Hö-

---

[549] An dieser Stelle besteht die Problematik der Messbarkeit. Eine Orientierung am Input (Ausbildung, Schulungen, etc.) wäre denkbar.
[550] Vgl. Kapitel IX. Das Zeichen / ist ein Divisionszeichen. Die unterschiedliche Grenzfähigkeit bezogen auf die verschiedenen Mengen (materielle, immaterielle, Wehrpflichtige, Beruf- und Zeitsoldaten) stehen im gleichen Verhältnis wie die Preise der Mengen zueinander.
[551] Im Sinne des Rational Choice wird jetzt eine problematische Situation kreiert, um Effekte aufzuzeigen und Schlussfolgerungen zu ziehen. An dieser Stelle darf die Modellierung nicht falsch verstanden werden: die derartige Modellierung bedeutet nicht, dass die Realität so ist und für jeden Wehrpflichtigen so gilt oder so gelten muss. Es wird bewusst eine Situation kreiert, die für die ausreichende Landesverteidigung problematisch sein könnte, um dann Lösungen zu entwerfen bzw. eine Sensibilität für diese mögliche Problematik beim politischen Entscheider hervorzurufen. Der Wehrpflichtige in der Realität wird vielleicht (subjektiv) nach nicht messbaren Kriterien dienen bzw. trotz Wissen, dass bereits mehr Wehrpflichtige dienen als durch N* bestimmt. Dann hat er aber ex ante eine Freiwilligen-Einstellung und sein Strategie „Dienen" würde als dominant eingestuft. Ein derartig möglicher Fall wird hier nicht berücksichtigt.

he durchschlagen. Bei der Umfrage des sozialwissenschaftlichen Instituts sind immerhin 7% der Meinung, dass die Wehrpflicht eine Zeitverschwendung darstellt, also keine adäquate militärische Position für den Wehrpflichtigen (subjektiv) bereit stellt und der persönliche Nutzen durch die Ableistung der Wehrpflicht als negativ empfunden wird (hier mit – C_i).[552]

Der Einfachheit wegen wird nun angenommen, dass die Bereitstellung der Landesverteidigung nur vom rekrutierten Personal abhängt. Militärische Ausrüstung wie Maschinen und Bewaffnung sind ausreichend nach Vorgabe des Auftrags vorhanden. Dass die Personalstärke als Parameter die Verteidigungsfähigkeit des Landes extrem beeinflusst, kann man leicht nachvollziehen. Die Soldaten sind Kämpfer oder operative Friedenshüter in Konfliktsituationen, die Maschinen müssen ebenso durch Menschen bedient werden. Der Personalkostenanteil am Verteidigungshaushalt beträgt etwa 50 Prozent.

Jeder dienende wehrpflichtige Soldat trägt zu der Sicherheitsleistung des Landes bei – auch wenn der individuelle Anteil marginal klein ist. Ausgehend von der theoretischen Annahme, dass niemand der Wehrpflicht nachkommt, wäre jeder zusätzliche (individuelle) Beitrag in Form des Wehrdienstes ein Beitrag zur Senkung des Eintritts eines Konfliktes bzw. eine Erhöhung der Friedensstabilisierung. Dieser Beitrag wirkt sich solange marginal positiv aus, bis der Sättigungspunkt N* erreicht wird. Ab diesem Punkt ist die Landesverteidigung sichergestellt und kann logischerweise nach Voraussetzung nicht mehr gesteigert werden. Weiteres Personal würde objektiv betrachtet die ökonomische Effizienz verringern.[553] Andere Gründe seitens des Staates im Fall einer Wehrpflichtarmee doch weiter über N* einzuziehen können beispielsweise Aspekte der Wehrgerechtigkeit oder eine möglichst tiefgreifende gesellschaftliche Verankerung des Militärs sein.

Falls annahmegemäß niemand dient (theoretisch), dann ist die Konfliktgefahr am höchsten, da die Landesverteidigung und die Landessicherheit (maximal) nicht gewährleistet werden. Potenzielle Unrechtsstaaten können dies zum Vorteil nutzen, da diese auf keinen ausreichenden Widerstand treffen. Dabei ist aber die Auswirkung auf den individuellen Nutzen des Wehrpflichtigen modell-

---

[552] Vgl. Siehe Bulmahn, Thomas; Fiebig, Rüdiger; Hilpert, Carolin: Sicherheits- und verteidigungspolitisches Meinungsklima in der Bundesrepublik Deutschland, Ergebnisse der Bevölkerungsbefragung 2010 des Sozialwissenschaftlichen Instituts der Bundeswehr, Forschungsbericht 94, Strausberg, Mai 2010, S. 23.
[553] Dazu später mehr.

theoretisch so groß, dass er seinen niedrigsten Nutzenwert erreicht und sich veranlasst sieht, der Wehrpflicht nachzukommen.

Erst bei Erreichen einer bestimmten Anzahl von Wehrpflichtigen sind die Landesverteidigung und die Landessicherheit objektiv gewährleistet. Diese Anzahl von dienenden Wehrpflichtigen ist mit N* bezeichnet. Solange die notwendige Anzahl von dienenden Wehrpflichtigen nicht erreicht ist, besteht relativ hohe Konfliktgefahr und es ist modelltheoretisch für den einzelnen Wehrpflichtigen besser zu dienen, um den hohen (subjektiven) negativen Effekt zu beseitigen. Bis zum Erreichen von N* wird es annahmegemäß nach der Modellierung für einen potentiellen Wehrpflichtigen immer besser sein zu dienen.

Ab dem Erreichen der notwendigen Anzahl von Wehrpflichtigen, die dienen, um die Bereitschaft zur Landesverteidigung sicherzustellen (N*), könnte sich das (individuelle) Verhalten, Wehrdienst zu leisten, ändern. Denn dann würde sich jeder Wehrpflichtige annahmegemäß grundsätzlich besser stellen, wenn er nicht dient, da durch die anderen Wehrpflichtigen die Bereitstellung der Landesverteidigung gesichert wird und dieser Wehrpflichtige seinen höchsten Nettonutzen erreichen könnte, weil keine Opportunitätskosten für ihn anfallen ($C_i = 0$) und ebenso die Gefahr des Konfliktes nicht mehr besteht ($p_{SI} = 0$).[554]

Nachfolgende Abbildung verdeutlicht die modellierte Situation:

---

[554] Nur hohe private Interessen zu dienen würden dem entgegenstehen. In diesem Fall wäre der Wehrpflichtige ein Freiwilliger, der unabhängig von der Sicherheitslage dienen würde. In dieser Modellierung als auch in der Realität ist die Verteidigungsleistung des Landes ein Kollektivgut. Dafür sprechen die Eigenschaften der Nichtausschließbarkeit und die Tatsache, dass alle Betroffenen dieses Gut (objektiv) in gleicher Intensität konsumieren. Beide Eigenschaften treffen nicht auf ein privates Gut zu. Aber sicherlich gibt es in der Realität Wehrpflichtige, die aus rein privaten Motiven ihre Entscheidung zur Leistung der Wehrpflicht treffen. Unabhängig davon ist die Wehrpflicht als solche kein Kollektivgut, sondern ein Rekrutierungsinstrument.

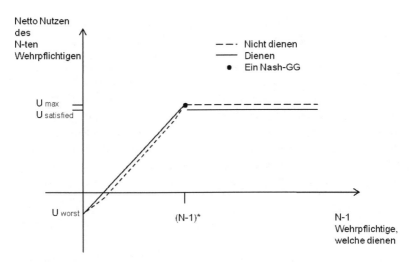

Abbildung 43: Nutzen zur strategischen Entscheidung der Ableistung des militärischen Dienstes.[555]

Alle Wehrpflichtigen werden in der obigen Abbildung berücksichtigt.[556] Die Menge der Wehrpflichtigen wird in zwei Gruppen aufgeteilt. Eine Gruppe besteht nur aus einem Wehrpflichtigen (Vertikalachse), alle anderen Wehrpflichtigen sind auf der Horizontalachse abgebildet. Der Wehrpflichtige auf der Vertikalachse steht stellvertretend für einen beliebigen Wehrpflichtigen aus der Gesamtheit. Durch diese Art der Darstellung kann individuelles Verhalten abgebildet und analysiert werden.

Der Punkt (N-1)* zeigt an, dass aus der Gruppe der (N-1) Wehrpflichtigen ab dieser Anzahl genügend Wehrpflichtige rekrutiert werden können, um die Landesverteidigung sicherzustellen.

---

[555] Vgl. http://www.wiwi.uni-muenster.de/ciw/forschen/downloads/DP-CIW_03_2011.html, gelesen am 18.08.2011.
Vgl. Möller, Marie: Gefangen im Dilemma?, 2011, S. 10. Die Funktionen sind idealisiert dargestellt und folgen keiner Funktionsbeschreibung. Das ist für die Diskussion auch nicht notwendig.
[556] Da es pro Jahrgangsbetrachtung oder auch bezogen auf eine Betrachtung eines Kalenderjahres eine unterschiedliche Anzahl von Wehrpflichtigen existieren, wird in der Modellierung von der Anzahl N von Wehrpflichtigen gesprochen, um anzuzeigen, dass die Modellierung unabhängig von der tatsächlichen Anzahl von Wehrpflichtigen ist. Somit werden nach dem Anspruch von Rational Choice allgemeingültige, aber nicht tautologische, Ergebnisse (Aussagen) erzielt.

Bei diesem modellierten Kollektivgutproblem handelt es sich um ein N-Personen Chicken-Spiel.[557] Bei reiner Strategiewahl existieren N-viele mögliche Nash-Gleichgewichte, wobei ein Nash-Gleichgewicht in obiger Abbildung gekennzeichnet ist.[558] Das (die) Nash-Gleichgewicht(e) ist (sind) paretooptimal.[559]

Betrachten wir dazu folgende Beispiel-Auszahlungsmatrix in der Umgebung von (N-1)*, um die mögliche Perfektion des Nash-Gleichgewichts aufzuzeigen:

---

[557] Damit wird insbesondere zum Ausdruck gebracht, dass Nicht-Kooperation (Nicht-dienen) keine dominierende Strategie ist.

[558] Dies zeigt aber auch, dass mathematisch, spieltheoretisch streng genommen wohl kein Nash-Gleichgewicht in der Realität existiert. Denn es wäre ja der Fall, bei dem N* exakt getroffen würde.

[559] Wenn Wehrpflichtige sich in der Realität (vermehrt) erst dann entscheiden nicht zu dienen, wenn N* erreicht ist, dann könnte man daraus schließen, dass nicht wirklich ein Problem existiert. N* ist ja erreicht, wo ist das Problem? Das reale Problem liegt in der asymmetrischen Informationsverteilung zwischen Staat und Wehrpflichtigem. Der Wehrpflichtige weiß nicht wirklich, ob und wann N* erreicht ist oder wird. Möglicherweise basiert die Entscheidung des Wehrpflichtigen auf einer subjektiven Einschätzung – objektiv ist es aber (immer) richtig, dass ein einzelner militärischer Beitrag für die staatliche Verteidigungsleistung nicht relevant ist (marginaler individueller Beitrag). Das Dilemma wird real, weil die Leistung „Verteidigung" als solche „irgendwie und immer bereitgestellt wird" und ein potentiell Wehrpflichtiger die Leistung aus der Verteidigungsbereitstellung konsumieren kann ohne einen eigenen militärischen Beitrag zu leisten (aus welchen individuellen Gründen auch immer). Real wird das Problem dann nicht exakt beim theoretischen Punkt N* liegen. Das Problem kann auch real zeitversetzt verstanden werden – liegt eine subjektive oder objektive Einschätzung/Berechnung des Erreichens von N* vor, dann könnte das aufgezeigte Verhalten des potentiellen Wehrpflichtigen um eine (oder auch mehrere) Zeitperioden (Einberufungsperioden) versetzt auftreten.

Das Problem wird auch um N* (mit N_D < N*) real relevant, wenn Wehrpflichtige abwarten, dass andere Wehrpflichtige die noch ausstehende Verteidigungsleistung bereitstellen werden und somit sich selbst deswegen möglicherweise nicht für die Ableistung des militärischen Dienstes entscheiden. Dadurch erreichen diese nach der Modellierung ihren maximalen Nutzen und die sich doch für das Dienen entschieden haben nur den nach der Modellierung erreichten satisfied Nutzen erreichen. Hierbei wird die Information, dass ND < N* und nahe N* ist, als beim Wehrpflichtigen bekannt vorausgesetzt. Wenn aber alle Wehrpflichtigen so vorgehen, dann wird N* nicht erreicht (Dilemma) und somit das öffentliche Gut der Verteidigung nicht in einem ausreichenden Maße zur Verfügung gestellt, obwohl es individuell als auch kollektiv besser wäre. Vgl. Diekmann, Andreas: Spieltheorie Einführung, Beispiele, Experimente, Reinbek bei Hamburg, August 2010, S. 122 ff.

Zeile (N-te Wehrpflichtige) Spalte (Gruppe der (N-1) Wehrpflichtigen)	...	(N-1)* dienen	(N-1)* - 1 dienen	...	(N-1) dienen nicht
Dient nicht	...	A (12,10,10,12)	B (9,9; 9,9; 9,9;9,9)	...	ZZ (-5,-5,-5,-5)
Dient	...	C (10,10,10,12)	D (10,10,12,12)	...	ZZZ (-4,9;-4,9;-4,9; -4,9)

Abbildung 44: Erstes Beispiel einer Auszahlungsmatrix zum strategischen Nutzenkalkül.

Die erste Zahl von links in der Auszahlungsmatrix ist die Auszahlung für den N-ten potenziellen Wehrpflichtigen (Zeile), die zweite Zahl in der Auszahlungsmatrix für die dienenden Wehrpflichtigen aus der Gruppe der N-1 potenziellen Wehrpflichtigen. Die dritte Zahl ist die Auszahlung für den Wehrpflichtigen, der aus der (N-1) Gruppe, seine mögliche Strategiewahl ändert.[560] Die vierte Zahl in der Auszahlungsmatrix ist die Auszahlung an alle anderen aus der Gruppe der N-1 potenziellen Wehrpflichtigen, die nicht dienen.

In der Auszahlungsmatrix sind nicht alle Strategiemöglichkeiten aufgeführt, sondern nur sechs mögliche Strategiekombinationen. Zwei Nash-Gleichgewichte sind grau markiert. Bei der Betrachtung aller Strategiemöglichkeiten müssten alle N Wehrpflichtigen mit den beiden Strategiemöglichkeiten *dienen* und *nicht dienen* aufgeführt werden. Es gilt annahmegemäß:

$$U_i^{max} = 12$$

$$U_i^{satisfied} = 10$$

$$U_i^{unsatisfied} = 9,9.$$

Der maximal erreichbare Nutzen wird mit 12 bewertet, der *satisfied* Nutzen mit dem Wert 10 und der *unsatisfied* Nutzen nah um N* herum mit 9,9. Herausgehoben wird die echte Besserstellung eines potenziellen Wehrpflichtigen, der

---

[560] In der Entscheidungsmatrix zeigt ein Spaltenwechsel von links nach rechts gelesen an, dass ein Wehrpflichtiger aus der (N-1)-Gruppe von der Strategie „dient" zu „dient nicht" wechselt. Es wird ein Wehrpflichtiger aus der (N-1)-Gruppe deshalb separiert, um eine Verhaltensänderung aus der Gruppe heraus zu simulieren.

sich deutlich besser stellt, wenn genügend andere Wehrpflichtige dienen, er selbst aber nicht ($U_i^{max} = 12$).

Es sei angenommen, dass ein Wehrpflichtiger aus der Gruppe der (N-1) Wehrpflichtigen anfängt, unsicher zu werden, welche Strategie er wählen soll.[561] Das Nash-Gleichgewicht in Zelle A sei Ausgangspunkt. In einem nicht gestörten Spiel ist die beste Antwort des N-ten Spielers auf die Tatsache, dass (N-1)* dienen, nicht zu dienen. Wenn diese Antwort auch noch die beste Antwort ist, wenn in der Gruppe N-1 jemand beginnt unsicher zu werden und die Variante *nicht dienen* mit der Wahrscheinlichkeit λ spielt und die Variante *zu dienen* dann nur noch mit der Wahrscheinlichkeit (1- λ), dann ist das Nash-Gleichgewicht perfekt.[562]

Zunächst sei der Fall betrachtet, dass alle (N-1)* Wehrpflichtigen, die zunächst die Strategie „dienen" verfolgt haben, beginnen unsicher zu werden, welche Strategie die für sie bessere ist. Ausgangspunkt ist das Nash-Gleichgewicht aus Zelle A in Abbildung 44. Die Wahrscheinlichkeit, wie viele Wehrpflichtige dann (zusammen) unsicher werden, wird über die Binomialverteilung berechnet.[563] Sei λ_{Gx} die über die Binomialverteilung berechnete Wahrscheinlichkeit einer Gruppe von Wehrpflichtigen mit der Anzahl x an Wehrpflichtigen ($x \leq N_D$), die beginnen unsicher zu werden, welche Entscheidung sie treffen sollen und die Strategiewahl nicht dienen mit λ_{Gx} spielen, dann muss für die Überprüfung des perfekten Nash-Gleichgewichts gelten:

$$12 * (1- \lambda_{Gx}) + A_{Gx}^{nicht\ dienen} * \lambda_{Gx}$$

$$\geq$$

$$10 * (1 - \lambda_{Gx}) + A_{Gx}^{dienen} * \lambda_{Gx},$$

für beliebig kleine $\lambda_{Gx} > 0$, also λ_{Gx} gegen Null. $A_{Gx}^{nicht\ dienen}$ ist der Auszahlungswert für den N-ten Wehrpflichtigen, wenn er nicht dient und x-viele andere Wehrpflichte mit Wahrscheinlichkeit λ_{Gx} nicht dienen. A_{Gx}^{dienen} ist der Auszah-

---

[561] Dieses Konzept ist unter dem Namen „trembling hand" in der Rational-Choice-Theorie bekannt. An dieser Stelle weicht die Rational Theorie etwas vom starren Konzept der „puren" Rationalität auf. Die Unsicherheit zeigt an, dass der Akteur nicht wirklich für sich entscheiden kann, welche Handlungsalternative er wählen soll. Normativ ist das der Grenzfall zu „Nicht-Rationalität" bzw. „Un-Rationalität". Vgl. Rieck, Christian: Spieltheorie Eine Einführung, 10. Auflage, Eschborn, 2010, S. 247.
[562] Vgl. Rieck, Christian: Spieltheorie Einführung für Wirtschafts- und Sozialwissenschaftler, Wiesbaden, 1993, S. 180–182.
[563] Weitere Ausführungen zur Binomialverteilung folgen.

lungswert für den N-ten Wehrpflichtigen, wenn er dient und x-viele andere Wehrpflichtige mit Wahrscheinlichkeit λ_{Gx} nicht dienen.

Bei der speziellen Betrachtung, dass nur ein Wehrpflichtiger i in der Situation unsicher wird aus der (N-1) Gruppe, also x = 1, und mit diesem Wehrpflichtigen im Fall seiner Strategiewahl *dienen* die Landesverteidigung gesichert wäre, gilt:

$$12 * (1 - \lambda_i) + 9,9 * \lambda_i$$
$$>=$$
$$10 * (1 - \lambda_i) + 10 * \lambda_i$$

für beliebig kleine $\lambda_i > 0$, also λ_i gegen Null mit i $\in$ {1, ..., N-2}.

Der Unterschied zwischen dem möglicherweise auftretenden Freiwilligendilemma im Fall einer (echten) Freiwilligenarmee und dem Nicht-Verweigerungsdilemma einer Wehrpflichtarmee liegt hauptsächlich bei dieser Modellierung in der Tatsache des wahrscheinlich[564] höheren persönlichen Preises[565] für den Wehrpflichtigen zu verweigern als für den Freiwilligen nicht zu dienen (Preis gleich Null). Es liegt beim Vergleich der Dilemma bei beiden Wehrsystemen wohl ein ähnlicher Effekt vor wie der von Kahneman aufgedeckte Effekt der Verlustvermeidung in gemischten Lotterien:[566] Ein potentiell Wehrpflichtiger wird negative Folgen der Verweigerung (negatives Anreizsystem des Staates im Fall der Wehrpflichtarmee, Verlusterwartung) vermeiden wollen (Verlustaversion) – auch falls ein (mathematisch) errechneter Erwartungswert gegen diese so getroffene Entscheidung sprechen würde.[567] So wird der Wehrpflichtige möglicherweise allein aus der Tatsache der Verlustvermeidung sich für das Dienen bzw. gegen die Verweigerung entscheiden, aber möglicherweise nicht aus der (persönlichen) Überzeugung militärischen Dienst zu leisten. Dieser Effekt kann bei einer Freiwilligenarmee nicht auftreten.[568] Deswegen kann

---

[564] Im Sinne der Eintrittswahrscheinlichkeit.
[565] Beispielsweise gerechnet in Opportunitätskosten oder faktisch anfallenden Kosten.
[566] Bei Kahneman hat der Entscheider überhaupt die Möglichkeit das Spiel zu spielen. Hier wird unterstellt, dass das Spiel gespielt werden muss. Weiterhin wird das Dienen in der Wertung neutralisiert (sich weder positiv noch negativ im Nutzenwert auswirkend). Daher wird von einem ähnlichen Effekt gesprochen.
[567] Vgl. Kahneman, Daniel: Schnelles Denken, Langsames Denken, München, 2012, S. 350.
[568] Ähnliche „Vermeidungs-Effekte" wären beispielsweise „ein schlechtes Gewissen, weil andere dienen und man selbst nicht" oder „negatives gesellschaftliches Ansehen (negative Berufsaussichten), weil man selbst als expliziter Drückeberger bewertet wird". In einer Freiwilligenarmee kann man objektiv nicht als Drückeberger einstuft werden.

vermutet werden, dass ein möglicher Dilemma-Punkt N* bei einer Wehrpflichtarmee bei gleichem Auftrag faktisch früher erreicht wird als bei einer Freiwilligenarmee.[569] Das grundsätzliche Prinzip des Dilemmas bleibt aber bei beiden Wehrsystemen gleich. Ein weiterer Effekt könnte sein, dass dem Freiwilligen die Möglichkeit der Wahl des Nicht-Dienens offensichtlich bewusst ist und dem Wehrpflichtigen nicht so offensichtlich bewusst ist, weil die vom Staat auferlegte Pflicht nicht eine wirkliche Handlungsalternative suggeriert und der Wehrpflichtige gleichzeitig ein hohes Pflichtbewusstsein besitzt – vielleicht sogar ein unterwürfiges Obrigkeitsdenken.

Falls ein Wehrpflichtiger aus der Gruppe der (N-1) Wehrpflichtigen unsicher wird, welche Strategie er wählen soll, dann ist es für den N-ten potenziellen Wehrpflichtigen immer noch besser, die Strategie *nicht dienen* zu wählen.[570] Das ändert sich auch nicht, wenn x-viele aus der Gruppe (N-1) beginnen unsicher zu werden. Die dritte Zahl von links in der Auszahlungsmatrix steht für alle Wehrpflichtigen aus der (N-1) Gruppe, die beginnen unsicher zu werden, welche Strategie gewählt werden soll. Die Anzahl dieser Wehrpflichtigen sei annahmegemäß genügend groß, um bei einer zeitgleichen Entscheidung von der Strategie *dienen* zu *nicht dienen* einen erheblichen Nutzenverlust zu verursachen.

Es gilt nun annahmegemäß: $U_i^{unsatisfied} = 2$ bzw. $U_i^{unsatisfied} = 1,9$.

Dazu sei beispielhaft folgende Auszahlungsmatrix betrachtet:[571]

---

[569] N* repräsentiert nicht nur die optimale Anzahl von Wehrpflichtigen / Freiwilligen, sondern ist auch der Dilemma-Punkt an dem das „Spiel kippt". Um es anders zu sagen: Am Punkt N* wird das modellierte Spiel zum Chicken-Spiel. Dazu später mehr.
Weil die Anzahl Wehrpflichtiger, die unter einer Wehrpflicht wegen der Vermeidung des Verlustes dienen plus die Anzahl der Wehrpflichtigen, die aus positiver Überzeugung dienen, größer (größer gleich) ist als die Anzahl Freiwilliger, die aus Überzeugung dienen. Das ist auch nachvollziehbar, weil die Wehrpflichtigen, die aus Überzeugung in einer Wehrpflichtarmee dienen, auch in einer (in einer gleichartigen) Freiwilligenarmee (bei gleichem Auftrag) dienen würden (und umgekehrt). Falls die Anzahl der Wehrpflichtigen, welche aus Gründen der Verlustvermeidung dienen, Null ist, dann ist die Anzahl der Dienenden ND bei dieser Betrachtung gleich in beiden Wehrsystemen.
[570] Es hängt natürlich von den gewählten Parametern (Nutzenwerten) ab. Bei den hier gewählten ist das so.
[571] Die Auszahlungswerte innerhalb der Entscheidungsmatrix sind wie in der Abbildung zuvor zugeordnet.

Zeile (N-te Wehrpflichtige) Spalte (Gruppe der (N-1) Wehrpflichtigen)	...	(N-1)* dienen	...	(N-1)* - x dienen, x < (N-1)*, aber sehr groß	...	(N-1) dienen nicht
Dient nicht	...	A (12,10,10,12)	...	B (1,9 ; 1,9 ; 1,9 ; 1,9)	...	ZZ (-5,-5,-5,-5)
Dient	...	C (10,10,10,12)	...	D (2,2,2,2)	...	ZZZ (-4,9,-4,9,-4,9,-4,9)

Abbildung 45: Zweites Beispiel einer Auszahlungsmatrix zum strategischen Nutzenkalkül.

In der Auszahlungsmatrix sind nicht alle Strategiemöglichkeiten aufgeführt, sondern nur sechs mögliche Strategiekombinationen. Bei der Betrachtung aller Strategiemöglichkeiten müssten alle N Wehrpflichtigen mit den beiden Strategiemöglichkeiten *dienen* und *nicht dienen* aufgeführt werden.

Jetzt muss gelten:

$$12 * (1- \lambda_{Gx}) + 1,9 * \lambda_{Gx}$$
$$>=$$
$$10 * (1 - \lambda_{Gx}) + 2 * \lambda_{Gx},$$

für beliebig kleine $\lambda_{Gx} > 0$, also λ_{Gx} gegen Null.

Im Fall, dass alle (N-1)* Wehrpflichtigen aus der (N-1) Gruppe beginnen unsicher zu werden, muss folgende Gleichung im Beispiel erfüllt sein:

$$12 * (1- \lambda_{Gx}) + (-5) * \lambda_{Gx}$$
$$>=$$
$$10 * (1 - \lambda_{Gx}) + (-4,9) * \lambda_{Gx},$$

Die Erfüllung der letzten Ungleichung ist ausreichend zur Bestimmung der Perfektion des Gleichgewichts. Somit ist das Nash-Gleichgewicht perfekt.

(N-1)* bedeutet, dass alle anderen Wehrpflichtigen (außer denjenigen auf der Vertikalachse) die kritische Masse zur Sicherstellung der Landesverteidigung an dienenden Wehrpflichtigen bereitstellen. Dann ist es für den N-ten Wehrpflichtigen besser, nicht zu dienen. Niemand kann sich besser stellen beim

Abweichen seiner Strategie. Der N-te Wehrpflichtige wird ab diesem Zeitpunkt zum Trittbrettfahrer (Free-Rider-Problem), da er nun ohne eigenen Beitrag das bereitgestellte Kollektivgut Verteidigungsfähigkeit des Landes konsumieren kann.

In der Realität kennt der Wehrpflichtige in der Regel N* per se nicht. Er müsste sich erkundigen und versuchen es herauszubekommen. Die politischen Entscheidungsträger könnten rein strategisch und theoretisch verlautbaren lassen, dass die Landesverteidigung nicht gesichert ist, um den Wehrpflichtigen zu suggerieren (zu motivieren), dass er unbedingt benötigt wird.[572] Die Kehrseite könnte sein, wenn die Aussage stimmt, dass Drittstaaten aufmerksam werden, um diese geschilderte Situation zu ihrem Vorteil zu nutzen. Stimmt die Aussage nicht, würde dieses schnell bekannt und entsprechend seine Wirkung verlieren.[573] Eine Aussage seitens des politischen Entscheidungsträgers ist deswegen normalerweise nicht zu erwarten. Extreme Ausnahmen mag es geben.

Um sich seitens des politischen Entscheidungsträgers die Landesverteidigung sicher zu stellen, führt man nun eine Wehrpflicht ein, die N* sicherstellt. Wehrpflichtige, die nicht dienen wollen, werden sanktioniert, wobei sich dann ihre persönlichen Kosten der Verweigerung erhöhen. Die ebenso daraus möglicherweise resultierende sinkende ökonomische Effizienz kann ab dem Punkt N* als Preis für die Sicherstellung der Verteidigungsfähigkeit interpretiert werden.

Ein potenzieller Wehrpflichtiger, der nicht dienen möchte, könnte folgendermaßen vorgehen: Wenn er subjektiv davon ausgeht, dass N* nicht erreicht ist (also $N_D < N^*$), würde er versuchen, sich der Einberufung zu entziehen:[574] nicht unbedingt durch Verweigerung, sondern durch Zurückstellung auf die kommende Einberufungsperiode. Eine Verweigerung in dieser Situation könnte bedeuten, dass die Kosten für die Verweigerung steigen, da N* nicht erreicht ist und die Einberufungskriterien staatlicherseits entsprechend ausgelegt werden. Durch die Zurückstellung könnte der potenzielle Wehrpflichtige sich

---

[572] In einer Wehrpflichtarmee ist in dieser Situation die zwangsweise Verpflichtung umsetzbar. Nach Rational Choice interpretiert ist das aber ein Signal, welches staatlicherseits gesendet wird. Das Signal „Anzahl durchgeführter Zwangsverpflichtungen" könnte als „sicherheitspolitische Notlage" vom potentiellen Wehrpflichtigen gedeutet werden. Somit gelangt der Wehrpflichtige an die Information der nicht gesicherten Landesverteidigung und kann daraus für ihn vorteilhafte Handlungsalternative wählen.
[573] Abgesehen von anderen politischen Folgen.
[574] Nicht erreicht heißt nahe N*, denn ansonsten wäre der individuelle Nutzen deutlich höher, wenn der Akteur dient.

diesem Vorgehen entziehen und hoffen, dass die Situation sich entspannt bis zur kommenden Einberufungsperiode und bis dahin N* erreicht ist. Denn dann – so die Hoffnung des potenziellen Wehrpflichtigen – werden die Einberufungskriterien zu seinen Gunsten operationalisiert.[575] Aus der Sicht des Staates wird strategisch so vorgegangen, dass die Einberufungskriterien bis N* streng ausgelegt werden in dem Sinne, dass möglichst viele Wehrpflichtige zum Dienst einberufen werden. Ab dem Zeitpunkt, an dem N* erreicht ist, wäre grundsätzlich eine weniger strenge Auslegung der Einberufungskriterien (Selektionskriterien) notwendig, so dass auch die ökonomische Effizienz berücksichtig würde. Über dieses Signal – Auslegung der Einberufungskriterien der nahen Vergangenheit – könnte der potenzielle Wehrpflichtige sich informieren und daraus schließen, ob N* erreicht ist oder nicht. Aus diesem Grund würde der Staat aber grundsätzlich dieses Signal nicht senden wollen, um das Verhalten des potenziellen Wehrpflichtigen nicht zu seinen eigenem Ungunsten zu beeinflussen.[576]

Zunächst kann angenommen werden, dass die Wehpflichtigen pro Einberufungsperiode synchron handeln. Die gewählten Strategien können unter den Wehrpflichtigen annahmegemäß zum Zeitpunkt t nicht gesehen werden, um dann die individuelle Entscheidung davon abhängig zu machen. Dann würde ein One-Shot Game mit nicht perfekter Information pro Einberufungsperiode vorliegen.

Auch die Interpretation als „Non-One-Shot Game" mit perfekter Information soll nun betrachtet werden. Ein Wehrpflichtiger, der nicht dienen möchte, könnte aber wie bereits angeführt, bevor er selbst zum Zeitpunkt t eingezogen wird, beliebig viele (m-viele) Einberufungsintervalle vor dem Zeitpunkt t (t-1, t-2, ..., t-m) beobachten und das Verhalten der potenziellen anderen Wehrpflichtigen zu den vergangenen Zeitpunkten auswerten (Einberufungszahlen, Verweigerungszahlen, Ausmusterungen, etc.). Dann würde dem Chicken-Spiel perfekte Information zugrunde liegen mit der Unschärfe, dass die Gruppe der N-1 potenziellen Wehrpflichtigen zum Zeitpunkt t nicht mit der Gruppe der N-1 potenziellen Wehrpflichtigen aus den vergangenen Zeitpunkten zu 100 Pro-

---

[575] Um die Analyse nicht zu komplex zu gestalten, werden Einberufungsmotivationen des staatlichen Entscheidungsträger über N* (Wehrgerechtigkeit, gesellschaftliche Verankerung des Militärs) ausgeblendet. N* ist Referenzpunkt.
[576] Andere Informationen spielen ebenso eine Rolle. Davon sei aber abstrahiert. In der Realität wird es keinen Punkt N* geben, sondern einen Bereich um N* herum.

zent übereinstimmt.[577] Mit dieser Unschärfe könnte man in der Realität vielleicht Erfolg haben, da zwischen den kurzen Einberufungszyklen die „Masse der Wehrpflichtigen" keine extremen Verhaltensänderungen aufweist (quasi-homogen, quasi-perfekt). Falls aber doch, dann treten diese in der Regel zeitverzögert aufgrund externer, deutlich sichtbarer anderer Ereignisse[578] auf, die aber aufgrund der hohen Wirkung auch individuell beobachtbar wären und deswegen in die Entscheidungsfindung einfließen könnten. Ein zeitlich kurzer externer Einfluss aus Sicht des Wehrpflichtigen, auf den dieser vielleicht nicht angemessen in seinem Interesse reagieren kann, könnte beispielsweise eine Mobilmachung zum Zeitpunkt t sein. Diese wird annahmegemäß zum Zeitpunkt t ausgerufen und auch zum Zeitpunkt t umgesetzt. Aber über politische Diskussionen in den Medien wird sich eine solche Maßnahme aber wohl zuvor durch Signale ankündigen und so wiederum sichtbar gemacht. In der Realität kann das Risiko „der Überraschung einer sicherheitspolitischen Entscheidung" nicht ausgeschlossen werden, aber es tritt wohl unter den derzeitigen (sicherheitspolitischen) Umständen real mit einer gegen Null gehenden Wahrscheinlichkeit auf.[579]

Ist N sehr klein – beispielsweise bei kleinen Staaten – dann wird das Freiwilligendilemma[580] um N* möglicherweise entschärft. Annahmegemäß müssen dann alle verfügbaren Kräfte eingezogen werden, und für den einzelnen Wehrpflichtigen wird es kaum möglich sein, sich dem militärischen Dienst wirklich zu entziehen. Je kleiner N, desto größer wird die Sichtbarkeit der gewählten Aktion (dienen oder nicht dienen) des Wehrpflichtigen, und das Spiel wird dadurch zum Spiel mit perfekter Information bei hinreichend kleinem N. Die gewählte Aktion eines Wehrpflichtigen würde dann von allen anderen Wehrpflichtigen (spätestens) um eine Einberufungsperiode verzögert gesehen. Nicht nur die Kontrolle durch den Staat wäre dann möglich, sondern auch die Kontrolle durch alle Wehrpflichtigen untereinander, also eine gesellschaftliche Kontrolle. Dieser Druck kann zur Ableistung der militärischen Dienstleistung ohne staatlichen Zwang führen.

---

[577] Streng genommen nach Rational Choice sind pro Einberufungsperiode unterschiedliche Akteure (Spieler) involviert und damit wäre es konkret ein neues Spiel (andere Akteure mit anderen Präferenzen). Davon wird hier abstrahiert.
[578] Beispielsweise durch politische Debatten und sich anbahnende weltpolitische Veränderungen.
[579] Ausgehend von der Sicherheitslage in der Bundesrepublik Deutschland der letzten 10-20 Jahre. In anderen Ländern könnte dieses Risiko erheblich größer eingeschätzt werden.
[580] In Analogie das Nicht-Verweigerungsdilemma im Fall einer Wehrpflichtarmee.

Bei der Betrachtung von gemischten Strategien, also wenn die Strategien *dienen* oder *nicht dienen* mit Wahrscheinlichkeiten gespielt werden, kann die Wahrscheinlichkeit einer Strategie über mehrere Einberufungsperioden mit der Binomialverteilung berechnet werden.[581]

Es gelten beispielsweise folgende Parameter:

E_i = i-te Einberufungsperiode.

N = 30.000 Anzahl der Wehrpflichtigen in einer Einberufungsperiode.

k = 12.000 Anzahl der dienenden Wehrpflichtigen.

P_{Ei}^j = 1/4 Wahrscheinlichkeit des Dienens des Wehrpflichtigen j in der Einberufungsperiode i.

$(1-P_{Ei}^j)$ = 3/4 Wahrscheinlichkeit des Nicht-Dienens des Wehrpflichtigen j in der Einberufungsperiode j.

Im Fall, dass alle N-vielen Wehrpflichtigen unabhängig voneinander dienen, wird die Anzahl der dienenden Wehrpflichtigen binomial verteilt sein mit N als Anzahl aller Wehrpflichtigen und P_{Ei}^j als die Wahrscheinlichkeit des Dienens beim Nash-Gleichgewicht unter gemischten Strategien. Die Wahrscheinlichkeit für die gegebene individuell gemischte Strategie, dass 12.000 Wehrpflichtige aus der Menge von 30.000 Wehrpflichtigen dienen pro Einberufungsperiode, errechnet sich dann wie folgt:[582]

$$P_{Ei}^{dienen}(12.000 \mid 1/4, 30.000) = \binom{30.000}{12.000} * \left(\frac{1}{4}\right)^{12.000} * \left(\frac{3}{4}\right)^{18.000}$$

Obiger Ansatz setzt voraus, dass alle N-vielen Wehrpflichtigen mit der gleichen Wahrscheinlichkeit dienen oder nicht dienen.

Im Fall, dass Wahrscheinlichkeitsgruppen gebildet werden, addiert sich die Anzahl der Einberufenen aus den einzelnen Gruppen pro Einberufungsperiode. Angenommen, eine Gruppe A besteht aus potenziellen Wehrpflichtigen, welche mit der Wahrscheinlichkeit 1/5 dienen. Diese Gruppe besteht aus

---

[581] Die Betrachtung über mehrere Einberufungsperioden meint zum Beispiel einen möglichen Antrag des potenziellen Wehrpflichtigen auf Zurückstellung.
[582] Vgl. Bornstein, G., Budescue, D., & Zamir, S. (1997): Cooperation in intergroup, two-person, and n-person games of Chicken, Journal of Conflict Resolution, 41, S. 384-406, S. 399.

8.000 Wehrpflichtigen. Daraus soll die Wahrscheinlichkeit berechnet werden, dass 6.000 Wehrpflichtige dienen:

$$P_{Ei}^{dienen}(6.000 \mid 1/5, 8.000) = \binom{8.000}{6.000} * \left(\frac{1}{5}\right)^{6.000} * \left(\frac{4}{5}\right)^{2.000}$$

Besteht die Gruppe B nun aus den übrigen 22.000 Wehrpflichtigen, wobei wiederum in der Summe 12.000 dienen sollen, so muss jetzt die Wahrscheinlichkeit berechnet werden, dass die restlichen 6.000 Wehrpflichtige aus dieser Gruppe B stammen, welche mit Wahrscheinlichkeit 1/4 dienen. Es ergibt sich:

$$Q_{Ei}^{dienen}(6.000 \mid 1/4, 22.000) = \binom{22.000}{6.000} * \left(\frac{1}{4}\right)^{6.000} * \left(\frac{3}{4}\right)^{16.000}$$

Wenn also mit Wahrscheinlichkeit P_{Ei}^{dienen} aus Gruppe A 6.000 Wehrpflichtige dienen und aus Gruppe B mit der Wahrscheinlichkeit Q_{Ei}^{dienen} ebenso 6.000 dienen, dann ergibt sich in der Einberufungsperiode ein Einberufungsaufkommen von 12.000 dienenden Wehrpflichtigen mit den entsprechenden Wahrscheinlichkeiten.

Um den Punkt N* wird das Problem wie bereits erläutert zum sogenannten Freiwilligendilemma.[583] Steht das Spiel beispielsweise an dem Punkt, bei dem (N-1)* - 1 potenzielle Wehrpflichtige dienen, (also ein potenzieller Wehrpflichtige muss noch dienen, um eine zufriedenstellende Landesverteidigung zu erreichen), dann werden alle anderen potenziellen Wehrpflichtigen – nämlich (N - (N-1)* + 1) viele aus der (N-1)-Gruppe und der N-te Wehrpflichtige – vielleicht darauf warten, dass sich jemand aus dieser verbleibenden Gesamtheit für den militärischen Dienst freiwillig meldet, um das Ziel der ausreichenden Landesverteidigung zu erreichen. Wenn sich niemand meldet, ist die Landesverteidigung nicht ausreichend.

Insgesamt zeigt die folgende Abbildung die erreichbaren Nutzenwerte für die Wehrpflichtigen in den möglichen Konstellationen.[584]

---

[583] Vgl. Diekmann, Andreas: Spieltheorie Einführung, August 2010, S. 122–129. In Analogie das Nicht-Verweigerungsdilemma im Fall einer Wehrpflichtarmee.
[584] Vgl. ebd.: S. 125.

Zeile (N-te Wehrpflichtige)	Dienen (Nicht Dienen)	Dienen (Nicht Dienen)	Dienen (Nicht Dienen)	...	Dienen (Nicht Dienen)	Dienen (Nicht Dienen)	...	Dienen (Nicht Dienen)
Spalte (Gruppe der (N-1) Wehrpflichtigen)								
	0 (N-1)	1 (N-2)	2 (N-3)	(...)	$(N-1)*-1$ $N-((N-1)*-1)$	$(N-1)*$ $(N-(N-1)*)$	(...)	N-1 (0)
Dienen	U_i^{netto} nichts U_j^{netto}	U_i^{netto} U_i^{netto} U_j^{netto}	U_i^{netto} U_i^{netto} U_j^{netto}	...	$U_i^{satisfied}$ $U_i^{satisfied}$ U_j^{max}	$U_i^{satisfied}$ $U_i^{satisfied}$ U_j^{max}	...	$U_i^{satisfied}$ nichts $U_j^{satisfied}$
Nicht Dienen	worst case für alle -SI U_i^{netto} U_j^{netto}	U_i^{netto} U_i^{netto} U_j^{netto}	U_i^{netto} U_i^{netto} U_j^{netto}	...	U_i^{netto} U_i^{netto} U_j^{netto}	U_j^{max} / $U_j^{satisfied}$ U_j^{max}	...	U_j^{max} nichts $U_j^{satisfied}$

Abbildung 46: Dilemma-Situation bei der Bereitstellung militärischer Leistung.

In der Zeile wird der N-te Wehrpflichtige abgebildet und in der Spalte der obigen Abbildung Wehrpflichtige aus der Gruppe der (N-1) Wehrpflichtigen, die dienen. In Klammern stehen die Wehrpflichtigen aus der Gruppe der (N-1), die nicht dienen.

In der obigen Abbildung sind die Nutzenwerte der N potenziellen Wehrpflichtigen abgebildet und ein Nash-Gleichgewicht hervorgehoben. Der erste Auszahlungswert steht für den erreichten Nutzen des Wehrpflichtigen, der in der Zeile repräsentiert wird. Der zweite Auszahlungswert steht für den erreichbaren Nutzen der Spaltenspieler, die dienen, und der dritte Auszahlungswert steht für die Spaltenspieler, die nicht dienen.

Wie in anderen Experimenten gezeigt werden konnte, löst sich die Verantwortung, das gegebene Ziel der Bereitstellung eines öffentlichen Gutes (wie die Verteidigung) zu erreichen, in *großen* Gruppen auf. Das heißt, jeder verlässt sich auf den anderen, den notwendigen Beitrag zu leisten, obwohl ein Eigeninteresse an der Bereitstellung des öffentlichen Gutes der Verteidigungsleistung des Landes in ausreichender Menge (und Güte) besteht.[585] Die Wahrscheinlichkeit, dass sich niemand (rational) freiwillig für den militärischen Dienst nach dieser Modellierung meldet in der Situation des Freiwilligendilemmas[586], um doch noch das Ziel der ausreichenden Landesverteidigung zu erreichen, ist relativ hoch, da die Sicherung der Landesverteidigung nahezu um N^*-μ für μ gegen Null gesichert ist.[587] Ein Aspekt, der für die Wehrpflicht spricht, um über Zwang das gesteckte Ziel zu erreichen und die Landesverteidigung so vollständig sicherzustellen und nicht nur nahezu sicherzustellen. In der Realität glaubt in einer Umfrage des sozialwissenschaftlichen Instituts 35% der deutschen Bevölkerung, dass es genügend Freiwillige im Falle einer Freiwilligenarmee geben wird.[588] Dies bestärkt den Eindruck, dass individuell gedacht wird: „Die anderen machen das schon.", und dass bei dieser Interpretation möglicherweise ein real existierendes Freiwilligendilemma[589] besteht. Das mathematisch gefundene (objektive) N^* muss zudem nicht mit dem aus der Gesellschaft empfundene (geglaubte, subjektive) N^* übereinstimmen.[590] Es ist weiter stark zu vermuten, dass ein subjektiv empfundenes (geglaubtes) N^* (zu Zeiten der aktuellen Sicherheitslage) kleiner als das objektive N^* ist, so dass die aufgezeigten analytischen Effekte in der Realität (wesentlich) früher eintreten könnten als theoretisch bestimmt.[591] Eine über das objektive N^* hinausgehende Anzahl von Wehrpflichtigen verringert die ökonomische Effizienz der

---

[585] Vgl. ebd.: S. 123–124, 126–127.
[586] In Analogie das Nicht-Verweigerungsdilemma im Fall einer Wehrpflichtarmee.
[587] In der Realität sind es Wehrpflichtige, so dass μ in „ganzen Einheiten Wehrpflichtiger" gemessen wird.
[588] Vgl. Bulmahn, Thomas; Fiebig, Rüdiger; Hilpert, Carolin: Sicherheits- und verteidigungspolitisches Meinungsklima in der Bundesrepublik Deutschland, Ergebnisse der Bevölkerungsbefragung 2010 des Sozialwissenschaftlichen Instituts der Bundeswehr, Forschungsbericht 94, Mai 2010, S. 23. Die wesentliche Argumentation ist, dass nach der Meinungsumfrage der Bevölkerung geglaubt wird, dass es genügend Freiwillige geben wird und keine sicherheitsrelevante Bedrohung vorliegt. Die vorliegenden (empirischen) Freiwilligenzahlen liegen aber weit unter den geplanten Freiwilligenzahlen, so dass hier eine Diskrepanz vorliegt. Es ist hierbei unterstellt, dass die geplanten Freiwilligenzahlen einer zuvor durchgeführten Berechnung unterlagen, also der Theorie nach N^* objektiv bestimmt wurde.
[589] In Analogie das Nicht-Verweigerungsdilemma im Fall einer Wehrpflichtarmee.
[590] An dieser Stelle soll die reale Objektivierbarkeit nicht besprochen werden. Mit Objektivität ist eine ökonomische und militärische optimierte Größe von N^* gemeint, die sich aus dem gegebenen militärischen Auftrag ergibt.
[591] Das subjektive N^* meint in diesem Fall ein von der Mehrheit (empirisch erhobenes) N^* der Wehrpflichtigen bzw. ein von der gesamten Gesellschaft repräsentativ genanntes (z.B. durchschnittliches) N^*. Um die Konfliktsituation im Sinne des Rational Choice zu dramatisieren, sollte (vom politischen Entscheidungsträger) das subjektiv empfundene N^* kleiner als das objektive (berechnete) N^* angenommen werden. Die referenzierte Bevölkerungsumfrage veranlasst den Verfasser diese Schlussfolgerung zu ziehen.

Militärorganisation. Dies kann als Preis für die Sicherstellung von N* interpretiert werden.

Diese Untersuchung hat die Bereitstellung des öffentlichen Gutes Verteidigungsleistung als die Summe (Addition) der einzelnen Verteidigungsleistung der Wehrpflichtigen betrachtet – sowohl für eine Wehrpflicht – als auch für eine Freiwilligenarmee.[592] Diese additive Betrachtungsweise macht sicherlich Sinn und ist intuitiv aus der Realitätsbetrachtung nachvollziehbar. Nichtsdestotrotz soll die Bereitstellung der staatlichen Verteidigungsleistung auch unter dem Aspekt des weakest-link und des best-shot betrachtet werden: zwei Bereitstellungskonzepte öffentlicher Güter, die eine explizite Leistungsbetrachtung der Bereitstellenden fokussieren.[593] Bei der Bereitstellung über das Konzept weakest-link wird die Bereitstellung des öffentlichen Gutes durch alle Bereitstellenden bestimmt, die die (gleiche) geringste Leistung (Menge) erbringen, um das öffentliche Gut zu produzieren. Die Leistungsgrenze ist äquivalent zu der eines Bereitstellenden, der eben der Leistungsschwächste ist. Die Leistungen addieren sich in keiner Weise noch zusätzlich über die Bereitstellenden mit gleicher geringster Leistung.[594]

Das entgegengesetzte Konzept – best-shot – besagt, dass der Anbieter[595] das öffentliche Gut produziert, der die maximale Leistung (Menge / Güte) bereitstellen kann.[596] Für die Bereitstellung des öffentlichen Gutes Verteidigungsleistung scheint das best-shot-Konzept real sofort auszuscheiden. Zum einen, weil der Anbieter, der das öffentliche Gut bereitstellt sich immer an seinen Grenzkosten bzw. seine Grenzsubstitution orientiert und nicht an dem was kollektiv[597] notwendig (erwünscht) ist. So ist zu vermuten, dass nach individueller

---

[592] Diese Betrachtung ist auch auf alle Freiwilligen (Zeit- und Berufssoldaten) skalierbar. Die Addition ist als eine sich steigernde Leistungsfähigkeit mit einer erhöhten Anzahl von Freiwilligen (Wehrpflichtigen) zu verstehen.
[593] Vgl. Hirshleifer, Jack: From weakest-link to best-shot, The voluntary provision of public goods, in: Public Choice 41: p. 371-386, The Hague (Netherlands), 1983. Vgl. Mueller, Dennis C.: Public Choice III, New York, 2009, p. 22–25.
[594] Für Beispiele vgl. Mueller, Dennis C.: Public Choice III, New York, 2009, p. 22.
[595] Es muss kein Individuum sein. Es könnte ein Unternehmen oder auch eine Bietergemeinschaft sein.
[596] Vgl. Mueller, Dennis C.: Public Choice III, New York, 2009, p. 22. Das best-shot Konzept wird beispielsweise bei öffentlichen Ausschreibungen angewandt, um das öffentliche Gut durch den „Besten" produzieren zu lassen. Die Kriterien an „den Besten" können entsprechend vom Ausschreibenden festgelegt werden: Preis, Preis/Leistung, höchster erwarteter (wirtschaftlicher) Nutzen, Prestige, und viele weitere.
[597] Dabei können verschiedene Aspekte eine Rolle spielen: Sicherheitsaspekte, Fähigkeitsaspekte oder bündnisorientierte Aspekte.

Optimierung das öffentliche Gut (langfristig) tendenziell in einer zu geringen Menge und/oder zu teuer bereit gestellt wird.

> „Even if the most efficient producer were to become the single generator of the public good for the entire community, he would clearly produce only to the point where Marginal Cost equaled his individual Marginal Rate of Substitution."[598]

Rein ökonomisch betrachtet würde sich langfristig in der Realität vermutlich ein Monopolpreis einstellen, denn die Vorstellung, dass viele Anbieter das Angebot der Verteidigungsleistung vorhalten (können) im Fall der Nichtberücksichtigung (bis zu einer eventuellen neuen öffentlichen Ausschreibung), scheint nicht wirklich realistisch. Die Nachfrage kann nur durch den Staat (Monopol-Nachfrage) erfolgen, so dass die Verteidigungsleistung eines Anbieters in Form von Dienstleistung (und Material) nicht anderweitig verkauft werden könnte (wie bei anderen Produkten und Marktformen).[599]

Zum anderen ist eine Abhängigkeit von einem Anbieter – sei es auch der wirtschaftlichste Anbieter als Beispiel – bei der Bereitstellung der Verteidigungsleistung real nicht vorstellbar. Denn bei diesem Konzept müsste real die Leistungserbringung Verteidigung als öffentliches Gut zunächst ausgeschrieben werden.[600] Ein weiteres Charakteristikum der Verteidigungsleistung wäre eine kontinuierliche Bereitstellung durch den Anbieter. Es ist nicht so – wie möglicherweise bei anderen öffentlichen Gütern – dass dieses Gut (einmalig) produziert wird und dann in die kollektive Nutzung übergeht, ohne dass der Anbieter für die dauerhafte Bereitstellung leisten muss.[601] Es wäre eine permanente Abhängigkeit zu einem Anbieter aus objektiver Sicht festzustellen, wobei dieser theoretisch zwar zukünftig durch einen anderen Anbieter ausgetauscht werden könnte, falls der neue Anbieter beispielsweise niedrigere Grenzkosten

---

[598] Siehe Hirshleifer, Jack: From weakest-link to best-shot, The voluntary provision of public goods, in: Public Choice 41, p. 381,
[599] Bei dieser Betrachtung geht es um die Bereitstellung der (gesamten) Verteidigungsleistung als öffentliches Gut; insbesondere auch die Durchführung bei einem Konfliktfall. Rüstungsindustrielle Leistungen sind damit nicht zu vergleichen. Rüstungsindustrien liefern auf stattliche Bestellung Rüstungsmaterial. Die Bereitstellung des öffentlichen Gutes Verteidigungsleistung wird dadurch unterstützt, aber nicht dadurch von öffentlichen oder privaten Rüstungsunternehmen bereitgestellt, wie es bei der Betrachtung nach dem best-shot Konzept erfolgen würde.
[600] Die Menge der Verteidigungsleistung würde auch durch den Bereitstellenden bestimmt. Nicht über einen Auftrag.
[601] Wie zum Beispiel bei einer öffentlich bereitgestellten Brücke. Diese wird einmalig durch den Anbieter (einmalig) gebaut und dann zur Nutzung der Öffentlichkeit bereit gestellt – der Anbieter hat seine Leistung erbracht und ist nicht mehr für die explizite Bereitstellung der Brücke zuständig.

hätte, um das öffentliche Gut Verteidigung wirtschaftlicher bereit zu stellen. Die Abhängigkeit von einem (best-shot; nicht immer demselben) Anbieter bleibt aber bestehen. Wohin das best-shot Konzept führt, zeigt sich, wenn der aktuelle best-shot-Anbieter die Gemeinschaft verlässt ohne das ein neuer Anbieter zur Gemeinschaft stößt. Nach der best-shot Logik wird der zuvor zweitbeste Anbieter dann das öffentliche Gut anbieten. Dieses Konzept führt insgesamt zu einer höchstwahrscheinlich real schwankenden Bereitstellung für die Gemeinschaft, die kollektiv nicht gewollt oder notwendig ist.[602] Diese Schwankungen sind allein aus sicherheitspolitischen Gründen nicht akzeptabel.

Insgesamt gilt für die Bereitstellung öffentlicher Güter durch das best-shot-Konzept, dass sich bei steigender Größe der Gemeinschaft eine zunehmende Fehlversorgung mit dem öffentlichen Gut ergibt.[603]

> „Nevertheless, it is clear that as I [Anm.: I ist die Anzahl der Individuen der Gemeinschaft] grows the Best-shot function implies drastically and increasingly unsatisfactory outcomes."[604]

Bei der Bereitstellung eines öffentlichen Gutes über das weakest-link Konzept bestimmt das schwächste Mitglied[605] die Leistung (Menge / Güte) des öffentlichen Gutes.[606] Wenn beispielsweise das öffentliche Gut Verteidigungsleistung (-menge) durch die Wehrpflichtigen und dem weakest-link Konzept bereit gestellt würde, dann erfolgt nach Maximierung, wobei wj der weakest-link Parameter ist:[607]

---

[602] Vgl. Mueller, Dennis C.: Public Choice III, New York, 2009, p. 22.
[603] Es gibt sicherlich sinnvolle Anwendungen des best-shot-Konzeptes – wie zum Beispiel der Bau einer Brücke, der Bau von Autobahnabschnitten oder Ähnliches. Für die Bereitstellung der Verteidigungsleistung eines Landes eignet sich das Konzept nicht.
[604] Siehe Hirshleifer, Jack: From weakest-link to best-shot. The voluntary provision of public goods, in: Public Choice 41, p. 381.
[605] Es kann im übertragenen Sinne auch eine Bietergemeinschaft sein oder eine Menge von gleich schwachen Mitgliedern.
[606] Ein gutes Beispiel ist ein Deichbau, der an (mindestens) einer Stelle die niedrigste Höhe hat, weil das schwächste Mitglied (die schwächsten Mitglieder) annahmegemäß das öffentliche Gut Deich am schlechtesten bereit stellt und dadurch die Leistungsfähigkeit des gesamten Deichs bestimmt. Denn (mindestens) an dieser Stelle wird bei einer Überflutung das Wasser übertreten und das dahinterliegende Land insgesamt überschwemmen und einen Schaden hinterlassen, was durch den Deichbau an sich hätte verhindert werden sollen.
[607] Vgl. Mueller, Dennis C.: Public Choice III, New York, 2009, p. 23–24.

$$\frac{\partial U_i / \partial V}{\partial U_i / \partial X} + \sum_{j \neq i}^{n} \frac{\partial U_j / \partial V}{\partial U_j / \partial X_j} w_j = \frac{P_v}{P_x}$$

Wobei $0 \leq v_{i^*} \leq v_{j^*}$ für alle j ungleich i gilt und $0 \leq w_j \leq 1$ für alle j.[608]

Falls $w_j = 0$ für alle j ist, wird die Verteidigungsmenge allein über den Wehrpflichtigen i bereit gestellt und die Bedingung der pareto-optimalen Bereitstellung müsste allein durch seinen Maximierungsansatz erfüllt sein.

Für $w_j = 1$ für alle j würde genau die Menge an Verteidigung bereit gestellt, die aus dem kollektiven Maximierungsansatz aus Kapitel IX bereit gestellt wird, die also pareto-optimal ist. Über den individuellen Maximierungsansatz wird aber bekanntermaßen – aus den zuvor durchgeführten Analysen – zu wenig an Verteidigungsmenge bereit gestellt.

Je größer w_j ist (maximal 1 für alle j), desto größer ist die (benötigte) pareto-optimale Menge an Verteidigungsleistung. Somit ist die Differenz der pareto-optimalen Menge im Vergleich zu der nach individueller Maximierung bereit gestellten Menge bei $w_j = 1$ am größten. Die Größe der Differenz wird zudem durch eine höhere Anzahl an Bereitstellenden vergrößert.

„The gap between the independently provided and Pareto-optimal quantities of public good increases as the number of members of the community increases, and the weights on the additional contributions increase."[609]

Eine wirkliche Übertragung des weakest-link Konzeptes auf die Bereitstellung des öffentlichen Guts Verteidigungsleistung in der Realität ist nicht vorstellbar.[610] Selbst bei der Annahme, dass die Freiwilligen alle die gleiche (schwache) Verteidigungsleistung erbringen würden, ist die gesamte Verteidigungsleistung nicht der eines Einzelnen gleichzusetzen, sondern eher additiv, wobei die Addition in der Realität nicht rein mathematisch[611] zu verstehen ist, sondern im Sinne einer sich steigernden Verteidigungsleistung mit zunehmender Zahl an Wehrpflichtigen.[612]

---

[608] Weil wj zwischen 0 und 1 liegt, gibt es hier unendlich (überabzählbar) viele Varianten.
[609] Siehe Mueller, Dennis C.: Public Choice III, New York, 2009, p. 24.
[610] Allein schon aus dem Grund der Gruppengröße und der notwendigen Gesamtmenge an Verteidigungsleistung,
[611] Insbesondere nicht gleichwertig unter den Wehrpflichtigen.
[612] Bis zum Sättigungspunkt.

Allen modelltheoretischen Betrachtungen (Summierung, weakest-link, best-shot) ist vom theoretischen Grundsatz gemein, dass öffentliche Güter durch Individuen (private Anbieter) freiwillig bereit gestellt werden. Diese Modellierungen sollen Schwächen bzw. Stärken der individuellen (privaten, freiwilligen) Bereitstellung öffentlicher Güter offen legen. Und insgesamt kann gesagt werden, dass die freiwillige Bereitstellung öffentlicher Güter durch private Anbieter viele Schwächen hat. Im Allgemeinen kann konstatiert werden, dass die Bereitstellung öffentlicher Güter einen Zwang und/oder eine übergeordnete institutionelle Koordination benötigen, um (mindestens) eine pareto-optimale Bereitstellung zu gewährleisten.

> „Unfortunately, with large communities it is difficult to think of many public goods for which voluntary provision is feasible, (...). In large communities, therefore, some institutional mechanism for coordinating and coercing individual contributions to the supply of public goods seem likely to be needed."[613]

Auch andere Aspekte – neben der ausreichenden Bereitstellung – wie die Sicherstellung einer (langfristigen) Bereitstellung und das Vermeiden von Schwankungen bei der Bereitstellung von öffentlichen Gütern sprechen grundsätzlich gegen eine Bereitstellung öffentlicher Güter durch private Anbieter.[614] Die Erläuterungen treffen insbesondere auf das öffentliche Gut der Verteidigung zu. Die Verteidigung des Landes über ein Militär wie in der Bundesrepublik Deutschland repräsentiert die faktische wehrhafte Demokratie – ein öffentliches Gut mit ausgeprägter Tragweite und Wichtigkeit.[615] Eine wie auch immer geartete Abhängigkeit der Verteidigung von einem (oder sogar mehreren) privaten Anbieter(n) ist nicht wirklich vorstellbar.

---

[613] Siehe Mueller, Dennis C.: Public Choice III, New York, 2009, p. 25.
[614] Es ist zu beachten, dass eine Freiwilligenarmee nicht gleich zu setzen ist mit einer (reinen) privaten Bereitstellung der Verteidigungsleistung. Bei einer Freiwilligenarmee – wie etwa zurzeit in Deutschland – liegt die Koordination der Ressourcen-Bereitstellung (wie auch Befehlsgewalt, Besoldung, Einsatzplanung, etc.) in staatlicher (öffentlicher) Hand. Die Bereitstellung auf rein privater Basis zeigt aber Effekte auf, die auf eine Freiwilligenarmee zu übertragen sind. Vgl. Kapitel IX. Durch die Freiwilligkeit bedingt ist beispielsweise eine Schwankung der Verteidigungsleistung möglich.
[615] Zur Bereitstellung des öffentlichen Gutes Verteidigung werden zurzeit in der Bundesrepublik Deutschland ca.180.000 Soldaten und zivile Angestellte eingesetzt und ein jährliches Budget von ca. 30. Mrd. Euro (ca. 10 % des öffentlichen Haushaltes) zur Verfügung gestellt. Das öffentliche Gut Verteidigung ist eines der teuersten öffentlichen Güter der Bundesrepublik Deutschland, welches bereitgestellt wird. Es ist real nicht vergleichbar mit einer öffentlich bereitgestellten Brücke oder beispielsweise einem öffentlichen Museum – auf welches man im Zweifel (existentiell) verzichten könnte.

Für die Verteidigungsleistung ist weiter zu sagen, dass die Gemeinschaft der Bereitstellenden zu groß ist, als das über ein weakest-link-Konzept annähernd ein (sinnvolles) pareto-effizientes Ergebnis erzielt werden kann. Das best-shot Konzept scheidet ebenfalls aufgrund der Anzahl der Bereitstellenden (und daraus resultierenden Menge an Verteidigungsleistung) aus und darüber hinaus aus dem Grund der (möglichen) schwankenden Bereitstellung durch die individuelle Orientierung an den Grenznutzen bzw. Grenzkosten (Grenzsubstitution). Die Orientierung an der Summierung der Leistungsfähigkeit des einzelnen Maximierenden führt ebenfalls nicht zu einer pareto-optimalen Bereitstellung, wobei in diesem Fall die bereitzustellende pareto-optimale Menge maximal wäre ($w_j = 1$). Die Modellierung der Summierung einzelner (freiwilliger) Leistungsmengen im Fall der Verteidigung ist von allen Möglichkeiten die Möglichkeit, welche der Realität am nächsten kommt, ohne aber ein pareto-optimales Ergebnis modelltheoretisch erzeugen zu können.[616] Die pareto-optimale Bereitstellung der Verteidigungsleistung (-menge) kann nur über eine übergeordnete, staatliche Instanz (mit Hilfe von Zwang) erfolgen.

---

[616] Vgl. Kapitel IX.

XII. Konflikt- und Strategiefeld: Parteimitglieder versus Parteimitglieder

Die folgende Analyse betrifft das identifizierte Konflikt- bzw. Strategiefeld *Parteimitglieder versus Parteimitglieder*.

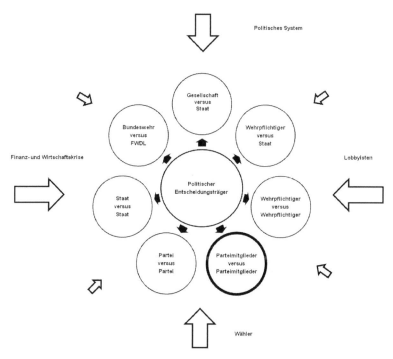

Abbildung 47: Konflikt- und Strategiefeld Parteimitglieder versus Parteimitglieder.

Das Konflikt- bzw. Strategiefeld *Parteimitglieder versus Parteimitglieder* ist in Abbildung 47 hervorgehoben.

Politische Entscheidungen werden über mehrere politische Ebenen (innerparteilich, Parteien-Ebene (Koalitionen, Regierung, Opposition) getroffen. Zunächst soll die Entscheidungsfindung innerhalb der Parteien untersucht werden, um später dann die Analyse zwischen den Parteien, gemeint sind die Regierungsparteien der 17. Wahlperiode auf Bundesebene der Bundesrepublik Deutschland, fortzuführen. Zunächst ist festzuhalten, dass die Abänderung der Wehrpflicht formal eine zustimmungsbedürftige Gesetzesänderung durch den Bundesrat war.[617]

Die Entscheidung zur Wehrpflicht erforderte aber faktisch keine Zustimmung der rein oppositionsgeführten Bundesländer[618] aufgrund der zu dieser Zeit gegebenen machtpolitischen Konstellation im Bundesrat. Eine Zustimmung neutral geführter Landesregierungen[619] war ziemlich sicher, um die notwendige Mehrheit zu erhalten, weil CDU/CSU die stärkere Regierungspartei in den meisten neutralen Landesregierungen stellte (z.B. Landesregierung in Sachsen-Anhalt).[620] Die Stimmverteilung zu Gunsten der schwarz-gelben Landes-

---

[617] Es wird zwischen zustimmungsbedürftigen Gesetzen („Zustimmungsgesetze") und „Einspruchsgesetzen" unterschieden. Bei „Zustimmungsgesetzen" muss der Bundesrat zustimmen (Vetorecht), bei „Einspruchsgesetzen" kann der Bundesrat Einspruch erheben, wobei der Bundestag diesen Einspruch überstimmen kann kein Vetorecht). Für ca. 55% der Gesetze ist die Zustimmung des Bundesrates notwendig. Im Wesentlichen sind das Gesetze, die Auswirkungen auf die Länder haben (finanziell, organisatorisch, hoheitsrechtlich) und Änderung der Verfassung betreffend. Vgl. www.karl-rudolf-korte.de/data/vetospieler.doc, gelesen am 03.03.2013 und
http://www.bmvg.de/portal/a/bmvg/!ut/p/c4/NYu7DslwEAT_yBcXSlaOKEGipUlC5ziWc-CXL pfQ8PHYBbvSFDtaeEJp1Ac6zZii9jDCZPAyf8QcDideaaeyig3Namm1yFtOHhnfMNTrYoVJ0X ll28hY6EhzlpETsa9mJypG4AJTI7u2kc0_8qtuY9-rszp19_YBOYTrDwuDlFAl/, gelesen am 03.03.2013.
[618] Oppositionsgeführte Bundesländer bedeutet, dass Parteien, die auf Bundesebene zu dieser Zeit in der Opposition sind, ausschließlich die Landesregierungen bilden. Die oppositionsgeführten Bundesländer hatten folgende Stimmenverteilung im Bundesrat zu dieser Zeit: (rot-rot (8 Stimmen), rot-grün (9 Stimmen), rot (7 Stimmen). Vgl. http://www.bundesrat.de, gelesen am 03.03.2013.
[619] Neutral geführt meint, dass Regierungsparteien und Oppositionsparteien auf Bundesebene die Landesregierung zu dieser Zeit bilden. Die neutral geführten Bundesländer waren wie folgt besetzt: rot-schwarz (3 Stimmen), schwarz-rot (8 Stimmen), schwarz-gelb-grün (3 Stimmen). Vgl. http://www.bundesrat.de, gelesen am 03.03.2013.
[620] Vgl. http://www.bundesrat.de/nn_144592/kompakt-/einleitung/einleitung-node.html?__nnn=true, gelesen am 03.03.2013.
Wie Länder abstimmen wird grundsätzlich nicht festgehalten. Vgl. http://www.bundesrat.de/nn_8340/DE/presse/faq-presse/faq-presse-node.html?__nnn=true, gelesen am 03.03.2013.
Vgl. Plenarprotokoll vom 15.04.2011:
http://www.bundesrat.de/cln_161/nn_43984/SharedDocs/Downloads/DE/Plenarprotokolle/ 2011/Plenarprotokoll-882,templateId=raw,property=publicationFile.pdf/Plenarprotokoll-882.pdf, gelesen am 03.03.2013.
Die Bundesratsmehrheit über schwarz-gelbe Landesregierungen von CDU, CSU und FDP war seit dem 15. Juli 2010 nicht mehr gegeben. Seit der Niedersachenwahl vom 20.01.2013 ist eine weitere schwarz-gelbe Landesregierung abgewählt, so dass Schwarz-Gelb seit diesem Zeitpunkt nur schwierig eine Möglichkeit der Mehrheitsfindung durch neutrale Landesregierungen im Bundesrat ermöglichen kann. Ein „Regieren ohne Opposition" ist damit per se nicht möglich bei „Zustimmungsgesetzen". Kompromisse und „Blockaden" sind durch die Oppositionsparteien im Bundesrat zu erwarten. Vgl. http://www.faz.net/aktuell/politik/inland/ wahl-in-niedersachsen-2013/landtagswahl-in-niedersachsen-hauchduenner-sieg-fuer-rot-gruen-12032083.html, gelesen am 03.03.2013. Durch die Machtverschiebung seit der Nie-

regierungen im Bundesrat war zum Zeitpunkt der Bundesratsentscheidung zur Wehrpflichtfrage am 15.04.2011 mit 31 Stimmen nah an der absoluten Mehrheit (35 Stimmen). Der Antrag zum Gesetzentwurf wehrrechtlicher Vorschriften wurde von der Bundesregierung (CDU/CSU und FDP) im Bundestag gestellt.[621]

Diese Tatsache der vermeintlich offensichtlichen Machtverteilung bedeutet aber nicht, dass es kein Konfliktpotential zwischen den Vertretern der Regierungsparteien auf Bundesebene und den Vertretern der Regierungsparteien auf Landesebene gab.[622] Eine (echte) Mehrheit[623] der Regierungskoalition im Bundestag und gleichzeitig im Bundesrat hätte bedeutet, dass von potentiell 3 institutionellen Vetospielern (Bundestag, Bundesrat und Bundesverfassungsgericht) ein potentieller Vetospieler eindeutig absorbiert worden wäre, nämlich der Bundesrat.[624] Aufgrund der gegebenen Stimmenverteilung (siehe obige Ausführung) zum Zeitpunkt der Wehrpflichtfrage kann von einer Quasi-Absorption des Bundesrates als Vetospieler gesprochen werden. In der Realität wurde (nicht einmal) der Vermittlungsausschuss vom Bundesrat in der Frage zur Wehrpflicht angerufen.[625] Aus diesem Grund der Absorption des Bunderates als Vetospieler werden die Oppositionsparteien im Bundestag SPD, Linke und Bündnis 90/Die Grünen bei der folgenden Analyse nach Rational Choice zur Entscheidung der Wehrpflichtfrage nicht berücksichtigt.[626]

---

dersachsenwahl ist der Bundesrat wieder zu einem echten Vetospieler geworden. Vgl. http://www.bpb.de/politik/hintergrund-aktuell/154340/mehrheit-im-bundesrat, gelesen am 03.03.2013.
Im Bundestag stimmten Bündnis90/Die Grünen der Aussetzung der Wehrpflicht zu. Vgl. http://www.bundeswehr-monitoring.de/wehrpflicht/seite1.html, gelesen am 02.03.2013.
[621] Vgl. http://www.bundesrat.de/cln_171/nn_8694/SharedDocs/Drucksachen/2010/0801-900/859-10,templateId=raw,property=publicationFile.pdf/859-10.pdf, gelesen am 02.03.2013.
[622] Dazu später mehr.
[623] Eine echte Mehrheit soll bedeuten, dass in diesem Fall die Regierungsparteien auf Bundesebene auch eine eindeutige Mehrheit auf Landesebene inne haben, also nicht eine Mehrheit mithilfe neutral geführter Landesregierungen.
[624] Vgl. www.karl-rudolf-korte.de/data/vetospieler.doc, gelesen am 02.03.2013.
[625] Der Vermittlungsausschuss wird angerufen, falls zwischen Bundestag (oder Bundesregierung) und Bundesrat strittige Gesetzesentwürfe eine Einigung (Abänderung vom ursprünglichen Antrag) vom Bundesrat gewollt sind. Der Vermittlungsausschuss kann bei „Zustimmungsgesetzen" und „Einspruchsgesetzen" angerufen werden. Vgl. http://www.infranken.de/ueberregional/deutschland/Bundesrat-besiegelt-Aussetzung-der-Wehrpflicht;art180,152519, gelesen am 03.03.2013.
[626] Die durchgeführten Analysen zeigen aber, wie eine Skalierung im Sinne der Berücksichtigung von Oppositionsparteien vorgenommen werden kann; nämlich entsprechend des Strategie- und Konfliktfeldes Partei versus Partei.

Die nach Kriterien des Rational Choice durchzuführende Analyse des *Konfliktfeldes Parteimitglieder versus Parteimitglieder* soll die Mikroebene von Einzelakteuren betrachten und nicht die Makroebene einer Institution oder einer Partei. Die Makroebene einer Partei wird im Strategie- und Konfliktfeld *Partei versus Partei* betrachtet.

Die Abbildung 48 zeigt die Zusammensetzung unterschiedlicher Parteien aus einer Menge von Politikern und Delegierten (Einzelakteure), die sich innerhalb einer Partei über Parteitage, Gremien, Arbeitsgruppen und Ausschüsse zur parteiinternen Entscheidung finden, in einem skizzierten Entscheidungsprozess.

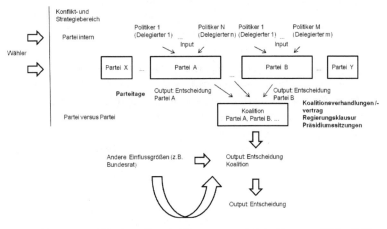

Abbildung 48: Skizzierter Entscheidungsprozess bei der Frage zur Wehrpflicht.

Nach der parteiinternen Entscheidungsfindung wird innerhalb einer Regierungskoalition eine Entscheidung gefällt, die dann gegebenenfalls durch den Prozess der Gesetzgebung oder der Gesetzesänderung läuft. Hierbei kommen weitere institutionelle Größen (Vetospieler) zum Tragen wie in der Bundesrepublik Deutschland z.B. der Bundesrat, der die Entscheidungen der Regierung blockieren, abändern oder bestätigen kann. Der skizzierte Prozess kann gegebenenfalls mehrmals durchlaufen werden.

Zu den Parteien heißt es im Grundgesetz, Artikel 21, Absatz 1:

> „Die Parteien wirken bei der politischen Willensbildung des Volkes mit. Ihre Gründung ist frei. Ihre innere Ordnung muss demokratischen Grundsätzen ent-

sprechen. Sie müssen über die Herkunft und Verwendung ihrer Mittel sowie über ihr Vermögen öffentlich Rechenschaft geben."[627]

Inwieweit eine Partei wirklich im Innenverhältnis demokratischen Grundsätzen entspricht ist eine zentrale Frage der Politikwissenschaften.[628] Die Parteienforschung unterscheidet zwischen personellen Entscheidungen für öffentliche Ämter (office seeking) und Entscheidungen zu Sachfragen (Politikinhalten, Policy-Positionen) bei innerparteilichen Entscheidungen. Die Personalentscheidungen beziehen sich auf innerparteilich zu vergebene Posten als auch auf öffentliche Ämter, die durch Wahlen innerhalb der Partei erfolgen. Sachentscheidungen sind inhaltlicher Art und manifestieren sich in Anträgen, Programmen, Wahlkampfaussagen oder auch in Koalitionsaussagen.[629] In dieser Analyse geht es nicht um Personalentscheidungen, sondern um die Frage zur Wehrpflicht in Deutschland, also um eine Sachfrage.

Seitens der Policy-Prozesse bezüglich von Sachfragen in den deutschen Parteien kann konstatiert werden, dass diese sich im Laufe der Zeit überparteilich immer weiter gleichen. Programmentwürfe der Parteien werden zwar in den Parteitagen abschließend durch die Delegierten verabschiedet und am Ende als Policy-Positionierung verstanden, aber de facto doch im Vorfeld in Fachkonferenzen und Kommissionen vorbesprochen und vorbereitet, so dass Streitereien und öffentlich ausgetragene Zwistigkeiten auf den Parteitagen vermieden werden, um parteiliche Geschlossenheit zu demonstrieren.[630]

Eine Partei ist in verschiedene Entscheidungshierarchien und Organisationshierarchien gegliedert. An der Spitze der Partei steht die Parteiführung, in der mittleren Hierarchieebene die mittlere Parteielite und dann folgt die Parteiba-

---

[627] Siehe http://www.bundestag.de/bundestag/aufgaben/rechtsgrundlagen/grundgesetz/gg_02.html, gelesen am 23.01.2013. Parteien werden auch mit Oligarchien (Vgl. Michels, Robert: Zur Soziologie des Parteiwesens i nder modernen Demokratie: Untersuchungen über die oligarchischen Tendenzen des Gruppenlebens, Stuttgart (4. Aufl.), 1989) oder gar Anarchien (Vgl. Wiesendahl, Elmar: Parteien in der Perspektive. Theoretische Ansichten der Organisationsentwicklung politischer Parteien, Opladen, 1998) theoretisch beschrieben.
[628] Vgl. Niedermayer, Oskar: Innerparteiliche Demokratie, in Oskar Niedermayer (Hrsg.), Stand und Perspektiven der Parteienforschung in Deutschland, Opladen, S. 230–250.
[629] Vgl. Treibel, Jan: Was bedeutet innerparteiliche Willensbildung? Forschungsstand und theoretische Zugänge, in: Korte, Karl-Rudolf, Treibel, Jan (Hrsg.): Wie entscheiden Parteien? Prozesse innerparteilicher Willensbildung in Deutschland, Zeitschrift für Politikwissenschaft, Sonderband 2012, Nomos Verlag, Baden-Baden, 2012, S. 10.
[630] Vgl. ebd.: S. 12.

sis.[631] Die mittlere Parteielite und Parteibasis haben in der Regel beschränkte Entscheidungsbefugnisse, können aber durch Verhaltensweisen und informelle Beteiligungsstrukturen Einfluss auf Entscheidungen ausüben.[632] So ist es üblich, dass in den Parteitagen, vorgelagerten Kommissionen und Fachkonferenzen die Position des Vorsitzes durch ein Mitglied der Parteispitze besetzt ist.[633]

Zudem kann zwischen einer vertikalen und horizontalen Fragmentierung unterschieden werden. Die vertikale Struktur beschreibt die Organisationsabbildung auf Bundes-, Landes-, Bezirks-, Kreis- und Ortsebene und die horizontale Fragmentierung meint die Gliederung in Arbeitsgemeinschaften, Fachausschüssen, aber auch in Strömungen und Flügel.[634]

Heutzutage wird der steigende Einfluss der Parteispitze auf innerparteiliche Entscheidungsprozesse durch den Tatbestand der schwindenden Mitgliederzahlen der Parteien begünstigt. Das bedeutet einen exogenen Organisationsdruck bzw. einen Druck auf die Änderung der innerparteilichen Organisation auf die Parteien, so dass der bundespolitische Teil einer Partei für die Entscheidungsfindung größer wird. Dadurch steigt implizit der Anteil des Einflusses durch Professionalisierung und Verberuflichung.[635] Endogen wird die Stärke der Führungsspitze durch verschiedenartige interne und externe Kommunikation – besonders über die Medien – und die innerparteilichen Aufgaben erreicht. Zu den innerparteilichen Aufgaben gehören explizit die Organisation von Parteitagen, der Vorsitz in Fachausschüssen und die Durchführungen von Wahlkämpfen.[636]

---

[631] Vgl. Treibel, Jan: Formales und informelles Führen und folgen in Parteien. Ein mikropolitischer Ansatz zur Analyse von internen Entscheidungsprozessen am Beispiel der FDP, in: Bröchler, Stephan, Grunden, Timo (Hrsg.), Informelle Politik, Wiesbaden, 2012.
[632] Vgl. ebd.: S. 15.
[633] Vgl. Detterbeck, Klaus: Der Wandel politischer Parteien in Westeuropa, Opladen, 2001, S. 95 ff.
[634] Vgl. Treibel, Jan: Was bedeutet innerparteiliche Willensbildung? Forschungsstand und theoretische Zugänge, in: Korte, Karl-Rudolf, Treibel, Jan (Hrsg.): Wie entscheiden Parteien? Prozesse innerparteilicher Willensbildung in Deutschland, Zeitschrift für Politikwissenschaft, Sonderband 2012, Nomos Verlag, Baden-Baden, 2012, S.15.
[635] Vgl. Bukow, Sebastian: Die professionalisierte Parteiorganisation. Bedeutung und Selbstverständnis der Party Central Offices, in: Jun, Uwe, Höhne, Benjamin (Hrsg.), Parteien als fragmentierte Organisationen. Erfolgsbedingungen und Veränderungsprozesse, Opladen, 2010, S- 257–278.
[636] Vgl. Donges, Patrick: Parteikommunikation zwischen Fragmentierung und Geschlossenheit, in: Jun, Uwe, Höhne, Benjamin (Hrsg.), Parteien als fragmentierte Organisationen. Erfolgsbedingungen und Veränderungsprozesse, Opladen, 2010, S. 65–83.

Einen erheblichen Einfluss auf die innerparteiliche Entscheidungsfindung haben die Fraktionen im Deutschen Bundestag. Da in den Fraktionen häufig Mitglieder aus der Führungsspitze der Partei als Führungskräfte vertreten sind, werden aus den Fraktionen heraus häufig die Anträge für kommende Parteitage oder für andere Entscheidungsinstitutionen gestellt.[637] Die Parlamentsabgeordneten einer Partei haben zudem einen sehr umfangreichen Mitarbeiterstab, der ihnen zuarbeitet, um so bestmöglich für die parlamentarischen Entscheidungen informiert zu sein. Dieser Informationsvorsprung, der auch als Wissensvorsprung und Fachexpertise wahrgenommen wird, schafft innerparteilich Vertrauen, so dass die Meinung und Entscheidungsvorlagen der Fraktionsmitglieder bei der innerparteilichen Entscheidungsfindung besondere Gewichtung finden.[638]

Aus mikropolitischer Perspektive werden Handlungen, Vorgehensweisen und Strategien von Akteuren betrachtet. Über das Instrument der Rekonstruktion können Verläufe von Organisationsprozessen, Interaktionsprozessen und Entscheidungsprozesse sichtbar und nachvollziehbar gemacht werden.[639] Mit Hilfe von Untersuchungen mikropolitischen Agierens (Akteurshandeln) von Individuen oder auch von Gruppen ist es möglich, innerparteiliche Entscheidungsprozesse zu rekonstruieren und zu verstehen.[640]

In der Parteienforschung wird die konkrete Analyse des innerorganisationalen Interagierens von politischen Akteuren ausgehend von dem Konzept der strategischen Organisationsanalyse betrieben.[641] Dieses Konzept ist von der Forschung auf die Parteienforschung übertragen und an diese angepasst worden, wobei die auf den Akteur bezogenen Begriffe Macht, Strategie und Spiel eine zentrale Rolle bei der Analyse spielen. Hierbei wird Macht nicht als Ausübung von Zwang über andere verstanden, sondern als die Möglichkeit frei zwischen verschiedenen Handlungsoptionen zu wählen. Zwänge resultieren aus Ordnungen der Herrschaft (Macht) und der Organisation. Die individuelle Freiheit

---

[637] Vgl. Schüttemeyer, Suzanne S.: Fraktionen im Deutschen Bundestag 1949–1997. Empirische Befunde und theoretische Folgerungen, Opladen, 1998. Vgl. Schöne, Helmar: Alltag im Parlament. Parlamentskultur in Theorie und Empirie, Baden-Baden, 2010.
[638] Vgl. Saalfeld, Thomas: Parteien und Wahlen, Baden-Baden, 2007, S. 161.
[639] Vgl. Switek, Niko: Die Satzung ist nicht genug! Parteien unter dem Mikroskop der strategischen Organisationsanalyse, in: Bröchler, Stephan, Grunden, Timo (Hrsg.), Informelle Politik, Wiesbaden, 2012.
[640] Vgl. Bogumil, Jörg, Schmid, Josef: Politik in Organisationen, Organisationstheoretische Ansätze und praxisbezogene Anwendungsbeispiele, Opladen, 2001, S. 28.
[641] Vgl. Crozier, Michel, Friedberg, Erhard: Macht und Organisation. Die Zwänge kollektiven Handelns, Königstein, 1979.

des Einzelnen in seinen Handlungsoptionen und Zwängen wird von Crozier und Friedberg als Strategie bezeichnet.[642] Die Macht eines Akteurs als Verständnis seiner Handlungsoptionen mit seinen Strategien als dem Verständnis seines Freiheitsraums in Verknüpfung mit den Zwängen aus Organisations- und Machtstruktur wird als Spiel bezeichnet. Das Spiel fungiert somit als Integrationseinheit, und eine Organisation ist aus diesem Verständnis heraus eine Menge von in sich verbundenen Spielen.[643]

In den folgenden Untersuchungen wird mit den Instrumentarien des Rational Choice und der Rekonstruktion akteurspezifisches (akteuraktivistisches) Verhalten analysiert. In der klassischen Parteienforschung ist die Anwendung des Rational Choice zwar nicht etabliert, aber die Zielsetzung, innerparteiliche Entscheidungsprozesse offen zu legen und Erklärungen für politische Entscheidungen zu finden, sind in diesem Fall gemeinsam.[644]

Die Parteiführung spielt bei den großen, etablierten deutschen Volksparteien (CDU, SPD, CSU und FDP) eine wesentliche Rolle bei der innerparteilichen Entscheidungsfindung. Bei der Partei Bündnis90/Die Grünen und der Piraten Partei beispielsweise ist die Führungsspitze nicht von der herausragenden Bedeutung bei innerparteilicher Entscheidungsfindung wie bei den zuerst genannten.[645]

XII.1 CDU

Die CDU ist eine konservative Volkspartei mit mehreren Machtzentren, die auf eine pluralistische Organisationsstruktur zurückzuführen ist.[646] Die hohe Anzahl von Machtzentren – wenn man in diesem Zusammenhang überhaupt

---

[642] Vgl. ebd.: S. 25 ff.
[643] Vgl. Treibel, Jan: Was bedeutet innerparteiliche Willensbildung? Forschungsstand und theoretische Zugänge, in: Korte, Karl-Rudolf, Treibel, Jan (Hrsg.): Wie entscheiden Parteien? Prozesse innerparteilicher Willensbildung in Deutschland, Zeitschrift für Politikwissenschaft, Sonderband 2012, Nomos Verlag, Baden-Baden, 2012, S.23.
[644] Vielleicht wird sich Rational Choice zukünftig in der Parteienforschung etablieren, um politisches akteursbezogenes Verhalten zu analysieren. Gleiche Begrifflichkeiten und eine gemeinsame Intention an dieser Stelle sind gute Voraussetzungen, um zukünftig wissenschaftlich zusammenzuarbeiten.
[645] Vgl. Treibel, Jan: Was bedeutet innerparteiliche Willensbildung? Forschungsstand und theoretische Zugänge, in: Korte, Karl-Rudolf, Treibel, Jan (Hrsg.): Wie entscheiden Parteien? Prozesse innerparteilicher Willensbildung in Deutschland, Zeitschrift für Politikwissenschaft, Sonderband 2012, Nomos Verlag, Baden-Baden, 2012, S.25.
[646] Inwieweit die CDU noch eine konservative Volkspartei ist, wird in den Politikwissenschaften kontrovers diskutiert. Diese Diskussion soll an dieser Stelle nicht geführt werden.

noch von einem Zentrum sprechen kann – haben ihre Wirkung bei der Entscheidungsfindung und Willensbildung innerhalb der Partei. Eine Folge nicht eindeutiger Machtzentren ist, dass Entscheidungen oft informell getroffen werden und nicht in offiziellen Gremien und Ausschüssen.[647]

Wie bei jeder Partei spielen organisatorische Strukturen machtpolitisch eine gewichtige Rolle. Entscheidungen an der Führungsspitze vorbei wird es nicht geben oder falls doch mit der Folge, dass die parteiliche Führungselite machtpolitischen Einfluss verliert. Allein aus der parteipolitischen Position und dem machtpolitischen Verständnis heraus sind Parteispitzen und Führungseliten einer Partei einflussreiche Akteure bei der innerparteilichen Entscheidungsfindung und Willensbildung. Aber ebenso stehen die Führungseliten für die Außendarstellung der Partei und das Ansehen der Partei in der Wahlbevölkerung, denn diese Persönlichkeiten sind durch die vielfältige Medienlandschaft omnipräsent.[648]

Bei der CDU spielgelt sich der Föderalismus in starken Landesverbänden aber auch in einer eigenständigen kommunalen Ebene wieder. Der Bundesvorstand der CDU und das Präsidium sind auf bundespolitischer Führungsebene installiert. Das Präsidium ist kein formales Organ, sondern dient dem Bundesvorstand, dem Bundesvorsitzenden, als geschäftsführendes Gremium. Seine Führungsbedeutung ist aber aufgrund medialer Präsenz größer als die des Bundesvorstandes.[649]

Zusätzlich gibt es die sogenannten Vereinigungen (Interessenvertretungen) innerhalb der CDU: „die Junge Union (JU), die Frauen Union (FU), die Christlich-Demokratische Arbeitnehmerschaft (CDA), die Senioren Union (SU), die Kommunalpolitische Vereinigung (KPV), die Mittelstands- und Wirtschaftsvereinigung (MIT) sowie die Ost- und Mitteldeutsche Vereinigung – Union der Vertriebenen und Flüchtlinge (OMV)".[650] Auf dem Bundesparteitag – dem formal höchsten Organ der Partei – werden in Abstimmungen mit den gewählten

---

[647] Vgl. D'Antonio, Oliver, Werwath, Christian: Die CDU: Innerparteiliche Willensbildung zwischen Gremienarbeit und Grauzone, in: Zeitschrift für Politikwissenschaft Sonderband 2012, Korte, Karl-Rudolf, Treibel, Jan (Hrsg.), Baden-Baden, 2012, S. 35.
[648] Vgl. Bösch, Frank: Macht und Machtverlust. Die Geschichte der CDU, Stuttgart/München, 2002, S. 73.
[649] Vgl. Pütz, Helmuth: Die CDU. Entwicklung, Organisation und Politik der Christlich Demokratischen Union Deutschlands, Düsseldorf, 1985, S. 60.
[650] Siehe D'Antonio, Oliver, Werwath, Christian: Die CDU: Innerparteiliche Willensbildung zwischen Gremienarbeit und Grauzone, in: Zeitschrift für Politikwissenschaft Sonderband 2012, Korte, Karl-Rudolf, Treibel, Jan (Hrsg.), Baden-Baden, 2012, S. 40–41.

Delegierten Parteirichtlinien, Grundsatzprogramme und Sachthemen entschieden, aber auch Personalentscheidungen für die Bundesebene getroffen. Insgesamt kann festgehalten werden, dass die Entscheidungsfindung und Willensbildung in einer Partei, die sich nicht nur als demokratisch legitimiert betrachtet, sondern auch demokratische Prozesse zu leben gewillt ist, kompliziert sind und durch viele (Macht-) Faktoren bestimmt werden.[651] Deswegen ist es mitunter (fast) unmöglich, Regelmäßigkeiten, Wiederholbarkeit (Reproduzierbarkeit) und letztendlich Vorhersagbarkeit bei der politischen Entscheidungsfindung und der Willensbildung (sicher) festzustellen.

Die CDU ist – so kann man es wohl auf den Punkt bringen – die Regierungspartei der vergangenen 20 Jahre (siehe folgende Abbildung). Im Falle der Regierungsbildung mit CDU und CSU hat bisher immer die CDU den Kanzler gestellt.

Wahlperiode	Regierungskoalition	Regierungszeit	Bundeskanzler
11.	CDU/CSU und FDP	1987 – 1991	Kohl (CDU)
12.	CDU/CSU und FDP	1991 – 1994	Kohl (CDU)
13.	CDU/CSU und FDP	1994 – 1998	Kohl (CDU)
14.	SPD und Bündnis 90/Die Grünen	1998 – 2002	Schröder (SPD)
15.	SPD und Bündnis 90/Die Grünen	2002 – 2005	Schröder (SPD)
16.	CDU/CSU und SPD	2005 – 2009	Merkel (CDU)
17.	CDU/CSU und FDP	2009 – 2013	Merkel (CDU)

Abbildung 49: Regierungskoalitionen der letzen 20 Jahre, ausgehend vom Jahr 2011.[652]

Bei der Auswahl eines größeren Zeitfensters, zurückgehend bis zur Gründung der Bundesrepublik Deutschland am 23. Mai 1949[653], ändert sich das Bild nicht: Konrad Adenauer, Ludwig Erhard und Kurt Georg Kiesinger haben zu-

---

[651] Vgl. ebd.: S. 41.
[652] Vgl. www.bundestag.de.
[653] Vgl. http://www.bundestag.de/kulturundgeschichte/geschichte/ausstellungen/verfassung/tafel27/index.html, gelesen am 01.03.2013.

sammen eine Kanzler-Amtszeit von fast 20 Jahren. Um es mathematisch auszudrücken: ca. 2/3 des Bestehens der Bundesrepublik seit 1949 ist von der CDU geprägt, insbesondere durch den Schlüsselakteur des von der CDU gestellten Kanzlers. Die CDU ist eine Partei, die durch ihre summierten Regierungszeiten wesentlich die Politik der Republik seit Gründung bestimmt. Seitens der CSU gab es bisher nur 2 Versuche, dass CSU-Vorsitzende als Kanzlerkandidaten antraten (1980 und 2002).[654]

Es verwundert daher wenig, dass sich die Macht der CDU maßgeblich aus dem Kanzleramt speist und nicht aus der Parteispitze. Sowohl Adenauer als auch Kohl bevorzugten informelle Gremien und persönliche Beraterrunden, um ihre Macht auszuüben und wirken zu lassen. Eine wichtige machtpolitische Komponente spielt bei der CDU die Bundestagsfraktion mit ihrem Fraktionsvorsitzenden.[655] Einen relativ kleinen innerparteilichen Einfluss hat die Parteibasis, die den unterschiedlichen Machtzentren gegenübersteht. Da die Wehrpflichtfrage zu Zeiten der Kanzlerschaft Merkels diskutiert und entschieden wurde, ist die Person Merkel ein Schlüsselakteur bei der Entscheidung über die Wehrpflichtfrage. Es kann bereits an dieser Stelle festgehalten werden, dass Frau Merkel mehr Kanzlerin als Parteivorsitzende ist. Dies begründet sich allein aus der Tatsache, dass sie wesentlich weniger innerparteilich auf Landes- und Kommunalebene vernetzt ist, wie es beispielsweise Helmut Kohl war. Kohl war in erster Linie Parteivorsitzender und in zweiter Linie Kanzler.[656] Diese Tatsache wirkt sich auf die zu treffenden politischen Entscheidungen aus, da die politische Interessenlage des Kanzlers oftmals eine andere ist (sein sollte) als die eines Parteivorsitzenden.[657] Mit Kohl wäre eine Aussetzung der Wehrpflicht wohl nicht möglich gewesen, der sich mehr an die (traditionellen) Werte der Partei gebunden fühlte, wozu die Wehrpflicht unbestritten

---

[654] Vgl. D'Antonio, Oliver, Werwath, Christian: Die CDU: Innerparteiliche Willensbildung zwischen Gremienarbeit und Grauzone, in: Zeitschrift für Politikwissenschaft Sonderband 2012, Korte, Karl-Rudolf, Treibel, Jan (Hrsg.), Baden-Baden, 2012, S. 46.
[655] Nicht nur bei der CDU. Das liegt insbesondere heutzutage an der medialen Präsenz des Bundestages im Allgemeinen und im Speziellen an der zur Verfügung stehenden (öffentlichen) Redezeit politischer Prominenz in Berlin.
[656] Vgl. D'Antonio, Oliver, Werwath, Christian: Die CDU: Innerparteiliche Willensbildung zwischen Gremienarbeit und Grauzone, in: Zeitschrift für Politikwissenschaft Sonderband 2012, Korte, Karl-Rudolf, Treibel, Jan (Hrsg.), Baden-Baden, 2012, S. 43.
[657] In dieser Personalunion sind Interessenkonflikte zu erwarten. Ein Kanzler sollte Entscheidungen für das gesamte Volk, die gesamtstaatliche Wohlfahrt, treffen. Von einem Parteivorsitzen wird das nicht erwartet. Hier ist die Interessenlage eine parteiorientierte (Partei-Kollektiv).

zählt.[658] Merkel ist mehr Machtpolitikerin und in erster Linie Kanzlerin, die über Kompromisse versucht, an der Macht zu bleiben.[659] Mittlerweile kann sie wohl mit jeder Partei eine Koalition eingehen, wobei ihre Partei, die CDU, in die Mitte rückt. Der Preis dafür ist die Auflösung des traditionellen Parteiprofils und des traditionellen Selbstverständnisses.[660] Auch wenn traditionsbewusste Wähler verschreckt werden (könnten), schlägt Merkel einen liberalen (moderneren?) Kurs ein. Das Machtinstrument „Medienpräsenz" wird von der Regierung Merkel erfolgreich eingesetzt, um auf diesem Wege Zustimmung und Legitimation für die Regierungspolitik zu bekommen.[661]

Ein Auszug von Aussagen über verschiedene Medien von CDU-Politikern zur Wehrpflichtfrage sind in Kapitel XX aufgeführt. Diese dienen als Grundlage, um an späterer Stelle unter Rational Choice Gesichtspunkten analysiert zu werden.

XII.2 CSU

Die CSU zeichnet sich organisatorisch durch ihre Regionalität auf Bayern aus, wobei ihrem Parteivorsitzenden Richtlinienkompetenz zugesprochen wird. Der Ministerpräsident und die bayrische Staatsregierung wie auch die CSU-Landesgruppe im Deutschen Bundestag und die CSU-Landtagsfraktion bilden innerparteilich mächtige Gegenpole zum Parteivorsitzenden.[662] Eine über viele Jahre durch Franz-Josef Strauß geprägte Partei, die über die zugesprochene Richtlinienkompetenz von einem hierarchischen Führungsstil geprägt war (ist), der mittlerweile rückläufig ist und die Moderation als Führungsinstrument in den Vordergrund rückt. Horst Seehofer, seit 2008 Parteivorsitzender, präferiert aber den autoritären Führungsstil, der in der Partei teilweise auch positiv bewertet wird. Seit 2008 hat die CSU die absolute Mehrheit im bayrischen Landtag und danach viele weitere Wahlen auf kommunaler Ebene, Europa- und

---

[658] Die Wehrpflicht wurde unter Adenauer 1956 eingeführt. Eine Persönlichkeit, der sich Kohl politisch stark verbunden fühlte.
[659] Vgl. ebd.: S. 48.
[660] Stichworte neben der Wehrpflicht: Energiewende, Mindestlohn, Europapolitik, Homo-Ehe.
[661] Siehe ebd.: S. 48.
[662] Horst Seehofer bildet hier eine Ausnahme, weil er sowohl das Amt des Ministerpräsidenten als auch das Amt des Parteivorsitzenden besetzt.

Bundesebene verloren. Dieser Zustand der Partei ist bei der Analyse von innerparteilichen Entscheidungen zu berücksichtigen.[663]

Eine zentrale Machtposition spielt der Parteivorsitzende in der CSU. Seine Amtsperiode beträgt 2 Jahre, er ist Mitglied im Parteivorstand und zugleich im Präsidium. Darüber hinaus schlägt er den Generalsekretär, den Landesgeschäftsführer sowie die Vorsitzenden und Mitglieder der Parteikommissionen zur Berufung bzw. Ernennung durch den Parteivorstand vor. (...) Wichtiger als die Sozialisation der Kandidaten ist vielmehr deren Wirken in staatspolitischen Spitzenämtern."[664]

Horst Seehofer, der das parteipolitische Amt des Parteivorsitzenden und das staatspolitische Amt des Ministerpräsidenten zur gleichen Zeit innehat, profitiert durch diese Machtkonzentration.[665] Innerhalb der CSU besitzt das Amt des bayrischen Ministerpräsidenten zudem die höchste Anerkennung. Über die Parteisatzung wird bestimmt, dass der Ministerpräsident – legitimiert durch sein Amt – Mitglied des Parteivorstands und des Parteitages der CSU ist.[666]

Ein wichtiger Akteur bei der Wehrpflichtfrage war Verteidigungsminister zu Guttenberg. Diese Person soll an dieser Stelle explizit angesprochen und in einem ersten Schritt analysiert werden. Unter Gesichtspunkten des Rational Choice wird die Person zu Guttenberg an anderer Stelle weiter analysiert und machtpolitisch eingeordnet.[667] Um die Erfolgsbedingungen politischer Führung herauszuarbeiten, wird methodisch folgendermaßen vorgegangen:[668]

1) Identifizierung der persönlichen Charakteristika der politischen Führungsperson.

---

[663] Vgl. Weigl, Michael: Die CSU: Abschied von der „Ein-Mann-Demokratie", in: Korte, Karl-Rudolf, Treibel, Jan (Hrsg.): Wie entscheiden Parteien? Prozesse innerparteilicher Willensbildung in Deutschland, Zeitschrift für Politikwissenschaft, Sonderband 2012, S. 63–65.
[664] Siehe. ebd.: S: 67.
[665] Vgl. Glaab, Manuela, Weigl, Michael (Hrsg.): Regieren in Bayern, Wiesbaden, 2012.
[666] Dazu muss er (natürlich) der CSU angehören. Vgl. Weigl, Michael: Die CSU: Abschied von der „Ein-Mann-Demokratie", in: Korte, Karl-Rudolf, Treibel, Jan (Hrsg.): Wie entscheiden Parteien? Prozesse innerparteilicher Willensbildung in Deutschland, Zeitschrift für Politikwissenschaft, Sonderband 2012, S. 72.
[667] Vgl. Kapitel XIII.
[668] Vgl. D'Antonio, Oliver, Werwath, Christian: Die CDU: Innerparteiliche Willensbildung zwischen Gremienarbeit und Grauzone, in: Korte, Karl-Rudolf, Treibel, Jan (Hrsg.): Wie entscheiden Parteien? Prozesse innerparteilicher Willensbildung in Deutschland, Zeitschrift für Politikwissenschaft, Sonderband 2012, S. 39.

2) Identifizierung von Führungsinstrumenten, welche die politische Führungsperson einsetzt.

3) Identifizierung der äußeren Rahmenbedingungen, mit denen die politische Führungsperson umzugehen hat.

Zum Punkt 1) der Erfolgsbedingungen soll zunächst eine Einschätzung des Psychoanalytikers Hans-Jürgen Wirth[669] herangezogen werden. Wirth's Aussagen lauten in der Online stern-Ausgabe vom 29.11.2011 über zu Guttenberg wie folgt:

> „Was bei besonders durchsetzungsfähigen Persönlichkeiten als Chuzpe imponiert, kommt hier als schier unglaubliche Unverschämtheit und Unverfrorenheit daher. Guttenberg erweist sich als eine narzisstische Persönlichkeit, die von ihrer eigenen Großartigkeit und Einzigartigkeit so sehr überzeugt ist, dass sie sich von so "lästigen" Hemmungen wie Scham- und Schuldgefühlen befreit hat.
> (...)
> Er verfügt über ein Charisma, dass das Publikum mitreißt und begeistert. Er hat feine Antennen dafür entwickelt, was sein Publikum von ihm erwartet. Er ist in der Lage, sich jeweils sensibel auf das ganz spezifische Publikum einzustellen. Eben diese Fähigkeit macht ihn so beliebt."[670]

Herr zu Gutenberg kommt aus reichem Hause und musste nicht die „harte Ochsentour" – angefangen bei der Position des einfachen „Parteisoldaten" – innerhalb der CSU durchlaufen, um an die Spitzenposition des Bundeswirtschaftsministers und später an die des Bundesverteidigungsministers zu gelangen. Der Weg an die Spitze war für ihn relativ einfach und (von Haus aus) geebnet, so dass seine politische Karriere scheinbar mühelos nur eine Richtung kannte, nämlich die nach oben – bis zum möglichen Kanzleramt. Diese scheinbare Leichtigkeit hat sein Selbstbewusstsein und sein selbstbestimmtes Auftreten sicherlich gefördert. Keiner hat so sehr an ihn geglaubt wie er selbst.

Die Beliebtheit zu Guttenbergs beim Wahlvolk und den CSU-Anhängern ist ein exzellenter Nährboden für seine Führungsinstrumente (siehe Punkt 2) der Erfolgsbedingungen), insbesondere für Glaubwürdigkeit und Überzeugung. Dass es ihm an Selbstbewusstsein nicht gefehlt hat, zeigt sich bereits durch das Zitat des Psychoanalytikers Wirth, der von Narzissmus spricht. Selbstbewusstsein (bis zu einem gewissen Grad) fördert eine positive Außendarstellung, da die Person von ihrer Position und Meinung überzeugt zu sein scheint, welches

---

[669] Hans-Jürgen Wirth ist Psychoanalytiker und Professor für Sozialpsychologie an der Universität Frankfurt/Main.
[670] Siehe http://www.stern.de/politik/deutschland/psychoanalytiker-ueber-guttenberg-inszenierung-eines-chaoten-1756615.html, gelesen am 31.01.2013.

die Richtigkeit seiner Aussagen suggeriert. Die (geglaubte) Richtigkeit der politischen Aussagen und Positionierungen bedingen die Glaubwürdigkeit und sind am Ende ein wichtiger Faktor zur Überzeugung politischer Anhänger oder vielleicht sogar politischer Mitstreiter, die möglicherweise beginnen in ihrer eigenen (anderen) Haltung unsicher zu werden. Durch sein Amt des Verteidigungsministers auf Bundesebene und aufgrund seiner innerparteilichen Ämter wie Vorsitzender des Rechtsausschusses Außenpolitik der CSU, Vorsitzender CSU-Bezirk Oberfranken, Generalsekretär CSU[671] und zum Zeitpunkt der Wehrpflichtfrage als zukünftiger CSU-Parteivorsitzender nach Seehofer gehandelt, war die allgemeine Anerkennung gegenüber zu Guttenberg nicht nur auf Parteiebene, sondern auch auf Bundesebene sehr stark ausgeprägt.[672] Über seine rhetorischen Qualitäten gibt es wohl kaum zwei Meinungen. Die Rhetorik als Medium, politische Positionierungen und Zielvorhaben überzeugend zum Wahlvolk als auch zu Parteigenossen zu transportieren, wurde von zu Guttenberg beherrscht wie von kaum einem zweiten – und das parteiübergreifend betrachtet. Es kann festgestellt werden, dass zu Guttenberg die wesentlichen Führungsinstrumente beherrschte und es verstand, diese situativ und passgenau anzuwenden.

Zum Punkt 3) der Erfolgsbedingungen – den äußeren Rahmenbedingungen – ist zu sagen, dass zu Beginn der intensiv geführten Diskussion zur Wehrpflichtfrage im Mai des Jahres 2010 die Bundestagswahlen etwas mehr als ein halbes Jahr zuvor durchgeführt wurden und keine unmittelbaren, entscheidenden Wahlen anstanden. So waren politische Äußerungen und Positionierungen nicht durch ein Korsett bevorstehender Wahlen, die es zu gewinnen galt, beeinflusst. Wähler mussten nicht (wahltaktisch) überzeugt werden, und ein Abrücken von der Positionierung hinsichtlich der Wehrpflichtfrage wie im Koalitionsvertrag aus dem Jahr 2009[673] vereinbart, konnte mit Argumenten wie der Euro- und Wirtschaftskrise, der verfassungsrechtlich verankerten Schuldenbremse und dem daraus geschuldeten Beitrag des Verteidigungshaushaltes schlüssig dargestellt werden.[674] Das Abrücken von der Positionierung im Koalitionsvertrag konnte eben durch die vorherrschenden (wirtschaftlichen) Um-

---

[671] Vgl. Kürschners Volkshandbuch, Deutscher Bundestag 17. Wahlperiode, Rheinbreitbach, 2010, S. 119 und vgl. Kürschners Handbuch der Bundesregierung 2009–2013, Neue Darmstädter Verlagsanstalt, Rheinbreitbach, 2010, S. 451.
[672] Vgl. http://www.spiegel.de/politik/deutschland/csu-parteitag-seehofer-gibt-sich-vor-der-guttenberg-show-cool-a-726144.html, gelesen am 17.02.2013.
[673] Vgl. http://www.cdu.de/doc/pdfc/091026-koalitionsvertrag-cducsu-fdp.pdf, gelesen am 17.02.2013.
[674] Vgl. Kapitel VIII.

stände – ein Teil des Gesamtumfeldes – folgerichtig, nachvollziehbar und politisch unschädlich durchgeführt werden. Begünstigend kam hinzu, dass die meisten NATO-Staaten ebenfalls (erfolgreich und aus denselben Gründen) die Wehrpflicht abgeschafft hatten.

Die CSU ist eher eine Partei, die den Entscheidungsbildungsprozess auf der Ebene der Parteispitze bevorzugt und durchführt. Eine offene, aktive Kommunikationskultur auf den verschiedenen Parteiebenen steht nicht im Vordergrund. So sind es auch neuerdings immer wieder turbulente Parteitage, an denen sich dann der Kommunikationsstau auf diesen Parteiebenen entlädt und auch die Unzufriedenheit der Parteibasis und der Delegierten zeigen, die sich zu wenig in die Willensbildung einbezogen fühlen. Insgesamt aber zeigt die Partei auf Parteitagen Geschlossenheit und Führungstreue. So auch im Jahr 2010 bei der von zu Guttenberg gewollten Bundeswehrreform, bei der es kaum Gegenstimmen und keine kontroverse Diskussion gegeben hat.[675]

Parteivorstand und Präsidium sind zwei Gremien bei der CSU, die entscheidenden Einfluss auf die Willensbildung innerhalb der Partei haben. Über diese Gremien ist es dem Parteivorsitzenden möglich die Parteiführung und die Ausrichtung der Partei zu gestalten. Neben den formalen Entscheidungswegen werden auch in der CSU die informellen Wege zur Entscheidungs- und Willensbildung immer intensiver genutzt, um schnelle und weitreichende Entscheidungen zu fällen.[676]

Darüber hinaus ist die Stellung des Parteivorsitzenden gestärkt, insbesondere durch mediale Aufmerksamkeit und Rederecht, wenn die Partei an der Regierungskoalition beteiligt ist. Dies verstärkt sich, falls der Parteivorsitzende auch Ministerpräsident ist (wie Seehofer), da dann die Arena des Bundesrates zur Darstellung von Meinungen und Positionierungen zur Verfügung steht. Hierbei spielen auch die Medien eine starke Rolle, die von allen politischen Akteuren zur Meinungsbildung, Initiierungen von Positionen und gar zu öffentlichen Vorstößen genutzt werden, um vermeintlich gefällte Entscheidungen als bereits sicher gefällte Entscheidungen zu verbreiten.[677]

---

[675] Vgl. Weigl, Michael: Die CSU: Abschied von der „Ein-Mann-Demokratie", in: Korte, Karl-Rudolf, Treibel, Jan (Hrsg.): Wie entscheiden Parteien? Prozesse innerparteilicher Willensbildung in Deutschland, Zeitschrift für Politikwissenschaft, Sonderband 2012, S. 74.
[676] Vgl. ebd.: S. 81.
[677] Vgl. ebd.: S. 82–82.

Zusammenfassend lassen sich für die CSU vier Machtkomponenten ihrer Macht-Architektur feststellen: Es sind der Parteivorsitzende, der bayrische Ministerpräsident, die CSU-Landesgruppe und die Landtagsfraktion. Über Ämterverschmelzung und diverse Mandatsausübungen in Personalunion lassen sich weitere Machtkonzentrationen herstellen, wie sie auch zu Zeiten der Wehrpflichtabschaffung vorherrschten.[678]

Ein Auszug von Aussagen in verschiedenen Medien von CSU-Politikern zur Wehrpflichtfrage ist in Kapitel XX aufgeführt. Diese dienen als Grundlage, um an späterer Stelle unter Rational-Choice-Gesichtspunkten analysiert zu werden.

XII.3 FDP

Die Führung der liberalen Partei FDP kann in zwei Zeitabschnitte eingeordnet werden – bis 2011 und ab 2011. Der erste Zeitabschnitt charakterisiert sich durch eine individuelle, der zweite Zeitabschnitt zeichnet sich durch eine kollektive Parteiführung aus.[679]

Organisatorisch kann die FDP in eine vertikale und horizontale Struktur eingeteilt werden. Vertikal meint die Einteilung in Orts-, Kreis-, Bezirks-, Landesverbände und die Bundespartei. Die horizontale Einteilung erfolgt in Sonder-, Unter- und Nebenorganisationen, die sich unter anderem durch Policy-Interessen auszeichnen und entsprechend in Fachausschüssen vertreten sind (sein wollen), um Einfluss auf den Entscheidungsprozess zu nehmen.[680] Wie auch in anderen Parteien sind ideologisch ausgerichtete Interessengruppen vorhanden, die sich informell finden und sich zusammenschließen.[681] Innerparteiliche Akteure der FDP lassen sich in die Kategorien Führungsspitze, Parteiführung, mittlere Parteieliten und Parteibasis einteilen.[682]

---

[678] Vgl. Kießling, Andreas: Die CSU. Machterhalt und Machterneuerung, Wiesbaden, 2004 und vgl. Kießling, Andreas: Christlich-Soziale Union in Bayern, in: Decker, Frank, Neu, Viola (Hrsg.): Handbuch der deutschen Parteien, Wiesbaden, S. 223–235.
[679] Vgl. Treibel, Jan: Die FDP: Entscheidungsprozesse zwischen hierarchischer Führung, Konsenssuche und Mehrheitsentscheidungen, in: Zeitschrift für Politikwissenschaft (Sonderband 2012), Korte, Karl-Rudolf, Treibek, Jan (Hrsg.), Baden-Baden, 2012, S. 155.
[680] Vgl. Wiesendahl, Elmar: Volksparteien. Aufstieg, Krise, Zukunft, Opladen, 2011, S. 85 ff.
[681] Vgl. Trefs, Matthias: Faktionen in westeuropäischen Parteien. Italien, Großbritannien und Deutschland im Vergleich, Baden-Baden, 2007.
[682] Vgl. Treibel, Jan: Die FDP. Prozesse innerparteilichen Führung, Baden-Baden, 2012.

Die FDP zeichnet sich in der Führung dadurch aus, dass im Laufe der Zeit unterschiedliche Akteure (Akteurs-Gruppen) Führungsverantwortung und Führungsinitiative übernahmen. Die Führungsmöglichkeiten innerhalb der Partei sind in Positionen wie Generalsekretär, Fraktionsvorsitzenden, Ministerposten oder Vizekanzler mit den Mitteln der formellen und informellen Führungsinstrumente umsetzbar. Der Bundesvorstand der FDP ist formal das exekutive Führungsgremium, das in Bundesparteitagen gewählt wird, wobei aber eine kleinere Gruppe aus diesem Bundesvorstand – das Präsidium – als das eigentliche Führungsgremium gilt.[683] Meinungsverschiedenheiten innerhalb des Präsidiums und möglicherweise gegenüber der Parteispitze werden in informellen Diskussionen zu lösen versucht, so dass ein möglichst geschlossenes Bild der Parteiführung in der öffentlichen Darstellung erreicht wird. Eine Besonderheit bei der FDP ist die Einflussnahme von Ehrenvorsitzenden auf die parteiliche Willensbildung, die an Präsidiumssitzungen teilnehmen können.[684]

Auch die Fraktion der FDP im Bundestag ist ein wichtiger Ort der innerparteilichen Willensbildung. In der nach Politikfeldern wie Infrastruktur und Umwelt, Inneres und Recht gegliederten Fraktion in Arbeitskreise und Arbeitsgruppen endet oftmals der innerparteiliche Willensbildungsprozess. Die jeweiligen Experten der Politikfelder entscheiden hier die Detailfragen und damit die Fein-Positionierung der Partei.[685]

In ihrer langjährigen Parteihistorie kann die FDP auf viele liberal geprägte Regierungskoalitionen zurückblicken, so dass sie seit der Gründung der Bundesrepublik Deutschland 1949 maßgeblich die Bundespolitik mitbestimmt hat. Seit 1949 ist die FDP ununterbrochen im Deutschen Bundestag vertreten. Die da-

---

[683] Vgl. Detterbeck, Klaus: Parteikarrieren im föderalen Mehrebenensystem. Zur Verknüpfung von öffentlichen Mandaten und innerparteilichen Führungspositionen, in: Edinger, Michael P. (Hrsg.), Politik als Beruf. Politische Vierteljahresschrift 44 (Sonderheft), 2010, S. 156 und Dittberner, Jürgen: Die FDP. Geschichte, Personen, Organisationen, Perspektiven. Eine Einführung (2. Auflage), Wiesbaden, 2010, S.173.
[684] Ehrenvorsitzende hat ansonsten nur noch die CSU. Vgl. Treibel, Jan: Die FDP: Entscheidungsprozesse zwischen hierarchischer Führung, Konsenssuche und Mehrheitsentscheidungen, in: Zeitschrift für Politikwissenschaft (Sonderband 2012), Korte, Karl-Rudolf, Treibel, Jan (Hrsg.), Baden-Baden, 2012, S. 160–161.
[685] Vgl. Schöne, Helmar: Alltag im Parlament. Parlamentskultur in Theorie und Empirie, Baden-Baden, 2010, S. 363 ff.

mit verbundene bundespolitische Ämtervergabe (Bundesministerien, Vizekanzlerschaft) hat die FDP wesentlich organisatorisch geprägt.[686]

Die FDP hat in allen 16 Bundesländern Landesverbände mit spezifischen, landesbezogenen Interessen, die sich insbesondere bei Parteitagen zeigen. Die Landesverbände Nordrhein-Westfalen und Baden-Württemberg sind hier die mitgliederstärksten Landesverbände, wobei der Landesverband Nordrhein-Westfalen mit Abstand (doppelt so viele Mitglieder) der größere ist. Die unterschiedliche Größe der Landesverbände macht sich besonders machtpolitisch bei der Bestimmung der Delegiertenzahl für die Abstimmung auf Parteitagen bemerkbar. Neben den Landesverbänden sind es die Landtagsfraktionen der FDP in den verschiedenen Landesparlamenten, die die FDP organisatorisch, machtpolitisch und entscheidungspolitisch prägen. Durch die starke Vertretung der FDP in den Landtagen und den Landesregierungen (zu Beginn 2011) wirkt das liberale Gedankengut über den Weg des Bundesrates auf die Bundespolitik: Für die FDP ein entscheidender Machtfaktor, auf die Bundespolitik Einfluss zu nehmen, wenn Bundestagswahlen nicht für eine Regierungskoalition reichen oder nur eine schwache FDP als Koalitionspartner hervorbringen.[687] Anders als bei anderen Parteien ist noch die eigenständige Jugendorganisation der FDP Juli (Jungliberale) zu nennen, die ein Viertel der Delegierten auf Parteitagen stellt und starken innerparteilichen Einfluss ausübt. Im Jahr 2000 wurde ein Antrag der Jungliberalen zur Abschaffung der Wehrpflicht gestellt und fand innerhalb der Partei mehrheitlich Rückendeckung.[688] Innerparteilich gibt es eine richtungsweisende Konfliktlinie zwischen sozial-liberalem Vorstellungen und bürgerrechtsliberalen Grundpositionen, die sich in verschiedenen informellen Gruppen und Suborganisationen widerspiegeln.[689] Eine Einflussnahme der Parteibasis, die sich ehrenamtlich und freiwillig organisiert, auf den politischen Willensbildungsprozess ist nahezu ausgeschlossen, obwohl die Parteisatzung grundsätzlich die Mitgliederbefragung zulässt. Genutzt wird das

---

[686] Vgl. Treibel, Jan: Die FDP: Entscheidungsprozesse zwischen hierarchischer Führung, Konsenssuche und Mehrheitsentscheidungen, in: Zeitschrift für Politikwissenschaft (Sonderband 2012), Korte, Karl-Rudolf, Treibel, Jan (Hrsg.), Baden-Baden, 2012, S. 161–163.
[687] Vgl. ebd.: S. 164–165.
[688] Vgl.: ebd. S. 166.
[689] Vgl. Decker, Frank: Noch eine Chance für die Liberalen?, in: Berliner Republik 13 (5), 2011.

eher ausnahmsweise aus parteitaktischem Kalkül der Parteiführung und nicht wirklich, um parteibasisdemokratische Entscheidungen herbeizuführen.[690]

Die parteiliche Willensbildung in der FDP kann über informelle und formelle Regelwerke erfolgen. Die informelle Willensbildung unterscheidet sich im Wesentlichen von der formellen Willensbildung dadurch, dass erst nach der eigentlichen Willensbildung oder politischen Entscheidung der formale Weg (Abstimmung, Legitimation durch den Parteivorstand oder durch Parteitage) nachgelagert erfolgt, um informell getroffene Entscheidungen formal zu stabilisieren – also nicht im Nachhinein doch angreifbar zu machen. Formelle Entscheidungen durchlaufen den Entscheidungsprozess nach gegebenem Regelwerk und Prozessvorgaben nach zeitlicher Abfolge und notwendigen Formalien. Führungszentrierte Entscheidungen weisen eher den Weg der informellen Struktur auf, allein schon aus dem Grund, nicht den Eindruck zu erwecken, dass die Partei nicht binnen-demokratisch aufgestellt ist. Dieser Führungsstil des einen oder der wenigen Entscheider wurde ab 2005 von Guido Westerwelle bevorzugt gewählt in Kombination mit der dialogorientierten Konsensfindung, wobei Westerwelle dann die entscheidenden Impulse zu seiner präferierten Entscheidungsalternative auslöste. Die konfliktorientierten Mehrheitsentscheidungen in der FDP, die immer die Befolgung des formellen innerparteilichen Regelwerks voraussetzen, sind insbesondere seit dem Zeitpunkt des Parteivorsitzenden Philipp Röslers, der Guido Westerwelle ablöste, zu verzeichnen. Seit diesem Übergang sind praktisch drei individuelle Akteure der Parteiführung der FDP zu identifizieren: Philipp Rösler, Guido Westerwelle und Rainer Brüderle. Der führungszentrierte Führungsstil ist über die drei „Alpha-Tiere" unterschiedlicher Generationen und differenzierter liberaler Politik kaum umsetzbar, so dass innerparteiliche Konfliktpositionen über Mehrheitsentscheidungen gelöst werden (müssen): dies oft auf Kosten der parteilichen Geschlossenheit mit entsprechender öffentlicher Wirkung und Wahlstimmenverlusten (Niederlagen in den Jahren 2011 und 2012 auf Landesebene).[691] Das erklärt auch die Existenzbedrohung der FDP als Ganze zum Beginn des Jahres 2012[692], die sich bis zum Beginn des Jahres 2013 (heute) fortsetzt.

---

[690] Vgl. Treibel, Jan: Die FDP: Entscheidungsprozesse zwischen hierarchischer Führung, Konsenssuche und Mehrheitsentscheidungen, in: Zeitschrift für Politikwissenschaft (Sonderband 2012), Korte, Karl-Rudolf, Treibel, Jan (Hrsg.), Baden-Baden, 2012, S. 168.
[691] Vgl. ebd.: S. 180–181.
[692] Vgl. ebd.: S. 156.

Ein Auszug von Aussagen über verschiedene Medien von FDP-Politikern zur Wehrpflichtfrage sind in Kapitel XX aufgeführt. Diese dienen als Grundlage, um an späterer Stelle unter Rational Choice Gesichtspunkten analysiert zu werden.

Zusammenfassend zeigt Abbildung 50 die Positionierung wichtiger Persönlichkeiten der Koalitionsparteien CDU, CSU und FDP zum Zeitpunkt des Beginns der intensiv geführten Wehrpflichtdebatte

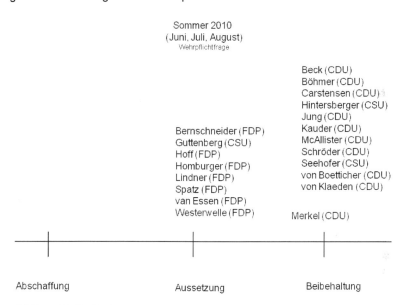

Abbildung 50: Positionierung zur Wehrpflichtfrage wichtiger Persönlichkeiten der Koalitionsparteien im Sommer 2010.

Es ist auffällig, dass sich Verteidigungsminister, Karl-Theodor zu Guttenberg, seitens der Union zunächst allein unter FDP' lern zur Aussetzung der Wehrpflicht bekennt.

Die erste bekannte politische Persönlichkeit, die von der reinen Positionierung der Beibehaltung der Wehrpflicht aus der CDU abrückt ist die Kanzlerin Angela Merkel. deswegen die leichte Einrückung in Abbildung 50 in Richtung Aussetzung. Als nächster Abweicher von der Positionierung der Beibehaltung der Wehrpflicht wird ihr später der CSU Parteichef Horst Seehofer folgen.

Eine spieltheoretische Modellierung wird im folgenden Kapitel XIII vorgenommen, da die analytische Betrachtung eng im Zusammenhang mit dem Konflikt- und Strategiefeld *Partei versus Partei* zusammenhängt.

XIII. Konflikt- und Strategiefeld: Partei versus Partei

Die folgende Analyse betrifft das identifizierte Konflikt- bzw. Strategiefeld *Partei versus Partei*.

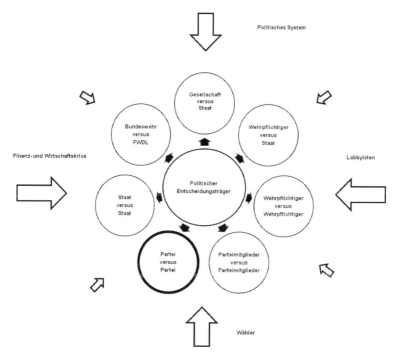

Abbildung 51: Konflikt- und Strategiefeld Partei versus Partei.

Das Konflikt- und Strategiefeld Partei versus Partei ist in Abbildung 51 hervorgehoben.

Die Entscheidung zur Wehrpflicht wurde durch politische Mehrheiten getroffen, nicht von Einzelpersonen oder einzelnen Parteien. Die Regierungsparteien bilden die rechnerische (numerische) Mehrheit an Parlamentssitzen im deutschen Bundestag. In der 17. Wahlperiode wird die Regierung von CDU/CSU und FDP gebildet. Zu Beginn der Regierungszeit wird in einem Koalitionsvertrag der Rahmen der politischen Richtung für die Zukunft bestimmt. Der Koalitionsvertrag aus dem Jahre 2009 bekennt sich grundsätzlich zur Wehrpflicht, sieht aber Anpassungen aufgrund der geänderten sicherheitspolitischen Lage als notwendig an.

Der Ministerposten der Verteidigung wird von der CDU/CSU besetzt, dem gewichtigeren Partner in der Koalition. Karl-Theodor zu Guttenberg (CSU) war Verteidigungsminister von Oktober 2009 bis zum März 2011. Sein Nachfolger Thomas de Maizière (CDU) ist seit dem 3. März 2011 im Amt. Im Februar des Jahres 2011 wird der eingebrachte Entwurf der Bundesregierung zur Änderung des Gesetzes der wehrrechtlichen Vorschriften im deutschen Bundestag debattiert.

Neben den bereits aufgeführten innerparteilichen Diskussionen der Parteien, sind koalitionspolitische Aussagen von CDU/CSU und FDP hinsichtlich der Wehrpflichtfrage im Kapitel XXI aufgeführt.

Im Sommer 2010 ist die Wehrpflichtzeit von neun Monaten auf sechs Monate verkürzt worden. Zeitgleich entbrannte eine generelle Diskussion um die Beibehaltung, Aussetzung oder Abschaffung der Wehrpflicht innerhalb der Parteien und unter den Parteien der Regierungskoalition.

In der Frage zur Verkürzung der Wehrpflicht bildeten sich zwei Lager: einerseits die Regierungsparteien, welche für die Verkürzung der Wehrpflicht standen, und andererseits die Opposition, die sich geschlossen gegen die Verkürzung der Wehrpflichtzeit positionierte, da aus ihrer Sicht eine Aussetzung bzw. Abschaffung der Wehrpflicht bereits seitens des Verteidigungsministers öffentlich diskutiert wurde und somit die Verkürzung der Wehrdienstzeit nicht von Dauer sein konnte.

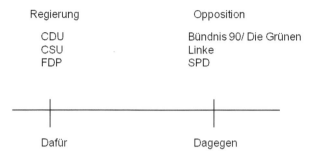

Abbildung 52: Positionierung der Parteien zur Verkürzung der Wehrdienstzeit von sechs Monaten auf neun Monate im Sommer 2010.

Diese Situation spieltheoretisch abgebildet, würde beispielsweise zu folgender Auszahlungsmatrix führen, wobei folgende Annahmen gelten:

- Die Positionierung der Parteien ist klar erkennbar.

- Die Parteien sind Stimmen-Maximierer und haben nicht die gesamtstaatliche Wohlfahrt im Blick, sondern Parteiinteressen und grundsätzlich eine Wiederwahl.

- Die Abgrenzung zur Gegenseite schafft klare Verhältnisse und wird grundsätzlich bevorzugt, um auch dem Wähler die unterschiedliche Positionierung deutlich zu machen.

- Sowohl Regierung als auch Opposition stellen sich besser, wenn die Gegenseite von der eigenen Position überzeugt ist oder in kurzer Zeit überzeugt werden kann. Denn dadurch werden zeitaufwendige und damit kostenintensive Auseinandersetzungen vermieden, und der Wähler der entsprechenden Regierungspartei(en) oder Oppositionspartei(en) bemerkt die Durchsetzungskraft oder Überzeugungskraft seiner gewählten Partei und würde diese bei der nächsten Wahl wieder wählen. Die Wahrscheinlichkeit, dass andere Wähler dadurch gewonnen werden, ist groß (Stimmenmaximierung).

- Die eigene Position durchzubringen, ist wesentlich besser als sich von der Gegenseite überzeugen zu lassen. Dies könnte Stimmenverluste verursachen aufgrund fehlender Durchsetzungs- und Überzeugungskraft.

Opposition Regierung	Dafür	Dagegen
Dafür	A (6,0)	B (5,5)
Dagegen	C (0,0)	D (0,6)

Abbildung 53: Entscheidungsmatrix zur Frage der Verkürzung der Wehrpflichtzeit von neun Monaten auf sechs Monate.

Die Regierung ist annahmegemäß der Zeilenspieler, die Opposition der Spaltenspieler.[693] „Dafür" bedeutet, dass der Verkürzung der Wehrpflichtzeit von neun Monaten auf sechs Monate zugestimmt wird und „Dagegen" bedeutet, dass die Verkürzung der Wehrpflichtzeit abgelehnt wird. Die Informationsverteilung ist vollständig und vollkommen nach Rational Choice angenommen.[694] Die Kommunikation unter den Spielern *Regierung* und *Opposition* ist möglich. Die Strategien werden im Sinne des Rational Choice als reine Strategien gespielt. Obige Bewertung der Handlungsalternativen ist eine Möglichkeit, die getroffenen Annahmen abzubilden. Andere Werte in der Entscheidungsmatrix, welche die Annahmen abbilden, sind denkbar.

In der Entscheidungsmatrix ist zu erkennen, dass für die Regierung die Strategie *Dafür* und für die Opposition die Strategie *Dagegen* dominant ist. Die Zelle C wird nie erreicht, da dies jeweils die entgegengesetzte Priorität der Regierung bzw. der Opposition darstellt. Die Regierungsparteien würden Zelle A bevorzugen, denn dann hätten sie die Opposition auf ihre Position gezogen und die eigene Position durchgebracht und ein klares Siegersignal zum Wähler gesendet. Doch die Opposition bewertet diese Alternative mit dem niedrigsten Wert von Null. Analog gelten die Aussagen für Zelle D im Sinne der Opposition. Bei Zelle B beharren die Regierung als auch die Opposition auf ihrer Haltung. Der erreichbare Vorteil ist grundsätzlich hoch, da die eigene Position durchgebracht würde. Unter der gegebenen Konstellation ist die Zelle B das Nash-Gleichgewicht, denn keine Seite hat aus dieser Konstellation heraus einen Anreiz abzuweichen. Aus der Sicht des Rational Choice ist das nun ein stabiles Ergebnis. Aber diametral unterschiedliche Positionen sind politisch oft

---

[693] Die Regierung und die Opposition können als einzelne Spieler dargestellt werden. Warum es derart modelliert werden kann und welche grundsätzlichen Probleme dabei auftauchen können, wird im Verlauf der Diskussion aufgezeigt.
[694] Vgl. Glossar, Kapitel XVIII.

nicht zu vereinen, um eine Entscheidung herbeizuführen.[695] Jetzt kommt die Stärke des Spielers in Betracht und das politische Umfeld. Wenn bei der Entscheidung die Opposition gebraucht wird, z.b. bei einer Gesetzesänderung mit Mehrheit der Opposition im Bundesrat, dann würde nun ein Aufweichen der Positionen nötig sein, um die unterschiedlichen Positionen in einem Kompromiss (z.b. eine neue Handlungsalternative) aufgehen zu lassen.

Bei der Frage zur Kürzung der Wehrpflichtzeit von neun Monaten auf sechs Monate ist die Zustimmung der Opposition aber nicht notwendig gewesen. Somit kann die Regierung ihre Position durchbringen. Das eigentlich politische – durch Rational Choice aufgezeigte – Patt wird durch das politische Kräfteverhältnis und der Verfahrensform gelöst.[696]

Ein anderes Bild würde sich beispielsweise ergeben, wenn die ökonomische Effizienz im Sinne der Wohlfahrtsmaximierung zur Entscheidung der Frage der Wehrpflichtzeitreduzierung herangezogen würde und nicht die Stimmenmaximierung. Annahmegemäß geht (objektiv) mit der Verkürzung der Wehrdienstzeit von neun Monaten auf sechs Monate die Reduzierung der ökonomischen Effizienz einher.[697]

Es soll folgende Auszahlungsmatrix zur Illustration herangezogen werden:

Opposition Regierung	Dafür	Dagegen
Dafür	A (-5,-5)	B (-5,5)
Dagegen	C (5,-5)	D (5,5)

Abbildung 54: Berücksichtigung des Wohlfahrtsaspekts bei der Entscheidungsfindung zur Frage der Reduzierung der Wehrpflichtzeit bei gleicher Gewichtung der Handlungsalternativen von Regierung und Opposition.

---

[695] Auch wenn die Spieler Regierung und Opposition sind und die Regierung auf Bundesebene mehrheitsfähig ist. Denn die Opposition könnte über den Weg des Bundesrates als Vetospieler der Bundesregierung faktisch entgegenstehen.
[696] Mit der Verfahrensform ist gemeint, dass über das Verfahren (Prozess) eine Entscheidung regelkonform durchgeführt wird und durch das Verfahren die Entscheidung erschwert oder auch erleichtert werden kann. In diesem Fall war es nicht nötig, die Entscheidung durch den Bundesrat zu bringen. Das Verfahren – im Sinne des Rational Choice auch als Spielregel zu verstehen – hat in diesem Fall den Spieler Regierung gestärkt bzw. nicht verlangt, eine über die Regierungsmehrheit hinaus gehende Mehrheit zu erlangen.
[697] Vgl. Schnell, Jürgen: Neue Entscheidung zur allgemeinen Wehrpflicht, 02.02.2010.

Beide Spieler *Regierung* und *Opposition* seien zunächst als gleich stark modelliert. Die Entscheidungsmatrix ist folgendermaßen zu interpretieren: Die Spieler *Regierung* und *Opposition* bewerten die Handlungsalternative der Reduzierung der Wehrpflichtzeit negativ und die Beibehaltung der Wehrdienstzeit positiv, weil annahmegemäß die Reduzierung der Wehrdienstzeit den erreichbaren Wohlfahrtswert mindert. Die Einschätzung ist dabei unabhängig von der Wahl der Handlungsalternativen der Gegenseite. Die Bewertung der Handlungsalternativen ist unter den Spielern als gleich (5 oder -5) angenommen.

Für beide Spieler *Regierung* und *Opposition* ist die Strategie *Dagegen* dominant und führt zum Nash-Gleichgewicht in Zelle D. Das ändert sich auch nicht, wenn die Handlungsalternativen unter den Spielern unterschiedlich stark gewichtet würden, da dadurch innerhalb der Handlungsalternativen eines Spielers die Strategie *Dagegen* weiter dominieren würde. Die Regierung gewichtet beispielsweise ihre Handlungsalternativen anstelle von 5 und -5 mit 3 und -3 (siehe Abbildung 55).

Opposition **Regierung**	Dafür	Dagegen
Dafür	A (-3,-5)	B (-3,5)
Dagegen	C (3,-5)	D (3,5)

Abbildung 55: Berücksichtigung des Wohlfahrtsaspekts bei der Entscheidungsfindung zur Frage der Reduzierung der Wehrpflichtzeit bei unterschiedlicher Gewichtung der Handlungsalternativen von Regierung und Opposition.

Um ein stabiles Nash-Gleichgewicht zu bekommen, müssen die Handlungsalternativen (Dafür / Dagegen) entlang eines Entscheidungsparameters unter den Spielern nicht gleich gewichtet sein. Falls durch die Gewichtung der Handlungsalternativen entgegengesetzte politische Positionierungen im Gleichgewicht existieren, bestimmt die politisch stärkere Kraft die Entscheidung. Dies kann allein die mehrheitsfähige Regierung sein, muss es aber nicht. Bei Entscheidungen, die eine Zustimmung der Opposition erfordern, falls die Opposition beispielsweise die Mehrheit im Bundesrat hat, sind möglicherweise weitere Verhandlungen notwendig, um einen Kompromiss zu erarbeiten. Bei der Frage zur Reduzierung der Wehrpflichtzeit war dies wie bereits gesagt nicht der Fall.

Trotz der Reduzierung der Wehrpflichtzeit von neun Monaten auf sechs Monate war die CDU im Sommer 2010 für die Beibehaltung der Wehrpflicht. Bei der CDU hat sich als erste namenhafte Politikerin die Kanzlerin Angela Merkel für die Vorschläge Guttenbergs offen gezeigt ohne aber konkret zu werden oder sich wirklich klar zu positionieren. Die CSU tendierte – vorgeprescht durch den Verteidigungsminister, Karl-Theodor zu Guttenberg, – zur Aussetzung der Wehrpflicht.

Politik und Politikgeschehen und somit auch im Wesentlichen politische Entscheidungen können von der Prozessseite betrachtet werden. Zunächst ist festzustellen, dass Politik und politische Entscheidungen aus vielen Worten und Sätzen (gesprochen und geschrieben) entstehen. Das fängt an bei einer einfachen politischen Rede, geht über Ausschusssitzungen, Plenarsitzungen, Gremien und verschiedene Arbeitskreise bis hin zu Gesetzentwürfen und schließlich zu verabschiedeten Gesetzen. Eine politische Entscheidung mündet, um wirksam zu werden, in einem Gesetz. So auch bei der Aussetzung der Wehrpflicht – die Entscheidung führte zur Änderung des Wehrpflichtgesetzes.[698]

Es gilt nun, die auf Wortreichtum basierenden politischer Entscheidungen und Rational Choice als Instrument schlichter und vereinfachender, aber erkenntnisgewinnender Modellierung in Einklang zu bringen. Der zentrale Punkt dabei ist die Überführung politischer Aussagen in die Welt der Messbarkeit. Aus sich heraus ergeben politische Aussagen keine Messbarkeit Auch sind das Messinstrument und die Messung an sich nicht ganz so einfach, wie man es bei anderen Dingen des alltäglichen Lebens gewohnt ist oder mittlerweile als selbstverständlich und nicht in Frage zu stellen betrachtet.[699] Politische Aussagen können nicht einfach auf eine Waage gelegt, gemessen und verglichen werden. Eine physikalische Genauigkeit der Messung ist nicht zu erlangen, weil politische Aussagen – wie im Übrigen auch andersartige Aussagen – immer einer Interpretation bedürfen, allein schon aus der Tatsache heraus, welche politische Person eine politische Aussage in welchem politischen Umfeld

---

[698] Vgl. www.gesetze-im-internet.de/bundesrecht/wehrpflg/gesamt.pdf, gelesen am 26.03.2013.
[699] Beispielsweise Kartoffeln. Diese können einfach auf die Waage (Messinstrument) gelegt und so gemessen werden (in Gramm oder Kilogramm). Auch die Größe der Kartoffel und andere Eigenschaften sind messbar. Daher sind Kartoffeln auch leicht untereinander vergleichbar.

trifft.[700] Das politische Umfeld ist aber auch eine Größe, die schwer messbar ist. Diese Tatsache soll aber nicht bedeuten, dass die Messung politischer Aussagen zu unterlassen wäre. Das würde keine Lösung darstellen.

Das in der Wissenschaft für die Analyse politischer Aussagen und Entscheidungen herangezogene Messinstrument ist das des deliberativen Standards und die Einteilung in Diskurstypen.[701] Ein Ziel ist es, Standards von kommunikativer Rationalität aufzuzeigen und politische Diskurse qualitativ zu beurteilen.[702] Hierzu werden politische Aussagen analysiert und nach Kategorien des deliberativen Standards bewertet und „einsortiert". Das übergeordnete Ziel ist dabei, „dass deliberative Politikprozesse die Qualität öffentlicher Politiken verbessern und gleichzeitig die politischen Präferenzen der Diskursteilnehmer in Richtung Gemeinwohl bewegen (oder zumindest zu einer Klärung der Präferenzen beitragen, Stichwort politische Transparenz)."[703]

Die folgende Untersuchung beabsichtigt über die Analyse des politischen Diskurses (siehe zitierte politische Aussagen) zunächst die Ausgangssituation (Positionierung) des politischen Diskurses zur Wehrpflichtfrage herauszuarbeiten. Dabei wird zunächst elaboriert, welche wesentlichen argumentativen Aspekte (Kriterien) in der Wehrpflichtfrage eine Rolle spielen. Die Kriterien an sich sind unabhängig von Parteien; deren Bewertung hingegen ist von Partei zu Partei unterschiedlich oder kann unterschiedlich sein. Immer wieder angeführte Kriterien in Diskussionen und Debatten sind nach Studium der Plenarprotokolle des Bundestages und von den Politikern in den Medien getätigter Äußerungen:

- Kostenaspekt
- Sicherheitspolitische Relevanz
- Tradition

---

[700] Eine Kartoffel kann von jedermann gewogen werden; die Messung ist grundsätzlich immer dieselbe (abgesehen von menschlichen Messfehlern). Die Umgebung ist in der Regel konstant (Erde, Raumtemperatur, Druck, etc.). Ansonsten spricht man vom spezifischen Gewicht. Streng genommen ist auch eine physikalische Messung mit Ungenauigkeiten behaftet. Diese Diskussion soll an dieser Stelle nicht geführt werden. Genau genommen müsste man von spezifischen politischen Aussagen sprechen.
[701] Vgl. Steiner, Jörg, Bächtiger Andre, Spörndli, Markus, Steenbergen, Markus R.: Deliberative Politics in Action, Cambridge University, 2004 und Habermas, Jürgen: Concluding comments on empirical approaches to deliberative politics, in: Acta Politica, 40, 384–392.
[702] Vgl. Behnke Joachim, Thomas Bräuninger, Susumu Shikano: Jahrbuch für Handlungs- und Entscheidungstheorie, Band 6: Schwerpunkt Neuere Entwicklungen des Konzepts der Rationalität und ihre Anwendungen, Wiesbaden, 2010, S. 193.
[703] Siehe ebd.: S. 194.

- Verankerung des Militärs in der Gesellschaft
- Wehrgerechtigkeit
- Aufrechterhaltung des Zivildienstes

Die argumentativen Kriterien sind bereits ein Teil des Messinstruments und ein Teil des deliberativen Standards, nämlich das der ausführlichen Begründung.[704]

Allein die Identifizierung der Kriterien folgt keinen wissenschaftlichen Vorgaben oder Empfehlungen. Es liegt im Ermessen des Wissenschaftlers zu beurteilen, dass die von ihm identifizierten Kriterien eine (ausreichende) Relevanz zur Positionierung der Wehrpflichtfrage haben. Die Problematik der Auswahl der Kriterien entspricht der Problematik der Bestimmung der Parameter einer Nutzenfunktion. Die Auswahl folgt keiner (wissenschaftlichen) Regel.[705]

Eine dedizierte und detaillierte Sprachaktanalyse nach Habermas, Goodin oder Mansbridge ist in dieser Untersuchung nicht beabsichtigt. Ansätze und analytisches Vorgehen nach dem DQI (Discourse Quality Index) sollen aber helfen, die Ausgangspositionierung der Parteien nachvollziehbar zu finden.[706]

Zunächst ist zu bemerken, dass bei der hier durchgeführten Anwendung der Idee des DQI nicht auf eine einzelne Debatte, ein einzelnes Gremien oder eine einzelne Sitzungen fokussiert wird. Verschiedene Presseberichte, Plenarsitzungen und Koalitionsvereinbarungen sind Gegenstand der hier angewandten Untersuchung. Damit ergeben sich automatisch verschiedenartige Diskurstypen (Proto-Diskurs, Konventioneller Diskurs, Kompetitiver Diskurs, Kooperativer Diskurs, Rationaler (kollaborativer) Diskurs), die zur Analyse herangezogen werden.[707] Das ist analytisch und erkenntnisgewinnend des DQI mit hoher Wahrscheinlichkeit vermieden wird. Denn Deliberation hat sich in der Empirie als multidimensionales Phänomen erwiesen.[708]

---

[704] Vgl. ebd.: S. 194.
[705] Vgl. Mueller, Dennis C.: Public Choice III, New York, 2009, p. 661.
[706] Vgl. Steenbergen, Marco R., Steiner, Jörg, Bächtiger Andre, Spörndli, Markus: Measuring political deliberation. A discourse Quality Index, in: Comprehensive European Politics 1, p. 21–48.
[707] Vgl. Behnke Joachim, Thomas Bräuninger, Susumu Shikano: Jahrbuch für Handlungs- und Entscheidungstheorie, Band 6: Schwerpunkt: Neuere Entwicklungen des Konzepts der Rationalität und ihre Anwendungen, Wiesbaden, 2010, S. 204–211.
[708] Vgl. ebd.: S. 204.

Die Analyse beginnt im Sommer 2010 (Juni, Juli, August positiv zu bewerten, weil eine einseitige und damit verzerrte Kohäsion der Komponenten), in dem die Debatte zur Wehrpflichtfrage in der deutschen Politiksphäre ihren intensiven Anfang nahm. Die Komponente „Wahrhaftigkeit" des DQI ist empirisch nicht überprüfbar und wird daher nicht zur Analyse herangezogen. Die Komponente „Partizipation" wird auf den Wert „gegeben und ausgewogen" – ohne diesen näher zu spezifizieren – fixiert, weil die Diskussion zu Wehrpflichtfrage öffentlich (Bundestag) und in mehreren Arbeitskreisen geführt wurde. Keine Gruppierung (Bundeswehrverband, Verband der Kriegsdienstverweigerer, Minderheiten, etc.) – nicht nur auf die Gleichheit der Geschlechter bezogen – wurde ausgegrenzt oder hat sich als benachteiligt gesehen. Aufgrund der öffentlich geführten Diskussion in verschiedenen Medien (Fernsehen, Radio, Online, Zeitungen) wäre eine Benachteiligung kaum begründbar gewesen, allenfalls über eine explizite Nichtberücksichtigung. Im Kern soll gesagt werden, dass die Wehrpflichtfrage nicht informell in „einem Hinterstübchen" diskutiert und entschieden wurde – wenigstens ist es dem Verfasser nicht bekannt.[709] Über eine grundsätzliche Benachteiligung oder Nichtberücksichtigung von Interessengruppen in Form von formellen Beschwerden liegen dem Verfasser keine Informationen vor. Die Interaktivität innerhalb der Parteien und unter den Parteien kann als „hoch" einschätzt werden. Deliberative Komponenten wie „Storytelling" und „Bargaining" werden ebenso nicht betrachtet, da keine Analyse einzelner Verhandlungen, Diskussionen oder Treffen vorgenommen wird.

Die Diskussion zur Wehrpflichtfrage hat sich innerhalb der CDU seit der Intensivierung im Sommer 2010 auf die Argumentation der Kostenersparnis, der Sicherheitslage und der gesellschaftlichen Integration des Militärischen und insbesondere auf das Traditionelle fokussiert. Hierbei ist die Argumentation der Kostenersparnis, der gesellschaftlichen Integration des Militärischen und der Tradition in Richtung des Erhalts der Wehrpflicht geführt worden. Lediglich die Sicherheitslage (als Gemeinwohl-Argument) ist als ein erstes Argument für die Begründung der Aussetzung der Wehrpflicht neben der (späteren) Argumentation zur Wehrgerechtigkeit und dem Eingriff in die Bürgerrechte herangezogen worden. Insgesamt ist die Diskussion innerhalb der CDU einerseits sehr begründungsintensiv als auch normativ – werteorientiert im Sinne der Wehrpflicht-Tradition der CDU – geführt worden. Die Wehrpflicht wurde unter

---

[709] Abgesehen von der üblichen parteilichen Konsensfindung und dem gewünschten Auftreten einer parteilichen Geschlossenheit. Dieser Umstand liegt wohl immer vor und kann auch auf andere Interessengruppen übertragen werden.

Konrad Adenauer nach dem Zweiten Weltkrieg (wieder) eingeführt und galt von da an als Ausdruck konservativer Wertevorstellung; eben auch als Erfolg eines wiedergewonnenen Vertrauens der Siegermächte und damit eindeutig dem politischen Erfolg der CDU zugeschrieben.

Folgende Einschätzungen liegen seitens des Verfassers nach Analyse der Medienbericht und Plenarprotokolle für die CDU und CSU vor:[710]

CDU / CSU	Begründungen mit Gemeinwohl / Gemeinsame Werte	Reflexivität / Respekt	Konstruktive Politik	Zustimmung
Beginn Sommer 2010	hoch bis sehr hoch	mittel	tief bis mittel	tief
Sommer 2010	hoch bis sehr hoch	hoch	hoch	mittel bis hoch

Abbildung 56: Bewertung von DQI-Komponenten der CDU / CSU.[711]

Hierbei gilt für die Begrifflichkeiten der Abbildung 56 und der Abbildung 57 folgende Definition:

Begründungen mit Gemeinwohl / Gemeinsame Werte: Die Begründungen in der Wehrpflichtfrage werden oft mit Argumenten gemeinsamer parteipolitischer Werte oder mit dem Argument des Gemeinwohls geführt.

Reflexivität / Respekt: Die Begründungen in der politischen Debatte zur Wehrpflicht werden gegenüber dem Koalitionspartner mit Respekt geführt und gegenüber anderen Argumenten reflektiert.

---

[710] Vgl. ebd.: S.208.
[711] Es liegen hier ordinale Messwerte vor, wobei folgende Reihenfolge mit abnehmender Wertigkeit gilt: sehr hoch, hoch, mittel, tief. So bedeutet beispielsweise ein „sehr hoch" beim Kriterium „Begründungen mit Gemeinwohl / Gemeinsame Werte", dass die Argumentation sehr stark in die Richtung des Gemeinwohls bzw. der gemeinsamen Werte geführt wurde.

Konstruktive Politik: Die Begründungen in der Sachfrage zur Wehrpflicht werden konstruktiv im Sinne von Alternativvorschlägen und neuen Lösungsansätzen geführt.

Zustimmung: Die Begründungen zur Sachfrage der Wehrpflicht stimmen mit der Position des Koalitionspartners überein.

Für die CDU lässt sich insgesamt zu Beginn des Sommers 2010 ein tendenziell kompetitiver Diskurs erkennen, ohne dabei eine detaillierte und intensive Deliberationsanalyse durchgeführt zu haben.[712]

Die CDU ist anfänglich in der Verteidigung ihrer Werte positioniert und debattiert öffentlich die Wehrpflichtfrage, aber zunächst gegensätzlich zur FDP und gegensätzlich zu Guttenberg (CSU). Es ist keine konstruktive Politik im Sinne der Unterbreitung von Vorschlägen oder Alternativen zu erkennen – und damit keinerlei Zustimmung zu den Möglichkeiten einer Aussetzung oder Abschaffung der Wehrpflicht.

Die Bewertung des DQI der CDU/CSU ändert sich in der Hochphase der Diskussion zur Wehrpflicht. Die Konzentration der Diskussion seitens der CDU ist von der ursprünglichen Wertediskussion (Tradition) abgerückt und verlagert sich hin zu einer Diskussion über Kosten, Kultur der Freiwilligkeit, Eingriffe in die Bürgerrechte und die sicherheitspolitische Lage. Es ist allerdings nicht so, dass eine Wertediskussion im Verlauf des Diskurses völlig aufgegeben wird, aber die in den Vordergrund gerückten Werte sind andere als die zum Anfang der Diskussion – nämlich Freiheit, Bürgerechte und (Wehr-) Gerechtigkeit. Beim genauen Hinsehen sind es liberale Werte – Werte der liberalen Mitte – die jetzt verwendet werden, um die Aussetzung der Wehrpflicht auf konservativer Seite zu begründen. Es lässt sich ein tendenziell kooperativer Diskurs im Sommer 2010 feststellen, wobei sich die rational verwendeten Argumente innerhalb der Begründungsrationalität ändern. Die Argumente sind offenkundig liberal geprägt und der kooperative Diskurs bedeutet in diesem Fall nichts anderes als die (offizielle) Zustimmung zu der FDP Positionierung in der Wehrpflichtfrage.

---

[712] Selbst bei einer genaueren Deliberation sind Interpretationen und Einschätzungen notwendig und Ungenauigkeiten zu erwarten. Vgl. Behnke Joachim, Thomas Bräuninger, Susumu Shikano: Jahrbuch für Handlungs- und Entscheidungstheorie, Band 6: Schwerpunkt Neuere Entwicklungen des Konzepts der Rationalität und ihre Anwendungen, Wiesbaden, 2010, S. 209 u. S. 210.

Die FDP hat nicht die traditionelle Verankerung zu der Wehrpflichtfrage wie die konservativen Parteien CDU/CSU. So ist es nicht verwunderlich, dass die Argumentation der Wehrpflichttradition bei der FDP nicht besonders ausgeprägt ist. Die Argumentation der FDP ist durchgängig im Sommer 2010 als ziemlich einheitlich zu bezeichnen. Die Begründungsrationalität wird durchweg von Argumenten der Wehrgerechtigkeit, der Freiwilligkeit, des sicherheitspolitischen Wandels und der Einsparungsnotwendigkeiten getragen. Damit ist die Argumentation als typisch liberal zu bewerten, insbesondere in Bezug auf Freiwilligkeit und den wirtschaftlichen Aspekt. Es fällt zudem auf, dass die von der FDP eingenommene Positionierung mit „schon seit Jahren geäußert" bezeichnet wird.[713] Die FDP sieht somit keinen Anlass von dieser bereits langen Positionierung abzuweichen. Die äußeren Umstände wie die Finanz- und Wirtschaftskrise, die Tatsache, dass viele NATO Staaten sich bereits von der Wehrpflicht verabschiedet haben, und die immer weiter sinkenden Zahl von eingezogenen Wehrpflichtigen unterstützen die Argumentation der FDP. Es ist aus ihrer Sicht nicht notwendig, konstruktive Vorschläge für einen eventuellen Kompromiss zu unterbreiten, und erst recht ist es nicht vonnöten, „irgendeine" Zustimmung zu der zum Beginn des Sommers 2010 geäußerten Positionierung der Konservativen vorzunehmen. Am Ende der intensiv geführten Wehrpflichtdebatte zeigt die FDP eine Siegerhaltung gegenüber den Konservativen und äußert sich teilweise mit wenig Respekt dem Koalitionspartner gegenüber, mit Aussagen wie vom damaligen Generalsekretär Lindner:

„Die Motive sind egal, das Ziel zählt …".[714]

Die damalige Fraktionsvorsitzende Birgit Homburger führt an:

„„Mit großer Mehrheit schwenkt damit auch die CDU auf die Position der FDP ein", begrüßte die FDP-Fraktionsvorsitzende Birgit Homburger den Beschluss. Seit Jahren fordern die Liberalen eine Freiwilligenarmee. Dass diese jetzt „endlich Realität" wird, sei ein „historischer Erfolg", so Homburger."[715]

„Die FDP habe in den Koalitionsverhandlungen durchgesetzt, dass eine Kommission zur Reform der Bundeswehr eingesetzt wird, und damit „einen weiteren

---

[713] Vgl. Kapitel XX.
[714] Siehe http://www.liberale.de/CDU-soll-ein-klares-Signal-fuer-eine-Freiwilligenarmee-setzen/6443c11121i1p69/index.html vom 29.11.2010, gelesen am 29.03.2013.
[715] Siehe http://www.liberale.de/CDU-soll-ein-klares-Signal-fuer-eine-Freiwilligenarmee-setzen/6443c11121i1p69/index.html vom 16.11.2010, gelesen am 21.12.2011.

Impuls zum Umdenken in der Union gegeben", sagte Homburger am Dienstag."[716]

Folgende Einschätzungen liegen daher seitens des Verfassers nach Analyse der Medienbericht und Plenarprotokolle für die FDP vor:[717]

FDP	Begründungen mit Gemeinwohl / Gemeinsame Werte	Reflexivität / Respekt	Konstruktive Politik	Zustimmung
Beginn Sommer 2010	hoch	mittel	tief bis mittel	tief
Sommer 2010	hoch	tief bis mittel	tief	tief

Abbildung 57: Bewertung von DQI-Komponenten der FDP.[718]

Die FDP war von Anfang an in der Diskussion um die Wehpflicht im Jahre 2010 in einem kompetitiven Diskurs verharrt, der sich zum Ende der öffentlich geführten Debatte sogar verstärkte. Die politischen und wirtschaftlichen Umstände haben die Positionierung der FDP bestärkt und die FDP bei der Frage zur Wehrpflicht als einen selbstbewussten – ja sogar in diesem Diskurs – als einen (mindestens) gleichwertigen Koalitionspartner faktisch (rhetorisch) handeln lassen.

Die Positionierung der im Deutschen Bundestag vertretenen Parteien in Deutschland im Sommer 2010 zur Wehrpflichtfrage ist in Abbildung 58 zusammenfassend dargestellt.

---

[716] Siehe http://www.liberale.de/CDU-soll-ein-klares-Signal-fuer-eine-Freiwilligenarmee-setzen/6443c11121i1p69/index.html vom 16.11.2010, gelesen am 21.12.2011.
[717] Vgl. ebd.: S.208.
[718] Es liegen hier ordinale Messwerte vor, wobei folgende Reihenfolge mit abnehmender Wertigkeit gilt: sehr hoch, hoch, mittel, tief. So bedeutet beispielsweise ein „tief" beim Kriterium „Zustimmung", dass die Argumentation kaum mit der Argumentation des Koalitionspartners (CDU/CSU) bei der Wehrpflichtfrage übereinstimmt und der Argumentation des Koalitionspartners auch nicht zugestimmt wird.

Abbildung 58: Einstellung der Parteien zur Wehrpflichtfrage im Sommer 2010.

Im Folgenden soll eine Bewertung der Handlungsalternativen Abschaffung, Aussetzung oder Beibehaltung der Wehrpflicht vorgenommen werden, um die zuvor vorgenommene Positionierung zu manifestieren und auch im Sinne des Rational Choice zu „mathematisieren".

Nach Rational Choice ist festzuhalten, dass die Frage zur Wehrpflicht[719] auf der Entscheidungsebene *Partei versus Partei* nicht als eine Entscheidung zur Bereitstellung eines öffentlichen Gutes modelliert wird. Denn so ist die Einhaltung der Voraussetzung des einheitlichen Spielers *Partei* möglich zu modellieren. Diese Voraussetzung besagt, dass alle Mitglieder der Gruppe, in diesem Fall also der Partei, identische Präferenzen in Bezug auf den möglichen Ausgang haben.[720] Die Parteien können also als ein agierender Akteur modelliert werden. Bei der Bereitstellung eines öffentlichen Gutes ist diese Art der Modellierung aufgrund des existierenden Problems „free rider" problematisch.

„The use of a two-person game to model conflict between groups presupposes that all group members have identical preferences over the set of possible out-

---

[719] Die Wehrpflicht – in welcher Ausprägung auch immer – ist kein öffentliches Gut. Die Bereitstellung der Verteidigungsleistung des Landes als solche ist ein öffentliches Gut. Zudem gilt in der weiteren Modellierung, dass die Politiker (Delegierte) einer Partei sich als Stimmenmaximierer verhalten, also den eigenen Nutzen über die Maximierung der Wählerstimmen verfolgen anstelle die Wohlfahrt zu maximieren.
[720] In diesem Fall meint identisch, dass nicht aufgrund eines möglichen Trittbrettfahrerproblems bei der Bereitstellung eines öffentlichen Gutes Verhaltensänderungen eintreten, um persönliche Vorteile zu realisieren. Wie bereits erläutert, wird eine faktische Mehrheit innerhalb der Partei die Positionierung bestimmen. Diese wird dann vereinfachend als einheitliche Präferenz der Partei betrachtet, auch wenn es Abweichler von der Positionierung gibt.

comes and therefore that each group can be treated as a unitary player. The unitary player assumption, however, collapses when, as is often the case, the benefits associated with the outcome of the intergroup conflict (e.g., territory, higher wages) are public goods that, at least to some degree, are non excludable with respect to the members of a group involved in the competition. Thus, whereas as a collective all group members benefit from winning the competition and acquiring these goods, rational and selfish individuals who take a "free ride" (e.g., declining to fight, standing on a picket line) gain more (Taylor 1987)."[721]

Für die Modellierung werden den Handlungsalternativen Abschaffung, Aussetzung und Beibehaltung eine Werteskala zugeordnet. Es soll folgender kardinaler Wertebereich für die Handlungsalternativen gelten:[722]

Abschaffung: [0,1,2]

Aussetzung: [3,4,5]

Beibehaltung: [6,7,8]

Hierbei wird die Abschaffung der Wehrpflicht als die stärkere Form der Verabschiedung von der Wehrpflicht im Vergleich zur Aussetzung der Wehrpflicht eingestuft.

Im weiteren Verlauf sollen folgende Abkürzungen gelten:

- Die Abkürzung ABS steht für Abschaffung der Wehrpflicht
- Die Abkürzung AUS steht für Aussetzung der Wehrpflicht
- Die Abkürzung BEI steht für Beibehaltung der Wehrpflicht

Eine ähnliche Analyse der politischen Aussagen wie beim DQI und den deliberativen Standards führt zu der Bewertung der in der Tabelle aufgeführten Kriterien (siehe Abbildung 59). Es sind vom Verfasser eingeschätzte Größenordnungen für die Bewertungen.[723] Wie bereits ausführlich dargelegt, sind die absoluten Werte der Bewertungen nicht entscheidend für die Analyse. Eine empirische Relation oder Kohäsion unter den Kriterien ist zum einen mit Unsicherheit behaftet und zum anderen nur sehr aufwendig zu ermitteln. Eine explizite Kohäsion der Kriterien wird bei der Analyse ausgeblendet. Die folgende

---

[721] Siehe Bornstein, G., Budescue, D., & Zamir, S. (1997): Cooperation in intergroup, two-person, and n-person games of Chicken, S. 384–406, S. 385.
http://ratiolab.huji.ac.il/bornstein.html, gelesen am 01.01.2012.
[722] Vgl. Diekmann, Andreas: Spieltheorie Einführung, August 2010, S. 84 ff.
[723] Vgl. die herangezogenen politischen Aussagen der Kapitel XX und XXI als Basis der durgeführten Bewertungen.

Analyse hat nicht den Fokus, eine Kriterien-Relation festzustellen, sondern das beobachtete Entscheidungsverhalten (deskriptive Analyse) der politischen Parteien und Personen nach den Gesichtspunkten der Rationalität zu erklären (analytisch-logisch). Die Analyse hat nicht den Anspruch zu behaupten, dass die Entscheidung zur Wehrpflicht genau so verlaufen ist. Eine mögliche Erklärung steht im Vordergrund bzw. das Destillieren eines rationalen Verhaltensmusters – auch im Hinblick auf andere in Zukunft zu treffende Entscheidungen.

Ein Entscheidungsdruck liegt mindestens aufgrund eines wirtschaftlichen und auch werteorientierten Drucks[724] auf den politischen Entscheidungsträgern – sowohl auf der Ebene des einzelnen Politikers als auch auf der Ebene der Parteien. Die Umstände der Finanz- und Wirtschaftskrise, die öffentlich diskutierte Wehrungerechtigkeit, die Tatsache, dass viele NATO Staaten sich bereits von der Wehrpflicht getrennt haben, und die rechtlich motivierte Diskussion des Eingriffs in die Bürgerrechte sind Komponenten des faktisch exogen existierenden Handlungsdrucks. Die Orientierung am „Maximierungsansatz" für den politischen Entscheider – dem Suchen nach einer besten Lösung – wird wegen der möglichen politischen (und anderen) Folgen der Wehrpflichtentscheidung als plausibel und folgerichtig eingestuft. Es ist sogar eher zu fragen, warum nicht die „beste aller Lösungen" zu bestimmen und auch zu verfolgen wäre.

Die soeben angeführten Ergebnisse aus der Diskussion mit Hilfe des deliberativen Standards führen zu folgender Tabelle:[725]

---

[724] Hierbei sind insbesondere die konservativen Parteien gemeint. Denn das Aufgeben eines Markenkerns kann zu Profilverlust der Partei, Identitätsverlust der Partei und Vertrauensverlust bei den Wählern führen. Am Ende stehen möglicherweise Verluste von Wählerstimmen und damit die zukünftige politische Machtstellung der Partei.

[725] Hier sind weitere Modellierungen denkbar. So könnten Aussagen von mächtigeren Politikern stärker gewichtet oder aber auch die Häufigkeit von getätigten Aussagen bewertet werden. Computersimulationen können dann verschiedene Modellierungen durchspielen, deren Ergebnisse interpretiert werden können. Die Bewertung der Kriterien ist naturgemäß unscharf. Hier zeigt sich unter anderem die Schwierigkeit, viele politische klare und nicht so klare Aussagen in die Exaktheit der Bewertung und letztendlich in die mathematischen, spieltheoretischen Modelle zu transferieren. Eine Tendenz ist aber gut abzubilden. Wie bereits auch schon angeführt, sind die absoluten Werte nicht ausschlaggebend zur Entscheidungsfindung, sondern die relativen Werte.

Kriterium[726]	CDU	CSU	FDP
Kostenaspekt	7	7	2
Sicherheitspolitische Relevanz	7	4	3
Tradition (Werte)	8	8	3
Verankerung des Militärs in der Gesellschaft	8	8	4
Wehrgerechtigkeit / Demographie	3	4	2
Aufrechterhaltung des Zivildienstes	5	3	3
Summe	38	34	17
Durchschnittswert (gerundet)	6,3	5,6	2,8
Positionierung	Beibehaltung	Beibehaltung	Aussetzung

Abbildung 59: Bewertete Kriterien zur Wehrpflichtentscheidung mit resultierender Positionierung zum Beginn des Sommers 2010.

Die Tabelle ist wie folgt zu lesen bzw. zu verstehen: Die 7 beim Kostenaspekt der CDU (wie auch bei der CSU) bedeutet, dass die CDU aus Kostengründen (wirtschaftlicher Aspekt) die Wehrpflicht zu Beginn des Sommers 2010 nach ureigener Argumentation beibehalten hätte bzw. nicht ausgesetzt oder abgeschafft hätte. Kanzlerin Merkel und Verteidigungsminister zu Guttenberg haben immer wieder betont, dass es keine Verteidigung nach Kassenlage geben wird.[727] Analog sind die anderen Bewertungen der Tabelle zu lesen.

---

[726] Alle Kriterien sind bei dieser Bewertung gleichgewichtet. Eine relative Gewichtung der Handlungsalternativen wird separat betrachtet.
[727] Vgl. http://www.faz.net/aktuell/politik/inland/bundeswehrreform-keine-bundeswehr-nach-kassenlage-1996403.html, gelesen am 29.03.2013 und http://www.merkur-online.de/

Betrachtet man die Bewertungen bei der CDU, ergibt die Auswertung einen Nutzenwert von 8 Wertungs-Punkten[728] (3 für Wehrgerechtigkeit / Demographie und 5 für die Aufrechterhaltung des Zivildienstes) für die Aussetzung der Wehrpflicht und von 30 Punkten für die Beibehaltung der Wehrpflicht (Summe aller anderen Kriterien). Dies entspricht ungefähr einem Verhältnis von 1 zu 4. Für die anderen Parteien CSU und FDP wird analog vorgegangen.

Die Bewertungen bei der CSU geben ein ungefähres Verhältnis von 1 zu 2 wieder, nämlich 11 Nutzenwerte für die Aussetzung der Wehrpflicht und 23 Punkte für die Beibehaltung.

Die Bewertungen bei der FDP geben ein ungefähres Verhältnis von 1 zu 3 wieder, nämlich 4 Nutzenwerte für die Abschaffung der Wehrpflicht und 13 Punkte für die Aussetzung.

Es ist zu bemerken, dass die aus den Aussagen der Politiker gefundenen Positionierungen Monolithen sind. Mit Monolithen sind Bewertungsblöcke[729] gemeint, die eine Positionierung der anderen Parteien in die eigene Präferenzzuordnung nicht berücksichtigt, sondern lediglich von der Bewertung der angegebenen Kriterien ausgehen.[730]

Die gefundenen Relationen sollen nun innerhalb der Handlungsalternativen pro Partei in der folgenden Abbildung aufgeführt werden, um diese dann in die Entscheidungsmatrix zu überführen.[731] Die gefundenen Relationen (relative Gewichtung) drücken die Kohäsion der Handlungsalternativen Abschaffung,

---

nachrichten/politik/guttenberg-gegen-abschaffung-wehrpflicht-850579.html vom 22.07.2010, gelesen am 29.03.2013.

[728] Es werden hier die identifizierten Präferenzen der Parteien abgebildet. Diese werden dann später formal in Auszahlungswerte überführt. Dabei wir eine einfache Transformation unterstellt wie es beispielsweise auch bei der Modellierung des Gefangenendilemmas in der Literatur häufig gemacht wird, nämlich f(x) = x.

[729] Es sind in der „Rohfassung" Aussagenblöcke, die dann über die vom Verfasser durchgeführte Bewertung zu Bewertungsblöcken werden.

[730] Der Verfasser geht darauf später noch weiter ein. Die Abhängigkeit der Interaktion der anderen Akteure zeigt sich später in der Entscheidungsmatrix.

[731] Aus den Aussagen der Politiker ist eine handlungsbezogene Bewertung in Relation von einer Partei zu einer anderen Partei nicht zu ersehen. Somit sind explizit keine Aussagen der Art „Wenn die Partei x die Position A vertritt, vertritt die Partei y eher die Position B". Dies ist ein wesentlicher Unterschied zu Spielsituationen wie beispielsweise beim Gefangenendilemma oder dem Chicken-Spiel. Das heißt, dass die Präferenzverteilung sich in der Ausgangssituation nicht über die Abhängigkeit der Handlungsalternativen unter den Akteuren bestimmen.

Aussetzung und Beibehaltung bei den drei Regierungsparteien CDU, CSU und FDP aus.[732]

Regierung	Abschaffung	Aussetzung	Beibehaltung
CDU	0	1	4
CSU	0	2	4
FDP	1	3	0

Abbildung 60: Die relative Gewichtung der Handlungsalternativen nach Regierungsparteien.

Für die Koalitionsparteien sollen jetzt alle möglichen Strategiemöglichkeiten abgebildet werden. Der erste Wert in der Entscheidungsmatrix steht für die CDU, der zweite Wert für die CSU und der dritte Wert für die FDP.[733] Aus drei Akteuren (CDU, CSU und FDP) und drei Handlungsalternativen (Abschaffung, Aussetzung, Beibehaltung) ergeben sich in der Summe $3^3 = 27$ Strategiekombinationen.

Für eine faktische Aussetzung der Wehrpflicht müssen sich alle drei Parteien für die Aussetzung entscheiden. Ansonsten bleibt die Wehrpflicht bestehen. Das heißt, die Zelle I in Abbildung 61 muss erreicht werden, damit die Wehrpflicht ausgesetzt wird. Bis die Zelle I erreicht wird, bleibt die Wehrpflicht faktisch bestehen.[734]

Die folgende Auszahlungsmatrix geht von der wie in Abbildung 59 bzw. Abbildung 60 konstruierten Ausgangslage aus. Die in der Auszahlungsmatrix aufgeführten Werte sind die relativen Gewichtungen der Parteien, die an dieser Stelle als Auszahlungen an die Parteien interpretiert werden.[735] Die „Startzelle" der

---

[732] Es ist anzumerken, dass die Zahlen in Abbildung 60 nicht mit denen in Abbildung 59 identisch sind. Eine 0, eine 2 oder eine 3 haben unterschiedliche Bedeutungen in den Abbildungen. Im ersten Schritt ist dies eine Zuordnung (Abbildung, Bewertung) der Kriterien auf die Handlungsalternativen, im zweiten Schritt ein Ausdruck der Relationen (Köhäsion) der Handlungsalternativen innerhalb einer Partei. Diese Vorgehensweise macht nochmals deutlich, dass eine Bewertung der Handlungsalternativen in Absolutwerten nicht entscheidend ist, sondern die Relation der Bewertungen unter den Handlungsalternativen der Akteure ausschlaggebend ist.
[733] Das gilt auch für die aus dieser Entscheidungsmatrix abgeleiteten Entscheidungsmatrizen.
[734] Abgesehen von einer Abschaffung der Wehrpflicht.
[735] Hier zeigt sich eine mögliche Vorgehensweise Bewertungen in Form der Auszahlungsfunktion darzustellen. Zum einen ist es nicht notwendig, die realen Auszahlungswerte (wenn

weiteren Analyse ist damit die Zelle II aus Abbildung 61. Die FDP bekennt sich bereits zur Aussetzung, CDU und CSU halten an der Beibehaltung fest. Damit ist zu diesem Zeitpunkt, wie bereits gesagt, die Wehrpflicht noch faktisch existent, weil nur eine abweichende Präferenz (bzw. Auswahl einer Handlungsalternativen) einer Partei zu einer in früheren Zeiten eingenommenen Position nicht ausreicht die Wehrpflicht auszusetzen. Nach Voraussetzung ist die Zustimmung zur Aussetzung der Wehrpflicht mehrheitlich zu diesem Zeitpunkt von allen beteiligten Regierungsparteien (CDU, CSU und FDP) notwendig.[736] Modelltheoretisch bedeutet das, dass CDU, CSU und FDP die Handlungsalternative Aussetzung spielen. Die Mehrheit innerhalb einer Partei entscheidet lediglich über die Auswahl der Handlungsalternative für die Partei, aber nicht über die faktische Aussetzung der Wehrpflicht.

Es ist zu diesem Zeitpunkt der Präferenzlage auch noch keine Entscheidung zu erwarten. Die Parteien würden eine solche Abstimmung grundsätzlich in der Realität auch erst dann veranlassen, wenn sie mit hoher Wahrscheinlichkeit davon ausgehen können, dass diese zum Erfolg führt. Bei der gegebenen und geäußerten Präferenzlage würde das Entscheidungsergebnis keine Änderung des Status Quo zur Frage der Wehrpflicht herbeiführen. Aus der Sicht der FDP würde eine alleinige Antragstellung zum Gesetzentwurf ohne Zustimmung der Unionsparteien zu diesem Zeitpunkt wohl zum Scheitern verurteilt.[737]

---

es diese denn gibt) zu kennen und zum anderen zeigt sich hier die Möglichkeit der Auszahlungsinterpretation anhand von Gewichtungen auf die Handlungsalternativen. Es ist ähnlich wie beim Gefangenendilemma: Es wird fälschlicherweise oft behauptet, dass die Auszahlungswerte beim Gefangenendilemma Gefängniszeiten sind. Das ist falsch. Es sind die bewerteten Gefängniszeiten, die der Einfachheit wegen Eins zu Eins der Gefängniszeiten gleichgesetzt sind. Die Nutzenfunktion wäre damit U(x) = x, wobei x die Gefängniszeit im Fall des Gefangenendilemmas ist, und im vorliegenden Fall ist x die relative Gewichtung.

[736] Die Bundestagswahl 2009 hat folgendes Ergebnis hervorgebracht: CDU/ CSU: 33,8 %, SPD: 23,0 %, FDP: 14,6 %, Linke: 11,9 %, Grüne: 10,7 % und Andere: 6%. Vgl. http://wahlarchiv.tagesschau.de/wahlen/2009-09-27-BT-DE/index.shtml, gelesen am 09.03.2013.

[737] Vgl. http://dipbt.bundestag.de/dip21/btd/17/048/1704821.pdf

	CSU (ABS) FDP (ABS)	CSU (ABS) FDP (AUS)	CSU (ABS) FDP (BEI)	CSU (AUS) FDP (ABS)	CSU (AUS) FDP (AUS)	CSU (AUS) FDP (BEI)	CSU (BEI) FDP (ABS)	CSU (BEI) FDP (AUS)	CSU (BEI) FDP (BEI)
CDU (ABS)	(0,0,1)	(0,0,3)	(0,0,0)	(0,2,1)	(0,2,3)	(0,2,0)	(0,4,1)	(0,4,3)	(0,4,0)
CDU (AUS)	(1,0,1)	(1,0,3)	(1,0,0)	(1,2,1)	I (1,2,3)	(1,2,0)	(1,4,1)	(1,4,3)	(1,4,0)
CDU (BEI)	(4,0,1)	(4,0,3)	(4,0,0)	(4,2,1)	(4,2,3)	(4,2,0)	(4,4,1)	II **(4,4,3)**	III (4,4,0)

Abbildung 61: Alle Strategiekombinationen der Regierungsparteien im Sommer 2010 bei den Handlungsalternativen Abschaffung, Aussetzung oder Beibehaltung der Wehrpflicht.

Die Strategiekombination (Beibehaltung, Beibehaltung, Aussetzung) der Parteien CDU, CSU und FDP bildet ein Nash-Gleichgewicht (die Zelle II des Nash-Gleichgewichts ist grau hinterlegt) unter den gegebenen Bewertungen. Eine spieltheoretisch stabile Lösung, aber (eventuell) nicht koalitions-politisch stabil.[738]

Zur Überprüfung der Robustheit des Nash-Gleichgewichts aus spieltheoretischer Sicht wird das Nash-Gleichgewicht auf Perfektion überprüft. Dies wird etwas später geschehen, da einige Überlegungen zur Vereinfachung des Verfahrens führen.

Politisch ist die FDP im Vergleich zum Koalitionspartner CDU als auch CSU eine „kleine" Partei, so dass hier ein „einfaches" Abrücken von der Position der Aussetzung seitens der FDP politisch möglich wäre, um mehrheitlich eine Koalitionsentscheidung – aber für die Handlungsalternative *Beibehaltung* – zu

---

[738] Für die Auszahlungsmatrix gilt am Beispiel der Zelle II: (CDU,CSU,FDP) = (4,4,3). Die Auszahlung an die CDU ist damit 4, an die CSU 4 und an die FDP 3. Die Auszahlungswerte gelten immer von links nach rechts gelesen für CDU, CSU und FDP. Das gilt auch für die aus dieser Entscheidungsmatrix abgeleiteten Entscheidungsmatrizen.

erreichen. Zudem war die FDP zu diesem Zeitpunkt bereits in der Wählergunst weit abgerutscht, so dass sie ihre Position für die Aussetzung der Wehrpflicht aus der eigenen Stärke heraus kaum durchzubringen im Stande war.[739] Die politische Lösung wäre dann die Strategiekombination (Beibehaltung, Beibehaltung, Beibehaltung), sozusagen das politische Nash-Gleichgewicht. Die Matrixwerte sind in diesem Fall in der Zelle III unterstrichen.

Würden neben den gefundenen Werten für die Positionierung aus der Abbildung 59 zusätzlich die Annahme berücksichtigt, dass die eigene Position faktisch durchzubringen höher bewertet wird (klare Abgrenzung), dann würde sich Zelle I beispielsweise zu (1,2,**4**) und Zelle III zu (**5,5**,0) verändern.[740] Die Erhöhung der Matrixwerte soll die erhöhte Präferenz ausdrücken, die eigene Positionierung eben durchzubringen und die Partei mit anderer Auffassung in der Koalition auf die eigene Seite zu ziehen. In diesem Fall würde ebenso das gleiche Nash-Gleichgewicht (Zell II) existieren, wobei aber CDU und CSU sich besser stellen könnten, falls die FDP zur Positionierung *Beibehaltung* wechseln würde. Diese hat aus sich heraus aber keine Veranlassung, das zu tun. Der politische Druck seitens der Unionsparteien auf die FDP, von ihrer Position abzurücken, wäre ungleich höher. Aber aus den Aussagen der Politiker und der Bewertung der Kriterien (vgl. Abbildung 59) ist zu erkennen, dass die Position der CSU aufweicht und zur Aussetzung der Wehrpflicht tendiert. Der Druck auf die FDP wurde somit nicht ausgeübt, weil parteiinterne kontroverse Diskussionen zur Wehrpflichtfrage in der CSU und dann auch in der CDU durch die Aussagen der Kanzlerin stattfanden.

Grundsätzlich würden zwei politische (konfliktfreie) Lösungen existieren, nämlich Zelle I und Zelle III, die den Streit zur Wehrpflichtfrage koalitionsintern beilegen würden. Das (zunächst) gefundene Nash-Gleichgewicht (Zelle II) zeichnet sich dadurch aus, dass für keine Partei eine bessere Strategiekombination

---

[739] Vgl. http://www.sueddeutsche.de/politik/fdp-ohne-ideen-und-fuehrung-die-wortlosen-1.988423 vom 15.08.2010, gelesen am 13.12.2011.
[740] Es ist darauf zu achten, dass annahmegemäß alle drei Koalitionspartner für eine Aussetzung stimmen müssten. Vom Status Quo ausgehend (bestehende Wehrpflicht) kann die Wehrpflicht faktisch nur über Zelle I ausgesetzt werden. Alle anderen Strategiekombinationen würden faktisch den Erhalt der Wehrpflicht bedeuten (Die Möglichkeit der Abschaffung sei bereits bei dieser Betrachtung ausgeblendet).

existiert.[741] Dadurch würde eine Wiederholung des Spiels mit Strategien wie Tit-for-Tat zu keiner anderen Lösung führen.

Zur Erreichung der Zelle I müssten die Unionsparteien die Positionierung *Beibehaltung* aufgeben, und für Zelle III müsste die FDP ihre Haltung *Aussetzung* aufgeben und zur Haltung *Beibehaltung* wechseln. In der Realität hat aber die CSU zuerst ein Signal gesendet, von ihrer Position abzurücken und die Wehrpflicht auszusetzen. Dies soll nun abgebildet werden.

Die obige Entscheidungsmatrix wird jetzt reduziert auf die Matrix in Abbildung 62 bzw. in Abbildung 63. Dies aus Gründen der Übersichtlichkeit und der Tatsache, dass die Parteien CDU und CSU nicht die Handlungsalternative *Abschaffung* spielen und die FDP nicht die Handlungsalternative *Beibehaltung*. Das soll jetzt annahmegemäß gelten.

	CSU (ABS) FDP (ABS)	CSU (ABS) FDP (AUS)	CSU (ABS) FDP (BEI)	CSU (AUS) FDP (ABS)	CSU (AUS) FDP (AUS)	CSU (AUS) FDP (BEI)	CSU (BEI) FDP (ABS)	CSU (BEI) FDP (AUS)	CSU (BEI) FDP (BEI)
CDU (ABS)	(0,0,1)	(0,0,3)	(0,0,0)	(0,2,1)	(0,2,3)	(0,2,0)	(0,4,1)	(0,4,3)	(0,4,0)
CDU (AUS)	(1,0,1)	(1,0,3)	(1,0,0)	**(1,2,1)**	**(1,2,3)**	**(1,2,0)**	**(1,4,1)**	**(1,4,3)**	(1,4,0)
CDU (BEI)	(4,0,1)	(4,0,3)	(4,0,0)	**(4,2,1)**	**(4,2,3)**	**(4,2,0)**	**(4,4,1)**	**(4,4,3)**	(4,4,0)

Abbildung 62: Reduzierte Strategiekombinationen der Regierungsparteien im Sommer 2010 bei den Handlungsalternativen Abschaffung, Aussetzung oder Beibehaltung der Wehrpflicht.

---

[741] Ohne eine Präferenzänderung seitens der konservativen Parteien wäre der Status Quo, die Beibehaltung der Wehrpflicht, nicht gefährdet. Die Folge wäre möglicherweise ein latent anhaltender Streit in der Koalition zur Wehrpflichtfrage.

Dies führt dann übersichtshalber zu folgender Entscheidungsmatrix:

	CSU (AUS) FDP (ABS)	CSU (AUS) FDP (AUS)	CSU (BEI) FDP (ABS)	CSU (BEI) FDP (AUS)
CDU (AUS)	A (1,2,1)	B (1,2,3)	C (1,4,1)	D (1,4,3)
CDU (BEI)	E (4,2,1)	F (4,2,3)	G (4,4,1)	H (4,4,3)

Abbildung 63: Ausgangsmatrix des wiederholten Spiels zur Wehrpflicht.

Es soll zunächst die Perfektion des Nash-Gleichgewichts überprüft werden, um die Stabilität des Gleichgewichts zu überprüfen.

Die CDU weicht nicht ab, wenn

(1) $4 p (1-q) + 4 p q + 4 (1-p)(1-q) + 4 (1-p) q$

$\geq$

$1 p (1-q) + 1 p q + 1 (1-p)(1-q) + 1 (1-p) q$

gilt, wobei

die CSU mit Wahrscheinlichkeit p Aussetzung und mit Wahrscheinlichkeit (1-p) Beibehaltung spielt und

die FDP mit Wahrscheinlichkeit q Aussetzung und mit Wahrscheinlichkeit (1-q) Abschaffung spielt.

Die obige Ungleichung (1) ist erfüllt.

Die CSU weicht nicht ab, wenn

(2) $4 (1-p) q + 4 p q + 4 p (1-q) + 4 (1-p) q$

$\geq$

$2 (1-p) q + 2 p q + 2 p (1-q) + 2 (1-p) q$

gilt, wobei

die CDU mit Wahrscheinlichkeit p Aussetzung und mit Wahrscheinlichkeit (1-p) Beibehaltung spielt und

die FDP mit Wahrscheinlichkeit q Aussetzung und mit Wahrscheinlichkeit (1-q) Abschaffung spielt.

Die obige Ungleichung (2) ist erfüllt.

Die FDP weicht nicht ab, wenn

(3) $3(1-p)(1-q) + 3p(1-q) + 3(1-p)q + 3pq$

$$\geq$$

$1(1-p)(1-q) + 1p(1-q) + 1(1-p)q + 1pq$

gilt, wobei

die CDU mit Wahrscheinlichkeit p Aussetzung und mit Wahrscheinlichkeit (1-p) Beibehaltung spielt und

die CSU mit Wahrscheinlichkeit q Aussetzung und mit Wahrscheinlichkeit (1-q) Beibehaltung spielt.

Die obige Ungleichung (3) ist erfüllt.

Weil Ungleichungen (1), (2) und (3) erfüllt sind, ist das Nash-Gleichgewicht in Zelle H perfekt, also spieltheoretisch stabil. Es gibt auch keine Zelle, in der sich ein Spieler besser stellen würde als in Zelle H, selbst nicht auf Kosten eines anderen Spielers.[742] Die endliche oder sogar unendliche Wiederholung dieser Spiels unter der gegebenen Konstellation würde *normalerweise*[743] zu keiner anderen Lösung führen.[744] Aus der politischen Realität ist aber bekannt, dass die Aussetzung der Wehrpflicht beschlossen wurde, also alle Akteure

---

[742] Allein aus dieser Überlegung heraus ist die Perfektheit des Gleichgewichts – die Stabilität – logisch nachvollziehbar.
[743] Im Sinne der Rationalität bzw. Spieltheorie.
[744] Es sei denn, ein Spieler würde aus welchen Gründen auch immer defektieren (z.B. zufallsgetrieben). Davon sei aber abgesehen.

CDU, CSU und FDP die Strategie *Aussetzung* am Ende gespielt haben.[745] Die nächsten Gedanken sollen zu einer Lösung führen.

Die nachfolgenden Ereignisse, die zu einer Strategiekombination AUS, AUS, AUS führen, sind vom Verfasser identifiziert und für relevant eingestuft worden. Dies ist eine subjektive, vom Verfasser, vertretene Identifikation, die in der Realität nicht genauso passiert sein muss. Im Fokus steht aber das prinzipielle Vorgehen, so dass die durchgeführte Rekonstruktion der Ereignisse nicht Hundertprozent deckungsgleich mit der Realität sein muss.[746] Es ist eine Frage, ob die hundertprozentige Übereinstimmung mit der Realität (überhaupt) möglich ist. Das würde eine vollständige Transparenz voraussetzen, insbesondere aller informellen Ereignisse (Treffen, Diskussionen unter den beteiligten Akteuren).[747] Eine wohl nicht zu erfüllende Forderung.

Zuvor wurde die Positionierung (Abschaffung, Aussetzung, Beibehaltung) der Parteien CDU, CSU und FDP aus verschiedenen Bewertungsfaktoren (Kriterien) hergeleitet, die wiederum aus den Aussagen von Politikern entstanden sind. In der folgenden Modellierung wird davon abstrahiert und eine Bewertung auf der Ebene der Positionierung durchgeführt. Diese Abstraktion ist in Bezug auf die Fragestellung, ob (erneut) ein stabiles Nash-Gleichgewicht nach politischen kontroversen Diskussionen auf Parteiebene erreicht werden kann, nicht einschränkend. Daher kann auf die Berücksichtigung individueller Beweggründe einzelner Parteimitglieder in der Modellierung verzichtet werden. Das Nash-Gleichgewicht wird auf Parteiebene gesucht, wobei die realen Akteure natürlicherweise Parteimitglieder sind (Mikrofundierung). Auch hierbei ist nach Zintl grundsätzlich eine „Hochkostensituation" zu erkennen.[748] Diese speist sich einmal insbesondere bei den Unionsparteien aus dem Traditionellen, nämlich möglicherweise einen Markenkern aufzugeben und eine einsetzende Änderung der (konservativen) Parteiprofilierung akzeptieren zu müssen,

---

[745] Die Bewertung der Kriterien – wie sie in Abbildung 59 und Abbildung 60 durchgeführt – ist diskutierbar und kann ggf. zu anderen Ergebnissen führen.
[746] Die Rekonstruktion von Ereignissen ist in der Parteienforschung ein gängiges Instrumentarium, um politische Entscheidungen und Verhaltensweisen zu verstehen und zu analysieren. Vgl. Bogumil, Jörg, Schmid, Josef: Politik in Organisationen, Organisationstheoretische Ansätze und praxisbezogene Anwendungsbeispiele, Opladen, 2001, S. 28.
[747] Vgl. D'Antonio, Oliver, Werwath, Christian: Die CDU: Innerparteiliche Willensbildung zwischen Gremienarbeit und Grauzone, in: Zeitschrift für Politikwissenschaft Sonderband 2012, Korte, Karl-Rudolf, Treibel, Jan (Hrsg.), Baden-Baden, 2012, S. 55.
[748] Siehe Zintl, Reinhard: Der Homo Oeconomicus: Ausnahmeerscheinung in jeder Situation oder Jedermann in Ausnahmesituationen?, in: Analyse und Kritik 11 (1989), S. 52–69, Westdeutscher Verlag, Opladen,1989, S. 53 ff.

und zum anderen aus der Möglichkeit oder eben der Nicht-Möglichkeit 8,3 Mrd. Euro einsparen zu können.[749] Dies bedingt ein Optimierungsverhalten ex ante, wobei das Optimierungsverhalten bei der Modellierung nicht im Mittelpunkt der Betrachtungen steht (es wird unterstellt), sondern das Erreichen eines stabilen (Nash-) Gleichgewichts auf Parteiebene.

Die nachfolgende Analyse zeigt anhand von Ereignissen eine Präferenzänderung[750] bei den Parteien auf. Die Rational-Choice-Theorie wird an dieser Stelle oft missverstanden. Voraussetzung des Rational Choice sind nicht starre Präferenzen, die einmal gegeben, nicht veränderbar sind (sein dürfen). Ereignisse und Umstände können theoriekonform zu einer Präferenzänderung führen, wobei dann formal ein neues Spiel mit einer modifizierten Auszahlungsmatrix vorliegt.[751]

Im Folgenden stehen der erste Wert für die CDU, der zweite Wert für die CSU und der dritte Wert für die FDP. Die erste Stufe ist die Ausgangssituation aus Zelle H aus Abbildung 63.

---

[749] Vgl. http://europaeische-sicherheit.de/Ausgaben/2011/02_2011/02_Klos/ 2011,02,02,01,.html, gelesen am 09.03.2013. Politische Entscheidungen sind oft mit „hohen" kosten verbunden, so dass auf der politischen Arena häufig „Hochkostensituationen" anzutreffen sind – auch im Sinne des Gewinns / Verlusts von Wählerstimmen oder auch des Machtverlusts.

[750] Eine Präferenzänderung oder auch eine Änderung der Auszahlungen in einer Auszahlungsmatrix sind dann relativ einfach real umzusetzen, falls die Akteure des Spiels die Auszahlungen selbst bestimmen bzw. festlegen. Falls aber ein Dritter (z.B. staatlicher Entscheidungsträger wie beim klassischen Gefangenendilemma; annahmegemäß zielgerichtet zu Gunsten der Gesellschaft; hier: Verbrechensaufklärung) die Auszahlungswerte bestimmt, dann ist eine Präferenzänderung mühsam bis unmöglich für die Entscheidungsakteure. Im klassischen Gefangenendilemma müssten die Gefangenen beispielsweise (um der Auszahlung durch den Staat zu umgehen) ihre Präferenzen für eine höhere Gefängniszeit positiver bewerten als für eine geringere Gefängniszeit (wohl eher unrealistisch). Wenn also in Analogie bewertete Strukturprobleme oder auch objektive Messkriterien und deren objektive (objektiv bzw. allgemein gültig im Sinne der gesellschaftlichen Wohlfahrt) Bewertungen die Auszahlungen (an das gesellschaftliche Kollektiv) bestimmen, dann fällt eine Präferenzänderung bzw. eine überzeugende Argumentation für die Entscheidungsakteure sich dagegen zu entscheiden, sehr schwer. Eine notwendige Voraussetzung einer idealisierten Entscheidungssituation wären dann Entscheidungsakteure (politische Entscheider), die sich in erster Linie als Teil des Kollektivs betrachten. Dazu später mehr.

[751] Vgl. auch Hall, Peter A.: Preferences Formation as a Political Process: The Case of Monetary Union in Europe, in: Preferences and Situations: Points of Intersection between Historical and Rational Choice Institutionalism (Katznelson, I. und Weingast, B., Hrsg.), New York, S. 136–137.

1. Stufe

>   (CDU,CSU,FDP): BEI, BEI, AUS

Die zweite Stufe spiegelt die Andeutungen des Verteidigungsministers, zu Guttenberg, an der Führungsakademie in Hamburg am 26.05.2010 wider, die Wehrpflicht könnte ausgesetzt werden.[752] Es wird dabei das Führungsinstrument der Medien von zu Guttenberg benutzt, um eine erste Ausrichtung zu der Frage der Wehrpflicht bekanntzugeben.

Das ist ein Signal in Richtung Aussetzung, wobei es längst noch keine Mehrheiten innerhalb der CSU gibt, dies auch umzusetzen. Das Signal veranlasst die FDP, an der Aussetzung festzuhalten: noch keine Veränderung in den Werten der Entscheidungsmatrix.

2. Stufe

>   (CDU,CSU,FDP): BEI, BEI, AUS

Die dritte Stufe berücksichtigt den Bundestagsentschluss vom 18.06.2010 der Verkürzung der Wehrpflicht von neun auf sechs Monate, wobei dies annahmegemäß von CDU und CSU als Signal zur Aussetzung der Wehrpflicht verstanden wird. Es gibt aber keine Mehrheiten innerhalb der CDU und CSU zur Aussetzung der Wehrpflicht. Das Signal veranlasst annahmegemäß die FDP, weiter an der Aussetzung festzuhalten. Die Relationen der Präferenzen beginnen sich zu verschieben. CDU und CSU bewerten die Aussetzung jetzt höher. Die Veränderungen der Präferenzen sollen durch die Schriftgröße transparent dargestellt werden. Dies gilt auch für die kommenden Stufen.

---

[752] Vgl. Aus Politik und Zeitgeschichte, Wehrpflicht und Zivildienst, 61. Jahrgang, 28. November 2011, S. 31: Heiko Biehl, Bastian Giegerich, Alexandra Jonas: Aussetzung der Wehrpflicht. Erfahrungen und Lehren westlicher Partnerstaaten.

3. Stufe

(CDU,CSU,FDP): BEI, BEI, AUS

	CSU (AUS) FDP (ABS)	CSU (AUS) FDP (AUS)	CSU (BEI) FDP (ABS)	CSU (BEI) FDP (AUS)
CDU (AUS)	A (2,3,1)	B (2,3,3)	C (2,4,1)	D (2,4,3)
CDU (BEI)	E (4,3,1)	F (4,3,3)	G (4,4,1)	H (4,4,3)

Abbildung 64: Entscheidungsmatrix zur 3. Stufe des wiederholten Spiels zur Wehrpflicht.

Dann öffnet sich die Kanzlerin im August 2010 den Plänen Guttenbergs, und es wird ein weiteres starkes Signal der CDU gesendet, die Wehrpflicht auszusetzen. Hier zeigt sich Frau Merkel mehr als Kanzlerin denn als Parteichefin der CDU, die sich den konservativen Werten verpflichtet fühlt. Bereits hier kann schon abgesehen werden, wie die Entscheidung in Zukunft fallen wird. Denn die CDU wie auch die CSU sind führungszentrierte Parteien, wobei die Willensbildung und Entscheidungsfindung von der Parteispitze initiiert werden. Die Delegierten und auch andere Führungsadressaten sind als treue „Follower" innerhalb ihrer Parteien einzustufen. Das Machtzentrum des Kanzleramts für die CDU macht sich hier deutlich und die Tatsache, dass über dieses Machtzentrum sich ein konservativer Markenkern der CDU auflöst zu Gunsten machtpolitischer, genauer koalitionspolitischer, Machtverhältnisse. Das Aufgeben dieses Markenkerns ermöglicht das zukünftige Koalieren mit jetzigen Oppositionsparteien, die sich aktuell gegen die Wehrpflicht stemmen (SPD, Bündnis90/Die Grünen): Machtstrategisch geschickt und sicherlich nicht, um der FDP entgegenzukommen, sondern eher auf die Zukunft gerichtet, da die FDP sich im permanenten Umfragetief befindet.[753]

---

[753] Vgl. http://www.zeit.de/politik/deutschland/2010-08/umfrage-gruene-fdp gelesen am 11.03.2013.

Das Signal bestärkt die FDP, weiter an der Aussetzung festzuhalten. CDU und FDP bewerten die Aussetzung jetzt mit einem Punkt[754] höher.

4. Stufe

(CDU,CSU,FDP): BEI, BEI, AUS

	CSU (AUS) FDP (ABS)	CSU (AUS) FDP (AUS)	CSU (BEI) FDP (ABS)	CSU (BEI) FDP (AUS)
CDU (AUS)	A (3,3,1)	B (3,3,4)	C (3,4,1)	D (3,4,4)
CDU (BEI)	E (4,3,1)	F (4,3,4)	G (4,4,1)	H (4,4,4)

Abbildung 65: Entscheidungsmatrix zur 4. Stufe des wiederholten Spiels zur Wehrpflicht.

Im September 2010 spricht sich der CSU-Parteichef, Seehofer, in ersten Ansätzen positiv über die Aussetzung der Wehrpflicht aus. Das Signal bestärkt die FDP, weiter an der Aussetzung festzuhalten. CSU und FDP bewerten die Aussetzung jetzt höher. Seehofer als starker Machtpolitiker in Personalunion von Ministerpräsident Bayerns und Parteivorsitzender der CSU ist zu diesem Zeitpunkt eine politische Schlüsselfigur. Wie auch die CDU, ist die CSU führungszentriert ausgerichtet, so dass Positionierungen des Ministerpräsidenten und/oder Parteivorsitzenden ein so hohes Gewicht besitzen, dass die Führungsadressanten inklusive der Parteibasis mit hoher Wahrscheinlichkeit zu „Followern" werden.[755]

---

[754] Es wird vereinfachend von Punkt gesprochen. Genau genommen ist es eine Bewertungseinheit in der Auszahlungsmatrix.
[755] Vgl. 0.

5. Stufe

(CDU,CSU,FDP): BEI, BEI, AUS

	CSU (AUS) FDP (ABS)	CSU (AUS) FDP (AUS)	CSU (BEI) FDP (ABS)	CSU (BEI) FDP (AUS)
CDU (AUS)	A (3,4,1)	B (3,4,5)	C (3,4,1)	D (3,4,5)
CDU (BEI)	E (4,4,1)	F (4,4,5)	G (4,4,1)	**H (4,4,5)**

Abbildung 66: Entscheidungsmatrix zur 5. Stufe des wiederholten Spiels zur Wehrpflicht.

Die Ergebnisse der Strukturkommission vom 26.10.2010 bestärken die Aussagen Guttenbergs, und die Aussetzung der Wehrpflicht findet weitere Befürworter in CSU und CDU. Eine (nach Voraussetzung) neutral (objektiv) beurteilende Expertenkommission unterstreicht die Notwendigkeit der Aussetzung der Wehrpflicht. Das bestärkt bereits Befürworter und findet weitere Befürworter der Aussetzung der Wehrpflicht in den konservativen Kreisen.[756]

Das Signal bestärkt die FDP, weiter politisch auf die Aussetzung zu setzen. CDU, CSU und FDP bewerten die Aussetzung nun höher. Aus der unteren Matrix ist schon erkennbar, dass die CSU jetzt auf die Handlungsalternative Aussetzung bei einen der kommenden Stufen wechselt (5 > 4).

---

[756] Zu der neutralen Expertengruppe folgen weitere Ausführungen.

6. Stufe

(CDU,CSU,FDP): BEI, BEI, AUS

	CSU (AUS) FDP (ABS)	CSU (AUS) FDP (AUS)	CSU (BEI) FDP (ABS)	CSU (BEI) FDP (AUS)
CDU (AUS)	A (4,5,1)	B (4,5,6)	C (4,4,1)	D (4,4,6)
CDU (BEI)	E (4,5,1)	F (4,5,6)	G (4,4,1)	**H (4,4,6)**

Abbildung 67: Entscheidungsmatrix zur 6. Stufe des wiederholten Spiels zur Wehrpflicht.

Auf dem CSU-Parteitag am 29. Und 30. Oktober 2010 beschließt die CSU die Aussetzung der Wehrpflicht. Aufgrund der vorangegangenen Signale von Seehofer und der führungszentrierten Eigenschaft der CSU war keine andere Entscheidung auf dem Parteitag zu erwarten. Hier zeigt sich die Geschlossenheit der konservativen Partei, obwohl ein konservativer Wert aufgegeben wird: eine Tatsache, die kaum ein politischer Beobachter für möglich gehalten hätte.

Das Signal bestärkt die FDP, weiter politisch auf die Aussetzung zu setzen. CDU und FDP bewerten die Aussetzung durch einen offiziellen Beschluss der CSU höher. Bei der nächsten Matrix ist schon erkennbar, dass die CDU jetzt auf die Handlungsalternative Aussetzung bei einer der kommenden Stufen wechselt (5 > 4).

7. Stufe

(CDU,CSU,FDP): BEI, AUS, AUS

	CSU (AUS) FDP (ABS)	CSU (AUS) FDP (AUS)	CSU (BEI) FDP (ABS)	CSU (BEI) FDP (AUS)
CDU (AUS)	A (5,5,1)	B (5,5,7)	C (5,4,1)	D (5,4,7)
CDU (BEI)	E (4,5,1)	F (4,5,7)	G (4,4,1)	H (4,4,7)

Abbildung 68: Entscheidungsmatrix zur 7. Stufe des wiederholten Spiels zur Wehrpflicht.

Vierzehn Tage später, am 15. und 16. November 2010, beschließt die CDU auf ihrem Parteitag die Aussetzung der Wehrpflicht. Die Zelle B ist erreicht.[757] Wie bereits auch auf dem Parteitag der CSU festgestellt wurde, zeigt sich bei der CDU auch eine parteiinterne Geschlossenheit wie es üblicherweise auf Parteitagen der Fall ist. Der Parteitag war in dieser Frage lediglich ein formaler Akt, der durchschritten werden musste.

Es ist zu vermuten, dass aufgrund der (konservativen) Brisanz und des historischen Stellenwertes der Wehrpflicht, die Einheit der Partei zu dieser Frage informell, aber auch hierarchisch-führungszentriert und trotzdem in sehr kontrovers innerparteilich geführten Diskussionen hergestellt wurde. Das belegt auch die Tatsache, dass einige konservative Politiker sich nach der Entscheidung zur Aussetzung der Wehrpflicht kritisch und ablehnend zu der Entscheidung geäußert haben (siehe beispielsweise Äußerungen von Franz Josef

---

[757] Siehe: http://www.bundestag.de/dokumente/textarchiv/2011/33481952_kw08_sp_wehrdienst/index.html:
„Am 1. Juli 2011 soll es offiziell vorbei sein: Die Wehrpflicht wird ausgesetzt. Darauf hatte sich die christlich-liberale Koalition noch im Dezember 2010 geeinigt und einen entsprechenden Entwurf für ein Wehrrechtsänderungsgesetz 2011 (17/4821) vorgelegt. Am Donnerstag, 24. Februar 2011, befasst sich der Bundestag ab 9 Uhr in erster Lesung mit der Gesetzesnovelle, die neben der Wehrpflichtaussetzung auch die Einführung eines freiwilligen Wehrdienstes vorsieht. Für die Debatte sind 90 Minuten geplant."

Jung im Dezember 2011, vgl. Kapitel XX). Die Präferenzänderungen innerhalb der CSU/CDU sind nicht aufgrund einer möglichen wechselnden Änderung der Vetospielerkonstellation, einer inhaltlichen Anpassung oder aufgrund von Lobbyisten-Druck entstanden. Rein parteipolitisch betrachtet, waren es machtpolitische Gründe, welche sich nach dem Top-down Ansatz etablierten.[758]

8. Stufe

(CDU,CSU,FDP): AUS, AUS, AUS

	CSU (AUS) FDP (ABS)	CSU (AUS) FDP (AUS)	CSU (BEI) FDP (ABS)	CSU (BEI) FDP (AUS)
CDU (AUS)	A (5,5,1)	B (5,5,7)	C (5,4,1)	D (5,4,7)
CDU (BEI)	E (4,5,1)	F (4,5,7)	G (4,4,1)	H (4,4,7)

Abbildung 69: Entscheidungsmatrix zur 8. Stufe des wiederholten Spiels zur Wehrpflicht.

Die Zelle B ist über die Präferenzänderung der CDU und CSU ein neues Nash-Gleichgewicht mit koalitions-politischer Mehrheit.

Zusammenfassend werden die gespielten Strategien der Spielstufen dargestellt, um diese weiter zu analysieren. Es wird nochmals betont, dass annahmegemäß die Wehrpflicht nur ausgesetzt werden kann, wenn alle Regierungsparteien der Aussetzung zustimmen.

---

[758] Neben den ökonomischen Aspekten. Vgl. auch Fischer-Hotzel, Andrea: Vetospieler in territorialen Verfassungsreformen, Britische Devolution und französische Dezentralisierung im Vergleich, 2013, S. 139–140.

Stufe	Strategie	Politisches Ergebnis
1.	(CDU,CSU,FDP): BEI, BEI, AUS	Beibehaltung
2.	(CDU,CSU,FDP): BEI, BEI, AUS	Beibehaltung
3.	(CDU,CSU,FDP): BEI, BEI, AUS	Beibehaltung
4.	(CDU,CSU,FDP): BEI, BEI, AUS	Beibehaltung
5.	(CDU,CSU,FDP): BEI, BEI, AUS	Beibehaltung
6.	(CDU,CSU,FDP): BEI, BEI, AUS	Beibehaltung
7.	(CDU,CSU,FDP): BEI, AUS, AUS	Beibehaltung
8.	(CDU,CSU,FDP): AUS, AUS, AUS	Aussetzung

Abbildung 70: Stufen des wiederholten, endlichen Spiels zur Wehrpflicht.

Die Ausgangssituation in Zelle H soll im Sinne eines endlich wiederholten Spiels[759] als Defektion der FDP interpretiert werden, weil die anderen Spieler CDU und CSU die Strategie *Beibehaltung* spielen und eine politische Mehrheit innerhalb der Koalition bilden. Deswegen würde bei der gegebenen Situation der Zelle H die Wehrpflicht beibehalten, da es in der Koalition keine Mehrheit für die Aussetzung gibt. Die beiden Konstellationen aus Zelle I und III (vgl. Abbildung 61) sind annahmegemäß zwei erstrebenswerte Konstellationen der Regierungsparteien, da in beiden Fällen alle drei Koalitionsparteien die gleiche Strategie in Bezug auf die Wehrpflicht einschlagen. Das soll als Kooperation verstanden werden. Somit gibt es mehr als eine Möglichkeit der Kooperation, was grundsätzlich zu Auswahl- und Koordinationsproblemen führt.[760]

Ausgangspunkt ist aber zunächst die Defektion der FDP von der Kooperation (Zelle II in Abbildung 61). Im Folgenden steht C für Kooperation und D für Defektion, für die Abweichung von der kooperativen Lösung der Zelle III in Abbildung 61. Der erste Wert steht für die CDU, der zweite für die CSU und der dritte für die FDP. So gilt für die Ausgangslage:

---

[759] Wenn ein Spiel einmalig gespielt wird, ist es auch endlich wiederholt.
[760] Vgl. Diekmann, Andreas: Spieltheorie Einführung, August 2010, S. 134.

Erste Iteration (CDU): C

Erste Iteration (CSU): C

Erste Iteration (FDP): D

Die CDU und CSU agieren bis zur sechsten Iteration mit Kooperation, wobei die FDP an ihrer Position der Aussetzung verharrt:

Erste bis sechste Iteration (CDU, CSU, FDP): C,C,D

Dies kann bis zu diesem Zeitpunkt als unbedingte Strategie der FDP gewertet werden, Aussetzung (D) zu spielen (always defect), und für die CDU und CSU als unbedingte Strategie der Beibehaltung (C) (always cooperate) interpretiert werden.[761] In der Modellierung existieren annahmegemäß vollständige und vollkommene Information nach Rational Choice und auch die Möglichkeit der offenen Kommunikation. Wie aus der vorangegangenen stufenweise Analyse zu erkennen ist, werden bei der CDU und CSU die Präferenzen auf die Alternativen neu verteilt. Dies ist annahmegemäß für die FDP zu erkennen (vollkommene Information). In der Praxis sind dies beispielsweise öffentliche Debatten und eben Beschlüsse vom Bundestag oder dem Kabinett. Durch die zugängliche und vertrauensvolle Information wird die FDP weiter in ihrer Positionierung gestärkt.

Ab der siebten Iteration defektiert die CSU, was zu C,D,D führt. Dies kann als go by majority Strategie interpretiert werden, wobei sich die CSU dann spieltheoretisch an der FDP ausrichtet (an den meist gespielten Zügen des Mitspielers FDP) und deswegen so bedingt spielen würde.[762] In der Realität ist es zu diesem Zeitpunkt eher nicht denkbar, dass sich die CSU an der FDP orientiert. Für die Mehrheit innerhalb der CSU könnte auch die Einschätzung herangezogen werden, dass viele Delegierte in der CSU bereits meinen, dass die Mehrheit der Delegierten aus den Koalitionsparteien bereits zur Aussetzung der Wehrpflicht tendiert. Dieses Verhalten würde der Verfasser als go by political majority bezeichnen (endogen bedingt). Denkbar wäre eben auch – und das kommt der Realität wohl am nächsten –, dass der Verteidigungsminister, Karl-Theodor zu Guttenberg, durch Argumentation und noch mehr durch Charisma überzeugte. Dieses Verhalten würde der Verfasser als convinced by

---

[761] Vgl. ebd.: S. 137 ff.
[762] Vgl. http://www.hagalil.com/lexikon/index.php?title=Gefangenendilemma, gelesen am 20.12.2011.

personality Strategie bezeichnen wollen, eine endogen bedingte Strategie (CSU intern) und nicht eine an den Mitspieler (CDU oder FDP) ausgerichtete Strategie.

Die *convinced by personality* Strategie gilt auch in der achten Iteration für die CDU (zu diesem Zeitpunkt bereits unionsweit), so dass technisch (D,D,D) gespielt würde, aber nach Definition dann (C,C,C) mit dem Ergebnis der Zelle B (siehe Abbildung 69) als Kooperationsvariante.[763] Die Defektion der CDU – wie auch die zuvor gespielte Defektion der CSU – kann als Defektion der ursprünglichen Kooperationsvarianten interpretiert werden. Zu diesem Zeitpunkt wäre nach Definition auch die *go by majority* Strategie als Erklärung für das Verhalten der CDU denkbar.

Es kann gesagt werden, dass die FDP die unbedingte Strategie *always defect* bis zu der Entscheidung der Aussetzung der Wehrpflicht gespielt hat und die CDU und CSU die endogen bedingte *convinced by personality* Strategie. Insgesamt hat sich die Überzeugung bei den Unionsparteien dynamisch evolutionär aufgebaut und durchgesetzt. Man könnte dies übergeordnet auch als Liquid Strategy von CDU und CSU bezeichnen, wobei durch die Bezeichnung die zeitliche, evolutionäre Änderung in der Präferenzordnung der Handlungsalternativen angezeigt werden soll – welche Gründe diese Änderung auch immer ausgelöst haben.

Es ist aber auch eine andere Interpretation möglich, die auch plausibel abgeleitet werden kann. Es ist zwar am Ende eine kooperative Lösung entstanden, die aber (angeblich) durch die Anpassung von Präferenzen der konservativen Parteien entstanden ist. Geht man davon aus, dass die führungszentrierten konservativen Parteien CDU und CSU nicht wirklich eine (überzeugte, Parteirationale) Mehrheit in den eigenen Reihen hatten, sondern nach Parteivorgaben entschieden (entscheiden mussten), kann nicht wirklich von einer (mehrheitlichen) Zustimmung der konservativen Parteien gesprochen werden. Würde der Wehrpflichtfrage grundsätzlich ein Chickenspiel unterstellt, dann wäre möglicherweise in der Realität ein (stabiles und pareto-optimales) Nash-Gleichgewicht zum Vorteil der FDP erreicht mit CDU, CSU, FDP (BEI, BEI, AUS), welches aber nach außen sichtbar als CDU, CSU, FDP (AUS, AUS, AUS) in Erscheinung tritt.

---

[763] Bei der ersten Kooperationssituation, Zelle III, könnt man auch der Unterscheidung wegen von C_1,C_1,C_1 sprechen und von der zweiten Kooperationsvarianten von C_2,C_2,C_2.

Da – wie erläutert – monolithische (dominierende) Handlungsstrukturen bei der Modellierung unterstellt sind, ist die Heranziehung des Gefangenendilemmas zur Erklärung sinnvoll. Dabei wäre eine pareto-optimale Strategiekombination mit den (Nutzen-)Vorteilen bei der FDP entstanden, die nach Rational Choice aber nicht stabil ist (kein Nash-Gleichgewicht). Beide Interpretationen haben gemein, dass die FDP politisch ihre Position in der Wehrpflichtfrage durchgebracht und damit das Spiel „Wehrpflichtfrage" für sich entschieden hat und die entstandene Situation pareto-optimal ist.[764] Der hier wesentliche Unterschied ist die Interpretation der gefundenen Strategiekombination mit Blick auf die Stabilität. Da die Wehrpflicht mit einfacher Mehrheit wieder aktiviert werden kann, kann der gefundene Zustand als „eher instabil" bezeichnet werden. Eine andere notwendige Mehrheitsregel zur Aktivierung, wie beispielsweise eine 2/3 Mehrheit, hätte als höhere Stabilität gewertet werden können. Falls man den Aussagen vieler Fachleute Glauben schenkt, die die passivierte Wehrpflicht als nicht reversibel einschätzen[765], dann ist die Interpretation der ausgearbeiteten Strategiekombination als stabil plausibel. Der Verfasser tendiert dabei zur der Interpretation des „eher instabilen" Zustands, weil die einfache Mehrheit eine Tatsache ist und die Einschätzung der Fachleute eben nicht.

Die Interpretationen machen die Schwierigkeit des Erkennens von spielstrategischen Situationen in der (politischen) Wirklichkeit sichtbar, denn eine politische Kooperation ist nicht in jedem Fall gleichzusetzen mit einer nach Wohlfahrtskriterien orientierten Kooperation oder mit einer Kooperation im Sinne des Entscheider-Kollektivs nach Rational Choice. Jede politische Entscheidung ist am Ende aus einem – wie auch immer ausgestalteten – kooperativen Mehrheits-Verhalten entstanden.[766] In der vorliegenden Untersuchung stand nicht das (neutrale objektive) gesamtstaatliche Wohlfahrtskriterium in der Auszahlungsmatrix sondern die von den Parteien gewichteten (favorisierten) Kriterien. Bei der Betrachtung des (objektiven) Wohlfahrtskriteriums treten noch weitere Herausforderungen auf, die an späterer Stelle diskutiert werden.

---

[764] Die konservativen Parteien können nur besser gestellt werden, wenn die FDP ihre Position der Aussetzung verlässt (und sich dadurch annahmegemäß schlechter stellt).
[765] Also als nicht wieder reaktivierbar. Das würde einer Abschaffung gleich kommen.
[766] Die schlichte Interpretation der politischen Mehrheits-Kooperation könnte dann zur falschen Vermutung führen, dass die vorliegende Entscheidung die kollektiv beste Lösung ist – insbesondere dann, wenn mit dem Kollektiv das gesamtstaatliche (gesellschaftliche) Kollektiv gemeint ist.

Im Folgenden soll eine weitere Möglichkeit der Modellierung der politischen Entscheidung der Wehrpflichtfrage auf Parteiebene aufgezeigt werden. Die Entscheidung in der Wehrpflichtfrage kann über das Aufweichen in der Positionierung auch mit gemischten Strategien modelliert werden.[767] Die Wahrscheinlichkeiten seien wie folgt zugeordnet:

Regierung		Abschaffung	Aussetzung	Beibehaltung
	W'keiten			
CDU		p_{Ab}	p_{Au}	$(1- p_{Ab} - p_{Au})$
CSU		q_{Ab}	q_{Au}	$(1- q_{Ab} - q_{Au})$
FDP		λ_{Ab}	λ_{Au}	$(1- \lambda_{Ab} - \lambda_{Au})$
	Pay-Off			
CDU		0	1	4
CSU		0	2	4
FDP		1	3	0

Abbildung 71: Wahrscheinlichkeiten bei den Regierungsparteien zur Wehrpflichtfrage.

Der Payoff entspricht dem hergeleiteten Payoff aus Abbildung 60. Um das Nash-Gleichgewicht zu finden, müssen die einzelnen Spieler (CDU, CSU und FDP) ihre Strategien so mischen bzw. mit Wahrscheinlichkeiten belegen, dass die jeweils anderen Spieler indifferent sind in ihrer Strategiewahl. Wenn jeder Spieler indifferent ist, dann ergibt sich das Nash-Gleichgewicht, weil niemand einen Vorteil (Anreiz) hat abzuweichen. Ziel ist es also, die parametrisierten Wahrscheinlichkeiten der Handlungsalternativen der Parteien zu bestimmen.

Zunächst sei die Sicht der CDU betrachtet. Bei Strategiewahl der CDU aus den Handlungsalternativen sollen dann CSU und FDP indifferent sein.

Die CSU ist indifferent in ihrer Auswahl der Handlungsalternativen, wenn die Auszahlungen an die CSU immer gleich sind, egal welche Strategie die CSU wählt.

---

[767] Vgl. Colman, Andrew M.: Game Theory & its Applications in the social and biological science, Routledge, East Sussex, 2003, pp. 64–69, pp. 280–285.

Wählt die CSU die Strategie Abschaffung (Auszahlung 0 an die CSU), muss aus allen anderen Möglichkeiten der Handlungsalternativen der anderen Parteien gelten:[768]

$\lambda_{Ab} * (p_{Ab} * 0 + p_{Au} * 0 + (1 - p_{Ab} - p_{Au}) * 0) =$

$\lambda_{Au} * (p_{Ab} * 0 + p_{Au} * 0 + (1 - p_{Ab} - p_{Au}) * 0) =$

$(1 - \lambda_{Ab} - \lambda_{Au}) * (p_{Ab} * 0 + p_{Au} * 0 + (1 - p_{Ab} - p_{Au}) * 0)$

Das Ergebnis dieser Gleichungen ist offensichtlich Null.

Wählt die CSU die Strategie Aussetzung (Auszahlung 2 an die CSU), muss aus den Möglichkeiten der Handlungsalternativen der anderen Parteien gelten:

$\lambda_{Ab} * (p_{Ab} * 2 + q_{Au} * 2 + (1 - p_{Ab} - p_{Au}) * 2) = \lambda_{Ab} * (p_{Ab} * 2 + p_{Au} * 2 + 2 - 2 p_{Ab} - 2 p_{Au}) = 2 * \lambda_{Ab}$

$\lambda_{Au} * (p_{Ab} * 2 + p_{Au} * 2 + (1 - p_{Ab} - p_{Au}) * 2) = \lambda_{Au} * (p_{Ab} * 2 + p_{Au} * 2 + 2 - 2 p_{Ab} - 2 p_{Au}) = 2 * \lambda_{Au}$

$(1 - \lambda_{Ab} - \lambda_{Au}) * (p_{Ab} * 2 + p_{Au} * 2 + (1 - p_{Ab} - p_{Au}) * 2) = (1 - \lambda_{Ab} - \lambda_{Au}) * (p_{Ab} * 2 + p_{Au} * 2 + 2 - 2 p_{Ab} - 2 p_{Au}) = 2 * (1 - \lambda_{Ab} - \lambda_{Au})$

Wählt die CSU die Strategie Beibehaltung (Auszahlung 4 an die CSU), muss aus den Möglichkeiten der Handlungsalternativen der anderen Parteien gelten:

$\lambda_{Ab} * (p_{Ab} * 4 + p_{Au} * 4 + (1 - p_{Ab} - p_{Au}) * 4) = 4 * \lambda_{Ab}$

$\lambda_{Au} * (p_{Ab} * 4 + p_{Au} * 4 + (1 - p_{Ab} - p_{Au}) * 4) = 4 * \lambda_{Au}$

$(1 - \lambda_{Ab} - \lambda_{Au}) * (p_{Ab} * 4 + p_{Au} * 4 + (1 - p_{Ab} - p_{Au}) * 4) = 4 * (1 - \lambda_{Ab} - \lambda_{Au})$

Alle Handlungsmöglichkeiten müssen nun für die CSU gleichwertig sein. Daher werden die gefundenen Auszahlungen gleich gesetzt:

$0 = 2 * \lambda_{Ab} = 2 * \lambda_{Au} = 2 * (1 - \lambda_{Ab} - \lambda_{Au}) = 4 * \lambda_{Ab} = 4 * \lambda_{Au} = 4 * (1 - \lambda_{Ab} - \lambda_{Au})$

---

[768] Vereinfacht kann die Frage gestellt werden: wann bekommt die CSU die Auszahlung 0? (Es müssen alle Strategiekombinationen bzw. Wahrscheinlichkeitskombinationen der anderen Parteien berücksichtigt werden). Hierbei ist nicht entscheidend, ob die CSU die Auszahlung auch realisiert haben möchte – nach den Auszahlungen zu urteilen offensichtlich nicht. Analog in den anderen Fällen.

Dividiert durch 2 auf jeder Seite, folgt zu:

$0 = \lambda_{Ab} = \lambda_{Au} = (1- \lambda_{Ab} - \lambda_{Au}) = 2 * \lambda_{Ab} = 2 * \lambda_{Au} = 2 * (1- \lambda_{Ab} - \lambda_{Au})$

$0 = 1 = 2$ (Widerspruch).[769]

Daraus folgt, dass es kein Nash-Gleichgewicht unter den gegebenen Konstellationen bei gemischten Strategien gibt. Dies ist auch relativ leicht nachzuvollziehen. Dazu im Einzelnen: Es liegt an den konstruierten Null-Vektoren, die annahmegemäß auch die Wertigkeit Null besitzen. Würde man nun alle Nullvektoren eliminieren, also alle Handlungsalternativen der Akteure, welche mit Null gewichtet sind, herausnehmen, und die Entscheidungsmatrix auf die restlichen Handlungsalternativen reduzieren, dann würde sich keine andere Aussage ergeben. Daraus würde die Modellierung dreier Akteure (CDU, CSU und FDP) mit jeweils 2 Handlungsalternativen folgen. In der Summe sind das $2^3 = 8$ Kombinationsmöglichkeiten (vgl. Abbildung 62).

Die Analyse soll mit dieser Überlegung fortgeführt werden. Durch die Eliminierung der Handlungsalternativen ergibt sich, dass die CDU nicht die Handlungsalternative *Abschaffung* spielt; dies gilt ebenso für die CSU. Die FDP spielt die Handlungsalternative *Beibehaltung* nicht. Somit folgt:

(1) $p_{Ab} = q_{Ab} = (1- \lambda_{Ab} - \lambda_{Au}) = 0$.

Betrachten wir zunächst die Indifferenz der CSU. Die Vorgehensweise soll paarweise zur Vereinfachung erfolgen, d.h. zunächst ein Vergleich von jeweils 2 Spalten aus der Abbildung 63.[770]

Die Indifferenz-Anforderung zwischen Zellen A und E im Vergleich zu Zellen B und F führt zu:

(2) $\lambda_{Ab} * (p_{Au} * 2 + (1- p_{Au} - p_{Ab}) * 2) = \lambda_{Au} * (p_{Au} * 2 + (1- p_{Au} - p_{Ab}) * 2)$

daraus folgt: $\lambda_{Ab} = \lambda_{Au}$.

und wegen (1), $(1- \lambda_{Ab} - \lambda_{Au}) = 0$, folgt $\lambda_{Ab} = \lambda_{Au} = 0,5$.

---

[769] Alle anderen Kombinationen der anderen Parteien müssen aufgrund des Widerspruchs nicht betrachtet werden.
[770] Diese Abbildung wird auch im Folgenden zur Analysegrundlage herangezogen.

Die Indifferenz-Anforderung zwischen Zellen C und G im Vergleich zu Zellen D und H führt zu:

(3) $\lambda_{Ab} * (p_{Au} * 4 + (1- p_{Au} - p_{Ab}) * 4) = \lambda_{Au} * (p_{Au} * 4 + (1- p_{Au} - p_{Ab}) * 4)$

daraus folgt $\lambda_{Ab} = \lambda_{Au}$ wie oben.

Somit würde die FDP ihre Handlungsalternativen *Abschaffung* und *Aussetzung* zu jeweils zu 50 Prozent spielen.

Betrachten wir nun die Indifferenz der FDP. Die Indifferenz-Anforderung zwischen Zellen A und E im Vergleich zu Zellen B und F führt zu:

(4) $q_{Au} * (p_{Au} * 1 + (1- p_{Au} - p_{Ab}) * 1) = q_{Au} * (p_{Au} * 3 + (1- p_{Au} - p_{Ab}) * 3)$

daraus folgt: $q_{Au} = 3 * q_{Au}$ und somit $q_{Au} = 0$.

wegen (1), $q_{Ab} = 0$, folgt $(1 - q_{Ab} - q_{Au}) = 1$.

Die Indifferenz-Anforderung zwischen Zellen C und G im Vergleich zu Zellen D und H führt zu:

(5) $(1 - q_{Ab} - q_{Au}) * (p_{Au} * 1 + (1 - p_{Au} - p_{Ab}) * 1) = (1 - q_{Ab} - q_{Au}) * (p_{Au} * 3 + (1 - p_{Au} - p_{Ab}) * 3)$

Daraus folgt: $(1 - q_{Ab} - q_{Ab}) = 3 * (1 - q_{Au} - q_{Au})$ und somit $(1 - q_{Ab} - q_{Au}) = 0$.

Aus (4) folgt $(1 - q_{Ab} - q_{Au}) = 1$ und aus (5) folgt $(1 - q_{Ab} - q_{Au}) = 0$, somit folgt $0 = 1$. Widerspruch.[771]

Ein genauer Blick auf die reduzierte Matrix verrät, dass für die CDU und die CSU die Handlungsalternative *Beibehaltung* strikt dominant ist. Für die FDP ist die Handlungsalternative *Aussetzung* strikt dominant. Deswegen existiert kein Nash-Gleichgewicht in gemischten Strategien.[772] Demnach ist das rechnerisch nachvollzogene Ergebnis auch plausibel. Wenn die Handlungsalternativen von den Parteien mit Wahrscheinlichkeiten gespielt werden, gibt es nach Rational Choice unter der angenommenen Bewertung kein stabiles Gleichgewicht. Eine

---

[771] Aufgrund des Widerspruchs kann an dieser Stelle die Berechnung beendet werden. Ansonsten müsste die Berechnung analog auch für alle anderen Möglichkeiten und Parteien fortgeführt werden.
[772] Vgl. Rieck, Christian: Spieltheorie Eine Einführung, 10. Auflage, 2010, S. 87.

politische Korrektur (Kompromiss) müsste in einem solchen Fall den instabilen Zustand heilen.[773] Eine Lösung wäre dann – wie gesehen – eine Neubewertung der Präferenzzuordnung oder aber auch ein Zugeständnis im Tausch zu Gunsten oder Ungunsten mit einer anderen politischen Fragestellung: spieltheoretisch ein über verschiedene politische Fragestellungen mehrstufiges Spiel. Die Instabilität kann aus sich heraus auch bedeuten, dass die Frage zur Wehrpflicht zeitnah wieder diskutiert wird.[774]

Falls eine modifizierte Modellierung aber nach den hier hergeleiteten und realisierten Auszahlungen vorgenommen wird, würde es beispielsweise genau zwei verschiedene realisierbare Output-Triple geben.[775] Der eine Output-Triple (4,4,0) repräsentiert die Auszahlung im Fall der realisierten Beibehaltung der Wehrpflicht und das zweite Output-Triple (1,2,3) gibt die Auszahlungen im Fall der realisierten Aussetzung der Wehrpflicht an.[776] Die nachfolgende Entscheidungsmatrix zeigt die entsprechende Darstellung.

	CSU (AUS) FDP (ABS)	CSU (AUS) FDP (AUS)	CSU (BEI) FDP (ABS)	CSU (BEI) FDP (AUS)
CDU (AUS)	A (4,4,0)	B (1,2,3)	C (4,4,0)	D (4,4,0)
CDU (BEI)	E (4,4,0)	F (4,4,0)	G (4,4,0)	H (4,4,0)

Abbildung 72: Deadlock bei realisierbaren Payoffs.

---

[773] Ein politischer Kompromiss kann unter Rational Choice verschiedenartig abgebildet werden. Beispielsweise als eine neue Handlungsalternative, als Restriktion oder eben als ganz neues Spiel, welches zukünftig gespielt wird, aber dann Präferenzänderungen (Präferenzanpassungen) bezogen auf eine vorangegangenes Spiel bedeuten.
[774] Zu der Bedeutung einer instabilen bzw. stabilen Interpretation später mehr.
[775] Die Modellierung berücksichtigt, dass es nur zwei verschiedene Output-Vektoren gibt, weil in der politischen Realität die Wehrpflicht nicht gleichzeitig ausgesetzt (abgeschafft) und beibehalten werden kann. In der Realität gibt es nur genau eine Möglichkeit der Realisierung. Die Aussetzung und Abschaffung sind in dieser Modellierung als ein Zustand modelliert. Die Modellierung (Payoff) reduziert auf zwei Zustände: Wehrpflicht installiert oder Wehrpflicht nicht installiert.
[776] Vgl. Abbildung 62.

Es ist bei der Strategiekombination BEI, BEI, AUS (CDU, CSU, FDP) der Zelle H zu erkennen, dass keine Partei von dieser Strategiewahl abweichen würde. Somit ist zu indizieren, dass „etwas passieren muss", um die Zelle H zu verlassen. Aus sich heraus passiert das nicht und die angenommene Konstellation zeigt ein Deadlock: denn nur die FDP könnte sich in Zelle B besser stellen, wobei die FDP die Strategie Aussetzung in H bereits spielt.

Falls annahmegemäß die Zelle H den Ausgangspunkt der Überlegungen bildet und Zelle B die von allen Parteien erstrebenswerte Lösung (kollektiv-rationale Lösung) wäre, kann die kollektiv-rationale Lösung beispielsweise über Tit-for-Tat realistisch nicht stabilisiert werden, weil es in der Realität nicht möglich ist, die Wehrpflicht zeitnah auszusetzen, dann wieder beizubehalten und wieder zeitnah auszusetzen.

Eine Lösung kann in diesem Fall auch realistisch nur über Präferenzänderung (bzw. Änderung der Auszahlungsmatrix) erfolgen. Die Präferenzänderung erfolgt in Fachgremien, Ausschusssitzungen und anderen formellen und informellen Sitzungen. Ein Charakteristikum im Vergleich zum Gefangenendilemma oder anderen rational modellierten Spielsituationen zeigt den deutlichen Unterschied: Die Akteure können (objektiv) ihre Präferenzen bzw. die Auszahlungswerte ändern und dadurch (mehrheitlich) eine andere Lösung erreichen.[777] Falls das nicht gelingt, schließen sich Schlichtungsrunden und Vermittlungsausschüsse an. Das Prinzip der Präferenzänderung wird dann über diese Instrumentarien fortgesetzt.[778]

Eine objektive Auszahlungsmatrix müsste über ein parteiübergreifendes (neutrales) Expertengremium erfolgen. Grundlage könnten die Ergebnisse der vorangegangenen Analysen sein: insbesondere das Ergebnis des Freiwilligendilemmas[779] und die Tatsache, dass nur eine staatliche (übergeordnete) Instanz eine pareto-optimale Menge an militärischer Leistung bereitstellen kann und dies über die Freiwilligkeit in der Realität nicht garantiert ist. Dem gegenüber

---

[777] Weil im Gefangenendilemma die Auszahlungsfunktion von einem Dritten (dem Staat) vorgegeben wird, kann über eine „objektive Präferenzänderung" keine andere Lösung gefunden werden. Subjektiv schon – ein Gefangener müsste dann die Gefängnisstrafe beispielsweise für sich positiv bewerten. Ob das (im Allgemeinen) realistisch ist, mag jeder für sich beurteilen. Unter Rational Choice gilt die Präferenzänderung bzw. die Änderung der Auszahlungsmatrix als triviale Lösung, denn über diesen Weg können ex post alle Ergebnisse beliebig erreicht werden.
[778] Eine gefundene Lösung kann über die Zeit (immer) wieder hinterfragt und zur Diskussion stehen.
[779] In Analogie das Nicht-Verweigerungsdilemma im Fall einer Wehrpflichtarmee.

steht die Tatsache, dass die Verteidigungsfähigkeit eines Staates gewährleistet werden muss. Wenn also nicht parteiorientierte Interessen, sondern beispielsweise die (objektiv zu berechnende) staatliche Wohlfahrt[780] als Messgröße genommen wird, könnte folgende Modellierung herangezogen werden. Es sei angenommen, dass die drei Regierungsparteien CDU, CSU und FDP sich entgegen einem neutralen (objektiven) Expertenrats für die Aussetzung positionieren werden (siehe vorangegangene Herleitung).[781] Der politische Nutzen[782] wird bei den Regierungsparteien im Fall der Beibehaltung der Wehrpflicht annahmegemäß negativ eingestuft, die Aussetzung mittlerweile positiv. Also komplementär zum Expertenrat, der die gesamtstaatliche Wohlfahrt[783] annahmegemäß als Grundlage genommen hat. Die folgende Abbildung soll das Gesagte verdeutlichen:

---

[780] Von der konkreten Berechnung der Objektivität soll abstrahiert werden. Das ist einerseits zu diskutieren und andererseits kann die Objektivität einfach angenommen werden, um weitere Überlegungen und Analysen anzustellen.
[781] Das Beispiel kann auch analog mit der Beibehaltung als präferierte Lösung der Parteien modelliert werden.
[782] Gemeint ist das Parteiinteresse bzw. der parteipolitische Vorteil, sich für die Aussetzung zu positionieren. Einzelne Gründe sollen bei der Modellierung keine Rolle spielen.
[783] Unabhängig von der Diskussion, wie jetzt die gesamtstaatliche Wohlfahrt bestimmt wird. Bei dieser Betrachtung sind die Parteien für die neutrale Expertengruppe ein Teil der Gesellschaft, ein Teil des gesellschaftlichen Kollektivs.

	CSU (AUS) FDP (ABS)	CSU (AUS) FDP (AUS)	CSU (BEI) FDP (ABS)	CSU (BEI) FDP (AUS)	CSU (BEI) FDP (BEI)
CDU (AUS)	A	B (-5,-5,-5) (10,10,10)	C	D	E
CDU (BEI)	E	F	G	H	J (10,10,10) (-5,-5,-5)

Abbildung 73: Politisches Dilemma: Allgemeininteresse gegen Parteieninteresse.

Der erste Klammerausdruck mit dem (grauen) Zahlentripel in der Auszahlungsmatrix zeigt annahmegemäß die Bewertung der (neutralen, überparteilichen) Expertengruppe der Wehrpflichtentscheidung auf die gesamtstaatliche Wohlfahrt und der zweite (schwarze) Klammerausdruck zeigt die Bewertung der Parteien mit entsprechender parteiorientierter Wirkung bei der Entscheidung zur Wehrpflichtfrage Die grau hinterlegten Payoffs in Abbildung 73 stellen sogenannte Schatten-Payoffs (hidden-benefits) dar, die zwar realisiert werden würden, falls die agierenden Akteure (Regierungsparteien) gemäß Rational Choice die gesamtstaatliche Wohlfahrt maximieren würden, aber (oft) faktisch nicht realisiert werden, weil die agierenden Akteure andere (eigene) Interessen und damit Bewertungen verfolgen. Das würden ihre Parteienvertreter selbstverständlich nicht öffentlich kommunizieren. Ganz im Gegenteil – auch die Parteienvertreter sprechen von der gesamtstaatlichen Wohlfahrt, nach der sie handeln oder handeln gedenken (Gemeinwohl-Rhetorik der Politiker).[784]

Die Interessenlage von Parteien und/oder Politikern kann sich sehr unterschiedlich zusammensetzen. Bekannte Phänomene in der Sphäre der Politik sind Machterhalt, Geltungsbedürfnis, die eigene Karriere und sogar persönliche Bereicherung bis hin zu Korruption. In diesem Zusammenhang werden dann (objektive) Wirtschaftlichkeitsprüfungen missachtet, was am Ende der

---

[784] Vgl. Kapitel VI.

Gemeinschaft (der gesamtstaatlichen Wohlfahrt) zur Last fällt.[785] Im Fall der Wehrpflicht-Aussetzung in der Bundesrepublik Deutschland fällt die Person von zu Guttenberg auf, die nicht nur die Rhetorik und die Medien als Führungsinstrument einsetzte, sondern auch durch ein besonderes Geltungsbewusstsein auffiel.[786] Insbesondere setze er auf bürgerliche Grundwerte (auf einen bürgerlichen Wertekanon) wie Tradition, Ehrlichkeit, Tugend, Klarheit, Glaubwürdigkeit und auch auf eine politische Moral gegenüber der Gesellschaft: Eine Einstellung und eine Verkörperung von bürgerlichen Werten wie sie idealer nicht sein kann für eine konservative Partei wie die CSU (als auch die CDU). Seine Aussagen zu den Wertevorstellungen werden ihn später einholen und ihn zum politischen Abdanken zwingen.[787]

Zudem darf nicht außer Acht gelassen werden, dass die Aussetzung der Wehrpflicht eine historische Entscheidung war, so dass die Verewigung des Verteidigungsministers, unter welchem die Wehrpflicht ausgesetzt oder abschafft wird, in den Geschichtsbüchern sicher war. Ein Umstand, der dem damaligen Verteidigungsminister von zu Guttenberg gut zu Gesicht stand. Es darf daher vermutet werden, dass von zu Guttenberg mit reichlich ausgestatteten Eigeninteressen die Entscheidung zur Aussetzung forcierte. Kritisch muss man an dieser Stelle auch die eingesetzte – objektive – Expertenkommission (Weise Strukturbericht) betrachten, die „zum richtigen Zeitpunkt" für die Aussetzung plädierte, insbesondere mit der Begründung der sicherheitspolitischen Lage.[788]

---

[785] Aktuell (März 2013) sind viele Beispiele in der Realität zu erkennen: Elbphilharmonie in Hamburg, der Bau des Flughafens Berlin-Brandenburg, das Landesarchiv in Duisburg. Und auch die Nürburgring-Pleite. Immer wieder wird über öffentliche Misswirtschaft in der Öffentlichkeit berichtet. Insbesondere ist hier der Bund der Steuerzahler mit der Ausgabe des Schwarzbuches zu nennen. Vgl. http://schwarzbuch.steuerzahler.de/, gelesen am 12.03.2013.
[786] Vgl. 0. Zu Guttenberg wurde von den Medien teilweise sogar schon als zukünftiger Kanzler gehandelt. Häufig erschienen Guttenberg und seine Familie auf Gesellschaft-Illustrierten wie Bunte, Gala, Stern. Ein Vorzeige-Politiker, der oft in der Presse mit der Kennedy Familie aus in den USA in Zusammenhang gebracht wurde. Er war ein politischer Shootingstar. Vgl. http://www.gala.de/stars/story/interview/stephanie-zu-guttenberg-ich-brauche-nicht-viel-firlefanz_19719.html und http://citizenseurope.wordpress.com/2011/02/22/merkel-ist-bismarck-guttenberg-ist-kennedy-eine-deutsche-legende/, gelesen am 13.03.2013
[787] Vgl. http://www.welt.de/debatte/kommentare/article12673132/Der-Sieg-des-Internet-und-der-buergerlichen-Werte.html, gelesen am 13.03.2013.
[788] Zum richtigen Zeitpunkt meint die zeitliche Übereinstimmung der Empfehlung der Expertenkommission mit der Positionierung der Parteien CDU/CSU und FDP, die sich seit einiger Zeit schon abzeichnete.

„Die Allgemeine Wehrpflicht hat die Integration der Streitkräfte in die Gesellschaft gefördert. Heute aber schwindet die gesellschaftliche Akzeptanz der Wehrpflicht. Generell ist eine solche nur dann sinnvoll, wenn dies die äußere Sicherheit des Staates zwingend gebietet. Durch den Wegfall einer massiven, unmittelbaren militärischen Bedrohung kann die Wehrpflicht in der heutigen Form sicherheitspolitisch nicht mehr gerechtfertigt werden."[789]

Zur Illustration werden die Positionierungen zur Frage der Wehrpflicht von Kommissionen und der Regierungsparteien in (objektiven) Berichten und Verträgen in der folgenden Tabelle zusammengestellt.

Kommissionen / Verträge	Jahr	Positionierung zur Wehrpflicht
Weizsäcker Kommission[790]	2000	Beibehaltung
Das Weißbuch[791]	2006	Beibehaltung
Koalitionsvertrag CDU, CSU und FDP[792]	2009	Beibehaltung*
Weise Strukturbericht[793]	2010	Aussetzung
Verteidigungspolitische Richlinien[794]	2011	Aussetzung

*Vereinbarung der Reduzierung der Wehrdienstzeit von neun Monaten auf sechs Monate.

Abbildung 74: Positionierung verschiedener Zielsysteme zur Wehrpflichtfrage.

Die Zeitperiode vom Jahr 2000 bis zum Jahr 2010 ist aus deutscher Sicht sicherheitspolitisch als nahezu homogen zu bezeichnen.[795] Der ewige und nicht wirklich lösbare Problempunkt der Wehrgerechtigkeit ist durch die Verkürzung der Wehrpflichtzeit von neun Monaten auf sechs Monate im Jahr 2010 grund-

---

[789] Siehe Strukturkommission der Bundeswehr, Oktober 2010: http://www.vbb.dbb.de/pdf/bericht_strukturkommission.pdf, S. 28, gelesen am 12.03.2013.
[790] Vgl. Kommission Gemeinsame Sicherheit und Zukunft der Bundeswehr, Berlin, 2000. http://www.bundeswehr-monitoring.de/fileadmin/user_upload/media/Weizsaecker-Kommission.pdf, gelesen am 12.03.2013.
[791] Vgl. Weißbuch 2006 zur Sicherheitspolitik Deutschlands und zur Zukunft der Bundeswehr Online Ausgabe, Berlin, 2006:
http://www.bmvg.de/portal/a/bmvg/!ut/p/c4/Dca7DYAwDAXAWVgg7unYAuicYCVP-Qrnsz7omqObfoUnPHfUwolOuhx2u4zN0xuFC_IGQddWEzqi4eLF1i7mqXFkKf-WQNUOF6jFY_sAY_7e5g!!/, gelesen am 12.03.2013.
[792] Vgl. Koalitionsvertrag zwischen CDU, CSU und FDP: Wachstum. Bildung. Zusammenhalt., 17. Legislaturperiode, http://www.cdu.de/doc/pdfc/091026-koalitionsvertrag-cducsu-fdp.pdf, gelesen am 12.03.2013.
[793] Vgl. Strukturkommission der Bundeswehr, Oktober 2010: http://www.vbb.dbb.de/pdf/bericht_strukturkommission.pdf, gelesen am 12.03.2013.
[794] Vgl. http://www.nato.diplo.de/contentblob/3149360/Daten/1316709/VM_deMaiziere_180511_DLD.pdf ,gelesen am 12.03.2013.
[795] Der 11. September 2011 und die Folgen bilden hier sicherlich eine Ausnahme. Eine Bundeswehrreform im Eiltempo wurde deswegen zur damaligen Zeit aber nicht durchgeführt.

sätzlich entschärft worden mit dem Risiko der Deckung des Personalbedarfs, wobei im Zuge einer Verkleinerung der Bundeswehr dieser Punkt sich relativiert.[796] Die Argumentation der gesellschaftlichen Verankerung kann nur für die Wehrpflicht sprechen. Für andere werteorientierte, gesellschaftliche Argumente und Einstellungen gibt es eine Vielzahl von Beispielen, die unterschiedlich von Bürgern, Wählern, Experten, Politikern und Parteien bewertet werden.[797] In der Summe können diese als neutral gewichtet werden. Es bleibt der ökonomische Aspekt als Treiber zur Aussetzung.

Der Koalitionsvertrag 2009 der Parteien CDU, CSU und FDP spricht sich für die Wehrpflicht bei gleichzeitiger Reduzierung der Wehrpflichtzeit von neun auf sechs Monate aus. Trotz Bekenntnisses der Koalition zur Wehrpflicht ist in dieser Entscheidung der quasi-faktische Beginn zur Aussetzung der Wehrpflicht zu sehen. Der Brennpunkt der Diskussion in der Wehrpflichtfrage ist der Sommer 2010. Die vom Verteidigungsministerium in Auftrag gegebene Strukturkommission 2010 hat – entgegen allen zuvor in Auftrag gegebenen Expertengutachten – sich eindeutig zur Aussetzung der Wehrpflicht positioniert. Somit ist am Ende das von neutralen Experten vorgegebene Ziel mit der getroffenen Entscheidung der Aussetzung der Wehrpflicht passgenau in Einklang gebracht.[798] Und das im Zeitraffer der politischen Entscheidungsfindung – selbst bei Annahme des Beginns in 2009 – und der Institution Bundeswehr, die sich mit Neuerungen in der Vergangenheit sehr behäbig gegeben hat.

„Heute geht es um einen radikalen Umbau, der den Anforderungen der neuen Einsätze gerecht wird. Veränderungen müssen eine tatsächliche „Neuordnung" der Bundeswehr bewirken. Ähnliche Anläufe sind in der Vergangenheit oft steckengeblieben oder umgelenkt worden."[799]

Die Anpassung des eigentlichen, genuinen Zielsystems, nämlich die gesamtstaatliche Wohlfahrt, macht die Entscheidung richtig. Oder hat die Entscheidung – die Verkürzung der Wehrpflichtzeit von neun auf sechs Monate – bereits den Prozess der dynamischen Zielanpassung angestoßen? Dies kann an dieser Stelle nicht eindeutig beantwortet werden.

Für die Rational Choice-Modellierung sind lediglich die zwei zu betrachtenden Zellen in Abbildung 73 gefüllt. Von den anderen Strategiekombinationen kann

---

[796] Vgl. Schnell, Jürgen: Neue Entscheidung zur allgemeinen Wehrpflicht sowie zur Umwandlung der Bundeswehr in eine Freiwilligen-Bundeswehr, 02.02.2010, S. 7.
[797] Beispielsweise Tradition, Ehre, Vaterlandsliebe.
[798] Vgl. Strukturkommission der Bundeswehr, Oktober 2010, S.3.
[799] Vgl. ebd.: S.48.

abstrahiert werden. Nun entspricht die Situation quasi dem eines Gefangenendilemmas. Ein Gefangenendilemma, das durch die unterschiedlichen Bewertungen zustande kommt (hidden benefits). Die objektiv gesellschaftlich beste Lösung (kollektiv beste Lösung oder eben kollektiv wünschenswert)[800] wird in Zelle J abgebildet, die beste Lösung der Regierungsparteien in Zelle B als Nash-Gleichgewicht (Parteien-rationale Lösung). Da die Regierungsparteien die Akteure sind und die Bewertung der Strategiekombinationen faktisch vornehmen, wird nach Rational Choice die parteienrationale Lösung, nämlich Zelle B erreicht und nicht die annahmegemäß objektiv kollektive (gesellschaftliche) beste Lösung der Zelle J.[801] Paradoxerweise wird durch die bloße Schaffung einer (idealerweise) objektiv bewertenden Expertengruppe ein mögliches politische Problem gesellschaftlich gesehen aus sich heraus nicht gelöst – es führt zu einer Problemsituation ähnlich der eines Gefangenendilemmas. Man kann wohl zunächst von einem doppelten politischen Dilemma sprechen: Zum einen die Notwendigkeit einer unabhängigen Expertengruppe, um die gesamtstaatliche Wohlfahrt objektiv zu bestimmen. Eine solche Expertengruppe ist in der Realität kaum bis unmöglich zu bilden, weil individuelle Eigeninteressen immer eine Rolle spielen.[802] Selbst unter Annahme einer objektiven Expertengruppe, einer objektiven Messbarkeit der gesamtstaatlichen Wohlfahrt, tritt dann möglicherweise das „durch die neutrale Expertengruppe produzierte" Dilemma einer parteirationalen versus einer gesamtstaatlichen wohlfahrtsrationalen Interessenlage in einer Entscheidungssituation auf.

---

[800] Das Kollektiv ist hier die gesamte Gesellschaft und nicht wie üblich in Rational Choice Modellierungen die Summe der der Akteure. Diese sind ein Teil der gesamten Gesellschaft.
[801] Zelle J würde im (klassischen) Gefangenendilemma die kooperative Lösung widerspiegeln und die Zelle B die (beidseitige) nicht-kooperative Lösung (Nash-Gleichgewicht). Wenn man der Meinung ist, dass es eine solche neutrale – objektive – Expertengruppe nicht gibt (oder geben kann), dann liegt ein doppeltes Dilemma vor. Dann scheint das identifizierte politische Dilemma nicht lösbar zu sein und die Folgerung wäre, dass die Gesellschaft den jeweiligen machtpolitischen Parteiinteressen hilflos ausgeliefert ist. Eine Übereinstimmung parteipolitischer Interessen und dem gesellschaftlichen Interesse der gesamtstaatlichen Wohlfahrt ist dann Zufall bzw. dem Wohlwollen der Parteien erlegen.
[802] Allein die Festsetzung der Kriterien, welche die gesamtstaatliche Wohlfahrt messen, wird von individuellen Interessen beeinflusst. Es wird hier angenommen, dass die Expertengruppe sich nicht aus Mitgliedern von Parteien bzw. von politischen Entscheidern zusammensetzt. Auch wenn es in der Realität nicht die reine Form einer neutralen Expertengruppe gibt, soll nicht suggeriert werden, dass das Bilden von (möglichst) neutralen Expertengruppen als „nicht erstrebenswert" einzustufen wäre. Ziel ist es an dieser Stelle ein Bewusstsein zu erzeugen.

Im Idealfall würde das Dilemma gar nicht auftreten, weil die wichtigsten[803] Volksvertreter sich durch einen Amtseid auf das Grundgesetz verpflichten, „zum Wohle des Volkes" zu handeln, und dementsprechend dies auch umzusetzen haben.[804] Die „Objektivität" soll durch Unabhängigkeit und nur durch die Verpflichtung gegenüber dem Gewissen bei den Entscheidern hergestellt werden. In der Realität sprechen beispielsweise Fraktionszwang und die Herstellung von Parteigeschlossenheit in informellen Gremien offensichtlich gegen diese gesetzliche Forderung.[805]

Die Frage ist nun, wie und ob (trotzdem) die gesellschaftlich beste Lösung in der Realität erreicht werden kann und nicht die parteienfavorisierte Lösung. Dieses Beispiel lässt die Legitimation eines Verfassungsgerichtes (mögliche Prüfung der Konformität der Entscheidung mit der Verfassung nach Form und Inhalt durch Richterspruch), eines Bundespräsidenten (Legitimation der Entscheidung nach Form und Inhalt durch Unterschrift)[806] und sogar das eines Plebiszits (Legitimation durch die Gesellschaft im Sinne des Gemeinwohls) erkennen.[807]

---

[803] Im Sinne der Entscheidungsbefugnis: dazu zählen Bundeskanzler, Bundespräsident und Bundesminister. Vgl. Artikel 56 und Artikel 64 des Grundgesetzes http://www.bundestag.de/bundestag/aufgaben/rechtsgrundlagen/grundgesetz/index.html. Bundesbeamte und Richter legen ebenfalls einen Amtseid ab.
[804] Vgl. Kapitel VI. Weil „zum Wohle des Volkes" nicht definiert ist, ist die Orientierung des politischen Handels daran nicht wirklich messbar. (Extreme) Ausnahmen kann es geben. An dieser Stelle soll auch nicht gesagt werden, dass Politiker „immer und absichtlich" gegen das Volkswohl agieren. Es mag den Fall geben, dass Politiker „es einfach nicht besser wissen" oder nicht beurteilen können.
[805] Grundgesetz Artikel 38 und Vgl. Hesse, Joachim Jens, Ellwein Thomas: Das Regierungssystem der Bundesrepublik Deutschland, 10 Auflage, Nomos Verlagsgesellschaft, Baden-Baden, 2012, S. 224.
[806] Erst mit der Unterschrift des Bundespräsidenten treten Gesetze nach Art. 82 Abs. 1 GG in Kraft. Vgl. http://www.gesetze-im-internet.de/gg/art_82.html, gelesen am 11.03.2013. In der Geschichte der Bundesrepublik Deutschland sind bisher entworfene Bundesgesetze nicht Mal unterzeichnet worden. Vgl. http://www.welt.de/politik/article89568/Chronik-Warum-Bundespraesidenten-Gesetze-nicht-unterschrieben.html, gelesen am 11.03.2013 und vgl. http://www.faz.net/aktuell/politik/inland/gesetz-zum-euro-rettungsschirm-esm-gauck-unterzeichnet-fiskalpakt-vorerst-nicht-11793957.html, gelesen am 12.04.2013.
[807] Ob die Entscheidung die beste im Sinne der gesamtstaatlichen Wohlfahrt ist, könnte auch durch einen Plebiszit bestimmt werden (unmittelbare Demokratie). Dabei gilt zu berücksichtigen, inwieweit die Abzustimmenden eine Beurteilung vornehmen können. Ansonsten müsste das Wahlergebnis ex post als solches interpretiert werden. Es sind weitere Probleme dabei zu lösen, unteranderem welche Mehrheitsregel angewandt werden soll. Konformität der Entscheidungsoptionen zur Verfassung wird damit nicht untergraben, sondern sollte grundsätzlich vor Durchführung des Plebiszits geklärt sein. Ein Plebiszit ist eine Möglichkeit der direkten Umsetzung der Volkssouveränität nach dem Geist des Grundgesetzes „alle Macht geht vom Volke aus". Da das Grundgesetz in der Bundesrepublik Deutschland lediglich einen

Denn nur durch eine der Regierung übergeordnete, machtvolle Instanz, kann ein derartiges Erreichen – einer annahmegemäß für die Gesellschaft schlechtesten Lösung – durch Parteiinteressen verursacht vermieden werden (Kontrolle).[808] Weiter wird deutlich, dass Macht immer nur temporär und geteilt vergeben werden sollte[809], um derartig mögliche Fehlentscheidungen (neben der Lösungsmacht einer übergeordneten Instanz) auch potentiell wieder (politisch) korrigierbar zu machen.[810]

Öffentliche Güter, die jederzeit (das ganze Leben lang eines Staatsbürgers) jedem Staatsbürger in der Gesellschaft zur Verfügung stehen und/oder stehen müssen, sollten unbedingt von Parteiinteressen losgelöst entschieden werden, also möglichst nach objektiven, unabhängigen Kriterien.[811] Denn eine Korrektur der Entscheidung bei derartigen öffentlichen Gütern ist oft nur mit einem großen (politischen, gesellschaftlichen und ökonomischen) Kraftakt wieder zu korrigieren.[812] Deswegen wird wohl häufig von der Irreversibilität der Entscheidung zur Wehrpflicht gesprochen.[813] Aus Rational Choice Sicht ist eine „One-Shot-Game"-Charakteristik bei derartigen öffentlichen Gütern festzustellen. Eine andere Lösung im Sinne eines Tit-for-Tat ist nicht möglich. Einmal aus

---

„demokratischen Rahmen" vorgibt, wäre eine Umsetzung eines Plebiszits grundsätzlich möglich. Es ist nicht konform mit einem Verständnis (einer Denkrichtung) einer rein repräsentativen Demokratie (mittelbare Demokratie). Vgl. Hesse, Joachim Jens, Ellwein Thomas: Das Regierungssystem der Bundesrepublik Deutschland, 10 Auflage, Baden-Baden, 2012, S. 223 und S. 237. Eine andere Möglichkeit für den Staatsbürger ist auch das Einreichen einer Petition – sicherlich mit anderer Durchschlagskraft als ein Plebiszit.
Vgl. https://epetitionen.bundestag.de/, gelesen am 19.03.2013.
[808] In der Regel ist auch die Opposition für die Korrektur von politischen Entscheidungen der Regierungen mitverantwortlich. Es kann aber sein, dass die Entscheidungsorgane durch Wahlen „ungünstig" besetzt sind, so dass die theoretisch gegebene Vetomöglichkeit faktisch eingeschränkt oder nicht gegeben ist. Zudem sind Oppositionen auch Eigeninteressen getrieben. In der Realität ist der Bundestag als Ganzes in der Kontrollverantwortung gegenüber der Regierung.
Vgl. http://www.bundestag.de/bundestag/aufgaben/regierungskontrolle/index.html, gelesen am 14.03.2013.
[809] Vgl. ebd.: S. 224 und Grundgesetz Artikel 20.
[810] Die Voraussetzungen sind entsprechend andere Machtverhältnisse und die Notwendigkeit, dass das Problem dann auch als solches erkannt wird und nicht abermals von(anderen) Parteiinteressen eine Lösung bestimmt.
[811] Die Verteidigungsfähigkeit eines Staates gehört unbestritten wohl dazu.
[812] Die Aussetzung der Wehrpflicht hat eine gänzliche Neuausrichtung der Bundeswehr zur Folge – organisatorisch, bündnispolitisch und sicherheitspolitisch. Dieser Kraftakt wird von Experten auf ca. 5 Jahre geschätzt. Es ist also nicht „einfach" eine Entscheidung „Aussetzung" oder „Beibehaltung", die in beliebiger Sequenz gespielt werden kann. Andere politische Entscheidungen weisen da sicherlich andere Charakteristika auf.
[813] Vgl. http://www.handelsblatt.com/politik/deutschland/bundeswehrreform-bundeswehr-findet-kaum-freiwillige/4088132.html, gelesen am 08.01.2013.

dem Grund der „One-Shot-Game"-Charakteristik heraus und zum anderen („One-Shot-Game"-Charakteristik ausgeblendet) einfach deswegen, weil die Akteure, die Regierungsparteien, die Entscheidungsmatrizen (Auszahlungsmatrizen) manipulieren oder untereinander mit anderen Themen Stimmentausch betreiben könnten. Der Stimmentausch setzt aber keine Situation eines politischen Entscheidungsdilemmas voraus, sondern kann unabhängig (und zu jeder Zeit) durchgeführt werden – rein nach Interessenlage der Parteien.[814]

Ein Tit-for-Tat könnte aufgrund der Manipulationsmöglichkeiten der Auszahlungsmatrix überhaupt nur über eine neutrale Instanz durchgeführt werden, die dann zudem bestimmt, welche „One-Shot-Themen" mit Hilfe von Tit-for-Tat verknüpft würden.[815]

Es ist also notwendig, dass in diesem Fall nicht nur die neutrale Instanz die Werte der Auszahlungsmatrix festlegt – zumindest den optimalen Wert für die zu erreichende Wohlfahrt[816] – sondern auch als „Korrektur-Akteur" in Erscheinung tritt, um die neutrale gefundene (beste) Lösung durchzusetzen. Dieses Konstrukt ist notwendig, weil das gesamtstaatliche Gemeinwohl nicht mit dem „Gemeinwohl – dem gemeinsamen Wohl" – der Entscheidungsakteure übereinstimmen muss.[817]

Dazu sollen jetzt noch einige analytische Gedanken folgen. Nach Rational Choice wäre es möglich, die neutrale Instanz als weiteren Spieler „im Hinter-

---

[814] Ein Tit-for-Tat ist beim Stimmentausch unter den Parteien möglich – aber nicht im Sinne der geschilderten Problematik, um die beste gesellschaftliche Lösung bereit zu stellen, sondern nur um wechselseitige Parteiinteressen zu realisieren.
[815] Die Tatsache, dass dies nur über eine neutrale Instanz implementiert werden kann, widerspricht der Idee der nicht-kooperativen Spieltheorie. Eine übergeordnete Instanz ist Gegenstand der kooperativen Spieltheorie, bei der „einklagbare Verträge" eine Lösung sind. Bei der nicht-kooperativen Spieltheorie gilt es Lösungen unter den Akteuren zu finden, die direkt aus ihren rationalen Handlungen (Entscheidungen) entstehen oder durch eine übergeordnete rationale Superstrategie hergestellt werden soll. Das Gedankenspiel soll an dieser Stelle fortgesetzt werden, um analytische Erkenntnisse zu gewinnen. Unabhängig von der Tatsache, dass politische Entscheidungen transparent sind (und sich ankündigen) und offiziell durch Abstimmungen (Wahlen) gefällt werden, wäre eine dauerhafte und alternierende TitforTat Strategie politisch in der Realität mit einem Thema gewisser Tragweite umsetzbar. Das würde beispielsweise bedeuten, dass die Wehrpflicht heute ausgesetzt wird, morgen wieder eingeführt, dann wieder ausgesetzt wird, etc. Ein Tit-for-Tat ist in der politischen Realität aber über mehrere verschiedenen Themen vorstellbar, aber unabhängig von einer spieltheoretischen Situation eines Gefangenendilemmas oder Ähnlichem.
[816] Das soll annahmegemäß der Kooperationsfall sein.
[817] Das Gemeinwohl der Akteure ist die Summe der Auszahlungswerte, der von den Akteuren bestimmten Auszahlungsmatrix.

grund" zu modellieren.[818] Solange die Akteure (Parteien, Koalition) zu Beginn des Spiels die beste wohlfahrtsorientierte Handlung wählen, wirkt die neutrale Instanz nicht auf das Spiel ein (Interpretation als Kooperation). Nur im Fall der Defektion[819] der Entscheider greift die neutrale Instanz in das Spiel ein und verhindert beim nächsten Mal[820] (in der folgenden Iteration) ein Zustandekommen einer (neuen, kooperativen) Lösung (Defektion) – und das in jedem Fall.[821]

Zur Verdeutlichung: Falls im Zeitverlauf Thema A gegen die „neutralen" Kriterien von der Regierung entschieden würde, würde in der nächsten Iteration auch Thema B fallen (wegen des Rächens), obwohl es annahmegemäß keinen Verstoß bei diesem Thema gegenüber den neutralen Kriterien gegeben hat.[822] Wiederum hätte die Gesellschaft das (doppelte) Nachsehen, denn es ist in diesem einfachen Beispiel das Thema A entgegen dem Gemeinwohl entschieden worden, als auch noch zusätzlich (durch die Bestrafung durch eine Tit-for-Tat-Strategie) Thema B.[823] Damit ist Tit-for-Tat realistischer und sinnvollerweise Weise bei innenpolitischen Entscheidungen nicht möglich. Es bleibt die Möglichkeit der Abwahl der Regierung durch den Wähler als eine Form der übergeordneten Instanz.[824] Das würde dann möglicherweise andere Parteiinteressen ins Spiel bringen, aber nicht das ureigene Problem von existierenden Parteiinteressen lösen. Somit lassen sich letztendlich drei Dimensionen des (innen-)politischen Dilemmas erkennen:

1) Eine notwendige objektive Instanz wird es in der Wirklichkeit kaum geben, um die „kollektiv (gesellschaftliche) beste" Lösung zu kennen und zu realisieren. Idealerweise würden die politischen Entscheider objektiv (messbar) im Sinne der Gesamtwohlfahrt entscheiden – parteirationale

---

[818] Es soll dabei Tit-forTat als Rachestrategie unterstellt werden und als analytisches Hilfselement verwendet werden.
[819] Abweichung von der gesellschaftlich besten Lösung.
[820] Es wird jetzt unterstellt, dass die neutrale Instanz – wie bei Rachestrategien – zeitversetzt handeln kann.
[821] Den Status Quo als Entscheidungslösung ausgeblendet. Hierbei wird angenommen, dass die Entscheidungsakteure (Parteien) synchron handeln wie bei
[822] Gemäß der Logik von Tit-for-Tat.
[823] Abgesehen von der politischen und juristischen Umsetzbarkeit. Es ist eine rein Betrachtung nach Rational Choice Aspekten.
[824] Vgl. Hesse, Joachim Jens, Ellwein Thomas: Das Regierungssystem der Bundesrepublik Deutschland, 10 Auflage, Baden-Baden, 2012, S. 225.

(parteisubjektive) Interessen stehen grundsätzlich einer (neutralen, unabhängigen) Objektivität entgegen.[825]

2) Falls es doch eine objektive Instanz in der Realität geben würde (sollte), kann ein möglicherweise durch das Wohlfahrtsproblem entstandenes politisches Entscheidungs-Dilemma (sinnvollerweise) nur durch Verhinderung der Realisierung der kollektiv-schlechtesten Entscheidung (Opposition im Bundesrat, Bundesverfassungsgericht, Bundespräsident), nicht durch eine spieltheoretische Rache-Lösung (Tit-for-Tat, etc.) des eigentlichen Entscheidungsproblems, gelöst werden, weil ansonsten weiterer Wohlfahrtsverlust durch „Bestrafung des Kollektivs (Gesellschaft)" zu befürchten wäre.[826] Aber allein mit der Verhinderung der Realisierung der Entscheidung zur „schlechtesten kollektiven" Lösung, wird nicht gleichzeitig dadurch impliziert die „beste kollektive" Lösung umgesetzt. Ein möglicher Kompromiss „zwischen bester und schlechtester Lösung" ist wahrscheinlich und am Ende möglicherweise nicht Wohlfahrts-optimiert[827], so dass die „beste kollektive" Lösung nicht erreicht wird.[828]

3) Eine Abwahl der Regierung löst grundsätzlich nicht das genuine Problem der existierenden Parteieninteressen und dessen mögliche Folgen.

---

[825] In der Realität wird versucht Objektivität (Messbarkeit) von Wohlfahrt zu erzeugen, um sich daran wenigstens zu orientieren. Dazu ist eine Enquete Kommission „Wachstum, Wohlstand, Lebensqualität" mit der Projektgruppe „Entwicklung eines ganzheitlichen Wohlstands-/Fortschrittindikatoren" gegründet worden.
Vgl. http://www.bundestag.de/bundestag/gremien/enquete/wachstum/projekt/index.html, gelesen am 16.04.2013. Ein immer noch verwendetes Mittel zur Messung der Wohlfahrt ist das BIP (Bruttoinlandsprodukt).
[826] Im Grundgesetz steht in Artikel 56 der vor Amtsantritt vom Bundespräsidenten abzugebende Eid:
"Ich schwöre, daß ich meine Kraft dem Wohle des deutschen Volkes widmen, seinen Nutzen mehren, ..."
[827] Die schlechteste Lösung zu vermeiden entspricht der Minimax-Regel oder aber auch der Maximin-Regel. Vgl. Gigerenzer, Gerd: Risiko, Wie man die richtigen Entscheidungen trifft, C. Bertelsmann, München, 2013, S. 174.
[828] Falls es wirklich eine objektive Instanz geben würde, wäre zu hinterfragen, wer dann eigentlich faktisch entscheidet. Im theoretischen Gedankenspiel wären die Parteien als Entscheider überflüssig, da eine neutrale Instanz die Wohlfahrt bestimmt und danach idealisiert gehandelt würde. Parteien oder Koalitionen wären dann faktisch keine Entscheider mehr. Nur im Fall gleichwertiger Wohlfahrtsoptima müsste nachgelagert entschieden werden, welches Optimum umgesetzt wird. Regierungsparteien würden in ihrer Entscheidung lediglich zu einer Auswahl von Themen degradiert.

Die Ursache der Dilemmata liegen in der Tatsache, dass politische Entscheider (Akteure) oft nicht mit (unmittelbar, direkt) Betroffenen[829] (objektiv) gleichzusetzen sind (oder sich so verhalten), und die Auszahlungswerte und auch das Auszahlungskriterium der Entscheidungsmatrizen faktisch nicht über (objektive) Dritte erfolgt.[830] Zusätzlich gibt es noch einen Aspekt: Eine weitreichende politische Entscheidung in einem demokratischen System, die im Wesentlichen die Allgemeinheit betrifft, kann grundsätzlich nicht „verdeckt und möglicherweise überraschend" (für den Gegenspieler) und nicht durch ein Individuum gefällt werden.[831] Synchrone politische Akteurs-Entscheidungen im Sinne des Rational Choice, die dann zusammen einen Entscheidungs-Output[832] erzeugen, sind – insbesondere mit Blick auf die Wehrpflichtfrage – grundsätzlich nicht möglich. Um in der Sprache des Rational Choice zu bleiben, kann bei derartigen Entscheidungen von vollkommener Information ausgegangen werden.[833] Denn am Beispiel der Wehrpflichtfrage wird erst durch Parteitage innerhalb der Regierungsparteien entschieden (asynchron unter den Parteien) und dann explizit innerhalb der Koalition (synchron). Es kann

---

[829] Insbesondere in einem negativen Fall, also falls die Entscheidung negative Konsequenzen für die (objektiv) Betroffenen hat.

[830] Beim Gefangenendilemma ist das Auszahlungskriterium (und die Auszahlung) die Gefängniszeit, im Politischen wäre es beispielsweise (und idealerweise) die gesamtstaatliche Wohlfahrt. Die Entscheider (Gefangenen) sind mit den Auswirkungen der Entscheidungen direkt Betroffene. Ein Entscheider zur Wehrpflichtfrage mag vielleicht überhaupt nicht direkt (und subjektiv) betroffen sein, da ihm die Aussetzung „eigentlich egal" ist. Über die daraus möglicherweise folgende mangelnde staatliche Verteidigungsfähigkeit mag er Betroffener sein, was er aber vielleicht nicht einschätzen kann und (oder) will oder sogar von sich aus gar nicht muss. Ob die Verteidigungsfähigkeit in der Realität wirklich durch eine Aussetzung oder Abschaffung gefährdet ist, wird auch erst bei Umsetzung spürbar und nicht unbedingt beim Entscheidungszeitpunkt – denn eine solche Entscheidung kann auf keine Erfahrungswerte zurückgreifen. Beim Gefangenendilemma gibt es wohl keinen Zweifel, dass die Auswirkung negativ ist (objektiv betrachtet) und zum Zeitpunkt der Entscheidung als (objektiv) bekannt vorauszusetzen.

[831] Gesetzentwürfe werden im Bundestag in einer (oder mehreren) Lesung(en) diskutiert, bevor diese verabschiedet und umgesetzt werden.
Vgl. http://www.bundestag.de/bundestag/aufgaben/gesetzgebung/weg.html, gelesen am 19.03.2013. Es gibt auch politische Entscheidungen, die sicherlich nicht „offen" im Vorfeld gespielt werden (können) – beispielsweise im Verteidigungsfall. Diese politischen Entscheidungen sind hier nicht gemeint. Es geht hier um innenpolitische Entscheidungen (Wehrpflicht), wie sie in der Regel gefällt werden. Auch können politische Entscheidungen – wie beispielsweise innerparteiliche Personenentscheidungen – informell fallen. Solche politische Entscheidungen sind hier ebenfalls nicht gemeint.

[832] Es ist eine Änderung des politischen Ergebnisses gemeint.

[833] Und das vor der eigentlichen (faktischen) Entscheidung. Daher kommt es wohl oft zu Kompromiss-Entscheidungen. Rational-Choice-Analysen betrachten Handlungsalternativen und mögliche Strategiekombinationen und deren Folgen und nicht nur faktische Entscheidungen. Eine faktische Entscheidung ist eine realisierte Strategiekombination involvierter Entscheidungsakteure aus der Menge der möglichen Strategiekombinationen.

davon ausgegangen werden, dass in einem solchen Fall eine Partei sich nicht gegen Parteitagsentschlüsse auf der nächsten Entscheidungsstufe (Koalition) entscheidet.[834] Nach Einigung in einer Koalition stehen noch möglicherweise ein Veto des Bundesrates, des Bundespräsidenten oder eines Verfassungsgerichts (weitere mögliche Gegenspieler) vor der Realisierung einer Entscheidung. Der Zeitpunkt der (sich anbahnenden) politischen Entscheidung und der Zeitpunkt der Realisierung der Entscheidung fallen oft nicht (annähernd) zusammen.[835] Ein Aspekt, der zur Verhinderung einer schlechtesten Lösung beiträgt, aber leider auch nicht die beste gesellschaftliche Lösung garantieren kann.[836]

---

[834] Vgl. Hesse, Joachim Jens, Ellwein Thomas: Das Regierungssystem der Bundesrepublik Deutschland, 10 Auflage, Baden-Baden, 2012, S. 225.

[835] Beim klassischen Gefangenendilemma entscheidet ein Individuum, so dass die Entscheidung (ohne Umwege) auch realisiert wird. Ähnlich auch bei Unternehmen – ein Gegenspieler wird (muss) nicht informiert werden und die Entscheidung wird vor Realisierung nicht bekannt. Zeitpunkt der Entscheidung und Zeitpunkt der Realisierung fallen quasi zusammen. Der Gegenspieler merkt es erst, wenn die Entscheidung bereits gefällt wurde und steht dann vor „vollendeten Tatsachen". Erst dann kann er (möglicherweise) wiederum reagieren (endlich wiederholtes Spiel). Durch den Umstand der Kommunikation wird zwar die Entscheidung angekündigt, aber das spieltheoretische Problem eines möglichen Dilemmas wird grundsätzlich dadurch nicht gelöst – im Einzelfall mag die Kommunikation zum Erfolg des Erreichens einer Kooperation genügen. Unbestritten ist auch in der Rational-Choice-Theorie, dass (richtige) Kommunikation kooperatives Verhalten begünstigt. Kommunikation kann auf unterschiedliche Arten praktiziert werden und dann zu sehr verschiedenen Ergebnissen führen. Vgl. Colman, Andrew M.: Game Theory & its Applications in the social and biological science, Routledge, East Sussex, 2003, S. 141–S. 160 und S. 218–S. 223.

[836] Bei Rational Choice Betrachtungen stehen zwei wesentliche Ziele einer Entscheidungssituation im Vordergrund: Das eine Ziel ist das aufzeigen, wie beste Lösungen für die Entscheidungsakteure (und auch die Entscheidungs-Betroffenen) erreicht werden (könnten) und zum anderen wie schlechteste Lösungen vermieden werden (könnten). An dieser Stelle zeigt sich, dass beste (gesellschaftliche) Lösungen in der Innenpolitik mit Hilfe von Rational-Choice-Ansätzen nicht garantiert werden können. Über Vetospielerkonstellationen (Regierungskoalition, Bundesrat, etc.) ist es aber (wenigstens) mit hoher Wahrscheinlichkeit möglich (aber auch nicht garantiert), die gesellschaftlich schlechteste Lösung zu vermeiden. In beiden Fällen ist (objektive) Messbarkeit oder (und) Mehrheitswillen der Gesellschaft unbedingte Voraussetzung, um möglichst Partei-Interessen nicht dominieren zu lassen. Falls ein Plebiszit die Entscheidung herbeiführen soll, dann mag die Objektivität nicht gewährleistet sein, aber die Entscheidung ist direkt legitimiert und nicht „nur" über Wahlen indirekt legitimiert und möglicherweise durch Parteiinteresse geprägt (oder durch diese sogar „toxisch" belastet) .Ein Plebiszit schafft die annähernde Situation, dass der Entscheider (die Entscheider) die Folgen der Entscheidung verantworten (Entscheider gleich direkt Betroffene). Bei Plebisziten ist grundsätzlich nach der Informiertheit und der Kompetenz des Volkes (der gesamten Gesellschaft) zu fragen, eine politische Entscheidung treffen zu können.

Superstrategien wie Tit-for-Tat sind in der Innenpolitik nicht sinnvoll – zur Sicherstellung einer kollektiv besten Lösung – einsetzbar.[837] Ein möglicherweise unerwünschter Ausgang (schlechteste Lösung) kann in aller Regel (immer eine Mehrheit vorausgesetzt) vor Realisierung verhindert werden.[838] Weitreichende, politische Entscheidungen weisen zudem den Charakter eines „One-

---

[837] Im Fall von Konfliktsituationen zwischen Staaten mit unterschiedlichen Rechts-, Herrschafts- und Wertesystemen (nationale Souveränität, Stärke des nationalen Rechts) ist die Voraussetzung (objektiv) eine andere (vgl. Kapitel XIV). Wichtige politische Entscheider der Bundesrepublik Deutschland verpflichten sich per Eid auf eine nationale Wohlfahrtssteigerung (vgl. Artikel 64 (2) und Artikel 56 des Grundgesetzes: http://www.bundestag.de/bundestag/aufgaben/rechtsgrundlagen/index.html.), sie verpflichten sich nicht auf eine national übergeordnete (multinationale) Wohlfahrtssteigerung. Es fehlt somit auch eine Verpflichtung auf eine übergeordnete Wohlfahrtoptimierung. Innenpolitisch wie außenpolitisch (bündnispolitisch, verteidigungspolitisch) liegt grundsätzlich die Problematik der Bereitstellung eines öffentlichen Gutes zugrunde. Zwischen Nationalstaaten kann eine größere Tendenz zum nationalstaatlichen Handeln bei der Bereitstellung der (gemeinsamen) Verteidigungsleistung unterstellt werden als bei inner-nationalem, parteipolitischem Interesse. Das kann damit begründet werden, dass im Fall der rein national bereitgestellten Verteidigungsleistung eine Lösung zwingend ist, bei einer Nationen übergreifenden Lösung ist es eher eine Möglichkeit, eine gemeinsame Verteidigungsleistung zu erbringen und von Skaleneffekten zu profitieren (unterschiedlicher Handlungsdruck bzw. unterschiedliche Hochkostensituation). Auch die „One-Shot"-Charakteristik kann bei der Nationen übergreifenden Lösung der Verteidigung aufgrund als weniger relevant eingestuft werden, weil ein nationales Ausbrechen aus der Kooperation gegebenenfalls „nicht erst durch eine (legitimierte) Mehrheitsfindung" (Stabilität) der Entscheidungsakteure möglich ist, sondern bereits durch ein einzelnes nationales Handeln verursacht sein kann. Aufgrund der identifizierten Mehrstufigkeit des Spiels und die möglicherweise „als nicht erreichten Wohlfahrtsgewinn" (im Fall der Nationen übergreifende Bereitstellung der Verteidigungsleistung) und eine möglicherweise „als realisierte und realistische Wohlfahrtsverlust" (im Fall der rein nationalen Bereitstellung der Verteidigungsleistung) bewerteten Situation, können Strategien wie Tit-for-Tat Nationen übergreifend sinnvoll eingesetzt werden, um nationales Handel zu vermeiden oder für den nicht mehr (oder noch nicht) Kooperierenden teuer zu machen.
[838] Das Erkennen einer schlechtesten (mindestens einer schlechten) Lösung vor der eigentlichen Entscheidung ist daher ausschlaggebend. Das fordert wiederum eine objektive Messbarkeit und eine Transparenz von Beginn der Entscheidungsfindung an, und nicht eine – nach einer (nicht optimalen) Entscheidung – rekonstruierten (und aufwendig herzustellenden) Transparenz wie es häufig bei politischen Entscheidungen festzustellen ist (vgl. dazu das derzeitig viel politisch diskutierte Drohnen Desaster: http://www.dw.de/neue-drohnen-vorw%C3%BCrfe-gegen-de-maizi%C3%A8re/a-16949741, gelesen am 17.7.2013). Idealerweise müsste keine Transparenz hergestellt werden – sie wäre da und müsste „nur noch nachgelesen oder aufgerufen werden". Die rekonstruierte Transparenz hilft nicht, entstandenen Schaden zu beheben – die geschaffene Transparenz kann den Schaden „nur" aufdecken und maximal weiteren Schaden vermeiden helfen (abgesehen von politischen Personal-Konsequenzen). Bei politischen Entscheidungen sollte die Vermeidung von schlechten Entscheidungen im Vordergrund stehen statt schlechte Entscheidungen später aufzudecken und (möglicherweise) zu reparieren. Eine Transparenz sollte bei weitreichenden Entscheidungen über die Entscheidung selbst hinausgehen.

Shot-Games" auf, wodurch ein direktes (auf die politische Frage bezogenes) und zeitlich unmittelbares Tit-for-Tat real nicht umsetzbar ist.[839]

Ein wichtiger experimenteller Aspekt soll hier nicht unberücksichtigt bleiben. Gary Bornstein, David Budescu und Shmuel Zamir haben Experimente zu Intragroup und Intergroup Konstellationen anhand des Gefangenendilemmas und des Chicken-Spiels durchgeführt.[840] Die Konstellation Intragroup entspricht der Entscheidungsebene *Parteimitglieder versus Parteimitglieder* und die Konstellation Intergroup entspricht der Entscheidungsebene *Partei versus Partei*.

> „The team game approach overcomes the limitations of the standard paradigms. It integrates the intragroup and intergroup level of analysis and enables researchers to investigate systematically the interaction between internal organizations and outside conflict."[841]

Eine wichtige Erkenntnis aus den Experimenten ist, dass der Interessenskonflikt innerhalb einer Gruppe (also Partei) den Interessenskonflikt zwischen den Gruppen (Parteien) verstärkt und die kontroverse Auseinandersetzung zwischen den Gruppen (Parteien) den internen Konflikt unter den Gruppenmitgliedern (Parteimitgliedern) verschärft.

> „Rather the conflict of interests within the groups intensifies the conflict between the groups, and the conflict between the groups increases the competition among the individual players."[842]

Ein gegenseitiges Aufschaukeln und eine Intensivierung des Konfliktes sind die Folgen, was dazu führt, dass die Wahrscheinlichkeit der Kooperation unter Berücksichtigung der gegenseitigen Intensivierung des Konflikts im Vergleich zu der Situation, die nur die individuelle Konfliktsituation und nicht die gruppenorientierte Sichtweise berücksichtigt, weitaus kleiner ist.

> „If nothing else, these team game experiments suggest that extrapolation from experiments with two-person and n-person games to intergroup conflicts could

---

[839] Im Zeitverlauf kann auch "spät" Rache geübt werden. Tit-for-Tat oder ähnliche Strategien sagen aus sich heraus nichts zum zeitlichen Abstand der Rache. Unabhängig von der Sinnhaftigkeit und Wirkungsweise einer sehr späten Rache, ist die Wahrscheinlichkeit sehr hoch, dass die politischen Entscheidungsakteure (Vetospieler) bei einem langen Zeitverlauf wechseln und die Rache nicht direkt die Entscheidungsakteure der ursprünglichen Entscheidung trifft.
[840] Vgl. Bornstein, G., Budescue, D., & Zamir, S. (1997): Cooperation in intergroup, two-person, and n-person games of Chicken. S. 384–406.
[841] Siehe ebd.: S. 401.
[842] Siehe ebd.

be misleading because it provides a prediction that is far too optimistic about the prospects of cooperation."[843]

Mit einer anderen Modellierung als die unter Kapitel XIII wäre es möglich, ein ähnliches Ergebnis zu erreichen oder nachzuzeichnen. Voraussetzung ist dann eine Modellierung, wobei die Abhängigkeit des Payoffs eines einzelnen Parteimitgliedes von der Wahl der Handlungsalternativen der eigenen Parteimitglieder als auch von der Wahl der Handlungsalternativen der Parteimitglieder anderer Parteien (Koalitionsparteien) abhängt.[844]

Ein weiterer Indikator für das Zustandekommen von Kooperation ist die Anzahl der Spieler, also die Anzahl der für die Entscheidung involvierten Parteimitglieder bzw. Delegierten. Denn je größer diese Anzahl ist, desto kleiner wird die Wahrscheinlichkeit des Zustandekommens einer kooperativen Lösung.

> „One obvious predictor of the likelihood of cooperation, as defined earlier, is the number of players involved. The prospects of successful coordination decrease as the number of players increases (Hamburger, Guyer, and Fox 1975; Marwell and Schmitt 1972; Oye 1986). Thus, the mere complexity of the (intergroup and single-group) four-person games, as compared to that of the two-person game, renders the realization of common interests in the larger games more difficult."[845]

Liegt die Situation des Chicken-Spiels mit Kommunikation vor, dann hat derjenige einen Vorteil, der zuerst am Zuge ist, denn er muss zu seinem Vorteil nicht kooperieren.

> „There is, however, another basis for predicting the prospects of cooperation that is specific to the game of chicken. A basic feature of a chicken game (when some form of communication or signaling among the players is possible) involves the first-mover advantage, that is, the incentive each player has to be the first to bind himself irrevocably to noncooperation. The noncooperative strategy in the two-person chicken game is to invest the endowment; a player who succeeds in making his intention to invest seem convincing is bound to win if the other player is rational (e.g., Rapoport 1997)."[846]

In einer nächsten Betrachtung soll eine Partei interne und nach Rational Choice Kriterien orientierte Analyse vorgenommen werden. Aufgrund der bisherigen Erkenntnisse wird die Partei der CSU analysiert, weil innerhalb der CSU die Umorientierung in der Wehrpflichtfrage des konservativen Lagers ini-

---

[843] Siehe ebd.
[844] Vgl. ebd.: S. 385.
[845] Siehe ebd.: S. 390.
[846] Siehe ebd.

tiiert wurde.[847] Es gelte folgende Payoff-Funktion, die beispielsweise ein Chicken-Spiel für 3 Spieler konstruiert:

$$\text{Payoff}_{BEI}(n) = n + 2$$

$$\text{Payoff}_{AUS}(n) = \begin{cases} -2, & \text{wenn } n = 0 \\ 7, & \text{sonst} \end{cases}$$

Der Payoff_{BEI} bezeichnet die Auszahlung bei Auswahl der Handlungsalternativen die Wehrpflicht beizubehalten, und Payoff_{AUS} bezeichnet entsprechend den Payoff bei Auswahl der Handlungsalternativen Aussetzung der Wehrpflicht. Das n repräsentiert die Anzahl der Spieler, welche die Handlungsalternative „Beibehaltung" spielen.

Das Spiel sei mit 3 Spielern aus den Reihen der CSU und zwei Handlungsalternativen Aussetzung und Beibehaltung angenommen. Die Spieler sind Karl-Theodor zu Guttenberg, Verteidigungsminister, Horst Seehofer, Parteichef und Ministerpräsident der CSU, und ein fiktiver CSU-Spieler (CSU Politiker X), der synonym für „andere CSU Mitglieder (Delegierte)" steht. Dies führt dann mit Hilfe der Payoff-Funktion zu folgender Auszahlungsmatrix:[848]

---

[847] Wie schon angeführt, war Verteidigungsminister Guttenberg eine spielentscheidende Figur. Diesbezüglich soll die Analyse an dieser Stelle fortgeführt werden.
[848] Die Auszahlungsmatrix ist wie folgt zu lesen: Die Auszahlungswerte gelten von links nach rechts für Guttenberg, Seehofer und dann CSU Politiker X. Beispielsweise gilt für Zelle IV (7,7,3) die Auszahlung 7 für Guttenberg, die Auszahlung 7 für Seehofer und die Auszahlung 3 für CSU Politiker X, also (Guttenberg, Seehofer, CSU Politiker X) entspricht der Auszahlung (7,7,3).

Spalte: Seehofer CSU Politiker X Zeile: Guttenberg	Seehofer (AUS) CSU Politiker X (AUS)	Seehofer (AUS) CSU Politiker X (BEI)	Seehofer (BEI) CSU Politiker X (AUS)	Seehofer (BEI) CSU Politiker X (BEI)
Aussetzung Guttenberg	V (-2,-2,-2)	IV (7,7,3)	III (7,3,7)	II (7,4,4)
Beibehaltung Guttenberg	(3,7,7)	(4,7,4)	(4,4,7)	I (5,5,5)

Abbildung 75: First Mover Advantage Guttenbergs unter Zuhilfenahme eines Chicken-Spiels innerhalb der CSU.

Die Nash-Gleichgewichte sind grau hinterlegt. In Zelle IV für den Fall, dass Guttenberg die Handlungsalternative Aussetzung spielt, Seehofer ebenso Aussetzung spielt und ein anderer CSU Politiker noch die Strategie Beibehaltung spielt. Es ist zu erkennen, dass ein Koordinierungsproblem vorliegt. Das bedeutet in dieser Problematik, dass nicht ohne weitere Annahmen oder Situationsbeschreibungen vorhergesagt werden kann, welches Nash-Gleichgewicht denn nun real erreicht wird.

Ausgangspunkt sei zunächst Zelle I. Alle Beteiligten spielen die Handlungsalternative Beibehaltung der Wehrpflicht (Kooperation). Durch das Vorpreschen Guttenbergs auf seine Handlungsalternative *Aussetzung* wird zunächst Zelle II erreicht. Diese Zelle ist aber nicht stabil im Sinne des Rational Choice – kein Nash-Gleichgewicht. Wie lange eine derartige instabile Konstellation anhält, kann nach Rational Choice Kriterien nicht vorausgesagt werden. Dies ist in der Realität von den beteiligten Akteuren abhängig. Die Aussetzung der Wehrpflicht ist zu diesem Zeitpunkt innerhalb der CSU nicht beschlossen, geschweige denn überhaupt seitens der Regierung beschlossen.[849]

---

[849] Im Gegensatz zu vielen anderen Beispielen unter Rational Choice, in der die ausgewählte Handlungsalternative direkt zu der in der Entscheidungsmatrix aufgeführten Auszahlungen führt. In dieser Modellierung kann die Aussetzung der Wehrpflicht nicht für den einen ausge-

Durch die (späte) Überzeugung Seehofers als gewichtiger politischer Figur[850] der CSU kann er als ein erster entscheidender Follower von Guttenberg innerhalb der CSU identifiziert werden (Übergang von Zelle II zu Zelle IV).[851] Zelle IV ist dann das erreichte Nash-Gleichgewicht, welches nicht mehr verlassen wird, weil die entscheidenden Amts- und Mandatsinhaber der CSU, Guttenberg und Seehofer, sich für die Aussetzung entschieden haben. Weil die CSU als Partei dazu tendiert „kopflastig" und „führungstreu" zu agieren, ist die Zustimmung der Parteimitglieder, sobald sich die Parteiführung zu einer politischen Positionierung entschlossen hat, so gut wie sicher.[852] Guttenberg und Seehofer bilden interpretativ im Modell die Mehrheit in Zelle IV, sowohl nach Anzahl (2 von 3 Spieler sind in der Modellierung für die Aussetzung) und auch nach persönlicher, innerparteilicher Stärke (vom Verfasser als imperative Mehrheit bezeichnet).[853] Die imperative Mehrheit soll bedeuten, dass beide charismatischen Spieler Guttenberg und Seehofer informell oder auf dem Weg der Überzeugung genügend viele Befürworter innerhalb der CSU Entscheider hinter sich haben, um eine Mehrheit zu bilden. So stehen dann Guttenberg und Seehofer synonym für die notwendige Mehrheit für die Aussetzung der Wehrpflicht.

Es ist an dieser Stelle nicht entscheidend, dass in der Wirklichkeit nicht das modellierte Chickenspiel in seiner Reinform (z.B. modellierte Auszahlungsmatrix) bei dieser Interpretation wiederzufinden ist, sondern als Grundlage ei-

---

setzt sein und für den anderen aber nicht. Wenn dann gilt die Aussetzung oder Beibehaltung faktisch für alle Akteure (und darüber hinaus), wobei die Wirkung der Aussetzung oder Beibehaltung beim Individuum (Akteur oder Betroffene) unterschiedlich sein kann. Die Instabilität und die Auszahlungswerte können als „gefühlte Stimmungslage" interpretiert werden.
[850] Vgl. Kapitel XII.2.
[851] Vgl. Treibel, Jan: Die FDP: Entscheidungsprozesse zwischen hierarchischer Führung, Konsenssuche und Mehrheitsentscheidungen, in: Zeitschrift für Politikwissenschaft (Sonderband 2012), Korte, Karl-Rudolf, Treibek, Jan (Hrsg.), Baden-Baden, 2012, S. 158. Üblicherweise werden die Führungsadressaten einer Partei als Follower bezeichnet. In dieser Analyse ist ein (erster) Follower auf Führungsebene zu erkennen. Beim Lesen der Entscheidungsmatrix ist zu beachten, dass von Zelle II zu Zelle IV lediglich der Spieler Seehofer eine Entscheidungsänderung vornimmt. Da drei Spieler an diesem modellierten Spiel beteiligt sind, müsste die Entscheidungsmatrix dreidimensional dargestellt werden. Weil aber eine zweidimensionale Darstellung der Entscheidungsmatrix vorliegt, ist beim Lesen der Entscheidungsmatrix zu beachten, dass eine Entscheidungsänderung eines Spielers nicht in jedem Fall durch nebeneinander liegende Zelle dargestellt wird.
[852] Vgl. Kapitel XII.2.
[853] Es ist zu beachten, dass das Spiel mit drei Spielern modelliert wurde, um anschaulich den Koordinierungseffekt herauszuarbeiten. Die Mehrheit kann durch weitere Spieler modelliert und dargestellt werden, so dass wenige CSU Entscheider „Beibehaltung" spielen und genügend viele CSU Entscheider „Aussetzung".

ner plausiblen Interpretation genügt und eine wichtige Struktur der politischen Entscheidung durch die Analyse extrahiert: nämlich die möglicherweise auftretende Struktur der politischen Koordinationsnotwendigkeit zur Entscheidungsfindung und die Möglichkeit des Lösens des politischen Koordinationsproblems durch einen *first mover* (hier: zu Guttenberg).

Eine zweite mögliche Interpretation der Erreichung von Zelle IV soll ebenso betrachtet werden. Über Zelle III könnte das Nash-Gleichgewicht in Zelle IV erreicht werden, wobei zwischenzeitlich der fiktive CSU Politiker X die Handlungsalternative (seine Meinung) gewechselt haben müsste. Der CSU Politiker X wäre jemand, der zunächst für die Beibehaltung ist (Zelle I), dann aufgrund der Guttenberg Äußerungen (Guttenberg spielt Aussetzung) auch die Aussetzung spielt (Zelle III). Als Seehofer sich auch für die Aussetzung ausspricht, wechselt der CSU Politiker X wieder zu seiner ursprünglichen Haltung der Beibehaltung (Zelle IV).

Durch diese Konstruktionen könnte ebenfalls erklärt werden, dass Guttenberg innerparteilich als *first mover* Herrn Seehofer als nächsten und mächtigen Befürworter und Meinungsbildner der Aussetzung der Wehrpflicht mitgezogen hat.[854] Eine mögliche Ursache einer neuen Positionierung innerhalb der CSU sind nach dieser Modellierung Parteimitglieder oder Delegierte der CSU, die unsicher sind und ihre Meinung wechseln bzw. anpassen und dann (unfreiwillig) Auslöser für eine neue Positionierung in der Partei sind. Der Verfasser bezeichnet diese als Flüsterer (whisperer), die zu einem Zeitpunkt ihre opportunistische, aber ambivalente, Haltung vertreten und diese auch an richtiger Stelle (dem „Richtigen" zuflüstern) platzieren. So wird dann beispielsweise ein Horst Seehofer von zu Guttenberg und „anderen" beeinflusst, was dann zur Neuorientierung Horst Seehofers führt. Am Ende stehen dann die Flüsterer vielleicht etwas erstaunt da, dass derartiges in Gang gesetzt wurde, und wechseln zurück zu ihrer Meinung. Leider zu spät: denn die Entscheidungsträger bleiben bei ihrer Positionierung, um Führungsstärke zu zeigen, und setzen diese dann durch. Mit Hilfe dieser Modellierung können auch die Mehrheitsfindung innerhalb eines Parteitages und die anschließenden Widerstände bei der Umsetzung der Reform (Standortschließungen) oder die Forderung der Wiedereinführung der Wehrpflicht bei gerade durchgeführter Reform erklärt

---

[854] Einmal auf dem direkten Wege und einmal indirekt über andere Parteimitglieder.

werden.⁸⁵⁵ Diese Haltung lässt auch darauf schließen, dass die Überzeugungsarbeit zur Aussetzung der Wehrpflicht bei CDU und CSU nicht tiefgreifend und sachorientiert, sondern sehr personenorientiert, emotional, war. Die Nachhaltigkeit der Entscheidung zur Aussetzung der Wehrpflicht scheint möglicherweise nicht gegeben. Etwas anders – volksnah – ausgedrückt: In der Entscheidung ist *man* quasi überrumpelt worden.

Die Zelle V führt spieltheoretisch zum schlechtesten Ergebnis (Auszahlung), das erreicht werden könnte, aber rational nach Theorie nicht erreicht wird.⁸⁵⁶ Politisch gesehen repräsentiert Zelle V aber eine maximal zu erreichende Mehrheit für die Handlungsalternative „Aussetzung". Aber auch politisch ist die 100 Prozent Zustimmung kaum real zu erreichen, so dass Abweichler am Ende bleiben.⁸⁵⁷ Somit wäre das Nicht-Erreichen der Zelle V politisch (und rational) begründbar und sinnvoll interpretierbar.

Das Vorpreschen von Verteidigungsminister, Karl-Theodor zu Guttenberg, ist spieltheoretisch nicht nur individuell als taktisch clever zu bezeichnen, sondern auch als wichtige Koordinationsfunktion für die Gruppe (Partei der CSU) interpretierbar. Aus Rational Choice heraus, kann in bei dieser Modellierung nur vorhergesagt werden, dass ein Nash-Gleichgewicht erreicht wird, aber nicht welches.⁸⁵⁸ Somit liegt eine „Top down" Koordination mit Guttenberg als Koordinationsinstanz vor. Diese Art der Koordinierung ist wesentlich „einfacher" – besonders in großen Gruppen – durchzuführen als die „bottom up" Vorgehensweise, die aus der Gruppe heraus initiiert werden müsste.⁸⁵⁹

„In addition to being an effective tactic for the individual player, preemption is an important coordination device for the group as a whole."⁸⁶⁰

Durch die Koordination der Strategiemöglichkeiten kann eine Partei sich grundsätzlich optimieren, wobei dies kein Prozess ist, der aus sich selbst her-

---

[855] Vgl. http://m.welt.de/article.do?id=politik%2Fdeutschland%2Farticle13357984%2FCDU-Politiker-erwaegt-Comeback-der-Wehrpflicht&cid=politik, vom 07.05.2011, gelesen am 14.01.2012.
[856] Hierbei wird jetzt interpretiert, dass alle Entscheider der CSU sich für die Aussetzung der Wehrpflicht aussprechen.
[857] Auf dem CSU Parteitag im Oktober 2010 wurde die Aussetzung mit großer Mehrheit beschlossen, aber eben nicht zu 100%.
[858] Vgl. Rieck, Christian: Spieltheorie Eine Einführung, 10. Auflage, Christian Rieck Verlag, Eschborn, 2010, S. 65.
[859] Vgl. ebd.: S. 61 Fußnote 20.
[860] Siehe Bornstein, G., Budescue, D., & Zamir, S. (1997): Cooperation in intergroup, two-person, and n-person games of Chicken, S. 390.

aus funktioniert, sondern durch jemanden oder etwas angestoßen werden muss.

> "In other words, although the players on each team can improve on the Nash equilibrium outcome by coordinating their strategies, no such coordinating is selfenforcing (Berenheim, Peleg, and Whinston 1987)."[861]

Auch zwischen den Parteien (intergroup) ist das wechselseitige Erkennen der Auswahl von Handlungsalternativen ein wichtiges Instrument zur Koordination (Abstimmung), wobei die Grundlage das Vertrauen ist.[862]

> "This strategic structure of the intergroup game also is likely to obstruct the effectiveness of reciprocation as a coordination device. Reciprocation, or the tendency to respond to present cooperation (defection) with future cooperation (defection), is effective only to the extent that it is credible (Oye 1986)."[863]

Guttenberg hat durch sein Verhalten spieltheoretisch sowohl eine innerparteiliche Koordination zur Frage der Wehrpflicht vorangetrieben, als auch eine Koordination unter den konservativen Parteien CDU und CSU in Gang gebracht.

Grundlage von Kooperation und kooperativem Verhalten ist in der Realität Vertrauen. Das Vertrauen selbst hängt wesentlich von zwei Parametern ab. Zum einen von der eindeutig erkennbaren Unterscheidung zwischen den Handlungsalternativen und zum anderen der Möglichkeit, auf ausgewählte Handlungsalternativen adäquat zu reagieren. Anders wären Strategien wie zum Beispiel Tit-for-Tat nicht erfolgreich umzusetzen.

> „Credibility, in turn, hinges on the ability of the actors to distinguish reliably between cooperation and defection by others and to respond in kind. Because reciprocity requires flexibility, both control and recognition are important for the successful implementation of tit-for-tat or similar strategies."[864]

Dabei unterscheiden sich Individuen und Gruppen. Denn Gruppen (Parteien) haben grundsätzlich Schwierigkeiten mit beiden Parametern, dem klaren Er-

---

[861] Siehe ebd.: S. 391.
[862] Vgl. Bierhoff, H.-W.: Vertrauen und soziale Verantwortung. Wie lässt sich das Risiko des Vertrauensmissbrauchs verringern? In: Erwägen – Wissen – Ethik. 14. Jahrgang, fünfte Diskussionseinheit, S. 339–S. 341.
Vgl. Kubon-Gilke, G.; Sturm, M.; Held, M.: Ökonomik des Vertrauen – Stellenwert von Vertrauen in der Ökonomik, in: Held, M.; Kubon-Gilke, G.; Sturm, M. (Hrsg.): Reputation und Vertrauen. Jahrbuch Normative und institutionelle Grundfragen der Ökonomik, Band 4, Marburg, S.7–S.33.
[863] Siehe ebd.
[864] Siehe ebd.

kennen der Auswahl der Handlungsalternativen der jeweils anderen Gruppe (Partei) und der darauf beruhenden Auswahl ihrer Reaktion.

"Unitary players have few control or recognition problems (because the actors can easily distinguish between cooperative and competitive actions of the other players and respond in kind). However, as the preceding scenario illustrates, teams are expected to have difficulties with both."[865]

Das ist leicht nachzuvollziehen: Zum einen hat die Modellierung gezeigt, dass die Positionierung der Parteien nicht eindeutig ist, als auch die Tatsache, dass zunächst der Verteidigungsminister, zu Guttenberg, ziemlich allein in der CSU zu der Wehrpflichtfrage vorgeprescht ist. Wofür stand also die CSU als solche zu diesem Zeitpunkt? Ähnlich war es auch bei der CDU. Zunächst ist die Kanzlerin Angela Merkel von der Positionierung der Beibehaltung der Wehrpflicht abgerückt. Welchen Standpunkt vertrat die CDU als Partei zu diesem Zeitpunkt?

Die unterschiedlichen Modellierungen zeigen verschiedene Erklärungsansätze des politischen Verhaltens von Politikern und Parteien zu der Frage der Wehrpflicht. Der evolutionär dynamische Ansatz verändert die gesetzten Prioritäten auf die Handlungsalternativen. Dies ist sicherlich in der Realität erkennbar, dass Individuen oder Gruppen eine Neubewertung von Alternativen durchführen. Diesen Ansatz würde der Verfasser als eine Art der Vorwärtsinduktion bezeichnen. Der Ansatz des Chicken-Spiels ist ein Erklärungsversuch, welcher aus einer bekannten Modellierung das politische Verhalten zu verstehen versucht: eine Art Rückwärtsinduktion.

In der klassischen Spieltheorie wie auch im Experiment von Gary Bornstein wird eine einmalige Bewertung von Alternativen als gegeben betrachtet.[866] Das Gefangenendilemma und das Chicken-Spiel sind Anfangspunkte, um ein soziales Verhalten zu erklären. Die Anzahl der Spieler variiert, und auch die Betrachtung als Gruppe wird dabei berücksichtigt. Die Bewertung der verschieden Aktionsmöglichkeiten bleibt aber bestehen. Strategielösungen wie zum Beispiel Tit-for-Tat zeigen Möglichkeiten auf, ein nicht erwünschtes, aber durch rein rationales Verhalten erzieltes Ergebnis möglicherweise zu vermeiden. Voraussetzung für die Implementierung einer solchen oder ähnlichen Strategie sind nicht nur die beiden Parameter des Erkennens der jeweils ande-

---

[865] Siehe ebd.
[866] Vgl. ebd.: S. 384–406.

ren ausgewählten Handlungsalternativen und die entsprechende auswählbare Reaktion auf Basis des Vertrauens, sondern eben mindestens eine andere existierende Kombination aus Handlungsalternativen, die die Akteure im Sinne der Rationalität besser stellt. Wenn diese nicht eindeutig erkennbar ist, aber ein stabiles Nash-Gleichgewicht existiert, muss es andere Gründe geben, falls über den Zeitverlauf das stabile Nash-Gleichgewicht von den Akteuren verlassen wird. Eine Erklärung ist eben die Neubewertung der möglichen alternativen Handlungsstränge. Die Neubewertung kann dann beispielsweise auf Erkenntnisgewinn oder Überzeugung beruhen.

Ausgehend von Abbildung 61 würden die Erkenntnisse aus den Experimenten Gary Bornsteins bedeuten, dass je klarer die Positionierung aus Parteitagen gereift ist, desto wahrscheinlicher ist die spätere Einigung unter den Parteien auf die für alle Seiten optimierte Lösung – auch im Fall der gegensätzlichen Positionierung, da zum einen in diesem Spiel Kommunikation erlaubt ist und zweitens Strategien wie Tit-for-Tat oder ähnliche wegen der klaren Positionierung gespielt werden könnten.[867]

Die zeitliche Trennung der Entscheidungsebenen – zwischen Parteimitglieder versus Parteimitglieder und Partei versus Partei – erhöht die Wahrscheinlichkeit, eine kooperative Einigung zu finden, weil bei simultaner Entscheidungsfindung Partei intern und unter den Parteien sich die Schärfe des Konfliktes verstärken würde.

Im Folgenden sollen die Meilensteine zur Aussetzung der Wehrpflicht transparent, übersichtlich und zusammenfassend dargestellt werden. Dies fokussiert auf die CDU und CSU, da die FDP als Regierungspartner sich bereits weit im Vorfeld klar zur Abkehr von der Wehrpflicht bekennt. Die Oppositionsparteien SPD, Linke und Bündnis 90/Die Grünen halten ebenso seit Jahren oder aus Grundüberzeugung nicht an der Wehrpflicht fest.

---

[867] Das Spiel zur Frage der Wehrpflicht ist in der Realität wohl einem One-Shot-Game gleichzusetzen. Wie ansonsten dargestellt, sind Tit-forTat-Strategien in der Innenpolitik (oder ähnliche Strategien) aus wohlfahrtsorientierten Gesichtspunkten nicht vorteilhaft einzusetzen. Ein möglicherweise erzielbarer Vorteil über solche Strategien ist Partei-rational ableitbar.

Abbildung 76: Zeitliche Meilensteine zur Aussetzung der Wehrpflicht.

Zunächst ist die Verhaftung in der Tradition bei der CDU und CSU gut zu erkennen. Seit Gründung der Bundeswehr und Einführung der Wehrpflicht, bekennen sich CDU und CSU als Verfechter der Wehrpflicht. Einzelne Stimmen hat es sicherlich über die letzten Jahrzehnte seit Gründung der Bundeswehr gegeben, die mal laut über die Wehrpflicht nachgedacht haben, aber eine Positionierung ist daraus für die Parteien CSU und CDU nie geworden. Die Wehrpflicht gehörte zu den Kernwerten der beiden Unionsparteien.

Folgende Faktoren haben zur Auflösung der konservativen Positionierung von CDU/CSU gegenüber der Wehrpflicht beigetragen:

- Schuldenbremse / Sparpläne / Finanzkrise
- Person Guttenberg
- Person Merkel
- Person Seehofer (auch in Relation zu Guttenberg und Ämterunion: Parteivorsitzende und Ministerpräsident)
- Führungszentrierte Parteien CDU und CSU
- Koalitionspartner FDP (Positions-Konstanz)
- Faktisch fehlender Vetospieler im Bundesrat

- Umstand der historischen Möglichkeit der Aussetzung (auch in Bezug auf die Person Guttenberg)

Der erste wichtige Faktor ist der Kabinettsbeschluss vom 07. Juni 2010, der einschneidende Einsparungen beim Verteidigungshaushalt fordert und die fast gleichzeitige Verkürzung der Wehrpflichtzeit von neun Monaten auf sechs Monate durch den Beschluss des Bundestages vom 18. Juni 2010 als zweiter Faktor.

Die Sparpläne – sicherlich war die Finanz- und Wirtschaftkrise ein starker Initiator dieser Sparpläne – haben einen enormen Reformdruck auf die Bundeswehr ausgeübt, um die geplanten Einsparungen auch zu realisieren.[868] Die Verkürzung der Wehrdienstzeit war wohl so gedacht, die Umsetzung der Sparbeschlüsse nach außen konkret werden zu lassen. Die Verkürzung der Wehrdienstzeit hatte aber einen gegenteiligen Effekt, nämlich die Verschlechterung der ökonomischen Effizienz der Bundeswehr.[869] Möglich ist auch, dass der Grund in einer taktisch politischen Absicht lag, um die kurze Wehrdienstzeit als Grund für die Aussetzung zu positionieren.

Ob zu Guttenberg von sich aus schon zuvor mit dem Gedanken zur Aussetzung der Wehrpflicht spielte oder die obigen Einflussfaktoren ihn zu diesem Gedanken getrieben haben, kann an dieser Stelle nicht gesagt werden. Jedenfalls hat Verteidigungsminister zu Guttenberg, begonnen die Debatte zur Aussetzung der Wehrpflicht im Sommer 2010 intensiv öffentlich zu führen:[870] ein zu Guttenberg, der zu diesem Zeitpunkt sowohl innerhalb der CSU als auch bei den Wählern hohes Ansehen hatte und dieses zu nutzen verstand. Als erstes hat Kanzlerin Angela Merkel als namenhafte Politikerin der Unionsparteien ihre Position Ende des Sommers 2010 aufgeweicht, indem sie öffentlich bekannte, den Reformplänen des Verteidigungsministers offen gegenüber zu stehen. Dann folgte der CSU-Parteichef, Horst Seehofer, aus den Unionsparteien, der sich langsam zum Reformvorhaben von Karl-Theodor zu Gutenberg hinwandte. Dabei ist festzuhalten, dass zu Guttenberg bereits als Nachfolger von Horst Seehofer als Parteichef gehandelt wurde. Einen politischen Kampf gegen zu Guttenberg in der Wehrpflichtfrage konnte Seehofer zu diesem Zeitpunkt nicht gewinnen. Der Verteidigungsminister war zu populär und beliebt

---

[868] Vgl. Framing und Endowment Effekte bei Kahneman, Daniel: Schnelles Denken, Langsames Denken, Siedler Verlag, München, 2012, S. 356 ff. und S. 447 ff.
[869] Vgl. Schnell, Jürgen: Neue Entscheidung zur allgemeinen Wehrpflicht, 02.02.2010.
[870] Hier wird eine Machtausübung über die Medienlandschaft praktiziert.

und konnte durch sein charismatisches und rhetorisch exzellentes Auftreten die Parteigenossen – und weit darüber hinaus viele weitere Menschen (Wähler) – für seine Meinung und Position gewinnen.

Guttenberg selber konnte die Mehrheiten hinter sich bringen. Der Faktor Guttenberg wirkte intensiv (zuvor) auf beiden Parteitage der CSU und der CDU Ende 2010, so dass beide Unionsparteien – entgegen ihrem traditionellen Selbstverständnis – für die Aussetzung der Wehrpflicht stimmten. Die Ergebnisse der von ihm einberufenen Strukturkommission haben dem Verteidigungsminister zu Guttenberg Rückenwind in seiner Argumentation zur Aussetzung der Wehrpflicht gegeben, denn die Weise-Kommission empfiehlt in ihrem im Oktober 2010 vorgelegten Bericht, sich von der Wehrpflicht zu verabschieden (auszusetzen) und drastische Reformschritte durchzuführen. Die historische Entscheidung der Aussetzung der Wehrpflicht war sicherlich ein für Guttenberg willkommener Umstand, der ihn zu einer geschichtsträchtigen Figur machte – eine auf (öffentliche) Wirkung und Charisma ausgelegte Persönlichkeit.

Die Bundeskanzlerin Merkel hat sich in der Wehrpflichtfrage deutlich mehr „als Kanzlerin" und damit als strategische Machtpolitikerin verhalten und weniger als konservative Parteichefin positioniert, die gewillt ist, die Ideale und Werte des Konservativen (ihrer Partei) zu bewahren. Sachargumente und liberales Gedankengut prägten ihre Argumente am Ende mehr als normative, werteorientierte Argumente einer christlich-konservativen Partei.

Zwei starke Persönlichkeiten – Merkel und Guttenberg – prägten die Argumente in Richtung der Aussetzung der Wehrpflicht. So verwundert es wenig, dass führungszentrierte Parteien wie CDU und CSU am Ende der Debatte eine klare Mehrheit für die Aussetzung der Wehrpflicht (bei ihren Parteitagen) erringen konnten, auch wenn einzelne Delegierte und Parteimitglieder nicht wirklich überzeugt wurden. Es ist zu vermuten, dass in vielen informellen Zusammentreffen die beiden konservativen Parteien (vor den offiziellen Parteitagen) „auf Kurs gebracht wurden".

Ein nicht zu vergessener Umstand ist die Machtverteilung im Bundesrat zum Zeitpunkt der Aussetzung gewesen. Der Bundesrat war machtpolitisch als echter Vetospieler ausgefallen (absorbiert)[871], denn SPD, Linke und auch (ei-

---

[871] Vgl. Fischer-Hotzel, Andrea: Vetospieler in territorialen Verfassungsreformen, Britische Devolution und französische Dezentralisierung im Vergleich, Baden-Baden, 2013, S. 39.

gentlich) Bündnis 90/Die Grünen waren für eine Abschaffung der Wehrpflicht und haben die Aussetzung stark kritisiert. Im Bundestag haben SPD und Linke der Aussetzung nicht zugestimmt, Bündnis 90/Die Grünen aber schon.[872] Auch wenn der Unterschied zur Abschaffung nicht mehr groß ist[873], soll an dieser Stelle betont werden, dass auch ein (komplettes) Veto oppositioneller Regierungskonstellationen über die Landesregierungen[874] im Bundesrat mit der gegebenen Machtverteilung zu der Zeit keine andere Entscheidung hätte erzwingen können. Dieser Tatbestand zeigt, dass in einer (föderalen) Demokratie „Kontrolleinheiten"[875] auf demokratischem Weg (zeitweise) ausgesetzt sein können.

Es ist wahrlich bemerkenswert, dass die Unionsparteien CDU/CSU in einer so kurzen Zeit einen ihrer Markenkerne eliminierten: denn in einer allgemeinen komplexen und komplizierten Politikwelt, die sich speziell auch in der Wehrpflichtfrage widerspiegelt, sind eher kleine Reformen zu erwarten. Weitreichende, ja historische Entscheidungen, sind in einem kurzen Zeitraum eher unwahrscheinlich und selten anzutreffen.[876]

---

[872] Vgl. http://www.focus.de/politik/deutschland/wehrreform-bundestag-beschliesst-aussetzung-der-wehrpflicht_aid_612001.html, gelesen am 07.04.2013.
[873] Im Sinne des Aufbaus einer Freiwilligenarmee und in Betrachtung der gesellschaftlichen Außendarstellung.
[874] Landesregierungen, die nur aus den Oppositionsparteien auf Bundesebene gebildet werden.
[875] Mit Kontrolleinheiten ist eine explizite geschaffene Machtinstanz im föderalen System, um Machtkonzentration zu verhindern bzw. um dediziert Mitspracherecht zu ermöglichen, gemeint.
[876] Vgl. D'Antonio, Oliver, Werwath, Christian: Die CDU: Innerparteiliche Willensbildung zwischen Gremienarbeit und Grauzone, in: Zeitschrift für Politikwissenschaft Sonderband 2012, Korte, Karl-Rudolf, Treibel, Jan (Hrsg.), Baden-Baden, 2012, S. 48.

XIV. Konflikt- und Strategiefeld: Staat versus Staat

Die folgende Analyse betrifft das identifizierte Konflikt- bzw. Strategiefeld *Staat versus Staat*.

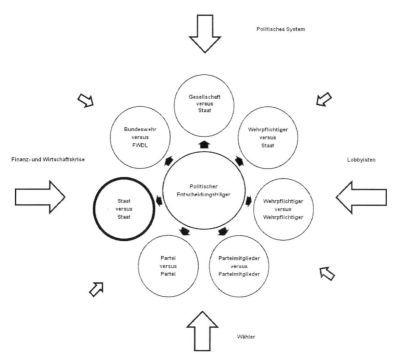

Abbildung 77: Konflikt- und Strategiefeld Staat versus Staat.

Das Konflikt- und Strategiefeld Staat versus Staat ist in Abbildung 77 hervorgehoben.

Die Bundesrepublik Deutschland befindet sich in Bündnisverpflichtungen, die aus der Zugehörigkeit beispielsweise zur NATO, der EU und den Vereinten Nationen (UN) resultieren. Die Bündnisverpflichtungen werden durch Aufgabenverteilungen und Verantwortlichkeiten an Einzelstaaten sichtbar als auch durch die gemeinsame Aufgabenerfüllung innerhalb der Bündnisse. Hierzu zählen die NATO Response Force (NRF), die EU Battle Group (European Headline Goal) und das UN Standby Arrangement.[877]

So heißt es beispielsweise im Positionspapier der FDP-Bundestagsfraktion vom November 2010:

„Struktur und Ausrüstungsplanung müssen sich konsequent an den wahrscheinlichen Bedrohungen und Einsätzen der Zukunft sowie an Bündnisverpflichtungen orientieren."[878]

Und weiter wird im Positionspapier davon gesprochen, Spareffekte zu realisieren. Dabei gilt es für die Mitgliedstaaten, sich optimal zu positionieren, wobei gemeinsam zu erzielende Sparmaßnahmen zu definieren sind. Weil Militärorganisationen sich primär durch Fähigkeiten definieren und das Personal dabei eine entscheidende Rolle spielt, ist es bei der Wehrpflichtfrage von hoher Wichtigkeit, den bündnisorientierten Aspekt zu berücksichtigen, um zukünftig eine angemessene Rolle innerhalb der Gemeinschaften einzunehmen und die erforderlichen Aufgaben entsprechend zu bewältigen.

„Die Stärkung der europäischen Fähigkeiten muss dabei als ein Beitrag innerhalb der NATO verstanden werden, nicht als Konkurrenz hierzu. Doppelstrukturen sind jedoch, wenn immer möglich, zu vermeiden. Europäische Sicherheit ohne die Einbindung der USA und der weiteren NATO-Staaten ist weder erstrebenswert noch praktikabel.

Vorzuhaltende Fähigkeiten – gerade im Bereich der Bündnisverteidigung bzw. zum Schutz des Bündnisgebietes und dem zukünftigen Einsatz- und Aktionsradius der NATO – müssen auf Ebene der NATO definiert und koordiniert werden, um erforderliche Synergie-Effekte besser als bisher zu erzielen."[879]

Ausgehend von den derzeit dramatischen finanzpolitischen Entwicklungen im Euro-Raum und der Herabstufung der Kreditwürdigkeit der Vereinigten Staaten von Amerika ist es nach den bereits durchgeführten Rettungsmaßnahmen, insbesondere für Griechenland, nachvollziehbar und rational, nach Einsparpotenzial der staatlichen Haushalte zu suchen.[880]

Wenn die staatlichen Einnahmen aus Steuermitteln nicht zur Deckung des Finanzmittelbedarfs öffentlicher Haushalte ausreichend sind, dann müssen Kre-

---

[877] Vgl. http://www.elke-hoff.de/files/36364/101108_Positionspapier_Bw_der_Zukunft_final_2_zur_Ve.pdf vom 8 November 2010, S.3, gelesen am 21.12.2011.
[878] Vgl. http://www.elke-hoff.de/files/36364/101108_Positionspapier_Bw_der_Zukunft_final_2_zur_Ve.pdf vom 8 November 2010, S.3, gelesen am 21.12.2011.
[879] Siehe ebd.: S.8.
[880] Vgl. http://www.tagesschau.de/wirtschaft/usbonitaet100.html, gelesen am 08.08.2011.

ditaufnahmen zur Finanzierung staatlicher Ausgaben herangezogen werden. Sind gleichzeitig oder zeitnah Einsparungen nicht möglich, steigen die Defizitquote und konsequenterweise auch der Schuldenstand.

Die Haushaltslage soll an den fünf Staaten Deutschland, Frankreich, Großbritannien, Italien und Spanien aufgezeigt werden. Diese Staaten zusammen kommen auf ca. 70 Prozent des erwirtschafteten BIP der EU:[881]

Land	Überschuss (+) / Defizit (-) 2009	Überschuss (+) / Defizit (-) 2010	Schuldenstand 2009	Schuldenstand 2010
Deutschland	-3,0 %	-3,3 %	73,5 %	83,2 %
Frankreich	-7,5 %	-7,0 %	78,3 %	81,7 %
Großbritannien	-11,4 %	-10,4 %	69,6 %	80,0 %
Italien	-5,4 %	-4,6 %	116,1 %	119,0 %
Spanien	-11,1 %	-9,2 %	53,3 %	60,1 %

Abbildung 78: Überschuss, Defizit und Schuldenstand der wirtschaftlich stärksten Nationen im EU-Raum in Prozent zum BIP für die Jahre 2009 und 2010.[882]

Übergreifend über alle oben angeführten Nationen besteht eine Defizitquote, und der Schuldenstand wächst an. Der Schuldenstand der EU insgesamt ist von 74,4 Prozent des Jahres 2009 auf 80,0 Prozent des Jahres 2010 gestiegen, gemessen am Gesamt-BIP der 27 EU Staaten. Die entsprechende Defizitquote des Jahres 2010 liegt bei -6,4 Prozent im Vergleich zu 2009 mit -6,8 Prozent. Insgesamt ist damit zwar das jährliche Defizit im EU-Raum zwischen den Jahren 2009 und 2010 gesunken, aber der gesamte öffentliche Schuldenstand der EU ist angestiegen.[883]

Daraus abgeleitet ist es offensichtlich, dass die Staaten des EU-Raumes den Abbau der Defizitquote und des Schuldenstandes hoch priorisieren. Der Ab-

---

[881] Vgl. Schnell, Jürgen: Haushalte und Militärbudgets der EU-Mitgliedsstaaten,11.05.2011, S. 1.
[882] Vgl. Eurostat, Pressemitteilung Euroindikatoren 60/2011, 26.April 2011.
http://epp.eurostat.ec.europa.eu/cache/ITY_PUBLIC/2-26042011-AP/DE/2-26042011-AP-DE.PDF, gelesen am 08.08.2011.
[883] Vgl. ebd.

bau des Schuldenstandes ist nur durch Einsparungen möglich, die zukünftig die Gestaltung der öffentlichen Haushalte bestimmen.[884]

Die Notwendigkeit des Schuldenabbaus durch einerseits Verringerung der Schuldenaufnahme und andererseits durch nicht vermeidbare Einsparungen wird alle Einzelpläne der Finanzplanung der öffentlichen Haushalte betreffen, somit auch die Einzelpläne für den Verteidigungshaushalt.

Die folgende Tabelle zeigt die Kürzung der Verteidigungsausgaben für die bereits auserwählten EU-Staaten Deutschland, Frankreich, Großbritannien, Italien und Spanien im Vergleich der Jahre 2008 und 2009, deren Verteidigungsausgaben ca. 75 Prozent der Verteidigungsausgaben der EU-Staaten betragen.[885]

Land	Verteidigungsausgaben 2008 in Mrd US-$	Verteidigungsausgaben 2009 in Mrd US-$	Veränderung in %
Deutschland	48,1	47,5	-1,2
Frankreich	66,5	54,4	-18,2
Großbritannien	68,1	58,2	-14,5
Italien	33,2	30,5	-8,1
Spanien	18,7	16,9	-9,6
Summe	234,6	207,5	-11,6

Abbildung 79: Verteidigungsausgaben der wirtschaftlich stärksten Nationen im EU-Raum, gemessen in Milliarden US-$ nominal, für die Jahre 2008 und 2009.[886]

---

[884] Vgl. Schnell, Jürgen: Haushalte und Militärbudgets der EU, 11.05.2011, S. 2.
[885] Vgl. ebd.
[886] Vgl. ebd.
Vgl. North Atlantic Treaty Organisation, Financial and Economic Data Relating to NATO Defence, Press & Media, Bruxelles Belgique, 10 March 2011.
http://www.nato.int/nato_static/assets/pdf/pdf_2011_03/20110309_PR_CP_2011_027.pdf, S. 4, gelesen am 08.08.2011. Die Daten zum Jahr 2010 liegen nur in einer Schätzgröße vor; deswegen sind die Zahlen aus dem Jahr 2008 und 2009. Die angegebenen Werte in der Tabelle basieren auf aktuellen Preisen und Wechselkursen.

Diese Reduzierung der Verteidigungsausgaben um nahezu 12 Prozent kann nicht mit einer Änderung der sicherheitspolitischen Lage begründet werden, sondern eher mit dem Druck auf öffentliche Haushalte, Einsparungen für die Entschuldung vorzunehmen. Die Sicherheitslage zwischen den Jahren 2008 und 2009 hat sich im Wesentlichen nicht verändert.

Die hochverschuldete USA hat ihre Verteidigungsausgaben im Jahr 2008 in Höhe von 729,5 Milliarden US-Dollar auf 757,5 Milliarden US-Dollar erhöht. Die Schätzung der NATO geht im Jahre 2010 von einer weiteren Erhöhung auf bis zu 785,8 Milliarden US-Dollar aus.[887] Ein Vergleich mit China lässt den Betrachter die Zahlen weiter relativieren.

> „Die aufstrebende Militärmacht China wird ihren Verteidigungsetat in diesem Jahr wieder deutlich um 12,7 Prozent steigern. Der Sprecher des Volkskongresses, Li Zhaoxing, versicherte am Freitag auf einer Pressekonferenz im Vorfeld der diesjährigen Jahrestagung gleichwohl, Chinas Verteidigungspolitik sei „defensiv" und stelle „keine Bedrohung" für andere Staaten dar. Im Vergleich zu anderen Ländern seien Chinas Verteidigungsausgaben mit 601 Milliarden Yuan (umgerechnet 65 Milliarden Euro) „vergleichsweise niedrig"."[888]

Die offiziell angegebenen Zahlen aus China werden als fragwürdig betrachtet und der wirkliche Verteidigungshaushalt mit dem Faktor 2 bis 3 angenommen. Die Wachstumsraten des Verteidigungshaushaltes werden in den Jahren 2008 mit 17,5 Prozent und 2009 mit 14,9 Prozent angegeben.[889]

Die Einsparungen können grundsätzlich zwei Komponenten des Verteidigungsetats betreffen. Einerseits können die laufenden Betriebsausgaben gekürzt werden oder aber auch die verteidigungsinvestiven Ausgaben. Da beispielsweise die Personalkosten ca. 50 Prozent des Verteidigungshaushaltes ausmachen, kann durch eine Reduzierung im Personalbereich eine Kostenersparnis bei den Betriebsausgaben relativ schnell erreicht werden. Die Einsparungen bei den Betriebskosten sind aber bedingt durch die anfallenden Remanenzkosten wie durch langfristige Verträge in Liegenschaften, aber auch durch den sozialen Abbau von Personal. Dadurch kommt es zwangsweise zur Kürzung bei den verteidigungsinvestiven Ausgaben, wobei dem aber wiederum der Bedarf an geeigneter und angemessener Ausrüstung und Material in

---

[887] Vgl. ebd.
[888] Siehe http://www.welt.de/politik/ausland/article12697472/China-erhoeht-Militaerausgaben-um-12-7-Prozent.html, gelesen am 09.08.2011.
[889] Vgl. ebd.

Menge und Güte, aber auch der Lobbyismus der Rüstungsindustrie entgegensteht.[890]

Weiteres Sparpotential der Verteidigungshaushalte auf europäischer Ebene kann nur durch eine gemeinsame Sparstrategie der Mitgliedstaaten erreicht werden. Nationale Alleingänge beim Sparen an Verteidigungsausgaben werden Sparziele in der notwendigen Höhe nicht erreichen können. Dies ist zu vergleichen mit der wohlfahrtsorientierten Maximierung der bereitzustellenden Verteidigungsfähigkeit staatlicherseits versus der individuellen Maximierung der bereitzustellenden Verteidigungsfähigkeit des einzelnen Staatsbürgers.[891] An dieser Stelle wäre der einzelne Staat das Individuum, und die Mitgliedstaaten in der Summe der „Staat". Es handelt sich also um eine Skalierung auf einer höheren Ebene.[892] Nur in der Gemeinschaft können die benötigten Einsparungen über Skaleneffekte erreicht werden. Die Finanz- und Wirtschaftskrise kann als Chance verstanden werden, die Einsparungen über die Staatengemeinschaft auch wirklich zu realisieren.[893]

Spieltheoretisch ist die Situation in der Summe wieder ein Kollektivgutproblem. Das maximal erreichbare Sparvolumen kann nur durch die Kooperation aller Staaten erreicht werden, wobei aber für jeden einzelnen Mitgliedstaat der Anreiz besteht, als sogenannter Trittbrettfahrer einen individuellen Vorteil bei der Strategie einzelstaatliche Sparstrategie zu spielen.[894] Es ist in der Realität zu beobachten, dass kollektives Interesse nicht auch zu kollektivem Handeln der beteiligten Akteure führt.[895]

Die Situation der Sparstrategie kann als ein N-Staaten-Gefangenendilemma oder als ein N-Staaten-Chicken-Spiel[896] modelliert werden, wobei es in diesem Fall Mitgliedstaaten der EU sind. Nur kleine Modifikationen in der Auszah-

---

[890] Vgl. Schnell, Jürgen: Haushalte und Militärbudgets der EU-Mitgliedsstaaten, 11.05.2011, S. 3.
[891] Vgl. Kapitel IX.
[892] Vgl. Abbildung 9.
[893] Vgl. ebd.
[894] Es ist in der Gesamtbetrachtung ein Kollektivgutproblem der Bereitstellung einer gemeinsamen Verteidigungsleistung, aber die Analyse beschränkt sich auf das Erreichen von gemeinsamen Sparvolumen.
[895] Vgl. Diekmann, Andreas: Spieltheorie Einführung, August 2010, S. 116.
[896] N zeigt die Flexibilität der Modellierung und die daraus generischen Ergebnisse. Die Modellierung gilt grundsätzlich für beliebig viele Staaten.

lungsmatrix können aus einem Spiel des Gefangenendilemmas ein Chicken-Spiel machen.[897] Es gilt im Fall des N-Staaten-Gefangenendilemmas:

N > 1, Anzahl der gesamten Mitgliedstaaten

1 < s <= N; mit s als Anzahl der Staaten mit gemeinsamer Sparstrategie

Das Einsparvolumen als Auszahlung berechnet sich nach folgenden Auszahlungsfunktionen:[898]

$EV_{GS}(s) = 2*s$

$EV_{ES}(s) = 3*s + 3$

EV_{GS} ist das realisierte Einsparvolumen pro Staat, welcher die gemeinsame Sparstrategie verfolgt, wenn s-viele Staaten die gemeinsame Sparstrategie verfolgen.

EV_{ES} ist das realisierte Einsparvolumen pro Staat, welche die einzelstaatliche Sparstrategie verfolgt, wenn s-viele Staaten die gemeinsame Sparstrategie verfolgen.

Jeder Mitgliedstaat, der die gemeinsame Sparstrategie verfolgt, trägt zum Kollektivgut – der effizienten Bereitstellung der militärischen Ressourcen – bei. Ein Mitgliedstaat der die einzelstaatliche Sparstrategie verfolgt, trägt nichts zur effizienten Bereitstellung des Kollektivgutes bei.

1. Fall: Alle Mitgliedstaaten verfolgen die gemeinsame Sparstrategie

   N = 27, s = 27

---

[897] Das hier gewählte Gefangenendilemma und das Chickenspiel sind hier als Instrumentarien des Rational Choice zu verstehen. Es soll nicht gesagt werden, dass die Sparsituation zwischen den EU–Staaten dem eines Gefangenendilemmas oder dem eines Chickenspiels entspricht. Im Mittelpunkt der Betrachtungen sind Ergebnisse zu extrahieren, die bei dem gemeinsamen Bemühen den Druck haushaltspolitische Vorgaben möglichst ökonomisch zu entsprechen und dabei die Fähigkeitsmaximierung nicht unberücksichtigt zu lassen. In der Realität ist es bedeutsam, die Relationen der Sparauszahlungen (einzelstaatlicher Nutzen) so zu kennen, dass zu erkennen ist, ob die Gemeinschaft eher in der Situation eines Gefangenendilemmas, eines Chickenspiels oder eines ganz anderen Spiels ist.
[898] Vgl. Diekmann, Andreas: Spieltheorie Einführung, August 2010, S. 113–120. Es können auch andere Funktionen zur Berechnung der Auszahlungsmatrix führen, die dann das Gefangenendilemma konstruieren. Die angegebenen Funktionen können durch monotone Transformation in eine andere Funktion überführt werden.

Erreichbares Sparvolumen pro Staat: $EV_{GS}(27) = 2*27 = 54$; $EV_{ES}(s) = 0$, weil alle die gemeinsame Sparstrategie verfolgen.

2. Fall: Alle Mitgliedstaaten verfolgen die einzelstaatliche Sparstrategie

$N = 27, s = 0$

Minimal erreichbares Sparvolumen pro Staat: $EV_{ES}(0) = 3*0 + 3 = 3$; $EV_{GS}(s) = 0$, weil alle die einzelstaatliche Sparstrategie verfolgen.

Die einfache Strategie der Verfolgung der einzelstaatlichen Sparstrategie führt also per se nicht zum höchsten einzelstaatlichen Sparvolumen. Das einzelstaatliche Sparvolumen kann im worst case in dieser Modellierung 3 Einheiten betragen.

3. Fall: Alle Mitgliedstaaten, außer ein Mitgliedstaat, verfolgen die gemeinsame Sparstrategie

$N = 27, s = 26$

Erreichbares Sparvolumen pro Staat, falls dieser die gemeinsame Sparstrategie verfolgt: $EV_{GS}(26) = 2*26 = 52$.

Erreichbares Sparvolumen pro Staat, falls dieser die einzelstaatliche Sparstrategie verfolgt: $EV_{ES}(26) = 3*26 + 3 = 81$.

Beim 3. Fall ist zu erkennen, dass eine einzelstaatliche Sparstrategie maximal ist, wenn alle anderen Staaten die gemeinsame Sparstrategie verfolgen. Aufgrund der gewählten Funktionen ist die einzelstaatliche Strategie die dominante Strategie eines jeden Mitgliedstaates.

Das geht so lange gut, bis kein Mitgliedstaat mehr die gemeinsame Sparstrategie verfolgt. Somit hat jeder Mitgliedstaat zwar den Anreiz, die einzelstaatliche Sparstrategie zu verfolgen, aber es besteht die Gefahr, dass alle Mitgliedstaaten diese einzelstaatliche Strategie verfolgen und somit jeder einzelne Mitgliedstaat auf 3 Einheiten zurück fällt. In der folgenden Abbildung sind jeweils einzelstaatliche Auszahlungen angegeben.

Zeile: 1 Staat Spalte: weitere Staaten mit gemeinsamer Sparstrategie. In Klammern entsprechende Staaten mit einzelstaatlicher Sparstrategie	0 (26)	1 (25)	2 (24)	... (...)	26 (0)
Gemeinsame Sparstrategie	A 2 / (6)	C 4 / 4 (9)	E 6 / 6 (12)	...	Y 54 / 54
Einzelstaatliche Sparstrategie	B 3 / (3)	D 6 / 2 (6)	F 9 / 4 (9)	...	Z 81 / 52

Abbildung 80: N-Staaten Gefangenendilemma der EU-Mitgliedstaaten bei der Entscheidung einer gemeinsamen Rüstungspolitik bzw. Sparstrategie.

Erläuterung: In der Zeile ist der 27te Staat aufgeführt. In den Spalten die Anzahl der Staaten, die ebenfalls kooperieren und daraus gefolgert steht die Anzahl der Staaten, die dann nicht kooperieren, in Klammern.

Zelle A: Nur 1 Staat spielt die gemeinsame Sparstrategie, sein Sparvolumen beträgt somit 2. 26 Staaten kooperieren nicht und können das Sparvolumen in Höhe von 6 realisieren.

Zelle B: 27 Staaten spielen die einzelstaatliche Sparstrategie und können jeweils das Sparvolumen in Höhe von 3 realisieren. Zelle B ist das einzige Nash-Gleichgewicht.

Zelle C: 2 Staaten spielen die gemeinsame Sparstrategie und können jeweils das Sparvolumen in Höhe von 4 realisieren. 25 Staaten realisieren jeweils das Sparvolumen in Höhe von 9.

Zelle D: 1 Staat spielt die gemeinsame Sparstrategie und kann das Sparvolumen in Höhe von 2 realisieren. 26 Staaten realisieren jeweils das Sparvolumen in Höhe von 6.

Zelle E: 3 Staaten spielen die gemeinsame Sparstrategie und können jeweils das Sparvolumen in Höhe von 6 realisieren. 24 Staaten realisieren jeweils das Sparvolumen in Höhe von 12.

Zelle F: 2 Staaten spielen die gemeinsame Sparstrategie und können jeweils das Sparvolumen in Höhe von 4 realisieren. 25 Staaten realisieren jeweils das Sparvolumen in Höhe von 9.

Zelle Y: 27 Staaten spielen die gemeinsame Sparstrategie und können jeweils das Sparvolumen in Höhe von 54 realisieren.

Zelle Z: 26 Staaten spielen die gemeinsame Sparstrategie und können jeweils das Sparvolumen in Höhe von 52 realisieren. 1 Staat spielt die einzelstaatliche Sparstrategie und kann das Sparvolumen in Höhe von 81 erreichen.

Gehen wir davon aus, dass (N-1) Staaten aus den Mitgliedsstaaten kooperieren und der N-te Staat vor der Entscheidung des Beitritts zur gemeinsamen Sparstrategie oder der einzelstaatlichen Sparstrategie steht. Als Mitgliedstaat profitiert der N-te Staat von der gemeinsamen Sparstrategie der anderen, weil dieser beispielsweise auf gemeinsame Ressourcen wie Truppenübungsplätze zugreifen kann. Der N-te Staat würde sich besser stellen, wenn er dann eine einzelstaatliche Sparstrategie wählt, da diese ihm (fast) alle Vorteile bringt, dieser selbst aber wenig bis gar nichts dazu beitragen muss. Die (N-1) Staaten würden sich in diesem Fall aber schlechter stellen, da diese nicht in den Genuss der maximal erzielbaren Skaleneffekte kommen. Die (N-1) Staaten entscheiden sich sodann auch (wieder) für die einzelstaatliche Sparstrategie, und es wird das Nash-Gleichgewicht erreicht (3,3). Der N-te Staat kann nun auch nicht mehr auf gemeinsam genutzte Ressourcen zurückgreifen und verschlechtert sich ebenso. Nur ein verbindlicher Vertrag zur gemeinsamen Sparstrategie oder eine implementierte Superstrategie wie Tit-for-Tat kann unter den Mitgliedstaaten zu dem maximal erreichbaren Sparpotenzial führen – einem pareto-optimalen Ergebnis. Der Vertrag zur gemeinsamen Sparstrategie muss die Ziele genau definieren und die einzelnen Mitgliedstaaten auf den von ihnen zu leistenden Beitrag verpflichten, dies unter Androhung von Malus-Zahlungen im Fall der Zuwiderhandlung.[899] Es gilt im Fall des N-Staaten-Chicken-Spiels:[900]

---

[899] Superstrategien wie Tit-for-Tat sind zwar an dieser Stelle grundsätzlich denkbar, müssen aber die Möglichkeit vorsehen, dass ein (bereits kooperierender) Mitgliedstaat im späteren Verlauf wieder aus der Gemeinschaft ausscheidet (nicht kooperiert) und die verbleibende Gemeinschaft die gesamte Verteidigungsleistung bereitstellen muss, ohne dass das ausscheidende Mitglied davon profitiert.
[900] Diese Funktion ist vom Verfasser kreiert. In der Rational Choice Literatur hat der Verfasser keine allgemeingültige Funktionsbeschreibung zum Chicken-Spiel finden können.

N > 1, Anzahl der gesamten Mitgliedstaaten

0 <= s <= N; mit s als Anzahl der Staaten mit gemeinsamer Sparstrategie

Das Einsparvolumen als Auszahlung berechnet sich annahmegemäß nach folgenden Auszahlungsfunktionen:[901]

$$EV_{GS}(s) = s + 2$$

$$EV_{ES}(s) = \begin{cases} -2, & s = 0 \\ 7, & 0 < s \leq 3 \\ 3s - 2, & 3 < s \leq N \end{cases}$$

EV_{GS} ist das realisierte Einsparungsvolumen pro Staat, welche die gemeinsame Sparstrategie (GS) verfolgen, wenn s-viele Staaten die gemeinsame Sparstrategie verfolgen.

EV_{ES} ist das realisierte Einsparvolumen pro Staat, welche die einzelstaatliche Sparstrategie (ES) verfolgen, wenn s-viele Staaten die gemeinsame Sparstrategie verfolgen.

Zeile: 1 Staat Spalte: weitere Staaten mit gemeinsamer Sparstrategie. In Klammern entsprechende Staaten mit einzelstaatlicher Sparstrategie	0 (26)	1 (25)	2 (24)	3 (23)	... ...	26 (0)
Gemeinsame Sparstrategie	A 3 / (7)	C 4 / 4 (7)	E 5 / 5 (7)	G 6 / 6 (10)	...	Y 29 / 29
Einzelstaatliche Sparstrategie	B -2 / (-2)	D 7 / 3 (7)	F 7 / 4 (7)	H 7 / 5 (7)	...	Z 76 / 28

Abbildung 81: N-Staaten Chicken-Spiel der EU-Mitgliedstaaten bei der Entscheidung einer gemeinsamen Rüstungspolitik bzw. Sparstrategie.

Erläuterung: In der Zeile ist der 27te Staat aufgeführt: in den Spalten die Anzahl der Staaten, die ebenfalls kooperieren und daraus gefolgert steht die Anzahl der Staaten, die dann nicht kooperieren, in Klammern. Durch Permutation

---

[901] Vgl. http://www.mathpsyc.uni-bonn.de/doc/micko/4c.htm, gelesen am 17.08.2011. Auch hier sind weitere Funktionspaare denkbar, da ordinale Nutzenmessung unterstellt ist.

kann jeder Mitgliedstaat der 27te Mitgliedstaat „in der Zeile" sein. Somit existieren N-viele Nash-Gleichgewichte bei reinen Strategien. Zwei Nash-Gleichgewichte sind in Abbildung 81 hervorgehoben.[902]

Zelle A: Nur 1 Staat spielt die gemeinsame Sparstrategie, sein Sparvolumen beträgt somit 3. 26 Staaten spielen die Strategie einzelstaatliche Sparstrategie und können jeweils das Sparvolumen in Höhe von 7 realisieren. Zelle A ist Nash-Gleichgewicht.

Zelle B: 27 Staaten spielen die einzelstaatliche Sparstrategie (worst case) und können jeweils das Sparvolumen in Höhe von -2 realisieren.

Zelle C: 2 Staaten spielen die gemeinsame Sparstrategie und können jeweils das Sparvolumen in Höhe von 4 realisieren. 25 Staaten realisieren jeweils das Sparvolumen in Höhe von 7.

Zelle D: 1 Staat spielt die gemeinsame Sparstrategie und kann das Sparvolumen in Höhe von 3 realisieren. 26 Staaten spielen die einzelstaatliche Sparstrategie und können jeweils das Sparvolumen in Höhe von 7. Zelle D ist Nash-Gleichgewicht.

Zelle E: 3 Staaten spielen die gemeinsame Sparstrategie und können jeweils das Sparvolumen in Höhe von 5 realisieren. 24 Staaten realisieren jeweils das Sparvolumen in Höhe von 7.

Zelle F: 2 Staaten spielen die gemeinsame Sparstrategie und können jeweils das Sparvolumen in Höhe von 4 realisieren. 25 Staaten realisieren jeweils das Sparvolumen in Höhe von 7.

Zelle G: 4 Staaten spielen die gemeinsame Sparstrategie und können jeweils das Sparvolumen in Höhe von 6 realisieren. 23 Staaten realisieren jeweils das Sparvolumen in Höhe von 10.

---

[902] Es ist zu beachten, dass die Darstellung der Entscheidungsmatrix zweidimensional ist, aber die Entscheidungssituation eine 27fache Dimensionierung der Entscheidungsmatrix bedeuten würde. Zum einen ist das an dieser Stelle graphisch nicht darstellbar und zum anderen kann die zweidimensionale Darstellung zu einer Miss-Interpretation (Fehler beim Lesen der Entscheidungsmatrix) verleiten, weil nebeneinander stehende Zellen nichts zwangsweise zu einer Entscheidungsänderung der „sichtbar dargestellten" Akteure führt. Zelle D beispielsweise ist ein Nash-Gleichgewicht, obwohl die daneben aufgeführte Zelle F suggeriert, dass „der zweite Akteur" sich besser stellen könnte. Zelle D ist aber analog zu Zelle A zu verstehen.

Zelle H: 3 Staaten spielen die gemeinsame Sparstrategie und können jeweils das Sparvolumen in Höhe von 5 realisieren. 24 Staaten realisieren jeweils das Sparvolumen in Höhe von 7.

Zelle Y: 27 Staaten spielen die gemeinsame Sparstrategie und können jeweils das Sparvolumen in Höhe von 29 realisieren.

Zelle Z: 26 Staaten spielen die gemeinsame Sparstrategie und können jeweils das Sparvolumen in Höhe von 28 realisieren. 1 Staat spielt die einzelstaatliche Sparstrategie und kann das Sparvolumen in Höhe von 76 erreichen.

Ein entscheidender Unterschied zwischen der Situation des Gefangenendilemmas und der Situation des Chicken-Spiels ist, dass der worst case beim Gefangenendilemma durch das rationale Handeln nach der Theorie nicht vermieden werden kann. Der worst case ist das Nash-Gleichgewicht, in dem sich „alle Beteiligten wiederfinden". Es gibt genau ein Nash-Gleichgewicht bei reinen Strategien, nämlich bei Nicht-Kooperation aller Mitgliedstaaten (worst case, Zelle B in Abbildung 80).

Anders beim Chicken-Spiel. Der worst case ist kein Nash-Gleichgewicht und wird nach Theorie rational nicht erreicht (Zelle B in Abbildung 81). Wenn N-1 viele Mitgliedstaaten nicht kooperieren, ist es für den N-ten Mitgliedstaat besser, die kooperative Strategie (Zelle A in Abbildung 80) als die nichtkooperative Strategie (Zelle B in Abbildung 81) zu verfolgen. Es existieren N-viele Nash-Gleichgewichte bei reinen Strategien, wobei N die Anzahl der Mitgliedstaaten repräsentiert.

Bei diesem konstruierten Chicken-Spiel werden die Nash-Gleichgewichte dann erreicht, wenn genau ein Mitgliedstaat die gemeinsame Sparstrategie wählt und alle anderen die einzelstaatliche Sparstrategie wählen. Unter der Annahme, dass das Spiel der Sparstrategien nur einmal gespielt würde, wäre es für jeden Mitgliedstaat sehr riskant darauf zu hoffen, dass einer von den anderen Mitgliedstaaten die gemeinsame Sparstrategie verfolgt, um selbst die einzelstaatliche Sparstrategie zu wählen (Koordinationsproblem).[903] Eine Lösung wäre, die einzelstaatlichen Strategiemöglichkeiten mit Wahrscheinlichkeiten zu spielen, also nicht mit reinen Strategien, sondern mit gemischten Strategien.

---

[903] Unter der spieltheoretischen Annahme, dass die Entscheidung zur Strategiewahl synchron und ohne Kommunikation verläuft.

Damit wäre zwar das Koordinierungsproblem gelöst, aber die Lösung führt dann nicht zu einem pareto-effizienten Ergebnis.[904]

Grundsätzlich gibt es zwei Möglichkeiten zur Lösung des Koordinierungsproblems in der Wirklichkeit. Die erste Lösungsmöglichkeit ist das Zulassen von Kommunikation – in diesem Fall sehr realistisch. Idealerweise wäre die Kommunikation zum Nulltarif („Cheap talk", „signaling") zu haben, da ansonsten das künftige Sparpotenzial reduziert würde. Theoretisch so weit, bis das Sparpotenzial gänzlich verbraucht wäre. Bei dieser Variante geben die Mitgliedstaaten untereinander zu verstehen, welche Strategie sie bevorzugen. Die Glaubwürdigkeit der Aussagen setzt dabei Vertrauen voraus.

Das Vertrauen kann aber auch durch die zweite Möglichkeit zur Lösung des Koordinierungsproblems geschaffen werden – nämlich der endlichen Wiederholung des Sparstrategiespiels.[905] Die Kommunikation würde dann nicht direkt verlaufen, sondern indirekt über die verschiedenen Spielstufen erfolgen, welche für alle Mitgliedstaaten einsichtig wären (vollkommene Information) Jeder Mitgliedstaat kennt somit zum Zeitpunkt t die gewählte Strategievariante der anderen Mitgliedstaaten zum Zeitpunkt t-1 (vollkommene Information). Dabei besteht die Möglichkeit auf diesem Weg die Kooperation aller Mitgliedstaaten zu erreichen und das Abweichen von der Kooperation zu verhindern.[906]

Insgesamt ergibt sich grundsätzlich die gleiche Schlussfolgerung wie zuvor beim Gefangenendilemma. Nur ein für alle Mitgliedstaaten verbindlicher Vertrag (oder eine zwingende Strategie wie beispielsweise Tit-for-Tat) zur gemeinsamen Sparstrategie kann den verteidigungspolitischen Gesamtnutzen der Mitgliedsstaaten optimieren.[907]

---

[904] Vgl. Bornstein, G., Budescue, D., & Zamir, S. (1997): Cooperation in intergroup, two-person, and n-person games of Chicken., S. 384-406, S. 387. http://ratiolab.huji.ac.il/bornstein.html, gelesen am 26.08.2011.
[905] Dann sind Strategien wie Tit-for-Tat vorstellbar. Diese Art der Strategie wurde als eine der effizientesten Strategien bei spieltheoretischen Untersuchungen von Axelrod festgestellt. Vgl. Axelrod, Robert: "Launching the Evolution of Cooperation'", 2012, in Journal of Theoretical Biology 299 (2012), pp. 21–24. Es ist zu beachten, dass es grundsätzlich keine optimale Strategie ex ante für jede erdenkliche Einzel-Situation in der Realität gibt. Vgl. Meyer, Dirk: Evolutionär-stabile soziale Strategien, WiSt, Dezember 2009, S. 624.
[906] Vgl. ebd.: S. 388.
[907] Ein verbindlicher Vertrag gilt in der nicht-kooperativen Spieltheorie als triviale Lösung. In der nicht-kooperativen Spieltheorie ist es Ziel eine (spieltheoretische) Lösung zu finden, die keine übergeordnete Instanz benötigt. In der Lebenswirklichkeit ist ein Vertrag eine (einklagbare) Möglichkeit. Vgl. Brände, U.: Unvollständige Verträge. Bewertung und Lösungsansätze, in: das Wirtschaftsstudium, Heft 6, Juni 2005, S.338–S.340. Vgl. Nooteboom, B.: Forms,

Im Vergleich zu dem Gefangenendilemma existieren beim Chicken-Spiel N-viele Nash-Gleichgewichte. Daraus ist zu schlussfolgern, dass es von Bedeutung ist, die Relationen der Nutzenwerte der Akteure zu kennen, welche über die Sparfunktion erzeugt werden. Die Lösung beider skizzierten Probleme besteht zwar in der Ausarbeitung eines verbindlichen Vertrages (Fixierung der Kommunikation bzw. von Strafen (penalties)), die Ausgestaltung ist dabei aber unterschiedlich. Beim N-Staaten Gefangenendilemma ist neben der Kooperationsbereitschaft vertraglich mindestens sicherzustellen, dass der worst case nicht eintritt, da jeder Staat rational die dominante Strategie *einzelstaatliche Sparstrategie* verfolgt. Beim N-Staaten Chicken-Spiel ist zu beachten, dass aufgrund der Tatsache, dass die Strategie *einzelstaatliche Sparstrategie* bei den Staaten rational nicht dominant ist, nicht ein Staat allein die kooperative Strategie *gemeinsame Sparstrategie* wählt und die Situation darin verharrt.[908] In beiden Fällen ist sicherzustellen, dass die Nash-Gleichgewichte über den Weg eines verbindlichen Vertrages nicht erreicht werden.

Ein Effekt der spieltheoretischen Situation mit der in Abbildung 81 gegebenen Konstellation soll nicht unbeachtet bleiben. Das gesamte Sparvolumen aus Zelle Y (27 * 29 = 783) ist deutlich kleiner als das gesamte Sparvolumen aus Zelle Z (76 + 26 * 28 = 804). Hieraus wäre zu schließen, dass es gemeinschaftlich besser wäre, wenn ein Staat nicht die gemeinsame Sparstrategie verfolgt. Das höher erreichte Sparpotential (21 Einheiten Sparvolumen) müsste in einem solchen Fall unter allen Mitgliedstaaten aufgeteilt werden (Möglichkeit von Seitenzahlungen), was dann wiederum als Kooperation interpretiert werden kann. Ansonsten wäre das höher erreichbare Sparvolumen nicht als gemeinschaftlich erreichbar zu interpretieren.

Experimente und Studien haben gezeigt, dass oft Kooperation bei einer geringen Anzahl von Akteuren erzielt wird als bei einer großen Anzahl von Akteuren. Die Kooperationshäufigkeit sinkt noch weiter, wenn Gruppen (intergroup Chicken-Spiel) von Akteuren interagieren, also beispielsweise Gruppe A und Gruppe B. Denn in diesem Fall müssen zusätzlich innerhalb der Gruppe (intragroup Chicken-Spiel) spieltheoretische Situationen wie Trittbrettfahren, Ko-

---

Sources and Limits of Trust, in: Held, M.; Kubon-Gilke, G.; Sturm, M. (Hrsg.): Reputation und Vertrauen. Jahrbuch Normative und institutionelle Grundfragen der Ökonomik, Band 4, Marburg, 2005, S. 35–S.58.

[908] In der Realität werden es mehrere Staaten sein, die kooperieren. Das Erreichen des Nash-Gleichgewichts bei Wahl der Strategie *gemeinsame Sparstrategie* durch nur einen Staat liegt an der gewählten Auszahlungsfunktion.

ordinierung und Vertrauen gelöst werden.[909] Dies setzt aber voraus, dass Gruppenmitglieder von Entscheidungen aus der Gruppe heraus unterschiedlich profitieren und auch die Möglichkeit haben, sich individuell strategisch zu entscheiden, und das Ergebnis auf die Gruppen dadurch beeinflussen.

Im Fall der Sparstrategie der Mitgliedstaaten kann davon abstrahiert werden – das würde das Beispiel sehr verkomplizieren, ohne einen echten Mehrwert an dieser Stelle zu gewinnen. Vorstellbar wäre, dass Politiker eines Staates sich für bzw. gegen eine gemeinsame Sparstrategie positionieren. Durch die gewählte Positionierung kann ein Politiker je nach dem Ergebnis (positiv oder negativ) der durchgeführten Maßnahmen (gemeinsame oder einzelstaatliche Sparstrategie) politisch profitieren und zukünftige Wahlen gewinnen oder aber auch verlieren. Spieltheoretisch kann der Politiker sein Engagement auf eine reine (verbale) Positionierung reduzieren (keine Kosten bzw. keine Investition), wenn er glaubt, dass sich ohne ein größeres individuelles Engagement (hohe Kosten bzw. Investition) eine Mehrheit für seine vertretene Position findet, von der er dann zukünftig profitieren kann.

Wichtig ist aber festzuhalten, dass eine hohe Anzahl von Mitgliedstaaten die Wahrscheinlichkeit einer gemeinsamen Sparstrategie sinken lässt bzw. die gemeinsame Sparstrategie anders ausgestaltet wird als im Fall weniger Mitgliedstaaten. Die Kooperationswahrscheinlichkeit sinkt weiter, wenn innerhalb der Staaten starke Parteiinteressen oder Einzelinteressen die staatliche Entscheidung zur Sparstrategie beeinflussen.

In der Realität ist immer wieder festzustellen, dass Akteure (hier Staaten) sich gegenseitig drohen, bestimmte Handlungen vorzunehmen oder zu unterlassen. Eine Drohung soll den Gegenspieler beeinflussen, eine bestimmte Strategie zu spielen (oder eine Strategie nicht zu spielen), um (vordergründig) dem Gegenspieler zu suggerieren, nicht selbst in eine Situation zu geraten, die für ihn nachteilig ist. Hierbei können Drohungen glaubwürdig sein, so dass ein Gegenspieler damit rechnen muss, dass die Drohung auch umgesetzt wird. Eine Drohung kann aber auch nur vorgetäuscht sein (nicht glaubwürdig), um eine Handlung beim Gegenspieler auszulösen, die lediglich zum einseitigen Vorteil führen würde (und vielleicht zusätzlich noch zum Nachteil des Gegenspielers). Bei der N-Staaten Sparsituation können Staaten drohen, nicht die

---

[909] Vgl. G., Budescue, D., & Zamir, S. (1997): Cooperation in intergroup, two-person, and n-person games of Chicken, S. 384–406, S. 391. http://ratiolab.huji.ac.il/bornstein.html, gelesen am 26.08.2011.

gemeinsam erarbeitete Sparstrategie (Sparfunktion) zu verfolgen, um bereits erreichte Skaleneffekte (kostenlos) zu nutzen. Auch bei der N-Staaten Sparsituation tritt dann möglicherweise das Trittbrettfahrerproblem auf. Strategisch ist es daher von Bedeutung, Drohungen unter einer gegebenen spieltheoretischen Situation zu analysieren und auf Glaubwürdigkeit zu überprüfen, um nicht selbst als Akteur von unglaubwürdigen Drohungen bei der Auswahl von eigenen Handlungsalternativen (zum eigenen Nachteil) beeinflusst zu werden.

Wie glaubhaft Drohungen sind, wird in der Spieltheorie durch das Kriterium der Teilspielperfektheit überprüft. Dabei werden Nash-Gleichgewichte aufgrund unglaubwürdiger Drohungen ausselektiert.[910] Gehen wir von einem Beispiel mit zwei Staaten aus, um das Konzept der Drohungen nach Rational Choice anhand der N-Staaten Sparsituation zu verdeutlichen.

Dazu wird nach der obigen Vorschrift (die Berechnung des Einsparvolumens) die Entscheidungsmatrix entworfen, so dass folgende Auszahlungsmatrix exemplarisch für zwei Staaten entsteht:[911]

Zeile: Staat A \ Spalte: Staat B	Gemeinsame Sparstrategie (GS)	Einzelstaatliche Sparstrategie (ES)
Gemeinsame Sparstrategie (GS)	(4,4)	(3,7)
Einzelstaatliche Sparstrategie (ES)	(7,3)	(-2,-2)

Abbildung 82: Auszahlungsmatrix in Normalform zweier Staaten in der Situation des Chicken-Spiels.

Im Fall des ersten Zuges des Staates A, würde sich folgende Extensivform des Chicken-Spiels ergeben:[912]

---

[910] Vgl. Diekmann, Andreas: Spieltheorie Einführung, August 2010, S. 51.
[911] Der erste Auszahlungswert (von links nach rechts gelesen) steht für die Auszahlung an den Staat A und entsprechend steht der zweite Auszahlungswert für die Auszahlung an den Staat B.
[912] Die Auszahlungswerte entsprechen denen aus Abbildung 82.

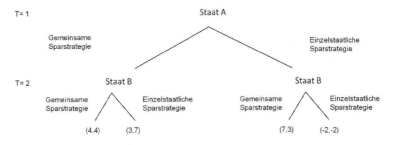

Abbildung 83: Auszahlungsmatrix in Extensivform zweier Staaten in der Situation des Gefangenendilemmas.[913]

Der Staat A hat einen Vorteil, den ersten Zug zu haben, denn dadurch kann er versuchen, seine höchste Auszahlung (7,3) mit seiner einzelstaatlichen Sparstrategie (ES) zu erreichen. Der Staat B hat generell vier Möglichkeiten auf die Sparstrategien des Staates A zu antworten. Der Staat B ist also der „antwortende Staat", wobei er alle Strategiemöglichkeiten der Antwort durchspielen kann. Das soll im Folgenden genauer betrachtet werden.

Der Staat B könnte dem Staat A beispielsweise drohen, falls Staat A ES spielt, mit ES zu antworten. Diese Drohung läuft aber ins Leere, weil der Staat B sich durch die Antwort GS besser stellen würde. Die möglichen Drohungen des Staates B werden nun im Folgenden untersucht und auf Glaubwürdigkeit überprüft. Die Antworten von Staat B müssen in diesem Beispiel als Drohpaare verstanden werden. Der erste Wert in der Auszahlungsmatrix (von links nach rechts gelesen) steht für den Staat A und der zweite Wert in der Auszahlungsmatrix steht für den Staat B.

In der ersten Spalte mit (GS GS) der folgenden Tabelle droht Staat B auf die GS Strategie von Staat A mit GS zu antworten und auf die ES Strategie von A ebenso mit GS zu antworten. Alle möglichen Antwortpaare von Staat B auf die Sparstrategien des Staates A sind in die Spalten eingetragen. Der erste Strategiewert in der Spalte für Staat B steht immer für die Antwort bei der Strategiewahl GS von Staat A, der zweite Strategiewert analog für den Wert ES von A.[914] Ein Beispiel soll dies verdeutlichen: betrachtet wird die erste Zeile und die

---

[913] Vgl. Rieck, Christian: Spieltheorie Eine Einführung, 10. Auflage, Eschborn, 2010, S. 329 und Diekmann, Andreas: Spieltheorie Einführung, Beispiele, Experimente, Reinbek bei Hamburg, August 2010.
[914] Die Reihenfolge kann beliebig gewählt werden. Die Auszahlungen an die Akteure müssen dann entsprechend in der Auszahlungsmatrix angepasst werden.

dritte Spalte der Entscheidungstabelle der Abbildung 84: A spielt GS und B „droht" bzw. kündigt an, falls A GS spielt selbst ES zu spielen und falls A ES spielt selbst GS zu spielen. Nun ergeben sich die Werte der Auszahlungsmatrix wie folgt: Aus der Extensivform (siehe Abbildung 83) ist zu ersehen, dass im Fall „A spielt GS und B spielt ES" die Auszahlung (3,7) erreicht wird.

Zeile: Staat A Spalte: Staat B	GS GS	GS ES	ES GS	ES ES
Gemeinsame Sparstrategie (GS)	(4,4)	(4,4)	(3,7)	(3,7)
Einzelstaatliche Sparstrategie (ES)	(7,3)	(-2,-2)	(7,3)	(-2,-2)

Abbildung 84: Normalform des sequentiellen Spiels der Sparstrategie der EU-Mitgliedstaaten

Bei der Darstellung in Normalform des sequentiellen Spiels gibt es insgesamt drei Nash-Gleichgewichte, wobei nur ein Nash-Gleichgewicht auch teilspielperfekt ist. Die drei Nash-Gleichgewichte lauten (GS, ES ES)[915], (ES, GS GS), (ES, ES GS). Die Nash Gleichgewichte sind in obiger Abbildung grau eingefärbt, wobei nur das Gleichgewicht (ES, ES GS) teilspielperfekt ist. Durch die Überprüfung mit dem Kriterium der Teilspielperfektheit lässt sich – im Fall des ersten Zuges durch den Staat A – genau ein (glaubwürdiges) Nash-Gleichgewicht bestimmen. Alle anderen können somit als nicht relevant – als nicht glaubwürdig – eliminiert werden. Die Teilspielperfektheit[916] wird wie folgt überprüft:

Bei der Überprüfung von (GS, ES ES) gilt: Wenn Staat A die gemeinsame Sparstrategie GS wählt und der Staat B mit der Antwort ES auf GS und ES auf ES droht, dann ist das nicht glaubhaft, weil der Staat B nicht auf ES mit ES antworten würde. Denn dann hätte Staat B eine Auszahlung von -2 anstelle der realisierbaren Auszahlung von 3. Somit ist (GS, ES ES) nicht teilspielperfekt.

---

[915] (GS, ES ES) ist wie folgt zu lesen: GS steht für die tatsächlich ausgewählte Strategie des Staates A und ES ES für die „angedrohten" Antworten des Staates B – also mit ES auf GS zu antworten als auch mit ES auf ES zu antworten. Analog in den folgenden Ausführungen. Die Strategien der Staaten bzw. die Drohungen sind durch Komma getrennt.
[916] Gemäß des vom Spieltheoretiker Reinhard Selten entworfenen Konzepts. Vgl. Colman, Andrew M.: Game Theory & its Applications in the social and biological science, Routledge, East Sussex, 2003, p. 66, 101–107.

Bei der Überprüfung von (ES, GS GS) gilt: Wenn der Staat A beim ersten Zug die einzelstaatliche Sparstrategie ES wählt und der Staat B mit der Antwort GS auf GS und GS auf ES droht, dann ist das nicht glaubhaft, weil der Staat B nicht auf GS mit GS antworten würde. Denn dann hätte Staat B eine Auszahlung von 4 anstelle der realisierbaren Auszahlung von 7. Somit ist (ES, GS GS) nicht teilspielperfekt.

Bei der Überprüfung von (ES, ES GS) gilt: Wenn der Staat A also im ersten Zug die einzelstaatliche Sparstrategie ES wählt und GS die Antwort des Staates B darauf ist und gleichzeitig auf die Auswahl GS von A die Antwort des Staates B ES ist, dann sind die Antworten von B glaubwürdig. In diesem Fall ist (ES, ES GS) teilspielperfekt (und damit glaubwürdig).

Es sollen weitere Überlegungen zum gemeinsamen Sparen unter den EU-Staaten vorgenommen werden. In der Volkswirtschaftslehre gelten zwei zusammenhängende Formeln, die der Ausgangspunkt weiterer Erläuterungen sind.[917]

1) $Y = C + I$
2) $Y = C + S$

Y ist das verfügbare Einkommen. Dieses kann für den Konsum (C) oder für Investitionen (I) verwendet werden. Das gesamtwirtschaftlichen Gleichgewicht wird erreicht, wenn $Y - C = I = S$ gilt. Die Ersparnisse sollten also die Investitionen decken.

Y kann nun als verfügbarer Verteidigungshaushalt interpretiert werden, wobei C die laufenden Betriebskosten sind und I der verteidigungsinvestive Teil des Verteidigungshaushaltes. Es ist leicht zu erkennen, wenn $Y = C$ gilt, bleibt keine Möglichkeit zu investieren, außer durch Kredite. Das sei aber unberücksichtigt. Bei nahezu konstanten Betriebsausgaben bleibt nur die Möglichkeit, durch das Sparen die Investitionen zu tätigen. Je mehr Sparpotenzial realisiert werden kann, desto mehr Geld steht für verteidigungsinvestive Güter, also beispielsweise für moderne Waffensysteme oder Ausrüstung zur Verfügung.

Eine Grundvoraussetzung des Sparens ist es, Möglichkeiten zu identifizieren, die das Sparen auch erlauben. Ein offensichtlicher Ansatz ist, Strukturen und

---

[917] Der Zusammenhang der beiden Formeln kann in jedem volkswirtschaftlichem Lehrbuch nachgeschlagen werden.

Organisationsformen auf Effizienz zu überprüfen. Hierbei gibt es zwei grundsätzliche Ansätze. Der erste Ansatz überprüft, ob der gleiche Output mit geringerem Ressourceneinsatz (Input) realisiert werden kann. Der zweite Ansatz geht von gleichem Input aus, wobei dann durch Effizienzsteigerung der Output erhöht wird. Bei militärischen Organisationen bemisst sich der Input anhand des Verteidigungshaushaltes und der Output anhand des militärischen Fähigkeitsprofils.

Ein Vergleich mit den USA ergibt, dass die Mitgliedstaaten der EU etwa einen halb so großen Verteidigungshaushalt wie die USA haben. Das militärische Fähigkeitsprofil der EU als Output liegt aber nur zwischen 10 Prozent und 15 Prozent des US-amerikanischen Fähigkeitsprofils.[918]

Am Beispiel Deutschlands und der Bundeswehr mag dieses Defizit aufgezeigt werden. Bei einem Input von derzeit ca. 250.000 Soldaten und einer Outputgröße von derzeit ca. 7.000 Soldaten, die sich im Einsatz für Konfliktverhütung und Krisenbewältigung befinden, ergibt dies eine Output/Input Relation von etwa 2,8 Prozent. Zieht man den Vergleich mit dem Verteidigungshaushalt als Inputgröße in einer Höhe von 34,2 Mrd. Euro[919] heran, kommen auf jeden Soldat im Einsatz 4.885.714,3 Euro, also ca. 4,89 Millionen Euro, jährliches Verteidigungsbudget. Diese Rechnung für alle siebenundzwanzig Mitgliedstaaten der EU durchgeführt, führt zu einem Ergebnis viel zu hoher Betriebskosten verursacht durch die ineffiziente Allokation vorhandener militärischer Ressourcen. Wie aus der obigen volkswirtschaftlichen Einkommensgleichung sofort ersichtlich ist, fehlen diese Gelder für Investitionen in militärisches Material und Ausrüstung, sowohl in der Menge als auch in der Qualität.[920]

Neben der ineffizienten Allokation militärischer Ressourcen ist auch die derzeitige Investitionshöhe in moderne Ausrüstung zu gering. Ein Vergleich mit den US-amerikanischen Verteidigungsinvestitionen zeigt auf, dass die USA über das Dreifache an Investitionen im Bereich der Verteidigung tätigen als die EU. Daraus begründen sich die moderneren Ausrüstungen und Waffensysteme der USA. Innerhalb der Mitgliedsstaaten spielen nationale Eigeninteressen

---

[918] Vgl. Schnell, Jürgen: Haushalte und Militärbudgets der EU, 11.05.2011, S. 4.
[919] Vgl. North Atlantic Treaty Organisation, Financial and Economic Data Relating to NATO Defence, Press & Media, Bruxelles Belgique, 10 March 2011.
http://www.nato.int/nato_static/assets/pdf/pdf_2011_03/20110309_PR_CP_2011_027.pdf, S. 4, gelesen am 10.08.2011.
[920] Vgl. Schnell, Jürgen: Haushalte und Militärbudgets der EU-Mitgliedsstaaten, 11.05.2011, S. 4.

(Haushaltshoheit) eine entscheidende Rolle, die ein Management und die Verwendung der verfügbaren Finanzmittel im Interesse aller Mitgliedstaaten sehr erschweren. Eine Folge ist das Fehlen von Standardisierung, sowohl bei den Waffensystemen als auch in den Prozessen der Beschaffung, Entwicklung und Logistik.[921]

Folgende Tabelle zeigt sehr übersichtlich und komprimiert die Unterschiede in den militärökonomischen Kennzahlen der EU und der USA. Die EU wird in diesem Vergleich als eine „große Staatseinheit" betrachtet, wobei sich Effizienzprobleme aus der Vielzahl der Mitgliedstaaten und deren unterschiedlichen Kultur ergeben.

Militärökonomische Kennzahlen	EU	USA
Bevölkerung (in Mio)	501	307
BIP (Mrd US-$)	16.380	14.260
BIP pro Kopf (US-$)	32.695	46.450
Präsenter Streitkräfteumfang	1.720	1.370
Soldaten je 1.000 Einwohner	34	45
Verteidigungsausgaben (Mrd US-$)	275	574
Anteil Verteidigungsausgaben am BIP	1,7 %	4,0 %
Verteidigungsausgaben pro Kopf (US-$)	549	1.870
Verteidigungsinvestive Ausgaben (Mrd US-$)	61	179
Anteil der verteidigungsinvestiven Ausgaben an den Verteidigungsausgaben	22 %	31 %
Verteidigungsinvestive Ausgaben je Soldat (US-$)	35.500	130.700
Anteil verteidigungsinvestive Ausgaben am BIP	0,37 %	1,26 %

Abbildung 85: Militärökonomischer Kennzahlenvergleich zwischen EU und USA (Bezugsjahr 2009, nominal, Wechselkursparitäten, gerundete Werte).[922]

Die ökonomische Interpretation stößt schnell auf eine eindeutige und klare Faktenlage. Unbenommen gibt es neben der ökonomischen Interpretation auch die der verteidigungspolitischen und sicherheitspolitischen Interpretation. Die USA haben eine aus der Historie begründete Sonderstellung in der Rolle der operativen, weltweiten Friedenshüterin. Die EU als Summe ihrer Mitglied-

---

[921] Vgl. ebd.
[922] Siehe ebd.

staaten hat sicherheitspolitisch betrachtet nicht die Rolle in der Welt wie die USA.

Der Anteil der Verteidigungsausgaben am BIP ist bei den USA etwa dreimal so groß wie der EU (1,7 Prozent versus 4 Prozent). Dieser Faktor zeigt sich auch bei den Verteidigungsausgaben pro Kopf (549 US-$ versus 1.870 US-$). Die USA geben wesentlich mehr Geld für die Verteidigung und Sicherheit aus als die EU – sowohl absolut als auch relativ. Bemerkenswert ist auch, dass die verteidigungsinvestiven Ausgaben bei den USA etwa ein Drittel der Verteidigungsausgaben ausmachen, bei der EU nicht einmal ein Viertel. Auf den Soldaten bezogen ergibt sich sogar eine mehr als dreifache Verteidigungsinvestition (35.500 US-$ versus 130.700 US-$): Investitionen, die sich bei der Ausrüstung und den Waffensystemen bemerkbar machen.

Das BIP wird oft als Gradmesser des Wohlstands und der wirtschaftlichen Stärke verstanden. Das BIP pro Kopf beträgt in der EU 70 Prozent des BIP der USA. Würde man dies auf die Verteidigungsausgaben übertagen, also 70 Prozent von 574 Mrd. US-$, dann würde sich der Verteidigungshaushalt der EU bei 401,8 Mrd US-$ bewegen und nicht bei 275 Mrd. US-$. Eine Lastenverteilung zu Ungunsten der USA. Den Verteidigungsetat der EU unter Berücksichtigung der anhaltenden Finanz- und Wirtschaftkrise auf diese Zahl zu erhöhen, kann realistisch nicht erwartet werden. Insbesondere die wirtschaftlich starken Nationen wie Spanien und Italien, die Träger des Wohlstands in Europa sind, stehen vor der Herausforderung des Schuldenabbaus und werden derzeit über den Kauf von Anleihen der EZB gestützt. Der Anteil der Verteidigungsausgaben am BIP im Jahre 2009 liegt für Deutschland bei 1,4 Prozent. Den höchsten Wert der wirtschaftlich stärksten Länder hat Großbritannien mit 2,7 Prozent.[923]

Die folgende Tabelle zeigt die Übersicht der Verteidigungsausgaben ausgewählter EU-Staaten zum BIP und im Vergleich zu Nordamerika und der NATO insgesamt.

---

[923] Vgl. ebd.: S. 6–7.
Vgl. http://www.faz.net/artikel/C30100/europaeische-zentralbank-im-dienst-der-politik-30481665.html, gelesen am 10.08.2011. und http://www.finanzwirtschafter.de/21006-ezb-kauft-krisen-anleihen-kritiker-sehen-budgetfinanzierung-uber-die-notenpresse/, gelesen am 10.08.2011.

	Anteil in Prozent der Verteidigungsausgaben am BIP
Deutschland	1,4 %
Frankreich	2,1 %
Großbritannien	2,7 %
Italien	1,4 %
Spanien	1,2 %
NATO – Europa	1,7 %
Nord Amerika (Kanada und USA); Kanada 1,4 %, USA 5,4 %.	5,0 %
NATO – Total	3,3 %

Abbildung 86: Verteidigungsausgaben in Prozent am BIP ausgewählter EU-Staaten, Nord-Amerika und NATO gesamt aus dem Jahr 2009.[924]

Bezogen auf die Verteidigungsausgaben der ausgewählten NATO-Staaten ergibt sich ein ähnliches Bild.

	Bevölkerung 2009 in 1.000 Einwohner	Verteidigungsausgaben 2009 in Mrd US-$	Verteidigungsausgaben 2009 pro Kopf der Bevölkerung in US-$
Deutschland	81 800	47,5	580,7
Frankreich	64 714	54,4	840,6
Großbritannien	62 008	58,2	938,6
Italien	60 340	30,5	505,5
Spanien	45 989	16,9	367,5

Abbildung 87: Verteidigungsausgaben pro Kopf ausgewählter EU-Staaten in 1.000 US-$.[925]

---

[924] Vgl. North Atlantic Treaty Organisation, Financial and Economic Data Relating to NATO Defence, Press & Media, Bruxelles Belgique, 10 March 2011.
http://www.nato.int/nato_static/assets/pdf/pdf_2011_03/20110309_PR_CP_2011_027.pdf, S. 6, gelesen am 11.08.2011.
[925] Bevölkerungszahlen: Vgl.http://epp.eurostat.ec.europa.eu/cache/ITY_PUBLIC/3-27072010-AP/DE/3-27072010-AP-DE.PDF, gelesen am 11.08.2011.
Verteidigungsausgaben: Vgl. North Atlantic Treaty Organisation, Financial and Economic Data Relating to NATO Defence, Press & Media, Bruxelles Belgique, 10 March 2011.

Insgesamt ist zu erkennen, dass Deutschland unter dem NATO-Durchschnitt beim Anteil der Verteidigungsausgaben gemessen am BIP liegt, auch wenn nur die europäischen Mitgliedstaaten betrachtet werden. Die USA mit ihrem individuellen Anteil von 5,4 Prozent am BIP heben die Zahlen aufgrund der Höhe ihres BIP und der hohen Verteidigungsausgaben innerhalb der NATO sehr an. Dies erkennt man leicht beim Vergleich der Zahlen der europäischen NATO Staaten (1,7 Prozent).

Eine Kooperation der europäischen Mitgliedstaaten im Sinne gemeinsamer europäischer Streitkräfte oder in einem vorgeschrittenen Reifegrad einer Europa-Armee ist aus ökonomischer Sicht mit Einsparungen und einer gesteigerten Effizienz verbunden. Die Bestimmung der Größe der Einsparung hängt von den zu treffenden Annahmen und den angewandten Methoden ab. Um die Umsetzung europäischer Streitkräfte operativ effektiv und effizient werden zu lassen, sind Voraussetzungen zu schaffen. Es ist beispielsweise ein gemeinsamer Verteidigungshaushalt zur Finanzierung der gemeinsamen operativen Einsätze. Übergreifend müssen die Einsätze geplant und koordiniert werden. Ein europäischer Generalstab bildet die höchste militärische Kommandobehörde. Für das politische Mandat der Einsätze ist eine auf EU-Ebene notwendige Entscheidungseinheit zu bilden. Bisherige Bemühungen der EU, die in diese Richtung gingen, waren nicht von großem Erfolg. Als Beispiel sei die Europäische Verteidigungsagentur (European Defence Agency (EDA) oder EVA) genannt, die die Effizienzsteigerung der Allokation militärischer Ressourcen zum Ziel hat. Hierzu gehört die Entwicklung der Verteidigungsfähigkeiten, die Rüstungsplanung, -beschaffung und -forschung auf europäischer Ebene. Konkret soll diese Institution den operativen militärischen Bedarf feststellen und Maßnahmen auf europäischer Ebene zur Bedarfsdeckung ausarbeiten: eine 2004 gegründete Institution mit ca. 100 Angestellten im Kontext der Gemeinsamen Sicherheits- und Verteidigungspolitik (GSVP). Dänemark als EU-Mitglied ist nicht teilnehmender Staat der EVA und zeigt exemplarisch das Problem der EU zur Durchsetzung von gemeinsamen Entscheidungen. Die wirkliche Einflussnahme der EVA auf die genannten Aufgaben wird als zu schwach und nicht durchschlagend eingestuft. Auch wenn erste Ansätze nicht wie gewünscht greifen, ist es notwendig, den Weg einer gemeinsamen Sicherheits- und Verteidigungspolitik in Europa zu gehen, um über eine gemeinsame Sparstrategie die schrumpfenden Verteidigungshaushalte effizient ein-

---

http://www.nato.int/nato_static/assets/pdf/pdf_2011_03/20110309_PR_CP_2011_027.pdf, S. 4, gelesen am 11.08.2011.

zusetzen und die militärische Rolle Europas mindestens zu halten oder gar trotz Sparmaßnahmen zu stärken.[926]

Hilfreich für die Umsetzung der Vision einer Europa-Armee ist die Definition von wenigen Zielgrößen – KPI's –, um das Erreichen der KPI's zu ermöglichen und das Monitoring (Überprüfung bzw. Follow-Up) der KPI's nicht zu erschweren. Zudem kann dadurch das nationale Interesse stärker Berücksichtigung finden, welche sukzessive dann bei Erkennen der gemeinsam zu erzielenden Vorteile zukünftig weniger Gewichtung bekommen. Eine Herausforderung bei vielen Akteuren zur gemeinsamen Entscheidungsfindung ist, einen Anfang, den kleinsten gemeinsamen Nenner zu finden und auszuloten.[927]

Vorschläge für die KPI's sind:

- „8% des nationalen Streitkräfteumfangs stehen für gemeinsame, europäische Einsätze zur Verfügung.

- Festlegung der nationalen Verteidigungshaushalte bei 2 % des BIP.

- Festlegung des nationalen Anteils der verteidigungsinvestiven Güter bei 0,7 % des BIP."[928]

Der Opportunitätspreis für das Erreichen der Ziele aus einer gemeinsamen Sparstrategie ist das Aufgeben einzelstaatlicher Vormachtstellung über die Festlegung der militärischen Einsätze. Allen Bemühungen, gemeinsam Spareffekte bei den Verteidigungshaushalten zu erzielen, stehen mehr oder weniger starke nationale Interessen entgegen, die Grenzen für jede Art von Rationalisierungsstrategien bedeuten. Die Anzahl verschiedener nationaler Interessen, die es zu harmonisieren gilt, ergeben sich durch die Anzahl der Mitgliedstaaten der EU. Eine Maßnahme zur Beschleunigung der effizienten Zusammenarbeit ist es, bestimmte Rationalisierungspotenziale zu schneiden, die dann von einer bestimmten Gruppe von Mitgliedstaaten zu bearbeiten sind, deren Interessenlage in diesem Punkt nicht weit auseinanderliegen.[929]

---

[926] Vgl. Schnell, Jürgen: Haushalte und Militärbudgets der EU, 11.05.2011, S. 8.
[927] Vgl. ebd.: S. 9.
[928] Siehe ebd.
[929] Vgl. ebd.: S. 10–11.

XV. Konflikt- und Strategiefeld: Bundeswehr versus Freiwillig Wehrdienstleistender (FWDL)

Die folgende Analyse betrifft das identifizierte Konflikt- bzw. Strategiefeld *Bundeswehr versus Freiwillig Wehrdienstleistender (FWDL)*.

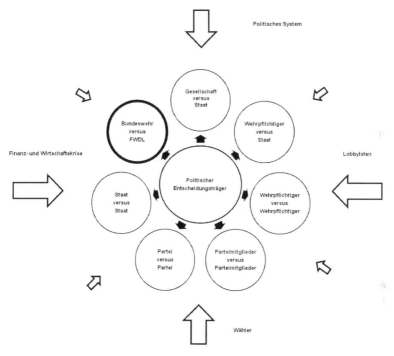

Abbildung 88: Konflikt- und Strategiefeld Bundeswehr versus FWDL.

Das Konflikt- und Strategiefeld *Bundeswehr versus Freiwillig Wehrdienstleistender (FWDL)* ist in der Abbildung 88 hervorgehoben.

Die Bundeswehr wird in der Zukunft ihre Aufwuchsfähigkeit[930] nicht mit Hilfe des Instrumentariums Zwangsverpflichtung sicherstellen können, sondern ausschließlich durch das Werben um junge Menschen. Das impliziert neue Herausforderungen an das Recruiting bei gleichzeitiger Sicherstellung der Ver-

---

[930] Aufwuchsfähigkeit ist die Fähigkeit, Nachwuchs für die militärische Organisation zu gewinnen.

teidigungsfähigkeiten. Die neuen Herausforderungen diesbezüglich sollen im Folgenden spieltheoretisch untersucht werden.

Die Spieltheorie unterscheidet zwischen der kooperativen Spieltheorie und der nichtkooperativen Spieltheorie. Kooperative Handlungen werden in beiden Theorien untersucht, wie es viele Untersuchungen und Experimente mit dem Gefangenendilemma zeigen. Daher ist zwischen kooperativer Spieltheorie und kooperativen Handlungen zu unterscheiden. Die kooperative Spieltheorie setzt im Gegensatz zur nichtkooperativen Spieltheorie eine Instanz für das Einklagen von Verträgen voraus, d.h. geschlossene Verträge sind gültig und die darin geschlossenen Vereinbarungen können im Zweifelsfall über eine höhere Instanz eingeklagt werden. Die kooperative Spieltheorie betrachtet Herausforderungen beim Abschluss von Verträgen und der Koalitionsbildung.[931]

Mit der Aussetzung der Wehrpflicht liegt nun eine Situation zwischen der Bundeswehr und dem FWDL vor, die mithilfe der kooperativen Spieltheorie analysiert werden kann.[932] Denn nun basiert die Kooperation (Zusammenarbeit) zwischen FWDL und Staat auf Freiwilligkeit und wird über einen Vertrag gefestigt, der auf einer arbeitsrechtlichen Grundlage basiert. Sobald die Aussetzung der Wehrpflicht wieder aufgehoben wird und eine Zwangsverpflichtung wieder eingeführt würde, existiert wiederum eine Situation vor, die passenderweise anhand der nicht-kooperativen Spieltheorie analysiert werden kann.

Eine der zukünftigen Herausforderungen der Bundeswehr wird die Rekrutierung junger Menschen für den militärischen Dienst sein. Dabei gilt es einerseits ein Anreizsystem zu schaffen, um junge Menschen zu überzeugen, militärischen Dienst zu leisten, andererseits ist seitens der Bundeswehr darauf zu achten, das richtige Personal zur Aufgabenbewältigung zukünftig militärischer Herausforderungen zu rekrutieren[933]: eine grundsätzliche Aufgabe, die jeder Arbeitgeber zu lösen hat.

Spieltheoretisch liegt bei Aussetzung der Wehrpflicht die Problematik des Principal-Agents-Modells vor. In der Literatur wird typischerweise die Situation des Arbeitgebers und des Arbeitnehmers angeführt. Der Arbeitnehmer (Agent), welcher sich um eine Stelle bewirbt, hat einen entscheidenden Informationsvorteil gegenüber dem Arbeitgeber (Prinzipal), denn er weiß annah-

---

[931] Vgl. Diekmann, Andreas: Spieltheorie Einführung, August 2010, S. 15.
[932] Im Fall der Abschaffung der Wehrpflicht gilt selbstverständlich das gleiche.
[933] Im Sinne der Fähigkeitsmaximierung der Bundeswehr.

megemäß um seine wahren Fähigkeiten. Der potenzielle Arbeitgeber kann zunächst nur den eingereichten Unterlagen und den Gesprächen vertrauen. Selbst bei augenscheinlicher Eignung des Bewerbers, könnte der Bewerber als zukünftiger Arbeitnehmer schlechte Leistungen abliefern. Es liegt somit asymmetrische Information gemäß der Terminologie der Spieltheorie.[934]

Das Prinzip funktioniert wie folgt: Der Bewerber wird aus seiner Sicht vermeiden wollen, dass ein anderer qualifizierter Bewerber zum Zuge kommt. Daher wird er ein Signal an den potenziellen Arbeitgeber Bundeswehr senden, welches ihn als qualifizierteren Bewerber darstellt als ein Mitbewerber. Je eindeutiger und einzigartiger dieses Signal ist, desto besser sind seine Chancen, die begehrte Position zu bekommen. Einzigartig meint insbesondere, dass es dem Mitbewerber unmöglich ist, eben dieses gleiche Signal auch zu senden. Das können besondere schulische Qualifikationen sein, sportliche Leistungen oder gar der Hinweis auf eine familiäre Tradition beim Militär. Um sich den Fähigkeiten des Bewerbers sicherer zu sein, könnte der Prinzipal ein Screening in Form eines Testverfahrens (Assessment Center) durchführen. Hierbei fallen aber Kosten an, sogenannte Agenturkosten, um die Informationsasymmetrie aufzuheben. Im Theoriemodell kann es auch umgekehrt sein, dass der Prinzipal Informationen verbirgt, um sich einen Vorteil zu verschaffen. Beispielsweise kann durch den Prinzipal wissentlich verborgen werden, dass eine Laufbahntransparenz nicht gegeben ist und eine Lohnanpassung über viele Berufsjahre nicht durchgeführt wird. Beide Parteien gehen ex ante ein gewisses Risiko ein im Fall der Kooperation, und es bleibt der Einstellung der Parteien (risikoneutral, risikoavers oder risikofreudig) vorbehalten, ins Risiko zu gehen oder nicht. Ex post sind Verhaltensweisen der Parteien beobachtbar und können nachträglich zu symmetrischer Informationen führen. Dann können entsprechende Konsequenzen die Folge sein, wie beispielsweise Lohnkürzungen oder Entlassungen auf Seiten des Prinzipals oder nachträgliche Forderungen oder Kündigung auf Seiten des Agents. Eine Sicherstellung der eingekauften Leistungen seitens des Prinzipals kann aber auch im Vorfeld über Anreize wie Prämien und Erfolgsbeteiligungen erfolgen oder über die Kontrolle der Arbeit wie Zielerreichung, Zeitkonten oder Probezeit mit gesonderter Kündigungsregel. Anlog kann sich der Agent beispielsweise über messbare Prämienmodelle die Auszahlung eines angemessenen, leistungsbezogenen Lohns bei erfolgreicher Arbeit sichern.

---

[934] Vgl. Rieck, Christian: Spieltheorie Eine Einführung, 10. Auflage, Eschborn, 2010, S. 140–151 und S. 335–340.

Über die Wehrpflicht konnte die Bundeswehr auf einen relativ großen *Bewerberpool* kostengünstig, d.h. ohne Werbung, zugreifen. Da es eine Verpflichtung zum militärischen Dienst gab, war ein Verbergen von Information ex ante für den Prinzipal nicht notwendig. Auch der Agent hatte wenig Anreiz, fehlende Fähigkeiten verdeckt zu lassen, um den militärischen Dienst ausführen zu dürfen – es sei denn, er wollte seine Ausmusterung erzielen. Im *Normalfall* gab es keinen Anreiz, Informationen zu verbergen. Innerhalb der Wehrdienstzeit konnte über das Verhalten der Parteien ein möglicherweise asymmetrischer Informationsstand ausgeglichen werden, welcher dann zu einer weiteren Zusammenarbeit führte oder nicht. In der jetzigen Konstellation, der Aussetzung der Wehrpflicht, liegt eine andere Konstellation vor. Informationen seitens des Agenten oder des Prinzipals zu verbergen kann individuell nutzenmaximierend sein und ist entsprechend zu behandeln.

Das Verhältnis zwischen Bundeswehr als Auftraggeber (Prinzipal) und Freiwillig Wehrpflichtigem (Agent) kann wie folgt dargestellt werden:

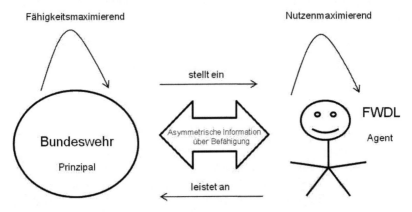

Abbildung 89: Verhältnis zwischen Bundeswehr und FWDL als Prinzipal Agent Modell.

Betrachtet sei folgende Modellierung, bei dem die Bundeswehr aus den Freiwillig Dienstleistenden (FWDL) Zeit- und Berufssoldaten rekrutiert.[935]

---

[935] In der Rational Choice Theorie wird die kooperative Spieltheorie vernachlässigt behandelt. Das liegt daran, weil Vereinbarungen (Verträge) zwischen den Akteuren und dessen Einklagbarkeit bei Bruch der Vereinbarungen als triviale Lösung gelten. Die Rational Choice Theorie konzentriert sich auf Lösungsstrategien unter den Akteuren, die ohne eine übergeordnete Instanz hergestellt werden kann. Trivial meint, dass es eine offensichtliche Lösung

Ein Freiwillig Dienstleistender (FWDL) bewirbt sich bei der Bundeswehr. Dieser hat mit einer Wahrscheinlichkeit p die Fähigkeiten, später Offizier zu werden, und mit einer Wahrscheinlichkeit 1-p gegebenenfalls nur die Fähigkeiten, die Laufbahn des einfachen Soldaten einzuschlagen. Der FWDL weiß um seine militärischen Fähigkeiten, die Bundeswehr aber nicht und kann zunächst nur anhand seiner Unterlagen (hohe Schulbildung versus niedrige Schulbildung) eine Einschätzung vornehmen, ob dieser einen hohen Beitrag zum Fähigkeitsprofil der Bundeswehr leisten kann oder eher einen geringeren. Ein zum Offizier befähigter Bewerber benötigt annahmegemäß weniger Aufwand für die höhere Schulausbildung als der nicht zum Offizier befähigte Bewerber. Weiter ist angenommen, dass über die militärische Laufzeit ein Offizier einen höheren Sold erhält als ein einfacher Soldat. Der höhere Sold kann zu Anfang auch in Form eines Studienplatzangebotes über die Bundeswehruniversitäten erfolgen. In der folgenden Tabelle sind die angenommenen ordinalen Messwerte aufgeführt.

	Befähigt zum Offizier	Befähigt zum Soldaten	Hohe schulische Ausbildung	Niedrige schulische Ausbildung
Sold			5	2
Fähigkeits-Output	7	3		
Aufwand Hohe schulische Ausbildung	1	4		
Aufwand Niedrige schulische Ausbildung	0	1		

Abbildung 90: Ordinale Messwerte bei einem Prinzipal Agent Modell zwischen Bundeswehr und FWDL.[936]

---

ist. Zur Literatur siehe Meyer, M.: Die Heuristik des normativen Prinzipal-Agenten-Modells. Wechselseitige Abstimmungen vs. Einseitige Verhaltenssteuerung, München, 2002. Meyer, M.: Prinzipale, Agenten und ökonomische Modelle. Von einseitiger Steuerung zu wechselseitiger Abstimmung, Tübingen, 2004.
[936] Vgl. Rieck, Christian: Spieltheorie Eine Einführung, 10. Auflage, Eschborn, 2010, S. 337.

Die konstruierte Spielsituation führt dann zum folgenden Spielbaum in Extensivform:

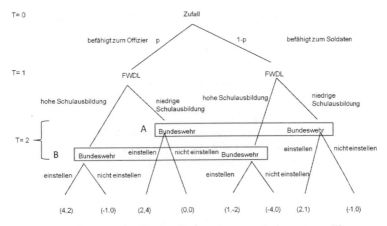

Abbildung 91: Signalspiel bei der Bewerbung eines FWDL.[937]

Wie bereits erläutert, liegt asymmetrische und unvollständige Information vor. Eine Lösung, die unvollständige Information zu einer vollständigen zu machen, liegt darin, das Zufallsereignis „befähigt zum Offizier" oder „befähigt zum Soldaten" in die Modellierung einzubeziehen. Dieses Zufallsereignis findet modellhaft zum Zeitpunkt T = 0 statt. Daraus resultiert dann ein Spiel mit vollständiger, aber unvollkommener Information.[938] Zum Zeitpunkt T = 1 sendet der Bewerber das Signal *hohe Schulbildung* oder *niedrige Schulbildung* anhand seiner Bewerbungsunterlagen. Der Arbeitgeber, die Bundeswehr, entscheidet zum Zeitpunkt T = 2 über die Einstellung des Bewerbers.

Die Payoff-Matrix ist am unteren Ende der Abbildung angegeben, wobei der erste Wert den Wert für den Bewerber darstellt und der zweite Wert den Wert für den Arbeitgeber „Bundeswehr". Exemplarisch seien zwei Beispiele gerechnet: Die Payoff-Matrix (4,2) ganz links in der Abbildung berechnet sich wie folgt: Der Bewerber ist befähigt, Offizier zu werden, und hat eine hohe Schulausbildung. Die Einstellung erfolgt. Der Netto-Nutzen für den Bewerber ergibt sich aus der Differenz seines Solds und dem Aufwand für seine Schulausbildung, somit ergibt sich 5 – 1= 4. Analog ergibt sich der Netto-Nutzen für den

---

[937] Vgl. Rieck, Christian: Spieltheorie Eine Einführung, 10. Auflage, Eschborn, 2010, S. 337.
[938] Vgl. ebd.: S. 150.

Arbeitgeber „Bundeswehr". Der Bewerber ist hoch qualifiziert und erzeugt einen Fähigkeits-Output von 7, wobei ihm ein Sold von 5 gezahlt wird. Daraus ergibt sich der Netto-Nutzen von 2. Bei Nichteinstellung ergibt sich der negative Netto-Nutzen für den Bewerber von -1, weil die Investition in die höhere Schulbildung sich nicht auszahlt, denn er ist nicht eingestellt worden. Somit bekommt der Bewerber rein rechnerisch einen Sold von 0, und demgegenüber steht ein Aufwand von 1 für die Erlangung der höheren Schulbildung. Der Arbeitgeber „Bundeswehr" hat in diesem Fall einen Netto-Nutzen von 0, da keine Einstellung erfolgt. Transaktionskosten für die Bewerberauswahl sind hier marginal und fallen nicht ins Gewicht. Somit sind diese rechnerisch mit 0 kalkuliert.

Im ersten Schritt der Spielkonstruktion sendet der Bewerber ein sogenanntes Signal. Es ist in diesem Fall der hohe oder niedrige Schulabschluss. Wenn „alles in Ordnung ist", dann kann der Prinzipal an dem gesendeten Signal erkennen, welche Information der Agent hatte (seine wahre Befähigung). Weiterhin kann der Prinzipal den zum Offizier befähigten Bewerber entsprechend seiner Qualifikation einstellen und ebenso dem zum Soldaten befähigten Bewerber ein leistungsgerechtes Angebot unterbreiten.

In dem Fall, dass die Bundeswehr jeden Bewerber seiner Qualifikation nach einstellt, ist es für den Bewerber, der die Fähigkeit zum Offizier hat, die beste Antwort, die hohe Schulausbildung zu wählen, denn dann kann dieser seinen höchsten Netto-Nutzen von 4 erreichen. Anlog ist es für den weniger Geeigneten besser, nicht die hohe Schulausbildung anzustreben, da er dann einen höheren Netto-Nutzen erzielen kann. Denn sein Aufwand die hohe Schulausbildung ist im Gegensatz zu dem befähigten Offizier deutlich höher. Dieser kann somit den Netto-Nutzen durch diese Strategie von 2 erreichen.

Damit es sich um ein Nash-Gleichgewicht handelt, muss keine Partei einen Anreiz haben abzuweichen. Im Fall der niedrigen Schulausbildung ist die Strategie *einstellen* dominant für die Bundeswehr. Siehe dazu in der Abbildung den Informationsbezirk[939] A zum Zeitpunkt T = 2. Im Fall der höheren Schulbildung, Informationsbezirk B zum Zeitpunkt T = 2, ist die Strategie *einstellen* nicht dominant, weil der Netto-Nutzen -2 für die Bundeswehr durch die Strategie einstellen erreicht werden kann, anstelle von 0 bei *nicht einstellen*. Aber

---

[939] Vgl. ebd.: S. 130. Der Spieler (Prinzipal) weiß, dass er sich in einem Informationsbezirk befindet (Bewerbungsunterlagen), kann aber nicht erkennen, in welchem Teilbaum er sich konkret „aufhält".

dieser Teilbaum würde nicht erreicht bei Rationalität des Soldaten, weil dieser sich durch die Wahl der niedrigeren Ausbildung besser stellen würde. Niemand hat also einen Anreiz abzuweichen, und es würde sich das Nash-Gleichgewicht ergeben, wenn der zum Offizier befähigte Bewerber die höhere Schulausbildung wählt und der zum Soldaten befähigte Bewerber die niedrigere Schulausbildung aussucht bei gleichzeitiger Strategiewahl der Bundeswehr *einzustellen*. In diesem Fall senden die Bewerber – ihrem Typ entsprechend – unterschiedliche Signale, und deswegen wird dieses Gleichgewicht auch separierendes Gleichgewicht genannt. Das Pendant zu diesem Gleichgewicht ist ein mögliches paradoxes Gleichgewicht unter der Bedingung, dass der zum Offizier befähigte Bewerber die niedrigere Schulausbildung wählt und der zum Soldaten befähigte Bewerber die höhere Schulausbildung.[940]

Eine weitere Möglichkeit eines Gleichgewichts bestünde darin, dass das gesendete Signal keine Information über den Bewerber preisgibt. In diesem Fall wählen beide Bewerber die Strategie der höheren Schulausbildung. Würde der Aufwand des zum Soldaten befähigten Bewerbers deutlich geringer als der bisher angenommene Aufwand von 4 zur Erlangung der höheren Schulausbildung betragen, zum Beispiel 2, dann hätte dieser einen Anreiz, diesen Weg zu gehen, um seine eigentliche Nichtbefähigung zu verbergen.

Damit die Bundeswehr auch in diesem Fall, dass keine verwertbaren Informationen mit dem Signal gesendet werden, die bisher gewählte Strategie *einstellen* wählt, muss im Informationsbereich B zum Zeitpunkt T = 2 unter den gegebenen Payoff-Auszahlungen gelten:

$$p*2 + (1-p)*(-2) \geq p*0 + (1-p)*0$$

somit folgt durch Zusammenfassung:

$$2p + 2p - 2 \geq 0.$$

Durch Umformung ergibt sich:

$$4p \geq 2.$$

somit folgt wiederum durch Zusammenfassung:

$$p \geq 1/2$$

---

[940] Vgl. ebd.: S. 338.

Das modellierte Zufallsereignis simuliert ein Spiel nicht nur mit vollständiger Information, sondern ebenso ein Spiel mit gemischten Strategien für den Bewerber *(befähigt zum Offizier, befähigt zum Soldaten)*.

Wenn also p ≥ 0,5 ist, dann wird die Bundeswehr die Strategie *einstellen* verfolgen, wenn beide Bewerbertypen die höhere Schulbildung wählen. Falls aber p < 0,5, also die Wahrscheinlichkeit, dass der Bewerber befähigt ist zum Offizier, unter 50 Prozent liegt, dann wird die Bundeswehr die Strategie *einstellen* nicht mehr verfolgen, weil das Risiko zu groß ist, einen nicht zum Offizier befähigten Bewerber als einen solchen einzustellen. Ein Gleichgewicht, welches unter der Bedingung eintritt, dass keine Information über das gesendete Signal erfolgt, wird Pooling-Gleichgewicht genannt. Welcher Typ von Gleichgewicht sich einstellt, hängt – wie in diesem Beispiel aufgezeigt – vom Aufwand für das Erreichen der höheren Schulbildung ab, respektive der Aufwand für die Tarnung. Es kann sich somit auszahlen, dass ein nur zum Soldaten befähigter Bewerber die höhere Schulbildung anstrebt, um als Bewerber für eine Offizierslaufbahn zu gelten. Für den Prinzipal „Bundeswehr" gilt es darauf zu achten, dass die gesendeten Signale hinreichend fälschungssicher sind oder anders ausgedrückt, dass eine Fälschung genügend hohe Kosten für den „falschen Bewerbertypen" verursacht, damit das Senden falscher Signale für diesen so ausreichend nutzenmindernd ist, dass er die Täuschung unterlässt.[941]

---

[941] Vgl. ebd.: S. 339–340.

XVI. Fazit

> *„Liebe Nachwelt! Wenn Ihr nicht gerechter, friedlicher und überhaupt vernünftiger sein werdet, als wir sind bzw. gewesen sind, so soll Euch der Teufel holen."*
>
> *(Albert Einstein, Physiker, 1879–1955)*

„q.e.d. – quod erat demonstrandum", eine in der Wissenschaft – insbesondere in der Mathematik – verwendete Begrifflichkeit, um anzuzeigen, dass logisch (rational) ein Beweis erbracht wurde. Eine zuvor aufgestellte Behauptung (These) wird anhand von logisch durchgeführten Schritten auf Richtigkeit überprüft, und im Erfolgsfall wird die Beweisführung mit „q.e.d." beendet. Dabei wird oft vergessen, dass Annahmen getroffen wurden und dadurch nicht nur eine Einschränkung, sondern möglicherweise auch implizit eine „echte Verhaltens-Unterstellung" vorgenommen wird.[942] Aber nicht nur die Annahmen und vorgenommenen Restriktionen sind bei der Beurteilung einer Beweisführung zu berücksichtigen, sondern auch Entscheidungsparameter die nicht berücksichtigt wurden – aus welchem Grund auch immer.

Eine wissenschaftliche Untersuchung sollte als plausibel oder nachvollziehbar verstanden werden – von einem Beweis zu sprechen, scheint einen zu hohen Anspruch zu suggerieren. In einer pluralistischen und komplexen Gesellschaft und unter Umständen, die einer ständigen Veränderung unterliegen, wirken annahmebasierende Beweise als starr und nicht genug realitätsbezogen. Das Instrument der Rationalität kann aber Problem- und Verhaltungsmuster plausibel herausarbeiten, die bei (zukünftigen) Entscheidungen Berücksichtigung finden könnten. So sind auch die in dieser Untersuchung durchgeführten Analysen zu verstehen.

Historisch hat die Wehrpflicht ihre Wurzeln in den französischen Freiheitskriegen. Damals standen sich die Kriegsparteien noch Mann gegen Mann gegenüber und der direkte Kampf war ausschlaggebend. Dementsprechend war die Größe einer Armee oder Kampfeinheit von entscheidender Bedeutung. Deswegen entstanden Massenheere, die in Eroberungskriege zogen, um Gebiets-

---

[942] In dieser Untersuchung ist das Verhalten unterstellt, dass die Akteure rational handeln.

ansprüche durchzusetzen, oder zur Landesverteidigung herangezogen wurden. Trotz fortschreitender Technologie und trotz der Entwicklung von Distanz- und Massenvernichtungswaffen wurde auch in den beiden Weltkriegen auf Massenheere gesetzt, die den Feind bekämpfen sollten und sich in Stellungskriegen aufrieben.

Die Wehrpflicht war ein nützliches Rekrutierungsinstrument zum Aufbau von Massenheeren. Sich der Wehrpflicht zu entziehen, war ein schwieriges und möglicherweise folgenschweres Unterfangen. Ein späteres Entziehen, z.B. durch Fahnenflucht, wurde als Kriegsverbrechen eingestuft und hatte möglicherweise den eigenen Tod zur Folge. Zu Zeiten des Kalten Krieges, in einer bipolaren Welt, war eine große Armee der Ausdruck von Stärke und diente ebenso der Abschreckung wie in Europa stationierte Mittelstreckenraketen. Der Mauerfall in Deutschland, der Zusammenbruch der Sowjetunion und die damit verbundene Auflösung des Warschauer Paktes bildeten den historischen und sicherheitspolitischen Wendepunkt. Die ideologische und militärische Blockbildung waren damit beendet. Die dann in der ehemaligen Sowjetunion verfolgte Politik der Perestroika bedeutete, dass erste Ansätze von Marktwirtschaft und Demokratie umgesetzt wurden. Ein Schritt, der für Nachhaltigkeit in einer friedlichen Beziehung und Vertrauen zwischen den ehemaligen Blöcken sorgte. Ein direktes Feindbild, wie es aus der Vergangenheit bekannt war, gab es nicht mehr. Massenheere wurden nicht mehr gebraucht: Die Wehrpflicht ein Auslaufmodell aus früheren Zeiten, das historisch begründet nicht mehr aufrecht zu halten war.

Die Bundeswehr ist eine Parlaments- und Bündnisarmee. Somit ist sie keine unkontrolliert agierende Einheit, die eine eigenständige, nicht gewollte Kraft darstellt (Staat im Staate). Die Wehrpflicht selbst ist ein bedeutendes innenpolitisches Thema, denn die Rekrutierung ist eine Zwangsverpflichtung, die unmittelbar das eigene Volk (Gesellschaft) betrifft. Auffällig ist, dass die Bundeswehr überwiegend als positiv in der deutschen Bevölkerung bewertet wird, wobei es aber bemerkenswert ist, dass fast fünfzig Prozent der Befragten bei einer Erhebung des sozialwissenschaftlichen Instituts der Bundeswehr im Jahr 2010 keine Empfehlung für den militärischen Dienst in der Bundeswehr aussprechen würden.[943] Es ist wohl nicht ganz falsch – so der ehemalige Bundes-

---

[943] Bulmahn, Thomas; Fiebig, Rüdiger; Hilpert, Carolin: Sicherheits- und verteidigungspolitisches Meinungsklima in der Bundesrepublik Deutschland, Ergebnisse der Bevölkerungsbefragung 2010 des Sozialwissenschaftlichen Instituts der Bundeswehr, Forschungsbericht 94, Strausberg, Mai 2010, S. 27.

präsident, Horst Köhler (CDU) –, von „freundlichem Desinteresse" zu sprechen. Die Aussetzung der Wehrpflicht hat in der Bevölkerung keine großen Emotionen ausgelöst, insbesondere im Vergleich mit anderen Ereignissen, wie z.B. den Demonstrationen bei dem umstrittenen Bahnhofsausbauprojekt Stuttgart 21. Es gab keine einzige Demonstration für den Erhalt der Wehrpflicht in der Bevölkerung. Am Ende waren alle Parteien für eine Aussetzung – wenn nicht sogar für eine Abschaffung. Selbst die konservativen Parteien CDU und CSU haben für die Aussetzung gestimmt und am Ende wenig effektive Gegenwehr gezeigt. Der politische Kompromiss liegt wohl in der Aussetzung der Wehrpflicht und somit in der Nicht-Abschaffung. Die Wehrpflicht ist politisch passiviert worden. Eine Aktivierung der Wehrpflicht ist politisch durch eine einfache Mehrheit im Parlament wieder zu erreichen.

Formal gesehen besteht die Wehrpflicht mit der Aussetzung weiter in der Bundesrepublik Deutschland. Wehrpflichtige werden registriert und über die Kreiswehrersatzämter angeschrieben. Das macht insofern Sinn, um in einem Bedarfsfall vorbereitet zu sein, denn dadurch ist (wenigstens) eine Bestandsführung möglich, also das Wissen um das potentiell ergänzbare Wehrpotenzial: Eine eher militärstrategische Komponente denn eine politische. Auch die historische Stärke der gesellschaftlichen Komponente der Wehrpflicht ist schwer nachzuweisen bzw. zu messen. Konstant hohe Zahlen der Verweigerung sprechen gegen eine gesellschaftlich gewollte Wehrpflicht, insbesondere bei den Betroffenen. Auch die fehlende Gegenwehr in der Bevölkerung bei Aussetzung der Wehrpflicht spricht gegen den gesellschaftlichen Willen, die Wehrpflicht erhalten zu wollen. Viele Nationen in Europa haben die Wehrpflicht abgeschafft oder sind gerade dabei, die Wehrpflicht abzuschaffen. Gesellschaftspolitisch ist eine Form des Zwangsdienstes nicht mehr zeitgemäß und hat den „Geruch" veraltet, verstaubt und überholt zu sein. Politiker werden vom Volk gewählt und müssen, um wieder gewählt zu werden, die Stimmungen der Wähler aufnehmen und in ihrem Wahlprogramm den Wählerwillen treffen.

Wenn Finanz- und Wirtschaftskrise nicht nur eine Konsolidierung der Haushalte erfordern, sondern strikte Sparprogramme erzwingen, dann werden dadurch Entscheidungen beeinflusst. Die ökonomische Komponente rückt in den Mittelpunkt. Aus dem Betrachtungswinkel von volkswirtschaftlichen und fiskalischen Kosten ist eine Wehrpflicht-Bundeswehr im Vergleich zu einer Freiwilligen-Bundeswehr nach Schnell bei gleichbleibender Fähigkeit der Streitkräfte grundsätzlich teurer.[944] Die Verkürzung der Wehrdienstzeit von neun Monaten auf sechs Monate hat den ökonomischen Preis verteuert, weil durch die hohe Personalbindung von länger Dienenden und durch das ungünstiger werdende zeitliche Verhältnis von militärischer Leistung und Ausbildung der Wehrpflichtigen. Auf die Verkürzung der Wehrdienstzeit hätte die Politik aus ökonomischer Sicht sicher verzichten können. Eine dadurch mögliche positive Wirkung auf die Wehrgerechtigkeit ließ sich in der Gesellschaft nicht feststellen. Die sicherheitspolitischen Umstände sprechen grundsätzlich für eine Aussetzung bzw. Abschaffung der Wehrpflicht, da diese seit über zwei Jahrzehnten relativ konstant sind, und keine wesentliche Änderung in der Zukunft zu erwarten ist. Der sicherheitspolitische Grund liegt somit bereits (objektiv) seit etwa 20 Jahren vor.

Kern der Bundeswehrreform war, Einsparpotenziale zu erzielen, und zwar in einem Zeitraum von 4 Jahren (2011 bis 2014) bis zu 8,3 Mrd. Euro. Mittlerweile ist dieses Ziel auf 2015 ausgedehnt, und bei einer Bundeswehrstärke von 185.000 Soldaten ist stark anzunehmen, dass, um dieses Ziel zu erreichen, der zeitliche Horizont darüber hinaus ausgedehnt wird. Der im März 2011 im Entwurf vorliegende 45. Finanzplan gewährleistet keine bedarfsgerechte Umsetzung der Reform mit einer Zielgröße von 185.000 Soldaten. Die Reform ist mit einer Höhe von etwa 3 Mrd. Euro bis 2015 erheblich unterfinanziert.[945] Darüber hinaus ist generell die Frage zu stellen, ob eine Stärke der Bundeswehr von 185.000 Soldaten ausreichend ist. Wenn man die eingesetzten finanziellen Mittel als unveränderlich betrachtet, dann könnte man die Größe der Streitkräfte solange (iterativ) anpassen, bis die Größe der Streitkräfte den finanziellen Mitteln entspricht. Das hätte aber zur Folge, dass Deutschland im

---

[944] Vgl. Schnell, Jürgen: Neue Entscheidung zur allgemeinen Wehrpflicht – Zur Verkürzung des Grundwehrdienstes von neun Monaten auf sechs Monate sowie zur Umwandlung der Bundeswehr in eine Freiwilligen-Bundeswehr, Diskussionsbeitrag, Bonn, 02.02.2010, S. 12. Es muss kritisch dazu angemerkt werden, dass sich in der Bundesrepublik Deutschland zu diesem Zeitpunkt noch kein „Marktpreis" – gemeint ist ein marktgerechter Sold, der für die Freiwilligen gezahlt werden (muss), um eine ausreichende Anzahl von Freiwilligen mit notwendiger Qualifikation zu rekrutieren – gebildet hat. Zudem gibt es nicht „die eine Freiwilligenarmee oder die eine Wehrpflichtarmee" – diese können von ihren Ausprägungen sehr unterschiedlich sein (z.B. (freiwillige) Verpflichtungszeit). Überhaupt kann man sich die Frage stellen warum das so ist, wenn FWDL sich zwischen 7 und 23 Monaten Wehrdienst entscheiden können. Warum ist diese militärische Wehrform professioneller (und ökonomischer) als eine Wehrpflichtarmee beispielsweise mit 15 Monaten? Ein FWDL, der sich für „nur" 7 Monate Wehrdienst entscheidet, wird ökonomisch betrachtet (ebenfalls) nicht besonders effizient eingesetzt werden können.
[945] Vgl. Schnell, Jürgen: Anhörung im Verteidigungsausschuss des Deutschen Bundestages am 14.03.2011 zum Entwurf des Wehrrechtsänderungsgesetzes 2011, S. 2.

Vergleich zu anderen NATO-Staaten eine unterdimensionierte – gemessen am BIP und an der Bevölkerungszahl – Ausprägung seiner Militärorganisation hätte. Diese Unterdimensionierung würde die militärische Bedeutung Deutschlands in seinen Bündnissen kaum bekräftigen.[946]

Die Nachwuchsgewinnung wird für die Bundeswehr in der Zukunft eine elementare Herausforderung darstellen. Einerseits fehlt ein schlüssiges Konzept zur Personaldeckung, das insbesondere die Konsequenzen der Freiwilligkeit berücksichtigt.[947] Andererseits lassen Umfragen in der Bevölkerung nicht deutlich erkennen, dass sich genügend und ausreichend qualifizierte Freiwillige bewerben. Zu Zeiten einer Rezession oder einer wirtschaftlich schwierigen Lage ist zu erwarten, dass sich erhöhte Freiwilligenzahlen ergeben, denn in einer solchen Situation kann der militärische Freiwilligendienst von den Betroffenen als berufliche Übergangszeit genutzt werden. Ein Aspekt der militärisch und sicherheitspolitisch keine Berücksichtigung finden sollte. Höher gebildete junge Menschen tendieren nach der Meinungsumfrage des sozialwissenschaftlichen Instituts der Bundeswehr aus dem Jahre 2010 eher nicht dazu, militärischen Dienst zu leisten:[948] Eine Zielgruppe, die es künftig aufgrund der hohen technologischen Anforderungen, durch richtig gesetzte Anreize aber zu begeistern gilt.

Die Bereitstellung der nationalen und bündnisbezogenen Verteidigungsbereitschaft ist ein öffentliches Gut. Das bedeutet, dass niemand von der Bereitstellung dieses Gutes explizit (und persönlich) ausgeschlossen werden kann, und dass alle in Deutschland lebenden Bürger dieses Gut im gleichen Maße konsumieren (können). Der Staat ist aus theoretischer Sicht des Rational Choice ein Wohlfahrtsoptimierer und der einzelne Staatsbürger ein theoretischer Nutzenmaximierer.[949] Würden jetzt – theoretisch betrachtet – die Bürger über die Optimierung ihrer Nutzenfunktionen die Verteidigungsleistung bereitstellen, dann würde nicht die pareto-optimale Allokation von Verteidigungsressourcen erreicht. Um im Theoriemodell die pareto-optimale Allokation zu erreichen, ist es notwendig, dass eine übergeordnete, unabhängige, Instanz (Staat) über die

---

[946] Vgl. ebd.: S. 4.
[947] Vgl. ebd.: S. 2.
[948] Bulmahn, Thomas; Fiebig, Rüdiger; Hilpert, Carolin: Sicherheits- und verteidigungspolitisches Meinungsklima in der Bundesrepublik Deutschland, Ergebnisse der Bevölkerungsbefragung 2010 des Sozialwissenschaftlichen Instituts der Bundeswehr, Forschungsbericht 94, Strausberg, Mai 2010, S. 26.
[949] Das ist die häufigste Annahme unter Rational Choice. Wohlfahrt und Nutzen können dann in den Modellierung unterschiedlich definiert werden.

Maximierung der gesamtstaatlichen Wohlfahrt die pareto-optimale Menge an Verteidigungsressourcen bereitstellt.[950] Nun liegt es am Staat, wie er das tut und welches Instrument zum Einsatz kommt. Ist dieses Instrument die Wehrpflicht, dann wird es in der Bevölkerung Tendenzen geben, sich dieser Zwangsverpflichtung zu entziehen. Abhängig von der Ausprägung der Wehrpflicht – insbesondere der zeitlichen Ausprägung – müssen positive oder negative Anreize in angemessener Höhe gesetzt werden, um die Verpflichtung durchzusetzen. Dies verursacht in beiden Fällen Kosten. Aus Gründer der gesellschaftlichen Wohlfahrt sollten positive Anreizsysteme genutzt werden, um eine pareto-optimale Allokation der wehrpflichtigen Ressourcen durch den Staat bereitzustellen.[951]

Ein potenzieller rational orientierter Wehrpflichtiger[952] wird gemäß Rational-Choice-Theorie seinen Nutzen maximieren unter Berücksichtigung der Ableistung der Wehrpflicht und der individuell nutzenstiftenden Bereitstellung der Verteidigungsleistung des Landes. Er wird sich überlegen, welchen individuellen Preis er bereit ist, für eine zufriedenstellende Landesverteidigung oder für die Verweigerung seiner Verteidigungsleistung zu zahlen. Hierbei befindet sich der rationale Wehrpflichtige potenziell in einem Freiwilligendilemma[953], denn eine ausreichende Landesverteidigung könnte auch ohne seine individuelle Leistung bereitgestellt werden. Ist die Landesverteidigung aber nicht ausreichend, dann wäre vielleicht die Hoffnung des rationalen Wehrpflichtigen, dass andere bereit sind, die notwendige Leistung zu erbringen, um diese dann „kostenlos" zu konsumieren. Je schlechter die bereitgestellte Landesverteidigung und je höher die Wertschätzung für eine ausreichend bereitgestellte Landesverteidigung ist, desto eher wird sich ein rationaler Wehrpflichtige für den militärischen Dienst entscheiden. Andersherum bedeutet das, dass ein rational Wehrpflichtiger eher die Landesverteidigung verweigert, wenn die notwendige Landessicherheit (ohne ihn selbst) gewährleistet und (oder) seine Wertschätzung für eine ausreichende Landesverteidigung gering ist. Insbesondere eine sichergestellte oder nahezu sichergestellte Landesverteidigung wird nutzentheoretisch dafür sorgen, dass die rationalen Wehrpflichtigen eher eine Verweigerungshaltung einnehmen werden, es sei denn, sehr starke persönliche Motive zu Ableistung des Dienstes würden einen derartigen Effekt kompensie-

---

[950] Vgl. Kapitel IX.
[951] Vgl. Kapitel X.
[952] In Analogie ein Freiwilliger.
[953] In Analogie das Nicht-Verweigerungsdilemma im Fall einer Wehrpflichtarmee.

ren (Indifferenz) oder möglicherweise übertreffen (Entscheidung zu dienen). Diese Tatsache wird die Aufgabe der Bundeswehr in heutiger Zeit, freiwillig Dienende zu motivieren, erschweren. Es ist stark zu vermuten, dass sich dieser Effekt insbesondere bei einer Wiedereinführung der Wehrpflicht zeigen würde, falls nicht wirklich gravierende und offensichtliche sicherheitspolitische Gründe vorliegen.

Da objektiv davon ausgegangen werden kann, dass individuell überzeugte Dienende sowohl in einer (gleichartigen) Freiwilligenarmee als auch in einer Wehrpflichtarmee dienen würden, ist die Wahrscheinlichkeit hoch, dass in einer Wehrpflichtarmee die faktische Anzahl von Dienenden (Nicht-Verweigerer) höher ist, weil weitere Effekte diese Anzahl erhöhen.[954] Identifizierte Effekte sind beispielsweise Obrigkeitsdenken und die mögliche Verlustaversion des Wehrpflichtigen nach Kahneman beim Einsatz von negativen Anreizsystemen. Um es einfach zu sagen: Die Anzahl der Dienenden (Nicht-Verweigerer) in einer Wehrpflichtarmee sind mit hoher Wahrscheinlichkeit mindestens so groß wie die Anzahl der Dienenden (Freiwilligen) in einer (gleichartigen) Freiwilligenarmee, vermutlich aber größer.[955] An dieser Stelle soll noch einmal deutlich darauf hingewiesen werden, dass das Strukturproblem „Freiwilligendilemma" und „Nicht-Verweigerungsdilemma" sich aus der Tatsache der Eigenschaft des öffentlichen Gutes der Verteidigung speist. Ein Dilemma, welches nicht aus der grundsätzlichen Wehrform entsteht. Im Fall der Umstellung einer Wehrpflichtarmee zu einer Freiwilligenarmee wird das Dilemma vielleicht überhaupt offensichtlich (sichtbar) und verschärft sich aufgrund der erläuterten Analyse der Anzahl der Nicht-Verweigerer und der Anzahl Freiwilliger.

Außerordentlich schwierig ist die Bewertung politischer Aussagen, um diese in ein nach Rational Choice passendes Format zu transferieren. Hier gibt es diverse Möglichkeiten. Die Aussagen der Politiker verschiedener Parteien verraten aus sich heraus keine Abhängigkeit von Präferenzen in Bezug auf die Handlungsalternativen anderer Politiker oder Parteien. Daher sind die bewerteten Handlungsalternativen durch verschiedene Parameter definiert, aber

---

[954] Mit gleichartig ist gemeint, dass beispielsweise ähnliche positive Anreize gesetzt sind und auch die Möglichkeit der Ableistung des zeitlichen Wehrdienstes sich ähneln. Ansonsten wären die Wehsysteme nicht vergleichbar, weil es nicht die „Wehrpflichtarmee" und die „Freiwilligenarmee" gibt. Sehr ungleich ausgestalte Möglichkeiten und Anreize würden eine derartige Vergleichbarkeit nicht ermöglichen.
[955] Wehrpflichtige, die wirklich faktisch gezwungen werden sind nicht in der Betrachtung enthalten. Diese würden seitens des Verfassers auch bei durchgeführtem Zwang als Verweigerer zu werten sein.

vom Wesen her monolithisch zu den Handlungsalternativen der anderen Akteure. Aus der Sachlage heraus können aber Abhängigkeiten vermutet werden, denn die Vertretung einer Handlungsalternative wie Beibehaltung der Wehrpflicht impliziert, dass der Vertreter dieser Handlungsalternative diese auch realisiert sehen möchte und daher eine Mehrheit für diese Handlungsalternative anstrebt (anstreben muss) – somit sich nach Rational-Choice-Aspekten besser stellt, wenn (genügend) andere Akteure – insbesondere auch Akteure anderer (Koalitionsparteien) – ebenfalls die gleiche Handlungsalternative spielen.

Dem steht zunächst entgegen, dass jede Partei eine klare Positionierung und differenzierte Haltung zu Handlungsalternativen einnehmen sollte, um im Sinne der Stimmenmaximierung eine klare Trennlinie zu den wettbewerbenden Parteien zu ziehen. Charakteristisch sind dann im Verlaufe der politischen Entscheidungsfindung aufweichende Präferenzzuordnungen. Dabei kann eine zuvor klar bezogene Positionierung aufgegeben werden. Hierbei hilft ein Taktgeber (first mover), der die notwendige, aber nicht ex ante hinreichende Machtposition inne hat. Neben dieser Machtposition muss der Taktgeber eine hohe Überzeugungsarbeit leisten – durch Charisma und (oder) über Sachargumente. Insbesondere in dem Fall, falls der Taktgeber „um 180 Grad gegen den Strom innerhalb der eigenen Partei schwimmen möchte". Zu Guttenberg hatte innerhalb der Regierungskoalition die Machtposition des Verteidigungsministers besetzt und die Aussicht auf den Parteivorsitz der CSU, kombiniert mit starkem persönlichem Charisma und der Fähigkeit machtpolitische Instrumentarien wie beispielsweise Medien einzusetzen. Begünstigend wirkten insbesondere die grundsätzlich führungstreu ausgerichtete Parteibasis der konservativen Parteien CDU und CSU und eine Kanzlerin, die sich weniger konservativen Werten verpflichtet fühlt als politischem Opportunismus. Daneben ist aufgrund seiner Persönlichkeit stark anzunehmen, dass zu Guttenberg den günstigen Tatbestand einer historischen Möglichkeit der Aussetzung der Wehrpflicht nutzte. All diese Umstände führten zum (sichtbaren) Aufweichen der klaren Positionierung des Erhalts des Markenkerns „Wehrpflicht" in der konservativen Partei der CSU und später in der konservativen Partei der CDU.

Aus der Sicht der Spieltheorie, der Rationalität, sind klare Entscheidungsebenen zu bevorzugen, die iterativ durchlaufen werden, um mit hoher Wahrscheinlichkeit kooperatives Verhalten zwischen Parteien (Gruppen) im Sinne einer gemeinsamen Entscheidung zu erreichen. Am Beispiel der Wehrpflicht ist es zu präferieren, zunächst innerhalb der Parteien eine klare Position zu finden, um dann auf Parteiebene die Entscheidung herbeizuführen. Eine zeitlich simultane Entscheidungsfindung (in diesem Fall der Wehrpflichtfrage) auf beiden Ebenen wäre für eine gemeinsame Lösungsfindung aus Gründen der hohen Wahrscheinlichkeit des Scheiterns abzulehnen. Bei der Entscheidungsfindung über Parteitage (intragroup) und dann über die Koalition (intergroup) zu gehen, ist rational-theoretisch zu befürworten. In der Realität wurde an dieser Stelle sicherlich nicht immer eine klare Trennlinie gezogen.

Wird die politische Situation zur Frage der Wehrpflicht innerparteilich bei der CSU deskriptiv modelliert, so kann das Chicken-Spiel für eine mögliche Erklärung herangezogen werden. Hierbei wird am Ende des Spiels in der Modellierung ein Nash-Gleichgewicht erreicht. Auffällig ist, dass ambivalentes Verhalten von Politikern dazu führen kann, dass eine neue Positionierung zu einer politischen Frage innerhalb einer Partei eingenommen wird (vgl. Abbildung 75). Hierbei hat der Taktgeber (first mover) einen entscheidenden Anteil. Sein für ihn präferiertes Nash-Gleichgewicht kann erreicht werden. Im Fall zu Guttenberg ist das modelltheoretisch passiert.

Rationalisierungspotenziale in Militärorganisationen können durch europäische, Nationen übergreifende Maßnahmen erzielt werden. Hierbei ist es notwendig, dass nationale Eigeninteressen hinter bündnisweite Interessen gestellt werden. Dann – und nur dann – werden Sparpotenziale im Bündnis auch real und maximal erreichbar sein. Spieltheoretisch ist es von Bedeutung, die Funktion für die Sparvolumina im Zusammenspiel aller im Bündnis vertretenen Nationen möglichst objektiv zu kennen, um die richtigen Entscheidungen für die Umsetzung der Sparpotenziale zu identifizieren. Falls die Sparfunktion nicht bekannt ist oder nicht bestimmt ist, wird sich herausstellen, dass das faktische Sparvolumen sehr gering sein wird.

Durch die Aussetzung der Wehrpflicht gibt es keine möglichen gegensätzlichen Interessen zwischen Staat und Wehrpflichtigen mehr. Wer dienen möchte, wird dies tun, und wer nicht dienen will, wird nicht gezwungen – und kann dies auch ohne Befürchtung von persönlichen Konsequenzen umsetzen. Dadurch kommt diesbezüglich formal die nicht-kooperative Spieltheorie zum Erliegen. Mit Hilfe der kooperativen Spieltheorie kann das aktuelle Verhältnis zwischen Bundeswehr und FWDL abgebildet und mit Hilfe der Prinzipal-Agent-Theorie analysiert werden. Hierbei ist festzustellen, dass die Bundeswehr als modellierter Fähigkeitsmaximierer darauf achten muss, die richtig qualifizierten Bewerber einzustellen, um die Vorgaben aus der Maximierung erfüllen zu können – allein die ausreichende Anzahl von Wehrpflichtigen genügt nicht dem Anspruch, welcher sich aus der Fähigkeitsmaximierung ergibt.[956]

Aus spieltheoretischer Sicht lässt sich weiter sagen, dass die Ausprägung der Wehrpflicht ein starkes strategisches Instrumentarium des Staates ist. Durch die Ausgestaltung der Wehrpflicht, insbesondere hinsichtlich der Zeitkomponente und der zu bestimmenden Selektionskriterien und des negativen wie positiven Anreizsystem kann der Staat den Zugriff und damit auch die Aufwuchsfähigkeit der Bundeswehr fast beliebig bestimmen – im Wesentlichen zum Preis der Wehrgerechtigkeit, der ökonomischen Effizienz und der gesellschaftlichen Integration der Militärorganisation. Die Ausprägung der Wehrpflicht könnte sogar staatlicherseits so „eingestellt werden", dass von der Selektion nur Freiwillige betroffen wären, ohne dass eine Passivierung der Wehrpflicht notwendig werden würde.

Das sozialwissenschaftliche Institut der Bundeswehr hat in seiner Bevölkerungsumfrage aus dem Jahr 2010 festgestellt, dass die deutsche Gesellschaft der Meinung ist, dass es genügend Freiwillige im Fall der Freiwilligenarmee geben wird und auch keine äußere Bedrohung existiert, somit nach durchgeführter Modellierung N^* erreicht würde.[957] Die Strukturkommission des Jahres 2010 weist gleichzeitig darauf hin, dass ein Mangel an Fachkräften (Ärzten, Ingenieuren) bereits vorherrscht, somit N^* qualitativ nicht erreicht wird, obwohl sie sich gleichzeitig gegen die Wehrpflicht ausspricht.[958] Aufgrund beider Aussagen kann stark vermutet werden, dass $N_D < N^*$ schon während der (nicht freiwilligen) Wehrpflichtzeit der letzten Jahre in der Realität galt, wobei N_D nah an N^* zu vermuten ist, da die Verteidigungsfähigkeit des Landes nicht nur von der Gesellschaft, sondern auch von der Strukturkommission 2010 als nicht gefährdet eingestuft wird.[959]

---

[956] Vgl. Kapitel XV.
[957] Vgl. Bulmahn, Thomas; Fiebig, Rüdiger; Hilpert, Carolin: Sicherheits- und verteidigungspolitisches Meinungsklima in der Bundesrepublik Deutschland, Ergebnisse der Bevölkerungsbefragung 2010 des Sozialwissenschaftlichen Instituts der Bundeswehr, Forschungsbericht 94, Strausberg, Mai 2010, S.23 .
[958] Damit wird mindestens das Maximierungskriterium aus der Fähigkeitsmaximierung verletzt. N^* und N_D sind in Kapitel XI definiert.
[959] Bei dieser Aussage ist die Strukturkommission als objektiv bewertend angenommen.

Nur im Fall[960]

(1)
$$\sum_{i=1}^{n} v_i^* = N^*$$

falls die Summe der individuell bereitgestellten Verteidigungsmenge nach individueller Nutzenmaximierung der sicherheitspolitisch notwendigen Verteidigungsmenge entspricht, werden nach rationalen Kriterien genügend freiwillig Wehrdienstleistende gefunden.[961] Eine Zwangsverpflichtung wäre in diesem Fall nicht notwendig, um die sicherheitspolitisch notwendige Verteidigungsmenge sicher zu stellen.[962] Da diese mathematische Punktlandung in der Realität kaum möglich ist, wird entweder unter dem Aspekt der Rationalität streng genommen eine Unterdeckung von Freiwilligen vorliegen oder eben eine geringere ökonomische Effizienz erreicht.

Im Fall

(2)
$$V^*_{\text{Wohlfahrt}} < N^*$$

falls durch die gesamtstaatlich maximierte Wohlfahrtsfunktion weniger Verteidigungsmenge bereitgestellt wird als die sicherheitspolitisch notwendige Verteidigungsmenge, muss die Gesellschaft wohlfahrtsorientiert gesehen Opfer bringen – entweder durch Verzicht auf privaten Konsum, durch Verzicht anderer öffentlicher Güter oder durch die Akzeptanz einer zu geringen Verteidigungsleistung (bzw. Verteidigungsmenge). In diesem Fall wäre eine Zwangsverpflichtung zwingend notwendig, um die sicherheitspolitisch notwendige Verteidigungsmenge zu erreichen.[963]

---

[960] V^* und $V^*_{\text{Wohlfahrt}}$ haben die Einheit Zeit (beispielsweise Tag, Monat oder Jahr). N^* hat die Einheit „Anzahl Wehrpflichtige". Ein direkter Vergleich mithilfe der Vergleichsoperatoren wäre also nicht korrekt. Gemeint sind in beiden Fällen Zeit-Mengenangaben im Sinne der Anzahl Wehrpflichtige multipliziert mit den faktischen Wehrpflichtzeiten. Bei V^* und $V^*_{\text{Wohlfahrt}}$ ist weiter unterstellt, dass dies dienende Freiwillige / Wehrpflichtige sind. Wie in der Untersuchung herausgearbeitet, gibt es bei einer Freiwilligenarmee (nach Maximierungsansatz von Rational Choice) grundsätzlich auch Freiwillige, die nicht eingezogen werden (Vgl. Kapitel IX).
[961] Vgl. Kapitel IX und Kapitel XI. Es ist immer das objektiv ermittelte N^* gemeint.
[962] In diesem Fall wird davon ausgegangen, dass die individuell bereitgestellte und ausreichende Verteidigungsmenge innerhalb der vom staatlichen Entscheidungsträger gesetzten Mindest- und Höchst-Verpflichtungszeiten liegt und auch faktisch geleistet wird.
[963] Nach dem Maximierungsansatz nach Rational Choice gilt $\sum_{i=1}^{n} v_i^* < V^*_{\text{Wohlfahrt}}$. Vgl. Kapitel IX.

Im Fall
(3)
$$V^*_{Wohlfahrt} > N^*$$

würde in der Gesellschaft wohlfahrtsorientiert ein höheres Sicherheitsbedürfnis vorliegen, als sicherheitspolitisch festgestellt. Eine Zwangsverpflichtung kann in diesem Fall notwendig sein, um das höhere Sicherheitsbedürfnis aus der Bevölkerung heraus sicher zu stellen; sicherheitspolitisch ist das aber nicht unbedingt zwingend, aber wohl wahrscheinlich.[964]

Der Fall
(4)
$$V^*_{Wohlfahrt} = N^*$$

impliziert eine Unterdeckung von Freiwilligen wie auch im Fall (2), aber ohne wohlfahrtsorientiert gesellschaftliche Opfer bringen zu müssen. Gleichzeitig impliziert die Erreichung dieses Zustandes eine Zwangsverpflichtung, um die sicherheitspolitische Verteidigungsmenge bereitzustellen.

Dass bereits während der Wehrpflichtzeit der letzten Jahre (bis zum Jahr 2000 zurückgehend) immer weniger Wehrpflichtige eingezogen wurden, mag real an zu wenig bereitgestellten finanziellen Mitteln liegen oder an der schlichten Tatsache, dass nicht die geforderte Qualifikationen für die vakanten Posten vorlagen.[965] Trotz demografischen Wandels wären genügend Wehrpflichtige nominal verfügbar gewesen. Die Auswahlkriterien sind so ausgelegt worden, dass viele Wehrpflichtige ausgemustert wurden. Eine bereits erkennbare Tendenz, sich von der Wehrpflicht (politisch) zu verabschieden. Die Aussetzung und ebenso die Abschaffung der Wehrpflicht würde unbestritten das Risiko erhöhen, N* dauerhaft nicht zu erreichen oder gar sich weiter von N* in Richtung zu wenig Freiwillige zu entfernen. Allein aus dem Grund, dass die militärische Verteidigungsleistung von der Freiwilligkeit gänzlich abhängt und nicht (über einen Zwang) sichergestellt werden kann. So kann es gedanklich zu der Situation kommen, dass die Freiwilligkeit ein limitierender Faktor bei der Bereitstellung der Verteidigungsleistung wird. Es ist aber die ursprüngliche Idee

---

[964] Es hängt davon ab, ob in der gegebenen Situation gleichzeitig $\sum_{i=1}^{n} v_i^* < N^*$ oder $\sum_{i=1}^{n} v_i^* > N^*$ gilt.
[965] Vgl. http://www.bundeswehr.de/portal/a/bwde/!ut/p/c4/FcbBDYAgDAXQWVygvXtzC_VW8 AMNBAk0sr6ad3l88qfKo1FM7yqFdz68rm6SmxdoWlda7oJgolnUWyjqk1HE8OkfuOVteQFm m3g_/, gelesen am 20.06.2013.

der Parlamentsarme, dass (idealerweise) allein der politische Auftrag die Vorgaben an das Militär definiert.[966]

Die Entscheidung zur Wehrpflicht konnte in Modellierungen nach Rational Choice abgebildet werden. Bei dieser Betrachtung haben Politiker und Parteien entlang ihrer Präferenzen entschieden. Die Präferenzen haben sich aber mit der Zeit verändert. Eine Tatsache, die in der realen Welt auch in anderen Bereichen zu beobachten ist, aber zunächst nicht gegen die Rationalität spricht. Somit wäre die politische Entscheidung zur Wehrpflicht vordergründig als rational einzuordnen, wobei der Eindruck bleibt, dass bei der Sachfrage zur Wehrpflicht eine Art konstruierte, nachgelagerte, Rationalität vorliegt. Denn falls die von den Politikern der Koalition genannten Umstände eine Präferenzänderung bedingen, würde die Rationalität auf diese Art und Weise ad absurdum geführt.[967] Zudem ist das (neutrale, objektive) Zielsystem der verschiedenen Kommissionen im Zeitraum der politischen Entscheidung auch angepasst worden – das wirkt verschärfend in Richtung des Eindrucks einer nachgelagerten Rationalität.[968]

Falls die Maßstäbe strenger im Sinne der Messbarkeit an der Rationalität zur Wehrpflichtfrage ausgelegt werden, so bleibt als Bewertung die ökonomische Ratio als Bewertungsmaßstab. Aber auch diese ist durch die gewählten Messgrößen und die Bezugsgrößen auslegbar und nicht eindeutig. Ob nun aus parteipolitischer, gesellschaftlicher oder ökonomischer Sicht Rationalität im Kern vorliegt, ist aus Sicht des Verfassers nicht eindeutig zu beantworten. Durch die Anwendung von Instrumentarien des Rational Choice konnten aber einige Probleme und Herausforderungen in der vorliegenden Untersuchung destilliert werden. Das grundsätzliche Problem bei einer nach Rational Choice durchzuführenden Untersuchung realer (politischer) Entscheidungen ist die Tatsache,

---

[966] Nach diesen Analysen hat Dänemark ein schlüssiges Konzept: Im Fall zu wenig Freiwilliger wird über eine grundsätzlich bestehende Wehrpflicht die Personalstärke aufgestockt. D.h., falls ND < N* ist, dann wird das Delta (N*-ND) durch eine situative Zwangsverpflichtung geschlossen. N* ist damit gesichert.
Vgl. http://www.bundeswehr.de/portal/a/bwde/!ut/p/c4/HcZBDoAgDAXRs3gBunfnLdRdgSl_ECTQ2OtrzOQlQyd9NX5wseJuXGmnl2D15rxFcVOHQMtgSSrOJI-eKkLW_yOkTTWpHyj1si0v6sdlAQ!!/, gelesen am 20.06.2013.
Idealerweise soll hier darauf hinweisen, dass in der Realität immer existierende Restriktionen eine Rolle spielen, wie beispielsweise Budgetrestriktionen oder auch Fähigkeitsrestriktionen.
[967] Umstände wie die ökonomische Effizienz und die sicherheitspolitische Lage. Denn diese Umstände sind seit Jahren relativ konstant. Die ökonomische Effizienz ist mit der Reduzierung der Wehrpflichtzeit auf 6 Monate sogar verringert worden.
[968] Vgl. Abbildung 74.

dass aufgrund des „Phänotyps" der Entscheidung nicht eindeutig auf Rationalität geschlossen werden kann. Um eine eindeutige Aussage treffen zu können, müssten die (wahren) Präferenzen der Entscheider bekannt sein. Bildlich gesprochen läuft eine vom „Phänotyp" der Entscheidung begonnene Analyse dem idealisierten Weg des Rationalen nach der Theorie des Rational Choice entgegen, denn dieser Weg würde bei den Präferenzen der Entscheider beginnen.

Wie stabil die Entscheidung zur Aussetzung der Wehrpflicht ist wird sich in der Realität zeigen. Mit Hilfe von Rational Choice ist zunächst ein politisches Nash-Gleichgewicht gefunden worden.[969] Durch einen politischen Antrag auf Wiedereinführung der Wehrpflicht und eine modifizierte Präferenzzuordnung und (oder) angepasste Auszahlungsfunktion wäre eine Auflösung des Nash-Gleichgewichts rational wieder möglich. Zudem zeichnet sich das gefundene politische Nash-Gleichgewicht dadurch aus, dass sich keine Partei durch eine andere Strategiekombination besserstellen würde. Somit zeigt die Entscheidungsmatrix nicht nur ein stabiles Nash-Gleichgewicht, sondern auch keine alternativ bessere Strategiekombination für irgendeine beteiligte Partei. Das heißt, dass das Nash-Gleichgewicht sich „auflösen" muss, falls eine andere politische Entscheidung zukünftig gewählt würde.[970] Denn es gibt aus der Konstellation heraus keine Veranlassung andere Strategiekombinationen selbst durch (mögliche) Superstrategien wie Tit-for-Tat „rational auswählbar" zu machen – die beste Lösung ist (stabil) erreicht.

Die Frage zur Wehrpflicht wie auch viele andere politische Entscheidungen weisen den Charakter eines „One-Shot-Games" auf – eine Tatsache, die die Implementierung einer übergeordneten Strategie wie Tit-for-Tat aus sich heraus nicht (sinnvoll) ermöglicht. Der politische Entscheider ist aber unter öffentlicher Beobachtung und kann sich in der Realität nicht wie in einem idealtypischen „One-Shot-Game" verhalten. Es gibt ein politisches Leben nach dem „One-Shot Game", das er berücksichtigen muss. Daraus folgt, dass andere politische Fragestellungen als Spieliterationen betrachtet werden könnten, wobei dies als eine Verkettung verschiedener Spiele über unterschiedliche Sachfragen verstanden werden kann, die die Vergangenheit vorgelagerter Spiele (Fragestellungen) berücksichtigen (Schatten der Vergangenheit). Somit kön-

---

[969] Vgl. Abbildung 69.
[970] Sich „auflösen" bedeutet eine neue Präferenzzuordnung der beteiligten (neuen) Spieler bzw. eine andere Auszahlungsfunktion – letztendlich ein „neues Spiel".

nen Vergeltungsstrategien in der Politik zwar themenübergreifend (unterschiedliche politische Fragestellungen) gespielt werden, wobei dann aber höchstwahrscheinlich nicht die Erreichung des gesellschaftlich-kollektiv besten Ergebnisses im Vordergrund steht, sondern parteipolitische Interessen die Vergeltung am politischen Gegner oder auch am Koalitionspartner forcieren.

Die Politik sieht sich bei der Erreichung einer wohlfahrtsorientierten − einer kollektiv besten − Lösung in einem potentiellen Dilemma dreifacher Ausprägung. Zum einen die Tatsache, dass die gesellschaftlich-kollektiv beste Lösung von einer objektiven Instanz ermittelt werden müsste − was an sich bereits ein Widerspruch ist, weil die Parteien vom Grundsatz her die gesellschaftlich-kollektiv besten Entscheidungen treffen sollten. Die politischen Entscheider sind aber nicht nur (mindestens)[971] als parteirational Handelnde zu werten, sondern sind von der Sache her auch diejenigen, die bestimmen, was gesellschaftlich-kollektiv die beste Lösung ist. Falls doch eine objektive Instanz vorausgesetzt würde, wären politische Abweichungen von der gesellschaftlich-kollektiv besten Lösung durch die politischen Entscheider nicht über Superstrategien wie Tit-for-Tat innenpolitisch in den Griff zu bekommen. Das liegt daran, weil das betrachtete Kollektiv in der Realität nicht allein die Summe der politischen Entscheider ist, sondern die gesamte Gesellschaft als Betroffene das Kollektiv bildet. Daher würden Vergeltungsstrategien wie Tit-for-Tat grundsätzlich weiteren Wohlfahrtsverlust (für das gesellschaftliche Kollektiv) erzeugen, ohne dadurch einen zukünftig sicheren positiven (mindestens kompensierenden) Wohlfahrtseffekt zu erreichen. Reales, kooperatives Verhalten unter den Entscheidern hat nicht immer folgerichtig eine kollektiv beste Lösung (für die Gesellschaft) zur Folge. Diese beiden Dilemmata werden durch das dritte Dilemma komplettiert: Selbst eine Abwahl der politischen Entscheidungsträger durch den Volkssouverän führt aus sich heraus nicht zur Lösung einer wohlfahrtsorientieren politischen Entscheidung, denn das inhärente Systemproblem von der Übereinstimmung von politischen Entscheidern und den denjenigen, die die Wohlfahrt definieren, wird dadurch nicht gelöst.

Richtig ist aber auch, Versuchen nachzugehen, die die Wohlfahrt möglichst objektiv messen. Denn eine solche Größe kann den Entscheidungsdruck auf die politischen Entscheider in die gesellschaftlich-kollektive − wohlfahrtsorientierte − Richtung lenken. Dazu ist es notwendig, dass die sich anbahnende

---

[971] Mindestens bedeutet, dass übergeordnete individuelle rationale Gründe auch eine Rolle spielen können.

politische Entscheidung nicht nur stark wohlfahrtsrelevant, sondern auch hinreichend in der Öffentlichkeit bekannt ist. Denn über die mögliche Darstellung dieser Entscheidung als (objektiv) nicht wohlfahrtsgerichtete Entscheidung, wird auf die politischen Entscheider Druck ausgeübt – in der Hoffnung, dass der Wähler gegebenenfalls bei einer nächsten Wahl dies entsprechend berücksichtigt. Der politische Entscheider würde somit möglichen, zukünftigen Wahlstimmenverlust befürchten. Es bleibt die Möglichkeit, politische Entscheidungen mit Tragweite, die (offensichtlich) gegen die staatliche Wohlfahrtsmaximierung gerichtet sind, als solche vor der faktischen Entscheidung transparent zu machen. Man sollte sich aber überhaupt bewusst sein, dass viele politische Entscheidungen in der Realität keine besondere öffentliche Aufmerksamkeit haben und damit kaum „in die richtige Richtung und zum richtigen Zeitpunkt" durch den Volkssouverän gelenkt werden können. Bei diesen Entscheidungen bleibt am Ende nur Vertrauen und Zuversicht des Volkssouveräns in den politischen Entscheidungsträger, dass sie wohlfahrtsorientiert gefällt wurden.[972] Politisch und wohlfahrtsorientiert betrachtet sind aus politischen Entscheidungen modelltheoretisch gefundene Nash-Gleichgewichte, die nicht nur (sehr) stabil sind, sondern insbesondere (angeblich) auch die „beste" Alternative darstellen als überprüfungswürdig in ihrer Entstehung zu bewerten, denn dann fallen in der Realität die stabilste und die gesellschaftlich-kollektiv beste Lösung zusammen – sozusagen ein realisierter Idealzustand. In einem solchen Fall ist stark zu vermuten, dass die politische Entscheidung aus (nicht überzeugten oder nicht wohlfahrtsorientierten) Präferenzanpassungen der politischen Entscheider entstanden ist. Ein weiteres Indiz für nicht aus Überzeugung getätigte Präferenzanpassungen sind stark ausgeprägte Präferenzanpassungen – Präferenzanpassungen entgegen der politischen Kern-Werte-Vorstellung bei sonst relativ konstantem Umfeld[973] – in kurzer Zeit.[974] Falls da-

---

[972] Entscheidungen, die sich im Nachhinein als „falsch" oder als „nicht gesellschaftlich-kollektiv optimal" herausstellen, sind zwar möglicherweise auf den Entscheider zurückzuführen und bringen den Entscheider vielleicht nachträglich in Erklärungsnot (Rechtfertigung), haben aber bereits einen entstandenen Schaden (Wohlfahrtsverlust) aufzuweisen. Daher ist es grundsätzlich besser, vor einer Entscheidung Erklärungen – und noch besser objektive Messbarkeit – herbeizuführen und „Argumentations-Druck" für die Entscheidung aufzubauen.
[973] Das Umfeld würde beispielsweise durch die Wehrgerechtigkeit, die sicherheitspolitische Lage oder den Verweigerungszahlen bestimmt.
[974] Der Tatbestand des kurzen Zeitraums wirkt nach Gesichtspunkten des Rational Choice dahingehend begünstigend aus, dass über diesen Zeitraum die Vetospieler-Konstellation sich nicht geändert hat. Eine Entscheidung weicht vom ursprünglichen Ziel umso schneller ab, je langfristiger diese sich hinzieht und dadurch möglicherweise Vetospieler (oder auch Nicht-Vetospieler, beispielsweise Beeinflusser) wechseln, die andere Präferenzen haben. Aber wie gezeigt sind Präferenzänderungen auch ohne Wechsel der Entscheiderkonstellati-

bei das Umfeld[975] nicht konstant ist, sondern eine starke Wirkung ausstrahlt, können Entscheidungen aufgrund des exogenen Drucks entstehen und auch logisch nachvollziehbar (rational) sein, aber trotzdem nicht der grundsätzlichen Überzeugung der politischen Entscheider entsprechen oder auch nicht wohlfahrtsoptimiert sein.

Das könnte wiederum bedeuten, dass die politische Entscheidung zu Wehrpflichtfrage in Wirklichkeit vielleicht doch nicht so stabil ist wie es zu sein scheint – mindestens nicht aus der Überzeugung der konservativen Entscheider (CDU/CSU) heraus – oder auch, dass die Entscheidung doch nicht die „beste" aus den möglichen Entscheidungen war. Vielleicht war sich die Politik bei der Frage zur Wehrpflicht dessen auch bewusst, denn die Tatsache, dass die Wehrpflicht grundsätzlich mit einer einfachen Mehrheit im Bundestag wieder reaktiviert werden kann, lässt sich als „nicht unumstößlich" – als nicht hochgradig stabil – interpretieren.[976] Eine zwei Drittel Mehrheit zur notwendigen Reaktivierung hätte beispielsweise einen anderen Stabilisierungsgrad bedeutet.

Eine weitere Interpretation der politischen Entscheidung zur Wehrpflicht wäre, dass die konservativen Parteien CDU und CSU zwar der Aussetzung der Wehpflicht zugestimmt haben, aber nicht wirklich (aus Überzeugung; aus Partei-Rationalität) für die Aussetzung waren. Dann wäre mit Hilfe der Interpretation des Chicken-Spiels ein (stabiles) Nash-Gleichgewicht zu Gunsten der FDP entstanden. Bei Interpretation mit Hilfe des Gefangenendilemmas ist eine pareto-optimale Strategiekombination mit den (Nutzen-)Vorteilen bei der FDP entstanden, die nach Rational Choice nicht stabil ist. Diese Interpretation wäre

---

on möglich. Vgl. Fischer-Hotzel, Andrea: Vetospieler in territorialen Verfassungsreformen, Britische Devolution und französische Dezentralisierung im Vergleich, , Baden-Baden, 2013, S. 33–S. 41.

[975] Das Umfeld würde beispielsweise insbesondere durch die Finanz- und Wirtschaftskrise bestimmt.

[976] Die Stabilität (Perfektion) des Gleichgewichts wird in diesem Fall nicht allein über die Auszahlungsfunktion (aus der Teilmenge aller Entscheider) wie üblich unter Rational Choice hergeleitet (vgl. Kapitel XIII), sondern über (zusätzliche) Parameter – wie eben die Festsetzung einer Mehrheitsdefinition. Durch diese Art der Stabilisierung von „kooperativen Zuständen" wird grundsätzlich in der Politik die reale (faktische) Wirksamkeit „des Bereuens der Entscheidung von Wenigen" vermieden, um nicht möglicherweise die gleiche Sachfrage unmittelbar wieder durch Antrag zeitnah entscheiden zu müssen. Die Unabhängigkeit der Stabilisierung von „wenigen Präferenzen" der Entscheidungsakteure hat weiterhin zur Folge, dass die Entscheidungssituation den Charakter des „One-Shot"-Games bekommt, und dass in der Rational-Choice-Theorie bekannte „trembling-hand"-Problem möglichst nicht durch wenige Entscheider real wird.

konform mit der Interpretation der „Instabilität" aufgrund der einfachen Mehrheit und der Ausgangsmodellierung der dominierenden Strategien. Damit wären offiziell am Ende – die nach außen sichtbare – Strategiekombination CDU, CSU, FDP (C, C, C) im Falle der Aussetzung der Wehrpflicht entstanden.[977] Tatsächlich scheint die (nicht stabile) Strategiekombination CDU, CSU, FDP (C, C, D) erreicht.[978] Insgesamt bleibt zu sagen, dass sichtbare (parteienpolitisch kooperative) Zustände nicht immer mit gesellschaftlich-kollektiv besten Lösungen übereinstimmen.[979] Nicht was kooperativ in der (politischen) Realität genannt wird oder als politische Kooperation entstanden ist, stimmt auch in Wirklichkeit mit einer Kooperation im Sinne der gesamtstaatlichen Wohlfahrt überein.

Die Aussetzung der Wehrpflicht war aus der Sicht des Verfassers insgesamt eine richtige Entscheidung.[980] Sie hätte aus Gründen der Ratio der ökonomischen Effizienz und aus sicherheitspolitischen Aspekten wesentlich früher ausgesetzt bzw. abgeschafft werden müssen. Die Vorgehensweise zum Zeitpunkt der Aussetzung wirkt überhastet und nicht ausgereift in der Gesamtkonzeption. Als Teil der historischen Bundeswehrreform hätte die Aussetzung der Wehrpflicht nicht zwingend an den Anfang gehört. Die politischen Entscheider sollten sich aber auf die mit der Aussetzung verbundenen Problematiken, die in dieser Untersuchung offen gelegt wurden, einstellen und adäquate Lösungskonzepte bereit halten.

---

[977] C,C,C, bedeutet hier, dass die drei Regierungsparteien der Aussetzung (nach außen, sichtbar) zugestimmt haben.
[978] Ausgangspunkt ist der der Zustand der aktivierten Wehrpflicht, wobei die FDP als erstes per Definition defektiert. Bei diesem Zustand bedeutet das C bei CDU und CSU, dass beide Parteien an der Wehrpflicht festhalten und die FDP mit D aus diesem Zustand heraus defektiert (sich für die Aussetzung der Wehrpflicht positioniert). Vgl. Abbildung 63.
[979] Wie es nach Rational Choice oft modelliert wird.
[980] Die Abschaffung wäre nach Meinung des Verfassers ebenso richtig gewesen.

XVII. Abbildungsverzeichnis

Abbildung 1: Ordnung der Begriffsvielfalt und Theorieverständnis. 25
Abbildung 2: Graphische Darstellung einer fiktiven Nutzenfunktion. 30
Abbildung 3: Graphische Darstellung fiktiver Indifferenzkurven. 31
Abbildung 4: Gefangenendilemma mit numerischen Werten. 34
Abbildung 5: Allgemeine Darstellung des Gefangenendilemmas. 34
Abbildung 6: Gefangenendilemma mit ordinalen Nutzenwerten. 36
Abbildung 7: Simulierte Präferenz-Anomalie bei der Situation des Gefangenendilemmas. 38
Abbildung 8: Individualistischer und interaktiver Ansatz aus Sicht von Individuum 1. 41
Abbildung 9: Beispiel Akteurs bezogener Aggregation. 55
Abbildung 10: Fiktive Einkommens-Nutzen-Funktion. 60
Abbildung 11: Nutzenverlauf nach Kahneman. 61
Abbildung 12: Identifizierte Strategie- und Konfliktfelder des politischen Entscheidungsträgers. 92
Abbildung 13: Personalkategorie verschiedener Militärformen. 106
Abbildung 14: Kategorisierung wehrpflichtiger Staatsbürger bei einer Wehrpflichtarmee. 107
Abbildung 15: Kategorisierung (wehrpflichtiger) Staatsbürger bei einer Freiwilligenarmee. 107
Abbildung 16: Grundmodell einer Militärorganisation (Beispielsweise Bundeswehr). 111
Abbildung 17: Fähigkeitskategorien der Bundeswehr. 112
Abbildung 18: Funktionale Aufgabenbereiche in Streitkräften. 113
Abbildung 19: Umwelt einer Militärorganisation. 115
Abbildung 20: Produktionspotenzial, Bruttoinlandsprodukt und Kapazitätsauslastung bis 2010. 128
Abbildung 21: Voraussichtliche Wirtschaftsentwicklung in Deutschland aus dem Jahr 2010 heraus. 130
Abbildung 22: Produktionspotenzial, Bruttoinlandsprodukt und Kapazitätsauslastung bis 2011. 132
Abbildung 23: Betrachtung des Konflikt- und Strategiefeldes Gesellschaft versus Staat. 139
Abbildung 24: Strategie- und Konfliktfeld Wehrpflichtiger versus Staat. 161

Abbildung 25: Normalform bei der Entscheidungsfindung zur Wehrpflicht 6 oder 9 Monate als Nullsummenspiel. ... 164

Abbildung 26: Extensivform bei der Entscheidungsfindung zur Wehrpflicht 6 oder 9 Monate. ... 170

Abbildung 27: Der politische Entscheidungsträger gibt einen negativen Anreiz. ... 171

Abbildung 28: Der politische Entscheidungsträger gibt einen positiven Anreiz. ... 172

Abbildung 29: Gleichbewertung von eigen- und fremdbestimmter Lebenszeit durch den Wehrpflichtigen. ... 173

Abbildung 30: Präferenzänderung des rational Wehrpflichtigen. ... 174

Abbildung 31: Datenbasis zum Wohlfahrtsvergleich des 4. Falls. ... 176

Abbildung 32: Vergleich der Netto-Wohlfahrt im Fall negativer und positiver Anreizsysteme zum 4. Fall. ... 177

Abbildung 33: Präferenzänderung des staatlichen Entscheidungsträgers. ... 178

Abbildung 34: Bereitschaft zur Leistung des Freiwilligen Wehrdienstes (16-29 Jahre). Angaben in Prozent. ... 181

Abbildung 35: Gründe gegen die Wehrpflicht. Angaben in Prozent. ... 182

Abbildung 36: Gründe für den Erhalt der Wehrpflicht. Angaben in Prozent. . 184

Abbildung 37: Konflikt- und Strategiefeld Wehrpflichtiger versus Wehrpflichtiger. ... 187

Abbildung 38: Das Gefangenendilemma zweier Wehrpflichtiger. ... 188

Abbildung 39: Zwei Nash-Gleichgewichte im Fall zweier Wehrpflichtiger W1 und W2. ... 191

Abbildung 40: Nutzenwerte des Wehrpflichtigen W1. W1 und W2 dienen jeweils 6 Monate. ... 192

Abbildung 41: Nutzenwerte des Wehrpflichtigen W1. Gesamt-Wehrpflichtzeit 6 Monate. ... 193

Abbildung 42: Einkommensveränderung des Wehrpflichtigen W1. Gesamt-Wehrpflichtzeit 6 Monate. ... 194

Abbildung 43: Nutzen zur strategischen Entscheidung der Ableistung des militärischen Dienstes. ... 206

Abbildung 44: Erstes Beispiel einer Auszahlungsmatrix zum strategischen Nutzenkalkül. ... 208

Abbildung 45: Zweites Beispiel einer Auszahlungsmatrix zum strategischen Nutzenkalkül. ... 212

Abbildung 46: Dilemma-Situation bei der Bereitstellung militärischer Leistung. ... 218

Abbildung 47: Konflikt- und Strategiefeld Parteimitglieder versus Parteimitglieder. ... 227

Abbildung 48: Skizzierter Entscheidungsprozess bei der Frage zur Wehrpflicht. ... 230

Abbildung 49: Regierungskoalitionen der letzen 20 Jahre, ausgehend vom Jahr 2011. ... 236

Abbildung 50: Positionierung zur Wehrpflichtfrage wichtiger Persönlichkeiten der Koalitionsparteien im Sommer 2010. ... 247

Abbildung 51: Konflikt- und Strategiefeld Partei versus Partei. ... 249

Abbildung 52: Positionierung der Parteien zur Verkürzung der Wehrdienstzeit von sechs Monaten auf neun Monate im Sommer 2010. ... 251

Abbildung 53: Entscheidungsmatrix zur Frage der Verkürzung der Wehrpflichtzeit von neun Monaten auf sechs Monate. ... 252

Abbildung 54: Berücksichtigung des Wohlfahrtsaspekts bei der Entscheidungsfindung zur Frage der Reduzierung der Wehrpflichtzeit bei gleicher Gewichtung der Handlungsalternativen von Regierung und Opposition. ... 253

Abbildung 55: Berücksichtigung des Wohlfahrtsaspekts bei der Entscheidungsfindung zur Frage der Reduzierung der Wehrpflichtzeit bei unterschiedlicher Gewichtung der Handlungsalternativen von Regierung und Opposition. ... 254

Abbildung 56: Bewertung von DQI-Komponenten der CDU / CSU. ... 259

Abbildung 57: Bewertung von DQI-Komponenten der FDP. ... 262

Abbildung 58: Einstellung der Parteien zur Wehrpflichtfrage im Sommer 2010. ... 263

Abbildung 59: Bewertete Kriterien zur Wehrpflichtentscheidung mit resultierender Positionierung zum Beginn des Sommers 2010. ... 266

Abbildung 60: Die relative Gewichtung der Handlungsalternativen nach Regierungsparteien. ... 268

Abbildung 61: Alle Strategiekombinationen der Regierungsparteien im Sommer 2010 bei den Handlungsalternativen Abschaffung, Aussetzung oder Beibehaltung der Wehrpflicht. ... 270

Abbildung 62: Reduzierte Strategiekombinationen der Regierungsparteien im Sommer 2010 bei den Handlungsalternativen Abschaffung, Aussetzung oder Beibehaltung der Wehrpflicht. 272

Abbildung 63: Ausgangsmatrix des wiederholten Spiels zur Wehrpflicht. 273

Abbildung 64: Entscheidungsmatrix zur 3. Stufe des wiederholten Spiels zur Wehrpflicht. 278

Abbildung 65: Entscheidungsmatrix zur 4. Stufe des wiederholten Spiels zur Wehrpflicht. 279

Abbildung 66: Entscheidungsmatrix zur 5. Stufe des wiederholten Spiels zur Wehrpflicht. 280

Abbildung 67: Entscheidungsmatrix zur 6. Stufe des wiederholten Spiels zur Wehrpflicht. 281

Abbildung 68: Entscheidungsmatrix zur 7. Stufe des wiederholten Spiels zur Wehrpflicht. 282

Abbildung 69: Entscheidungsmatrix zur 8. Stufe des wiederholten Spiels zur Wehrpflicht. 283

Abbildung 70: Stufen des wiederholten, endlichen Spiels zur Wehrpflicht. 284

Abbildung 71: Wahrscheinlichkeiten bei den Regierungsparteien zur Wehrpflichtfrage. 288

Abbildung 72: Deadlock bei realisierbaren Payoffs. 292

Abbildung 73: Politisches Dilemma: Allgemeininteresse gegen Parteieninteresse. 295

Abbildung 74: Positionierung verschiedener Zielsysteme zur Wehrpflichtfrage. 297

Abbildung 75: First Mover Advantage Guttenbergs unter Zuhilfenahme eines Chicken-Spiels innerhalb der CSU. 311

Abbildung 76: Zeitliche Meilensteine zur Aussetzung der Wehrpflicht. 318

Abbildung 77: Konflikt- und Strategiefeld Staat versus Staat. 323

Abbildung 78: Überschuss, Defizit und Schuldenstand der wirtschaftlich stärksten Nationen im EU-Raum in Prozent zum BIP für die Jahre 2009 und 2010. 325

Abbildung 79: Verteidigungsausgaben der wirtschaftlich stärksten Nationen im EU-Raum, gemessen in Milliarden US-$ nominal, für die Jahre 2008 und 2009. 326

Abbildung 80: N-Staaten Gefangenendilemma der EU-Mitgliedstaaten bei der Entscheidung einer gemeinsamen Rüstungspolitik bzw. Sparstrategie. 331

Abbildung 81: N-Staaten Chicken-Spiel der EU-Mitgliedstaaten bei der Entscheidung einer gemeinsamen Rüstungspolitik bzw. Sparstrategie. 333

Abbildung 82: Auszahlungsmatrix in Normalform zweier Staaten in der Situation des Chicken-Spiels. 339

Abbildung 83: Auszahlungsmatrix in Extensivform zweier Staaten in der Situation des Gefangenendilemmas. 340

Abbildung 84: Normalform des sequentiellen Spiels der Sparstrategie der EU-Mitgliedstaaten 341

Abbildung 85: Militärökonomischer Kennzahlenvergleich zwischen EU und USA (Bezugsjahr 2009, nominal, Wechselkursparitäten, gerundete Werte). 344

Abbildung 86: Verteidigungsausgaben in Prozent am BIP ausgewählter EU-Staaten, Nord-Amerika und NATO gesamt aus dem Jahr 2009. 346

Abbildung 87: Verteidigungsausgaben pro Kopf ausgewählter EU-Staaten in 1.000 US-$. 346

Abbildung 88: Konflikt- und Strategiefeld Bundeswehr versus FWDL. 349

Abbildung 89: Verhältnis zwischen Bundeswehr und FWDL als Prinzipal Agent Modell. 352

Abbildung 90: Ordinale Messwerte bei einem Prinzipal Agent Modell zwischen Bundeswehr und FWDL. 353

Abbildung 91: Signalspiel bei der Bewerbung eines FWDL. 354

Abbildung 92: Arbeitsstruktur für die Koalitionsverhandlungen im Jahr 2009. 449

Abbildung 93: Besetzung der Arbeitsgruppe Außen, Verteidigung, Entwicklung und Europa zu den Koalitionsverhandlungen im Jahr 2009. 450

XVIII. Glossar

Wegen der Begriffsvielfalt des Rational Choice werden zum Verständnis wichtige Begriffsdefinitionen vorgenommen, die für die vorliegende Arbeit und Analyse gelten sollen.[981] Neben den Begriffen des Rational Choice werden Begriffe erläutert, die zum besseren Verständnis der Analysen dienen.

Die Begriffe sind in alphabetischer Reihenfolge angeordnet.

A

Akteur / Spieler

Ein Akteur oder Spieler ist definiert als ein Individuum oder eine Gruppe (kollektiver Akteur).[982] Eine Gruppe besteht aus mindestens zwei Individuen. Eine Gruppe könnte eine politische Partei sein. Der Akteur bzw. der Spieler ist Teilnehmer eines Spiels (siehe Spiel), wobei dem Akteur mindestens zwei Handlungsalternativen zur Auswahl stehen. Die kleinste Einheit eines Akteurs ist das Individuum. Ein Akteur handelt nach seinen (kollektiven) subjektiven Präferenzen. Dem Akteur gegebene Handlungsalternativen (siehe Handlungsalternative) können vom Akteur bewertet und in eine Präferenzordnung (siehe Präferenzen) transferiert werden.[983] Danach handelt der Akteur und optimiert (maximiert) seine Auszahlungsfunktion (siehe Auszahlungsfunktion). Diese Handlung (dieses Verhalten) wird rationales Verhalten genannt (siehe Rationalität).[984]

Auszahlungsfunktion / Pay Off function / Lösungswert

Eine Auszahlung über die Auszahlungsfunktion (auch Pay Off function genannt) ist nach gängiger Meinung nicht einer Geldauszahlung oder einer ande-

---

[981] Für weitere Ausführungen der Begrifflichkeiten vgl. Diekmann, Andreas: Spieltheorie Einführung, Beispiele, Experimente, Reinbek bei Hamburg, August 2010, Rieck, Christian: Spieltheorie Eine Einführung, 10. Auflage, Eschborn, 2010 und Berninghaus, Siegfried K., Güth, Werner und Ehrhart, Karl-Martin: Strategische Spiele: Eine Einführung in die Spieltheorie – Dritte, verbesserte Auflage, Heidelberg, 2010.
[982] Ein Individuum ist ein Mensch in seiner Einzigartigkeit.
[983] Vgl. Zintl, Reinhard: Rationalitäten und Rationalitätsprobleme des Marktes, in: A. Maurer, U. Schimank (Hrsg.): Die Rationalitäten des Sozialen, VS Verlag für Sozialwissenschaften, Springer Fachmedien Wiesbaden GmbH, 2011, S. 101 und 102.
[984] Ein Individuum handelt nicht rational (irrational ist davon zu unterscheiden), wenn es nicht nach einer derartigen Ordnungsfunktion seinen Nutzen, seine Auszahlung, optimiert (maximiert). Irrational soll bedeuten, dass ein Akteur explizit entgegen der Vernunft handelt. Rational ist nicht gleichzusetzen mit Vernunft Vgl. dazu ebd.: S. 102.

ren physischen Auszahlung an die Akteure gleichzusetzen. Man kann es sich zwar so vorstellen, aber es ist nicht zwingend. Abstrakt gesprochen, ist die Auszahlungsfunktion eine Wirkungsfunktion auf den Nutzen der Akteure (siehe Nutzen).

E

Entscheidung / Entscheidungsmatrix

Konkrete Auswahl einer Handlungsalternative aus dem Handlungsraum, den Handlungsalternativen. Entscheidungskriterium ist die Höhe des Auszahlungswertes, welcher der Akteur bzw. Spieler über die Auszahlungsfunktion (Entscheidungsmatrix) bekommen kann. Ein höherer Wert zeigt einen höheren Nutzen (siehe Nutzen) an. Die Entscheidung kann von einem Individuum oder einer Gruppe in einem Abstimmungsverfahren (=Entscheidungsverfahren) getroffen werden. Die Entscheidung ist zielorientiert im Sinne der bestmöglichen Zielerreichung (Zielvorgabe unter Restriktion). Restriktionen können z.B. Budgetbeschränkungen und Zeitbeschränkungen sein. Weitere Restriktionen sind denkbar. Entscheidung, Handeln, Agieren und Verhalten eines Akteurs sind in der Analyse synonym zu verstehen.

Entscheidungen eines Kollektivs, beispielsweise einer Partei, sind vom Ursprung der Entstehung in der Summe der Einzelentscheidungen der Mitglieder oder Delegierten zu sehen. Mehrheiten von individuellen Entscheidungen, ob diese als einfache Mehrheit, als relative Mehrheit oder absolute Mehrheit definiert oder vorgegeben sind, führen zu der Entscheidung eines Kollektivs. Die nach dem Abstimmungsverfahren getroffene Entscheidung ist per Definition die vom Kollektiv gewollte Entscheidung, auch wenn diese Entscheidung nicht mit der individuellen Entscheidung einzelner, am Entscheidungsprozess Beteiligter (beispielsweise einzelnen stimmberechtigter Delegierten) oder auch dem Kollektiv zugehöriger (Entscheidungs-)Unbeteiligter (z.B. einfache Parteimitglieder), übereinstimmt. Das soll grundsätzlich auch für Entscheidungen eines Kollektivs gelten, die möglicherweise aus Wahlanomalien wie beispielsweise nach dem Ostrogorski-Paradoxon hervorgegangen sind.

Bei 2x2 Auszahlungsmatrizen gilt generell, falls nichts anderes gesagt wird, das der erste Wert in der Auszahlungsmatrix (immer von links nach rechts gelesen) für die Auszahlung an den Zeilenspieler und der zweite Wert in der Auszahlungsmatrix für die Auszahlung an den Spaltenspieler steht. In allen anderen Fällen wird in der vorliegenden Untersuchung die Auszahlung an die Spieler explizit definiert und bekannt gemacht.

F

Freiwillig Wehrdienstleistender (FWDL) / Nicht-FWDL

Ein potentieller FWDL hat die Möglichkeit, sich explizit nicht mit der Frage der Wehrpflicht auseinanderzusetzen. In der Sprache des Rational Choice ausgedrückt, muss der FWDL das Spiel „Wehrpflicht"[985] nicht spielen.[986] Der Entscheidungsdruck zum militärischen Dienst wird beim FWDL nicht durch die ihm obliegende mögliche Verpflichtung und damit verbundene Möglichkeit der grundsätzlichen Einbeziehung zum Wehrdienst (gegen seinen Willen) ausgelöst, sondern möglicherweise über eine nicht ausreichende Landesverteidigung oder anderen (persönlichen) Umständen und Einstellungen.

Ein FWDL kann nach Rational Choice die (streng) dominante Strategie „Dienen" haben und würde dann „unter allen modellierten Umständen (Strategiekombinationen)" dienen. In Analogie gilt das für einen Nicht-Freiwillig Wehrdienstleistenden.

G

Gleichgewichte

Unter Rational Choice sind Gleichgewichte als Nash-Gleichgewichte zu verstehen. Ein Nash-Gleichgewicht ist eine Strategiekombination (Handlungskombination) aller am Spiel (Entscheidungssituation) beteiligten Akteure, wobei kein Akteur einen Anreiz (über seinen Nutzen, seine Präferenz) hat, von seiner gewählten Handlungsalternative abzuweichen. Es liegt ein strategisches Gleichgewicht bei gegenseitig gespielten besten Antworten vor. Es kann aus verschiedenen Aspekten heraus erwünscht sein, dieses Gleichgewicht zu erreichen oder sogar zu vermeiden. Falls ein über die rationale Auswahl erreichtes, aber unerwünschtes Gleichgewicht erzielt wird, ist es notwendig (übergeordnete) Lösungsstrategien zu implementieren, die zum Ziel haben, ein solches Nash-Gleichgewicht zu erreichen (z.B. Tit-for-Tat oder andere).

---

[985] Oder eben das Spiel „Ableistung militärischen Diensts" nicht spielen.
[986] Eine nach Rational Choice durchgeführte Modellierung könnte für den FWDL das „Nicht spielen" auch als Handlungsalternative abbilden. In den hier durchgeführten Modellierungen ist ein potentieller FWDL zunächst als Unentschlossener zu betrachten, der seine Handlungsalternativen nach Nutzenaspekten abwägt und die dann beste Handlungsalternative für sich auswählt.

Ein Nash-Gleichgewicht ist perfekt, wenn es anders ausgedrückt stabil (robust) ist. Das bedeutet bildlich gesprochen, dass das Gleichgewicht auch noch gespielt wird, falls ein Akteur in der Entscheidungssituation beginnt, unsicher (fehlerhaft) zu werden und seine Strategie im Gleichgewicht nicht mehr zu Hundertprozent spielt, sondern mit einer kleinen Wahrscheinlichkeit seine rationale Strategie nicht mehr spielt (verfolgt). Dieses Konzept ist auch unter dem Namen Trembling-hand (zitternde Hand) im Rational Choice bekannt. Der Sinn der Überprüfung auf Perfektion eines Gleichgewichts ist, festzustellen, ob ein gefundenes Gleichgewicht bei einer kleinen Störung (Abweichung von der reinen rationalen Handlungsweise) kein Gleichgewicht mehr ist oder ob es robust gegenüber kleinen Störungen, also in diesem Sinn stabil ist.

Weiterhin ist bei Nash-Gleichgewichten das Konzept der Teilspielperfektheit von Bedeutung. Mit dem Konzept der Teilspielperfektheit ist es möglich, Nash-Gleichgewichte in einem Spiel zu eleminieren, wenn man daran zweifelt, dass diese in einer Entscheidungssituation wirklich erreicht werden. Hierbei wird das ursprüngliche Spiel in (echte) Teilspiele zerlegt.[987]

Ausgehend von diesem Konzept ist die extensive Form eines Spiels, also die sequentielle Darstellung des Spiels in Form einer Baumstruktur. Das bedeutet, dass ein Akteur zuerst seine Strategie, seine Handlung wählt, und andere Akteure darauf reagieren. Dadurch dass das Koordinationsproblem an dieser Stelle aufgelöst wird (real oder virtuell zur Simulation), hat derjenige Akteur einen Vorteil, der seine Strategiewahl zeitlich als erster ausführt (First-Mover-Vorteil), denn dieser kann aktiv dahin wirken, dass die für ihn beste Lösung erreicht wird. Die zeitlich nachfolgenden Akteure haben somit einen vermeintlichen Nachteil, da sie „nur" auf die Strategieauswahl des First Mover reagieren können. Diesen vermeintlichen Nachteil können sie versuchen, durch Drohungen zu kompensieren, und den First Mover damit zu einer Auswahl einer Handlungsalternative zu zwingen, die zu ihrem Vorteil ist. Das Konzept der Teilspielperfektheit prüft, welche Drohungen der zeitlich nachfolgenden Akteure glaubhaft ist und welche nicht, um dann ein möglicherweise zu erreichendes Nash-Gleichgewicht auf Plausibilität hin zu überprüfen bzw. nicht plausible Nash-Gleichgewichte auszuschließen. Plausibel meint im Sinne des Rational Choice, dass die Strategiekombinationen rational von den Akteuren gewählt werden. Nash-Gleichgewichte können pareto-optimal (siehe Pareto-Optimum;

---

[987] Ein Spiel ist immer auch ein Teilspiel von sich selbst. Ein Teilspiel ist ein Teil eines extensiven Spiels, welches für sich allein ein vollständiges Spiel ist (siehe Spiel).

z.B. wie beim Chicken-Spiel) sein, sind es aber nicht zwingend (z.B. wie beim Gefangenendilemma).

Güter

In der Ökonomie wie auch beim Rational Choice (Public Choice) wird eine Unterscheidung zwischen privat und öffentlich bereitgestellten Gütern gemacht.[988] Private Güter werden über einen Markt (z.B. Monopol oder Oligopol) bereitgestellt. Private Güter zeichnen sich durch ein Ausschlussprinzip aus. Ist ein Marktteilnehmer nicht bereit, den festgestellten Preis für das private Gut zu zahlen, wird er grundsätzlich vom Konsum des privaten Guts ausgeschlossen. In der Regel profitiert auch nur der Käufer eines privaten Gutes von der Nutzung des privaten Gutes.[989] Öffentliche Güter hingegen zeichnen sich durch zwei wesentliche Eigenschaften bei der Nutzung aus. Es ist zum einen die Eigenschaft der Nicht-Ausschließbarkeit Einzelner[990] und die Eigenschaft der Verfügbarkeit des öffentlichen Guts in gleicher Intensität für alle (beabsichtigten) Nutznießer im Falle der (dann *kostenlosen*) Bereitstellung. Die Bereitstellung öffentlicher Güter wird in der Regel vom Staat (staatlichen Entscheidungsträger) veranlasst (bereitgestellt) und über Steuergelder finanziert.[991]

Öffentliche Güter in dieser Arbeit sind immer öffentliche Güter erster Ebene. Damit ist die primäre Intention der Bereitstellung gemeint. Durch die Bereitstellung des öffentlichen Gutes möglicherweise verursachte Institutionenbildung oder Institutionenerweiterung, aber auch die möglicherweise kausale Herrschaftsbildung (im Zusammenhang mit Kontrollsystemen) oder der Einsatz von Anreizsystemen oder Zwangssystemen sind nicht auf der ersten Ebene angeordnet.[992]

---

[988] Das ist eine Unterscheidung nach Rational bzw. Public Choice. Juristische, staatstheoretische oder andere Aspekte sind nicht gemeint. Vgl. Dennis Mueller, Public Choice III, 2009, p. 11.
[989] Von externen (positive wie negative) Effekten einmal abgesehen.
[990] Entweder weil das Ausschließen schlichtweg nicht umsetzbar ist oder weil es zu kostspielig wäre.
[991] Auch bei der Bereitstellung von öffentlichen Gütern kann es zu externen Effekten kommen. Vgl. Dennis Mueller, Public Choice III, 2009, p. 10 and 11.
[992] Vgl. Maurer, Andrea: Individuelle Rationalität und soziale Rationalitäten, in: Maurer, Andrea, Schimanek U. (Hrsg.): Die Rationalitäten des Sozialen, Wiesbaden, 2011, S. 36.

H

Handlungsalternative / Strategie

Jeder Akteur hat für sein Handeln eine endliche Menge an Optionen, sogenannte Handlungsalternativen oder auch Strategien des Akteurs. Bei den Rational Choice unterstellten sozialen Interaktionen hat jeder Akteur mindestens zwei Handlungsalternativen.

Heuristik

Vereinfachte Modellannahmen reduzieren die Komplexität der Wirklichkeit, um mit analytischen Mitteln Erklärungen zu finden. Heuristik bezeichnet die Vorgehensweise mit restriktiven Bedingungen (Zeit und Wissen) erklärende Ergebnisse zu erzeugen, um möglichst allgemeingültige, aber nicht tautologische Aussagen zu erhalten.

I

Information

Bei der Betrachtung von Entscheidungssituationen unter Rational Choice ist die Art von Information über das vorliegende Spiel (Entscheidungssituation) ein wichtiger Aspekt. Liegen allen Akteuren in einem Spiel alle Informationen über die Spielregeln, Auszahlungswerte (siehe Auszahlungsfunktion) und Strategiemöglichkeiten vor, dann spricht man von vollständiger Information. Ist ein Spiel unvollständig im Sinne des Rational Choice, dann kann technisch ein (anfänglicher) Zufallszug in das Spiel modelliert werden. Dadurch wird ein Spiel mit vollständiger, aber unvollkommener (imperfekter) Information konstruiert. Vollkommene (perfekte) Information meint, dass die Spieler (Akteure) in einem Spiel ihre Strategiezüge offen (sichtbar) ausführen.[993]

Im Fall der symmetrischen Information liegen allen Akteuren eines Spiels die gleichen Informationen vor. Niemand hat exklusive (private) Informationen über das Spiel.

---

[993] In Bezug auf aktuelle politische Debatten ist vollständige und/oder vollkommene Information eine notwendige Voraussetzung für eine (von der Gesellschaft geforderte) Transparenz politischer Entscheidungen. Liegt vollständige und vollkommene Information zu einer politischen Entscheidung vor, dann sind die Voraussetzungen hinreichend für eine Transparenz. Diese muss dann „nur" zu den Nicht-Entscheidungsakteuren der politischen Entscheidung (Gesellschaft) kommuniziert werden.

Instanz

Eine Instanz ist im Kontext dieser Arbeit eine logische und (oder) rechtliche Einheit, die in einem Entscheidungsverfahren als Entscheidungsakteur agiert. Eine Instanz sind mindestens zwei Individuen und kann beliebig viele andere Instanzen, Gruppen etc. logisch zusammenfassen. In der Bundesrepublik Deutschland sind beispielsweise logische Entscheidungsakteure Bundestag, Bundesrat und Verfassungsgericht bei der Gesetzgebung.

K

Kommunikation

Kommunikation (oder Nicht-Kommunikation) kann ein wichtiger Faktor sein, um beste Lösungen für die Akteure nach Rational Choice (und in der Wirklichkeit) zu finden (oder zu vermeiden). Hierbei ist für die Wirksamkeit der Kommunikation nicht nur Vertrauen unter den Akteuren von entscheidender Bedeutung. Wenn die Auszahlungen eines Spiels über einen Dritten[994] bestimmt werden, kann die Kommunikation unter den Akteuren erfolglos sein im Sinne des Erreichens der besten Lösungsstrategie für die Akteure selbst. Eine offene politische Kommunikation[995] innerhalb eines politischen Entscheidungsprozesses in einer Republik wie Deutschland ist davon zu trennen. Eine offene politische Kommunikation (Entscheidungsprozess) ist beispielsweise kein Widerspruch zu einer möglicherweise modellierten (isolierten) Situation eines (klassischen) Gefangenendilemmas (Entscheidungsproblem), aber eben auch kein Erfolgsgarant für eine beste (gesellschaftliche) Lösung wie es in der hier vorliegenden Analyse gezeigt wird.[996]

---

[994] Ein Dritter ist ein nicht am Spiel beteiligter Akteur. Beim klassischen Gefangenendilemma ist es beispielsweise der staatliche Entscheidungsträger, welcher die Auszahlungen an die Gefangenen bestimmt.

[995] z.B. in Bundestagsdebatten, bei Parteitage oder auch durch die mediale Kommunikation der Entscheidungsträger.

[996] Dazu ein Zitat (siehe Rieck, Christian: Spieltheorie Eine Einführung, 10. Auflage, Eschborn, 2010, 2010, S. 52): „Die häufig vertretene Behauptung, das Prisoner's Dilemma sei durch Kommunikation zwischen den Spielern zu lösen, ist also falsch.". Um es an dieser Stelle nur kurz anzusprechen: Die Lösung liegt in der Wiederholung des Spiels und der Implementierung von übergeordneten Lösungsstrategien wie Tit-forTat. Der wichtige Punkt beim (klassischen) Gefangenendilemma ist, dass es nur einmal gespielt wird (One-Shot), sondern auch, dass die Gefangenen sich danach nicht wiedersehen (Ausschluss von Rache; Rache ist nicht eingepreist). Somit ist die Schlussfolgerung für das klassische 2-Personen-Gefangenendilemma, dass das Dilemma nach Gesichtspunkten der Rationalität nicht aufzulösen ist – nicht einmal durch Kommunikation (Voraussetzung ist dabei rationales Handeln).

Kosten

Wenn in den vorliegenden Untersuchungen Kosten erwähnt werden, sind nicht immer Kosten im Sinne monetärer Kosten gemeint. Kosten können vielartig sein. Hier sind beispielsweise Zeitaufwände, Stimmenverluste oder gar Machtverlust als mögliche Kosten zu nennen. Die Bewertung der Kosten ist dann eine weitere in der Realität zu lösende Problematik. Eine Möglichkeit ist mit Opportunitätskosten zu rechnen, die eine Handlungsalternative aufgrund der nicht durchgeführten anderen Handlungsalternativen bewertet. Eine Transformation von Kosten in eine monetäre Größe ist oft aus Gründen der (universellen) Vergleichbarkeit notwendig, aber nicht immer leicht (und (oder) eindeutig) in der Realität umzusetzen.

N

Nutzen

Jedes modellierte Spiel wird durch seine Entscheidungsmatrix charakterisiert, die eine Auszahlungsfunktion beinhaltet. Alle möglichen Strategiekombinationen des modellierten Spiels führen zu sogenannten Auszahlungen an die Akteure des Spiels. Eine Auszahlung ist als Lösungswert für die Akteure zu verstehen. Jede Entscheidungskombination in einem Spiel führt zu einer Wertigkeit der gefundenen bzw. gespielten Lösung. Um die Wertigkeit einer gefundenen Lösung oder einer Strategiekombination darzustellen, wird ursächlich vom Rational Choice eine Wirkung auf den Nutzen der Akteure unterstellt. Der Nutzen nach Rational Choice ist etwas, was dem Akteur als messbare Größe unterstellt wird, um die Wirkung einer Strategiekombination oder einer gefundenen Lösung auf den Akteur darzustellen.[997] Würde eine derartige Nutzenmessung nicht angenommen, wäre die Beurteilung einer gefundenen, einer zu

---

Übergeordnete Lösungsstrategien setzen also eine Modifikation des klassischen Gefangenendilemmas voraus bzw. eine andere Spielsituation (z.B. Wiederholung).
Die im Gefangenendilemma implementierte Kronzeugenregelung kann als politisch gewolltes Instrument zur Verbrechensaufklärung verstanden (interpretiert) werden. Eine Möglichkeit, um speziell Kooperation unter Verdächtigen zu vermeiden bzw. den gegenseitigen Verrat zu provozieren. Die Entscheidung zur Realisierung einer Kronzeugenregelung kann durch eine offene Kommunikation innerhalb des politischen Entscheidungsprozesses entstanden sein (um die Interpretation des Gefangenendilemmas zu erweitern). Zu unterscheiden (bei der politischen Kommunikation und der politischen Entscheidung) ist das (Struktur-)Problem an sich und der politische Entscheidungsprozess.

[997] Der Nutzen ist im Sinne des Rational Choice als Rechengröße zu verstehen und nicht als eine Größe, die erklären will: vgl. dazu Zintl, Reinhard: Rationalitäten und Rationalitätsprobleme des Marktes, in: A. Maurer, U. Schimank (Hrsg.): Die Rationalitäten des Sozialen, VS Verlag für Sozialwissenschaften, Springer Fachmedien Wiesbaden GmbH, 2011, S. 102.

analysierenden Strategiekombination oder Lösungskombination nicht möglich. Die Werteskala des Nutzens für eine Beurteilung kann sehr unterschiedlich sein. Oft reicht es, eine positive oder negative Wirkung festzustellen, ohne konkret auf das Nutzenniveau einzugehen.[998] Nutzen kann auch als Wohlergehen interpretiert werden, das ein Individuum nach Rational Choice zu maximieren (optimieren) sucht.[999] Der Nutzen selbst kann in den heuristischen Modellierungen unterschiedlich definiert sein. Die Definition des Nutzens folgt keiner Formel oder Vorgabe durch die Wissenschaft, sondern obliegt dem modellierenden Wissenschaftler, um wissenschaftliche Ergebnisse zu produzieren oder zu glauben, wissenschaftliche Ergebnisse produzieren zu können. Eine Orientierung zur Nutzenbestimmung an der Realität ist sinnvoll, aber aus Sicht der Rationalität nicht zwingend.

Im Zusammenhang mit individueller Nutzenoptimierung ist der Grenznutzen von wichtiger Bedeutung. Der Grenznutzen besagt, wie viel Nutzen das Individuum beim Einsatz der „nächsten Einheit" des nutzenstiftenden Gutes erhält. Durch den individuellen Optimierungsansatz wird die optimale Menge des nutzenstiftenden Gutes bestimmt, beim dem der Grenznutzen gerade Null ist. Ein

---

[998] Eine Schwierigkeit des Rational Choice in der Praxis ist die Messbarkeit von Nutzen. Grundsätzlich wird zwischen einer ordinalen und kardinalen Nutzenmessung unterschieden. Hier zunächst von einer Wirkung zu sprechen ist nach Meinung des Verfassers sehr anschaulich. Man weiß aus Entscheidungssituationen aus dem Alltag, dass es oft ausreicht zu wissen, welche (Aus-)Wirkung (positiv / negativ / neutral) eine Entscheidung für sich selbst oder andere Personen hat. In anderen Fällen ist es aber notwendig und gewollt, die genaue Wirkung zu kennen (z.B. bei finanziellen Entscheidungen die Wirkung auf die Höhe (das Ausmaß) der Vermögensänderung). Andere Schwierigkeiten und auch Schwächen des Rational Choice werden noch diskutiert.

[999] Vgl.: Bamberg, Sebastian, Davidov, Eldad, Schmid, Peter: Wie gut erklären „enge" oder „weite" Rational-Choice Versionen Verhaltensänderungen? Ergebnisse einer experimentellen Interventionsstudie, in: Diekmann Andreas, Eichner, Klaus, Schmidt, Peter, Voss, Thomas (Hrsg.): Rational Choice: Theoretische Analysen und empirische Resultate, Wiesbaden, 2008, S.144 ff. In dieser Arbeit sollen grundsätzlich die Annahmen der erweiterten Rational-Choice-Theorie Verwendung finden wie sie dort beschrieben sind. Der Verfasser sieht keine Notwendigkeit sich auf die Annahmen der engen Rational-Choice-Theorie einlassen zu müssen. Zudem zeigt die genannte Interventionsstudie, dass im Zusammenhang empirischer Evaluationsforschung die Verwendung von der engen Auslegung des Rational Choice zu Problemen führen kann (Vgl. ebd.: S. 167). Siehe auch Zintl, Reinhard: Rationalitäten und Rationalitätsprobleme des Marktes, in: A. Maurer, U. Schimank (Hrsg.): Die Rationalitäten des Sozialen, Wiesbaden, 2011, S. 102: „die „Nutzen", die sich in einer Präferenzordnung ausdrücken, sind subjektiver Natur („Nutzen" ist keine erklärende Größe, sondern eine Recheneinheit); …".

Grenznutzen von Null besagt, dass eine höhere Menge des nutzenstiftenden Gutes keinen Nutzenzuwachs mehr erbringt. [1000]

P

Pareto-Optimum

Ein Pareto-Optimum liegt vor, wenn aus einer gefundenen Strategiekombination heraus (mindestens) ein Akteur „nur" besser gestellt (Nutzenvergleich) werden kann, wenn sich andere Akteure (mindestens einer) dabei verschlechtern (Nutzenvergleich). Es gibt also eine andere Strategiekombination als die gerade in Betracht gezogene, bei der sich mindestens ein Akteur „nur" „auf Kosten" mindestens eines anderen Akteurs besser stellt. „Auf Kosten" bedeutet, dass mindestens ein anderer Akteur sich bei seiner Auszahlung (seinem Nutzenwert) verschlechtert, also ein niedrigeres Nutzenniveau erreicht, falls die andere (als die gerade in Betracht gezogene) Strategiekombination erreicht (realisiert) wird. Es ist zu beachten, dass pareto-optimal nichts mit „gerecht" oder „gleichverteilt" zu tun hat. [1001]

Parteien

Ein Zusammenschluss von politischen Entscheidungsträgern und politisch agierenden Individuen, die im Sinne der Partei gemeinsame Ziele verfolgen. In aller Regel ist eine Partei bestrebt, in einem Parlament vertreten zu sein. In einem föderalen politischen System ist das Ziel, in einem Bundesparlament (Bundestag in Deutschland) vertreten zu sein. Die Vertretung in den Länderparlamenten und dadurch im Bundesrat vertreten zu sein ist ebenso erstrebenswert, aber aus machtpolitischer Perspektive als sekundär zu betrachten. An dieser Stelle sei aber die Machtstellung des Bundesrates in der Bundesrepublik Deutschland erwähnt, der bei wichtigen Gesetzesvorhaben im Prozess

---

[1000] Ein einfaches Beispiel: Wenn ein Haus mit Dämmplatten gedämmt wird, dann gibt es eine optimale Dicke an Dämmplatten, um eine bestmögliche Isolierung zu haben. Wird die optimale Dicke an Dämmplatten überschritten, dann führt das zu keiner besseren Isolierung, sondern lediglich zu höheren Kosten. Ab der optimalen Dicke an Dämmplatten ist der Grenznutzen (Grenzisolierung) Null.

[1001] So ist eine pareto-optimale Situation (Strategiekombination) beispielsweise in einem Zwei-Personen-Spiel vorstellbar, in der ein Akteur seinen (eindeutig) höchsten Nutzenwert über die gesamte Entscheidungssituation gesehen erreicht und der andere Akteur seinen (eindeutig) niedrigsten Nutzenwert. Somit kann sich derjenige, der seinen niedrigsten Nutzenwert in der betrachteten Strategiekombination erreicht, nur verbessern, wenn sich der andere Akteur mit dem höchsten Nutzenwert verschlechtert. Beim klassischen Gefangenendilemma gibt es 3 unterschiedliche Pareto-Optima mit ganz unterschiedlichen Auszahlungen an die Akteure.

der Gesetzgebung entscheidend eingebunden ist (Vetospieler). Oberstes Ziel einer Partei in einem Mehrparteiensystem ist die Beteiligung an der Regierung, also ein Teil der Regierungskoalition zu sein.[1002] Oppositionsparteien sind bestrebt, bei der nächsten Wahl selbst Regierungspartei zu sein. Diese Definition in Sinne der gemeinsamen Zielverfolgung (Homogenität) erlaubt es, Parteien dann als einen Akteur in einem Spiel zu modellieren.

Präferenzen

Die in einer Entscheidungssituation zur Verfügung stehenden Handlungsparameter können vom Individuum anhand einer Nutzenfunktion in eine Präferenzordnung gebracht werden. Die Ordnung genügt den Anforderungen der Reflexivität, Transitivität und Vollständigkeit (Stetigkeit). Wie und warum Präferenzen in einer bestimmten Ausprägung (Transformation mit Hilfe der Nutzenfunktion) entstehen, ist aus Sicht des Rational Choice unerheblich. Das Entstehen und die Existenz von Präferenzen sind in ihrer Ursprünglichkeit wertneutral.[1003]

R

Rationalität

Das ist der zentrale Begriff dieser Arbeit. Die Definition der Rationalität wird ausführlich im Laufe dieser Arbeit hergeleitet und erläutert. Rationalität bedeutet hier Rationalität nach der (den) Rational-Choice-Theorie(n).[1004] Das heißt, die Einhaltung der axiomatischen Bedingungen des Rational Choice für das Verhalten von Individuen, der modellierten Akteure (der Spieler des Spiels; siehe Akteur / Spieler), wird als gegeben vorausgesetzt. Axiomatische Bedingungen sind die Säulen einer Theorie und werden, soweit keine gegenteiligen

---

[1002] Eine Ein-Parteien-Regierung sei in einem derartigen demokratischen System als nicht realistisch eingestuft.
[1003] Zu den Anforderungen an die Ordnung werden weitere Ausführungen erfolgen. Rationalität ist zunächst nicht gleich zu setzen mit Sinnhaftigkeit, Effizienz oder Ehrlichkeit. In einer Modellierung kann aber (und sollte auch) auf diese (und weitere) Aspekte Rücksicht genommen werden, um die Modellierung in einen Realitätsbezug zu bringen. Siehe.auch Zintl, Reinhard: Rationalitäten und Rationalitätsprobleme des Marktes, in: A. Maurer, U. Schimank (Hrsg.): Die Rationalitäten des Sozialen, Wiesbaden, 2011, S. 102: „Über die Herkunft und Inhalte einer Präferenzordnung ist unter Rationalitätsgesichtspunkten nichts zu sagen (Rationalität und Vernunft sind nicht identisch); ... Rationalität impliziert nicht Egoismus, sondern Orientierung an den eigenen Präferenzen".
[1004] Erläuterungen zum Theorieverständnis siehe Kapitel IV. Siehe auch Maurer, Andrea: Individuelle Rationalität und soziale Rationalitäten, in: Maurer, A., Schimank U. (Hrsg.): Die Rationalitäten des Sozialen, Wiesbaden, 2011, S.18.

wissenschaftlichen Erkenntnisse gewonnen sind, als wahr angenommen.[1005] Rationalität kann als folgerichtiges und (oder) als logisch-konsequentes Handeln interpretiert werden.

S

Spiel

Ein Spiel ist die Modellierung einer gegebenen, eingeschränkten Wirklichkeit in Form eines heuristischen Ansatzes. Ein Spiel definiert sich durch die Spieler (Akteure), die einzelnen Handlungsalternativen (Strategien) aller Spieler und die Auszahlungsfunktion (Entscheidungsmatrix). Schematisch, strukturell liegt eine Kreuztabelle bzw. eine Entscheidungsmatrix vor, die sämtliche – in der Modellierung angenommenen – möglichen Handlungskombinationen der Akteure darstellt (Normalform). Wird die Entscheidungssituation sequentiell dargestellt, in zeitlicher Abfolge, dann wird im Rational Choice die sogenannte Extensivform verwendet. Dabei ist die Wurzel (zeitlicher Beginn) an der Spitze der Extensivform-Darstellung (auch Baum genannt) und die Auszahlungen der Auszahlungsfunktion sind am unteren Ende aufgeführt (Blätter). Es gibt pro Spiel mindestens zwei Akteure und mindestens zwei Handlungsalternativen pro Akteur.

Im Rational Choice haben sich bestimmte Entscheidungssituationen als feststehende Begriffe etabliert. Zum einen ist es die Entscheidungssituation des Gefangenendilemmas.[1006] Unabhängig von der dahinterliegenden Geschichte (story board), wird durch das Gefangenendilemma eine Entscheidungssituation beschrieben, in der durch individuell rationales Entscheidungsverhalten nach Rational Choice ein nicht-kooperatives Nash-Gleichgewicht (siehe Gleichgewicht) erreicht wird, wobei aber die Kooperation aus Sicht aller Akteure die gemeinsam beste Wahl gewesen wäre. Diese Entscheidungssituation kann auf andere (politische) Entscheidungssituationen übertragen werden, in der individual-rationale Entscheidungen einer kollektiv-rationalen[1007] Entschei-

---

[1005] Die Axiome der Rational-Choice-Theorie(n) werden in Kapitel IV ausführlich diskutiert.
[1006] Für (politische) Beispielsituationen zur Veranschaulichung des Gefangenendilemmas vgl. beispielsweise http://www.mathematik.uni-muenchen.de/~spielth/vortraegeopen/Das%20Gefangenendilemma.pdf, gelesen am 26.02.2013.
[1007] Kollektiv-rational bedeutet in Ration Choice, dass eine beste Lösung für das Kollektiv der Entscheidungssituation gefunden ist. Das Kollektiv sind dann (in der Regel) alle an der Entscheidungssituation beteiligten Akteure (individuelle oder kollektive Akteure wie Parteien), die nach Voraussetzung individuell-rationale Interessen verfolgen. Das ist die höchste „Summe aller Nutzenwerte" einer Strategiekombination der beteiligten Akteure. Aus formalen

dung entgegenstehen und zu einer dem Gefangenendilemma ähnlichen Situation führen. Beim Gefangenendilemma liegt individual-rational eine eindeutige Lösung vor, weil jeder Akteur eine dominante Strategie (nicht zu kooperieren) hat.

Ähnlich verhält es ich mit dem aus der Rational Choice bekannten Chicken-Spiel. Diese Entscheidungssituation charakterisiert sich dadurch, dass für jeden Akteur ein anderes nach Individual-Rationalität erstrebenswertes Nash-Gleichgewicht existiert. Individual-rational wird auch eines dieser Nash-Gleichgewichte erreicht, wobei entgegen dem Gefangenendilemma die Auszahlungen asymmetrisch sind. So ist jeder Akteur bestrebt, dass für ihn günstigste Nash-Gleichgewicht nach Rational Choice (siehe Nutzen) zu erreichen. Dabei liegt ein Koordinierungsproblem (welcher Akteur entscheidet wann (zuerst)?) vor. Beim Chicken-Spiel liegen (individuell-rational bevorzugte) multiple Nash-Gleichgewichte (in Höhe der Anzahl der Akteure) vor, so dass allein nach dem Nash-Gleichgewichtskriterium keine eindeutige Lösung vorliegt. Eine Lösung zu Herbeiführung eines eindeutigen Gleichgewichts ist die Koordination einhergehend mit der Prüfung der Realisierbarkeit (Glaubwürdigkeit; siehe teilspiel-perfektes Nash-Gleichgewicht).

Staat (politischer Entscheidungsträger)

Vom Volk (Gesellschaft) durch rechtmäßige und regelmäßige Wahlen legitimierte Personen (Politiker), die in der Lage sind, Entscheidungen für alle Staatsbürger des Volkes, der Gesellschaft, zu treffen, sollen in ihrer Gesamtheit als Staat – im Sinne der staatlichen Entscheidungsbefugnis – bezeichnet werden. Grundannahme in der vorliegenden Untersuchung ist unteranderem das Bestehen einer durch demokratische Wahlen legitimierten Regierung. Von der herrschenden Elite zu trennen ist die Gesellschaft (Volk), die sich dadurch auszeichnet, dass sie keine politischen Entscheidungen treffen kann (keine Legitimation).[1008] Die Gesellschaft ist aber über die Verfassung legitimiert durch Wahlen die politischen Entscheidungsträger zu wählen und über die

---

Gründen müssen dann bei der mathematischen Summenbildung kardinale Nutzenwerte vorliegen; ansonsten (ordinal) ist die Summenbildung so zu verstehen, dass „einfach das höchste gemeinsame Nutzenniveau" erreicht wird. Bei politischen Entscheidungen ist das Kollektiv oft die gesamte Gesellschaft – eben alle Staatsbürger und/oder auch alle zukünftigen Staatsbürger. Kollektiv-rational bedeutet nicht, dass die dazugehörige Strategiekombination ein (stabiles) Nash-Gleichgewicht ist. In der Regel besteht die Herausforderung eine kollektiv-rational Strategiekombination übergeordnet stabil zu halten, weil individual-rationale Interessen existieren, die eine andere Strategiekombination bevorzugen.
[1008] Plebiszite seien als direkte politische Entscheidung dabei ausgeblendet.

Wahl zu legitimieren, politische Entscheidungen zu treffen. Die politischen Entscheidungsträger sind auch Teil der Gesellschaft.

Staatsbürger

Ein Individuum, das sich grundsätzlich den Gesetzen und Entscheidungen des Staates (Gesetze), des staatlichen Entscheidungsträger, unterwerfen muss und diese zu akzeptieren hat. Eine Nichtakzeptanz im Sinne einer möglichen Nichtbefolgung (unmittelbar Betroffener der Entscheidung / des Gesetzes) kann entsprechende, (straf-) rechtliche Konsequenzen haben. Eine Nichtakzeptanz indirekt Betroffener im Sinne einer ablehnenden, nicht übereinstimmenden Meinung zur Entscheidung des Entscheidungsträgers ist bei den hier vorliegenden Untersuchungen nicht gemeint. Die Nichtbefolgung von Gesetzen, staatlichen Vorgaben bzw. der explizite Verstoß gegen diese kann über die Nutzenfunktion vom Staatsbürger als Akteur direkt „eingepreist" (z. B. als Erwartungswert mit entsprechender Wahrscheinlichkeit) oder als explizite Restriktion[1009] verstanden werden. Beide Aspekte können in Modellierungen berücksichtigt werden. Es ist also am Ende eine Frage der Modellierung einer solchen Restriktion. Der modellierende Wissenschaftler entscheidet, inwieweit es sinnvoll ist Normverstöße aus der Realität zu berücksichtigen, um wissenschaftliche Erkenntnisse zu gewinnen. In dieser Analyse wird grundsätzlich

---

[1009] Eine explizite Restriktion meint im Sinne der Rationalität eine bei der Optimierung zu berücksichtigende Nebenbedingung (ähnlich einer Budgetbeschränkung).
Vgl. Zintl, Reinhard: Rationalitäten und Rationalitätsprobleme des Marktes, in: A. Maurer, U. Schimank (Hrsg.): Die Rationalitäten des Sozialen, Wiesbaden 2011, S. 102. Auch eine Budgetrestriktion, welche oft bei einer ökonomischen Modellierung verwendet wird, bedeutet nicht, dass Rationalität mit Sparsamkeit (oder auch Verschwendung) gleich zu setzen ist. Es ist aber ein deutlicher Unterschied bei der Modellierung zwischen Budgetrestriktion und Normrestriktion festzustellen. Während eine Budgetbeschränkung offensichtlich (objektiv) beschränkend wirkt (mehr Geld als man hat (Vermögen, Kredite, etc.) kann nicht verwendet werden), ist die Modellierung einer beschränkenden Norm schwieriger. Als eleminierende Wirkung auf die Menge der Handlungsoptionen ist dies relativ einfach zu modellieren – die Handlungsalternative, die der Norm widerspricht, wird ausselektiert und bei der Entscheidung nicht berücksichtigt. Falls es ähnlich einer Budgetbeschränkung modelliert werden soll, ist die erste Frage nach der Messbarkeit und der „Menge der Norm(en)", also der Normfunktion (ähnlich der Budgetfunktion), die bei der Entscheidung berücksichtigt werden sollen. Zudem muss eine Summenbildung der Wertigkeit der (verschiedenen) Normen vorgenommen werden. Dabei tritt das Problem der kardinalen Nutzenwerte von Normen auf (analog zum Einkommen Y der Budgetbeschränkung). Die gleichen Normen können individuell anders bewertet werden, so dass die Normen unterschiedlich beschränkend wirken. Preise von Gütern dagegen gelten für alle Marktteilnehmer gleich beschränkend (oder nicht beschränkend) und können normalerweise auch nicht zum persönlichen Gunsten manipuliert werden. Die Bewertung von Normen hingegen unterliegt nicht „einem allgemein gültigen Preis". Darüber hinaus müssen dann „die Normen" auch in der Nutzenfunktion bewertend abgebildet werden.

Normkonformität (Einhaltung von Gesetzesvorgaben) der Entscheidungs-Akteure unterstellt (siehe auch Verfassung). Im Fall einer Wehrpflichtarmee ist ein Verweigern des Wehrdienstes in den Untersuchungen grundsätzlich als legal und als realistisch umsetzbar bewertet unterstellt.[1010]

V

Verfassung

Die Verfassung bzw. das Grundgesetz kann als gesellschaftlicher Vertrag interpretiert werden, der einer laufenden Veränderung unterliegt.[1011] Im Sinne des Rational Choice ist die Verfassung ein Regelwerk (Spielregel), an die sich die Akteure (Spieler) zum Zeitpunkt der Entscheidung zu halten haben. Für alle Akteure in einem Spiel gelten die gleichen Spielregeln, die für jeden Akteur transparent und verständlich sind. Weitere Regelwerke wie Zivilrecht, Strafrecht oder Wehrgesetz sind als von der Verfassung abgeleitete Regelwerke zu verstehen und ebenso als Spielregel einzuhalten. Darüber hinaus können in der politischen Sphäre spezifische Spielregeln wie Verfahrensregeln (Entscheidungsverfahren) und Abstimmungsregeln (politische Mehrheiten) gelten. Es gibt Akteure, die in der Realität gegen Spielregeln verstoßen – ein Umstand, der aus sich heraus weder als rational noch als nicht rational zu werten wäre. Das Verstoßen gegen Spielregel soll aber nicht im Fokus dieser Untersuchungen stehen. Wenn in den Modellierungen der hier vorliegenden Untersuchungen nichts anderes gesagt wird, sind die Akteure als regelkonform gegenüber allen implementierten (gültigen) Regeln zum Zeitpunkt der Entscheidung modelliert.

[1010] Fälle wie ein Dissertieren im Verteidigungsfall oder ein unentschuldigtes Fernbleiben während der Ableistung des Wehrdienstes sind hierbei nicht gemeint. Die Entscheidung überhaupt Wehrdienst zu verweigern ist gemeint. Drakonische Strafen – wie beispielsweise eine Gefängnisstrafe – im Fall der Verweigerung würden eine nicht realistische Umsetzbarkeit der Verweigerung bedeuten. Das hätte in einer Modellierung nach Rational Choice zufolge, dass die Verweigerung nicht sinnvoll als Handlungsalternative modelliert (berücksichtigt) werden könnte bzw. durch (alle) andere Handlungsalternativen klar dominiert würde. Aufgrund dieser eindeutigen Dominanz (aller) anderen Handlungsalternativen kann die Handlungsalternative Verweigern in diesem Fall gleich als nicht situationsrelevant (nicht entscheidungsrelevant) bewertet werden, ohne dass eine Modellierung dies als Erkenntnis hervorbringen müsste. Zur Klarstellung: Eine Modellierung der Verweigerung in einem solchen Fall ist nach Rational Choice nicht falsch, sondern schlichtweg redundant.

[1011] Vgl. Benz Arthur: Das Zusammenspiel der Ebenen beim expliziten und impliziten Verfassungswandel, in: Verfassungswandel im Mehrebenensystem (Hönnige, C., Kneip, S., und Lorenz, A., Hrsg.), Wiesbaden, 2011, S. 25.

Verteidigungsleistung / -menge

In dieser Untersuchung werden die Begrifflichkeiten Verteidigungsleistung und Verteidigungsmenge synonym benutzt. Gemeint ist die quantitative Bereitstellung von Lebenszeit in Tagen, Wochen, Monaten oder Jahren eines Freiwilligen oder Wehrpflichtigen für den militärischen Dienst. Unabhängig von der quantitativen Bereitstellung ist die Frage, ob eine militärische Leistung freiwillig oder unter Zwang bereitgestellt wird. Die Verteidigungsleistung ist in dieser Untersuchung nicht qualitativ gemeint. Die Konzepte dieser Untersuchung lassen sich aber leicht auf den qualitativen Aspekt erweitern bzw. skalieren.

Verweigerer / Nicht-Verweigerer

Ein Verweigerer kann nach Rational Choice die (streng) dominante Strategie „Nicht-Dienen" haben und würde dann „unter allen modellierten Umständen (Strategiekombinationen)" nicht dienen. Ein Verweigerer entscheidet sich unter „dem Druck der Wehrpflicht" nach Nutzenabwägungen für die Handlungsalternative „Nicht-Dienen". In Analogie gilt das für einen Nicht-Verweigerer.

W

Wehrpflicht

Die allgemeine Wehrpflicht ist eine alle Staatsbürger betreffende Pflicht, militärischen Dienst in den militärischen Streitkräften des Staates zu leisten. In Deutschland sind männliche Einwohner von der Wehrpflicht betroffen. Die Wehrpflicht wird aus der Staatsangehörigkeit abgeleitet. Über die Definition selbst, Ausnahmen, Befreiungen und Tauglichkeiten ist immer nur ein Teil der Bevölkerung von der faktischen Ableistung der Wehrpflicht betroffen, wobei das Grundprinzip der allgemeinen Wehrpflicht dadurch nicht verletzt wird.[1012] Weiter soll für die Wehrpflichtdefinition nach Herz gelten:

> „Die allgemeine Wehrpflicht wird als ein gesetzliches Wehrerfassungssystem definiert, das allgemein die gesamte dienstpflichtige Staatsbevölkerung effizient erfasst, verwaltet und im Grundsatz die Militärbehörden ermächtigt, alle für bestimmte militärische Ausbildungen bzw. Einsätze in Friedens- und Kriegszeiten zur Wehrpflichtableistung heranzuziehen."[1013]

[1012] Vgl. www.gesetze-im-internet.de/bundesrecht/wehrpflg/gesamt.pdf; vgl. Händel, Heribert: Der Gedanke der allgemeinen Wehrpflicht in der Verfassung des Königreichs Preußen bis 1819, in: Zeitschrift für die Europäische Sicherheit, Frankfurt / Main, 1962, S. 7–8 und vgl. Herz, Christian: Kein Frieden mit der Wehrpflicht, Münster, 2003, S. 22–23.
[1013] Siehe Herz, Christian: Kein Frieden mit der Wehrpflicht, Münster, 2003, S.22.

Aus dem Blickwinkel des Rational Choice bzw. Public Choice ist die Wehrpflicht ein reines Rekrutierungsinstrumentarium (ein Mittel zum Zweck).[1014] Ein Instrumentarium, welches nicht durch einen Markt bereitgestellt werden kann oder muss. Somit ist die Wehrpflicht kein privates Gut (siehe Güter). Die Wehrpflicht ist aber auch kein öffentliches Gut erster Ebene (siehe Güter) im Sinne der kollektiven Nutzbarkeit bzw. der Problematik des „Trittbrettfahrens" bei öffentlichen Gütern.[1015]

Die Wehrpflicht erzeugt objektiv eine „Hochkostensituation" (Entscheidungsdruck) auf den Wehrpflichtigen im Falle der Wehrpflichtarmee. Der Wehrpflichtige ist in diesem Fall gezwungen zu entscheiden, ob er sich faktisch dieser Verpflichtung unterwirft[1016] oder versucht diese zu umgehen[1017] (beispielswei-

---

[1014] Ein Mittel zum Zweck mit beispielsweise der Zweckausrichtung der Sicherstellung der Landesverteidigung. Die Macht eines Akteurs in einem Spiel zeigt sich unteranderem in der Möglichkeit Zwangsinstrumente einzusetzen. Das Zwangsinstrument Wehrpflicht kann auch als Machtinstrument verstanden werden.

[1015] Der Unterschied liegt in der durch die Wehrpflicht „generierten" Verteidigungsleistung – diese ist in der Wirklichkeit grundsätzlich immer ein öffentliches Gut – wohl eines der „reinsten" öffentlichen Güter. Diese Betrachtungsweise betrifft die Nutzung. Die Bereitstellung des Instrumentariums Wehrpflicht wird staatlicherseits entschieden und ist damit in letzter Konsequenz eine kollektive Entscheidung und in dem Sinne eine öffentliche „Bereitstellung" (zweckgebunden). Die Wehrpflicht ist als ein mögliches Instrumentarium zu verstehen und zu werten, um das öffentliche Gut Verteidigungsfähigkeit bereitzustellen. Das öffentliche Gut Verteidigungsfähigkeit kann grundsätzlich auch ohne Wehrpflicht bereitgestellt werden. Insbesondere ist die Implikation eines öffentlichen Gutes – nämlich die Möglichkeit des „Trittbrettfahrens" – nicht gegeben. Niemand kann das Instrumentarium Wehrpflicht für sich im Falle des staatlichen Einsatzes – motiviert durch (individuelle) Abweichungsgewinne nutzen. Vgl. Maurer, Andrea: Individuelle Rationalität und soziale Rationalitäten, in: Maurer, Andrea, Schimanek U. (Hrsg.): Die Rationalitäten des Sozialen, Wiesbaden, 2011, S. 35. Ein vergleichendes Beispiel ist die Schaffung eines öffentlichen Gutes „Museum". Die Nutzung kann durch jeden Staatsbürger (in gleicher Intensität) (kostenlos) erfolgen. Im Mittelpunkt der Nutzung steht die Ausstellung der Exponate, Bilder etc. Das Gebäude des Museums ist in diesem Fall als Instrumentarium zu betrachten. Dies wird zwar per Annahme staatlicherseits finanziert (Eigentumsfrage) und bereitgestellt (siehe dazu auch die Problematik der Bereitstellung öffentlicher Güter über das Konzept best-shot oder weakest-link in Kapitel XI), aber die Nutzung des öffentlichen Gutes bezieht sich primär nicht auf das Gebäude. Es wird natürlich in dem Sinne genutzt, als dass es betreten wird und die Ausstellung beherbergt, aber es wird nicht beabsichtigt das Gebäude als öffentliches Gut bereitzustellen (ohne Ausstellung). In Anbetracht dieses Beispiels ist aus Nutzungssicht nach Rational Choice (Public Choice) das Gebäude nicht öffentlich. Niemand ist befugt, das Gebäude für sich zu nutzen, die Ausstellung schon im Sinne der Bildung oder Aufklärung. Ähnlich würde es sich verhalten, wenn das Museum privat finanziert würde und der Zugang zur Ausstellung kostenlos und für jedermann wäre. Mit diesem Beispiel wird aber nicht gesagt, dass ein Gebäude grundsätzlich nicht auch aus der Sicht der Nutzung ein öffentliches Gut sein kann. Es ist abhängig von dem Problemverständnis und der daraus folgenden Modellierung.

[1016] Mit allen dazugehörigen möglichen negativen Folgen: Einschränkung der Bürgerrechte oder nicht selbstbestimmte Lebenszeit. Bei den Untersuchungen wird weiter darauf eingegangen.

se durch Verweigerung). Bei einer Freiwilligenarmee – auch wenn formal die Wehrpflicht existent sein sollte – gibt es diese Art des Entscheidungsdrucks auf den Wehrpflichtigen nicht. Der Entscheidungsdruck bei einer Freiwilligenarmee könnte (objektiv) durch die nicht ausreichend bereitgestellte Verteidigungsmenge ausgelöst werden.

Wehrpflichtiger / wehrpflichtiger Staatsbürger

Ein Wehrpflichtiger ist ein Staatsbürger, der unmittelbar von Entscheidungen und Gesetzen zur Wehrpflicht in der Bundesrepublik Deutschland[1018] betroffen ist. Der Wehrpflichtige (unmittelbar Betroffene) ist in dieser Modellierung jemand, der vor der Entscheidung steht, die Wehrpflicht abzuleisten oder sich dagegen zu entscheiden.[1019] Mittelbar betroffene Individuen gibt es ebenfalls. Ein Beispiel wäre eine Lebensgefährtin eines Wehrpflichtigen, die durch die Einberufung des Wehrpflichtigen mit anderen (positiven wie negativen) Lebensumständen konfrontiert ist.

Ein Wehrpflichtiger unterscheidet sich von einem Freiwillig Dienenden (FWDL) dadurch, dass ihm grundsätzlich die Pflicht seitens des Staates auferlegt ist zu dienen.[1020] In der Bundesrepublik Deutschland und anderen demokratischen Rechtssystemen kann der Wehrpflichtige sich zum Dienen entscheiden (siehe Nicht-Verweigerer) oder sich gemäß die ihm gegebenen Möglichkeiten verweigern (siehe Verweigerer). Ein Wehrpflichtiger muss sich grundsätzlich und explizit mit der Frage zur Wehrpflicht auseinandersetzen (Entscheidungsdruck), um eine Entscheidung zu fällen. Um es in der Sprache des Rational Choice zu sagen: Der Wehrpflichtige muss das Spiel „Wehrpflicht" spielen. Ein

---

[1017] Auch hier sind mögliche negative Folgen denkbar: negative Reputation oder Auslieferung faktischer staatlicher Zwangsmaßnahmen. Bei den Untersuchungen wird weiter darauf eingegangen.
[1018] Oder einem anderen demokratisch legitimierten Staat.
[1019] Dies heißt nicht ex ante, dass der Wehrpflichtige gegen die Norm "Pflicht zum militärischen Dienst" verstößt, falls dieser verweigert. Falls der Wehrpflichtige die Alternative „Verweigerung" juristisch hat und diese gegebenenfalls (zu welchen Kosten/Nachteilen/Repressalien auch immer) faktisch umsetzen kann, handelt es sich nicht um einen Normverstoß, sondern um eine einfache Handlungsalternative. Hat der Wehrpflichtige diese Alternative rechtlich nicht, dann würde der Wehrpflichtige im Fall der Verweigerung einen Normverstoß begehen; ebenso mit den zu tragenden Konsequenzen (Kosten/Nachteilen/Repressalien/Strafen).
[1020] Eine Ausnahme ist die derzeitige Passivierung der Wehrpflicht in der Bundesrepublik Deutschland. Die Wehrpflicht existiert weiterhin juristisch, wobei die Einberufung auf freiwilliger Basis erfolgt. Damit existiert auf den „Wehrpflichtigen" in der Bundesrepublik Deutschland zurzeit nicht der genannt explizite Entscheidungsdruck und daher soll in diesem Zusammenhang von einer Ausnahme gesprochen werden.

Freiwillig Wehrdienstleistender (FWDL) muss das Spiel „Wehrpflicht" nicht spielen (siehe Freiwillig Wehrdienstleistender).

Wohlfahrt

Rational Choice verwendet den Begriff Wohlfahrt in seiner Bedeutung wie eine Nutzenfunktion (siehe Nutzen), nur das damit ein kollektiver Nutzen gemeint ist. Das Kollektiv sind aber oft bei den nach Rational Choice durchgeführten Modellierungen „nur" alle Entscheidungsakteure einer Entscheidungssituation. Die Wohlfahrt ergibt sich dann in der Regel aus der Addition der erreichten Payoffs (Auszahlungswerte) der beteiligten Akteure. In den vorliegenden Untersuchungen soll explizit in einigen Modellierungen davon abgewichen werden.[1021] Wie auch die Nutzenfunktion unterliegt die Wohlfahrt, die Wohlfahrtsfunktion, keiner eindeutigen Definition, sondern wird in der jeweils vorgenommenen Modellierung definiert. In der Realität wird das BIP (Bruttoinlandsprodukt) häufig als Messgröße der Wohlfahrt verwendet.

[1021] Bei politischen Entscheidungen kommt der gesamten Gesellschaft als „Betroffene der Entscheidung" eine wesentliche Rolle zu und nicht nur dem Entscheidungskollektiv – auch wenn (oder gerade weil) die Entscheidungsakteure durch die Gesellschaft (vorausgesetzt) legitimiert sind. In den vorliegenden Untersuchen liegen analytische Variationen vor, um das Konfliktpotential (und die möglichen Folgen daraus) politischer Entscheidungen der politischen Entscheidungsträger bei individuell-rationalen (bzw. Partei-rationalen) und dem rationalen Handeln nach Wohlfahrtsorientierung aufzudecken.

XIX. Literatur- und Quellenverzeichnis

A

Abromeit, Heidrun: Wozu braucht man Demokratie? Die postnationale Herausforderung der Demokratietheorie, Leske + Budrich, Opladen, 2002.

Ahammer, Andreas, Nachtigall, Stephan: 5 plus 1 Wehrpflicht der Zukunft im Gesellschaftsdienst, Baden-Baden, 2009.

Albert, Hans: Theorien in den Sozialwissenschaften, in: Albert, Hans (Hg.): Theorie und Realität, Tübingen, 1972, S. 3–25.

Aretz, Hans-Jürgen: Ökonomischer Imperialismus? Homo Oeconomicus und soziologische Theorie, Zeitschrift für Soziologie 26(2), S. 79–95.

Aus Politik und Zeitgeschichte, Wehrpflicht und Zivildienst, 61. Jahrgang, 28. November 2011.

Axelrod, Robert: The Evolution of Cooperation, New York: Basic Books, 1984.

Axelrod, Robert (ed.): Structure of Decision, Princeton, NJ, Princeton University Press, 1976.

Axelrod, Robert and Dion Douglas: The Further Evolution of Cooperation, Science 242 (9 December1988), pp. 1385-1390.

Axelrod, Robert: "Launching the Evolution of Cooperation'", 2012, in Journal of Theoretical Biology 299 (2012), pp. 21–24.

B

Bald, Detlef: Die Bundeswehr, Eine kritische Geschichte 1955-2005, München, 2005.

Bamberg, Sebastian, Davidov, Eldad, Schmid, Peter: Wie gut erklären „enge" oder „weite" Rational-Choice Versionen Verhaltensänderungen? Ergebnisse einer experimentellen Interventionsstudie, in: Diekmann Andreas, Eichner, Klaus, Schmidt, Peter, Voss, Thomas (Hrsg.): Rational Choice: Theoretische Analysen und empirische Resultate, VS Verlag für Sozialwissenschaften, Wiesbaden, 2008.

Barlösius, Eva: „Common Sense über Gemeinwohl – der Beitrag der Statistik", in: Schuppert, Gunnar F, Neidhart, Friedhelm (Hrsg.): Gemeinwohl – auf der Suche nach Substanz, WZB-Jahrbuch, Berlin, 2002, S. 219–238.

Bartolini, Stefano: Collusion, Competition and Democracy, Journal of Theoretical Politics 11(4), p. 435–470, 1999.

Baumgartner, Frank R.: Political Agendas, in: Smelser, Niel J. and Baltes, Paul B. (Hg.): International Encyclopedia of Social and Behavioral Sciences: Political Science, New York, 288–290.

Behnke Joachim, Thomas Bräuninger, Susumu Shikano: Jahrbuch für Handlungs- und Entscheidungstheorie, Band 6: Schwerpunkt Neuere Entwicklungen des Konzepts der Rationalität und ihre Anwendungen, VS Verlag, Wiesbaden, 2010.

Benecke, Werner: Die Allgemeine Wehrpflicht in Russland: Zwischen militärischen Anspruch und zivilen Interessen, in Journal of Modern European History, Vol.5 (2/2007).

Benz Arthur.: Das Zusammenspiel der Ebenen beim expliziten und impliziten Verfassungswandel, in: Verfassungswandel im Mehrebenensystem (Hönnige, C., Kneip, S., und Lorenz, A., Hrsg.), VS Verlag für Sozialwissenschaften, Wiesbaden, 2011, S. 21–40.

Bergh, Max van den: Das Deutsche Herr vor dem Weltkriege. Eine Darstellung und Würdigung, Berlin, Sanssouci Verlag, 1934.

Berninghaus, Siegfried K., Güth, Werner und Ehrhart, Karl-Martin: Strategische Spiele: Eine Einführung in die Spieltheorie – Dritte, verbesserte Auflage, Heidelberg, 2010.

Beschluss des 23. Parteitages der CDU Deutschland: Zukunft der Bundeswehr, 14. -16. November 2010, Karlsruhe, 2010.

Bierhoff, H.-W.: Vertrauen und soziale Verantwortung. Wie lässt sich das Risiko des Vertrauensmissbrauchs verringern? In: Erwägen – Wissen – Ethik. 14. Jahrgang, fünfte Diskussionseinheit, S. 339–S. 341.

Bogumil, Jörg, Schmid, Josef: Politik in Organisationen, Organisationstheoretische Ansätze und praxisbezogene Anwendungsbeispiele, Opladen, 2001.

Bornstein, G., Budescue, D., & Zamir, S. (1997). Cooperation in intergroup, two-person, and n-person games of Chicken. Journal of Conflict Resolution, 41, 384-406.

Bösch, Frank: Macht und Machtverlust. Die Geschichte der CDU, DVA, Stuttgart/München, 2002.

Braun, Dietmar: Theorien rationalen Handelns in der Politikwissenschaft. Eine kritische Einführung, Opladen, 1999.

Brände, U.: Unvollständige Verträge. Bewertung und Lösungsansätze, in: das Wirtschaftsstudium, Heft 6, Juni 2005, S.338–S.340.

Blankart, Charles Beat: Öffentliche Finanzen in der Demokratie, München, 1998.

Buch, Detlef: Wohin mit der Wehrpflicht? Weisen die Partner wirklich den richtigen Weg?, Frankfurt am Main, 2010.

Buchanan, James M.: Politics without Romance, A Sketch of Public Choice Theory and its Normative Implications, in: Buchanan, James M. and Tollison, Robert D. (Hg.): The Theory of Public Choice-II, Michigan, page 11-22, 1984.

Buchanan, James M.: The domain of constitutional economics, Constitutional Political Economy 1, 1-18, 1990.

Bukow, Sebastian: Die professionalisierte Parteiorganisation. Bedeutung und Selbstverständnis der Party Central Offices, in: Jun, Uwe, Höhne, Benjamin (Hrsg.), Parteien als fragmentierte Organisationen. Erfolgsbedingungen und Veränderungsprozesse, Opladen, 2010, S- 257–278.

Bulmahn, Thomas; Fiebig, Rüdiger; Hilpert, Carolin: Sicherheits- und verteidigungspolitisches Meinungsklima in der Bundesrepublik Deutschland, Ergebnisse der Bevölkerungsbefragung 2010 des Sozialwissenschaftlichen Instituts der Bundeswehr, Forschungsbericht 94, Strausberg, Mai 2010.

Büthe, Tim: Taking Temporality Seriously: Modeling History and the Use of Narratives as Evidence, American Political Science Review 96(3), p. 481–494, 2002.

Bundesministerium der Verteidigung: Verteidigungspolitische Richtlinien Nationale Interessen wahren – Internationale Verantwortung übernehmen – Sicherheit gemeinsam gestalten, Berlin, 2011.

C

Cohn, Jonathan: Revenge of the nerds: irrational exuberance, The New Republic, 25.10.1999.

Collenberg, Freiherr Ludwig Rüdt von: Die Erneuerung der allgemeinen Wehrpflicht, in: Militärwissenschaftliche r Rundschau, 1936, Heft 2.

Colman, Andrew M.: Game Theory & its Applications in the social and biological science, Routledge, East Sussex, 2003.

Cox, Gary: The Empirical Content of Rational Choice Theory. A Reply to Green and Shapiro, Journal of Theoretical Politics 11(2), p. 147–169, 1999.

Crozier, Michel, Friedberg, Erhard: Macht und Organisation. Die Zwänge kollektiven Handelns, Königstein,1979.

D

D'Antonio, Oliver, Werwath, Christian: Die CDU: Innerparteiliche Willensbildung zwischen Gremienarbeit und Grauzone, in: Zeitschrift für Politikwissenschaft Sonderband 2012, Korte, Karl-Rudolf, Treibel, Jan (Hrsg.), Nomos Verlagsgesellschaft, Baden-Baden, 2012, S. 35–61.

Dahl, Robert: Vorstufen zur Demokratie-Theorie, Tübingen, 1976.

Detterbeck, Klaus: Parteikarrieren im föderalen Mehrebenensystem. Zur Verknüpfung von öffentlichen Mandaten und innerparteilichen Führungspositionen, in: Edinger, Michael P. (Hrsg.), Politik als Beruf. Politische Vierteljahresschrift 44 (Sonderheft), S. 145–167.

Deutscher Bundestag, Plenarprotokoll 17/93, Stenografischer Bericht 93. Sitzung, Berlin, 24. Februar 2011.

Detterbeck, Klaus: Der Wandel politischer Parteien in Westeuropa, Opladen, 2001.

Diekmann, Andreas: Spieltheorie Einführung, Beispiele, Experimente, Reinbek bei Hamburg, August 2010.

Diekmann, Andreas, Voss, Thomas: Soziale Normen und Reziprozität Die Bedeutung „sozialer" Motive für die Rational-Choice-Erklärungen sozialer Normen, in: Diekmann Andreas, Eichner, Klaus, Schmidt, Peter, Voss, Thomas (Hrsg.): Rational Choice: Theoretische Analysen und empirische Resultate, VS Verlag für Sozialwissenschaften, Wiesbaden, 2008.

Diekmann, Andreas, Voss, Thomas: Die Theorie rationalen Handelns. Stand und Perspektiven, in: Diekmann, Andreas, Voss, Thomas (Hg.): Rational-Choice-Theorie in den Sozialwissenschaften, München, S. 13–29, 2004.

Dittberner, Jürgen: Die FDP. Geschichte, Personen, Organisationen, Perspektiven. Eine Einführung (2. Auflage), Wiesbaden, 2010.

Downs, Antony: An Economic Theory of Democracy, New York, 1957.

Downs, Antony: Ökonomische Theorie der Demokratie, Tübingen, 1968.

E

Eurostat, Pressemitteilung Euroindikatoren 60/2011, 26.April 2011.

Eurostat, Pressemitteilung Europäische Demografie 110/2010, 27. Juli 2010.

Elser, Jon: Marxism, Functionalism, and Game Theory: The Case for Methodological Individualism, Theory and Society 11, p. 453–482.

F

Fischer-Hotzel, Andrea: Vetospieler in territorialen Verfassungsreformen, Britische Devolution und französische Dezentralisierung im Vergleich, Nomos Verlagsgesellschaft, Baden-Baden, 2013.

Fraenkel, Ernst: Deutschland und die westlichen Demokratien, Frankfurt / Main, 1991.

Friedmann, Milton: The Methodology of Positive Economics, in: Friedmann, Milton: Essays, Positive Economic, Chicago, 1953.

Frohlich, Norman; Oppenheimer, Joe: Skating on Thin Ice Cracks in the Public Choice Foundation, Journal of Theoretical Politics 18(3), p. 235–266.

G

Gigerenzer, Gerd: Risiko, Wie man die richtigen Entscheidungen trifft, C. Bertelsmann, München, 2013.

Glaab, Manuela , Weigl, Michael (Hrsg.): Regieren in Bayern, Wiesbaden, 2012.

Green, Donald P.; Shapiro, Ian: Pathologies of Rational Choice Theory, New Haven, Yale University Press, 1994.

Green, Donald; Shapiro, Ian: Rational Choice. Eine Kritik am Beispiel von Anwendungen in der Politikwissenschaft, München, 1999.

Grofman, Bernard: Reflections on public choices, Public Choice 118(1), p. 31–51, 2004.

Grundkurs deutsche Militärgeschichte, Band 3, Die Zeit nach 1945 Armeen im Wandel, R. Oldenbourg Verlag, München, 2008.

Grundkurs deutsche Militärgeschichte, Band 1, Die Zeit bis 1914 Vom Kriegshaufen zum Massenheer, R. Oldenbourg Verlag, München, 2006.

H

Habermas, Jürgen: Concluding comments on empirical approaches to deliberative politics, in: Acta Politicia, 40, 384–392.

Hall, Peter A.: Preferences Formation as a Political Process: The Case of Monetary Union in Europe, in: Preferences and Situations: Points of Intersection between Historical and Rational Choice Institutionalism (Katznelson, I. und Weingast, B., Hrsg.), Russell Sage Foundation, New York, S. 129–160.

Haug, Sonja: Anomalien in der Entscheidungstheorie. Empirische Evidenz und Konsequenzen, in Druwe, Ulrich und Kunz, Volker (Hg.): Anomalien in der Handlungs- und Entscheidungstheorie, Opladen, 1998, S.126-153.

Händel, Heribert: Der Gedanke der allgemeinen Wehrpflicht in der Verfassung des Königreichs Preußen bis 1819, in: Zeitschrift für die Europäische Sicherheit, Verlag E.S. Mittler & Sohn GmbH, Frankfurt / Main, 1962.

Hedström, Peter and Stern, Charlotta: Rational Choice and Sciology, in: Durlauf, Steven/Bllume, Lawrence (Hg.): The New Palgrave Dictionary of Economics (2. Aufl.), 2006.

Herz, Christian: Kein Frieden mit der Wehrpflicht, Münster, 2003.

Hesse, Joachim Jens, Ellwein Thomas: Das Regierungssystem der Bundesrepublik Deutschland, 10 Auflage, Nomos Verlagsgesellschaft, Baden-Baden, 2012.

Hindmoor, Andrew: Reading Downs: New Labor and an Economic Theory of Democracy, The British Journal of Politics and International Relations, p. 402–417.

Hirshleifer, Jack: From weakest-link to best-shot, The voluntary provision of public goods, in: Public Choice 41: p. 371-386, The Hague (Netherlands), 1983.

Homann, Karl: Rationalität und Demokratie, Tübingen, 1988.

Homan, Karl, Suchanek, Andreas: Ökonomik. Eine Einführung, Tübingen, 2000.

Homann, Karl.: Demokratie und Freiheit. Vom Nutzen und Nachteil kollektiver Selbstbindungen im dritten Jahrtausend, in: Huttner, K.; Haneke, B. (Hrsg.): Konkrete Visionen. Gesellschaftliche Tendenzen und Perspektiven in Deutschland im 3. Jahrtausend, Landsberg am Lech, 1992, S. 51–S.69.

I

Internetquellen, diverse. Diese sind in den Fußnoten direkt angegeben.

J

Jany, Kurt: Geschichte der der Königlich Preußischen Armee. Die Königliche Preußische Armee und das Deutsche Reichsherr, 1807 bis 1914, Band IV, Berlin, 1933.

K

Kahneman, Daniel; Slovic, Paul; Tversky, Amos (Hg.): Judgement Under Uncertainty: Heuristics and Biases, Cambridge, 1982.

Kahneman, Daniel: Schnelles Denken, Langsames Denken, Siedler Verlag, München, 2012.

Karst, Heinz: Die Bundeswehr in der Krise, München, 1997.

Kenneth J. Arrow: A Difficulty in the Concept of Social Welfare. In: The Journal of Political Economy. 58, No. 4, 1950, p. 328–346

Keohane, Robert O.: Rational Choice theory and International Law. Insights and limitations, Journal of Legal Studies 31(1), 2002, S. 307-319, reprinted in: Allingham, Michael (Hg.): Rational Choice Theory. Critical Concepts in the Social Sciences, London and New York, 2006, page 348-360.

Kessel, Eberhard: Militärgeschichte und Kriegstheorie in neuerer Zeit, Duncker & Humboldt Verlag, Band 33, Kunisch, Johannes (Hrsg.), Berlin, 1987.

Kießling, Andreas: Die CSU. Machterhalt und Machterneuerung, Wiesbaden, 2004. Kießling, Andreas: Christlich-Soziale Union in Bayern, in: Decker, Frank, Neu, Viola (Hrsg.): Handbuch der deutschen Parteien, Wiesbaden, S. 223–235.

King, Gary; Keohane, Robert O.; Verba, Sidney: Designing Social Inquiry: Scientific Inference in Qualitative Research, Princeton, 1994.

Kirchgässner, Gebhard: Homo Oeconomicus. Das ökonomische Modell individuellen Verhaltens und seine Anwendung in den Wirtschafts- und Sozialwissenschaften, 2. Auflage, Tübingen, 2000.

Kirsch, Guy: Neue Politische Ökonomie, 5. Auflage, Lucius & Lucius Verlagsgesellschaft, Stuttgart, 2004.

Kiser, Edgar; Bauldry, Shawn: The Contribution of Rational Choice Theory to Political Sociology, in: Janoski, Thomas; Alford, Robert; Hicks, Alexander; Schwartz, Mildred (Hrsg.): Handbook of Political Sociology, Cambridge, p. 172–186, 2005.

Koalitionsvertrag zwischen CDU, CSU und FDP: Wachstum. Bildung. Zusammenhalt., 17. Legislaturperiode.

Kommission Gemeinsame Sicherheit und Zukunft der Bundeswehr, Berlin, 2000.

Korte, Karl-Rudolf, Treibel, Jan (Hrsg.): Wie entscheiden Parteien? Prozesse innerparteilicher Willensbildung in Deutschland, Zeitschrift für Politikwissenschaft, Sonderband 2012, Nomos Verlag, Baden-Baden, 2012.

Kubon-Gilke, G.; Sturm, M.; Held, M.: Ökonomik des Vertrauens – Stellenwert von Vertrauen in der Ökonomik, in: Held, M.; Kubon-Gilke, G.; Sturm, M. (Hrsg.): Reputation und Vertrauen. Jahrbuch Normative und institutionelle Grundfragen der Ökonomik, Band 4, Marburg, S.7–S.33.

Kunz, Volker/Druwe, Ulrich: Handlungs- und Entscheidungstheorie in der Politikwissenschaft, Opladen, 1996.

Kunz, Volker: Rational Choice, Frankfurt am Main, 2004.

Kürschners Volkshandbuch, Deutscher Bundestag 17. Wahlperiode, Neue Darmstädter Verlagsanstalt, Rheinbreitbach, 2010.

Kürschners Handbuch der Bundesregierung 2009–2013, Neue Darmstädter Verlagsanstalt, Rheinbreitbach, 2010.

L

Lakatos, Imre: „Falsifikation und die Methodologie wissenschaftlicher Forschungsprogramme", in Lakatos, Imre und Musgrave, Alan (Hg.): Kritik und Erkenntnisfortschritt, Braunschweig, 1974, S. 89–189.

Landra, Dimitri: Debating Conceptions of Rational Choice, Journal of Theoretical Politics 18(4), p. 379–383.

Lehner, Franz: Einführung in die Neue Politische Ökonomie, Königstein, 1981.

Lindberg, Siegwart: An assessment of the new political economy: Its potential for the social scienes and for sociology in particular, Sociological Theory 3(1), 1985, p. 99 -113.

Linn, Susanne, Sobolewski, Frank: So arbeitet der Deutsche Bundestag, 24. Auflage, Neue Darmstädter Verlagsanstalt, 2011.

Lowi, Theodore J: The State in Political Science: How We Become What We Study", The American Political Science Review 86, p. 1–7, 1992.

M

Mansbridge, Jane J.: The Rise and Fall of Self-Interest in the Explanation of Political Life, in: Mansbridge, Jane J. (Hg.): Beyond Self-Interest, Chicago, London, 1990.

Maske, Kellie and Durden, Garey: The contributions and impact of Professor William H. Riker, Public Choice 117 (1-2), p. 191–220.

Maurer, Andrea: Individuelle Rationalität und soziale Rationalitäten, in: Maurer, Andrea, Schimanek U. (Hrsg.): Die Rationalitäten des Sozialen, Verlag für Sozialwissenschaften, Wiesbaden, 2011.

McCain, Roger A.: Game Theory and Public Policy, Northampton, 2009.

McLean, Iain: William H. Riker and the invention of heresthetic(s), in: British Journal of Political Science 32, p. 535–558.

Mearsheimer, John J.: Conversations in International Relations: Interview with John J. Mearsheimer (Part I), International Relations 20(1), p. 105–123.

Mensch, Kirsten: Die Wissenschaftlichkeit des Rational-Choice-Ansatzes in der Politikwissenschaft, in: Druwe, Ulrich und Kunz, Volker (Hg.): Anomalien in der Handlungs- und Entscheidungtheorie, Opladen, 34-58, 1998.

Mensch, Kirsten: Die segmentierte Gültigkeit von Rational-Choice-Erklärungen. Warum Rational Choice-Modelle die Wahlbeteiligung nicht erklären können, Opladen, 1999.

Mensch, Kirsten: Niedrigkostensituationen, Hochkostensituationen und andere Situationstypen: ihre Auswirkungen auf die Möglichkeit von Rational-Choice-Erklärungen, Kölner Zeitschriften für Soziologie und Sozialpsychologie 52(2), S. 246-263, 2000.

Meyer, Dirk: Evolutionär-stabile soziale Strategien, WiSt, Dezember 2009, S. 623–628.

Meyer, M.: Die Heuristik des normativen Prinzipal-Agenten-Modells. Wechselseitige Abstimmungen vs. Einseitige Verhaltenssteuerung, München, 2002.

Meyer, M.: Prinzipale, Agenten und ökonomische Modelle. Von einseitiger Steuerung zu wechselseitiger Abstimmung, Tübingen, 2004.

Meyer, Wilhelm: Grundlagen des ökonomischen Denkens, Tübingen, 2002.

Michels, Robert: Zur Soziologie des Parteiwesens in der modernen Demokratie: Untersuchungen über die oligarchischen Tendenzen des Gruppenlebens, Stuttgart (4. Aufl.), 1989.

Monroe, Kirsten R.: Paradigm Shift: From Rational Choice to Perspective, International Political Science Review 22(2), p. 151- 172, 2001.

Mueller, Dennis C.: Public Choice III, Cambridge University Press, New York, 2009.

Möller, Marie: Gefangen im Dilemma? Ein strategischer Ansatz der Wahl- und Revolutionsteilnahme Diskussionspapier, Westfälische Wilhelms-Universität Münster, 2011.

N

Niedermayer, Oskar: Innerparteiliche Demokratie, in Oskar Niedermayer (Hrsg.), Stand und Perspektiven der Parteienforschung in Deutschland, Opladen, S. 230–250.

Niehans, Jürg: Klassik als nationalökonomischer Mythos, Johann-Heinrich-von-Thünen-Vorlesung, Zeitschrift für Wirtschafts- und Sozialwissenschaften, 1989, S. 109.

Neumann, John von, Morgenstern Oskar: Theory of Games and Economic Behavior, Princeton University Press, 1944.

Neuner, Judith: Gemeinsame Entscheidungsfindung: Perspektiven, Ansatzpunkte und blinde Flecken, Arbeitspapier, München, 2009.

Nooteboom, B.: Forms, Sources and Limits of Trust, in: Held, M.; Kubon-Gilke, G.; Sturm, M. (Hrsg.): Reputation und Vertrauen. Jahrbuch Normative und institutionelle Grundfragen der Ökonomik, Band 4, Marburg, 2005, S. 35–S.58.

North Atlantic Treaty Organisation, Financial and Economic Data Relating to NATO Defence, Press & Media, Bruxelles Belgique, 10 March 2011.

O

Offe, Claus: Politische Legitimation durch Mehrheitsentscheidung?, in: Guggenberger, Bernd und Offe, Claus (Hg.): An den Grenzen der Mehrheitsdemokratie, Opladen, 1984, S. 150–183.

Opp, Karl-Dieter: Methodologie der Sozialwissenschaften: einführung in Probleme ihrer Theoriebildung und praktischen Anwendung, Westdeutscher Verlag GmbH, Opladen, 1995.

Ordeshook, Peter C.: Game Theory and Political Theory: An Introduction, Cambridge, 1986.

P

Pedriana, Nicholas: Rational Choice, Increasing Returns and Structural Context: A Strategy for Analytic Narrative in Historical Sociology, Sociological Methods and Research 33(3), p. 349–382, 2005.

Popper, Karl Raimund: Die offene Gesellschaft und ihre Feinde, Bd. 2, Falsche Propheten: Hegel, Marx und die Folgen, Tübingen, 7. Auflage, 1992.

Popper, Karl Raimund: Objektive Erkenntnis. Ein evolutionärer Entwurf, Hamburg, 1993.

Popper, Karl Raimund: Lesebuch. Ausgewählte Texte zu Erkenntnistheorie, Philosophie der Naturwissenschaften, Metaphysik, Sozialphilosophie, Tübingen, 2000.

Popper, Karl Raimund: Logik der Forschung, 10. Auflage, Tübingen, 2002.

Pütz, Helmuth: Die CDU. Entwicklung, Organisation und Politik der Christlich Demokratischen Union Deutschlands, Droste Buchverlag, Düsseldorf, 1985.

R

Rae, Douglas W. / Daudt, Hans: The Ostrogorski Paradox: A Peculiarity of Compound Majority Decision, European Journal of Political Research 4, p. 391–398.

Rieck, Christian: Spieltheorie Einführung für Wirtschafts- und Sozialwissenschaftler, Wiesbaden, 1993.

Rieck, Christian: Spieltheorie Eine Einführung, 10. Auflage, Christian Rieck Verlag, Eschborn, 2010.

Riker, William H.: Liberalism against Populism: A Confrontation between the Theory of Democracy and the Theory of Social Choice, Long Grove/Illinois, 1982.

Riklin, Alois: Gemeinwohl und Volkssouveränität, in: Koslowski, Peter (Hg.): Das Gemeinwohl zwischen Universalismus und Partikularismus, Stuttgart/Bad Cannstadt, S. 75–96, 1999.

S

Saalfeld, Thomas: Parteien und Wahlen, Baden-Baden, 2007.

Schmid, Manfred G.: Demokratietheorien, Opladen, 2000.

Sachverständigenrat zur Begutachtung der gesamtwirtschaftlichen Entwicklung, Die Zukunft nicht aufs Spiel setzen, Jahresgutachten 2009/10, Wiesbaden, 2009.

Sachverständigenrat zur Begutachtung der gesamtwirtschaftlichen Entwicklung, Chancen für einen stabilen Aufschwung, Jahresgutachten 2009/10, Wiesbaden, 2010.

Satori, Giovanni: Demokratietheorie, Darmstadt, 1992.

Shepsle, Kenneth A.: Rational Choice Institutionalism, in: The Oxford Handbook of Political Institutions, p.23–39, 2006.

Schnell, Jürgen: Neue Entscheidung zur allgemeinen Wehrpflicht – Zur Verkürzung des Grundwehrdienstes von neun Monaten auf sechs Monate sowie zur Umwandlung der Bundeswehr in eine Freiwilligen-Bundeswehr, Diskussionsbeitrag, Bonn, 02.02.2010.

Schnell, Jürgen: Haushalte und Militärbudgets der EU-Mitgliedsstaaten vor dem Hintergrund der gegenwärtigen dramatischen Finanzlage – Einspareffekte und Effizienzsteigerung durch eine Europa-Armee ?, München, 11.05.2011.

Schnell, Jürgen: Vortrag „Controlling als Steuerungselement in Militärorganisationen", gehalten im Rahmen des Seminars „Steuerungsrelevante Informationen gewinnen – mit Controlling" für Führungskräfte der Bundeswehr vom 27.04. – 29.04.09 an der Führungsakademie der Bundeswehr in Hamburg.

Schnell, Jürgen: Vortrag „Rationalisierungsstrategien in Streitkräften am Beispiel der Bundeswehr", gehalten am 25.09.2006 an der Polizei-Führungsakademie in Münster.

Schnell, Jürgen: Europäische Streitkräfte in ökonomischer Perspektive, München, 2005.

Schnell, Jürgen: Anhörung im Verteidigungsausschuss des Deutschen Bundestages am 14.03.2011 zum Entwurf des Wehrrechtsänderungsgesetzes 2011.

Schöne, Helmar: Alltag im Parlament. Parlamentskultur in Theorie und Empirie, Baden-Baden, Nomos Verlagsgesellschaft, 2010.

Schüttemeyer, Suzanne S.: Fraktionen im Deutschen Bundestag 1949–1997.

Empirische Befunde und theoretische Folgerungen, Opladen, 1998.

Smith, Adam: Theorie der ethischen Gefühle, Sonderausgabe, Felix Meiner Verlag, Hamburg, 2004.

Snidal, Duncan: Rational Choice and International Relations, in: Carlsanaes, Walter; Risse; Thomas; Simmons; Beth A. (Hg.): Handbook of International Relations, London, Thousand Oaks, New Dehli, p. 73–94, 2002.

Steenbergen, Marco R., Steiner, Jörg, Bächtiger Andre, Spörndli, Markus: Measuring political deliberation. A Discourse Quality Index, in: Comparative European Politics 1, p. 21–48.

Steiner, Jörg, Bächtiger Andre, Spörndli, Markus, Steenbergen, Markus R.: Deliberative Politics in Action, Cambridge University, 2004.

Strukturkommission der Bundeswehr: Bericht der Strukturkommission der Bundeswehr Oktober 2010 Vom Einsatz her denken Konzentration, Flexibilität, Effizienz, Berlin, Oktober 2010.

Stöver, Bernd: Der Kalte Krieg, München, 2003.

Stübig, Heinz: Die Wehrverfassung Preußens in der Reformzeit. Wehrpflicht im Spannungsfeld von Restauration und Revolution 1815–1860, in: Förster, Roland G.: Die Wehrpflicht: Entstehung, Erscheinungsformen und politisch-militärische Wirkung.

Switek, Niko: Die Satzung ist nicht genug! Parteien unter dem Mikroskop der strategischen Organisationsanalyse, in: Bröchler, Stephan, Grunden, Timo (Hrsg.), Informelle Politik, Wiesbaden, 2012.

T

Taylor, Michael J.: Mathematical Political Theory, in: British Journal of Political Science 1(3), S. 339-382, 1971.

Thomas Bulmahn, Rüdiger Fiebig, Carolin Hilpert: Sicherheits- und verteidigungspolitisches Meinungsklima in der Bundesrepublik Deutschland, Ergebnisse der Bevölkerungsbefragung 2010 des Sozialwissenschaftlichen Instituts der Bundeswehr, Forschungsbericht 94, Strausberg, Mai 2010.

Trefs, Matthias: Faktionen in westeuropäischen Parteien. Italien, Großbritannien und Deutschland im Vergleich, Nomos Verlagsgesellschaft, Baden-Baden, 2007.

Treibel, Jan: Formales und informelles Führen und Folgen in Parteien. Ein mikropolitischer Ansatz zur Analyse von internen Entscheidungsprozessen am Beispiel der FDP, in: Bröchler, Stephan, Grunden, Timo (Hrsg.), Informelle Politik, Wiesbaden, 2012, S. 7–34.

Treibel, Jan: Die FDP: Entscheidungsprozesse zwischen hierarchischer Führung, Konsenssuche und Mehrheitsentscheidungen, in: Zeitschrift für Politikwissenschaft (Sonderband 2012), Korte, Karl-Rudolf, Treibek, Jan (Hrsg.), Nomos Verlagsgesellschaft, Baden-Baden, 2012.

Treibel, Jan: Die FDP. Prozesse innerparteilichen Führung, Baden-Baden, 2012.

V

Vanberg, Victor: Rationalitätsprinzip und Rationalitätshypothese: Zum methodologischen Status der Theorie rationalen Handelns, Freiburger Diskussionspapiere zu Ordnungsökonomik.

Verfassung des Deutschen Reichs.

Versailler Vertrag.

Vier-Plus-Zwei Vertrag.

W

Walt, Stephan: Rigor or Rigor Mortis?: Rational Choice and Security Studies, International Security 23(4), p. 5-48, 1999.

Weißbuch 2006 zur Sicherheitspolitik Deutschlands und zur Zukunft der Bundeswehr Online Ausgabe, Berlin, 2006.

Welzel, Christian: Gemeinwohl als Bürgerwohl: Die Perspektive der Humanentwicklung, in: Schuppert, Gunnar F., Neidhart, Friedhelm (Hrsg.): Gemeinwohl – Auf der Suche nach Substanz, Berlin, 2002, S. 109–126.

Wette, Wolfram: Ideologien, Propaganda und Innenpolitik als Voraussetzungen der Kriegspolitik des Dritten Reiches, in Ursachen und Voraussetzungen des Zweiten Weltkrieges von Deist, Wilhelm, Messerschmidt, Manfred, Volkmann, Hans-Erich und Wette, Wolfram (Hrsg.), Frankfurt / Main, 1991.

Wiesendahl, Elmar: Parteien in der Perspektive. Theoretische Ansichten der Organisationsentwicklung politischer Parteien, Opladen, 1998.

Wiesendahl, Elmar: Volksparteien. Aufstieg, Krise, Zukunft, Opladen, 2011, S. 85 ff.

Winter, Martin: Untertanengeist durch Militärpflicht?, Verlag für Regionalgeschichte, 2005, Bielefeld.

Wohlgethan, Achim: Schwarzbuch der Bundeswehr Überfordert, Demoralisiert, im Stich gelassen, Wilhelm Goldmann Verlag, 1. Auflage, München, 2012.

Z

Zintl, Reinhard: Rationalitäten und Rationalitätsprobleme des Marktes, in: A. Maurer, U. Schimank (Hrsg.): Die Rationalitäten des Sozialen, VS Verlag für Sozialwissenschaften, Springer Fachmedien Wiesbaden GmbH, 2011.

Zintl, Reinhard: Der Homo Oeconomicus: Ausnahmeerscheinung in jeder Situation oder Jedermann in Ausnahmesituationen?, in: Analyse und Kritik 11 (1989), S. 52–69, Westdeutscher Verlag, Opladen,1989,
download http://www.analyse-und-kritik.net/1989-1/AK_Zintl_1989.pdf.

Zobler Marlen, Bölscher Jens: Chronologie, Ursachen und Auswirkungen der Finanzkrise, Vom amerikanischen Immobilienboom zum globalen Bankencrash, 1. Auflage, Norderstedt, 2009.

XX. Innerparteiliche politische Aussagen

Im Folgenden sind innerparteiliche Aussagen der Koalitionsparteien des Bundestages der 17. Wahlperiode aufgeführt. Über die Aussagen im zeitlichen Verlauf wird die Positionierung der Parteien aufgezeigt, welche dann zur spieltheoretischen Analyse herangezogen werden.

CDU

2011

Dezember

Der frühere Verteidigungsminister Franz Josef Jung hält an seiner Position, dass die Aussetzung der Wehrpflicht falsch war, fest. Seine Partei, die CDU, habe sich mehr von der Person Guttenberg beeindrucken, als sich von sachlichen und fachlichen Argumenten überzeugen lassen.

> „Der frühere Verteidigungsminister Franz Josef Jung beurteilt es als Fehler, daß die Wehrpflicht abgeschafft wurde: „Ich leide noch immer darunter", sagte Jung in einem Interview mit des Magazins „Stern".
>
> Er habe sich aber nicht öffentlich gegen seinen Amtsnachfolger Karl-Theodor zu Guttenberg (KTG) positionieren wollen. Jung räumt ein, die CDU habe sich in der Frage der Wehrpflicht stärker vom persönlichen Charisma Guttenbergs als von Sachargumenten leiten lassen: „Sie hat sich von der Rhetorik beeinflussen lassen"."[1022]

Nicht nur Franz Josef Jung war ein Gegner der Aussetzung der Wehrpflicht wie in den nachfolgenden Ausführungen aufgezeigt wird.

2010

November

Auf dem 23. Parteitag in Karlsruhe ist die Aussetzung der Wehrpflicht beschlossen worden, obwohl auch ehemals gewichtige CDU Politiker wie Helmut Kohl sich für die Wehrpflicht aussprachen.

> „Ganz besonders dafür ist die Partei kurioserweise als es um die Aussetzung der Wehrpflicht geht – da haben auch die Grünen überhaupt nichts dagegen. Verteidigungsminister Karl-Theodor zu Guttenberg redet lange, wägt Für und Wider ab und schafft es gar, Ansichten von Altkanzler Helmut Kohl zu entkräf-

---

[1022] Siehe http://charismatismus.wordpress.com/2011/12/01/franz-j-jung-cdu-halt-abschaffung-der-wehrpflicht-fur-falsch/ vom 01.12.2011, gelesen am 02.12.2011.

ten, der unlängst für die Wehrpflicht stritt. Am Ende klatscht die CDU stehend – für einen CSU-Politiker, der ihr einen Markenkern nimmt. Noch denke er nicht daran, in der Partei einen Asylantrag zu stellen, scherzte Guttenberg zuvor."[1023]

Das Ende der Wehrpflicht ist von einer klaren Mehrheit der Delegierten auf dem Parteitag der CDU beschlossen worden. Wohl deswegen, weil ein echtes Gegengewicht zum charismatischen Guttenberg in der CDU gefehlt hat.

„„Die CDU ist jederzeit aufnahmebereit", lautete freimütig die Antwort von Tagungspräsident Peter Hintze. Guttenberg hat es leicht. Anders Kristina Schröder. Die Familienministerin muss den Nachfolger für den Zivildienst entwickeln. Mit der jungen Ministerin fremdeln viele in der CDU. Nach ihrem nervösen Vortrag, der keinen Anklang fand, könnten einige Zweifel beschlichen haben, ob sie dafür die richtige ist. Mehr als 90 Prozent der Delegierten stimmten für das Ende der Wehrpflicht."[1024]

Die CDU ist seit Einführung der Wehrpflicht Verfechter der Wehrpflicht gewesen und hat diese gegen alle Kritik im Lauf der Zeit verteidigt.

Zu Zeiten der Gründung der Bundeswehr 1955 war das Kabinett Adenauer mit CDU/CSU, FDP (später FVP), DP und BHE in der Regierungsverantwortung. So sehen sich die CDU als auch die CSU verantwortlich für die Einführung der Wehrpflicht und ebenso als Interessenvertreter der Soldaten.

„Es waren CDU und CSU, die zugleich die allgemeine Wehrpflicht einführten. CDU und CSU stehen für die sicherheitspolitische Integration Deutschlands in den Westen, die Einbindung der Bundeswehr in das erfolgreichste Bündnis der Geschichte –die NATO –, die Bundeswehr als „Armee der Einheit" und die Zugehörigkeit des wiedervereinigten Deutschlands zum nordatlantischen Verteidigungsbündnis. CDU und CSU verstehen sich als Anwalt der Soldatinnen und Soldaten. Unsere Parteien stehen für verantwortungsvolle Sicherheitspolitik."[1025]

Eine eindeutige Aussage wird im Beschluss vom 23. Parteitag getroffen in Bezug auf die Annahme, dass fehlendes Geld die Bundeswehrreform vorantreiben würde.

„Bei allen Transformationsüberlegungen geht es nicht darum, die Bundeswehr billiger, sondern für die aktuellen und zukünftigen Herausforderungen besser

---

[1023] Siehe http://www.welt.de/politik/deutschland/article10949492/CDU-verabschiedet-sich-von-der-Wehrpflicht.html vom 15.11.2010, gelesen am 06.12.2011.
[1024] Siehe http://www.welt.de/print/die_welt/politik/article10956144/Merkel-erfindet-die-Dafuer-Partei.html vom 16.11.2010, gelesen am 06.12.2011.
[1025] Siehe Beschluss des 23. Parteitages der CDU Deutschland: Siehe Zukunft der Bundeswehr, 14. -16. November 2010, Karlsruhe, S.1.

aufzustellen. Die Wehrreform darf nicht von der Haushaltslage bestimmt sein."[1026]

Der ausschlaggebende Grund für die Aussetzung der Wehrpflicht ist die sicherheitspolitische Lage, die eine Wehrpflichtarmee nicht weiter notwendig erscheinen lässt. Dabei wird Bezug auf die im Jahre 2010 eingesetzte Strukturkommission genommen, deren Bericht im Oktober 2010 vorgelegt wird, und auf das Weißbuch aus dem Jahr 2006.

„Die Präsidien von CDU und CSU teilen die Sicherheitsanalyse des Bundesministers der Verteidigung vom August 2010. Schlussfolgerung aus der Analyse ist, dass eine sicherheitspolitische Notwendigkeit für die allgemeine Wehrpflicht nicht mehr gegeben ist."[1027]

September

Für eine Partei, die sich den konservativen Werten verschrieben hat, ist es mit Schwierigkeiten verbunden, der Parteibasis und ihren Wählern eine Entscheidung gegen die traditionelle Wehrpflicht zu vermitteln. Deswegen ist eine gute Begründung für die Entscheidung unabdingbar. Neben der sicherheitspolitischen Lage ist die für immer Unruhe sorgende Wehrgerechtigkeit als Begründung herangezogen worden.[1028]

Dass die Initiative für die Wehrpflichtaussetzung von der CSU betrieben wurde, zeigt folgendes Zitat:

„Im CDU-Präsidium habe es "eine große Offenheit" gegenüber den Vorstellungen von CSU-Verteidigungsminister Karl-Theodor zu Guttenberg gegeben, sagte Gröhe. Einen förmlichen Beschluss gab es nicht. Offiziell ist der Diskussionsprozess in der CDU noch nicht abgeschlossen."[1029]

August

Die Vorschläge Guttenbergs trafen auf heftigen Widerstand in der CDU, wie die folgenden Zitate zeigen.

„Niedersachsens Ministerpräsident David McAllister (CDU) forderte seine Partei zu einer gründlichen Debatte auf. „Ich darf nur daran erinnern, dass unsere CDU seit 1955 immer die Partei der Wehrpflicht war", sagte er. "Dass ich ein Befürworter der Wehrpflicht bin, ist bekannt." Auch der verteidigungspolitische

---

[1026] Siehe ebd.: S.2.
[1027] Siehe ebd.
[1028] Vgl. http://www.n-tv.de/politik/CDU-schafft-Wehrpflicht-ab-article1476756.html vom 13. September 2010, gelesen am 02.12.2011.
[1029] Siehe ebd.

Sprecher der Unionsfraktion, Ernst-Reinhard Beck (CDU), machte erhebliche Bedenken gegen ein Aussetzen der Wehrpflicht geltend. "Zum gegenwärtigen Zeitpunkt steht für mich ein Aussetzen nicht zur Diskussion."'[1030]

Bei Bundeskanzlerin Angela Merkel sieht dies ein wenig anders aus. Grundsätzlich ist sie für einen neuen Ansatz offen und möchte die politische Debatte abwarten, um sich dann zu positionieren.

„Merkel will über eine Aussetzung der Wehrpflicht erst nach intensiver politischer Debatte entscheiden. "Die Bundeskanzlerin wird sich und kann sich da in dieser Phase vor einer breiten Diskussion in den Parteien natürlich nicht festlegen", sagte Regierungssprecher Steffen Seibert. Die Kanzlerin sehe aber durchaus einen „Ausgangspunkt" für eine Reform und unterstütze "neues Denken"."[1031]

„"Die Parteien werden darüber diskutieren, ich werde dem jetzt nicht vorgreifen, aber bin durchaus mit Sympathie ausgestattet, was die Überlegungen des Verteidigungsministers anbelangt", sagte Merkel am Sonntag dazu in der ARD. (...)
Auch die Kanzlerin lehnt ein Pflichtjahr anstelle von Wehr- und Zivildienst wegen des damit verbundenen Eingriffs in die Freiheit des Einzelnen ab. Merkel sprach sich dafür aus, „dass wir offensiv für freiheitliche soziale Dienste und für den Dienst in der Bundeswehr werben". Eine neue Freiwilligenkultur sei das Ziel."[1032]

Deutlicher Widerstand kommt aus den eigenen Reihen, insbesondere von den Ministerpräsidenten der Länder.

„Schleswig-Holsteins Ministerpräsident Peter Harry Carstensen sieht in der Bundeswehr einen integralen Bestandteil der Gesellschaft. Das sei angesichts der schlimmen deutschen Erfahrungen mit dem Militarismus ein großes Verdienst der Wehrpflicht, sagte er nach einem vorab verbreiteten Redemanuskript bei der Marine in Plön. „Diese Errungenschaft dürfen wir nicht leichtfertig opfern."[1033]

„Auch in Niedersachsens Union gibt es lautstarken Widerstand gegen die Pläne aus Berlin. Landtagsfraktionschef Björn Thümler sagte, die Wehrpflicht gehöre zum Markenkern der CDU. Auch Ministerpräsident David McAllister sieht ein Aussetzen der Wehrpflicht kritisch. Landesinnenminister Uwe Schünemann (CDU) hat eine Heimatschutzpflicht vorgeschlagen und über dieses Konzept nach dpa-Informationen bereits mit dem Verteidigungsminister gesprochen. Es

---

[1030] Siehe http://www.n-tv.de/politik/Guttenberg-will-Wehrpflicht-aussetzen-article1326571.html vom 23. August, gelesen am 12.12.2011.
[1031] Siehe ebd.
[1032] Siehe http://www.focus.de/politik/deutschland/verteidigung-merkel-sympathie-fuer-aussetzung-der-wehrpflicht_aid_546561.html vom 29.08.2010, gelesen am 12.12.2011.
[1033] Siehe http://www.shz.de/nachrichten/top-thema/article//carstensen-gegen-aussetzung-der-wehrpflicht.html vom 28. August 2010, gelesen am 12.12.2011.

sieht vor, junge Männer weiter einzuziehen. Nach der Grundausbildung könnten sie dann wählen, ob sie bei der Armee, bei einer Katastrophenschutzorganisation oder etwa der Bundespolizei Dienst leisten."[1034]

Juli

Im Juli des Jahres 2010 gibt die Kanzlerin zu verstehen, dass die Abschaffung der Wehrpflicht nicht zur Debatte steht. Falls aus Spargründen die Aussetzung der Wehrpflicht seitens des Verteidigungsministeriums nötig sei, würden weitere Gelder bereitstehen, um die Sicherheit der Bundesrepublik Deutschland nicht zu gefährden.

„Bundeskanzlerin Angela Merkel (CDU) hatte am Mittwoch gesagt, eine Streichung der Wehrpflicht aus dem Grundgesetz komme nicht infrage. Dies ist Konsens in der schwarz-gelben Koalition. Das Bundeskabinett hatte im Juni Einsparungen im Verteidigungsbereich in Höhe von 8,3 Milliarden Euro bis 2014 beschlossen. Im Ministerium waren daraufhin drei Reformmodelle erarbeitet worden, die eine Reduzierung der Truppenstärke auf 205 000, 170 000 oder 150 000 Soldaten vorsehen. Merkel zeigte sich am Mittwoch bereit, die Finanzvorgaben noch einmal zu ändern. „Wegen zwei Milliarden kann ich nicht die deutsche Sicherheit aufs Spiel setzen", sagte die CDU-Chefin."[1035]

Juni

Die Kritik der Länder an der Abschaffung bzw. Aussetzung der Wehrpflicht wird bereits früh deutlich.

„Sachsen-Anhalts Ministerpräsident Wolfgang Böhmer (CDU) sprach sich „aus grundsätzlichen Gründen" gegen eine Abschaffung der Wehrpflicht aus. „Ich halte die Wehrpflicht nach wie vor für in der Sache gerechtfertigt. Sie ist Ausdruck des Selbstverständnisses vom Bürger in Uniform", sagte Böhmer in Magdeburg."[1036]

Bei der Diskussion um die Aussetzung oder Abschaffung der Wehrpflicht darf nicht vergessen werden, dass während der geführten Debatten und kontrovers geführten Auseinandersetzungen die Wehrpflichtzeit von neun Monate auf sechs Monate verkürzt wurde.

[1034] Siehe http://www.focus.de/politik/deutschland/verteidigung-merkel-sympathie-fuer-aussetzung-der-wehrpflicht_aid_546561.html vom 29.08.2010, gelesen am 13.12.2011.
[1035] Siehe http://www.merkur-online.de/nachrichten/politik/guttenberg-gegen-abschaffung-wehrpflicht-850579.html vom 22.07.2010, gelesen am 02.12.2011.
[1036] Siehe http://www.focus.de/politik/deutschland/union-entscheidung-ueber-wehrpflicht-bis-jahresende_aid_521389.html vom 20.06.2010, gelesen am 13.12.2011.

„Wehr- und Zivildienst dauern ab Juli nur noch sechs Monate. Der Bundestag beschloss die umstrittene Verkürzung, obwohl Guttenberg längst anderes plant."[1037]

Die Opposition wandte sich einheitlich gegen das Gesetz zur Verkürzung der Wehrdienstzeit.

„Die Linke und die Grünen warfen der Koalition vor, sie beschließe ein Gesetz, das bald schon wieder Makulatur sein werde. Der SPD-Verteidigungsexperte Lars Klingbeil bemängelte zudem, durch die Reform werde der Wehrdienst zu einem „sechsmonatigen Praktikum bei der Bundeswehr"."[1038]

Im Sommer 2010 entbrannte eine heftige Diskussion innerhalb der CDU zu den Vorschlägen von Verteidigungsminister zu Guttenberg.

„Heftiger Widerstand gegen Guttenbergs Pläne kommt von zwei prominenten CDU-Politikern: Unionsfraktionschef Volker Kauder und Bundesfamilienministerin Kristina Schröder sprachen sich am Samstag für die Beibehaltung der Wehrpflicht aus. Der „Süddeutschen Zeitung" sagte Kauder: „Ich bin überzeugt, dass die Wehrpflicht erhalten bleiben muss." Sie sei das Instrument, Gesellschaft und Bundeswehr miteinander zu verbinden.

Kauder kritisierte zudem Guttenberg. „Es geht nicht, dass überfallartig, von Donnerstag auf Montag, ein Beschluss gefasst werden soll, die Wehrpflicht abzuschaffen", sagte er. Die Struktur der Wehrpflicht müsse sich allein daran orientieren, dass die Bundeswehr ihren Auftrag erfüllen könne. Deswegen könne eine Strukturreform nicht unter einem Spardiktat geführt werden. „Das ist der Grund, warum ich den Zusammenhang zwischen Sparen und Abschaffen der Wehrpflicht nicht akzeptieren kann", sagte Kauder.

Familienministerin Schröder sagte der „Passauer Neuen Presse", die Wehrpflicht sorge für eine besondere Verankerung der Bundeswehr in der Gesellschaft. Eine Aussetzung der Wehrpflicht wäre nur verteidigungspolitisch begründbar. „Eine solche Entscheidung sollte man nicht nach Kassenlage treffen und mit Sparzwängen rechtfertigen", sagte die CDU-Politikerin. Sie wolle bis September prüfen lassen, was eine Aussetzung der Wehrpflicht für den Zivildienst bedeuten würde.

Der Unionsobmann im Verteidigungsausschuss, Ernst-Reinhard Beck (CDU), äußerte sich entsetzt über die Guttenberg-Pläne. „55 Jahre ist die Union die Partei der Wehrpflicht gewesen und plötzlich geben wir das wegen eines Spar-

---

[1037] Siehe http://www.focus.de/politik/deutschland/bundestag-verkuerzung-von-wehrdienst-beschlossen_aid_520722.html vom 17.06.2010, gelesen am 13.12.2011.
[1038] Siehe http://www.spiegel.de/politik/deutschland/0,1518,701399,00.html vom 17.06.2010, gelesen am 02.12.2011.

diktats auf. Das kann doch nicht sein", sagte er der „Frankfurter Rundschau".“[1039]

Die Bundeskanzlerin Angela Merkel spricht sich im Juni des Jahres 2010 noch klar für die Wehrpflicht aus, insbesondere kann die Notwendigkeit des Sparens nicht der Grund für die Aussetzung sein.

„Nach Informationen der „Financial Times Deutschland" (Donnerstagausgabe) machte Merkel aber bei einem Treffen der Unionsminister vor der Kabinettssitzung deutlich, dass eine Aussetzung der Wehrpflicht in der aktuellen Spardebatte nicht infrage komme. „Eine Reform, die das Ende der Wehrpflicht auslöst, lässt sich nun wirklich nicht nur mit der Notwendigkeit des Sparens begründen und erst recht nicht in drei Tagen durchdrücken", sagte die Kanzlerin nach Angaben aus Regierungskreisen."[1040]

2009

Juni

Im Regierungsprogramm „Wir haben die Kraft – Gemeinsam für unser Land" bekennen sich CDU und die CSU zur Wehrpflicht. Die Wehrgerechtigkeit ist ein Thema, welches in der Regierungszeit angegangen werden soll. Hierbei bleibt aber die Frage unbeantwortet, wie dies erreicht werden soll. Die Attraktivität des Wehrdienstes soll unabhängig von der Wehrform erhöht werden.

„Wehrpflicht ist auch angesichts der neuen Bedrohungen der Sicherheit unseres Landes zukünftig notwendig. Sie ist ein wichtiges Instrument der Sicherheitsvorsorge. Die Wehrpflicht verbindet Bundeswehr und Gesellschaft. Wir wollen jedoch für mehr Wehrgerechtigkeit sorgen und die Wehrpflicht attraktiver gestalten."[1041]

Mai

Vor der Bundestagswahl 2009 wird in einer Diskussion am 13. Mai 2009 im Rahmen einer Veranstaltung der Zentralstelle KDV über Herrn Ernst-Reinhard

---

[1039] Siehe http://www.spiegel.de/politik/deutschland/0,1518,700285,00.html vom 12.06.2010, gelesen am 02.12.2011.
[1040] Siehe http://www.focus.de/politik/weitere-meldungen/angela-merkel-kanzlerin-haelt-an-wehrpflicht-fest_aid_515169.html vom 02.06.2010, gelesen am 12.12.2011.
[1041] Siehe Regierungsprogramm, verabschiedet in einer gemeinsamen Sitzung des Bundesvorstands der CDU und des Parteivorstandes der CSU, Berlin, 28. Juni 2009, http://docs.google.com/viewer?a=v&q=cache:0wsoFp_uvu8J:www.cdu.de/doc/pdfc/090628-beschluss-regierungsprogramm-cducsu.pdf+cdu+2009+wahlprogramm&hl=de&gl=de&pid=bl&srcid=ADGEESikmMMUe6fu7ID7r2EbTeBcJcaX6xGgiBlyEozbJW3nzwIyAh4sNvKfbuRdfRSXNNrm5kR1EzUwKbEib6ArR9AnVhKFoK2HFo3C3BR3rLyoFL0pSGl-ePFcaM-iH3dE8wvOyC42&sig=AHIEtbRlz8GJV88-hIutVOIWTWyd_luOmg vom 28. Juni 2009, gelesen am 06.12.2011.

Beck, CDU/CSU, Mitglied des damaligen Verteidigungsausschusses, das Festhalten an der Wehrpflicht bekräftigt:

> „Ernst-Reinhard Beck, für die CDU/CSU Mitglied im Verteidigungsausschuss meint, „dass die Abschaffung der Wehrpflicht die Bundeswehr dümmer, älter und teurer machen wird". Der Staat brauche das Engagement junger Menschen in der Bundeswehr."[1042]

Insgesamt wird in dieser Veranstaltung deutlich, dass die CDU nicht beabsichtigt, die Wehrpflicht auszusetzen oder abzuschaffen.

2007

September

In einem Spiegel-Interview vom 01. September 2007 spricht Unions-Außenpolitiker Eckart von Klaeden sich eindeutig für den Erhalt der Wehrpflicht aus.[1043] Zu dieser Zeit regiert die große Koalition CDU/CSU und SPD, wobei die SPD bereits einen Kurs zur Verabschiedung der Wehrpflicht eingeschlagen hat. Die Begründung des Unions-Außenpolitikers zum Erhalt der Wehrpflicht basiert auf einer nicht vorhersehbaren Sicherheitslage und der Aufwuchsfähigkeit der Bundeswehr:

> „Weil sie [Anmerkung: Gemeint ist die Wehrpflicht] sich bewährt hat. Die Wehrpflicht ist aktive Sicherheitsvorsorge. Wir wissen nicht, wie sich die Sicherheitslage in Europa in den nächsten Jahrzehnten entwickeln wird. Wenn man die Wehrpflicht einmal abgeschafft hat, war's das – diese Art der Mobilisierung könnte man nicht einfach wieder anknipsen, wenn es mal nötig ist. Deshalb muss man sich das gut überlegen. Die Wehrpflicht ist darüber hinaus wichtig, um für die Bundeswehr weiter qualifizierten Nachwuchs zu finden."[1044]

Und weiter heißt es im Interview:

> „Ich [Anmerkung: Eckart von Klaeden] halte die Wehrpflicht nach wie vor für ein geeignetes Instrument, um auch den neuen Herausforderungen zu begegnen. Denken Sie zum Beispiel an die Gefahren asymmetrischer Kriegsführung oder des Nuklearterrorismus. Dann würden wir es mit fließenden Übergängen vom Katastrophenschutz bis hin zum klassischen Verteidigungsfall zu tun haben. In solchen Fällen wird uns die mit der Wehrpflicht *verbundene, schnelle Aufwuchsfähigkeit sehr nützlich sein.*"[1045]

[1042] Siehe http://www.zentralstelle-kdv.de/z.php?ID=322, gelesen am 02.12.2011.
[1043] Siehe http://www.spiegel.de/politik/deutschland/0,1518,503343,00.html vom 01. September 2009, gelesen am 06.12.2011.
[1044] Siehe ebd.
[1045] Siehe ebd.

Auf den Einwand, die SPD wende sich bereits gegen die Wehrpflicht, verweist Herr Klaeden in diesem Interview auf den gemeinsamen Koalitionsvertrag der CDU/CSU und der SPD aus dem Jahre 2005. Denn im Koalitionsvertrag ist festgehalten, dass die Regierungskoalition an der Wehrpflicht festhalten will.

„Die Bundesregierung bekennt sich zur Allgemeinen Wehrpflicht. Diese Dienstpflicht ist nach wie vor die beste Wehrform. Sie bestimmt Entwicklung und Selbstverständnis der Bundeswehr und dient der Verklammerung zwischen Streitkräften und Gesellschaft.
(...)
Eine allgemeine Dienstpflicht für junge Männer und Frauen wird abgelehnt."[1046]

August

Im Jahre 2007, also ein Jahr nach dem Erscheinen des Weißbuches, auf das sich die CDU auf ihrem 23. Parteitag bezieht, nimmt der damalige Verteidigungsminister Franz-Josef Jung (CDU) unmissverständlich eine Position für den Erhalt der Wehrpflicht ein.

„Wir haben uns über 50 Jahre als Wehrpflichtarmee entwickelt in einer guten Verbindung zu unserer Gesellschaft als Armee in der Demokratie", sagte Bundesverteidigungsminister Franz-Josef Jung (CDU) im ZDF."[1047]

Und nicht nur der Verteidigungsminister, Herr Jung, hat diese Position vertreten, sondern auch der damals stellvertretende Vorsitzende des Verteidigungsausschusses Herr Karl A. Lamers von der CDU.

„Er [Anmerkung: Herr Karl A. Lamers] sagte der „Sächsischen Zeitung", der Mix aus Berufssoldaten, Zeitsoldaten und Wehrpflichtigen habe sich bewährt. Die Qualifikationen der tauglich gemusterten Wehrpflichtigen seien vonnöten, damit die Bundeswehr ihren Auftrag erfüllen könne. Die Union ist die einzige Partei im deutschen Bundestag, die noch immer uneingeschränkt an der Wehrpflicht festhält."[1048]

[1046] Siehe http://www.cducsu.de/upload/koavertrag0509.pdf vom 10.10.2005, S.154 und 155, gelesen am 06.12.2011
[1047] Siehe http://www.spiegel.de/politik/debatte/0,1518,500632,00.html vom 18.08.2007, gelesen am 02.12.2011.
[1048] Siehe ebd.

2003

Mai

Ein gemeinsamer Beschluss von CDU und CSU aus dem Jahre 2003 zeigt eine deutliche Befürwortung zur Wehrpflicht.[1049] Zu dieser Zeit ist Peter Struck (SPD) Verteidigungsminister, und die Wehrpflichtdauer beträgt neun Monate. Die SPD diskutiert zu diesem Zeitpunkt eine Verkürzung der Wehrdienstzeit auf sechs Monate. In dem Beschluss heißt es:

> „Wer die Wehrdienstdauer einschneidend ändern will, ist in der Begründungs- und Darlegungspflicht, dass diese Entscheidung mit den Anforderungen an die von ihm zu verantwortende Bundeswehrstruktur übereinstimmt und darf nicht in den Geruch finanzpolitischer Willkürlichkeit geraten. Sinn, Zweck und Dauer der Wehrpflicht muss unseren Bürgern erklärbar sein."[1050]

Interessanterweise wird im Beschluss auch für die Wehrpflicht gesprochen, auch im Fall sich verändernder sicherheitspolitischer Voraussetzungen. Genau diese Argumentation wird später umgedreht und gegen die Beibehaltung der Wehrpflicht verwendet.

> „Die Allgemeine Wehrpflicht ist auch unter veränderten sicherheitspolitischen Rahmenbedingungen überzeugend begründbar. Wehrpflichtige versehen in allen Bereichen der Streitkräfte heute einen wertvollen Dienst, der in vielen Fällen qualitativ dem Niveau junger Zeitsoldaten entspricht. Der Bundeswehr ist es auf diesem Wege möglich, ihre potentiellen Zeit- und Berufssoldaten unter Eignungs- und Leistungsaspekten selbst zu rekrutieren."[1051]

Februar

Im Positionspapier „Bundeswehr in einem geänderten sicherheitspolitischen Umfeld" der CDU/CSU Bundestagsfraktion vom 25. Februar 2003 positioniert sich die CDU/CSU eindeutig zur Wehrpflichtarmee als Wehrform. Der Einsatz von Grundwehrdienstleistenden dient hauptsächlich dem Heimatschutz.

> „Wehrpflichtige sollten prinzipiell in allen Einheiten eingesetzt werden können, um eine Brücke von der Wehrpflicht zum längeren Dienst in der Bundeswehr zu schlagen. Wehrpflichtige, die nicht freiwillig zusätzlichen Wehrdienstleisten, sollten gezielt auf ihre Aufgaben vor allem in der Heimatverteidigung ausgebildet werden. Vorrangige Aufgabe von Wehrpflichtigen (außer FWDL) ist der Schutz der Bevölkerung, des Landes und des Bündnisgebiets. Gemeinsam mit Reser-

---

[1049] Vgl. http://www.cdu.de/doc/pdfc/beschluss_wehrpflicht.pdf vom 04. Mai 2003, gelesen am 06.12.2011.
[1050] Siehe ebd.: S. 3, gelesen am 06.12.2011.
[1051] Siehe ebd.: S. 4, gelesen am 06.12.2011

visten stellen sie ein leistungsfähiges, gut ausgebildetes und professionell geführtes Reservoir für die Heimatverteidigung."[1052]

Auch Kostenaspekte sprechen aus Sicht der CDU/CSU für eine Wehrpflichtarmee. Dieses Argument wird später ebenso gegen die Beibehaltung der Wehrpflicht verwendet. Insbesondere wird bei Aussetzung der Wehrpflicht mit erzielbaren Einsparungen in Milliardenhöhe für die Schaffung einer Freiwilligenarmee geworben.

„Die Wehrpflicht bietet unverzichtbare Möglichkeiten zur Gewinnung eines ausreichenden Reservistenpotentials, das flexible Reaktionen auf internationale Lageveränderungen durch Aufwuchsfähigkeit erlaubt. Reservisten bringen durch ihre Berufserfahrung ein Erfahrungs- und Wissenspotenzial in die Bundeswehr ein, für das Berufsarmeen teuer bezahlen müssen. Es gibt keine kostengünstigere Alternative als die Wehrpflicht, um gleiche Leistung zu erreichen. Mit dem gegenwärtig geplanten Umfang an Berufs- und Zeitsoldaten, ergänzt durch ein an Bedürfnissen und Aufkommen orientiertes Wehrpflichtigenpotential, lässt sich eine solide Struktur planen."[1053]

2002

März

Ein weiterer Schritt in die Vergangenheit zeigt, dass die Haltung zur Wehrpflicht bei der CDU uneingeschränkt positiv ist, aber einige CDU-Politiker sich auch kritisch äußern. Auch der spätere Bundespräsident Christian Wulff spricht sich für den Erhalt der Wehrpflicht aus.

„Der stellvertretende CDU-Vorsitzende und frühere Verteidigungsminister Volker Rühe bezeichnete eine Berufsarmee als "allemal teurer und schlechter". "Wir sind alle von der Wehrpflicht überzeugt", sagte er in Hinblick auf eine Stellungnahme des brandenburgischen Innenministers Jörg Schönbohm. Der CDU-Politiker hatte am Sonntag im ZDF-Magazin „Berlin direkt" Zweifel daran geäußert, ob die Wehrpflicht auf Dauer aufrecht zu erhalten sei.

Alle Gutachten sagten, dass eine Berufsarmee nicht nur in der Bevölkerung weniger verankert, sondern auch teurer sei, erklärte der stellvertretende CDU-Vorsitzende Christian Wulff. Rot-Grün müsse begreifen, dass die Bundeswehr kein Einsparobjekt sei."[1054]

[1052] Siehe http://www.ulrich-kelber.de/medien/doks/bundeswehr030225.pdf vom 25. Februar 2003, S.9, gelesen am 06.12.2011.
[1053] Siehe ebd.: S. 9 und S. 10, gelesen am 06.12.2011.
[1054] Siehe http://www.rp-online.de/politik/cdu-spitze-gegen-berufsarmee-1.2256976 vom 04.03.2002, gelesen am 02.12.2011.

CSU

2011

Februar

Der Verteidigungsminister zu Guttenberg begründet die Veränderungen zu der Wehrform mit der veränderten politischen Lage und der damit einhergehenden notwendigen Professionalisierung der Streitkräfte im Einsatz.

> „Eine Neuausrichtung mit Blick auf eine stärkere Einsatzorientierung war und ist daher unabdingbar. Wir brauchen deswegen heute keine unverhältnismäßig hohe Zahl von Soldaten mehr, sondern hochprofessionelle Streitkräfte, die über weite Distanzen für schwierige Einsätze schnell verlegt und für Risikoszenarien nachhaltig eingesetzt werden können."[1055]

Ein weiterer gewichtiger Grund für die Änderung der Wehrform ergibt sich durch die notwendigen Sparmaßnahmen. Hierzu äußert sich der Verteidigungsminister zu Guttenberg wie folgt:

> „Unter den gegebenen finanziellen Bedingungen liegt hierin eine erhebliche Herausforderung. Auch wir müssen sparen und einen Beitrag zum Sparen erbringen; wir müssen unsere Bundeswehr gleichzeitig aber auch zukunftsfest aufstellen, damit sie eine Perspektive entwickeln kann. Wir müssen hier noch weiter freundschaftlich und intensiv auch innerhalb der Bundesregierung verhandeln, damit wir die Bundeswehr entsprechend aufstellen können."[1056]

Weiterhin betont der Verteidigungsminister, dass der grundsätzliche Erhalt der Wehrpflicht, also die verfassungsrechtliche Verankerung, wichtig ist. Denn die derzeitige sicherheitspolitische Lage ist nicht garantiert und könnte in Zukunft eine Aktivierung der Wehrpflicht wieder begründen.

> „Weder die verfassungsrechtliche noch die einfachgesetzliche Grundlage der Wehrpflicht wird aber gänzlich abgeschafft. Ich halte es weiterhin für geboten und richtig, dass wir die verfassungsrechtliche Grundlage der Wehrpflicht erhalten haben und weiter erhalten; das ist mit Blick auf Szenarien, die wir heute sicher noch nicht ganz absehen können, eine richtige und kluge Entscheidung. Wir wollen Bewährtes erhalten, auch als Rückversicherung. Im Kern wird also lediglich die Verpflichtung zum Grundwehrdienst ausgesetzt."[1057]

Die große Herausforderung der Zukunft wird in der attraktiven Gestaltung der Bundeswehr als Arbeitgeber liegen. Denn die Bundeswehr der Zukunft wird

---

[1055] Siehe Deutscher Bundestag, Plenarprotokoll 17/93, Stenografischer Bericht 93. Sitzung, Berlin, 24. Februar 2011, S. 10424.
[1056] Siehe ebd.: S. 10425.
[1057] Siehe ebd.

auf dem Arbeitsmarkt um junge Menschen werben müssen. Der Verteidigungsminister betont dies und hebt diesen Punkt als zukünftige Herausforderung heraus:

> „Ich bin mir völlig im Klaren darüber, dass die Gewinnung von Freiwilligen angesichts der Konkurrenz mit anderen Arbeitgebern um qualifiziertes Personal wahrscheinlich eine der größten Herausforderungen der Gegenwart und der Zukunft darstellt."[1058]

Der Bundestagsabgeordnete Herr Markus Grübel der CDU/CSU Fraktion macht sehr deutlich, dass die Wehrpflicht eine Tradition widerspiegelt und die CDU/CSU eine Partei ist, die sich grundsätzlich für den Erhalt der Wehrpflicht ausspricht.

> „Die Aussetzung der Wehrpflicht ist für viele von uns, insbesondere in der CDU/CSU, eine schwierige, wenn nicht gar schmerzhafte Entscheidung gewesen.
> (...)
> Die Wehrpflicht hat sich bewährt. Das Bild des Staatsbürgers in Uniform wird mit einer Wehrpflicht gut deutlich. Arme und Reiche, gebildete und bildungsferne Menschen mit und ohne Migrationserfahrung leisten gemeinsam Wehrdienst.
> (...)
> Aber auch viele Mütter, die Olivzeug und Flecktarn gewaschen haben, und viele Freundinnen, die am Wochenende gewartet haben, haben sich eng mit der Bundeswehr verbunden."[1059]

2010

November

Im November 2010 spricht der Verteidigungsminister zu Guttenberg auf dem Parteitag der CDU, um für seine Reform der Bundeswehr zu werben. Auf dem CSU-Parteitag im Oktober ist die Aussetzung der Wehrpflicht bereits beschlossen worden.

> „Der junge Verteidigungsminister ist da, um den Delegierten seine Wehrreform zu erklären. Kernpunkt: die Aussetzung der Wehrpflicht. Eigentlich undenkbar, dass ausgerechnet die CDU die Wehrpflicht ad acta legen soll. CDU und CSU haben sie über Jahrzehnte geschützt, als würde umgehend ein Weltkrieg ausbrechen oder der böse Russe einfallen, sollte sie fallen."[1060]

[1058] Siehe ebd.
[1059] Siehe ebd.: S. 10434.
[1060] Siehe http://www.sueddeutsche.de/politik/cdu-stimmt-fuer-aussetzung-der-wehrpflicht-guttenberg-missioniert-die-cdu-1.1024216 vom 15.11.2010, gelesen am 16.12.2011.

Auffällig ist der hohe Beliebtheitsgrad des Verteidigungsministers zu Guttenberg. Durch sein Auftreten und seiner in der Bevölkerung hohen Popularität zieht er Menschen und Entscheidungsträger in seinen Bann und damit auf seine Seite.

„Als die Delegierten auf dem Karlsruher CDU-Parteitag Karl-Theodor zu Guttenberg ausmachen, hallt rhythmisches Klatschen durch die Reihen. Manche pfeifen, andere johlen vor Verzückung. Da kann Angela Merkel an diesem Montag noch so sehr das konservative Herz mit ihrer Rede erwärmt haben: Der beliebteste Politiker der Republik schafft es auch auf einem CDU-Parteitag, der Kanzlerin die Show zu stehlen."[1061]

Auch zu diesem Zeitpunkt gibt es trotz Beliebtheit des Verteidigungsministers auch Gegenwind aus den Reihen der CDU.

„Doch an diesem Abend in der Karlsruher Messehalle würden die Delegierten dem bayerischen Baron Guttenberg wohl selbst zustimmen, wenn er vorschlagen würde, das C aus dem Parteinamen zu streichen. Immerhin, die Delegierten erliegen dem Charme des Ministers nicht kollektiv. Als es zur Abstimmung kommt, ist doch eine erkleckliche Anzahl gegen die Aussetzung der Wehrpflicht: Tagungsleiter Peter Hintze sagt, es habe eine „beträchtliche Zahl von Gegenstimmen sowie einige Enthaltungen" gegeben. Doch es reicht nicht, um Guttenbergs Wehrreform aufzuhalten.

Die Argumentation des Verteidigungsministers scheint bestechend. Grob zusammengefasst: 20 Jahre lang haben sich die Wehrdienstverteidiger in die Tasche gelogen. Er hat sich das jetzt mal ganz genau angeschaut und festgestellt: Die Wehrpflicht lässt sich sicherheitspolitisch und aus Gründen der Wehrgerechtigkeit nicht aufrechterhalten. Er verschweigt, dass andere Parteien das schon längst erkannt haben."[1062]

Einen wirklich starken Widersacher hat Herr zu Guttenberg in der Person von Herrn von Boetticher, schleswig-holsteinischer CDU-Fraktionschef. Alle Argumente, die Verteidigungsminister zu Guttenberg auf dem CDU-Parteitag nennt, werden von Herrn von Boetticher widerlegt. Am Ende setzt sich Guttenberg aber klar durch und die Aussetzung der Wehrpflicht ist auf diesem Parteitag der CDU beschlossen worden.

„Guttenberg verspricht, es werde keine „Bundeswehr nach Kassenlage geben". Boetticher merkt dazu an, dass genau die Kassenlage es war, die Guttenberg auf die Idee gebracht habe, die Wehrpflicht auszusetzen.

[1061] Siehe ebd.
[1062] Siehe ebd.

Guttenberg verweist auf die verfassungsrechtlichen Bedenken, wenn nur noch 16 Prozent eines Jahrgangs zur Bundeswehr gezogen würden. Boetticher hält dagegen: Genau dies sei von höchsten Gerichten bereits als nicht zu beanstanden erklärt worden.

Guttenberg legt eine veränderte Sicherheitslage dar, die eine veränderte Bundeswehr nach sich ziehen müsste. Boetticher stellt heraus, dass sich die Sicherheitslage in den vergangenen Jahren nicht so dramatisch verändert habe, dass sie jetzt plötzlich zum Ende der Wehrpflicht führen müsse.

Welches Argument Guttenberg auch immer nennt: Boetticher weiß zu parieren.

Und doch ist – wenige Wochen nachdem die CSU die Vorlage geliefert hat – der 15. November 2010 der Tag, an dem die CDU die Wehrpflicht einstampft. Das Guttenberg-Virus hat die Union infiziert. Anders ist kaum zu erklären, dass all die Argumente für den Erhalt der Wehrpflicht, die seit Jahrzehnten zum Katalog der unabänderlichen Dogmen der Union gehörten, kein Gewicht mehr haben."[1063]

Oktober

Auf dem CSU Parteitag im Oktober 2010 ist die Aussetzung der Wehrpflicht mit breiter Zustimmung beschlossen worden.

„Der CSU-Parteitag in München billigte am Freitag einen Leitantrag des Vorstands – mit nur wenigen Gegenstimmen. Demzufolge gibt es keine „sicherheitspolitische Notwendigkeit" für die allgemeine Wehrpflicht mehr. Das Votum fiel überraschend deutlich aus, kein Redner sprach sich während des Parteitages gegen die Reform aus."[1064]

Verteidigungsminister Karl-Theodor zu Guttenberg führt in seiner Rede an, dass nur noch ein geringer Teil der Wehrpflichtigen eingezogen wird.

„"Wenn heute ein junger Mann nicht zur Bundeswehr will, dann geht er dort auch nicht hin", sagte Guttenberg. Nur noch 16,7 Prozent der jungen Männer eines Jahrgangs würden eingezogen. Es dürfe keine Bundeswehr nach Kassenlage geben. „Die Frage darf künftig nicht sein, was können wir uns noch leisten. Sondern die Frage muss lauten: Was ist uns unsere Sicherheit wert."

Seine Partei rief Guttenberg zu Geschlossenheit auf. "Es kommt auf den Zusammenhalt an, lieber Horst Seehofer, und nicht auf irgendwelche depperten Personaldebatten.""[1065]

[1063] Siehe ebd.
[1064] Siehe http://www.spiegel.de/politik/deutschland/0,1518,726239,00.html vom 29.10.2010, gelesen am 12.12.2011.
[1065] Siehe ebd.

Zu dieser Zeit wird Karl-Theodor zu Guttenberg als zukünftiger Parteichef und Nachfolger von Horst Seehofer innerhalb der CSU gehandelt. Aktuelle Umfragen belegen, dass Karl-Theodor zu Guttenberg die Gunst der Wähler weit vor Seehofer auf seiner Seite hat.

September

Der Parteivorsitzende der CSU, Herr Seehofer, hat nach anfänglichem Entgegenstellen zur Aussetzung der Wehrpflicht doch später eingelenkt und sich dafür ausgesprochen.

> „Seehofer war die Aussetzung der Wehrpflicht zunächst zu weit gegangen. Nun hat er in einem „Spiegel"-Interview von Abschaffung gesprochen: „Wenn es gemäß der Sicherheitsanalyse der Bundesregierung keine verfassungsrechtliche Grundlage für die Wehrpflicht im Frieden mehr gibt, dann muss man zwingend die Botschaft damit verbinden, dass man die Wehrpflicht abschafft und wir in Zukunft eine Berufsarmee haben.""[1066]

August

Nachdem Guttenberg der Kanzlerin seine Pläne zur Bundeswehrreform und insbesondere zur Aussetzung der Wehrpflicht vorgestellt hatte, wurden die Fraktionen der Koalition benachrichtigt. Die Kanzlerin steht dem Aussetzen der Wehrpflicht grundsätzlich positiv gegenüber, ohne sich auf weitere Ausgestaltungen festzulegen. Scharfer Gegenwind kommt weiter aus den eigenen Reihen und wegen des Wegfalls des Zivildienstes auch von den Wohlfahrtsverbänden.

> „Die CDU-Chefin will sich zwar noch nicht auf ein Modell festlegen, zeigt sich aber offen für ein Aussetzen der Wehrpflicht. Gleichzeitig bringen sich in der Union die Befürworter des Pflichtdienstes an der Waffe in Stellung. Mit der von Guttenberg für Mitte 2011 geplanten Aussetzung würde auch der Zivildienst wegfallen. Die Wohlfahrtsverbände haben massive Bedenken angemeldet.
> (...)
> Guttenberg präsentierte den Koalitionsexperten fünf Modelle, machte aber seine Präferenz klar. Nach seinem Willen soll die Wehrpflicht zwar im Grundgesetz verankert bleiben, junge Leute sollen aber nicht mehr gegen ihren Willen eingezogen werden. Der Minister will einen freiwilligen "Schnupper-Wehrdienst" mit einer Länge von 12 bis 23 Monaten anbieten, der vor allem dazu dienen soll, Nachwuchs für die Berufsarmee zu rekrutieren. Auch Frauen sollen sich freiwil-

---

[1066] Siehe http://www.hna.de/nachrichten/politik/wehrpflicht-abschaffung-seehofer-irritiert-917783.html vom 14.09.2010, gelesen am 02.12.2011.

lig melden können. Das Ministerium geht in der Modellrechnung von 7500 Freiwilligen sowie 156 000 Berufs- und Zeitsoldaten aus."[1067]

Sparziele würden laut Guttenberg aber nicht im Vordergrund stehen, seien aber mit seinen Plänen zu erreichen.

„Guttenberg betonte, Sparziele stünden bei der Reform nicht im Vordergrund. „Es wird keine Bundeswehr nach Kassenlage geben, sondern eine, die die sicherheitspolitischen und verteidigungspolitischen Herausforderungen bewältigen kann." Allerdings seien auch mit dem von ihm vorgestellten Modell "ganz erhebliche Entlastungen zu schaffen"."[1068]

Und eins ist für den Verteidigungsminister auch sicher; nämlich die bleibende Verankerung der Wehrpflicht im Grundgesetz. Die Sicherheitspolitische Lage könne sich ändern und dann müsste man im Bedarfsfall wieder auf die Wehrpflicht zurückgreifen.

„Eine Streichung der Wehrpflicht aus dem Grundgesetz lehnt Guttenberg ab. Er begründete das damit, dass man die Entwicklung der Sicherheitslage nicht absehen könne und deswegen eine Wiedereinführung der Wehrpflicht möglich bleiben müsse. "Ich wundere mich immer wieder über den einen oder anderen Schlaumeier, der weiß, wie in 20 Jahren die Welt aussieht", sagte der Minister."[1069]

Der Widerstand gegen den Verteidigungsminister Karl-Theodor zu Guttenberg bleibt offensichtlich und manifestiert sich auch in der eigenen Partei der CSU.

„Innerhalb seiner eigenen Partei, der CSU, stößt Guttenberg auf Widerstand. „Ich halte es für falsch, die Wehrpflicht auszusetzen", sagte der Wehrexperte der CSU-Landtagsfraktion, Johannes Hintersberger. Die allgemeine Wehrpflicht sei der entscheidende Eckstein für die Verwurzelung der Bundeswehr in der Bevölkerung. CSU-Chef Horst Seehofer hatte bereits vor einigen Wochen gesagt, er könne seiner Partei nur raten, die Wehrpflicht nicht auszusetzen und damit de facto abzuschaffen."[1070]

Juli

Verteidigungsminister zu Guttenberg schlägt der Kanzlerin 3 Modelle zur Reform der Bundeswehr vor, wobei zwei Vorschläge sogar die Abschaffung der Wehrpflicht bedeuten würden.

[1067] Siehe http://www.n-tv.de/politik/Guttenberg-will-Wehrpflicht-aussetzen-article1326571.html vom 23.08.2010, gelesen am 12.12.2011.
[1068] Siehe ebd.
[1069] Siehe ebd.
[1070] Siehe ebd.

„Verteidigungsminister Karl-Theodor zu Guttenberg unterrichtete gestern Angela Merkel über die Pläne zur Zukunft der Bundeswehr. Derzeit liegen für die Reform der Bundeswehr drei Modelle auf dem Tisch.

Auf einer internen Sitzung beriet das Verteidigungsministerium Anfang der Woche die Pläne. Zwei der Modelle sehen eine komplette Abschaffung der Wehrpflicht vor. So geht ein Modell von 170.000 Soldaten und Elementen einer Freiwilligenarmee aus. In dem Modell, bei dem die Wehrpflicht erhalten bleiben soll, sollen die Zahl Soldaten der Bundeswehr auf 200.000 Mann reduziert werden. Das dritte Modell sieht weder die Wehrpflicht noch eine Freiwilligenarmee vor und kalkuliert mit 150.000 Soldaten.

Einschließlich der Wehrpflichtigen hat die Bundeswehr aktuell rund 252.000 Soldaten."[1071]

Juni

In einem Spiegel-Interview hält der Verteidigungsminister Karl-Theodor zu Guttenberg an den Plänen der Aussetzung der Wehrpflicht fest. Die Wehrpflicht wird hierbei als nicht mehr zeitgemäß eingeschätzt und die Ausbildung von Rekruten in einer Einsatzarmee als nicht mehr möglich beschrieben.

„Im SPIEGEL verteidigt der CDU-Politiker seine Überlegungen: Zwar werde es die Wehrpflicht im Grundgesetz noch geben, „faktisch wird sie in zehn Jahren wohl abgeschafft sein". Guttenbergs Argumente: „Bei einer hochprofessionellen, bestens ausgerüsteten und flexiblen Einsatzarmee haben Sie kaum noch die Kapazitäten, Rekruten auszubilden.""[1072]

Weiter werden die Sparmaßnahmen seitens des Verteidigungsministers hervorgehoben, die bei abgestimmten Fähigkeitsprofilen unter den EU Mitgliedstaaten zu erreichen sind (vgl. Kapitel VII und Kapitel XIV).

„Wir müssen in den kommenden Jahren Milliardenbeträge einsparen. Sparen ohne Reform ist nicht denkbar."
(...)
Verteidigungsminister Guttenberg sagte dem SPIEGEL, Einsparmöglichkeiten sehe er darüber hinaus auch in einer besseren Arbeitsteilung innerhalb der EU und der Nato."Es ist nicht einzusehen, dass wir möglichst alle Fähigkeiten in je-

---

[1071] Siehe http://www.behoerden-spiegel.de/icc/Internet/nav/f68/f6810068-1671-1111-be59-264f59a5fb42&page=1&pagesize=10&sel_uCon=da83bf9f-614f-921a-3b21-717b988f2ee2&uTem=aaaaaaaa-aaaa-aaaa-bbbb-000000000011.htm
vom 21.07.2010, gelesen am 21.12.2011.
[1072] Siehe http://www.spiegel.de/politik/deutschland/0,1518,700285,00.html vom 12.06.2010, gelesen am 12.12.2011.

dem einzelnen EU-Land vorhalten müssen", sagte er, „dafür müssen wir noch unsere nationalen Egoismen überwinden."[1073]

Heftige Kritik zu seinen Plänen kommt zu diesem Zeitpunkt von der CDU, insbesondere von Unionsfraktionschef Kauder und Familienministerin Schröder (siehe Kapitel XII.1).

Die schärfsten Kritiker der Reformpläne von Verteidigungsminister Karl-Theodor zu Guttenberg kommen aus den eigenen Reihen der Union (CDU/CSU).

> „Doch auch in der Politik regt sich Widerstand gegen das radikale Vorhaben Guttenbergs – Kritik kommt weniger aus der Opposition als von Parteifreunden. Schließlich kündigte Guttenberg bereits als Wirtschaftsminister im Herbst 2009 an, es "werden Jahre werden, wo gespart werden muss und manches Liebgewonnene auf den Prüfstand muss". Und das hört auch bei der Bundeswehr nicht auf.
> (...)
> Nicht nur der Städte- und Gemeindebund protestiert, auch sämtliche Politiker werden versuchen, die Arbeitsplätze in den heimischen Wahlkreisen zu sichern. Bereits 2001, als der damalige Verteidigungsminister Rudolf Scharping ankündigte, zahlreiche Standorte schließen zu wollen, machten Bundestagsabgeordnete jeglicher Couleur mobil gegen die Pläne.
> (...)
> „Die Bundeswehr war und ist eine Wehrpflichtarmee", beharrt der verteidigungspolitische Sprecher der Union, Ernst-Reinhard Beck. "Grundsätzliche Pfeiler in Deutschlands Sicherheitsarchitektur nur nach Kassenlage zu hinterfragen, ist wenig sinnvoll." Wie der Bundeswehrverband fürchtet Beck, ein "Aussetzen der Wehrpflicht würde faktisch ihr Ende bedeuten". Selbst die Kanzlerin soll Guttenberg für sein Vorpreschen gerügt haben."[1074]

Mai

In einer Grundsatzrede von Verteidigungsminister zu Guttenberg vor der Führungsakademie in Hamburg am 26. Mai 2010, werden von ihm erste Äußerungen zur Aussetzung der Wehrpflicht gemacht.

> „Mit den jetzt bekannten Zahlen und nicht aufgrund von bekannt gewordenen Koalitionsträumereien wird der Fortbestand der Wehrpflicht – wie ich schon einmal angedeutet habe – zur Gretchenfrage hochstilisiert werden, die neben der sicherheitspolitischen Ableitung jedoch hinsichtlich Regenerationsfähigkeit und Integration der Streitkräfte in die Gesellschaft Schlüsselqualität besitzt. Trotzdem wird diese Debatte nicht aufzuhalten sein. Nicht zu übersehen ist, dass in den Streitkräften verbreitet durchaus vor der Disposition von Fähigkeiten das Aussetzen der Wehrpflicht als kurzsichtig wirkende Kompensation auch

---

[1073] Siehe ebd.
[1074] Siehe ebd.

gesehen wird. Das ist nicht nur eine Debatte, die ich aus dem parlamentarischen Raum mitbekomme und höre."[1075]

Bis zur De-facto-Aussetzung der Wehrpflicht zum 01. Januar 2011 hat es seit dieser Rede lediglich nur ein halbes Jahr gedauert.

FDP

Auf der Internetseite www.fdp-fraktion.de beantwortet die FDP die Frage zur Aussetzung der Wehrpflicht. Dabei werden zwei Gründe hervorgehoben. Zum einen die gegebene sicherheitspolitische Lage als auch das immer diskutierte Thema der Wehrgerechtigkeit.

„Veränderung sicherheitspolitischer Umstände

Die FDP-Bundestagsfraktion hat sich hauptsächlich aus zwei Gründen für eine Aussetzung der Wehrpflicht stark gemacht: Zum einen hat die Wehrpflicht sicherheitspolitisch stark an Bedeutung verloren. Experten und Fachpolitiker sind sich einig, dass die Bundeswehr der Zukunft keine große stehende Armee, sondern eine spezialisierte und Eingreiftruppe sein wird. In der gegenwärtigen sicherheitspolitischen Lage wäre ein Festhalten an der Wehrpflicht daher wenig sinnvoll.

Wachsende Wehrungerechtigkeit

Zum anderen gab es in den vergangenen Jahren eine wachsende Wehrungerechtigkeit: Da die Bundeswehr immer weniger Wehrdienstleistende benötigte, wurden viele „taugliche" junge Männer gar nicht mehr zum Wehrdienst herangezogen. Während die einen also Wehrdienst leisten mussten, wurden viele Gleichaltrige weder zum Wehr- noch zum Zivildienst herangezogen."[1076]

Die FDP betont, dass sie seit langer Zeit eine Befürworterin der Aussetzung der Wehrpflicht sei und in Koalitionsverhandlungen des Jahres 2009 die Position deutlich vertreten habe.

„Die FDP-Bundestagsfraktion begrüßt die Aussetzung der Wehrpflicht, denn sie hat damit eines ihrer wichtigsten politischen Ziele erreicht. Die Aussetzung war aufgrund der veränderten sicherheitspolitischen Lage und einer seit Jahren fehlenden Wehrgerechtigkeit längst überfällig. Die FDP hatte in den Koalitionsver-

---

[1075] Siehe http://www.cdu.de/doc/pdfc/100526-Rede-Guttenberg.pdf vom 26.05.2010, gelesen am 06.12.2011.
[1076] Siehe http://www.fdp-fraktion.de/Warum-hat-sich-die-FDP-Bundestagsfraktion-fuer-eine-Aussetzung-der-Wehrpflicht-eingesetzt/2072c295/index.html, gelesen am 21.12.2011.

handlungen die Einsetzung einer Bundeswehrstrukturkommission durchgesetzt und damit einen wichtigen Impuls zur Aussetzung der Wehrpflicht gesetzt."[1077]

2011

Juni

Der FDP-Bundestagsabgeordnete Joachim Spatz äußert sich zur Aussetzung der Wehrpflicht einen Tag vor dem offiziellen Termin der Aussetzung am 30.06.2011 auf seiner persönlichen Internetseite. Es ist leicht herauszuhören, dass die Aussetzung der Wehrpflicht mit der Abschaffung der Wehrpflicht gleichgesetzt wird.

„Nach dem heutigen Tag wird es in der Bundesrepublik Deutschland keine allgemeine Wehrpflicht mehr geben. Damit erfüllt sich eine langjährige Forderung der FDP.

Die FDP-Bundestagsfraktion und auch ich persönlich begrüßen diesen historischen Schritt, denn er war aufgrund der veränderten sicherheitspolitischen Lage und einer seit Jahren fehlenden Wehrgerechtigkeit längst überfällig.

Nun gilt es, den Blick nach vorn zu richten. Die Bundeswehr muss als Arbeitgeber attraktiv werden, damit sie in Zukunft qualifizierte junge Frauen und Männer als Soldatinnen und Soldaten gewinnen kann. Dafür sind umgehend schlüssige Konzepte zur Attraktivitätssteigerung und zur Nachwuchsgewinnung notwendig."[1078]

Februar

Frau Elke Hoff, sicherheitspolitische Sprecherin der FDP, stellt die Freiwilligenkultur in den Vordergrund: eine Kultur, die die Freiwilligkeit über eine Wertedefinition attraktiv werden lässt. Dabei sollen Wirtschaft und Bundeswehr nicht als Konkurrenten auftreten, sondern im Miteinander zukunftsfähige Konzepte erarbeiten.

„Die freie Wirtschaft und die Bundeswehr dürfen auf dem Arbeitsmarkt in Zukunft nicht in Form eines Gegeneinanders um junge Männer und Frauen konkurrieren, sondern man sollte versuchen – ich darf es einmal so sagen –, Arbeitsbiografien aufzubauen. Die Bundeswehr sollte einen Teil der Ausbildung

---

[1077] Siehe http://www.fdp-fraktion.de/aussetzung-der-wehrpflicht/807b294/index.html kein Publikationsdatum, gelesen am 21.12.2011. Die Positionierung der FDP seit dem Jahre 2000 ist auf der Internetseite der FDP übersichtlich dargestellt.
Vgl. http://www.fdp-fraktion.de/Welchen-Anteil-hat-die-FDP-an-der-Aussetzung-der-Wehrpflicht/2073c295/index.html, gelesen am 21.12.2011.
[1078] Siehe http://www.joachim-spatz.de/wcsite.php?wc_b=12809 vom 30.06.2011, gelesen am 21.12.2011.

> junger Männer und Frauen übernehmen, sodass sie später die Möglichkeit haben, auch in der Wirtschaft ein Auskommen zu finden."[1079]

Weitere Aspekte zur Bundeswehrreform, die von der sicherheitspolitischen Sprecherin der FDP genannt werden, sind der demographische Wandel und die sicherheitspolitischen Veränderungen.

> „Meine Damen und Herren, es ist eben sehr deutlich dargestellt worden, dass uns letztendlich bestimmte äußere Rahmenbedingungen zu der Entscheidung, die wir heute im Plenum treffen, geführt haben. Die demografische Entwicklung macht es schwerer, die Wehrpflicht so zu organisieren, wie es sich der Verfassungsgeber damals vorgestellt hat. Wir haben eine neue sicherheitspolitische Lage, die Streitkräfte erfordert, die kleiner sind, die schmaler sind, die flexibler sind."[1080]

Der Bundestagsabgeordnete Joachim Spatz der FDP zeigt die Grundhaltung der FDP gegenüber der Wehrpflicht der vergangenen Jahre:

> „Zunächst einmal sind wir froh darüber, dass eine über zehn Jahre alte Forderung der FDP, nämlich die Aussetzung der Wehrpflicht, jetzt endlich realisiert werden kann. Wir haben sehr viel Verständnis dafür, dass sich der eine oder andere damit schwergetan hat; denn die Wehrpflicht hat in der Zeit, in der sie gegolten hat, in Deutschland und auch in weiten Teilen Europas ihren Dienst für die Sicherheit, aber auch für die gesellschaftliche Kohärenz in den Ländern geleistet."[1081]

2010
November

Nach dem Parteitag der CDU im November 2010 sieht sich die FDP als Gewinner innerhalb der Koalition in Bezug auf die Wehrpflichtfrage. Denn die FDP fordert seit Jahren die Aussetzung der Wehrpflicht.

> „"Mit großer Mehrheit schwenkt damit auch die CDU auf die Position der FDP ein", begrüßte die FDP-Fraktionsvorsitzende Birgit Homburger den Beschluss. Seit Jahren fordern die Liberalen eine Freiwilligenarmee. Dass diese jetzt „endlich Realität" wird, sei ein „historischer Erfolg", so Homburger. Die Reform könne jetzt „sehr zügig" parlamentarisch umgesetzt werden, sagte FDP-Chef Guido Westerwelle.
>
> Die FDP habe in den Koalitionsverhandlungen durchgesetzt, dass eine Kommission zur Reform der Bundeswehr eingesetzt wird, und damit „einen weiteren

---

[1079] Deutscher Bundestag, Plenarprotokoll 17/93, Stenografischer Bericht 93. Sitzung, Berlin, 24. Februar 2011, S. 10431.
[1080] Siehe ebd.: S. 10430.
[1081] Siehe ebd.: S. 10436.

Impuls zum Umdenken in der Union gegeben", sagte Homburger am Dienstag. Nach dem Parteitagsbeschluss des Koalitionspartners müsse man jetzt den entsprechenden Gesetzentwurf zügig auf den Weg bringen."[1082]

Die bereits durchgeführte Verkürzung der Wehrdienstzeit auf 6 Monate zeigt nach Aussagen des Bundesvorsitzenden der FDP, Guido Westerwelle, bereits die Tendenz zur Aussetzung der Wehrpflicht.

„Die Wehrpflicht wurde bereits auf sechs Monate reduziert, jetzt soll sie ausgesetzt werden. Eine Position, die die Liberalen seit langem vertreten. Sie plädieren für Freiwilligkeit in der Bundeswehr. „Ich würde es sehr begrüßen, wenn sich die Union auf ihrem Parteitag einen Ruck gibt und die Umstellung von einer Wehrpflichtigenarmee zu einer Freiwilligenarmee beschließt", so der FDP-Bundesvorsitzende."[1083]

Dem Generalsekretär Lindner ist es letztendlich egal, warum die CDU die Position zur Aussetzung der Wehrpflicht einnimmt. Entscheidend für ihn ist, dass die Wehrpflicht ausgesetzt wird und dass die notwendigen Schritte dazu schnell umzusetzen sind.

„Auch FDP-Generalsekretär Christian Lindner äußerte am Montag die Hoffnung, „dass die Union heute ein klares Signal auf ihrem Bundesparteitag senden wird, dass sie mit uns gemeinsam die Wehrpflicht aussetzen will." Nach langen Jahren des Zögerns und Monaten des hinhaltenden Widerstands schwenke die CDU jetzt aus haushaltspolitischen Gründen auf die Linie der Liberalen ein, die vor allem sicherheitspolitisch argumentieren. „Die Motive sind egal, das Ziel zählt, die gemeinsame Position zählt, nämlich dass wir uns für eine Freiwilligenarmee aufstellen", sagte Lindner im Anschluss an eine Präsidiumssitzung. Sollte die Union dazu klar votieren, werde eine entsprechende Gesetzgebung „nicht auf die lange Bank" geschoben. „Wir sind jederzeit zu Gesprächen bereit, das ganz konkret, ganz schnell zu tun."[1084]

Am 8. November 2010 wird das Positionspapier der FDP-Bundestagsfraktion zur Bundeswehrreform mit dem Namen *Bundeswehr der Zukunft* fertiggestellt. In dem Positionspapier wird nicht verschwiegen, dass reduzierte Budgets zur Reform zwingen.

„Sowohl das aktuelle und das zukünftige Aufgabenspektrum der Bundeswehr als auch die spürbare Reduzierung des Verteidigungsetats in den nächsten vier Jahren zwingt die Bundesregierung zu einer umfassenden Überprüfung der Strukturen und Fähigkeiten der Bundeswehr. Auch wenn die Aufgabendefinition, die sich aus dem Weißbuch des Jahres 2006 und den Verteidigungspoliti-

---

[1082] Siehe http://www.liberale.de/CDU-soll-ein-klares-Signal-fuer-eine-Freiwilligenarmee-setzen/6443c11121i1p69/index.html vom 16.11.2010, gelesen am 21.12.2011.
[1083] Siehe ebd.
[1084] Siehe ebd.

schen Richtlinien (VPR) aus dem Jahre 2003 ergibt, grundsätzlich aufrechterhalten werden sollte, wird sich die Bundeswehr darauf einrichten müssen, dass sich bestehende Fähigkeitslücken vertiefen und neue entstehen können.

Die geplanten Haushaltseinsparungen haben zwingende Auswirkungen auf die zukünftige Personalstärke der Bundeswehr, auf das Stationierungskonzept, auf den deutschen Beitrag zu aktuellen und zukünftigen Beschaffungskooperationen, auf die Verpflichtungen in Auslandseinsätzen, auf den zu leistenden Beitrag Deutschlands zum UN Standby Arrangement, zur NATO Response Force (NRF), zur EU Battle Group (European Headline Goal), zur nationalen Risikovorsorge sowie auf solche Fähigkeiten, die Deutschland gegenüber der NATO und der EU angemeldet hat."[1085]

Weiter heißt es zu der Möglichkeit der Entlastung des Verteidigungshaushaltes:

„Die Aussetzung der Wehrpflicht würde den Verteidigungshaushalt unter Einbeziehung des Wegfalls von Material-, Unterkunft-, Verpflegungs-, Bekleidungskosten etc. sofort um ca. 450 Mio. Euro p. a. entlasten.
(...)
Die größte verfügbare finanzielle Stellschraube in der Reform bildet also der Personalumfang der Streitkräfte."[1086]

Die FDP betont im Positionspapier, dass die Bundeswehr sich nicht flexibel und schnell an sich ändernde sicherheitspolitische Erfordernisse anpassen kann. Ein Grund dafür seien hohe Personalumfänge.

„Die Bundeswehr ist mit ihren heutigen Strukturen, Prozessen und Personalumfängen jedoch nicht mehr in der Lage, sich schnell und flexibel an veränderte sicherheitspolitische Anforderungen anzupassen und die notwendigen Reaktionen darauf auch zügig umzusetzen."[1087]

Die schwindende Wehrgerechtigkeit und die Tatsache, dass eine große Anzahl von Soldaten nicht in kurzer Zeit sicherheitspolitisch notwendig ist, sprechen aus Sicht der FDP gegen eine Fortführung der Wehrpflicht.

„Eine Aufwuchsfähigkeit durch die Grundwehrdienstleistenden ist praktisch seit 2004 nicht mehr vorhanden, da die entlassenen Wehrpflichtigen nicht mehr zu Wehrübungen herangezogen wurden. Eine der wesentlichen Begründungen für eine Wehrpflichtarmee aber, nämlich die sicherheitspolitisch abgeleitete Notwendigkeit eines schnellen und massiven Aufwuchses zur Landesverteidigung, wie sie zu Zeiten des Kalten Krieges auch unbestritten vorhanden war, besteht nicht mehr. Darüber hinaus sind der demografische Wandel und die damit ein-

---

[1085] http://www.elke-hoff.de/files/36364/101108_Positionspapier_Bw_der_Zukunft_final_2_zur_Ve.pdf vom 8. November 2010, S. 3, gelesen am 21.12.2011.
[1086] Siehe ebd.: S.16, gelesen am 21.12.2011.
[1087] Siehe ebd.: S.9.

hergehende sinkende Zahl an verfügbaren und geeigneten jungen Männern sowie die schon heute eklatante Wehrungerechtigkeit gute Gründe für eine Aussetzung der Wehrpflicht. Derzeit variiert die Ausschöpfungsquote eines Jahrgangs zwischen 13 und 15 Prozent. Bei Beibehaltung der Wehrpflicht wäre ein weiteres Absenken des Anteils der Grundwehrdienstleistenden aufgrund der demographischen Entwicklung kaum zu vermeiden und würde bei der geltenden Rechtsprechung des Bundesverwaltungsgerichts zur Wehrpflicht (Bundesverwaltungsgericht (BVerwG), 19.01.2005 – 6 C 9.04) nicht mehr den rechtlichen Anforderungen genügen."[1088]

Die Reduzierung der Wehrpflichtzeit wird als politischer Kompromiss mit den Unionsparteien verstanden. Die Aussetzung der Wehrpflicht ist klares Ziel.

„Eine bereits vorgenommene Strukturentscheidung in dieser Legislaturperiode ist der Kompromiss zwischen FDP und CDU/CSU über die vorläufige Beibehaltung einer auf sechs Monate verkürzten Wehrpflicht. Unverändert hält die FDP daran fest, dass die Wehrpflicht sicherheitspolitisch und strukturell nicht mehr zu begründen ist und deshalb ausgesetzt werden sollte. In einer Bundeswehrstruktur, die konsequent auf die wahrscheinlichen Einsätze im Rahmen von internationaler Konfliktverhütung und Krisenbewältigung einschließlich des Kampfes gegen den internationalen Terrorismus ausgerichtet wird, haben Grundwehrdienstleistende keine sinnvolle Aufgabe mehr zu leisten, da sie in den Auslandseinsätzen nicht eingesetzt werden dürfen."[1089]

September

„Mittlerweile kursiert in den betroffenen Kreisen das FDP-Positionspapier von Elke Hoff, Sicherheitspolitische Sprecherin der FDP im Bundestag, zur Strukturreform der Bundeswehr. Dieses "Diskussionspapier Bundeswehr der Zukunft" spiegelt die bereits im Wahlkampf verbreitete Einstellung der Liberalen wider: eine verkleinerte Bundeswehr, Abschaffung der Wehrpflicht und Nicht-Beschaffung ausgesuchter Rüstungsgüter.
(...)
Als sicherheitspolitische Analyse diente dem Papier der Bericht der Weizäcker-Kommission aus dem Jahr 2000. Bei dem geforderten Personalumfang der zukünftigen Bundeswehr weicht das FDP-Papier allerdings stark von dieser Analyse ab. Sprach die Weizäcker-Kommission noch von einem Mindestumfang von 240.000 Soldaten, um die Sicherheit Deutschlands zu gewährleisten – und dieser Bericht wurde vor den Anschlägen auf das World Trade Center am 11. September 2001 veröffentlicht – geht das FDP-Papier von einem Minimum von 170.000 Zeit- und Berufssoldaten plus etwa 20.000 Kurzzeitsoldaten aus."[1090]

[1088] Siehe ebd.: S.14.
[1089] Siehe ebd.: S.19, gelesen am 21.12.2011.
[1090] Siehe http://www.behoerden-spiegel.de/icc/internet/sub/f4f/f4f5007d-a323-5b21-a3b2-1717b988f2ee,,,aaaaaaaa-aaaa-aaaa-bbbb-000000000011&uMen=f6810068-1671-1111-

Juni

Kaum haben die Unionsparteien und die FDP die Reduzierung der Wehrpflichtzeit von neun auf sechs Monate beschlossen, geht seitens der FDP die Diskussion weiter in Richtung Aussetzung.

„Der Parlamentarische Geschäftsführer der FDP-Fraktion, Jörg van Essen, sprach sich zuvor auch für eine Aussetzung der Wehrpflicht Dienstzeit von sechs Monaten gebe es einen "immensen Aufwand" bei zu wenig Nutzen, sagte er im Deutschlandfunk."[1091]

Joachim Spatz sieht die Diskussion um die Aussetzung losgelöst von der derzeitig beschlossenen Reduzierung der Wehrpflichtzeit.

„Joachim Spatz, Mitglied der FDP-Fraktion im Verteidigungsausschuss, nannte den Gesetzentwurf in seiner Rede vor dem Bundestag einen Beitrag zu mehr Wehrgerechtigkeit. Und er sei daher auch unabhängig von der aktuellen Situation über die Aussetzung der Wehrpflicht notwendig."[1092]

Die Aussetzung wird laut Aussagen von Herrn van Essen seitens der FDP gegenüber der Abschaffung priorisiert. Die Wehrpflicht als solche ist aus seiner Sicht aus liberalem Gedankengut erwachsen.

„Sicherheit geht vor, so van Essen, daher sollte die Wehrpflicht nicht komplett abgeschafft werden. Nicht zuletzt sei sie auch „eigentlich eine urliberale Idee". „Der Bürger gibt einen Einsatz für den Staat und kann dann umso selbstbewusster auch Rechte vom Staat verlangen", erklärt van Essen. Es sollten alle Gesetze zur Wehrpflicht weiterhin bestehen bleiben und nur dann Wehrpflichtige einberufen werden, wenn es sicherheitspolitisch notwendig ist. Dieses Modell praktiziere schon die USA."[1093]

Dass der Zivildienst als Wehrersatzdienst mit der Wehrpflicht fällt und hierfür Lösungen gefunden werden müssen, ist dem jugendpolitischen Sprecher der FDP-Fraktion, Herrn Florian Bernschneider, augenscheinlich bewusst.

„Sollte die Strukturreformkommission zum Ergebnis kommen, dass die Wehrpflicht nicht mehr zu einer modernen Einsatzarmee passt, müssten auch Alternativen zum Wehrersatzdienst geschaffen werden, sagte der jugendpolitische Sprecher der FDP-Fraktion Florian Bernschneider zur Debatte. „Wenn die

---

be59-264f59a5fb42&page=4&pagesize=10&startmon=09&startyear=2010&attr=.htm vom 27.09.2010, gelesen am 21.12.2011.
[1091] Siehe http://www.liberale.de/Aussetzen-der-Wehrpflicht-ja-abschaffen-nein/ 5447c9756i1p69/index.html vom 18.06.2010, gelesen am 21.12.2011.
[1092] Siehe ebd.
[1093] Siehe ebd.

Wehrpflicht fällt, gibt es auch keine Berechtigung mehr für den Zivildienst als Wehrersatzdienst", erklärte er im Interview mit dem „Portal Liberal".

Die FDP habe stets betont, dass die Wehrpflicht geordnet auszusetzen sei, indem der Zivildienst durch reguläre Beschäftigung und die Freiwilligendienste ersetzt werde. „Eine stärkere Förderung der Jugendfreiwilligendienste ist längst überfällig", monierte Bernschneider."[1094]

Die Reformpläne des Verteidigungsministers zu Guttenberg werden seitens der FDP positiv beurteilt und erhalten die volle Unterstützung der Verteidigungsexpertin, Frau Elke Hoff.

„Der Koalitionspartner FDP hingegen ist angetan von Guttenbergs Plänen. Verteidigungsexpertin Elke Hoff fordert gegenüber SPIEGEL ONLINE aber "mutige Strukturveränderungen", sonst seien Einsparungen von vier Milliarden Euro innerhalb von vier Jahren "wenig realistisch". In großen Teilen der Union sehe sie "den Willen noch nicht, sich auf ein neues globales Sicherheitsszenario einzustellen, welches sowohl schlankere als auch flexiblere Streitkräfte" erfordert. Die Wehrpflicht aussetzen? Für die Liberalen ein erster Schritt zu einem langjährigen Anliegen. Die Armee wäre leistungsfähiger, meint Hoff, sollte die Bundeswehr zusätzlich verkleinert werden."[1095]

[1094] Siehe ebd.
[1095] Siehe http://www.spiegel.de/politik/deutschland/0,1518,698578,00.html vom 04.06.2010, gelesen am 12.12.2011.

XXI. Koalitionspolitische politische Aussagen

2010

Dezember

Im Dezember 2010 einigt sich die Koalition aus Unionsparteien und FDP auf die Aussetzung der Wehrpflicht zum 1. Juli 2011. Einhergehend mit der Aussetzung der Wehrpflicht ist die Verkleinerung der Bundeswehr und des Verteidigungsministeriums beabsichtigt.

„Die Wehrpflicht wird zum 1. Juli nächsten Jahres ausgesetzt und die Truppe von 240.000 auf bis zu 185.000 Soldaten verkleinert. Darauf einigte sich der Koalitionsausschuss am Donnerstag.
(...)
Nach dem Koalitionsbeschluss kann die Umsetzung der Freiwilligenarmee jetzt parlamentarisch zügig umgesetzt werden. Die dafür nötigen gesetzlichen Änderungen will die Regierung in der Kabinettssitzung am Mittwoch auf den Weg bringen. Dann müssen noch Bundestag und Bundesrat zustimmen.

Der Koalitionsbeschluss sieht eine Truppenstärke von 170.000 Berufs- und Zeitsoldaten vor. Über einen Freiwilligendienst, der bis zu 23 Monate dauern kann, soll die Bundeswehr jährlich 7.500 bis 15.000 junge Männer und Frauen gewinnen. Mit der Truppenreduzierung ist auch ein Abbau der Ministerialbürokratie im Verteidigungsministerium geplant."[1096]

Juni

Die Uneinigkeit der Koalitionsparteien zu den Reformvorhaben Guttenbergs wird durch Aussagen der Kabinettsmitglieder sehr deutlich.

„Mehrere Kabinettsmitglieder der Union kritisierten demnach den Alleingang Guttenbergs in dieser Frage. „Es war niemand eingeweiht, und alle waren verärgert", sagte einer der Teilnehmer des Treffens der "FTD". Es sei einhellige Meinung gewesen, dass die Union eine Position, die sie über Jahrzehnte vertreten habe, nicht über Nacht kassieren könne. Guttenberg selbst war bei dem Treffen wegen einer Auslandsreise nicht anwesend."[1097]

Innerhalb der Regierung erhält der Verteidigungsminister starken Rückhalt aus der FDP.

[1096] Siehe http://www.liberale.de/Koalition-setzt-Wehrpflicht-aus/6631c11410i1p69/index.html vom 10.12.2010, gelesen am 21.12.2011.
[1097] Siehe http://www.n24.de/news/newsitem_6099008.html vom 03.06.2010, gelesen am 15.12.2011.

"Die FDP unterstützt dagegen den diesbezüglichen Vorstoß von Verteidigungsminister Karl-Theodor zu Guttenberg (CSU). Guttenberg liege richtig mit der Überlegung, die Personalstärke der Bundeswehr massiv zu reduzieren und die Wehrpflicht auszusetzen, sagte FDP-Generalsekretär Christian Lindner dem „Hamburger Abendblatt". „Der Verteidigungsminister stellt die richtigen Fragen zur richtigen Zeit. Er kann auf die Unterstützung der FDP zählen, wenn er die Bundeswehr auf die Zukunft ausrichten will", sagte Lindner."[1098]

2009

Oktober

Die Koalitionsverhandlungen werden aufgenommen. Dabei werden zehn Arbeitsgruppen gebildet, die sich auf verschiedene Themengebiete fokussieren. Daran kann die hohe Komplexität der Verhandlung abgelesen werden und das harte Verhandeln, die parteieigenen Interessen so weit wie möglich durchzubringen. Denn die parteiinterne Positionierung ist, wie im Kapitel zuvor gesehen, auch durch lange und kontroverse Diskussionen erzielt worden. Keine Partei würde die so mühsam erzielte Positionierung leichtfertig aufgeben wollen.

„Es kommt also viel Arbeit auf die Unterhändler zu. In zehn Gruppen werden die Experten von Union und FDP in den kommenden Wochen in ihren Fachgebieten nach Kompromissen suchen.""[1099]

Die Arbeitsstruktur der Koalition im Jahr 2009 wird in der folgenden Abbildung übersichtlich dargestellt. Diese Struktur ist nicht fest und kann sich in zukünftigen Koalitionsverhandlungen ändern. Die Festlegung der Struktur wird von den Koalitionspartnern vorgenommen.

[1098] Siehe ebd.
[1099] Siehe http://www.spiegel.de/politik/deutschland/0,1518,652902,00.html vom 02. Oktober 2011, gelesen am 01.01.2012.

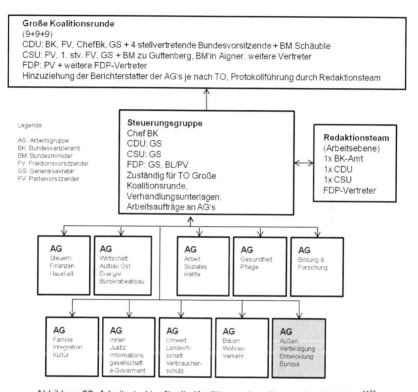

Abbildung 92: Arbeitsstruktur für die Koalitionsverhandlungen im Jahr 2009.[1100]

[1100] Siehe http://www.radio-utopie.de/wp-content/uploads/2009/10/koalitionsverhandlungen-cdu-csu-fdp.pdf, gelesen am 01.01.2012. In diesem Dokument ist auch die detaillierte Besetzung aller Arbeitsgruppen dargestellt.

Die Arbeitsgruppe „Außen, Verteidigung, Entwicklung und Europa" war wie folgt besetzt:

AG Außen / Verteidigung / Entwicklung / Europa		
BM Jung	PSt C. Schmidt	MdB Hoyer
MdB von Klaeden	MdB Silberhorn	MdB Homburger
PSt Hintze	MdB Gauweiler	MdB Gerhardt
MdB Schockenhoff	MdB Frankenhauser	MdB Königshaus
MdB Vaatz	MdEP Friedrich	MdB Link
MdB Stübgen		MdB Toncar
Legende BM: Bundesminister MdB: Mitglied des Bundestages PSt: Parlamentarischer Staatssekretär MdEP: Mitglied des Europäischen Parlaments		

Abbildung 93: Besetzung der Arbeitsgruppe Außen, Verteidigung, Entwicklung und Europa zu den Koalitionsverhandlungen im Jahr 2009.[1101]

Die 17-köpfige Arbeitsgruppe wurde vom damaligen Verteidigungsminister Jung (CDU) angeführt. Der Wehrbeauftragte, Hellmut Königshaus, war ebenso Mitglied dieser Arbeitsgruppe.

Die gemeinsamen Arbeitsgruppen von CDU/CSU und FDP erarbeiten die Beschlussvorlagen für die Verhandlungsrunden der großen Koalitionsrunde, die jeweils aus neun Vertretern der Koalitionsparteien bestanden. Die Arbeitsgruppe zur Frage der Zukunft der Bundeswehr und des Wehrdienstes ist in obiger Abbildung grau markiert. Das Verhandlungsteam der FDP der großen Koalitionsrunde entspricht dem des Parteipräsidiums der FDP.[1102]

[1101] Siehe ebd.
[1102] Vgl. http://www.demokratie-spiegel.de/deutschland/koalitionsverhandlungen2009mitcdu csufdp.html vom 14.10.2009, gelesen am 01.01.2012.

Ein Ergebnis der Koalitionsverhandlungen ist die Verkürzung der Wehrpflichtzeit von neun auf sechs Monate, wobei die Wehrpflicht als solche aber erhalten bleiben soll.

„Die Wehrpflicht bleibt erhalten, wird aber von neun auf sechs Monate verkürzt. Entsprechend dürfte auch der Zivildienst reduziert werden."[1103]

Die Bild-Zeitung bringt es Anfang Oktober 2009 auf den Punkt, als sie über die Koalitionsverhandlungen berichtet. Zu Beginn der Verhandlungen gibt es eine diametral unterschiedliche Positionierung zwischen CDU/CSU und FDP bei der Frage zur Wehrpflicht.

„Auch hier ist Zoff programmiert: CDU/CSU wollen die Wehrpflicht erhalten, die FDP will sie aussetzen."[1104]

Dass die Streitigkeiten zwischen den Koalitionspartner bereits im Vorfeld der eigentlichen Verhandlungen beginnen und sich nicht nur auf Sachthemen konzentrieren, wird durch die Aussagen der damaligen stellvertretende Parteichefin der FDP, Cornelia Pieper, deutlich.

„Wenige Tage vor Beginn der Koalitionsverhandlungen von CDU/CSU und FDP hat die stellvertretende Parteivorsitzende der Liberalen, Cornelia Pieper, der Union einen schlechten Umgangsstil und eine Fixierung auf Ämter vorgeworfen. „Es ist kein guter Umgangsstil, bereits vor den Koalitionsgesprächen zu sagen, was nicht verhandelt werden darf", sagte Pieper der „Bild"-Zeitung vom Donnerstag.

„Offenbar gibt es in der Union eine große Nervosität, viele sind offenbar nur auf Ämter fixiert", sagte Pieper. Die FDP wolle stattdessen „die besten Ergebnisse für Deutschland erzielen". Union und FDP wollen heute in getrennten Beratungen die Koalitionsverhandlungen vorbereiten. Die sollen am kommenden Montag beginnen."[1105]

September

Aus den Bundestagswahlen 2009 geht die FDP gestärkt hervor. Sie erreicht ihr historisch bestes Ergebnis, wobei die Union aus CDU und CSU eines ihrer schlechtesten Wahlergebnisse erzielt.

[1103] Siehe http://www.tagesschau.de/inland/koalition160.html, gelesen am 01.01.2012.
[1104] Siehe http://www.bild.de/politik/2009/netto/bei-welchen-themen-sind-sie-sich-einig-wokracht-es-9941288.bild.html, vom 01. Oktober 2009, gelesen am 01.01.2012.
[1105] Siehe http://www.focus.de/politik/deutschland/wahlen-2009/bundestagswahl/koalitionsverhandlungen-fdp-vizechefin-staenkert-gegen-die-union_aid_440756.html vom 01.10.2012, gelesen am 01.01.2012.

"Die FDP hatte bei der Bundestagswahl mit 14,6 Prozent das beste Ergebnis ihrer Geschichte erzielt. Nur dank des starken Abschneidens der Liberalen reichte es für Schwarz-Gelb, da die Union mit 33,8 Prozent das zweitschlechteste Ergebnis ihrer Geschichte einstecken musste."[1106]

Dass dies zu einem Selbstbewusstsein der FDP innerhalb der Koalition und den Koalitionsverhandlungen führt, ist leicht nachzuvollziehen. Die FDP sieht sich im Vergleich zur SPD als hartnäckigen Koalitionspartner.

"CDU/CSU würden schnell lernen, dass die FDP durchsetzungsfähiger und hartnäckiger sei als die Sozialdemokraten, sagte Niedersachsens Wirtschaftsminister Philipp Rösler."[1107]

Auch gegenüber der CSU sei die FDP besser aufgestellt. Dies muss sich nach Aussagen von Frau Leutheusser-Schnarrenberger dann konsequenterweise in den zu besetzenden Ministerposten niederschlagen.

"Über die Zahl der von der FDP zu besetzenden Ministerien werde erst „am Ende" mit der Union geredet, sagte Leutheusser-Schnarrenberger. Sie betonte allerdings: „Wir sind deutlich stärker als die CSU.""[1108]

[1106] Siehe http://www.n-tv.de/politik/FDP-schlaegt-Pfloecke-ein-article524043.html vom 28. September 2009, gelesen am 01.01.2012.
[1107] Siehe ebd.
[1108] Siehe ebd.

Aus unserem Verlagsprogramm:

Gerhard Stapelfeldt
Neoliberaler Irrationalismus
Aufsätze und Vorträge zur Kritik der ökonomischen Rationalität II
Hamburg 2012 / 640 Seiten / ISBN 978-3-8300-6845-7

Marc T. Habenicht
Die Führungsphilosophie der Bundeswehr (Innere Führung) – Eine Idee zur Menschenführung auch für andere Organisationen?...!
Was ist Innere Führung? Wie wirkt Innere Führung? Wo hilft Innere Führung?
Hamburg 2012 / 292 Seiten / ISBN 978-3-8300-6683-5

Christian Köhr
Der Einsatz Wehrpflichtiger zur Friedenssicherung im Rahmen der Vereinten Nationen
Hamburg 2012 / 298 Seiten / ISBN 978-3-8300-6019-2

Dirk Hinrichs
Sequenzielle Entscheidungen unter Unsicherheit
Erkenntnisse aus einem Experiment zum Confirmation Bias
Hamburg 2011 / 344 Seiten / ISBN 978-3-8300-5603-4

Gerhard Stapelfeldt
Neoliberalismus – Autoritarismus – Strukturelle Gewalt
Aufsätze und Vorträge zur Kritik der ökonomischen Rationalität
Hamburg 2010 / 476 Seiten / ISBN 978-3-8300-5479-5

Robert Weimar
Wertungsrationalität als Kategorie der Verwaltungsentscheidung
Eine objekt- und wissenschaftstheoretische Untersuchung
Hamburg 2010 / 652 Seiten / ISBN 978-3-8300-4965-4

Jens Fleischhauer
Wehrpflichtarmee und Wehrgerechtigkeit
Die Verfassungsmäßigkeit der allgemeinen Wehrpflicht im Blickwinkel sicherheitspolitischer, gesellschaftlicher und demographischer Veränderungen
Hamburg 2007 / 344 Seiten / ISBN 978-3-8300-3233-5

Matthias Sehmsdorf
Wehrpflicht - versus Freiwilligenarmee
ausgewählte ökonomische Aspekte des Wehrsystems
Hamburg 1998 / 246 Seiten / ISBN 978-3-86064-698-4

VERLAG DR. KOVAČ
FACHVERLAG FÜR WISSENSCHAFTLICHE LITERATUR

Postfach 57 01 42 · 22770 Hamburg · www.verlagdrkovac.de · info@verlagdrkovac.de